司馬遷 史記 7

史記列傳 下

丁範鎭(성균관대학교 중문학과 교수) 외 옮김

까치

역자 소개

정범진(丁範鎭)

1935년 경상북도 영주 출생

성균관대학교 중국문학과 졸업

中華民國 國立臺灣師範大學 中國文學硏究所 졸업(문학 석사)

성균관대학교 대학원 중어중문학과 졸업(문학 박사)

한국중어중문학회 회장 역임, 한국중국학회 회장 역임

성균관대학교 교수와 총장 역임

중국 산동대학교 명예교수, 대만정치대학 명예문학박사

한-우크라이나 친선협회 회장

저서 『중국문학입문』, 『중국문학사』, 『唐代소설연구』 외

역서 『중국소설사략』, 『唐代전기소설선』, 『두보시 300수』 외

史記 7— 列傳 下

저자 / 司馬遷

역자 / 丁範鎭 외

발행처 / 까치글방

발행인 / 박후영

주소 / 서울시 용산구 서빙고로 67, 파크타워 103동 1003호

전화 / 02 · 735 · 8998, 736 · 7768

팩시밀리 / 02 · 723 · 4591

홈페이지 / www.kachibooks.co.kr

전자우편 / kachibooks@gmail.com

등록번호 / 1-528

등록일 / 1977. 8. 5

초판 1쇄 발행일 / 1995. 5. 20

13쇄 발행일 / 2019. 2. 11

값 / 뒤표지에 쓰여 있음

ISBN 89-7291-061-9 94910
89-7291-058-9 (전3권)
89-7291-053-8 (전7권)

史記
列傳 下

역자 소개

「平津侯主父列傳」 「南越列傳」 「東越列傳」	南宗鎭	建國大學校 中語中文學科 졸업, 成均館大學校 大學院 석사, 같은 大學院 박사 과정
「朝鮮列傳」 「西南夷列傳」 「淮南衡山列傳」	鄭守國	建國大學校中語中文學科 졸업, 檀國大學校 大學院 석사, 成均館大學校 大學院 박사 과정, 현재 瑞逸專門大學 강사
「司馬相如列傳」	金元中	忠南大學校 中語中文學科 졸업, 같은 大學校 大學院 석사, 成均館大學校 大學院 박사, 현재 건양대학교 전강
「循吏列傳」 「汲鄭列傳」 「儒林列傳」	崔盛逸	忠南大學校 中語中文學科 졸업, 成均館大學校 大學院 석사, 같은 大學院 박사 과정, 현재 京南大學校 강사
「酷吏列傳」 「遊俠列傳」	金洛喆	成均館大學校 中語中文學科 졸업, 國立臺灣師範大學 中文研究所 석사, 成均館大學校 大學院 박사 과정, 현재 韓國體育大學 강사
「大宛列傳」	張美卿	成均館大學校 中語中文學科 졸업, 國立臺灣政治大學中文研究所 석사, 成均館大學校 大學院 박사 과정
「佞幸列傳」 「滑稽列傳」 「日者列傳」	朴晟鎭	成均館大學校 中語中文學科 졸업, 같은 大學校 大學院 석사, 같은 大學院 박사 과정
「龜策列傳」	鄭在亮	成均館大學校 中語中文學科 졸업, 臺灣輔仁大學 中文研究所 석사, 成均館大學校 大學院 박사 수료, 현재 成均館大學校 강사
「貨殖列傳」	千賢耕	成均館大學校 中語中文學科 졸업, 같은 大學校 大學院 석사, 같은 大學院 박사 수료, 현재 成均館大學校 강사
「太史公自序」	丁範鎭	成均館大學校 中語中文學科 교수

차례 下

차례 上

차례 中

권112「평진후주보열전(平津侯主父列傳)」제52

승상(丞相) 공손홍(公孫弘)은 제(齊)나라의 치천국(菑川國)[1] 설현(薛縣) 사람으로 자(字)는 계(季)이다. 젊은 시절, 설현의 옥리(獄吏)가 되었으나, 죄를 지어 면직되었다. 집안이 가난하여 해변에서 돼지를 길렀다. 나이 사십이 넘어『춘추(春秋)』에 대한 제가(諸家)의 설을 공부하였다. 또한 계모를 효성스럽게 봉양하였다.

건원(建元)[2] 원년, 천자가 막 즉위하여 현량(賢良)과 문학(文學)으로 이름난 선비들을 불러들였다.[3] 이때 홍(弘)은 나이 60세로 초치되어, 현량으로 박사(博士)[4]가 되었다. 흉노(匈奴)에 사신으로 갔다가 복명한 것이 천자의 마음에 들지 않자, 천자는 진노하며 그를 무능하다고 꾸짖었다. 이에 공손홍은 병을 핑계로 사직하고 돌아갔다.

원광(元光)[5] 5년, 조서(詔書)를 내려 문학의 선비를 초치하자, 치천국에서는 다시 공손홍을 추천하였다. 공손홍은 나라 사람들에게 "저는 이미 서쪽 경사(京師)에 가서 천자의 명에 응하였다가 무능하다 하여 파직되어 돌아온 적이 있습니다. 다른 사람을 추천해주십시오"라며 사양하였다. 나라 사람들이 굳이 공손홍을 추천하여, 그는 태상(太常)[6]이 있는 곳에 당

1) 菑川國 : 봉국 이름. 지금의 山東省 淄博과 濰坊 사이에 위치하였으며, 도읍은 極縣(지금의 壽光縣 남쪽)에 있었다.

2) 建元 : 漢 武帝의 연호(기원전 140-기원전 135년)이다. 중국 최초의 황제 연호이다.

3) 建元 원년 10월에 武帝는 賢良, 方正, 直言, 極諫의 선비들을 모아, 그들에게 직접 고금의 治道를 물어 인재를 등용하였다. '賢良文學'은 漢代에 관리를 선발하던 과목의 하나였다. '賢良' 또는 '文學'이라고 줄여서 부르기도 한다. 西漢 후기의 유생들은 대부분 이를 통하여 입신양명하였다.

4) 博士 : 學官 이름. 太常에 소속되었으며 고금의 역사적 사실에 대한 자문과 典籍의 관리를 맡아보았다. 漢 武帝 때에 처음으로 五經博士를 두어 經學의 교수를 전담하게 하였다.

5) 元光 : 漢 武帝의 두번째 연호(기원전 134-기원전 129년)이다.

6) 太常 : 관직 이름. 九卿의 하나로 종묘의례를 관장하였으며 아울러 博士의 試取를 담당하였다.

도하였다. 태상은 불러 모은 유생들에게 각자 대책(對策)[7]을 짓게 하였는데, 공손홍은 100여 명 중에 하위를 차지하였다. 그러나 대책을 상주(上奏)하자, 천자는 공손홍의 대책을 1등으로 뽑았다. 게다가 천자가 그를 불러들여 만나보니 그의 용모가 무척 뛰어났다. 마침내 공손홍은 박사에 임용되었다. 당시 서남이(西南夷)로 통하는 길을 내고 군(郡)을 설치하였는데, 파(巴)와 촉(蜀)의 백성들이 이를 괴롭게 여겼다.[8] 이에 천자는 조서를 내려 공손홍에게 그곳의 사정을 둘러보고 오게 하였다. 공손홍은 돌아와서 사정을 아뢰면서, 서남이는 쓸모가 없다고 매우 깎아내렸다. 천자는 그의 말을 곧이 듣지 않았다.

공손홍은 사람됨이 비범하고도 견문이 넓었다. 그는 천자된 자는 광대하지 못한 것을 결점으로 여기고, 신하된 자는 검소하지 못한 것을 결점으로 여겨야 한다고 입버릇처럼 말하였다. 그는 베로 이불잇을 만들고, 식사 때에는 두 가지 육류를 겹쳐 먹지 않았다. 계모가 죽자 3년을 복상(服喪)하였다. 조정에서 회의할 때마다 그는 그 실마리만을 진술하여 천자가 스스로 결정하게 하였으며, 조정에서 얼굴을 맞대고 논쟁하려 하지 않았다. 천자는 그가 품행이 돈후(敦厚)하고, 언변이 조리가 있고, 문서와 법령 그리고 관리들의 공무에 익숙할 뿐 아니라 유학으로 잘 다듬어진 것을 보고, 그를 매우 좋아하였다. 그는 2년 안에 좌내사(左內史)[9]에 올랐다. 공손홍은 상주한 일이 윤허되지 않더라도 조정에서 그것을 따지지 않았다. 그는 늘 주작도위(主爵都尉)[10] 급암(汲黯)[11]과 함께 천자의 한

---

7) 對策 : 치국에 대한 황제의 질문에 대한 응시자의 책략을 말한다.

8) 西南夷는 漢代에 지금의 甘肅省 남부, 四川省 서부 및 남부, 雲南省 등지에 분포되어 있던 각 부족의 총칭을 가리키며, 주요한 부족으로는 夜郎, 滇, 昆明, 白馬 등이 있었다. 元光 5년, 唐蒙, 司馬相如 등이 西南夷와 통교함에 따라 적지 않은 西南夷가 漢에 內屬하자, 그곳에 10여 개의 郡縣을 설치하였다. 武帝는 巴, 蜀에 詔令을 내려 西南夷로 통하는 길을 개설하게 하였다.

9) 左內史 : 관직 이름. 秦代에 京師를 관장하도록 內史를 설치한 이래, 漢代까지 그대로 이어져오다가 景帝 때에 左內史와 右內史로 분리하였으며, 그후 武帝 후기에 左內史를 左馮翊, 右內史를 京兆尹으로 각각 개칭하였다.

10) 主爵都尉 : 관직 이름. 秦代에 설치한 主爵中尉를 漢 景帝 때 개칭한 것으로, 봉작에 관련된 업무를 관장하였다. 武帝 후기에는 다시 右扶風으로 개칭하고 左扶風, 京兆尹과 함께 '三輔'라고 불렀다.

11) 汲黯 : 字는 長孺로 濮陽 사람이다. 東海 太守를 지낸 적이 있으며, 이어 主爵都尉를 맡았다. 黃老之術을 좋아하였고, 늘 직언으로 간언하였으며, 나중에 淮陽 太守가 되었다.

가한 때에 알현하기를 청하여, 급암이 먼저 거론하면 그가 그 뒤를 덧붙였는데, 천자는 늘 기뻐하면서 그가 말하는 것을 모두 들어주었다. 이 때문에 갈수록 천자가 더욱 가까이하고 귀중하게 여기는 존재가 되었다. 그는 일찍이 공경(公卿)[12]들과 어떤 사항을 건의하기로 약속해놓고는 천자 앞에서 그 약속을 완전히 저버리고 순순히 천자의 뜻에 따른 적이 있었다. 그러자 급암이 조정에서 그를 힐책하여 "제(齊)나라 사람은 거짓이 많고 솔직하지 못합니다. 당초 그는 신 등과 이런 건의를 하기로 해놓고 이제 그것을 모조리 져버리니, 불충합니다"라고 하였다. 천자가 공손홍에게 묻자, 그는 사죄하면서 "신을 아는 사람은 신을 충성스럽다 하고, 신을 모르는 사람은 신을 불충하다 합니다"라고 하였다. 천자는 그의 말이 옳다고 여겼다. 좌우의 총신(寵臣)들이 공손홍을 헐뜯을 때마다, 천자는 더욱 그를 후대하였다.

원삭(元朔)[13] 3년, 어사대부(御史大夫)[14] 장구(張歐)가 면직되고 공손홍이 어사대부가 되었다. 이때 서남이와 서로 왕래하고, 동쪽으로는 창해군(滄海郡)[15]을 설치하였으며, 북쪽에는 삭방군(朔方郡)[16]에 성을 쌓았다. 공손홍이 여러 차례 간언하여 중국을 피폐하게 하면서까지 쓸모없는 땅을 경영하는 일은 중지해달라고 요청하였다. 이에 천자는 주매신(朱買臣)[17] 등에게 삭방군을 설치하는 것이 어떠한 이점이 있는가를 가지고서 공손홍에게 반론을 펴게 하였다. 이에 열 가지 방책을 제시하였는데, 공손홍은 한 가지도 반박하지 못하였다. 공손홍은 사과하면서 "산동(山東) 촌놈이 그런 이점을 몰랐습니다. 서남이와 창해 쪽의 일을 중지하고 삭방에만 힘쓰시기 바랍니다"라고 하였다. 천자는 이에 그것을 허락하였다.

---

12) 公卿 : 원래 三公과 九卿을 가리키는 것이나, 여기에서는 조정의 대신들에 대한 범칭으로 사용되었다.

13) 元朔 : 漢 武帝의 세번째 연호(기원전 128-기원전 123년)이다.

14) 御史大夫 : 관직 이름. 秦, 漢 시기 三公의 하나로 丞相의 다음 서열로 감찰과 법률의 집행을 관장하는 동시에 중요한 典籍의 관리를 겸하였다. 西漢 때에는 丞相이 궐위되었을 때에 왕왕 御史大夫가 대신 보임하였기 때문에 '副丞相'이라는 칭호가 있었다.

15) 滄海郡 : 지금의 韓半島 중부.

16) 朔方郡 : 지금의 내몽고 자치구 河套 서북부와 後套 지구. 漢나라는 朔方郡을 설치할 때 10만의 인력을 동원하여 朔方城을 축조하였다.

17) 朱買臣 : 字는 翁子이고 吳縣 사람이다. 中大夫, 會稽 太守, 主爵都尉 등을 역임하였으며, 나중에 피살당하였다.

급암이 "공손홍은 삼공(三公)[18]의 지위에 있고, 봉록이 아주 많습니다. 그런데도 불구하고 베로 이불잇을 만든 것은 거짓된 행동입니다"라고 하였다. 천자가 공손홍에게 물으니 그는 사죄하면서 이렇게 말하였다. "그런 일이 있습니다. 구경(九卿)[19] 가운데 급암보다 더 신과 사이가 좋은 자는 없습니다. 그런데 오늘 그가 조정에서 신을 꾸짖었는데, 그는 신의 큰 결점을 정확히 짚어내었습니다. 삼공의 지위에 있으면서 베로 이불잇을 만드는 것은 확실히 거짓으로 꾸며서, 그것으로 명성을 얻고자 하는 것입니다. 그리고 신이 들으니 관중(管仲)[20]은 제나라의 정승이 되어서 삼귀(三歸)[21]가 있었으며, 사치함이 천자와 같았다고 합니다. 환공(桓公)[22]은 관중의 보필로 패후(覇侯)를 칭하였으니, 이는 천자를 참람한 것입니다. 안영(晏嬰)[23]은 재상이 되어 경공(景公)을 보필하면서 두 가지 고기 반찬을 겹쳐 먹지 않았으며, 시첩들은 비단옷을 입지 않았지만, 제나라는 역시 잘 다스려졌습니다. 이는 아래의 백성들과 같은 것이었습니다. 이제 신은 어사대부의 지위에 있으면서도 베로 이불잇을 만들어 구경으로부터 말단 관리에 이르기까지 고하귀천의 차등을 없앴으니, 확실히 급암이 말한 것과 같습니다. 만약 급암의 충정이 없었더라면 폐하께서 어떻게 이런 사실을 아시겠습니까?" 천자는 공손홍이 겸양한다고 여기고 더욱 그를 후하게 대우하였다. 마침내 홍을 승상으로 삼고 평진후(平津侯)에 봉하였다.[24]

---

18) 三公 : 丞相, 太尉, 御史大夫의 합칭.

19) 九卿 : 奉常, 郎中令, 衛尉, 太僕, 廷尉, 典客, 宗正, 治粟內史, 少府의 아홉 관직의 총칭이다. 그러나 실질적으로는 중앙정부 각 행정기관의 총칭으로 통용되었다.

20) 管仲 : 춘추시대의 정치가. 齊 桓公을 보필하여 개혁정치를 시행하여 齊나라를 부강하게 만들고 제후들을 제패하였다. 자세한 사적은 권62 「管晏列傳」 참조.

21) 三歸 : 이에 대해서는 다음과 같은 여러 가지 해석이 있다. 즉 첫째는 采邑 이름이라는 설이고, 둘째는 臺의 명칭이라는 설이며, 셋째는 금은을 저장해둔 부고의 명칭이라는 설이며, 넷째는 시장의 교역세가 임금에게 귀속되는 부분이라는 설이고, 다섯째는 세 명의 성이 다른 여자를 아내로 맞았다는 설이고, 여섯째는 세 곳에 가정을 두었다는 설 등이 그것이다. 이 가운데 통상 두번째 설과 여섯번째 설이 주로 통용된다.

22) 桓公 : 齊나라의 姜小白을 가리킨다. 管仲의 보필에 힘입어 춘추시대 최초의 覇者가 되었다.

23) 晏嬰 : 字는 平仲이다. 靈公, 莊公, 景公의 세 임금을 보필하였으며, 검약한 행실로 명성을 남겼다. 자세한 사적은 권62 「管晏列傳」 참조.

24) 公孫弘이 丞相이 된 것은 元朔 5년(기원전 124년) 11월의 일이며, 平津은 지금

공손홍은 사람됨이 남을 시기하고 의심하기를 잘하였다. 때문에 겉으로는 관대한 체하였으나 속마음은 알 수 없었다. 그는 자신과 틈이 있는 자들과 사이가 좋은 것처럼 꾸며댔지만, 남몰래 보복을 가하고는 하였다. 주보언(主父偃)을 죽인 것이나, 동중서(董仲舒)[25]를 교서(膠西)[26]로 쫓아낸 것은 모두 그의 힘이었다. 그는 고기 반찬 한 가지에 거친 밥을 먹으면서도 친구들이나 절친한 빈객이 의식(衣食)을 청하면 자신의 봉록을 몽땅 주어버리고 자기 집에는 남는 것이 없었다. 이 때문에 사대부들마저도 그를 훌륭하다고 칭찬하였다.

회남(淮南), 형산(衡山)이 모반하여[27] 이에 결탁된 자들을 색출하느라 여념이 없을 때, 공손홍은 병세가 심각하였다. 그는 스스로 "공도 없이 후(侯)에 봉해지고 승상의 지위에 이르렀구나. 응당 현명한 군주를 잘 보필하고 나라 사람들을 잘 어울러서, 사람들이 신하된 도리를 따르도록 해야 할 것을. 지금 제후가 반역의 음모를 꾀하는 것은 모두가 재상이 직책을 제대로 수행하지 못하기 때문일 테지. 행여 이대로 병들어 죽는다면, 책임을 메울 길이 없을까 두렵도다"라고 생각하였다. 이에 글을 올려서 말하였다. "신이 들으니 천하에는 다섯 가지의 통행되는 도가 있고, 이것을 실행하는 데에는 세 가지 방법이 있다고 합니다. 군신, 부자, 형제, 부부, 장유(長幼)의 질서, 이 다섯 가지는 천하에 통행되는 도이며, 지(智), 인(仁), 용(勇), 이 세 가지는 천하에 통행되는 덕으로 도를 실행하게 하는 것입니다. 때문에 '힘써서 실천하는 것은 인에 가깝고, 묻기를 좋아하는 것은 지에 가까우며, 부끄러움을 아는 것은 용에 가깝다'[28]라고

의 河北省 鹽山縣 남쪽에 해당된다.

25) 董仲舒 : 廣川(지금의 河北省 棗强縣 동쪽) 사람. 漢代의 저명한 철학가이자 今文經學의 대가. 對策에서 儒術만을 존숭하고 百家를 축출할 것을 주장하여 武帝에게 등용되어, 이후 유학을 2,000여 년 동안 치국이념으로 삼는 데 지대한 역할을 하였다. 『春秋繁露』, 『董子文集』을 남겼다.

26) 膠西 : 봉국 이름. 지금의 山東省 膠河 서쪽, 高密縣 북쪽에 있었다.

27) 漢 武帝 元狩 원년(기원전 122년) 봄, 淮南王 劉安과 衡山王 劉賜가 반란을 모의하다 탄로나서 자살하였다. 淮南과 衡山은 모두 봉국 이름으로 각각 지금의 安徽省 중부와 湖北省, 安徽省에 인접한 河南省 동남쪽 모퉁이에 위치하였다. 劉安은 漢 高祖의 손자로 문장에 뛰어나 일찍이 빈객과 方士 수천명을 초치하여 『淮南子』를 남겼다. 劉賜는 劉安의 아우이다.

28) 원문에는 "力行近乎仁, 好問近乎智, 知恥近乎勇"으로 되어 있으나, 『中庸』에는 "好學近乎知, 力行近乎仁, 知恥近乎勇"으로 되어 있다.

합니다. 이 세 가지를 안다면 스스로를 수양할 방법을 알게 됩니다. 스스로를 수양하는 방법을 터득한 다음에라야 남을 다스리는 방법을 알게 됩니다. 천하에 자신을 다스리지 못하면서 남을 다스릴 수 있는 자는 이제껏 없었습니다. 이는 항구불변의 도입니다. 이제 폐하께서는 몸소 대효(大孝)를 행하시고, 삼왕(三王)[29]을 본보기로 삼으시며, 주(周)나라의 치국지도(治國之道)를 세우시고, 문왕(文王)과 무왕(武王)의 덕과 재능을 겸비하셨습니다. 훌륭한 선비를 격려하여 봉록을 내리고 능력에 따라 벼슬을 내리십니다. 신 홍은 보잘것없는 자질에 한마지로(汗馬之勞)[30]조차 없는데도 폐하께서는 파격적으로 신을 졸개들 가운데서 발탁하시어 열후(列侯)[31]에 봉하시고 삼공의 지위에 오르게 하였습니다. 신의 행실과 능력은 언급할 만한 가치가 없습니다. 평소 부신지병(負薪之病)[32]이 있어서 구마지심(狗馬之心)[33]을 다하기도 전에 쓰러져 성덕(盛德)에 보답하고 소임을 다하지 못할까 두렵습니다. 바라건대 후(侯)의 인(印)을 반납하고 사임하여 현능한 자에게 길을 터주고자 합니다." 천자는 이에 답하여 이렇게 말하였다. "옛날에는 공이 있는 자에게 상을 내리고, 덕이 있는 자에게 표창하였소. 또 태평할 때에는 문(文)을 숭상하고, 혼란스러울 때에는 무(武)를 존중하였으니, 이제껏 이를 바꾼 자는 없었소. 짐은 지난날 요행히 존위(尊位)에 오른 이래로, 두려워하며 마음이 편안하지 못하고, 오직 함께 더불어 나라를 다스릴 것만을 생각하였음을 그대는 잘 알 것이오. 군자는 선을 좋아하고 악을 미워하오. 그대는 언행을 삼갈 뿐, 상벌과 진퇴는 모두 짐에게 달려 있소. 그대가 불행히도 상로지병(霜露之病)[34]에 걸렸으나 어찌 낫지 않을 것이라 하겠소? 이에 글을 올려서

29) 三王 : 夏 禹王, 商 湯王 및 周의 文王과 武王을 가리키는 것으로, 이들은 각각 夏, 商, 周 나라를 개국한 인물이다.

30) 汗馬之勞 : 본래 전공을 가리키는 말이나, 여기에서는 일반적인 공적을 가리키는 말로 풀이된다.

31) 列侯 : 작위 이름. 秦漢 시기 제20등급의 작위 가운데 최고 등급인 20급에 해당하는 것으로, 처음에는 '徹侯'라고 명명하였으나 후에 武帝의 諱를 피하여 '通侯'라고 개칭하였다. '列侯'로 불리기도 한다.

32) 負薪之病 : '땔나무를 하느라 고단하여 생긴 병'이라는 뜻으로 자신의 신병을 완곡하게 낮추어 이르는 말이다. '負薪之憂'라고도 한다.

33) 狗馬之心 : 개나 말 등이 그 주인에게 힘을 다하는 것과 같은 정성을 이르는 것으로, 자신의 성의를 겸손하게 이르는 말이다.

34) 霜露之病 : 서리와 이슬을 맞아서 생긴 병이라는 말로, 신병에 대한 완곡한 표현

작위를 반납하고 사직하겠다고 하니, 이는 짐의 부덕함을 드러내는 것이오. 이제 조정의 일이 조금 한가해졌으니 그대는 근심을 덜고 정성을 모아 의약으로 몸을 보전하도록 하오." 이어서 천자는 휴가를 내리고 쇠고기와 술 그리고 비단을 하사하였다. 몇달 지나 그는 병이 낫자 다시 업무를 보았다.

원수(元狩)[35] 2년, 공손홍은 병이 들어 마침내 승상직에서 타계하였다. 아들 도(度)가 뒤를 이어 평진후가 되었다. 도는 산양(山陽)[36]의 태수(太守)[37]가 된 지 10여 년이 지나, 죄를 지어 후의 작위를 잃었다.

주보언(主父偃)은 제(齊)나라 땅 임치(臨菑)[38] 사람이다. 장단종횡지술(長短縱橫之術)[39]을 배웠으며, 만년에는 『역경(易經)』, 『춘추』 그리고 제자백가의 학설을 공부하였다. 제나라의 여러 유생들 사이를 유력하였으나, 아무도 그를 따뜻하게 대해주지 않았다. 제나라의 여러 유생들이 어울려 그를 따돌리니, 그는 제나라에서 더 이상 받아들여지지 않았다. 게다가 집안이 가난하여도 차용할 곳조차 없었다. 이에 그는 북쪽으로 연(燕),[40] 조(趙),[41] 중산(中山)[42] 지방을 떠돌았으나 그를 따뜻하게 대해주는 자는 아무도 없었다. 나그네 되어 떠도는 몸은 무척이나 고달팠다. 효무제(孝武帝) 원광(元光) 원년, 주보언은 제후들 중에는 유세할 만한 자가 없다고 여기고,[43] 이에 서쪽으로 함곡관(函谷關)을 들어가 위장군(衞將軍)[44]을 찾아갔다. 위장군이 거듭 그를 천자에게 추천하였지만, 천

이다.

35) 元狩 : 漢 武帝의 네번째 연호(기원전 122-기원전 117년)이다.

36) 山陽 : 지금의 山東省 서남쪽.

37) 太守 : 전국시대 郡守에 대한 존칭으로 漢 景帝 때 '太守'로 개칭하였다. 한 郡의 최고 행정관이다.

38) 臨菑 : 臨甾, 臨淄 등으로도 표기한다. 지금의 山東省 淄博市 동북쪽에 위치하였다.

39) 長短縱橫之術 : 전국시대 縱橫家의 合縱連橫術을 가리킨다.

40) 燕 : 봉국 이름. 지금의 北京市 남쪽 일대로 도읍은 薊縣(지금의 北京市 서남쪽)이었다.

41) 趙 : 봉국 이름. 지금의 河北省 서남쪽 일대에 해당하며, 도읍은 邯鄲(지금의 邯鄲市)이었다.

42) 中山 : 봉국 이름. 지금의 河北省 중부에 위치하였으며, 도읍은 盧奴(지금의 定縣)였다.

43) 여기에서 제후들은 齊, 燕, 趙, 中山 땅의 제후들을 가리킨다.

자는 그를 불러들이지 않았다. 밑천이 떨어지고 머무른 지 오래되자 여러 공들과 빈객들은 대부분 그를 싫어하였다. 이에 그는 조정에 상소문을 올렸는데, 아침에 상소를 올리자 저녁에 들어가서 천자를 알현하게 되었다. 상소문에서 그가 말한 아홉 가지 일 가운데 여덟 가지가 율령에 관한 것이었고, 그밖의 한 가지는 흉노 정벌에 대한 간언이었다. 그는 상소문에서 이렇게 말하였다.

신이 들으니 현명한 천자는 간절한 간언을 꺼리지 않고 두루 살피며, 충신은 무거운 형벌을 피하지 않고 사실대로 간언한다고 합니다. 때문에 일에는 실책이 없고 공적과 명성은 길이 전해지는 것입니다. 지금 신은 충심을 품고서 죽음을 마다하지 않고 어리석은 계책을 올립니다. 바라옵건대 폐하께서는 신의 죄를 용서하시고 조금이라도 살펴주시기 바랍니다.

『사마법(司馬法)』[45]에 "나라가 비록 크더라도 싸움을 좋아하면 반드시 망하고, 천하가 비록 태평하더라도 전쟁을 잊으면 반드시 위태롭게 된다"[46]라고 쓰여 있습니다. 천하가 평정된 후에 천자는 "대개(大凱)"[47]를 연주하고, 봄에는 수(蒐)라는 사냥을 하고 가을에는 선(獮)이라는 사냥을 하며, 제후는 봄에는 군대를 정비하고 가을에는 군대를 연마합니다. 이는 전쟁을 잊지 않기 위한 행사입니다. 그리고 성내는 것은 덕을 거스르는 것이요, 병기는 좋지 못한 물건이며, 싸움은 말단의 일입니다. 옛날 천자는 한 번 성내면 반드시 사람을 죽여 피를 보았습니다. 때문에 성왕(聖王)은 그런 일을 신중히 행하였습니다. 싸워서 이기는 것에 힘을 쏟고 무력을 다하는 자로서 후회하지 않는 자는 없습니다. 옛날 진 시황(秦始皇)은 싸워서 승리한 위세를 몰아 천하를 야금야금 먹어들어가 전국(戰國)을 삼켜버리고 천하를 통일하니, 무공(武功)이 삼대(三代)와 같았습니다. 진 시황은 싸워 이기는 것에 힘을 쏟는 것에 그치지 않고 흉노를 치려고 하였습니다. 이사(李斯)[48]가 간언하기를 "안 됩니다. 흉노는 일정하게 성곽을 쌓고

44) 衛將軍 : 衛青을 가리킨다. 字는 仲卿이며 河東 平陽 사람이다. 武帝 衛皇后의 아우로 일곱 차례에 걸쳐 匈奴를 토벌하여 漢나라가 匈奴의 위협을 제거하는 데에 공헌하였다. 大司馬, 大將軍의 지위에 올랐으며 長平侯에 봉해졌다.

45) 『司馬法』 : 고대의 병법서. 전국시대 齊 威王이 大夫에게 옛날 司馬兵法을 정리토록 하고 아울러 춘추시대 齊나라의 大夫 田穰苴의 병법을 거기에 덧붙여 『司馬穰苴兵法』이라고 하였다. 『漢書』「藝文志」에는 150편이라고 기록되어 있으나, 현재는 5편만이 전해진다.

46) 『司馬法』「仁本」에 수록된 말이다.

47) "大凱" : 周나라 때에 군대가 개선하였음을 아뢰면서 연주하였다는 음악이다.

48) 李斯 : 上蔡(지금의 河南省 上蔡縣) 사람. 楚나라로부터 秦나라로 들어가 秦王 嬴

살지 않으며, 창고에 쌓아놓고 지킬 것이 없습니다. 마치 새떼가 모였다가 흩어지듯 이리저리 옮겨 다녀서 제지하기 어렵습니다. 가볍게 무장한 병사로 깊이 쳐들어가면 필시 군량이 끊어질 것입니다. 군량을 보급하면서 행군하려면 무거워서 일을 할 수 없습니다. 그 땅을 얻더라도 이로울 것이 없으며, 그 백성들을 다스릴지라도 그들을 부리고 지키게 할 수는 없습니다. 승리하고 나서 반드시 그들을 죽인다면, 백성의 부모된 도리가 아닙니다. 중국을 피폐하게 하면서 흉노를 치는 것을 만족스럽게 여긴다면, 이는 좋은 계책이 아닙니다"라고 하였습니다. 진 시황이 이를 듣지 않고 결국 몽염(蒙恬)[49]에게 군대를 거느리고 오랑캐를 치게 하여, 천리의 땅을 개척하고 하수(河水)로 경계를 삼았습니다. 그러나 그 땅은 본래 염분이 많은 늪지대로 오곡이 자라지 못합니다. 그런 다음 천하의 장정들을 보내서 북하(北河)[50]를 지키게 하였습니다. 군사를 변방에 주둔시켜놓은 10여 년 동안에 죽은 자가 이루 셀 수가 없을 지경이었지만, 결국 하수의 북쪽으로 진출하지는 못하였습니다. 이것이 어찌 병력이 부족하거나 무기가 제대로 갖추어지지 않았기 때문이었겠습니까? 그 형세가 그럴 수 없었기 때문입니다. 또 천하의 백성들로 하여금 말먹이와 군량을 운송하게 하면서 황현(黃縣),[51] 수현(腄縣),[52] 낭야(琅邪)[53] 등 바다에 인접한 고을에서부터 북하까지 전하고 전하여 운반하니, 보통 처음의 30종(鍾)에서 겨우 1석(石)만이 남아 전해질 뿐이었습니다.[54] 사내들이 죽어라고 농사를 지어도 군량의 수요에는 부족하였고, 아녀자들이 아무리 길쌈을 하여도 군막(軍幕)을 만들기에는 부족하였습니다. 백성들은 탈진하고, 고아나 노약자는 서로 부양할 수 없어 길바닥에는 죽은 시체가 잇따르니, 이 때문에 천하가 진나라를 배반하기 시작한 것입니다.

政의 客卿이 되었다. 秦나라가 천하를 통일한 후, 丞相의 소임을 맡아 始皇을 보필하였다. 始皇이 죽자 환관 趙高와 모의하여 始皇의 장남 扶蘇를 자살하게 만들고 胡亥를 2세 황제로 추대하였다가 결국은 三族 멸문의 화를 입었다. 자세한 사적은 권6 「秦始皇本紀」와 권87 「李斯列傳」 참조.

49) 蒙恬 : 秦나라의 名將으로 匈奴를 정벌하여 河南(지금의 내몽고 자치구 河套 일대)을 빼앗고 長城을 쌓았다. 후에 李斯와 趙高에게 피살되었다. 권88 「蒙恬列傳」 참조.

50) 北河 : 지금의 烏加河에 해당되는 고대 黃河의 본류를 가리킨다.

51) 黃縣 : 지금의 山東省 黃縣 동쪽.

52) 腄縣 : 지금의 山東省 福山縣.

53) 琅邪 : 지금의 山東半島 동남쪽.

54) 鍾과 石은 모두 용량의 단위로 1鍾은 6斛 4斗(즉 64斗)이고, 1石은 1斗에 해당한다.

고조(高祖) 황제께서 천하를 평정하실 무렵, 변방을 공략하려고 하셨습니다. 흉노가 대곡(代谷)[55] 밖에 모여든다는 소문을 듣고 그것을 치려고 하자, 어사(御史)[56] 성(成)이 나아가 이렇게 간언하였습니다. "안 됩니다. 저 흉노의 속성은 짐승처럼 모였다가 새떼처럼 흩어지는 것입니다. 그들을 뒤쫓는 것은 그림자를 잡는 것과 같습니다. 지금 폐하의 성덕으로 흉노를 치신다면, 신은 그것을 위태롭게 여깁니다." 고조 황제가 이를 듣지 않고 마침내 북쪽으로 대곡에 이르렀다가, 결국 평성(平城)에서 포위당하셨습니다.[57] 고조 황제께서는 이를 무척 후회하고, 결국 유경(劉敬)[58]을 보내 화친의 약속을 맺게 하셨습니다. 그런 뒤에 천하는 전쟁을 잊었습니다. 때문에 『손자병법(孫子兵法)』에 "군대 10만을 동원하면, 날마다 천금을 쓰게 된다"[59]고 되어 있는 것입니다. 진나라는 당시 수 십만의 군대를 늘 변방에 주둔시켜놓고서 적군을 무찌르고 장수를 베어 죽이며 선우(單于)를 사로잡은 공이 있었기는 하나 또한 그것으로 원한을 맺고 원수를 갚게 하기에는 족하였지만, 천하의 비용을 충당하기에는 역부족이었습니다. 위로는 부고(府庫)를 텅 비게 만들고, 아래로는 백성을 고달프게 하면서 나라 밖에 위엄을 떨치는 것으로 만족스럽게 여기는 것은 완전한 일이 아닙니다. 흉노를 통제하기 어려웠던 것이 어느 한 시대에 국한된 것은 아닙니다. 그들이 도둑질을 감행하고 침입하여 쫓아내고 하는 것을 밥 먹듯 행하는 것은 천성이 본래 그렇기 때문입니다. 멀리 우(虞), 하(夏), 은(殷), 주(周)에 이르기까지 중국은 그들에게서는 세를 거두지 않고 잘못을 벌하지 않은 채, 금수처럼 여기고 사람으로 취급하지 않았습니다. 멀리 우, 하, 은, 주의 전통을 살피지 않고, 가까운 시대의 과실을 따르는 것, 이는 신이 매우 우려하는 것이며 또한 백성들이 괴롭게 여기는 것입니다. 더구나 군대를 동원하는 것이 오래되면 변란이 생기고, 군사들은 하는 일이 고통스러우면 마음을 바꾸어 먹게 마련입니다. 이는 또한 변경의 백성

55) 代谷 : 代郡의 산골짜기 지역을 가리키는 것으로, 代郡은 지금의 山西省 동북부와 河南省 서북부에 해당된다.

56) 御史 : 관직 이름. 秦 이전에는 史官이었으나, 漢代에는 侍御史, 符璽御史, 治書御史, 監軍御史 등으로 각각 직무를 나누어 맡았다.

57) 漢 7년(기원전 200년), 劉邦은 匈奴를 토벌하기 위하여 平城에 이르렀다가 平城의 동쪽에 있는 白登山에서 7일 동안 포위된 적이 있었다. 平城은 지금의 山西省 大同市 동북쪽에 있었다.

58) 劉敬 : 婁敬을 가리킨다. 齊나라 땅 출신으로 공을 세워 高祖에게서 劉氏 성을 하사받고, 關內侯에 봉해졌다. 당시 匈奴와 화친할 것을 건의하였다.

59) 『孫子兵法』은 춘추시대 말기 孫武가 지은 현전하는 가장 오래된 병법서로, 여기에 인용된 글은 「用間」 편에 실려 있는 글이다.

들을 고달프고 시름에 잠기게 하여 역심(逆心)을 품게 만들고, 장리(將吏)들에게 서로 의심하면서 남의 나라와 결탁하여 개인적인 이익을 추구하게 만드는 것입니다. 때문에 위타(尉佗),[60] 장함(章邯)[61]이 그들의 야심을 이룰 수 있었던 것입니다. 진나라의 정령(政令)이 시행되지 않았던 것은 권력이 위타와 장함에게 분산되어 있었기 때문입니다. 이것이 바로 득실의 구체적인 사례입니다. 때문에 『주서(周書)』에는 "국가의 안위는 천자가 어떤 명령을 내는가에 달려 있고, 국가의 존망은 천자가 어떤 사람을 등용하는가에 달려 있다"라고 되어 있습니다.[62] 바라옵건대 폐하께서는 이를 자세히 살피시고 깊이 생각하십시오.

이때, 조(趙)나라 사람 서악(徐樂)[63]과 제나라 사람 엄안(嚴安)[64]이 각각 상소하여 시정에 대하여 말하였다. 서악은 이렇게 말하였다.

신이 들으니 천하의 근심은 토붕(土崩)에 있는 것이지 와해(瓦解)에 있는 것이 아니라고 합니다.[65] 이는 예나 지금이나 마찬가지입니다. 무엇을 '토붕'이라고 하는가 하면, 진(秦)나라의 말세가 그것에 해당됩니다. 진승(陳勝)[66]은 천승(千乘)의 높은 신분도 아니며, 손바닥만한 땅도 없었습니다. 왕공(王公), 대인(大人)이나 명망 있는 가문의 후예와 같은 신분도 아니었으며, 향곡(鄕曲)의 명성도 없었습니다. 공자(孔子), 묵적(墨翟), 증삼(曾參)과 같은 현능함을 지닌 것도, 도주(陶朱)나 의돈(猗頓)[67]과 같은

60) 尉佗: 眞定 사람으로 秦나라 때 南海郡 龍川 縣令을 지냈다. 秦나라 말기에는 南海郡, 桂林郡, 象郡을 병합하여 南越國을 세우고, 高祖로부터 南越王에 봉해졌으며, 景帝 때에 漢나라에 內屬하였다. 자세한 사적은 권113「南越列傳」 참조.

61) 章邯: 秦나라의 장수로 陳勝, 項梁의 봉기군을 토벌하였다. 나중에 項羽에게 투항하여 雍王에 봉해졌으나, 劉邦과의 싸움에서 패배하여 자살하였다.

62) 『周書』는 周나라 때의 역사서인 『逸周書』를 가리키는 것으로, 내용의 대부분은 전국시대 때의 사람이 周代의 誥, 誓, 辭, 命을 본떠 지은 것으로 알려져 있다. 본문에 인용된 글은「王佩解」에 수록된 구절이다.

63) 徐樂: 無終(지금의 天津市 薊縣) 사람으로 郎中으로부터 中大夫에 이르렀다.

64) 嚴安: 臨淄 사람으로 본명은 莊安이었으나 漢 明帝 劉莊의 諱를 피하여 바꾸었다.

65) '土崩'은 '흙으로 쌓은 토대가 무너진다'는 뜻으로 사회 기층민의 모반을 의미하고, '瓦解'는 '기왓장이 깨어진다'는 뜻으로 통치집단 내부의 분열과 이반을 의미한다.

66) 陳勝: 陽城 사람으로 字는 涉이다. 秦나라 2세 황제 원년, 吳廣과 함께 농민봉기를 일으켜 反秦 봉기의 서막을 열었다. 권48「陳涉世家」 참조.

67) 陶朱는 楚나라 출신으로 춘추시대 말기 越나라의 大夫였던 范蠡를 가리키는데, 그는 越王 句踐을 도와 吳나라를 멸망시키고, 후에 齊나라를 떠돌다 陶(지금의 山東省 定陶縣 서북쪽) 땅에 살면서 거대한 부를 축척하며 陶朱公으로 불렸다. 猗頓은

부를 지닌 것도 아니었습니다. 그러나 빈민가에서 창자루를 들고 일어나 팔을 걷어붙이고 앞장 서서 소리치니 천하 사람들이 마치 바람을 따르듯 그를 좇았습니다. 이것은 무슨 까닭입니까? 백성이 가난하고 고달픈데도 천자가 이를 안타깝게 여기지 않고, 아랫사람이 원망하는데도 위에서 이를 알지 못하여, 풍속이 어지러워지고 정치가 닦이지 않은 데서 비롯된 것입니다. 이 세 가지가 진승이 밑천으로 삼은 것입니다. 이것을 '토붕'이라고 합니다. 때문에 천하의 근심은 토붕에 있다고 하는 것입니다. 무엇을 '와해'라고 하는가 하면, 오(吳), 초(楚), 제(齊), 조(趙)의 반란이 그것에 해당됩니다. 일곱 나라가 모의하여 대역을 범하고 모두가 만승(萬乘)의 천자라고 일컬었습니다. 병력이 수 십만, 위세는 나라 안을 위협하기에 충분하였고, 재물은 그 백성과 군사들을 유혹하기에 넉넉하였습니다. 그러나 서쪽으로 한치의 땅도 빼앗지 못하고 중원(中原)에서 사로잡힌 것은 무엇 때문입니까? 권위가 필부보다 가볍고 병력이 진승보다 약하였기 때문은 아닙니다. 당시에는 선제의 은택이 아직 쇠퇴하지 않아서, 편안히 정착하여 풍속을 즐기는 백성들이 많았기 때문에 제후를 국경 밖에서 도와주는 자가 없었습니다. 이것을 '와해'라고 합니다. 따라서 천하의 근심은 와해에 있는 것이 아니라고 하는 것입니다. 이것을 통해서 볼 때 천하가 진실로 토붕의 형세에 놓이면 설령 벼슬 없이 궁핍하게 지내는 선비라고 하더라도 더러 앞장 서서 악행을 제창하여 온 세상을 위태롭게 할 수 있으니, 진섭(陳涉)이 그러한 경우입니다. 하물며 삼진(三晉)의 군주와 같은 강자가 혹 존재한다면 어떻겠습니까?[68] 천하가 비록 잘 다스려지지 않았더라도 진실로 토붕의 형세가 없다면, 비록 강대국의 날카로운 군대가 모반하더라도 발 돌릴 틈도 없이 사로잡히게 될 것입니다. 오, 초, 제, 조가 그러한 경우입니다. 하물며 신하들이나 백성들이 난을 일으킬 수 있겠습니까? 이 두 가지는 국가 안위의 명백한 요건으로서 현명한 군주는 여기에 관심을 두고 자세히 살핍니다.

요즈음 관동(關東)에는 오곡이 잘 여물지 않아 수확이 예전처럼 회복되지 않아서 백성들이 무척 곤란을 겪는 데다, 변경의 전쟁까지 겹쳤습니다. 사리에 따라 따져본다면, 앞으로 그곳을 불안하게 여기는 백성들이 생길

전국시대의 大商으로 河東의 鹽池를 경영하여 역시 거대한 부를 축적하였다. 陶朱公과 猗頓 두 사람은 모두 흔히 부자의 상징적 인물로 불린다.

68) 三晉은 전국시대 초기에 晉나라가 나뉘어 독립한 韓, 趙, 魏의 세 나라를 가리키는 말로, 여기의 '三晉의 군주'는 황제의 지위를 찬탈하려는 제후나 대신을 가리키는 말로 사용되었다.

것입니다. 불안하면 쉽게 동요합니다. 쉽게 동요하는 것은 토붕의 형세입니다. 때문에 현명한 군주는 만물 변화의 근원을 살펴서 안위의 기틀을 분명히 하고, 조정에서 이를 닦습니다. 그리하여 형체가 드러나기 전에 근심을 없애버리는 것입니다. 그 요점은 천하에 토붕의 형세가 없도록 하는 것뿐입니다. 그러므로 강대국의 날카로운 군대가 모반하더라도 폐하께서는 짐승을 쫓고 나는 새들을 잡으며, 잔치를 벌이는 장소를 더욱 넓혀서 마음껏 미색(美色)을 보고 즐기며, 더할 수 없이 사냥을 즐기시더라도, 아무 일 없는 듯할 것입니다. 금석사죽(金石絲竹)[69]의 음악 소리가 폐하의 귀에 끊이지 않고, 장막 뒤의 운우지정(雲雨之情)과 배우, 광대의 웃음소리가 폐하의 면전에 끊이지 않더라도, 천하에는 두고두고 근심해야 할 일이 없게 될 것입니다. 무엇 때문에 굳이 명성이 탕왕(湯王), 무왕(武王)과 같고, 풍속이 성왕(成王), 강왕(康王) 때와 같기를 바라겠습니까![70] 신이 생각컨대, 폐하께서는 타고난 성군(聖君)으로서 관대하고 인자한 자질을 지니고 계십니다. 진실로 천하를 다스리는 것에 힘쓰신다면, 명성이 탕왕이나 무왕에 버금가기 어렵지 않을 것이며, 성왕과 탕왕 때의 풍속을 부흥시킬 수 있으실 것입니다. 토붕과 와해를 피하는 이 두 가지 근본을 확립한 다음, 존귀하고 편안한 현실 속에서 당세에 명예를 드날리어, 천하 사람들을 아끼고 사방 오랑캐를 심복시키며, 남은 은덕이 여러 대에 걸쳐 융성하게 되고, 천자의 자리에서 의(扆)[71]를 등지고 소매를 거두어 왕공들을 읍하도록 하는 것이, 폐하께서 하실 일입니다. 신이 들으니 왕자(王者)가 되기를 기도하면 비록 그것을 이루지 못하더라도, 천하를 안정시키기에는 충분하다고 합니다. 천하가 편안해지면, 폐하께서 무엇을 찾은들 얻어지지 않고, 무엇을 행한들 이루어지지 않으며, 어디를 정벌한들 복종하지 않겠습니까!

엄안은 상서하여 이렇게 말하였다.

신이 들으니 주나라가 천하를 소유하였을 때에, 치세(治世) 300여 년 중에, 성왕과 강왕 때가 가장 융성하였는데, 이때에는 40여 년 동안이나 형벌을 버려둔 채 내리지 않았다고 합니다. 주나라가 쇠퇴해가는 과정 또한

69) '金石絲竹'은 각각 타악기〔金石〕, 현악기〔絲〕, 관악기〔竹〕를 가리키는 것이나, 함께 쓰이는 경우는 음악에 대한 범칭으로 쓰인다.

70) 成王은 武王의 아들 姬誦으로 周公의 보필로 周나라의 정사를 반석에 올려놓았으며, 康王은 成王의 아들로 成王의 정책을 계승하여 周나라의 통치를 한층 공고히 하였다. 때문에 이 시기를 역사에서는 '成康之治'라고 하였다.

71) 扆 : 제왕의 궁전 안의 문에 세워놓은 병풍을 말한다.

300여 년이었습니다. 때문에 오백(五伯)[72]이 번갈아 나왔던 것입니다. 오백은 늘 천자를 보위하여 이로운 것을 일으키고 해를 제거하였으며, 사나운 자를 주벌하고 간사한 것을 금하여 천하를 바로잡아 천자를 높였습니다. 오패가 죽고 성현이 뒤를 이어 나오지 않으니, 천자는 외톨이가 되고 쇠약해졌으며 명령은 시행되지 않았습니다. 제후들은 제멋대로 행동하여, 강한 자는 약한 자를 업신여기고, 다수는 소수에게 포악하게 굴었습니다. 전상(田常)[73]이 제나라를 찬탈하고 육경(六卿)이 진(晉)나라를 나누어가지자[74] 이와 동시에 전국시대(戰國時代)로 접어들었습니다. 이는 백성들의 고통의 시작이었습니다. 강대국은 침공에 힘쓰고 약소국은 방비를 갖추게 되었습니다. 합종(合縱)이다, 연횡(連橫)이다 하며 분주히 말을 달려 오가니, 갑옷과 투구에는 서캐와 이가 가득하건만, 백성은 호소할 곳이 막막하였습니다.

진나라 왕은 천하를 야금야금 먹어들어가 전국(戰國)을 병탄하기에 이르러, 황제라고 일컫더니 천하의 정치를 장악하고 제후들의 성을 파괴하였습니다. 제후들의 무기를 녹여서 종거(鍾虡)를 주조하여 다시는 쓰지 않는다는 뜻을 내보였습니다. 수많은 백성들은 전란의 고통을 면하고 현명한 천자를 얻어서, 사람들 자신은 이제 다시 태어났노라고 여겼습니다. 그때 진나라가 형벌과 세금을 줄이고 요역을 덜어주며, 인의를 숭상하고 권세와 이익을 천시하고, 후박한 것을 숭상하고 약삭빠른 기교를 나쁘게 여겨, 풍속을 바꿔서 천하를 교화하였다면, 분명 대대로 편안하였을 것입니다. 그러나 진나라는 이러한 풍교(風敎)는 행하지 않고, 그들의 옛 관습에 따라 약삭빠른 기교와 권세, 이익을 추구하는 자는 끌어다 쓰고 미덥고 충성스러운 자는 물리쳤습니다. 법을 엄중하게 하고 정치는 준엄하게 행하였습니다. 아첨하는 자가 많아서 황제는 날마다 찬미하는 말만 들으니, 야심은 커지고 마음은 더욱더 교만해졌습니다. 마음껏 나라 밖에 위세를 떨치고 싶어졌습니다. 마침내 몽염(蒙恬)에게 군대를 거느리고 북쪽으로 오랑캐를

72) 五伯 : 춘추시대에 覇者를 일컬었던 齊 桓公, 晉 文公, 楚 莊王, 吳王 闔閭, 越王 句踐의 다섯 제후를 가리킨다. 일설에는 齊 桓公, 晉 文公, 宋 襄公, 秦 穆公, 楚 莊王의 다섯 제후를 가리킨다고도 한다.

73) 田常 : 田恒을 가리킨다. 田成子, 陳成子라고도 한다. 춘추시대 말기 齊나라의 대신으로 簡公을 시해하고 平公을 옹립하여 스스로 相國이 되어 齊나라의 정사를 전횡하였다.

74) 六卿이 晉나라를 나누어 가졌다는 것은 춘추시대 말기에 韓氏, 趙氏, 魏氏, 智氏, 范氏, 中行氏의 六卿이 晉나라의 정치를 전횡하여, 晉나라의 영토를 나누어 가진 것을 말한다. 후에 이들 내부에 격렬한 분규가 벌어져, 기원전 453년에 晉나라는 결국 韓, 趙, 魏로 삼분되었다.

공격하게 하여, 국토를 넓히고 북하를 지키며, 백성들에게 군량을 지고 그 뒤를 따르게 하였습니다. 또 위(尉)인 도수(屠睢)[75]에게 수군(水軍)을 거느리고 남쪽으로 백월(百越)[76]을 치게 하고, 감록(監祿)에게 운하를 파고 군량을 옮겨 월(越)나라에 깊숙히 들어가게 하니,[77] 월나라 군사들은 달아나버렸습니다. 부질없이 날을 보내며 오랫동안 버티자, 진나라 병사는 군량이 부족해졌습니다. 이에 월나라 군사가 공격하니 진나라의 군대는 크게 패하고 말았습니다. 진나라는 이에 위타에게 병졸을 거느리고 월나라를 방비하게 하였습니다. 당시 진나라의 화는 북쪽으로는 오랑캐의 땅에 걸치고, 남쪽으로 월나라에 뻗쳐, 군대를 쓸모없는 땅에 주둔시켜놓은 채, 진퇴양난에 빠져들었습니다. 10여 년을 계속하여 장정들은 갑옷을 입고 아낙네들은 군수를 나르느라, 그 고달픔에 삶을 마다하고 길가 나무에 목을 메어 자살하는 사람들이 줄을 지었습니다. 진나라의 황제가 죽자 천하에는 큰 반란이 일어났습니다. 진승과 오광(吳廣)[78]은 진(陳) 땅에서 봉기하고, 무신(武臣)[79]과 장이(張耳)[80]는 조(趙) 땅에서 일어났으며, 항량(項梁)[81]은 오(吳) 땅에서 군대를 일으켰습니다. 전담(田儋)[82]은 제(齊) 땅에서 군대를 일으켰고, 경구(景駒)[83]는 영(郢) 땅에서 일어났으며, 주불

75) 屠睢 : 사람 이름. 자세한 사적은 알 수 없다.

76) 百越 : 당시 長江 중하류 이남 지역에 분포하여 살던 越人 부족의 총칭이다.

77) 監祿은 '史祿'이라고도 한다. 여기에서 '監'은 秦나라 때 郡을 감찰하던 御史를 가리키고, '祿'은 사람 이름이다. 그는 일찍이 지금의 廣西 壯族 자치구 興安縣 부근에 운하를 파서 湘水와 漓水를 통하게 하였는데, 이 운하는 후세에 '靈渠'로 불렸다.

78) 吳廣 : 陽夏(지금의 河南省 太康縣) 사람으로 秦나라 말기 陳勝과 함께 大澤에서 봉기하여 스스로 왕이라 하고 서쪽으로 秦나라를 정벌하였다. 후에 자신의 部將에게 피살되었다.

79) 武臣 : 陳縣 사람으로 陳勝의 部將이었다. 趙나라를 공격하여 邯鄲을 점령하고 자립하여 趙王이 되었으나, 후에 자신의 部將이던 李良에게 살해당하였다.

80) 張耳 : 大梁(지금의 河南省 開封市) 사람으로, 전국시대 말기 魏나라 外黃令을 지냈다. 秦나라 말기에는 陳勝의 校尉가 되어 武臣을 따라 趙를 공략하여, 武臣이 趙王이 되자, 張耳는 丞相이 되었다. 項羽가 제후왕을 분봉할 때, 常山王에 봉해졌고, 후에 劉邦에게 투항하여 趙王이 되었다.

81) 項梁 : 下相(지금의 江蘇省 宿遷縣 서남쪽) 사람. 楚나라 귀족 출신으로 陳勝의 봉기에 호응하여 吳 땅에서 군사를 일으켰다. 후에 陳勝의 上柱國이 되었으나, 秦勝이 죽자 楚 懷王의 손자인 熊心을 왕으로 추대하고 자신은 武信君이 되었다. 定陶에서 전사하였다.

82) 田儋 : 狄縣(지금의 山東省 高青縣 동남쪽) 사람. 전국시대 말기 齊나라의 귀족으로 陳勝이 봉기한 뒤 狄縣令을 죽이고 스스로 齊王이 되었다. 후에 章邯의 손에 죽었다.

83) 景駒 : 전국시대 말기 楚나라의 귀족으로, 陳勝의 봉기가 무너진 후, 秦嘉 등에게 楚王으로 옹립되었다가 項梁에게 패배하여 달아나다 죽임을 당하였다.

(周市)[84]은 위(魏) 땅에서 봉기하였고, 한광(韓廣)[85]은 연(燕) 땅에서 거병하였습니다. 심산유곡에서까지도 호걸스러운 인물들이 여기저기에서 봉기하니, 이루 다 기록할 수 없을 지경이었습니다. 그러나 모두들 공후(公侯)의 자손이 아니요, 장관의 아전도 아니었습니다. 손톱만한 권세도 없이 보잘것없는 거리에서 봉기하여 창자루를 들고 시세에 따라 움직였던 것입니다. 서로 의론하지는 않았어도 함께 봉기하였으며, 약속하지는 않았어도 한데 모여들었습니다. 점거한 지역이 넓어져서 패왕이 되기에 이르니, 그것은 모두 시세의 가르침이 그렇게 만든 것입니다. 진나라가 천자의 귀한 신분으로 천하를 소유하였으면서도, 대를 잇지 못하고 제사가 끊기게 된 것은 지나치게 전쟁을 벌인 화 때문입니다. 결국 주나라는 약하였기 때문에 나라를 잃었고, 진나라는 강하였기 때문에 나라를 잃었던 것입니다. 이는 시세의 변화에 따르지 못한 데 기인한 화난(禍難)입니다.

이제 남이(南夷)[86]를 부르고, 야랑(夜郎)[87]을 조회시키며, 강(羌)과 북(僰)[88]을 투항하게 하고, 예주(濊州)[89]를 공략하여 성읍(城邑)을 건설하고, 흉노에 깊숙히 들어가 그들의 용성(蘢城)[90]을 불태우고자 합니다. 의논하는 사람들은 그것을 좋다고 합니다. 그러나 그것은 신하된 자의 이익은 될지언정 천하를 위한 좋은 계책은 아닙니다. 지금 중국에는 아무런 근심도 없는데, 밖으로 먼 곳의 수비에 얽매어 국가를 피폐하게 하는 것은 백성을 자식처럼 생각하는 도리가 아닙니다. 끝도 없는 욕망을 좇아 만족을 추구함으로써 흉노와 원한을 맺는 것은 변경을 편안하게 하는 길이 아닙니다. 화가 맺혀서 풀어지지 않으므로 싸움은 그쳤다가 다시 벌어지게 되니, 가까이 있는 자는 근심에 휩싸일 것이요, 멀리 있는 자는 두려워할

---

84) 周市 : 전국시대 말기의 魏나라 사람. 陳勝의 部將으로 魏 땅을 공략하고 魏咎를 魏王으로 옹립하고 자신은 재상이 되었다. 후에 章邯에게 살해되었다.

85) 韓廣 : 武臣의 명을 받고 燕 땅을 정벌하고 燕王으로 옹립되었다. 項羽가 제후왕을 분봉할 때, 遼東王으로 봉해졌으나 살해되었다.

86) 南夷 : 지금의 雲南省, 貴州省, 四川省 남부에 분포되어 있던 여러 부족들을 가리킨다.

87) 夜郎 : 부족 이름. 당시 西南夷 가운데 가장 융성하던 부족의 일파로 지금의 貴州省 서부와 북부, 雲南省과 四川省의 경계 지역에 위치하였다.

88) 羌은 부족 이름으로 지금의 甘肅省 河西 走廊祁連山區와 青海省 및 新疆省 위구르 자치구 남부, 四川省 북부에 위치하였다. 僰도 부족 이름으로 지금의 雲南省 동부와 四川省 남부에 위치하였다.

89) 濊州 : 지역 이름. '濊'는 貊族들의 거주지로 지금의 동북 지방에서 한반도에 이르는 일대를 가리킨다.

90) 蘢城 : '龍城'으로 되어 있기도 하며, '龍庭'이라고도 한다.

것입니다. 이는 천하를 오래도록 지탱하는 길이 아닙니다. 지금 천하는 갑옷을 정비하고 칼을 갈며, 화살을 바로잡고 시위를 다듬으며, 군량을 운반하는 등, 싸움이 그치지를 않습니다. 이는 천하가 함께 근심하는 것입니다. 군대를 동원하는 것이 오래되면 변란이 일어나고, 일이 복잡해지면 회의가 생기는 법입니다. 지금 변경 고을의 땅이 천리 가까이 되고 줄지은 성들이 수십개입니다. 산천의 형세와 토지에 근거하여 그곳의 백성들을 통제하고 인근 제후들을 위협하니, 이 또한 공실(公室)의 이익이 아닙니다. 멀리 제나라와 진(晉)나라가 무너진 까닭을 살펴보면, 공실은 쇠약해지고 육경은 크게 성대해졌기 때문입니다. 가까이 진(秦)나라가 멸망한 까닭을 살펴보면, 형벌이 지나치게 혹독하고 욕심이 끝이 없었기 때문입니다. 지금 군수(郡守)의 권세는 비단 육경만큼 큰 정도가 아닙니다. 땅이 천리 가까이 되는 것은 작은 골목을 근거로 삼았던 것 정도가 아닙니다. 갑옷, 병기 그리고 각종 장비는 단지 창자루를 사용하였던 정도가 아닙니다. 이런 조건에서 천하의 변란을 만난다면 어떻게 될 것인가는 분명할 것입니다.

상서가 천자에게 올라가자, 천자는 세 사람들을 불러 "그대들은 모두들 어디에 있었는가? 어째서 이제야 얼굴을 보게 되었단 말인가!"라고 하고는, 주보언, 서악, 엄안을 낭중(郎中)[91]으로 임명하였다. 주보언이 거듭 천자를 배알하고 상소하여 국사를 진언하자, 조령을 내려 주보언을 알자(謁者)[92]로 임용하더니, 다시 중대부(中大夫)[93]로 옮겨 앉혔다. 그는 한 해 사이에 네 차례나 전임되었다.

주보언이 천자를 설득하여 말하였다. "옛날의 제후들은 봉지가 사방 100리를 넘지 않았기 때문에 강하건 약하건 그 형세를 통제하기 수월하였습니다. 그러나 요즈음의 제후들은 수십개의 성을 잇따라 차지하고 있는가 하면, 봉지는 사방 천리나 됩니다. 평소에는 교만, 사치하여 음란해지기 쉽고, 위급할 때에는 자신들의 강대함을 근거로 서로 연합하여 조정에 반기를 들게 됩니다. 이제 법을 빙자해서 그들의 봉지를 삭탈한다면 반역의 마음이 싹트게 될 것입니다. 지난날 조조(晁錯)[94]가 바로 그러한 경

91) 郎中 : 관직 이름. 궁정의 車馬, 門戶를 관리하고 아울러 侍衛와 征戰의 일에 충당되었다.
92) 謁者 : 관직 이름. 郎中令에 소속되어 賓贊의 업무를 수행하였다.
93) 中大夫 : 관직 이름. 의론을 관장하고 顧問의 역할을 수행하며, 郎中令에 소속되었다. 나중에 光祿大夫로 개칭되었다.

우였습니다. 지금 제후의 자제들은 더러 수십명이나 되지만 적장자(適長子)만이 대를 계승하고 나머지 자제들에게는 골육임에도 불구하고 손바닥만한 땅도 주어지지 않습니다. 때문에 인과 효의 도가 선양되지 않습니다. 바라옵건대 폐하께서는 제후들에게 명령하여 자제들에게 고루 봉지를 나누어주어, 그 자제들이 봉지를 근거로 후(侯)가 되도록 하십시오. 그러면 저들은 모두 원하던 것을 얻게 되어 좋아할 것입니다. 또한 폐하께서 덕을 베푸시는 것은 사실상 그들의 봉국을 분할하는 것이 되니, 봉지를 삭탈하는 일이 없이도 저들은 점차 약화될 것입니다." 그러자 천자는 그 계책을 따랐다. 주보언은 또 천자를 설득하여 "무릉(茂陵)에 이제 막 현(縣)을 설치하였습니다.[95] 천하의 강호(强豪), 겸병의 인물들과 난리를 일으킬 백성들을 모두 무릉으로 이주시키는 것이 옳습니다. 안으로 경사(京師)를 충실하게 만들고, 밖으로 간활(奸猾)한 무리를 없애는 것, 이것이 바로 죽이지 않고도 해를 제거한다고 하는 것입니다"라고 하였다. 천자가 또 그의 계책을 따랐다.

주보언은 위황후(衞皇后)[96]를 존립(尊立)한 것과 연왕(燕王) 유정국(劉定國)의 음행[97]을 적발하는 데에 공이 있었다. 여러 대신들이 주보언의 입을 두려워하여 보낸 뇌물이 수천금이나 되었다. 누군가 주보언에게 "횡포가 지나칩니다"라고 하니, 주보언은 이렇게 말하였다. "저는 젊어서부터 40여 년 동안이나 유세하며 여기저기를 돌아다녔지만 뜻을 이루지 못하였습니다. 부모는 자식으로 여기지 않고, 형제는 거두어주지 않았으며, 빈객들은 나를 버렸습니다. 나는 오랜 세월 어려움을 겪었습니다. 사내 대장부가 살아 생전 오정식(五鼎食)을 먹지 못한다면, 죽어서 오정에 삶아질 뿐입니다.[98] 날은 저물고 갈 길은 멉니다. 때문에 순서를 뒤바꾸

94) 晁錯 : 穎川郡(지금의 河南省 중남부) 사람으로 文帝 때에 太子家令 등의 직책을 맡았다. 景帝 때, 御史大夫에 임명되어 적극적으로 匈奴를 방비하고 제후왕의 봉토를 차츰 줄여서 중앙집권을 강화할 것을 주장하였다. 권101「袁盎晁錯列傳」참조.

95) 漢 武帝 建元 2년(기원전 139년), 槐里(지금의 陝西省 興平縣 동남쪽) 茂鄕에 茂陵을 만들고, 이와 동시에 茂陵縣을 설치하였다.

96) 衞皇后 : 漢 武帝의 황후인 衞子夫를 가리킨다. 河東 平陽(지금의 山西省 臨汾市 서남쪽) 사람으로, 본래는 平陽公主의 歌女였으나 후에 궁에 들어가 戾太子를 낳아 황후가 되었다. '巫蠱의 禍'가 있은 뒤 유폐당한 채로 자살하였다.

97) 劉定國은 선대의 작위를 이어 燕王이 된 사람으로 세 딸과 간통하고 또 제수를 빼앗아 아내로 삼는 등의 만행을 저질러 고발당하자 고발인을 죽여 입을 막았다. 그러나 후에 재차 고발되어 武帝가 死罪로 논죄하니 자결하였다.

어 서두르는 겁니다."

주보언은 "삭방(朔方)은 땅이 비옥하고 물산이 풍부하며, 바깥으로는 하수(河水)로 둘러싸여 있습니다. 몽염은 거기에 성을 쌓아 흉노를 쫓아 버렸습니다. 그리하여 국내적으로는 운송과 수(戍)자리, 조운(漕運)을 덜고, 또한 중국을 넓혔습니다. 이것이 오랑캐를 멸망시키는 근본입니다"라고 극력 주장하였다. 천자는 그 말을 듣고 공경들에게 의논하도록 하였다. 모두들 타당하지 않다고 하였다. 공손홍이 "일찍이 진(秦)나라 때에 30만 명의 군사를 보내어 북하(北河)에 성을 쌓았습니다. 결국 완성하지 못하고, 얼마 후 그곳을 버렸습니다"라고 하였다. 그러나 주보언이 그 이점을 역설하니, 천자는 결국 그의 의견을 받아들여 삭방군을 설치하였다.[99)]

원삭 2년, 주보언이 제왕(齊王)[100)]은 안으로 제멋대로 굴고 행동이 편벽되다고 아뢰자, 천자는 주보언을 제왕의 승상으로 임명하였다. 주보언은 제나라에 도착하자 형제와 빈객들을 불러놓고 500금을 나누어주면서, 이렇게 꾸짖었다. "지난날 내가 곤궁할 때, 형제는 나에게 먹을 것, 입을 것을 보태주지 않았으며, 빈객들은 우리 집을 찾아오지 않았다. 이제 내가 제나라의 정승이 되니, 그대들 가운데는 나를 맞이하러 천리 먼 길을 달려온 자도 있구나. 내 그대들과는 절교한다. 다시는 우리 집에 얼씬대지 말라!" 그리고는 사람을 시켜서 제왕이 그 맏누이와 간통한 일을 가지고 제왕을 위협하였다. 제왕은 죄를 면하지 못하고 연왕(燕王)처럼 사형에 처해질 것을 두려워하여, 결국 자살하고 말았다. 유사(有司)가 이것을 천자에게 보고하였다.

주보언이 지난날 평민으로 있을 때, 연나라와 조나라에 유세하며 다닌 적이 있었다. 그가 귀한 신분이 된 뒤에 연나라에서의 일을 들추어내자,

---

98) 五鼎食은 원래 고대 제후들이 연회 때에 소, 돼지, 닭, 사슴 고기와 생선을 五鼎에 담아놓고 먹던 것을 가리키는 것으로, 후세에는 호사스럽고 귀한 신분을 가리키는 말로 사용되었다. 한편 五鼎에 삶아진다는 것은 솥에 사람을 넣고 삶아 죽이는 고대의 형벌을 가리킨다.

99) 실제로 朔方郡을 설치한 것은 元朔 2년(기원전 127년)의 일이다.

100) 齊王은 劉次景으로 선대로부터 齊王의 작위를 물려받아, 자신의 누이인 옹주 紀와 간통하는 등 음행을 저질렀다. 主父偃이 자신의 딸을 그에게 시집 보내고자 하였으나 齊王의 어머니 紀太后에게 거절당하자, 이에 武帝를 설득하여 齊王의 작위를 빼앗도록 하였다.

조왕(趙王)[101]은 그것이 나라의 근심거리가 될까 염려스러웠다. 그리하여 글을 올려 주보언의 비밀을 폭로하고자 하였으나, 주보언이 조정에 있었기 때문에 감히 발설하지 못하고 있었다. 주보언이 제나라의 재상이 되어 함곡관 밖으로 나가게 되자, 즉시 사람을 시켜 "주보언은 제후들에게 돈을 받아 먹었습니다. 그 때문에 제후의 자제로 봉후(封侯)된 자들이 많습니다"라고 일러 바쳤다. 제왕이 자살하자, 이 소식을 들은 천자는 벌컥 진노하며 주보언이 제왕을 협박하여 자살하게 만들었다고 여겼다. 이에 형리에게 주보언의 죄를 문초하게 하였다. 주보언은 제후들의 돈을 수뢰한 것은 인정하였으나, 제왕을 위협하여 자살하게 만들지는 않았다고 하였다. 천자는 주보언을 죽이지 않으려고 하였다. 그러나 당시 어사대부였던 공손홍이 이렇게 말하였다. "제왕은 자살하고 후손이 없는지라 제나라는 군(郡)으로 편입되어 한나라에 귀속되었습니다. 주보언은 본래 악의 우두머리입니다. 폐하께서 주보언을 죽이지 않으신다면, 천하의 백성들에게 사과할 방법이 없을 것입니다." 그리하여 결국은 주보언과 그 가족을 처형하였다.

주보언이 귀한 신분이 되었을 때에는, 빈객들이 수천명이나 되었다. 그러나 그가 멸족당하자 그의 시신을 거두는 자는 아무도 없었다. 오직 한 사람, 효현(洨縣)[102]의 공거(孔車)가 시신을 거두어 장사 지냈을 뿐이다. 천자는 나중에 그 말을 전해듣고 "공거는 훌륭한 사람이로다"라고 하였다.

태사공은 말하였다.

"공손홍(公孫弘)은 행의(行義)가 훌륭하였기는 하지만, 때를 또한 잘 만났다. 한나라가 일어난 지 80여 년, 천자께서 문학을 숭상하여 뛰어난 인재들을 불러모아 유학(儒學)과 묵학(墨學)을 선양할 무렵, 공손홍은 두각을 드러내었던 것이다. 주보언(主父偃)이 요직에 앉아 있을 때, 사람들은 모두들 그를 칭송하였다. 그러나 그가 패가망신하게 되자 선비들은 다투어 그의 악행을 이야기하였다. 슬픈 일이다!"

101) 劉彭祖를 가리킨다. 漢 景帝의 아들로 廣川王에 봉해졌다가, 후에 趙王으로 옮겨 봉해졌다. 궤변으로 법을 빙자하여 사람을 죽이는 등 폭행을 일삼았다.

102) 洨縣 : 지금의 安徽省 固鎭縣 동쪽.

태황태후(太皇太后)[103]가 대사도(大司徒),[104] 대사공(大司公)[105]에게 다음과 같은 조서를 내렸다.[106]

나라를 다스리는 길은 백성을 부유하게 하는 데에서 시작되고, 백성을 부유하게 하는 요건은 절약하고 검소함에 있다고 한다.[107] 『효경(孝經)』에는 "윗사람을 편안하게 하고 백성들을 잘 다스리는 길은 예(禮)가 으뜸이다"라고 되어 있으며, 또 "예는 사치스러운 것보다는 차라리 검소한 편이 낫다"[108]라고 되어 있다. 옛날 관중은 제 환공을 보필하여 제후의 패자가 되게 하였으며, 제후들을 규합하여 천하를 통일한 공이 있었다. 그러나 공자(孔子)께서는 관중은 예를 모른다고 하셨다.[109] 그의 호사스러움이 천자에게 비길 만하였기 때문이다. 하(夏)나라 우(禹)임금은 궁실을 누추하게 하고 의복을 남루하게 하여 후세의 성인이 이를 따를 수 없었다. 이를 통하여 본다면, 정치가 훌륭하다는 것은 덕이 훌륭하다는 것이다. 덕은 검소한 것이 으뜸이다. 검소한 것으로 풍속과 백성을 교화시킨다면, 신분의 고하가 질서를 얻게 되고 골육간에는 서로 아끼게 되어 다툼은 근본적으로 사라지게 된다. 이것이 바로 백성들이 풍족하여 형벌이 필요없게 되는 근본인 것이다. 노력하지 않을 수 있겠는가! 삼공(三公)은 모든 관료들의 통솔자요, 만민의 본보기이다. 이제껏 곧은 표지를 세워놓고 굽은 그림자를 얻은 자는 없었다. 공자께서 말씀하지 않으셨던가? "그대가 바르게 이끈다면, 누구라서 감히 바르지 않을 수 있겠는가?"[110] 또 "착한 이를 등용하여 착하지 못한 사람을 교화한다면, 그들은 착해지기 위해서 힘쓰게 될

103) 太皇太后 : 漢 元帝의 황후이자 成帝의 생모이며 平帝의 조모인 王政君(기원전 71-기원후 13년)을 가리킨다.

104) 大司徒 : 관직 이름. '丞相'의 고쳐진 이름으로, 당시 大司徒는 馬宮이라는 자였다.

105) 大司空 : 관직 이름. '御史大夫'의 고쳐진 이름으로, 당시 大司空은 甄豐이라는 자였다.

106) 이 글은 漢 平帝 元始 연간(기원후 3년경), 王元后의 詔書로 후대 사람이 여기에 덧붙여놓은 것이다.

107) 이는 본래 『管子』에 실려 있는 구절로, 『管子』「治國」에는 "凡治國之道, 必先富民, 民富則易治也, 民貧則難治也"라고 되어 있다.

108) 『論語』「八佾」에는 "禮, 與其奢也, 寧儉"이라고 하였다.

109) 『論語』「憲問」에는 "子曰, 桓公九合諸侯, 不二兵車, 管仲之力"이라 하였고, 또 "管仲相桓公, 覇諸侯, 一匡天下, 民到於今受其賜"라고 하였다. 또 「八佾」에는 "管氏而知禮, 孰不知禮"라고 하였다.

110) 『論語』「顔淵」에는 "季康子問政於孔子. 孔子對曰, 政者, 正也. 子帥以正, 孰敢不正"이라고 하였다.

것이다."[111] 한나라가 일어난 이래, 수족과 같은 신하들은 몸소 검약을 실천하면서 재물을 경시하고 의를 중시하였지만, 이제껏 죽은 승상 평진후 공손홍처럼 눈에 띄는 사람은 없었다. 승상의 지위이면서도 베 이불을 사용하고, 거친 밥에 고기 반찬은 한 가지를 넘어서지 않았다. 친구를 비롯하여 사이 좋은 빈객들에게 자신의 봉록을 나누어주고 집에는 남는 것이 없었다. 진실로 안으로는 스스로 검약할 줄 알았고, 밖으로는 제도를 따랐다. 급암이 그를 힐책함으로써 사정이 마침내 조정에 알려졌다. 이는 정해진 제도보다 낮춘 것이기는 하지만 시행할 만한 것이라고 할 수 있다. 덕이란 넉넉하면 밖으로 드러나 행해지고 그렇지 못하면 그치는 것이다. 그것은 속으로는 사치하면서도 겉으로는 허위의 옷을 걸치고 헛된 명예를 낚시질하는 것과는 다른 종류이다. 그가 병으로 벼슬을 그만두기를 요청하자, 효무제(孝武帝)께서는 "공이 있는 자를 상 주고 덕이 있는 자를 표창하며, 선을 좋아하고 악을 미워함은 그대가 잘 알 것이오. 근심을 덜고 정신을 모아 의약으로 몸을 돌보라"고 하셨다. 그리고는 휴가를 주어 병을 치료하게 하고, 쇠고기와 술, 그리고 비단을 하사하셨다. 몇달이 지나자 그는 병이 치유되어 다시 업무를 보았다. 원수(元狩) 2년, 마침내 그는 정승의 지위로 생을 마감하였다. 천자만큼 신하의 사람됨을 잘 아는 자는 없으니, 이것이 그 증거이다. 공손홍의 아들 도(度)가 작위를 이어, 나중에 산양의 태수가 되었다. 그러나 법에 저촉되어 후의 작위를 상실하였다. 덕을 표창하고 의를 드러내는 것은 풍속을 인도하여 교화에 힘쓰는 것으로, 성왕(聖王)의 제도이자 변하지 않는 도리이다.

공손홍의 후손으로 서열상으로 그의 뒤를 이어야 할 자에게 관내후(關內侯)의 작위와 식읍 300호를 하사하노라. 불러서 공거(公車)[112]로 가게 하여 상서(尙書)[113]에 이름을 올리도록 하라. 직접 나아가 임명할 것이다.

반고(班固)[114]는 다음과 같이 칭송하였다.

---

111) 『論語』「爲政」에는 "季康子問使民敬忠以勸如之何. 子曰, 臨之以莊則敬, 孝慈則忠, 擧善而敎不能則勸"이라고 하였다.

112) 公車 : 관직 이름. 궁전의 司馬門을 관장하고 야간에 궁내를 순시하며 상서와 공물 등을 관리하였다.

113) 尙書 : 관직 이름. 전국시대에 처음 설치된 이래, 西漢 成帝 때에 이르러 常侍, 二千石, 民, 客(모두 관직 이름)의 四曹를 나누어 설치하고, 각각 公卿, 郡國二千石, 吏民의 上書 및 외국과 오랑캐에 관련된 업무를 담당하게 하였다.

114) 班固 : 東漢의 저명한 사학가, 문학가. 字는 孟堅이다. 扶風 安陵(지금의 陝西省 陽東縣 북쪽) 사람으로 부친이 지은 『史記後傳』을 이어서 『漢書』를 편찬하였다. 『白

"공손홍(公孫弘)과 복식(卜式),[115] 예관(兒寬)[116]은 모두 홍점(鴻漸)의 날개[117]를 지니고서도 연작(燕雀)에게 곤욕을 당하면서 멀리 양과 돼지를 치는 시골에 자취를 감추고 살았다. 때를 만나지 못하였다면 어찌 그러한 지위에 이르렀겠는가? 당시는 한나라가 일어난 지 60여 년, 온 천하는 태평하였으며 부고(府庫)는 가득하였다. 그러나 사방 오랑캐는 아직 복종하지 않았으며, 제도에는 미비한 점이 많았다. 무제께서는 문(文), 무(武)를 지닌 인재를 등용하고자 하시어 마치 그러한 인재를 놓치기라도 할 듯이 염려하셨다. 포륜(蒲輪)[118]으로 매승(枚乘)[119]을 맞아들이고, 주보언을 보고는 감탄해 마지않았다. 많은 인재들이 다투어 달려가니 특출한 자들이 잇달아 나오게 되었다. 복식은 양을 치다가 등용되었고, 홍양(弘羊)[120]은 장사치로서 발탁되었다. 위청(衛青)은 종의 신분에서 떨쳐 나왔고, 일제(日磾)[121]는 항복한 오랑캐 속에서 나왔다. 이것은 옛날에 판축(版築), 반우(飯牛)에서 인재를 뽑은 것과 같은 경우이다.[122] 한나라가 인재를 얻음이 이때에 이르러 가장 성대하였다. 유학에 뛰어난 인사로는 공손홍, 동중서, 예관이 있었고, 행실이 돈독한 인물로는 석건(石建),[123] 석경(石慶)[124]이 있었으며, 바탕이 정직한 사람으로

虎通義』 등의 명저와 「兩都賦」 등의 뛰어난 문학작품을 남겼다.

115) 卜式 : 西漢 河南 사람으로 목축업을 하다가 가재를 털어 조정을 도운 공으로 中郎에 임명되었다가 御史大夫에 오르고 關內侯에 봉해졌다.

116) 兒寬 : 西漢 千乘(지금의 山東省 高青縣 북쪽) 사람. 孔安國의 제자로 元鼎 4년, 左內史로 임용되었다. 『漢書』「藝文志」에 「兒寬」 9편이 수록되어 있으며, 현재는 輯本이 전한다.

117) 鴻漸의 날개 : '날아오르는 큰 기러기의 날개'라는 말로, 재능이 비범한 것을 비유하는 말이다.

118) 蒲輪 : '蒲로 바퀴를 감싼 수레'라는 뜻으로, 소문 없이 조용히 움직여 인재를 맞아들임을 비유한 것이다. 실제로 武帝는 建元 원년(기원전 140년)에 바퀴에 蒲를 감싼 작은 수레를 타고 魯 땅의 申公을 맞이하였다.

119) 枚乘 : 西漢 때의 辭賦家. 淮陰(지금의 江蘇省 淮陰縣 서남쪽) 사람.

120) 弘羊 : 桑弘羊을 가리킨다. 西漢의 정치가. 장사꾼의 집안에서 태어나, 武帝 때 治渠都尉로 처음 등용되어 昭帝 때에 이르기까지 국가의 경제정책에 공헌하였다.

121) 日磾 : 金日磾를 가리킨다. 匈奴族의 태자였으나 武帝 때에 渾邪王을 따라 漢나라에 귀순하였다.

122) '版築'에서 인재를 뽑았다 함은 商王 武丁의 대신 傅說이 노예의 신분으로 傅巖의 공사판에서 일하다가 중용되었음을 말하는 것이고, '飯牛'에서 인재를 뽑았다 함은 춘추시대 때 衛나라 寧戚이 어느날 齊나라 도성의 성문 밖에서 머물며 소에게 꼴을 먹이던 중, 桓公이 그의 비범함을 발견하고 客卿으로 삼은 일을 가리킨다.

123) 石建 : 溫縣(지금의 河南省 경내) 사람으로 武帝 원년에 郎中令으로 임용되었다.

는 급암, 복식이 있었다. 현능한 사람을 추천하여 등용하는 데에는 한안국(韓安國),[125] 정당시(鄭當時)[126]가 있었으며, 조령을 정하는 데에는 조우(趙禹),[127] 장탕(張湯)[128]이 있었다. 문장에 특출한 인물로는 사마천(司馬遷), 사마상여(司馬相如)[129]가 있었으며, 골계(滑稽)에 뛰어난 사람으로는 동방삭(東方朔),[130] 매고(枚皐)[131]가 있었다. 응대(應對)에는 엄조(嚴助),[132] 주매신(朱買臣)이 있었고, 역수(曆數)[133]에는 당도(唐都),[134] 낙하굉(落下閎)[135]이 있었으며, 협률(協律)에는 이연년(李延年)[136]이 있었고, 운주(運籌)에는 상홍양(桑弘羊)이 있었다. 외국에 간 사신으로는 장건(張騫),[137] 소무(蘇武)[138]가 있었고, 장수로는 위청(衛

124) 石慶 : 石建의 아우로 武帝 원년에 內史로 임용되어, 元鼎 5년에 丞相의 지위에까지 올랐다.

125) 韓安國 : 梁나라 成安(지금의 河南省 民權縣 동북쪽) 사람으로, 武帝 때 御史大夫로 발탁되었다.

126) 鄭當時 : 陳縣(지금의 河南省 淮陽縣) 사람으로, 武帝 때, 左內史 등의 직책을 역임하였다.

127) 趙禹 : 武帝 때 御史로 발탁되어 元光 5년, 황제의 명으로 張湯과 함께 율령을 編訂하였다.

128) 張湯 : 梁나라 成安 사람으로, 武帝 때 御史大夫로 발탁되었다.

129) 司馬相如 : 西漢의 辭賦의 대가. 明나라 사람이 輯錄한 『司馬文園集』이 전해진다.

130) 東方朔 : 西漢의 문학가로 성격이 유머러스하고 辭賦에 뛰어났다. 『漢書』「藝文志」雜家類에「東方朔」30편이 실려 있었으나, 지금은 없어졌다.

131) 枚皐 : 西漢의 辭賦家. 枚乘의 아들이며 100여 편의 賦를 남겼다 하나 현재는 전해지지 않는다.

132) 嚴助 : 會稽郡 吳 땅 사람으로 武齊 때에 賢良의 對策으로 中大夫에 발탁되었다. 본래의 성은 莊이나 東漢 明帝를 避諱하여 '嚴'으로 고쳤다. 應對와 口辯, 文章 등이 두루 뛰어났다.

133) 曆數 : 천문, 曆算의 학술을 말한다.

134) 唐都 : 西漢의 천문역법가로 그의 조상은 楚나라의 史官을 지냈다. 武帝 太初 원년(기원전 104년)에 '太初曆'의 修纂에 참여하였다.

135) 落下閎 : 西漢의 천문역법가. 武帝 때 司馬遷, 鄧平, 唐都 등과 함께 '太初曆'을 만들었다.

136) 李延年 : 漢代의 저명한 음악가. 樂工 출신으로 新聲의 창작에 뛰어났다. 武帝 때에 協律都尉가 되었으며, "漢郊祀歌"에 配樂하고 新聲 28解를 창작하여 "橫吹曲"이라고 한 軍樂으로 사용하였다.

137) 張騫 : 漢中 成固 사람으로, 武帝 때 大月氏를 비롯한 烏孫, 大宛, 康居, 大夏, 安息 등 중앙 아시아의 여러 나라에 사신으로 왕래하여, 당시 漢 왕조와 西域 사이의 문화적, 경제적 교류에 크게 이바지하였다.

138) 蘇武 : 漢代의 장군. 杜陵 사람으로 匈奴에 사신으로 갔다가 單于에게 억류되어 北海에서 양을 치면서도 절개를 굽히지 않았다.

靑), 곽거병(霍去病)[139]이 있었으며, 유조(遺詔)를 받아 어린 천자를 보필하는 데에는 곽광(霍光),[140] 김일제(金日磾)가 있었다. 그 나머지는 이루 다 기록할 수 없다. 이들로 공업(功業)을 세우고 여러 가지 제도와 문물을 남기니, 후세에는 아무도 이에 미치지 못하였다. 효선황제(孝宣皇帝)[141]는 왕통을 계승하자, 대업을 이어받아 육예(六藝)[142]를 강론하고, 뛰어난 인재를 불러 모았다. 그리하여 소망지(蕭望之),[143] 양구하(梁丘賀),[144] 하후승(夏侯勝),[145] 위현성(韋玄成),[146] 엄팽조(嚴彭祖),[147] 윤갱시(尹更始)[148]는 유학으로 등용되었고, 유향(劉向),[149] 왕포(王褒)[150]는 문장으로 이름을 날렸다. 장상(將相)에는 장안세(張安世),[151] 조충국(趙充國),[152] 위상(魏相),[153] 병길(邴吉),[154] 우정국(于

---

139) 霍去病 : 西漢의 명장. 모두 여섯 차례에 걸쳐 匈奴를 정벌하여, 漢에 대한 匈奴의 위협을 제거하였다.

140) 霍光 : 西漢의 대신. 武帝 때에 처음 등용되어, 이후 20여 년 동안 昭帝, 宣帝 등을 보필하며 경제발전에 기여한 정책을 시행하였다.

141) 孝宣皇帝 : 武帝의 증손으로 어린 시절 화난을 피하여 민가에서 성장하였다. 昭帝가 죽자 霍光에 의해서 옹립되었다. 재위 기간은 기원전 74년에서 기원전 49년까지였다.

142) 六藝 : 六經을 가리킨다. 즉 『禮』, 『樂』, 『書』, 『詩』, 『易經』, 『春秋』의 여섯 가지 유가의 경전을 가리킨다.

143) 蕭望之 : 西漢의 대신. 유생들의 五經에 대한 논란을 評議하였으며, 元帝의 師傅로 존대받았으나 환관들의 참소로 자살하고 말았다.

144) 梁丘賀 : 西漢 今文易學 '梁丘學'의 개창자.

145) 夏侯勝 : 西漢 今文尙書學 '大夏侯學'의 개창자.

146) 韋玄成 : 宣帝 때에 明經으로 太常의 직위에 올랐으며, 蕭望之 등과 함께 石渠論經會議에 참가한 적이 있다.

147) 嚴彭祖 : 西漢 公羊春秋嚴氏學의 개창자.

148) 尹更始 : 經學家. 大儒 蔡千秋에게서 『春秋穀梁傳』을 배웠다.

149) 劉向 : 經學家, 목록학가, 문학가. 일찍이 여러 책들을 널리 읽어 중국 목록학의 비조인 『別錄』을 지었다. 『洪範五行傳』, 『烈女傳』, 『說苑』 등의 저작이 현재까지 전해진다.

150) 王褒 : 辭賦家. 宣帝 때 諫大夫를 지냈으며, 辭賦로 명성을 날렸다. 明代 사람이 輯錄한 『王諫議集』이 전해온다.

151) 張安世 : 西漢의 명신. 張湯의 아들로 霍光과 더불어 宣帝를 옹립하고 大司馬의 지위에 올랐다.

152) 趙充國 : 西漢의 장수. 武帝, 昭帝 때에 匈奴를 토벌한 공이 있었으며, 羌族을 물리치고 서북 지방을 개척하여 당시 농업발전에 기여하였다.

153) 魏相 : 西漢의 대신. 賢良으로 발탁되어 관료주의 통치를 정비하고 정책의 실효를 점검할 것을 주장하였다.

154) 邴吉 : 본래 魯 땅의 獄吏였으나, 후에 大將軍 霍光의 長史가 되어 宣帝를 옹립

定國),[155] 두연년(杜延年)[156]이 있었고, 백성을 다스리는 데에는 황패(黃霸),[157] 왕성(王成),[158] 공수(龔遂),[159] 정홍(鄭弘),[160] 소신신(邵信臣),[161] 한연수(韓延壽),[162] 윤옹귀(尹翁歸),[163] 조광한(趙廣漢)[164] 등이 있었다. 모두들 남긴 공적이 후세에 칭송되었다. 명신(名臣)이 많기로는 이 시대가 무제(武帝) 때의 다음이 된다."

할 것을 주장하였다.

155) 于定國 : 東海 출신으로 獄史의 말직에 있다가, 宣帝 때에 廷尉에 임용되어 엄격하고 공정한 법 집행으로 丞相의 지위에까지 올랐다.

156) 杜延年 : 南陽 출신으로 법률에 밝았다. 宣帝 때에 西河 太守 등의 外職과 御史大夫의 중책을 지냈다.

157) 黃霸 : 西漢의 명신. 宣帝 때 御史大夫, 丞相의 지위에 올랐으며, 후세에 龔遂와 함께 循吏의 전형적 인물로 평가되어 흔히 '龔黃'이라고 하였다.

158) 王成 : 貫籍은 알 수 없다. 宣帝 때에 關內侯에 봉해졌다.

159) 龔遂 : 字는 少卿이다. 宣帝 때 渤海 일대에 기근으로 인한 봉기가 일어나자 渤海 太守로 부임하여 선정으로 이를 진정시켰다. 관직이 水衡都尉에 이르렀다.

160) 鄭弘 : 字는 稚卿이다. 經學에 밝고 법률과 정사에 뛰어났다. 그리하여 발탁된 이후 南陽 太守, 淮陽의 相, 右扶風 등을 역임하며 좋은 평판을 남겼다. 후에 御史大夫의 대임을 맡았으나 京房과 함께 조정의 문제를 사적으로 논한 것이 문제가 되어 파직된 후, 자살하였다.

161) 邵信臣 : 元帝 때의 명신. 일찍이 南陽 太守를 역임하는 동안 수리와 관개에 힘써서, 커다란 공을 남겼다. 당시에 '召父'라고 존칭되었다.

162) 韓延壽 : 字는 長公으로 杜陵 사람이다. 穎川 太守, 東郡 太守를 역임하는 동안 훌륭한 평판을 얻었으며, 후에 左馮翊로 승진되었으나, 무고하게 탄핵되어 宣帝에게 사사되었다.

163) 尹翁歸 : 자는 子兄으로 河東 平陽 사람이다. 법률에 능통하고 검술에 뛰어났다. 후에 右扶風을 지냈다.

164) 趙廣漢 : 자는 子都이다. 宣帝 때 穎川 太守로 임용되어 토호 原氏 등을 죽이는 공을 세웠다. 京兆尹으로 전임되어 법률을 집행함에 權貴人도 피하지 않다가 피살되었다.

권113「남월열전(南越列傳)」제53

남월왕(南越王)[1] 위타(尉佗)[2]는 진정(眞定)[3] 사람으로, 성은 조씨(趙氏)이다. 진(秦)나라가 천하를 병탄한 후, 양월(楊越)[4]을 평정하여 그곳에 계림군(桂林郡), 남해군(南海郡), 상군(象郡)을 설치하고, 죄를 지은 백성들을 그곳으로 이주시켜 월(越)나라 사람들과 섞여 살게 한 지 13년이 되었다.[5] 위타는 이때 남해의 용천령(龍川令)이 되었다.[6] 2세 황제 때, 남해위(南海尉) 임효(任囂)가 병이 나서 죽을 무렵, 용천령 조타를 불러 이렇게 말하였다. "진승(陳勝)[7] 등이 반란이 일으켰다고 하오. 진나라가 무도하여 천하가 괴로워하더니, 항우(項羽), 유방(劉邦), 진승, 오광(吳廣)[8] 등이 주군(州郡)에서 각자 사람을 모으고 군대를 일으켜 천하를 다투고 있소. 중원이 소란스러운데 안정시킬 방법을 모르겠소. 호걸들은 진나라를 배반하고 서로 자립하여 왕이 되고 있다오. 남해는 한쪽으로 멀리 치우쳐 있기는 하지만, 도적의 군대가 이 땅을 침범하여 여기에

---

1) 南越은 '南粵'이라고도 한다. 본래는 종족 이름으로 고대 중국 남방 越人의 일파를 가리키는 것이었으나, 趙佗가 나라를 세우고 국호를 '南越'이라고 함에 따라 나라 이름이 되었다. 고대 越人은 長江 중하류의 넓은 지역에 많은 부락을 이루며 흩어져 살았기 때문에 '百越'이라고 불렸다.

2) 尉佗 : 성은 趙, 이름은 佗 또는 他라고도 한다. 尉佗라고 한 것은 趙佗가 秦나라의 南海尉를 지낸 적이 있었기 때문에 당시에 일반적으로 尉佗라고 부른 것이다.

3) 眞定 : 고을 이름. 지금의 河北省 石家莊市 인근.

4) 楊越 : '揚越'이라고도 한다. 越人들이 고대 九州의 하나인 揚州 지역(지금의 중국 동남부 지역)에 거주하였기 때문에 붙은 이름이다.

5) 秦나라는 始皇 33년(기원전 214년) 군사를 징발하여 南越의 陸梁을 점거하고, 그곳에 桂林郡, 南海郡, 象郡을 설치하였다. 아울러 50만 명의 죄수를 이주시켜 越人과 섞여 살면서 越城嶺, 萌城嶺, 騎田嶺, 大庾嶺, 都龐嶺(혹은 揭陽嶺)의 5개의 嶺을 방비하게 하였다.

6) 龍川은 고을 이름으로 지금의 廣東省 龍川縣 서북쪽이다.

7) 陳勝 : 자는 涉이며 陽城 출신으로, 秦나라 2세 황제 원년, 吳廣과 함께 농민봉기를 일으켜 反秦 봉기의 서막을 열었다. 권48「陳涉世家」 참조.

8) 吳廣 : 陽夏 출신으로 秦나라 말기 陳勝과 함께 大澤에서 봉기하여 스스로 왕이라 하고 서쪽으로 秦나라를 정벌하였다. 후에 자신의 部將에게 피살되었다.

까지 이를까 근심이오. 내가 군사를 일으켜 새로 낸 길을 차단하고 방비를 갖추어 제후들의 변란에 대비코자 하였더니, 그만 병이 심해졌구려. 이곳 반우(番禺)[9]는 산을 등진 험난한 곳으로 남해를 끼고 있고 동서의 길이가 수천리에 이르며 중국(中國)[10]의 사람들로 도와주는 자가 적지 않소이다. 그러니 이곳 또한 한 지방의 중심지로 나라를 세울 만하오. 군(郡) 안의 장리(長吏)[11] 중에는 함께 의론한 만한 사람이 없기에 공을 불러서 이야기하는 것이라오." 그리고는 위타에게 가짜 조서(詔書)를 주어 남해위의 직무를 대신하게 하였다.[12] 임효가 죽자, 위타는 즉시 횡포(橫蒲),[13] 양산(陽山),[14] 황계관(湟谿關)[15]에 격문(檄文)을 돌려 "도적의 무리가 침범하려고 한다. 서둘러 길을 차단하고 군대를 모아 방어토록 하라"고 통보하였다. 이어서 법을 빙자하여 진나라가 임명한 장리들을 하나씩 죽이고, 자기 당파의 사람으로 가수(假守)[16]를 삼았다. 진나라가 멸망하고 나자, 위타는 즉시 공격에 나서 계림군과 상군을 합병하고 스스로 남월의 무왕(武王)으로 즉위하였다.[17] 한 고조(漢高祖)는 천하를 평정한 후, 중원이 많은 애를 썼기 때문에 위타를 토벌하지 않은 채로 내버려두었다. 한 11년, 육고(陸賈)[18]를 보내 위타가 즉위한 그대로 남월왕으로 삼았다. 아울러 부절(符節)을 나누어 사신을 통하게 하고, 백월의 백성들을 잘 안정시켜 남쪽 변경에서 문제를 일으키는 일이 없도록 하였다. 이로써 장사(長沙)[19]와 국경을 맞대게 되었다.

9) 番禺 : 지금의 廣東省 廣州市 남쪽.
10) 여기에서 '中國'이라는 것은 中原 지구를 가리킨다.
11) 長吏 : 지위가 높은 縣級의 관리를 가리킨다. 원래는 지위가 비교적 높은 관리들을 가리키는 말이다.
12) 원문에는 "卽被佗書, 行南海尉事"라고 하였는데, 司馬貞의 『史記索隱』에는 服虔의 견해를 인용하여 "任囂가 詔書를 조작하여 趙佗를 南海尉로 임명하였다(囂詐作詔書, 使爲南海尉)"라고 하였다. 여기서는 이 견해를 따른다.
13) 橫浦 : 지금의 廣東省 北江의 동쪽 원류인 湞水를 가리킨다.
14) 陽山 : 지금의 廣東省 陽山縣 동남쪽.
15) 湟谿關 : 지금의 廣東省 英德縣 서남쪽 連江에서 北江으로 들어가는 곳에 옛 터가 있다.
16) 假守 : 일종의 郡守 직무대리로, 『史記索隱』에는 "자기와 한패에게 郡縣의 직무를 맡기는 것을 더러 假守라고 한다(謂他立其所親黨爲郡縣之職或假守)"라고 하였다.
17) 이때는 漢 高祖 원년(기원전 206년)으로, 趙佗는 秦나라 때에도 두 차례에 걸쳐 甌, 駱을 침범한 적이 있었다.
18) 陸賈 : 漢代 초기의 政論家, 辭賦家. 『新語』를 저술하였다.

고후(高后) 때에 유사(有司)에서 남월의 철기(鐵器)를 관시(關市)[20]에서 사고 팔지 못하게 하도록 상소하여 요청하자, 위타는 이렇게 말하였다. "고조 황제께서는 나를 남월왕으로 세워 사신을 통하고 물자를 교역하게 하셨다. 이제 고후께서 참소하는 신하의 말을 듣고 만이(蠻夷)로 차별하여 기구와 물자의 교역을 끊으니, 이는 분명 장사왕(長沙王)[21]의 계책일 것이다. 장사왕이 중원의 세력에 의지하여 남월을 쳐서 멸망시키고, 자신이 왕이 되어 스스로 공을 세우려고 하는 것이다." 이에 위타는 마침내 스스로 자신의 호(號)를 남월의 무제(武帝)라고 높이고, 군대를 동원하여 장사의 변방 여러 고을을 공략하고 물러갔다. 고후는 장군 융려후(隆慮侯) 주조(周竈)[22]에게 토벌하도록 하였다.[23] 그러나 무더위와 비, 그리고 많은 사졸들이 전염병에 걸리는 바람에 양산령(陽山嶺)[24]을 넘어서지도 못하였다. 1년쯤 지나 고후가 죽자, 즉각 공격을 중지하였다.[25] 위타는 이에 군대를 보내 변경을 위협하는 동시에 민월(閩越),[26] 서구(西甌),[27] 낙월(駱越)[28]에 뇌물을 주어 복속시키니, 동서의 길이가 만여 리에 이르렀다. 이에 한나라와 마찬가지로 좌독(左纛)을 꽂은 황옥(黃屋)을 타고[29] 다니며 명령을 제(制)라고 칭하였다.

19) 長沙: 秦나라 때 郡이 설치되어 臨湘(지금의 湖南省 長沙市)에 군 소재지를 두었다. 그 뒤 西漢 때에 國으로 개편되었다.
20) 關市: 漢나라 때 변방의 關에 설치하여 다른 민족들과 교역을 하도록 하였던 集市를 가리킨다.
21) 여기에서 長沙王은 長沙國의 왕이던 吳右(기원전 186년에서 기원전 178년까지 재위하였다. 恭王 또는 共王이라고도 한다)를 가리킨다. 기원전 202년 高帝는 衡山王 吳芮를 長沙王으로 옮겨 봉하였는데, 吳右는 그의 증손이다.
22) 周竈: 秦나라 말기에 劉邦을 따라 봉기하여 項羽를 무찌르고 侯에 봉해졌다.
23) 이는 高后 7년(기원전 181년)의 일이다.
24) 원문에는 "嶺"이라고만 하였는데, 司馬貞의 『史記索隱』에 따르면 '陽山嶺'으로 고증되어 있다. 陽山嶺은 南嶺에 이어진 일부분이다.
25) 高后 8년(기원전 180년) 7월에 呂太后가 죽었다. 따라서 군사를 일으켜 南越을 공략한 기간은 1년도 채 되지 못한다.
26) 閩越: 고대 越人의 일파. 秦漢 시기에는 지금의 福建省 북부와 浙江省 남부의 일부 지역에 거주하였다.
27) 西甌: 역시 고대 越人의 일파로 '甌越'이라고도 한다. 秦漢 시기에 주로 嶺南의 넓은 지역에 분포되어 살아, 오늘날의 壯族과 밀접한 관계를 지닌다.
28) 駱越: 역시 고대 越人의 일파로, 百越의 서쪽에 자리하였다. 秦漢 시기에는 주로 지금의 廣東省, 廣西 壯族 자치구 및 越南 북부 지방에 거주하였다.
29) '左纛'은 天子의 의전용 수레 좌측에 꽂는 쇠꼬리로 만든 장식물을 말하며, '黃屋'은 노란 비단으로 만든 덮개를 씌워 만든 天子의 의전용 수레를 말한다.

효문제(孝文帝) 원년,[30] 한나라는 처음으로 천하를 진무(鎭撫)하였다. 제후들과 사방 오랑캐에게 사신을 보내 효문제가 대(代)[31]에서 들어와 즉위한 사실을 통보하고, 성덕(盛德)을 알게 하였다. 또 위타 부모의 무덤이 진정(眞定)에 있었으므로, 거기에 묘지를 관리하는 민가를 두어 세시(歲時)에 제사를 받들도록 하고, 위타의 종형제(從兄弟)를 불러 벼슬을 높이고 후한 상을 내려 총애하였다. 승상(丞相) 진평(陳平)[32] 등에게 조령을 내려 남월에 사자로 보낼 만한 자를 천거하게 하니, 진평은 호치(好畤)[33] 사람 육고가 선제(先帝) 때에 남월에 사자로 간 적이 있어서 그곳 사정을 잘 안다고 아뢰었다. 이에 육고를 불러 태중대부(太中大夫)[34]로 삼아 사신으로 보내어, 위타가 자립하여 제(帝)가 된 이래, 단 한 번도 사신을 보내 조회한 적이 없음을 꾸짖게 하였다. 육고가 남월에 도착하자, 남월왕은 매우 두려워하여 글을 올려 이렇게 사과하였다. "만이의 대군장(大君長)인 이 늙은이 신 위타는 지난날 고후께서 남월을 차별하기에 장사왕이 신을 참소한 것이라고 여겼습니다. 또 고후께서 신의 종족을 모두 베어 죽이고 부모의 무덤을 파서 불태웠다는 소식을 얼핏 들었습니다. 이 때문에 자포자기하여 장사의 변경을 침범하였습니다. 남방은 지대가 낮고 습하며 만이의 중간에 위치하고 있습니다. 동쪽의 민월은 백성이 겨우 1,000명에 지나지 않으면서도 '왕(王)'이라고 호칭하고, 서쪽의 구월(甌越), 낙월의 나국(裸國)[35] 역시 '왕'이라고 호칭합니다. 신이 망령되이 '제(帝)'의 칭호를 훔쳐 사용한 것은 스스로 즐겨서 한 것일 뿐인데 어찌 감히 이를 천자께 보고드릴 수 있겠습니까!" 남월왕은 이에 머리를 조아려 사과하고 영원히 번신(藩臣)[36]으로 진공(進貢)의 의무를 받들기를 청하였다. 그리고는 곧 나라 안에 영을 내려 "두 사람의 영웅은 동시에 설 수 없고, 두 사람의 현인(賢人)은 한세상에 나란히 서지 않는다고 한다. 황제는 어진 분이시다. 이후로 제제(帝制)와 황옥, 좌독을 버리노

30) 기원전 180년을 말한다.
31) 代 : 漢나라 초기의 同姓 제후국의 하나이다.
32) 陳平 : 권56 「陳丞相世家」 참조.
33) 好畤 : 고을 이름. 지금의 陝西省 西乾縣.
34) 太中大夫 : 관직 이름. 郞中令의 屬官으로 의론을 관장하였다.
35) 裸國 : '벌거숭이의 나라'라는 뜻으로, 미개한 나라라는 의미이다.
36) 藩臣 : 속국의 신하라는 뜻이다.

라"고 선포하였다. 육고가 이러한 사실을 보고하니, 효문제는 매우 기뻐하였다. 효경제(孝景帝) 때에 이르러 위타는 '신(臣)'이라 일컫고 사자를 보내어 조회를 요청하였다. 그러나 자기 나라인 남월에서는 몰래 예전의 칭호대로 불렀고, 천자에게 사자를 보낼 때에만 제후들과 마찬가지로 '왕'이라고 호칭하며 황제의 명을 받았다. 그는 건원(建元)[37] 4년에 죽었다.

위타의 손자 위호(尉胡)가 남월왕으로 즉위하였다. 이때 민월왕 영(郢)이 군사를 일으켜 남월의 변방 고을을 침범하였다.[38] 위호는 한나라에 사신을 보내 천자에게 글을 올렸다. "두 나라는 모두 번신이므로 함부로 군대를 일으켜 서로를 공격할 수는 없습니다. 지금 민월이 군사를 일으켜 신을 침공하나, 신은 감히 군사를 일으키지 못합니다. 천자께서 조령을 내려주십시오." 천자는 남월은 의를 지키고 번신으로서의 직분과 분수를 넘지 않는다고 칭찬하고, 군사를 일으켜 장수 두 사람으로 하여금 민월을 정벌하게 하였다. 그러나 한나라의 군대가 미처 양산령을 넘기도 전에, 민월왕의 아우 여선(余善)이 민월왕 영을 죽이고 항복하였기 때문에 천자는 여기에서 원병을 중지시켰다.

천자는 장조(莊助)[39]에게 명하여 자신의 뜻을 남월왕에게 밝혀주게 하였다. 남월왕 위호는 머리를 조아리며 "천자께서 신을 위하여 군대를 출동시켜 민월을 치셨으니, 그 은덕은 죽어도 보답할 길이 없습니다!"라고 하고, 태자 영제(嬰齊)를 한나라에 들여보내 숙위(宿衛)하게 하였다. 그리고는 장조에게 "나라가 막 외적에게 침략을 당하였습니다. 사자께서는 떠나십시오. 저는 서둘러 차비를 갖추어 천자를 배알하겠습니다"라고 하였다. 장조가 떠나자, 위호의 대신이 위호에게 간언하였다. "한나라가 군대를 동원하여 민월왕 영을 베었습니다. 이는 또한 남월을 위협하는 것이기도 합니다. 선왕께서는 '천자를 섬김에 예를 잃지 않아야 한다. 요컨대 달콤한 말을 듣고 들어가 천자를 뵈어서는 안 된다'라고 하셨습니다. 들어가 배알하고 돌아오시지 못한다면, 이는 망국의 형세입니다." 그리하여 위호는 병을 핑계대고 끝내 천자를 배알하지 않았다. 그 뒤 10여 년이 지

37) 建元 : 漢 武帝 최초의 연호(기원전 140-기원전 135년)이다.
38) 武帝 建元 6년(기원전 135년)의 일로, 『漢書』에는 "立三年"이라고 되어 있다.
39) 莊助 : 西漢의 대신. 권112 「平津侯主父列傳」의 〈주 132〉 참조.

나 위호의 병이 위독해지자 태자 영제가 돌아갈 것을 요청하였다. 위호가 죽자 시호를 문왕(文王)이라고 하였다.

영제는 자리를 이어 즉위하여서는 곧 그의 선조인 무제의 옥새를 감추어버렸다. 영제는 한나라 장안(長安)에 들어가 숙위하던 무렵, 한단(邯鄲)[40] 규씨(樛氏)[41]의 딸에게 장가 들어 아들 흥(興)을 나았다. 영제는 즉위한 뒤, 글을 올려 "규씨의 딸을 후(后)로 책봉하고, 흥을 태자로 삼겠습니다"라고 주청하였다. 한나라에서는 거듭 사자를 보내 영제에게 천자에게 조회하도록 슬그머니 권하였다. 그러나 영제는 오히려 함부로 사람을 죽이고 제멋대로 하기를 좋아하였다. 왜냐하면 한나라에 들어가 천자를 배알하면, 분명 한나라의 법에 따라 중원의 다른 제후들처럼 취급받을 것이라고 여겼기 때문이다. 따라서 그는 병을 한사코 핑계대고 끝내 조회하지 않고, 아들 차공(次公)을 한나라에 들여보내 숙위하게 하였다. 영제가 죽으니, 시호를 명왕(明王)이라고 하였다.

태자 흥이 뒤를 이어 즉위하자, 그의 어머니는 태후(太后)가 되었다. 태후가 영제의 부인이 되기 전, 패릉(霸陵)[42] 사람 안국소계(安國少季)와 몰래 관계를 가진 적이 있었다. 영제가 죽은 뒤, 원정(元鼎)[43] 4년에 한나라는 안국소계를 보내 남월왕과 왕태후에게 다른 국내 제후들처럼 입조하도록 권하게 하였다. 언변이 좋은 간대부(諫大夫) 종군(終軍)[44] 등을 동행시켜 그 내용을 선포하게 하고, 용사(勇士) 위신(魏臣) 등에게는 부족한 점을 보완하도록 하는 한편, 위위(衛尉)[45] 노박덕(路博德)[46]에게는 군대를 이끌고 계양(桂陽)[47]에 주둔하여 사신을 기다리게 하였다. 남

---

40) 邯鄲 : 전국시대 趙나라의 도읍. 지금의 河北省 邯鄲市.

41) 樛氏 : 『漢書』에는 "摎"로 되어 있는데, '樛'와 '摎'는 서로 통용된다. 『史記索隱』에는 "樛라는 성은 邯鄲에서 나왔다"라고 되어 있다.

42) 霸陵 : 지금의 陝西省 西安市 동북쪽. 武帝의 葬地이기도 하다.

43) 元鼎 : 漢 武帝의 다섯번째 연호(기원전 116-기원전 111년)이다.

44) 終軍 : 濟南 사람으로 자는 子雲이다. 18세에 博士弟子가 되어 謁者, 給事中, 諫議大夫를 지냈으며, 南越에 사신으로 갔다가 피살되었다. 언변이 좋고 문장이 뛰어났으며 해박하였다고 알려져 있다. 『漢書』「藝文志」儒家에「終軍」8편이 기재되어 있다.

45) 衛尉 : 漢代 九卿의 하나로 관문의 경비와 南軍을 관장하였다.

46) 路博德 : 西河郡 平州 사람으로, 武帝 때에 霍去病을 도와 匈奴를 쳐서 符離侯에 봉해졌다.

47) 桂陽 : 지금의 湖南省 郴州市.

월왕은 나이가 어렸고, 태후는 중원 사람으로 일찍이 안국소계와 관계를 가진 적이 있었기 때문에, 안국소계가 사신으로 오자 태후는 또다시 몰래 그와 관계를 가졌다. 결국 이 일이 나라 사람들에게 파다하게 소문이 나자, 태후를 따르지 않는 사람들이 많아졌다. 이에 태후는 내란이 일어날까 염려스러웠다. 때문에 태후는 한나라의 위세에 기대고자 왕과 군신들에게 한사코 한나라에 내속(內屬)하기를 권유하였다. 그리하여 곧 사신을 보내 천자에게 글을 올려, 중원내의 제후들처럼 3년에 한 번씩 입조하고 변경의 관문을 철폐할 것을 주청하였다. 천자는 이를 허락하고, 남월의 승상인 여가(呂嘉)[48]에게는 은인(銀印)을, 내사(內史),[49] 중위(中尉),[50] 태부(太傅)[51]에게는 각각 인(印)을 하사하고, 그 나머지 관직에 대해서는 알아서 설치하도록 하였다. 남월의 본래의 형벌인 경형(黥刑)[52]과 의형(劓刑)[53]을 폐지하고 대신 중원내의 제후들과 마찬가지로 한나라의 법을 따르게 하였다. 그리고는 한나라의 사자에게 그곳에 머물러 그들을 진무하도록 하였다. 남월왕과 왕태후는 행장을 꾸리고 예물을 후하게 갖추어 입조를 준비하였다.

남월의 승상 여가(呂嘉)는 정승으로서 세 명의 왕을 섬긴 나이 많은 사람이었다.[54] 그의 종족 가운데는 고관의 벼슬을 한 자가 70여 명이나 있었으며, 사내는 모두 왕녀(王女)에게 장가들고 계집은 모두 왕자와 왕의 형제, 종실 등에게 시집을 갔다. 또 창오(蒼梧)의 진왕(秦王)[55]과는 인척간이었다. 나라 안에서 그의 신망은 무척 두터워 월나라 사람들 가운데는 그를 믿고 그의 이목이 되는 자가 많았다. 여가는 왕보다도 더 사람들의 마음을 사로잡고 있었다. 남월왕이 천자에게 상서하려고 하자 그는 거

48) 呂嘉 : 南越의 相. 南越의 文王 趙胡, 明王 趙嬰齊 및 趙興의 相을 지냈다. 元鼎 5년(기원전 112년), 南越의 대신들과 함께 반란을 일으켜 南越王 趙興, 王太后 및 漢나라의 사신 終軍 등을 살해하였다.

49) 內史 : 관직 이름. 제후왕의 나라에서 민정을 맡아보았다.

50) 中尉 : 관직 이름. 京師의 치안을 관장하고 아울러 北軍을 통제하였다.

51) 太傅 : 관직 이름. 군주를 보필하는 지위로 太師 다음의 지위였다.

52) 黥刑 : 고대에 죄수의 이마에 문신을 새기던 형벌로, '墨刑'이라고도 하였다.

53) 劓刑 : 고대 형벌의 하나로 죄인의 코를 베는 것이었다.

54) 여기에서는 文王 趙胡, 明王 嬰齊, 그리고 당시의 임금이던 南越王 趙興을 가리킨다.

55) 蒼梧의 秦王 : 蒼梧(지금의 廣東省, 廣西 壯族 자치구 인근 및 湖南省 일부 지역) 지방에 있었던 越人의 王, 趙光을 가리킨다.

듭 그만두도록 간언하였다. 그러나 왕은 듣지 않았다. 이에 여가는 모반의 마음이 생겨, 번번이 병을 핑계삼고 한나라의 사신을 만나지 않았다. 한나라의 사신들은 모두 여가의 동태를 주시하였으나, 그를 죽여버리기에는 상황이 좋지 않았다. 왕과 왕태후 또한 여가가 선수를 쳐서 일을 저지를까 염려하였다. 이에 술판을 벌이고 한나라 사신의 권세에 기대어 여가의 무리를 죽이려고 계획하였다. 그리하여 한나라의 사신들은 모두 동향(東向)으로, 태후는 남향(南向)으로 앉았으며, 남월왕은 북향(北向)으로, 승상 여가와 대신들은 모두 서향(西向)하여 보좌하고 앉아서 술을 마시게 되었다. 여가의 아우는 장수로, 그는 졸개들을 거느리고 궁 밖에 대기하고 있었다. 술잔이 돌자, 태후는 여가에게 "남월이 한나라에 내속하는 것은 국가의 이익이오. 그런데 승상이 이롭지 못하다고 의심하는 것은 무슨 까닭이오?"라고 하여, 한나라의 사신을 발끈하게 만들려고 하였다. 그러나 사신들은 미심쩍은 눈초리로 서로를 쳐다보기만 할 뿐, 감히 나서지 않았다. 여가는 분위기가 평소와는 다르다는 것을 느끼고 얼른 일어나 밖으로 나갔다. 태후가 화를 내며 여가를 창으로 찌르려고 하자, 왕이 태후를 말렸다. 여가는 결국 빠져나와 자기 아우의 군대를 나누어 거느리고 집으로 돌아갔다. 그리고 그는 병을 핑계대고 왕과 사신을 만나려 하지 않으면서, 비밀리에 대신들과 반란을 꾸몄다. 왕은 본래 여가를 죽일 생각이 없었으며, 여가 또한 그것을 알았다. 때문에 여가는 여러 달 동안 반란을 일으키지는 않고 있었다. 태후는 음탕한 행실 때문에 나라 사람들이 따르지 않자, 혼자서 여가의 무리를 죽이려고 하였지만, 그에게는 그럴 만한 힘이 없었다.

천자는 여가가 왕의 명령을 듣지 않으며, 왕과 태후는 힘이 없어 여가를 어떻게 할 수 없으며, 사신은 겁을 먹고 이를 처결하지 못하였다는 것 등을 알게 되었다. 그러나 왕과 왕태후가 이미 한나라에 부속되었으므로 여가 혼자서 반란을 일으킨다 하더라도 군대를 일으킬 수는 없다고 생각하였다. 이에 장삼(莊參)에게 군사 2,000명을 주어 사자로 보내려고 하였다. 그러나 장삼은 "친선의 의도로 간다면 몇 사람이면 충분합니다. 그러나 무력을 쓰고자 가는 것이라면 2,000명으로는 부족합니다"라고 하면서 안 된다고 하였다. 천자는 장삼에게 그만두게 하였다. 그러자 겹(郟)[56]

56) 郟 : 고을 이름. 지금의 河南省 郟縣.

의 장사로서 옛날 제북(濟北)[57]의 승상이었던 한천추(韓千秋)[58]가 흥분하며 말하였다. "월나라는 보잘것없이 작고, 게다가 왕과 태후의 내응(內應)이 있습니다. 승상 여가 한 사람이 방해가 될 뿐입니다. 바라옵건대 용사 200명을 주신다면 필히 여가를 베고 복명하겠습니다." 이에 천자는 한천추에게 왕태후의 아우 규락(樛樂)과 함께 2,000명을 거느리고 월나라로 들어가게 하였다. 여가 등은 마침내 반란을 일으키고 나라 안에 영을 내렸다. "왕은 나이가 어리다. 태후는 중원 사람으로 한나라의 사신과 간통하였다. 더구나 태후는 한나라에 내속하여 선왕의 보기(寶器)를 모두 천자에게 바쳐서 천자의 총애를 구하려 할 뿐이다. 또한 많은 백성들을 장안으로 데리고 가서 포로로 팔아 노복으로 만들려고 한다. 태후는 한순간의 이익만을 취할 뿐, 조씨(趙氏)의 사직을 보살펴 대대손손 장구한 계책을 세울 의사가 없다." 이에 여가는 자기 아우와 함께 군사를 거느리고 왕과 왕태후, 그리고 한나라의 사신을 죽이고,[59] 창오의 진왕과 그밖의 여러 군과 현에 사람을 보내서 이 사실을 알린 다음, 명왕(明王)의 월인(越人) 아내가 낳은 맏아들 술양후(術陽侯) 건덕(建德)을 왕으로 추대하였다. 한편 한천추의 군사는 월나라에 들어가 작은 고을들을 연파하고 있었다. 그러자 월나라에서는 즉각 한천추에게 길을 열어주고 군량을 공급하였다, 한천추의 군사가 반우에 채 40리쯤 못 미쳤을 때, 월나라는 군대를 이끌고 한천추의 군사를 들이쳐 궤멸시켜버렸다. 그리고는 한나라 사자의 부절을 봉함하여 요새에다 감추어두고 거짓으로 사죄하는 한편, 군대를 동원하여 요새를 수비하게 하였다. 이에 천자는 "한천추는 비록 공을 이루지는 못하였지만 군대의 최선봉이었다"라고 하고, 그의 아들 연년(延年)을 성안후(成安侯)로 봉하였다.[60] 규락은 맏누이가 왕태후였고, 왕태후는 앞장 서서 한나라에 내속하기를 원하였기 때문에 규락의 아들 광덕(廣德)이 용항후(龍亢侯)에 봉해졌다.[61] 이에 사면령을 내려 말하였

57) 濟北 : 고을 이름, 봉국 이름. 지금의 山東省 서부 泰安縣, 聊城縣 지역.
58) 『史記集解』에는 徐廣의 주장을 인용하여 韓千秋는 당시 校尉의 벼슬을 하였다고 되어 있다.
59) 元鼎 5년(기원전 112년)의 일이다.
60) 식읍이 郟(지금의 河南省 郟縣)에 있었다.
61) 식읍이 譙國(지금의 安徽省 亳縣, 일설에는 지금의 安徽省 懷遠縣 서북쪽)에 있었다.

다. “천자는 미약하고 제후는 정벌의 전쟁에 힘을 쓰는데도, 신하가 역적을 토벌하지 않으니, 이를 꾸짖노라. 지금 여가, 건덕 등이 반란을 일으켜 스스로 태연히 ‘왕’이라고 일컫고 있다. 죄수들과 강회(江淮) 이남의 10만 수군(水軍)은 가서 그들을 정벌하라!”

원정(元鼎) 5년 가을, 위위 노박덕은 복파장군(伏波將軍)이 되어 계양(桂陽)으로 진격하여 회수(滙水)[62]로 내려가고, 주작도위(主爵都尉)[63] 양복(楊僕)은 누선장군(樓船將軍)이 되어 예장(豫章)[64]을 걸쳐 횡포(橫浦)로 내려갔다. 귀순한 월후(越侯) 두 사람은 과선장군(戈船將軍)과 하려장군(下厲將軍)이 되어 영릉(零陵)[65]을 통해서 각각 이수(離水)와 창오에 이르렀다. 치의후(馳義侯)[66]에게는 파(巴)[67]와 촉(蜀)[68]의 사면된 죄수들을 중심으로 야랑(夜郞)[69]의 군대를 동원하여 장가강(牂柯江)[70]을 내려가게 하였다. 모두 반우에서 집결하였다.

원정 6년 겨울, 누선장군은 정예부대를 거느리고 먼저 심협(尋陜)[71]을 함락하고, 석문(石門)[72]을 격파하여, 월나라의 전함과 군량을 노획하였다. 이에 승세를 타고 밀어부쳐 월나라의 선봉을 꺾고, 수만명의 병력으로 복파장군을 기다렸다. 복파장군은 죄수 부대를 거느렸는데, 행로가 멀어서 회합하기로 한 날짜보다 늦어버렸다. 누선장군과 만난 때에는 겨우 1,000여 명의 병력이 남아 있을 뿐이었다. 마침내 함께 진격하였다. 누선

---

62) 滙水 : 北江의 지류인 지금의 廣東省 連江을 가리킨다.

63) 主爵都尉 : 관직 이름. 封爵의 업무를 관장하였다.

64) 豫章 : 고을 이름. 지금의 江西省 南昌市에 소재지가 있었다.

65) 零陵 : 지금의 廣西 壯族 자치구 全州 서남쪽.

66) 馳義侯 : 『史記集解』에는 徐廣의 견해를 인용하여 “馳義侯는 越 땅 출신으로 이름은 遺이다”라고 되어 있다.

67) 巴 : 군 이름. 전국시대 秦나라 때에는 고대의 巴나라 땅에 있었다. 군 소재지는 江州로 지금의 四川省 重慶市 북쪽에 해당된다.

68) 蜀 : 군 이름. 전국시대 秦나라 때에는 고대의 蜀나라 땅에 있었다. 군 소재지는 지금의 四川省 成都市에 있었다.

69) 夜郞 : 고대 西南 지구에 거주하던 민족으로 지금의 貴州省 遵義縣, 桐梓縣 일대가 중심지였다. 漢代 西南夷 가운데 가장 규모가 컸으며, 漢代 초기에는 南越, 巴, 蜀과 교역하였다. 漢 武帝 元鼎 6년에 이곳에 牂柯郡을 설치하였다.

70) 牂柯江 : 고대의 강 이름. ‘牂柯江’ 또는 ‘牂柯水’라고도 불린다. 지금의 北盤江이라는 주장과 都江이라는 주장이 있으며, 그밖에도 濛江, 沅江, 烏江 등이라는 설이 있다.

71) 尋陜 : 지금의 廣東省 始興縣 서쪽 300리 지점.

72) 石門 : 고대의 지명. 지금의 廣東省 廣州市 서북쪽.

장군의 부대가 앞장 서서 반우에 도착하니, 건덕과 여가는 모두 성을 굳게 지키고 있었다. 누선장군이 지형이 유리한 곳을 직접 골라 동남쪽에 주둔하고, 복파장군은 서북쪽에 주둔하였다. 그때 마침 날이 저물었다. 누선장군은 월나라 군대를 격파하고 불을 놓아 성을 불태웠다. 월나라는 평소 복파장군의 명성은 듣고 있었으나, 날이 저물어 그의 병력이 어느 정도인지는 몰랐다. 복파장군이 이에 영채(營寨)를 세우고 사자를 보내어 투항자들을 불러들였다. 투항자에게는 후(侯)의 인(印)을 주고, 다시 풀어주어 또다시 불러오도록 하였다. 누선장군의 부대도 힘껏 공격하여 적군의 성을 불태웠다. 그런데 그것은 오히려 적군을 몰아서 복파장군의 병영 안으로 밀려들게 만들어 새벽녘에는 성 전체가 복파장군에게 항복하였다. 여가와 건덕은 이미 야밤에 부하 수백명을 데리고 바닷가로 도망쳐 배를 타고 서쪽으로 달아나버린 뒤였다. 복파장군은 자신에게 투항한 자들 가운데 귀인(貴人)을 문초하여 여가가 도망간 곳을 알아내고는 추격하게 하였다. 그리하여 교위(校尉) 사마소홍(司馬蘇弘)은 건덕을 사로잡아 해상후(海常侯)에 봉하였다.[73] 또 월나라의 낭관(郎官) 도계(都稽)[74]는 여가를 체포하여 임채후(臨蔡侯)에 봉하였다.[75]

창오왕 조광(趙光)은 월왕과 같은 성이다. 그는 한나라의 군대가 온다는 소문을 듣고, 월나라의 게양령(揭陽令) 정(定)[76]을 연줄로 한나라에 내속하였다. 월나라 계림감(桂林監) 거옹(居翁)[77]은 구월과 낙월에게 권유하여 한나라에 내속하게 하여 모두 후(侯)에 봉해졌다. 과선장군, 하려장군의 부대와 치의후가 일으킨 야랑의 부대가 진격해오기도 전에 남월은 평정되었다. 마침내 이곳에 9개의 군을 설치하였다.[78] 복파장군은 식읍을 더하였고, 누선장군의 군사는 견고한 적의 성채를 함락시킨 공로로 장량후(將梁侯)에 봉해졌다.

이로써 위타가 처음 왕이 된 때로부터, 5세(五世) 93년 만에 나라가

73) 『史記集解』에는 徐廣의 견해를 인용하여 그 食邑이 東萊에 있었다고 되어 있고, 『通鑑』 胡三省의 주 부분에는 琅邪郡에 있었다고 되어 있다.

74) 都稽 : 『漢書』 「功臣表」에는 "孫都"로 되어 있다.

75) 식읍이 河內郡에 있었다.

76) 定은 『漢書』 傳에는 "史定"으로 되어 있다.

77) 桂林은 南越에 소속되어 있던 한 지역으로 군 이름은 아니다.

78) 南海郡, 蒼梧郡, 鬱林郡, 合浦郡, 交趾郡, 九眞郡, 日南郡, 珠厓郡, 儋耳郡의 아홉 개 군을 가리킨다.

멸망하였다.

태사공은 말하였다.

"위타(尉佗)가 왕이 된 것은 본래 임효(任囂) 때문이다. 한나라가 천하를 막 평정하였을 때, 위타는 제후의 반열에 올랐다. 융려후(隆慮侯)가 (정벌에 나섰다가) 습기와 전염병으로 물러나니, 이 때문에 위타가 더욱 교만해지게 되었다. 구월(甌越)과 낙월(駱越)이 서로 공격하니 남월(南越)은 동요하였다. 한나라 군대가 국경에 다가들자 태자 영제(嬰齊)가 입조하였다. 그후, 나라가 멸망하게 된 원인은 규녀(樛女)에게서 비롯되었다. 또한 여가(呂嘉)의 작은 충성심이 위타로 하여금 왕위가 끊어지게 만들었다. 누선장군(樓船將軍)은 욕심을 좇아 태만하고 오만하게 굴었기 때문에 미혹에 빠져들었고, 복파장군(伏波將軍)은 곤궁한 속에서도 지혜가 더욱 늘어 화를 복으로 만들었다. 성패의 돌고도는 것이 마치 먹줄을 긋는 것과 같다."

권114「동월열전(東越列傳)」제54

민월왕(閩越王)[1] 무제(無諸)와 월(越)[2]의 동해왕(東海王)[3] 요(搖)는 모두 월왕(越王) 구천(句踐)[4]의 후예로, 성은 추씨(騶氏)이다. 진(秦)나라는 천하를 병탄한 다음, 그들의 왕위를 폐하여 군장(郡長)[5]으로 하고 그 땅을 민중군(閩中郡)[6]으로 만들었다. 제후들이 진나라에 반기를 들자, 무제와 요는 월나라 사람들을 이끌고 파양령(鄱陽令)[7] 오예(吳芮)[8]에게 귀순하였다. 오예는 파군(鄱君)이라는 자로, 제후들을 도와 진나라를 멸망시켰다. 당시 항적(項籍)[9]이 제후들을 호령하였는데, 무제와 요를 왕으로 삼지 않았기 때문에 그들은 초(楚)나라를 따르지 않았다. 한(漢)나라가 항적을 치자, 무제와 요는 월나라 사람들을 이끌고 한나라를 도왔다. 한 5년,[10] 다시 무제를 추대하여 민월왕을 삼아 관중(關中)의 옛 땅에서 왕 노릇을 하게 하고, 동야(東冶)[11]에 왕도를 정하게 하였다. 효혜제(孝惠帝) 3년,[12] 고조 황제 때의 월나라의 공을 거론하여 민월왕 요가 공이 많고, 백성들이 그를 따른다고 하여, 그를 동해왕으로 삼고 동

1) 閩越 : 고대 越人의 일파. 秦漢 시기에는 지금의 福建省 북부와 浙江省 남부의 일부 지역에 거주하였다.
2) 越 : 고대 長江 중하류 이남의 넓은 지역에 걸쳐 살았던 종족의 하나. 부락의 수가 많았기 때문에 '百越'이라고 불렸다.
3) 東海는 지금의 浙江省 남부 해안지방을 가리킨다.
4) 句踐 : 춘추전국 시대의 교체시기의 越나라의 임금. 권41「越王句踐世家」 참조.
5) 君長 : 소수민족 지역의 통치자를 가리킨다.
6) 閩中郡 : 지금의 福建省과 浙江省 寧海 및 寧海 이남의 靈江, 飛江 유역 일대.
7) 鄱陽 : 고을 이름. 秦나라 때에 설치한 '番縣'을 東漢 때에 '鄱陽'으로 개칭하였다.
8) 吳芮 : 漢代 초기의 제후왕. 처음에 秦나라 鄱陽令을 맡아 鄱君으로 불리다가, 秦나라 말기에 越人을 이끌고 기병하여 衡山王에 봉해졌다가 漢나라 건국 후에 다시 長沙王에 봉해졌다.
9) 項籍 : 項羽를 말한다. 권7「項羽本紀」 참조.
10) 이해 2월에 劉邦이 황제를 칭하였다. 기원전 202년이다.
11) 東冶 : 지금의 福建省 福州市.
12) 孝惠帝의 재위 기간은 기원전 195년에서 기원전 188년까지이다.

구(東甌)[13]에 도읍을 정하게 하였다. 세간에서는 그를 '동구왕(東甌王)'이라고 불렀다.

그 뒤 여러 대를 지나 효경제(孝景帝) 3년[14]에 이르러, 오왕(吳王) 유비(劉濞)[15]가 반란을 일으켜 민월을 자기 편에 따르게 하고자 하였다. 그러나 민월은 이를 달가워하지 않았고, 동구만이 오왕 유비를 따랐다. 오나라가 멸망하게 되었을 무렵, 동구는 한나라에 매수되어 유비를 단도(丹徒)[16]에서 살해하였다. 이 때문에 민월과 동구는 모두 처벌을 면하고, 자기 나라로 돌아갈 수 있었다.

오왕의 아들 자구(子駒)가 민월로 달아나서 동구가 자기 아버지를 죽인 것을 원망하며, 민월에게 동구를 치라고 계속 권유하였다. 건원(建元)[17] 3년, 민월은 군대를 동원하여 동구를 포위하였다. 동구는 군량이 떨어지고 곤경에 처하여 투항해야 할 순간, 급히 천자에게 사람을 보내 보고하도록 하였다. 천자가 태위(太尉)[18] 전분(田蚡)[19]에게 물으니, 전분이 대답하였다. "월나라 사람끼리 서로 공격하는 것은 본시 흔한 일이며, 반역 또한 다반사로 일어납니다. 그러니 중국을 번거롭게 하면서까지 구원할 필요는 없습니다. 진(秦)나라 때부터 예속시키지 않은 채 내버려두었습니다." 그러자 중대부(中大夫)[20] 장조(莊助)[21]가 전분을 힐책하며 말하였다. "힘으로 구제하지 못하고, 덕으로 보살피지 못하는 것이 걱정일 따

13) 東甌 : 지금의 浙江省 동남쪽 甌江 北岸의 永嘉縣 인접 지역.

14) 漢 景帝 劉啓의 재위 기간은 기원전 157년에서 기원전 141년까지이다.

15) 劉濞 : 劉邦의 조카로 吳王에 봉해졌다. 봉국내에 망명객들을 불러모아 세력을 키우자 景帝가 晁錯의 건의를 받아들여 劉濞의 봉지를 깎았다. 이에 劉濞는 楚, 越의 제후와 연합하여 난을 일으켰다. 오래지 않아 패배하고 東越로 달아났다가 東甌에게 살해당하였다.

16) 丹徒 : 고을 이름으로 지금의 江蘇省에 속하였다.

17) 建元 : 漢 武帝의 첫번째 연호(기원전 140-기원전 135년)이다. 중국 왕조 최초의 연호이다.

18) 太尉 : 관직 이름. 秦나라로부터 西漢 때까지 설치되어 있었으며, 전국 軍政의 수뇌로 丞相, 御史大夫와 더불어 三公으로 불렸다.

19) 田蚡 : 長陵(지금의 陝西省 咸陽市 동북쪽) 출신으로 景帝의 王皇后의 이복 형제이다. 武帝 때에 武安侯에 봉해졌고, 벼슬이 丞相에 이르렀으며, 儒術을 추숭하였다.

20) 中大夫 : 관직 이름. 郞中令의 지시를 받아 의론을 맡아보았다. 武帝 때에 '光祿大夫'로 개칭되었다.

21) 莊助 : 西漢의 대신. 권112 「平津侯主父列傳」의 〈주 132〉 참조.

름입니다. 실제로 할 수 있다면 왜 그들을 버린다는 말입니까? 진나라는 함양(咸陽)까지도 버렸습니다. 어떻게 월나라만을 버린 것이겠습니까? 이제 작은 나라가 곤궁에 처하여 천자께 급한 사정을 호소하는데도 천자께서 구원하시지 않는다면, 그들은 어디에 가서 호소할 것이며, 또 천자께서는 어떻게 온 나라를 자식처럼 보살피실 수 있겠습니까?" 그러자 천자는 "태위는 나와 함께 이를 의론하기에 부족하오. 나는 막 즉위하였는지라 호부(虎符)[22]를 내어 군국(郡國)에서 군대를 동원하는 일은 하고 싶지 않소"라고 하였다. 그리고는 장조에게 부절을 지니고 회계(會稽)[23]에서 군대를 일으키게 하였다. 그러나 회계 태수는 호부가 없다는 이유로 이를 거부하고 군대를 내주지 않으려고 하였다. 장조는 결국 사마(司馬)[24] 한 사람을 베고 천자의 뜻을 이해시킨 다음, 원병을 이끌고 바다를 건너가 동구를 구원하게 되었다. 그러나 한나라 군대가 미처 도착하기도 전에, 민월은 군대를 이끌고 물러갔다. 동구는 온 백성을 거느리고 중국으로 이주하기를 청하여, 마침내 모든 백성들이 강회(江淮) 일대로 이주하였다.

건원(建元) 6년, 민월이 남월(南越)을 쳤다. 남월은 천자의 명을 지켜서 감히 제 마음대로 군대를 동원하지 않은 채, 이를 천자에게 보고하였다. 천자는 대행(大行)[25] 왕회(王恢)[26]를 예장(豫章)[27]으로 진격하게 하고, 대농(大農)[28] 한안국(韓安國)[29]을 회계로 나아가게 하고는, 이들을 모두 장군으로 삼았다. 군대가 양산령(陽山嶺)[30]을 채 넘기도 전에, 민월왕 영(郢)은 이미 군대를 파견하여 요새지를 방어하고 있었다. 이에 영

22) 虎符 : 중국 고대에 군사의 이동 등에 사용된 신표. 구리로 호랑이 모양을 주조하고, 이를 반으로 나누어 오른쪽 반은 조정에 보관하고 왼쪽 반은 군사를 통솔하는 장수가 소지하였다.

23) 會稽 : 지금의 長江 남쪽, 茅山 동쪽에 해당되는 지역. 浙江省 대부분 및 福建省의 전체가 이에 포함된다.

24) 司馬 : 관직 이름. 郡尉의 屬官으로 장병을 통솔하고 군수를 담당하였다.

25) 大行 : 관직 이름. 빈객의 접대를 맡아보았다.

26) 王恢 : 燕 땅 출신으로 武帝 때에 大行에 임용되어 閩越을 정벌하여 장군이 되었다. 元光 2년에 匈奴를 쳤다가 실패하여 死罪로 논죄되자 자살하였다.

27) 豫章 : 楚, 漢 무렵에 설치되었으며, 南昌에 군 소재지가 있었다.

28) 大農 : 관직 이름. 大農令을 말한다. 九卿의 하나로, 금전과 약물, 布帛 등의 출입을 관리하였다.

29) 韓安國 : 西漢의 대신. 梁나라 成安 출신으로 武帝 때에 御史大夫로 발탁되었다.

30) 陽山嶺 : 지금의 南嶺의 일부.

의 아우 여선(餘善)이 재상, 종족(宗族)들과 의논하기를 "왕이 함부로 군사를 일으켜 남월을 치면서 천자께 주청하지 않았다. 때문에 천자의 군대가 와서 주벌하려고 한다. 지금 한나라의 군대는 많고도 강하다. 설령 이기더라도 원병은 갈수록 증강될 것이니, 결국 나라는 망하고야 말 것이다. 이제 왕을 죽여서 천자께 사죄하자. 천자께서 이를 거두시고, 군대를 물린다면 나라는 원래대로 보전될 것이다. 천자께서 받아들이시지 않는다면, 그때는 최선을 다해 싸우고, 이기지 못할 경우에는 바다로 달아나자"라고 하였다. 모두들 좋다고 하였다. 즉시 왕을 창대로 때려 죽이고 사자에게 그의 머리를 받들게 하여 대행에게 보냈다. 대행은 "우리가 온 것은 왕을 베고자 한 것이다. 이제 왕의 머리를 손에 넣었고, 그들도 사죄하니, 일이 싸우지 않고도 해결되었다. 이보다 더 좋은 것은 없다"라고 하였다. 그리고는 곧 군대를 멈추어두고 대농군(大農軍)에게 통보하는 한편, 사자에게 민월왕의 머리를 받들고 천자에게 달려가 보고하게 하였다. 천자는 조서를 내려 두 장군의 군사 파견을 중지시켰다. 조서에는 이렇게 쓰여 있었다. "영 등은 주범이다. 무제의 손자 요군(繇君) 축(丑)만은 모의에 참가하지 않았다." 그리고는 낭중장(郎中將)[31]에게 축을 월나라의 요왕(繇王)으로 세워 민월의 조상의 제사를 받들게 하였다.

여선이 영을 죽이고 난 뒤, 그의 위엄과 명령이 나라 안에 행해지자, 많은 백성들이 여선을 추종하였다. 그는 남몰래 자신이 스스로 왕이 될 생각을 하였다. 요왕은 여선의 무리들을 휘어잡아 바르게 만들 수가 없었다. 천자는 이 사실을 알았지만 여선 때문에 다시 군사를 일으킬 것은 못된다고 하여 "여선은 번번이 영과 함께 반란을 획책하였다. 그러나 나중에 앞장 서서 영을 베었기 때문에 한나라의 군사가 수고를 덜 수 있었다"라고 하고는, 그대로 여선을 동월왕(東越王)으로 세워 요왕과 병립하게 만들었다.

원정(元鼎)[32] 5년, 남월이 반란을 일으키자, 동월왕 여선은 상서하여 병졸 8,000명을 이끌고 누선장군(樓船將軍)[33]을 도와 여가(呂嘉)[34]를 치

31) 郎中將 : 관직 이름. 郎中令의 屬官으로 車, 驢, 騎의 3將이 있었다.
32) 元鼎 : 漢 武帝의 다섯번째 연호(기원전 116-기원전 111년)이다.
33) 漢代에는 각 지방 특색에 맞게 군사를 조련하였는데, 江淮 이남에서는 水軍을 조

겠노라고 하였다. 군대가 게양(揭揚)[35]에 이르렀을 때, 여선은 바다에 풍랑이 심하다는 구실로 진군하지 않았다. 그는 모호한 태도를 보이면서 비밀리에 남월로 밀사를 띄웠다. 그리고 한나라 군대가 반우(番禺)[36]를 격파할 때까지 도착하지 않았다. 이때 누선장군 양복(楊僕)이 천자에게 사자를 보내 즉시 군대를 이끌고 동월을 치게 해달라고 주청하였다. 그러나 천자는 군졸들이 지쳐 있다면서 이를 허락하지 않고 군사를 해산시켜 버렸다. 그리고는 여러 교위(校尉)[37]들에게 예장의 매령(梅嶺)[38]에 주둔해 명령을 기다리도록 하였다.

원정 6년 가을, 여선은 누선장군이 자신을 죽일 것을 주청하고, 또 한나라의 군사가 국경까지 조여와 곧 쳐들어오려 한다는 소식을 들었다. 여선은 마침내 반란을 일으켜, 군대를 보내 한나라 군사의 행로를 차단하게 하였다. 장군 추력(騶力) 등을 '탄한장군(呑漢將軍)'이라 이름하고 백사(白沙),[39] 무림(武林),[40] 매령으로 들어가 한나라의 교위 세 사람을 베었다. 이때 한나라는 대농령(大農令) 장성(張成)과 산주후(山州侯)였던 유치(劉齒)[41]를 주둔군의 장군으로 삼았다. 그러나 감히 공격하지 못하고 오히려 안전한 곳으로 퇴각하였다. 때문에 이들은 겁을 먹은 채 목숨만을 도모하였다는 죄목으로 모두 처형되었다.

여선이 '무제(武帝)'라고 새긴 옥새로 백성들을 속이고 망언을 하였다. 이에 천자는 횡해장군(橫海將軍) 한열(韓說)[42]에게 구장(句章)[43]으로 나

련하여 '樓船'이라고 불렀다. 여기에서의 樓船將軍은 楊僕을 가리킨다. 楊僕은 武帝 때 南越을 평정하면서 樓船將軍이 되었고, 그 공으로 將梁侯에 봉해졌다.

34) 呂嘉 : 南越의 相. 南越의 文王 趙胡, 明王 趙嬰齊 및 趙興의 相을 지내면서 권세를 휘둘렀다. 元鼎 5년(기원전 112년), 南越의 몇몇 대신들과 반란을 일으켜 南越王 趙興과 王太后, 그리고 漢나라의 사신 終軍 등을 죽였다.

35) 揭揚 : 『漢書』에는 "揭陽"으로 기록되어 있다. 漢代에 縣을 설치하였는데, 그 서북쪽의 揭陽嶺은 福建省에서 廣東省으로 통하는 유일한 통로였다.

36) 番禺 : 지금의 廣東省 廣州市 남쪽.

37) 校尉 : 관직 이름. 군관으로 西漢 때에는 그 지위가 將軍 다음으로 높았다. 후에 직무가 나누어짐에 따라 '城門校尉' 등의 식으로 분화되었다.

38) 梅嶺 : 大庾嶺을 가리킨다. 지금의 廣東省과 江西省 경계 지역에 위치하였다.

39) 白沙 : 지금의 江西省 南昌市 동북쪽.

40) 武林 : 지금의 江西省 餘干縣 동북쪽의 武陵山을 가리킨다.

41) 劉齒 : 城陽의 共王 劉喜의 아들이다.

42) 韓說 : 西漢의 장수로 武帝 때 大將軍 衞靑을 도와 匈奴를 정벌하여, 그 공으로 侯의 작위를 받았다. 또 元鼎 6년에는 東越을 정벌한 공으로 按道侯에 봉해졌다.

가 바다를 거쳐 동쪽으로부터 나아가게 하고, 누선장군 양복에게 무림으로 진격하게 하였다. 또 중위(中尉) 왕온서(王溫舒)[44]는 매령으로 진격하고, 월후(越侯) 두 사람[45]을 각각 과선장군(戈船將軍)과 하뢰장군(下瀨將軍)으로 삼아 약야(若邪)[46]와 백사로 나아가게 하였다. 원봉(元封)[47] 원년 겨울에 이들은 한꺼번에 동월의 경내로 진격해들어갔다. 동월은 처음부터 군대를 출동시켜 험고한 곳을 방비하고, 순북장군(徇北將軍)에게는 무림을 지키게 하였다. 그리하여 누선장군의 교위 몇명을 격파하고 장리(長吏)[48]들을 베었다. 누선장군의 졸개인 전당(錢塘)[49]의 원종고(轅終古)가 순북장군을 베어 죽이고 어아후(禦兒侯)가 되었다. 한나라의 군대가 미처 무림에 당도하기도 전이었다.

월나라의 연후(衍侯)였던 오양(吳陽)은 이전에 한나라에 있었다. 그래서 한나라는 그에게 돌아가 여선을 타이르게 하였다. 그러나 여선은 듣지 않았다. 월나라의 연후 오양은 횡해장군이 일단 도착하기를 기다렸다가, 자기 고을의 700명을 거느리고 반란을 일으켜, 한양(漢陽)[50]에서 월나라 군대를 공격하였다. 또 건성후(建成侯) 오(敖)[51]와 그 무리들은 함께 요왕 거고(居股)[52]에게 가서 모의하였다. "여선은 반역의 우두머리로 우리를 협박하였습니다. 이제 한나라 군대가 도착하였는데, 그 수가 많고 강대합니다. 여선을 죽이고 한나라의 장수들에게 제 발로 투항한다면 용케

43) 句章 : 고을 이름. 지금의 浙江省 餘桃縣 동남쪽에 관할 소재지가 있었다.
44) 王溫舒 : 陽陵 출신으로 武帝 때 御史, 廣平郡 都尉, 中尉, 少府 등의 직책을 두루 역임하였다. 漢代의 유명한 酷吏 가운데 한 사람으로, 수뢰혐의로 멸족의 판결을 받게 되자 자살하였다.
45) 漢나라에 귀순하여 작위를 받은 南越 출신의 嚴과 甲 두 사람을 말한다.
46) 若邪 : '若耶' 또는 '如邪'라고도 한다. 지금의 浙江省 紹興縣 남쪽에 있는 산 이름이다.
47) 元封 : 漢 武帝의 여섯번째 연호(기원전 110-기원전 105년)이다.
48) 長吏 : 지위가 비교적 높은 관리들을 가리키는 말로, 또한 지위가 높은 縣級의 관리를 가리키기도 한다.
49) 錢唐 : 고을 이름. 지금의 浙江省 杭州市 西靈隱 산기슭에 관할 소재지가 있었다. 隋代에는 杭州市로 관할 소재지를 옮겼으며, 唐代에는 국호를 피하여 '錢塘'으로 개칭하였다.
50) 漢陽 : 고대의 성 이름. 지금의 福建省 建捕城 북쪽.
51) 敖 : 東越의 신하.
52) 居股 : 繇王 丑의 아들로 추측된다. 후에 衛太子 때문에 반란을 일으켰으나 참형에 처해졌다.

죽음은 면할 것입니다." 드디어 여선을 죽이고는 군사를 이끌고 횡해장군에게 투항하였다. 그 때문에 요왕 거고는 동성후(東成侯)에 봉해져 만호후(萬戶侯)가 되었고, 건성후 오는 개릉후(開陵侯)에 봉해졌으며,[53] 월나라의 연후 오양은 북석후(北石侯)에 봉해졌다.[54] 또 횡해장군 한열은 안도후(案道侯)에 봉해졌고, 횡해 교위 유복(劉福)은 요앵후(繚嫈侯)에 봉해졌다.[55] 유복은 성양(成陽)의 공왕(共王)의 아들로,[56] 해상후(海常侯)에 봉해졌다가 법에 저촉되어 후의 지위를 잃은 적이 있었다. 일찍이 종군하여 공이 없었으나, 종실(宗室)이기 때문에 후의 작위를 얻었다. 그밖의 장수들은 이룬 공이 없었기 때문에 봉해진 자는 아무도 없었다. 동월의 장수 다군(多軍)은 한나라의 군사가 진격해오자 자기의 군대를 버리고 투항하였다. 다군은 무석후(無錫侯)에 봉해졌다.[57]

이에 천자는 "동월은 좁고 험한 곳이 많고, 민월은 사람들이 사나워 다스리기 어렵고 언제 반역이 있을는지 모른다"라고 하고, 군리(軍吏)에게 조서를 내려 그곳의 백성들을 모두 강회(江淮) 일대로 옮겨 살도록 하였다. 그리하여 동월의 땅은 마침내 무인지경이 되었다.

태사공은 말하였다.

"월(越)나라는 비록 만이(蠻夷)의 나라이기는 하나, 그의 선조는 아마도 일찍이 백성들에게 커다란 공덕이 있었는가보다. 어쩌면 그리도 오래도록 나라를 유지하였는가? 몇대를 지나도 늘 군왕(君王)이었다. 일찍이 구천(句踐)은 한 차례 패자(覇者)로 일컬어졌지만, 여선(余善)에게 이르러서 대역을 저질러 나라는 멸망하고 백성들은 이주하게 되었다. 그러나 그 조상의 후예인 요왕(繇王) 거고(居股) 등은 오히려 만호후에 봉

53) 開陵은 臨淮郡의 屬縣으로 지금의 安徽省 접경 지역에 해당된다.

54) 北石은 『漢書』 傳에는 "卯石"으로 되어 있으며, 「功臣表」에는 "外石"으로 되어 있다. 또 郭嵩燾의 『史記札記』에는 "羊石(지금의 北海郡)"으로 보아야 한다고 되어 있다.

55) 繚嫈은 지금의 江西省 접경 지역이다. 일설에는 지금의 山東省 접경 지역이라고도 한다.

56) 成陽의 共王은 劉喜(?-기원전 144년)를 가리킨다. 成陽은 『漢書』에는 "城陽"으로 되어 있으며, 西漢 초기에 郡이 설치되었다. 그 위치는 지금의 山東省 莒縣과 沂南縣 및 蒙陰縣의 동남쪽에 해당된다.

57) 無錫은 지금의 江蘇省 無錫市이다.

해졌다. 따라서 월나라가 대대로 공후(公侯)가 될 수 있었던 것은 우(禹)임금이 남긴 공덕 때문이리라는 것을 알겠다.”

권115「조선열전(朝鮮列傳)」제55

조선(朝鮮)의 왕 만(滿)[1]은 원래 연(燕)[2]나라 사람이다. 연나라는 그 전성기 때 일찍이 진번(眞番)[3]과 조선을 공격하여 연나라에 귀속시켜 관리를 설치하고 요새에 성을 쌓았다. 진(秦)나라가 연나라를 멸망시켰을 때에는 요동(遼東)[4]의 바깥 경계에 속하였다. 한(漢)나라가 일어나자 그곳이 멀어 지키기가 어렵다고 하여 다시 요동의 옛 요새를 수축하고 패수(浿水)[5]에 이르러 경계를 정하고 연나라에 속하게 하였다. 연왕(燕王) 노관(盧綰)[6]이 배반하여 흉노(匈奴)에 들어가니, 만이 망명하여 천여 명의 무리를 모아 추결(魋結)[7]을 하고 만이(蠻夷)의 복장을 하고서 동쪽으로 가서 요새를 나와 패수를 건너서 진나라의 옛 땅에 살면서 장(鄣)[8]을

---

1) 滿 : 衛滿. 燕나라 사람. 秦나라 말기, 漢나라 초기에 무리를 이끌고 朝鮮에 들어와, 漢 惠帝 원년(기원전 194년)에 왕이라고 칭하였다. 衛氏朝鮮(기원전 194-기원전 108년)의 통치 지역은 지금의 平壤 일대이다.

2) 燕 : 나라 이름. 본래는 '匽' 또는 '郾'이라고 하였다. 기원전 11세기 西周에 의해서 분봉된 제후국. 성은 姬氏이다. 지금의 河北省 북부와 遼寧省 서쪽 끝으로, 도읍은 薊(지금의 北京市 서남쪽)이며 개국 군주는 召公 奭이다. 戰國七雄 가운데 하나이며, 동북쪽으로 땅을 확장하였다. 기원전 226년에 秦나라의 공격을 받아 燕王 喜는 遼東으로 옮겨갔고, 기원전 222년에 秦나라에 의해서 멸망당하였다.

3) 眞番 : 漢 武帝 元封 3년에 郡을 설치하였고, 관할 지역은 지금의 한반도 황해도와 경기도 북부에 해당한다. 始元 5년에 폐지되어 부분적으로 樂浪郡에 병합되었다.

4) 遼東 : 郡 이름, 나라 이름. 전국시대에 燕나라가 처음으로 郡을 설치하였는데, 관할 지역은 지금의 遼寧省 大凌河 이동 지역이다. 西晉 때 郡에서 國으로 바뀌었다.

5) 浿水 : 강 이름. 『史記』에서는 지금의 平壤市 북쪽의 淸川江을 가리키며, 혹은 大同江 혹은 鴨綠江을 가리키기도 한다. 金富軾의 『三國史記』에서는 지금의 禮成江을 가리키며, 혹은 臨津江을 가리키기도 한다. 『隋書』「高麗傳」에서는 지금의 大同江을 가리킨다.

6) 盧綰 : 漢나라 초기의 제후왕. 豐(지금의 江蘇省) 사람. 秦末 劉邦을 따라 沛縣에서 봉기하여 漢中에 들어가 장군이 되었다. 漢나라가 項羽를 공격할 때 벼슬이 太尉였다. 후에 燕王으로 봉해졌다. 陳豨가 반란을 일으키자 그와 함께 연합하고 匈奴와 결탁하였으나 패하여 匈奴로 들어갔다.

7) 魋結 : '椎結'이라고도 한다. 머리에 상투를 하여 하나로 모은 것을 말한다. 고대 소수민족 가운데 이러한 풍속을 가진 민족이 많았다.

오르내리며 점차로 진번과 조선의 만이와 옛 연과 제(齊) 나라의 망명자들을 복속시켜 그들의 왕이 되었고, 왕검(王險)[9]에 도읍을 정하였다.

그때가 마침 효혜(孝惠), 고후(高后)의 시기로서, 천하가 처음 평정되었다. 요동 태수는 곧 만과 약속하기를 "외신(外臣)[10]이 되어 만이를 보호하고 변경을 침범하는 일이 없도록 하라. 여러 만이의 군장(君長)이 들어와 황제를 뵙고자 하거든 금하지 말라"고 하였다. 요동 태수가 이를 보고하니 황제가 허락하였다. 이런 까닭에 만은 병위(兵威)와 재물을 얻어 그 주위의 작은 나라를 침략하여 항복시키니 진번과 임둔(臨屯)[11]이 다 복속하였고, 그 땅이 사방 수천리가 되었다.

(만이 죽자) 왕위가 아들에게 전해지고 다시 손자 우거(右渠)에게 이르니 꾀어들인 한나라의 도망친 백성들이 점점 많아졌고, 또 입조하여 황제를 뵙지도 않았다. 또한 진번의 주위 여러 나라들이 글을 올려 황제를 뵙고자 하면 가로막고 통하지 못하게 하였다. 원봉(元封)[12] 2년에 한나라는 섭하(涉何)를 시켜 우거를 꾸짖고 타이르게 하였으나, 끝내 그는 황제의 명령을 받아들이지 않았다. 섭하가 떠나 국경에 이르러 패수에 임하였을 때 수레를 끄는 사람을 시켜 섭하를 전송하던 조선의 비왕(裨王)[13] 장(長)을 죽이고 바로 패수를 건너 말을 달려서 요새로 들어갔다. 마침내 돌아가 황제[14]에게 "조선의 장수를 죽였습니다"라고 보고하였다. 황제는 (조선의 장수를 죽였다는) 미명(美名)으로 인해서 꾸짖지 않고 섭하를 요동의 동부도위(東部都尉)로 임명하였다. 조선이 섭하를 원망하여 군사를 일으켜 습격하여 섭하를 죽여버렸다.

이에 황제는 죄인들을 모아 조선을 공격하게 하였다. 그해 가을 누선장군(樓船將軍)[15] 양복(楊僕)[16]을 파견하여 제나라 땅을 출발하여 발해(渤

8) 鄣 : 높고 낮은 두 곳에 쌓은 城인 듯하다. '鄣'은 '障'과 통한다.
9) 王險 : 王險城. 기원전 2세기 古朝鮮의 도성으로 지금의 平壤市에 해당된다.
10) 外臣 : 藩屬國의 군주를 가리킨다.
11) 臨屯 : 한반도 동쪽 東韓灣 北岸과 西南岸의 부족국가. 또 하나는 郡 이름으로 漢 武帝 元封 3년에 설치하였으며, 관할 구역은 지금의 함경남도 대부분 및 강원도 북부였다. 始元 5년에 폐지되었고, 대부분은 樂浪郡에 병합되었다.
12) 元封 : 漢 武帝의 여섯번째 연호(기원전 110-기원전 105년)이다.
13) 裨王 : 朝鮮 왕보다 지위가 낮은 작은 나라의 왕을 가리킨다.
14) 漢 武帝 劉徹을 가리킨다.
15) 漢代에는 각 지역의 특징에 따라 군대를 훈련시켰는데, 江淮 이남의 각 郡은 대부분 水軍에 편성되었기 때문에 '樓船'이라고 불렀다.

海)를 건너니 군사가 5만여 명이었는데 좌장군(左將軍) 순체(荀彘)[17]로 하여금 요동을 나와 우거를 치게 하였다. 우거가 군사를 일으켜 험난한 것을 의지하여 대항하였다. 좌장군의 졸정(卒正)[18] 다(多)는 요동의 군사를 거느리고 먼저 적군을 공격하였으나 패하여 흩어지고, 다는 돌아왔으나 군법을 어겨 참형되었다. 누선장군은 제나라의 군사 7,000여 명을 이끌고 먼저 왕검에 도착하였다. 우거가 성을 지키고 있다가 누선의 군사가 적음을 염탐하여 알아내고 즉시 성을 나와 누선을 공격하니 누선의 군사들이 패하여 흩어져 달아났다. 장군 양복은 자신의 무리를 잃고 산중에 도망하여 10여 일 숨어 있다가 점차 흩어진 군사들을 찾아 거두어 다시 모았다. 좌장군이 조선의 패수 서쪽의 군사를 공격하였으나, 이를 깨뜨리고 전진할 수 없었다.

황제가 두 장군만으로는 불리하다고 여기고, 이에 위산(衛山)으로 하여금 군사의 위세로써 우거를 타이르게 하였다. 우거가 사자를 보고 머리를 조아리며 사죄하기를 "항복하기를 원하였으나 두 장군이 속여 죽이려고 할 것이 두려웠소. 이제 진짜 부절(符節)을 보았으니 항복하기를 청하오"라고 하였다. 이에 태자를 파견하여 한나라에 들어가 사죄하게 하고 말 5,000필을 헌납하고 군량을 보내기로 하였다. 만여 명의 사람들이 무기를 가지고 바야흐로 패수를 건너니 사자 및 좌장군은 그들이 변란을 일으킬까 의심하여, 태자가 이미 항복하였으니 마땅히 사람들에게 무기를 지니지 않도록 명하라고 말하였다. 태자 역시 사자와 좌장군이 속여 자신을 죽일까 의심하여 마침내 패수를 건너지 않고 다시 무리를 이끌고 되돌아갔다. 위산이 돌아가 황제에게 보고하니 황제가 위산을 죽였다.

좌장군이 패수 언덕 위의 군사들을 물리치고 바로 앞으로 나아가 성 아래에 이르러 그 서북쪽을 포위하였다. 누선 역시 가서 군사를 모아, 성의 남쪽에 머물렀다. 우거가 드디어 성을 굳게 지키니 몇달이 되도록 함락시킬 수 없었다.

좌장군은 평소 황궁에서 황제를 받들어 모셔 총애를 받았는데, 그가 이

16) 楊僕 : 宜陽(지금의 河南省) 사람. 武帝 때 南越을 공격하면서 樓船將軍이 되었는데, 그 공으로 인해서 將梁侯에 봉해졌다. 후에 荀彘와 함께 朝鮮을 공격하여 항복시켰으나, 조정에 들어와서 관직을 삭탈당하였다.

17) 荀彘 (?-기원전 108년) : 太原郡 廣武(지금의 山西省 代縣 서남쪽) 사람.

18) 卒正 : 중급 정도 되는 군관의 호칭으로 軍吏의 우두머리.

끈 연나라와 대(代)나라의 군졸들은 사나우며 또 이전의 승리를 믿고 대부분의 군사들이 교만해 있었다. 누선장군은 제나라 군사들을 이끌고 바다에 들어가 이미 여러 차례 패하여 도망한 적이 있었다. 이전에 우거와 싸웠으나 곤욕을 당해서 군사를 잃었고, 또 군사들이 다 두려워하고 장군도 마음으로 부끄러워하였다. 때문에 뒤에 우거를 포위할 때 늘 조화와 절제에 힘썼다. 그런데 좌장군이 급히 왕검성을 치려고 하자 조선의 대신들이 이에 암암리에 사람을 시켜 사사로이 누선에게 항복을 약속하는 말을 전하려고 하였으나 아직 결정짓지 못하고 있었다. 좌장군은 여러 차례 누선과 더불어 싸울 것을 기약하였으나 누선은 급히 그 약속을 성취하려고 그를 만나지 않았다. 좌장군 역시 사람을 시켜 조선을 항복시킬 기회를 찾았고, 조선도 속으로는 누선을 따르려고 하지 않았다. 이런 까닭에 두 장군이 서로 사이가 좋지 못하였다. 좌장군은 마음속으로 누선이 전에 군사를 잃은 죄가 있고, 지금은 조선과 더불어 사사로이 친하며, 조선도 또 항복하지 않으니 그가 반란을 일으킬 계획이 있는가 하고 의심하였지만 감히 발설하지는 않았다. 황제는 "장수가 앞으로 진격하지 못하기에 위산을 시켜 우거에게 항복하라고 타일렀다. 이때 우거가 태자를 파견하였는데 위산이 사자로서 전적으로 처리하지 못하고, 좌장군과 더불어 함께 잘못을 저질러 마침내 약속을 저버리고 말았다. 이제 두 장군이 성을 포위하였지만 또 의견이 맞지 않는다. 그런 까닭에 오래도록 해결하지 못하고 있다"라고 말하고 제남(濟南) 태수 공손수(公孫遂)를 시켜 가서 그 일을 바로 처리하게 하고, 편의에 따라 임의로 일을 처리하게 하였다. 공손수가 도착하자 좌장군은 "조선은 벌써 공격하여 함락시켰어야 하지만, 아직 공격하지 않은 것은 이유가 있습니다"라고 말하였다. 계속해서 그는 누선장군이 여러 차례 싸움을 기약하였지만 모이지 않은 것을 말하고, 평소 의심해온 일들을 전부 공손수에게 이야기하였다. 그는 "이제 이와 같은 자를 잡지 않는다면 아마도 큰 해가 될 것이며, 누선장군 혼자뿐만 아니라 또 그는 점차 조선과 함께 우리 군대를 무찌를 것입니다"라고 말하였다. 공손수 역시 그렇다고 여기고, 부절을 사용하여 누선장군을 불러 좌장군의 병영에 들어와서 일을 의논하도록 하였고, 거기에서 즉시 좌장군의 부하에게 명령하여 누선장군을 사로잡게 하고, 그의 군대를 병합해 버렸다. 이 사실을 황제에게 보고하니 황제는 공손수를 죽였다.

좌장군은 이미 두 군대를 병합하여 즉시 급히 조선을 공격하였다. 조선의 재상 노인(路人)[19]과 재상 한음(韓陰),[20] 이계(尼谿)[21]의 재상 삼(參)과 장군 왕협(王唊)이 서로 모의하기를 "처음에 누선에게 항복하려고 하였으나 누선은 지금 붙잡혀 있고, 홀로 좌장군이 두 군대를 병합하여 거느리고 있어 전세가 더욱 급하게 되었다. 아마 그와 더불어 싸울 수는 없을 것이나, 우리의 왕도 또한 항복하려고 하지 않을 것이다"라고 하였다. 한음, 왕협, 노인은 다 도망하여 한나라에 항복하였다. 노인은 도망하는 도중에 죽었다. 원봉 3년 여름에, 이계의 재상 삼이 사람을 시켜 조선 왕 우거를 죽이고 항복하였다. 그러나 왕검성은 함락되지 않았고, 옛 우거의 대신(大臣) 성사(成巳)가 또 반란을 일으켜 다시 관리들을 공격하였다. 좌장군이 우거의 아들 장항(長降)[22]과 재상 노인의 아들 최(最)를 시켜 그 백성들을 타일러 성사를 죽이게 하였다. 그런 까닭에 마침내 조선을 평정하고 사군(四郡)[23]을 설치하였다. 삼을 획청후(澅淸侯)에 봉하였고, 한음을 적저후(荻苴侯)에 봉하였고, 왕협을 평주후(平州侯)에 봉하였으며, 장항을 기후(幾侯)에 봉하였다. 최는 아비가 (항복하려고 오는 도중에) 죽은 공으로 인해서 온양후(溫陽侯)에 봉해졌다.

좌장군은 불려와서 공을 다투어 서로 질투하고 계책을 어긋나게 하였다는 죄를 받아 기시(棄市)의 형벌을 받았다. 누선장군 역시 군사가 열구(洌口)[24]에 이르렀을 때 마땅히 좌장군을 기다려야 하였으나 자신이 멋대로 먼저 공격하다가 군사를 많이 잃어 죽어야 마땅하였지만, 돈으로 죄를 용서받고 대신 평민이 되었다.

태사공은 말하였다.

"우거(右渠)는 성의 견고하고 험난한 것만 믿다가 나라의 제사를 끊기게 하였다. 섭하(涉何)는 공로를 속여 병사를 일으켜 조선(朝鮮)을 공격

---

19) 路人 : 사람 이름. 『史記索隱』에는 路人을 漁陽縣 사람이라고 하였다.
20) 韓陰 : 사람 이름. 『漢書』에는 "韓陶"라고 쓰여 있다.
21) 尼谿 : 나라 이름. 당시 朝鮮의 작은 나라.
22) 長降 : 사람 이름. 권20 「建元以來侯者年表」에는 "張路"으로 쓰여 있고, 『漢書』 「功臣表」에도 "張路"으로 쓰여 있다.
23) 四郡 : 樂浪, 臨屯, 玄菟, 眞番의 四郡을 말한다.
24) 洌口 : 현 이름. '列口'라고도 한다. 朝鮮의 大同江에 있었다.

하게 한 계기가 되었다. 누선장군(樓船將軍)도 마음이 좁아 위험과 재난을 만나 죄를 얻게 되었다. 반우(番禺)[25]에서의 실패를 후회하다가 오히려 의심을 받았다. 순체(荀彘)는 공을 다투다가 공손수(公孫遂)와 더불어 다 함께 죽임을 당하였다. 두 장군의 군대는 다 곤욕을 당하였으며, 장수 가운데 후(侯)에 봉해진 사람이 아무도 없었다."

25) 番禺 : 현 이름. 지금의 廣州市 남쪽으로, 당시에는 南越의 도읍이었다.

권116「서남이열전(西南夷列傳)」제56

서남이(西南夷)[1]의 군장(君長)은 열 명을 헤아렸는데 그중 야랑(夜郎)[2]의 세력이 가장 컸다. 그 서쪽에는 미막(靡莫)[3]의 무리가 열 명을 헤아렸는데 그중 전(滇)[4]의 세력이 가장 컸다. 전으로부터 그 이북에도 군장이 열 명을 헤아렸는데 그중 공도(邛都)[5]의 세력이 가장 컸다. 이들은 모두 추결(魋結)하고 밭을 경작하면서 작은 도시와 촌락을 이루었다. 그들의 바깥 서쪽에는 동사(同師)[6]로부터 동쪽으로 향하고, 북쪽으로 엽유(楪榆)[7]에 이르기까지를 이름하여 수(巂),[8] 곤명(昆明)[9]이라고 하는데, 다 편발(編髮)을 하고 가축을 따라 옮겨 다니며, 일정한 거주지가 없었고, 군장도 없었는데, 땅이 사방 수천리나 되었다. 수에서부터 동북쪽에도 군장이 열 명을 헤아렸는데 그중 사(徙),[10] 작도(筰都)[11]의 세력이 가장 컸다. 작도에서부터 동북쪽에도 군장이 열 명을 헤아렸는데, 그중 염방(冉駹)[12]의 세력이 가장 컸다. 그들의 풍습은 어떤 때는 정착하여

---

1) 西南夷 : 西南의 각 소수민족을 일컫는다. '夷'는 고대 서방 소수민족의 통칭.
2) 夜郎 : 고대의 오랑캐 국가. 지금의 貴州省 서부 및 북부에 해당하며, 또한 지금의 雲南省 동북부, 四川省 남부, 廣西省 서북부의 일부 지역도 포함한다.
3) 靡莫 : 지금의 雲南省 尋甸 回族 자치현 일대.
4) 滇 : 고대의 오랑캐 국가 지금의 雲南省 昆明市 일대.
5) 邛都 : 지금의 四川省 서쪽 昌縣 이남의 雅礱江과 金沙江 사이.
6) 同師 : 읍 이름. 『漢書』「西南夷傳」에는 "桐師"로 쓰여 있다. 지금의 雲南省 龍陵縣 일대.
7) 楪榆 : 현 이름. '葉榆'라고도 한다. 지금의 雲南省 大理縣 북쪽 洱海 西岸.
8) 巂 : 고대 오랑캐 족. 대략 지금의 雲南省 保山縣 일대에서 활동하였다.
9) 昆明 : 고대 오랑캐 족. 대략 지금의 雲南省 洱海 이남 保山縣에서 楚雄縣 일대까지 활동하였다.
10) 徙 : 고대의 오랑캐 국가. 지금의 四川省 天全縣 동남쪽.
11) 筰都 : 고대의 오랑캐 국가. 지금의 四川省 樂山, 漢源, 石棉, 越西縣과 小里 藏族 자치현 일대.
12) 冉駹 : 冉夷와 駹夷를 가리킨다. 고대 羌族에 속하였다. 지금의 四川省 茂汶 羌族 자치현에서 松藩縣 일대까지 분포하였다.

살며, 어떤 때는 옮겨 다니는데, 촉(蜀)의 서쪽에 있었다. 염방으로부터 동북쪽에도 군장이 열 명을 헤아렸는데 그중 백마(白馬)[13]의 세력이 가장 컸으며, 다 저족(氐族)과 같은 무리였다. 이들은 모두 파(巴), 촉의 서남쪽 바깥에 있는 만이(蠻夷)들이다.

처음에 초 위왕(楚威王)[14] 때 장군 장교(莊蹻)를 시켜 군사를 이끌고 강을 따라 올라가 파, 검중(黔中)[15]의 서쪽을 공략하게 하였다. 장교는 본래 초 장왕(楚莊王)의 후손이다. 장교가 전지(滇池)[16]에 이르니 땅이 사방 300리로서 그 옆은 평지로 비옥하고 부유한 것이 수천리나 되어 군사의 위력으로 평정하여 초나라에 속하게 하였다. 돌아가 이를 보고하려고 하였으나, 마침 진(秦)나라가 공격하여 초나라의 파, 검중을 빼앗아 버려 길이 막혀 통행할 수 없었다. 때문에 다시 돌아와 그 무리를 이끌고 전에서 왕이 되어 복장을 바꾸고 그곳의 풍속을 따라서 전의 군장이 되었다. 진나라 때 상안(常頞)이 이 지역을 공략하여 오척도(五尺道)[17]를 개통하고, 이곳의 여러 나라에 관리를 두었다. 10여 년 뒤에 진나라가 멸망하였다. 한(漢)나라가 일어나자 모두 이 나라들을 버리고 촉에 원래 있던 경계를 관새(關塞)[18]로 삼았다. 파, 촉의 백성들이 간혹 몰래 관새를 나와 장사를 하였는데 작(筰)에서는 말을, 북(僰)[19]에서는 노예와 모우(髦牛)를 가져와 파, 촉이 인구가 많아지고 생활이 부유하게 되었다.

건원(建元)[20] 6년에 대행(大行)[21] 왕회(王恢)가 동월(東越)[22]을 공격

13) 白馬 : 고대 氐族. 지금의 甘肅省 西河縣과 成縣에서 武都縣, 文縣, 康縣 일대까지 분포하였다.
14) 『史記志疑』에 따르면 여기의 楚 威王은 마땅히 楚 頃襄王(기원전 298-기원전 263년)이어야 옳다.
15) 黔中 : 군 이름. 전국시대 楚나라가 설치하였고, 후에 秦나라에 병합되었다.
16) 滇池 : 지금의 雲南省 昆明市 남쪽.
17) 五尺道 : 도로 이름. 秦나라가 중국을 통일한 후 中原 지역과 西南 지역의 관계를 강화하기 위하여 常頞을 시켜 도로를 개축하였는데, 그 넓이가 5尺이어서 '5尺道'라고 불렀다. 지금의 四川省 宜賓市에서 雲南省 曲靖縣 일대까지이다.
18) 關塞 : 국경에 있는 關과 요새.
19) 僰 : 고대 오랑캐 족. 지금의 四川省 남부와 雲南省 동북부에 분포하였다.
20) 建元 : 漢 武帝 劉徹이 즉위한 후의 첫번째 연호. 建元 6년은 기원전 135년이다.
21) 大行 : '大行令'을 가리킨다. 秦나라 때에는 '典客'이라 불렀고, 漢나라 때에도 이것을 계속 설치하였다. 景帝 劉啓 때 '大行令'이라고 고쳤고, 武帝 太初 원년에는 또

하자 동월 사람들은 자신들의 왕인 영(郢)을 죽이고 이를 통보하였다. 왕회는 군사들의 위세를 가지고 파양령(番陽令)[23] 당몽(唐蒙)으로 하여금 넌지시 출정한 의도를 남월(南越)[24]에게 알리게 하였다. 남월이 당몽에게 촉에서 나는 구장(枸醬)[25]을 먹이니, 당몽이 그 구장을 어디에서 가져왔는가를 물었다. "서북쪽의 장가(牂柯)[26]로부터 가져왔습니다. 장가강(牂柯江)은 넓이가 몇리나 되며 반우(番禺)[27]의 성(城) 아래에서 나옵니다"라고 말하였다. 당몽이 돌아와 장안(長安)에 도착하여 촉의 상인에게 물으니 상인이 대답하기를 "오직 촉에서만 구장이 생산되는데 많은 사람들이 몰래 가지고 나와 야랑에서 장사를 합니다. 야랑은 장가강에 인접해 있는데, 강의 넓이가 100여 보(步)밖에 되지 않아 배로 건널 수가 있습니다. 남월이 재물로써 야랑을 예속시키고, 서쪽으로는 동사에까지 이르고 있지만, 그러나 그들을 신하처럼 부리지는 못하고 있습니다"라고 말하였다. 당몽은 이에 황제에게 글을 올려 말하기를 "남월왕[28]은 황옥(黃屋)[29]을 타고 좌독(左纛)[30]을 장식하고 있으며, 땅은 동서로 만여 리나 됩니다. 명목상으로는 번신이지만, 실제로는 하나의 주(州)의 군주입니다. 이제 장사(長沙)[31]와 예장(豫章)[32]에서 앞으로 가 정벌한다면 물길

'大鴻臚'라고 고쳤다. 외교 및 소수민족에 대한 일을 담당하였고 '九卿' 가운데 하나이다.

22) 東越 : '東粤' 또는 '閩越'이라고 부른다. 고대 남방 越人의 한 지류. 지금의 福建省과 浙江省 남부 일대에 거주하였다.

23) 番陽은 현 정부가 지금의 江西省 波陽縣 동북쪽에 있었다.

24) 南越 : '南粤'이라고도 부른다. 고대 남방 越人의 한 지류. 지금의 廣東省, 廣西省 대부분 및 越南 북부 및 동부 연해 지역에 해당한다.

25) 枸醬 : 枸의 열매를 사용해서 만든 醬. '枸'는 '枸椇'라고도 하며 또는 '椇枸'라고도 하는데, 낙엽식물로 그 열매는 둥글고 작으며 맛이 달아 먹을 수 있다.

26) 牂柯 : 강 이름. 혹은 '牂牁江'이라고 하며 혹은 '牂柯水'라고도 한다. 일설에는 지금의 北盤江이라고도 하며, 일설에는 지금의 都江이라고도 한다. 이 외에도 지금의 濛江, 沅江, 烏江 등이라고 하는 설도 있다.

27) 番禺 : 현 이름. 현 정부가 지금의 廣東省 廣州市에 있었다.

28) 당시는 趙佗의 손자인 趙胡를 가리킨다.

29) 黃屋 : 고대의 제왕들이 타는 수레에는 노란 비단으로 만든 덮개가 사용되었다. 때문에 '黃屋'은 황제가 타는 수레를 가리킨다.

30) 左纛 : 고대 제왕들이 타는 수레 위에 장식한 장식물. 소의 꼬리나 혹은 꿩의 꼬리를 사용해서 만들었다. 수레의 왼쪽 위에 세웠기 때문에 '左纛'이라고 불렀다.

31) 長沙 : 나라 이름. 관할구역은 지금의 湖南省 동부와 남부, 廣西省, 廣東省 連縣, 陽山縣 등에 해당하였다.

32) 豫章 : 군 이름. 楚, 漢 때 설치하였다. 관할구역은 지금의 江西省에 해당하였다.

이 끊어지는 곳이 많아 통행하기에 어렵습니다. 가만히 들으니 야랑이 가지고 있는 정예 병사가 족히 10여 만 명이 된다고 하는데, 배를 띄워 장가강을 따라 내려가 그 불의를 덮치는 것이 남월을 제압하는 계책입니다. 진실로 한나라의 강대함과 파, 촉의 부유함으로 야랑까지 가는 길을 개통하여 관리를 두는 것은 아주 쉬운 일입니다"라고 하였다. 황제가 그것을 허락하였다. 이에 당몽을 임명하여 낭중장(郎中將)으로 삼고 군사 1,000명과 양식, 군대의 하물(荷物)을 운반하는 만여 명을 거느리고 파촉작관(巴蜀筰關)[33]으로부터 야랑에 들어가 마침내 야랑후(夜郎侯) 다동(多同)을 만났다. 당몽은 다동에게 재물을 후하게 주고 한나라의 위세와 은덕[34]을 알려 관리를 두기로 약속하고 야랑후의 아들로 하여금 영(令)을 삼았다. 야랑 주변의 작은 나라들이 모두 한나라의 비단과 명주를 탐내었는데, 마음속으로 한나라가 여기까지 오는 길이 험난하여 결국 그들을 점령할 수 없다고 여기고 마침내 당몽의 약속을 따르기로 하였다. 당몽이 돌아가 보고하니 야랑과 그 주변 국가를 건위군(犍爲郡)으로 삼았다. 파, 촉의 군사를 동원하여 도로를 수리하였는데, 그것이 북도(僰道)[35]에서부터 장가강까지 향하였다. 촉 사람 사마상여(司馬相如)[36] 역시 서이(西夷)의 공(邛), 작(筰)은 군(郡)을 설치할 만하다고 말하였다. 이에 사마상여를 낭중장(郎中將)[37]으로 삼아 그곳에 가서 조정의 의도를 알리게 하고, 모든 것을 남이(南夷)와 같도록 하여 한 명의 도위(都尉)[38]와 10여 개의 현(縣)을 설치하고 촉에 예속시켰다.

이때에 파, 촉 등의 사군(四郡)[39]에서는 서남이로 가는 길을 개통하려고 여기저기로 군량을 운송하고 있었다. 여러 해가 되도록 도로가 개통되지 않았고, 군사들은 피곤하고 굶주리고 습기를 만나 죽는 자가 매우 많

---

33) 巴蜀筰關 : 巴符關을 말한다. 『漢西』「西南夷傳」에는 '蜀'자가 없다. 王念孫은 "巴筰關은 본래 巴符關이라고 하였다"라고 말하였다.

34) 여기에서는 서로간의 이해관계를 가리킨다.

35) 僰道 : 현 이름. 지금의 四川省 宜賓市 서남쪽 安邊鎭.

36) 司馬相如 : 字는 長卿이다. 西漢 때의 辭賦家. 蜀郡 사람. 권117 「司馬相如列傳」 참조.

37) 郎中將 : 권117 「司馬相如列傳」에는 "中郎將"이라고 쓰여 있다.

38) 都尉 : 郡守를 보좌하며, 아울러 전체 郡의 軍事를 담당하는 무관. 秦, 西漢 초기에는 '郡尉'라고 불렀다. 당시의 郡에는 太守가 설치되어 있지 않고 오로지 郡尉만 설치되어 郡의 일을 담당하였다.

39) 四郡 : 巴, 蜀, 漢中, 廣漢을 가리킨다.

았다. 거기에다가 서남이가 또 여러 차례 배반하자 군사를 일으켜 공격하였으나 재력만 소모하였을 뿐 공(功)은 없었다. 황제가 이것을 근심하여 공손홍(公孫弘)[40]을 시켜 가서 살펴 물어보게 하였다. 공손홍은 돌아가 보고하면서 불리하게 이야기하였다. 공손홍이 어사대부(御史大夫)가 되었는데, 이때 바야흐로 삭방(朔方)[41]에 성벽을 수축하고 하수(河水)에 의지하여 호(胡)[42]를 축출하려고 하였다. 공손홍은 기회를 보아 여러 차례 서남이로 통하는 길을 개통함으로 인해서 생기는 해를 말하여, 그 일을 잠시 멈추고 흉노의 일에 전력을 기울이게 하였다. 황제는 서이(西夷)의 관리를 철수시켜 다만 남이(南夷), 야랑 두 현과 한 명의 도위만을 두게 하고, 점차로 건위군으로 하여금 스스로 보수하여 완성시키게 하였다.

원수(元狩)[43] 원년에 박망후(博望侯) 장건(張騫)[44]이 대하(大夏)[45]에 사신으로 갔다가 돌아와 말하기를 "내가 대하에 있을 때 촉(蜀)의 베와 공(邛)[46]의 나무 지팡이를 보고 어디에서 가져왔는가를 물으니 '동남쪽 연독국(身毒國)[47]에서 가져왔습니다. 그곳은 대략 수천리나 되는데, 촉의 상인에게서 사 가지고 왔습니다'라고 대답하였고, 혹은 들으니 공의 서쪽으로 대략 2,000리쯤에 연독국이 있다"라고 하였다. 그래서 장건은 "대하는 한나라의 서남쪽에 있는데 중국을 흠모하고 있지만 흉노가 그 길을 막고 있는 것을 근심하고 있으며, 만약 촉으로 가는 길을 개통할 수 있다면 연독국으로 가는 길이 편리하고 가까워 이익이 되며 해는 없을 것입니다"라고 힘주어 이야기하였다. 그래서 황제는 곧 왕연우(王然于),

40) 公孫弘 : 字는 季이다. 薛 사람. 元朔 원년에 御史大夫에서 丞相으로 임명되었고, 平津侯에 봉해졌다. 권112 「平津侯主父列傳」 참조.

41) 朔方 : 군 이름. 西漢 元朔 2년에 설치되었다. 관할구역은 지금의 내몽고 河套 지역 서북쪽 및 后套 지역이었다.

42) 胡 : 고대 소수민족에 대한 통칭. 秦, 漢 때에는 대부분 匈奴를 가리켰다.

43) 元狩 : 漢 武帝 즉위 후 네번째 연호. 元狩 원년은 기원전 122년이다.

44) 張騫 : 西漢 漢中郡 城固縣(지금의 陝西省 城固縣) 사람. 그는 漢나라와 西域의 소수민족과의 관계를 강화시켰고, 한걸음 더 나아가 경제, 문화의 교류와 발전을 촉진시켰다. 元鼎 3년에 죽었다.

45) 大夏 : 나라 이름. 지금의 阿姆河 이남에서 阿富汗에까지 이른다.

46) 邛 : 산 이름. 지금의 '邛萊山'을 가리킨다. 四川省 서부, 岷江과 大渡河 사이에 있다.

47) 身毒國 : 나라 이름. '天毒,' '乾毒,' '天竺' 등으로도 쓰이는데, 이는 다 고대의 譯音이다. 지금의 인도와 파키스탄 일대.

백시창(柏始昌), 여월인(呂越人) 등으로 하여금 좁은 길을 물어서[48] 서이의 서쪽[49]으로부터 출발하여 연독국을 찾아보게 하였다. 전(滇)에 이르니 전왕(滇王) 상강(嘗羌)[50]이 서쪽으로 길을 찾아나선 10여 명의 무리를 억류하였다. 1년 남짓 지나도록 그들은 모두 곤명(昆明)에 갇히어 연독국까지 통행하는 자가 없었다.

전왕이 한나라의 사자에게 "한나라와 우리나라 중 어느 쪽이 더 큰가?"라고 물었다. (한나라의 사자들이 야랑에 도착하자) 야랑후 역시 이와 같이 물었다. 그들은 서로 길이 통하지 않는 까닭에 각기 스스로 하나의 주(州)의 군주라고 여기고, 한나라의 넓고 큼을 알지 못하였다. 사자가 돌아와 전(滇)은 큰 나라로서 족히 가까이할 만한 하다고 힘주어 이야기하니, 황제가 그 말에 관심을 가졌다.

원정(元鼎) 5년에 남월이 반란을 일으키자 황제는 치의후(馳義侯)[51]로 하여금 건위군을 통하여 남이(南夷)[52]의 군사를 동원하게 하였다. 저란(且蘭)[53]의 군주는 자신의 군대가 멀리 가면 주변의 나라들이 자기 나라의 늙고 약한 사람들을 사로잡아갈 것이 두려워 마침내 자신의 무리와 함께 반란을 일으켜 한나라의 사자와 건위군의 태수를 죽였다. 그래서 한나라는 파, 촉의 죄인 중에 일찍이 남월을 공격해본 적이 있는 자와 팔교위(八校尉)[54]를 동원하여 저란을 공격하여 평정시켰다. 마침 남월이 이미 무너졌기 때문에 한나라의 팔교위는 장가강을 따라 아래로 내려가지 않고, 바로 군사를 이끌고 돌아가는 틈을 타서 두란(頭蘭)[55]을 정벌하였

48) 왜냐하면 당시는 匈奴가 길을 가로막고 있었기 때문에 좁은 길이 아니면 다니기가 불가능하였기 때문이다.

49) 『漢書』「張騫傳」에 따르면 駹, 筰, 徙, 邛, 僰 등의 지역을 가리킨다.

50) 嘗羌 : 滇王 이름. '賞羌'이라고도 한다. 『漢書』「西南夷傳」에는 "當羌"으로 쓰여 있다.

51) 馳義侯 : 越나라 사람으로 이름은 遺이다.

52) 『漢書』「西南夷傳」에는 "夜郎"으로 되어 있다.

53) 且蘭 : 고대 오랑캐 국가. 지금의 貴州省 貴定縣 동북쪽에 위치하였다. 일설에는 지금의 貴州省 凱里縣 서북쪽이라고도 하였다.

54) 八校尉 : 漢 武帝 때 中壘, 屯騎, 步兵, 越騎, 長水, 胡騎, 射聲, 虎賁, 校尉를 설치하였는데, 이를 통털어 八校尉라고 하였다. 지위는 대략 將軍보다 낮았다.

55) 頭蘭 : 고대 오랑캐 국가. 당시 滇國의 이북에 있었다. 『漢書』「西南夷傳」에는 "且蘭"으로 쓰여 있는데 이는 잘못인 듯하다.

다. 두란은 항상 전으로 가는 길을 가로막던 나라이다. 이미 두란을 평정하였고, 마침내 남이도 평정하여 장가군(牂柯郡)으로 삼았다. 야랑후는 원래 남월에 의지하였는데, 남월이 이미 멸망하였고, 때마침 한나라의 군사들이 돌아와 반란을 일으킨 자를 죽이니, 야랑도 마침내 입조하였다. 황제는 그를 야랑왕(夜郎王)으로 삼았다.

남월이 멸망한 후 한나라가 저란, 공(邛)의 군주를 죽였고, 또 함께 작후(筰侯)를 죽이니, 염(冉)과 방(駹)이 모두 두려워 떨며 한나라의 신하가 되었고 한나라의 관리를 두기를 청하였다. 그래서 공도(邛都)를 월수군(越巂郡)으로, 작도(筰都)를 침리군(沈犂郡)[56]으로, 염과 방을 민산군(汶山郡)[57]으로, 광한(廣漢)의 서쪽에 있는 백마(白馬)를 무도군(武都郡)으로 삼았다.

황제는 왕연우를 시켜 월(越)을 깨뜨리고, 남이를 주살한 군사들의 위세로써 넌지시 전왕에게 입조하라는 뜻을 전하였다. 전왕은 그 무리가 수만명으로 그 곁으로 동북쪽에 노침(勞浸),[58] 미막(靡莫)이 있는데, 모두 같은 성(姓)을 가지고 있어 서로 의지하였기 때문에 그 말을 따르려고 하지 않았다. 노침과 미막이 여러 차례 한나라의 사자, 관리, 군졸을 침범하였다. 원봉(元封)[59] 2년에 황제는 파, 촉의 군사를 동원하여 노침, 미막을 공격하여 멸망시키고, 군사들을 전(滇) 가까이에 주둔시켰다. 전왕은 처음부터 선의를 가지고 있었던 까닭에 죽임을 당하지 않았다. 전왕 이난(離難)은 서남이의 나라 전체를 인솔하여 항복하고[60] 한나라의 관리를 두며 입조할 것을 청하였다. 그래서 그곳을 익주군(益州郡)으로 삼아 전왕에게 왕의 인(印)을 하사하고, 다시 그 백성들을 다스리게 하였다.

서남이의 군장은 100여 명을 헤아렸지만 오직 야랑(夜郎), 전(滇)만이 왕의 인을 받았다. 전은 작은 나라로서 가장 많은 총애를 받았다.

태사공은 말하였다.

---

56) '犂'는 '黎'라고도 한다.

57) '汶'은 '岷'으로 통하므로 여기서는 '민'으로 읽는다.

58) 勞浸 : 『漢書』「西南夷傳」에는 "勞深"으로 쓰여 있다. 지금의 雲南省 陸良縣 일대.

59) 元封 : 漢 武帝의 여섯번째 연호. 기원전 109년이다.

60) 『史記會注考證』에 따르면 "西南夷" 세 글자는 아래 문장을 살펴보면 덧붙인 것이다. '離難'은 滇王의 이름이다. 『漢書』「西南夷傳」에는 "滇王離西夷"라고 쓰여 있다. 顔師古는 이를 동쪽을 향하여 漢나라를 섬긴다는 뜻으로 해석하였다.

"초(楚)나라의 선조가 어찌 하늘의 복이 있었다고 말할 수 있겠는가? 주(周)나라 때에는 문왕(文王)의 사부가 되어 초나라에 봉해졌다. 주나라가 쇠미하였을 때에는 땅이 오천리라고 일컬었다. 진(秦)나라가 제후들[61]을 멸망시켰지만, 초나라의 후예만이 오히려 전왕(滇王)으로 있었다. 한(漢)나라가 서남이(西南夷)를 정벌하여 많은 나라가 멸망당하였는데 오직 전(滇)만이 다시 총애받는 왕이 되었다. 그러나 남이(南夷)[62] 정벌의 발단은 반우(番禺)에서 구장(枸醬)을 보았기 때문이며, 대하(大夏)에서 공(邛)의 대나무 지팡이를 보았기 때문이다. 서이(西夷)[63]는 뒤에 분할되어 서쪽과 남쪽 둘로 나누어졌고, 마침내 일곱 개의 군(郡)[64]으로 되었다."

61) 여기서는 韓, 趙, 魏, 燕, 齊, 楚의 여섯 나라 군주를 가리킨다.
62) 南夷 : 문맥에 따르면 西南夷인 듯하다.
63) 西夷 : 역시 문맥상 西南夷인 듯하다.
64) 犍爲, 牂柯, 越巂, 益州, 武都, 沈犁, 汶山을 말한다.

권117 「사마상여열전(司馬相如列傳)」 제57

사마상여(司馬相如)는 촉군(蜀郡)[1] 성도(成都) 사람으로 자(字)는 장경(長卿)이다. 어릴 때 독서하기를 좋아하였고 격검(擊劍)을 배웠으므로 양친이 그를 견자(犬子)라고 하였다. 사마상여는 학업을 마치자 인상여(藺相如)[2]의 사람됨을 흠모하여 이름을 상여(相如)라고 고쳤다. 재물을 이용하여 낭(郎)에 임명되었고 효경제(孝景帝)를 섬겨 무기상시(武騎常侍)[3]에 올랐으나, 그는 이를 달가워하지 않았다. 효경제는 사부(辭賦)[4]를 좋아하지 않았다. 이 당시 양 효왕(梁孝王)이 조정으로 들어와 황제를 알현하였는데, 이때 유세객인 제(齊)나라의 추양(鄒陽),[5] 회음(淮陰)의 매승(枚乘), 오(吳)[6]의 장기(莊忌)[7] 부자의 무리가 따라왔다. 사마상여는 그들을 보고 좋아하였다. 그는 병을 핑계삼아 직책을 버리고 양나라로 가서 문객이 되었다. 양 효왕은 사마상여를 학자들과 같은 숙소에 머물게 하였으므로 그는 몇년 동안 학자들, 그리고 유세객과 함께 있을 수 있었고, 이에 「자허부(子虛賦)」를 지었다.

때마침 양 효왕이 죽었기 때문에 사마상여는 고향으로 돌아왔다. 그러

---

1) 蜀郡 : 전국시대 秦나라에서 설치하였다. 지금의 四川省 松潘 남쪽, 北川, 彭縣, 洪雅 서쪽, 峨邊, 石棉 북쪽, 邛萊山, 大渡河 동쪽 및 大渡河와 雅礱江 사이 康定 이남의 冕寧 북쪽 땅이다.

2) 藺相如 : 전국시대 趙나라 대신이다. 趙 惠文王 때, 秦나라가 趙나라에게 '和氏璧'을 강제로 빼앗으려고 하자, 그는 임금의 명을 받아 和氏璧을 가지고 秦나라로 들어가 힘껏 싸워서 다시 온전하게 가지고 趙나라로 왔다. 이후에 惠文王을 수행하여 澠地에서 秦나라 왕과 만났을 때, 趙나라 왕이 치욕을 당하지 않게 한 공 때문에 上卿으로 임명되었다.

3) 武騎常侍 : 800石의 봉록을 받던 직책.

4) 辭賦 : 문체 이름. 漢代 辭와 賦의 통칭으로 「離騷」에서 시작하여 漢代에 극성하였다.

5) 鄒陽 : 西漢의 문학가. 처음에는 吳王 劉濞를 따랐지만 그가 자신의 간언을 받아들이지 않자, 梁 孝王의 객이 되었다.

6) 吳 : 현 이름. 지금의 江蘇省 吳縣.

7) 莊忌 : 西漢의 辭賦家로 梁 孝王의 문객이며, 辭賦 24편이 있다.

나 집안이 가난해졌으므로 스스로 업(業)으로 삼을 일이 없었다. 그는 평소 임공(臨邛)[8]의 현령인 왕길(王吉)과 사이가 좋았다. 왕길이 말하기를 "그대는 오래도록 벼슬을 구하기 위하여 밖에 나가 있었는데 뜻을 이루지 못하였으니 나에게 와서 지내시오"라고 하였다. 그리하여 사마상여는 도정(都亭)[9]에 머물렀다. 임공의 현령은 일부러 공손한 태도를 취하면서 매일같이 사마상여에게 가서 문안을 하였다. 사마상여는 처음에는 오히려 그를 만났으나, 뒤에는 병이라 칭하고 종자를 시켜 왕길을 만나지 않겠다고 하였다. 왕길은 더욱더 공손한 태도로 사마상여를 공경하였다. 임공의 성 안에는 부호가 많았는데, 탁왕손(卓王孫)[10]에게는 노복이 800명이나 되었고, 정정(程鄭)도 수백명이 있었다. 이 두 사람은 곧 상대방에게 서로 말하기를 "지금 현령에게 귀빈이 있다고 하니, 주연을 열어 그를 초대합시다"라고 하였다. 아울러 현령도 초대하였다. 현령이 도착하였다. 탁씨의 빈객은 벌써 100여 명을 헤아릴 만큼 많았다. 정오쯤 되어 사마장경(司馬長卿)을 초대하였는데, 장경은 병 때문에 갈 수 없다며 거절하였다. 임공의 현령은 요리를 맛보려는 엄두도 내지 않고 몸소 사마상여를 맞으러 나갔다. 사마상여도 하는 수 없이 병을 무릅쓰고 따라 나섰다. 자리에 모였던 사람들은 모두 사마상여의 풍채를 우러러보았다. 주연의 분위기가 무르익었을 때, 임공의 현령이 앞에서 거문고를 연주하며 말하기를 "가만히 들으니 장경께서는 거문고를 잘 타신다고 하니, 원컨대 그것으로 저를 즐겁게 해주십시오"라고 하였다. 사마상여는 사양하다가 그를 위하여 한두 곡조를 연주하였다. 이 당시 탁왕손에게는 막 과부가 된 문군(文君)이라는 딸이 있었는데, 그녀는 음악을 좋아하였다. 때문에 상여는 속여서 현령과 서로 매우 존중하는 체하고는 거문고로 그녀의 마음을 끌어냈다. 사마상여가 임공으로 갈 때 거마(車馬)를 따르게 하였는데, 이때 그의 행동거지는 조용하고 의젓하며 고요하여 품위가 느껴졌다. 사마상여는 탁씨의 집에서 술을 마시며 거문고를 탔다. 문군은 문틈으로 몰래 그를 엿보

---

8) 臨邛 : 옛날 현 이름. 지금의 四川省 邛崍縣.

9) 都亭 : 漢代 마을에는 10리마다 亭이 하나씩 있었고, 亭長을 두어 치안을 관리하거나 여행객을 접대하고 민사를 관리하였다. 이것은 성 안에 설치되어 있기 때문에 '都亭'이라고 칭하였다. 성문에 설치한 것은 '門亭'이라고 하였다.

10) 卓王孫 : 趙나라 사람으로 秦나라의 포로가 되어 蜀郡으로 이주하였는데, 철을 이용해서 부자가 되었다.

고 그와 거문고 소리를 좋아하게 되었으며, 그를 배우자로 삼을 수 없음을 안타까워하였다. 연회가 끝나자, 상여는 이내 사람을 시켜서 문군의 시종에게 후한 선물을 주고 은근히 마음을 전하게 하였다. 문군은 밤에 사마상여에게로 도망쳐나왔다. 그러나 상여는 곧 함께 성도로 달려 돌아왔다. 상여의 집에는 네 벽만이 있을 뿐이었다. 탁왕손은 매우 화가 나서 말하기를 "딸은 끝까지 재목이 되지 못한다. 차마 죽이지는 못하지만 나는 일전도 그애에게 나누어주지 않겠다"라고 하였다. 사람들 중에는 간혹 왕손의 마음을 돌려보려고 말하는 자가 있었지만, 왕손은 끝내 듣지 않았다. 문군은 그러한 생활을 오랫동안 하는 것을 즐겨 하지 않고 말하기를 "장경, 어쨌든 함께 임공으로 갑시다. 형제들에게 돈을 빌리면 오히려 족히 생활할 수 있을 것입니다. 무엇 때문에 이와 같이 스스로 괴로워하십니까!"라고 하였다. 상여는 문군과 함께 임공으로 갔다. 그는 거마를 모두 팔아서 술집 한 채를 사서 술을 팔았다. 그리고 문군으로 하여금 노(鑪)[11]에 앉아 술을 팔도록 하고, 상여 자신은 독비곤(犢鼻褌)을 입고 고용인과 함께 잡일을 하고 시장에서 술잔을 닦았다. 탁왕손은 이 소문을 듣고 부끄러웠기 때문에 문을 닫고 나가지 않았다. 형제들과 장자(長者)들은 번갈아가면서 왕손에게 말하기를 "그대에게는 아들 하나와 딸 둘이 있고, 부족한 것은 재산이 아닙니다. 지금 문군은 이미 몸을 사마장경에게 버렸고, 장경은 오랫동안 유력한 사람으로 비록 가난하지만 그 사람됨과 재능은 의지하기에 충분합니다. 또한 그는 현령의 빈객인데, 어찌하여 이와 같이 서로 욕되게 하십니까!"라고 하였다. 결국 탁왕손은 할 수 없이 문군에게 노복 100명, 돈 100만과 시집갈 때의 의복, 이불, 재물을 나누어주었다. 문군은 이에 상여와 성도로 돌아가 밭과 논을 사서 부자가 되었다.

오랜 시간이 지난 후, 촉(蜀)나라 사람 양득의(楊得意)가 구감(狗監)이 되어 한 무제(漢武帝)를 모시게 되었다. 한 무제는 「자허부」를 읽고 그것을 칭찬하며 말하기를 "짐은 어찌 이 사람과 같은 시대에 살지 못하였던가!"라고 하였다. 득의는 말하기를 "신의 마을 사람 중 사마상여라

11) 鑪 : 사방을 흙으로 에워싸고 가운데 술항아리를 두어 술을 끓일 수 있게 만든 화로.

는 자가 있는데, 자신이 이것을 지었다고 말합니다"라고 하였다. 한 무제는 놀라며 곧 상여를 불러 물었다. 상여가 말하기를 "이것을 지은 일이 있습니다. 그러나 이것은 곧 제후의 일을 말한 것으로 볼 만하지 않습니다. 청컨대 천자의 「유렵부(游獵賦)」를 써서 부(賦)가 완성되면 바치게 해주십시오"라고 하였다. 한 무제는 이를 허락하고, 상서(尙書)에게 붓과 찰(札)을 주도록 명하였다. 상여는 '비었다'는 뜻인 '자허(子虛)'로써 초(楚)나라의 아름다움을 칭찬하였고, '어찌 이런 일이 있겠느냐'는 뜻인 '오유선생(烏有先生)'으로써 제(齊)나라를 위하여 초나라를 비난하였으며, '이 사람이 없다'는 뜻인 '무시공(無是公)'으로써 천자의 대의(大義)를 밝히려고 하였다. 그래서 그는 이 세 사람의 가공인물을 빌려서 말을 만들어 천자와 제후의 원유(苑囿)를 미루어 생각하고, 그 끝의 장(章)은 절약과 검소함에 귀결시켜 이것으로써 풍간하려고 하였던 것이다. 이윽고 천자에게 이를 주상하자 천자는 매우 기뻐하였다. 그 글의 내용은 다음과 같다.

> 초나라는 자허로 하여금 제나라에 사자로 가도록 하였다. 제나라 왕은 나라 안의 선비들을 모두 출동시키고 엄청난 규모의 거마를 갖추어 사자와 함께 사냥을 나갔다. 사냥이 끝나자, 자허는 오유선생에게 들러서 자랑을 하였다. 마침 무시공이 있었는데, 모두 좌정(坐定)하였다. 오유선생이 묻기를 "오늘 사냥은 즐거웠습니까?"라고 하자, 자허가 말하기를 "즐거웠습니다"라고 하였다. "많이 잡았습니까?"라고 하자, 말하기를 "적었습니다"라고 하였다. "그렇다면 무엇이 즐거웠습니까?"라고 하자, 말하기를 "저는 제나라 왕이 저에게 거기의 많음으로써 자랑하고자 한 것을 제가 운몽(雲夢)의 일로써 대답한 것이 즐거웠던 것입니다"라고 하였다. 말하기를 "그것을 들을 수 있겠습니까?"라고 하였다.
>
> 자허가 말하였다. "좋습니다. 제나라 왕은 천 승의 수레를 가지고 만 명을 선발하여 해안가에서 사냥을 하였습니다. 늘어선 사졸들은 계곡에 가득 찼고, 그물은 산에 둘러쳐져 있었습니다. 토끼를 덮쳐 잡고 사슴을 수레바퀴로 깔아 잡았습니다. 고라니를 쏘아 맞히고 기린을 발을 잡아 넘어뜨렸습니다. 갯벌을 어지럽게 달린 수레바퀴는 찢긴 고기의 피로 물들었고, 쏘아 맞혀 포획한 것들이 많았습니다. 제나라 왕은 자신의 공을 자랑하면서 나를 돌아보고 말하기를 '초나라에서도 또한 평원과 넓은 소택의 유렵할 수 있는 땅이 있어 이와 같이 풍요로울 수 있겠소? 초나라 왕의 사냥은 나와

비교하면 어떻소?'라고 하였습니다. 저는 수레에서 내려와 대답하기를 '신은 초나라의 보잘것없는 사람인데, 다행스럽게도 10여 년을 숙위(宿衛)하면서 때로는 왕을 모시고 후원(後園)[12]에서 사냥하여 있고 없는 것을 보았으나, 두루 볼 수는 없었습니다. 또 어찌 궁궐 밖의 사냥터를 택(澤)이라고 하는 것에 대하여 말할 수 있겠습니까!'라고 하였습니다. 제나라 왕이 말하기를 '설사 그와 같다고 하더라도 그대가 보고 들은 것만 말해보시오' 라고 하였습니다.

저는 이렇게 대답하였습니다. '네네, 신이 듣기에는 초나라에는 일곱 개의 택지가 있는데, 신은 일찍이 그중 하나를 보았고 나머지는 아직 보지 못하였습니다. 신이 본 것은 대체로 그중에서 특히 가장 작은 것으로 이름을 운몽(雲夢)이라고 하는 것이었습니다. 운몽은 사방 900리이고, 그 가운데 산이 있습니다. 그 산은 굽이져 서려 있고 높이 치솟아 험준하고, 봉우리와 암석이 가지런하지 않아 해와 달을 가려 이지러집니다. 서로 교차하고 어지러이 뒤섞여 위로는 푸른 구름이 솟구치고, 차츰 산비탈은 느슨하게 경사가 져서 그 끝이 강과 시내에 닿았습니다. 그 흙은 단청(丹靑), 자악(赭堊), 자황(雌黃), 백부(白坿), 석벽(錫碧), 금은(金銀) 등으로서 갖가지 빛깔이 광채를 발산하여 용의 비늘처럼 빛났습니다. 그곳의 돌로는 적옥(赤玉), 매괴(玫瑰), 임민(琳瑉), 곤오(琨珸),[13] 감륵(瑊玏), 현려(玄厲), 연석(瑌石), 무부(武夫) 등이 있습니다. 그 동쪽으로는 혜포(蕙圃)가 있어 형란(衡蘭), 지약(芷若), 사간(射干), 궁궁(穹窮), 창포(昌蒲), 강리(江離),[14] 미무(蘪蕪), 감자(甘蔗), 박차(猼且)가 있었습니다. 그 남쪽으로는 평원과 넓은 계곡이 있어 오르고 내림이 구불구불 구부러지고 길며, 움푹 패어 들어가고 편편하게 넓게 퍼지곤 하였니다. 그 밖으로는 장강(長江)에 잇닿아 멀리 무산(巫山)[15]으로 끝이 납니다. 높고 건조한 곳에는 짐(葴), 사(斯), 포(苞), 려(荔), 설(薛), 사(莎), 청번(靑薠)이 나고, 그 낮고 습한 곳에는 장량(藏莨), 겸가(蒹葭), 동장(東蘠), 조호(雕胡), 연우(蓮藕), 고로(菰蘆), 암려(菴閭), 헌우(軒芋)가 나는데, 여러 가지 물건들이 모두 모여서 그 모습을 모두 묘사할 수 없습니다. 그 서쪽에는 솟아나는 샘물과 맑은 못이 있고, 급류가 서로 떠밀듯 흘러갑니

12) 後園: 여기서는 楚나라 왕이 부근의 도성에서 사냥하며 놀던 곳을 가리킨다.

13) 琨珸: 본래는 산 이름인데, 아름다운 돌이 나왔기 때문에 그 산의 돌을 일컫게 되었다. '昆吾'라고도 한다.

14) 江離: 수초 이름. 얕은 해안이나 만에서 서식하며, 기름을 만드는 데 쓰인다.

15) 巫山: 雲夢澤 안의 巫山을 가리킨다. 일명 '陽臺山'이라고도 한다.

다. 그 밖으로는 연꽃, 마름꽃들이 피어 있고, 그곳에는 커다란 바위와 흰 모래를 숨기고 있습니다. 또 그 속에는 신령스러운 거북과 교룡, 악어, 대모(玳瑁),[16] 별원(鼈黿) 등이 살고 있습니다. 또 그 북쪽으로는 그늘진 숲과 큰 나무들이 있고, 편남(楩枏), 예장(豫章), 계초(桂椒), 목란(木蘭), 벽리(蘗離), 주양(朱楊), 사리(樝梨), 영률(梬栗), 귤유(橘柚) 등이 향기를 뿜고 있습니다. 그리고 그 나무들 위에는 적원(赤猨), 구유(蠷蝚), 원추(鵷鶵), 공작(孔雀), 난조(鸞鳥), 등원(騰遠), 사간(射干)이 살고 있습니다. 또 그 나무 아래에는 백호(白虎), 현표(玄豹), 만연(蟃蜒), 추(貙), 한(豻), 시상(兕象), 야서(野犀), 궁기(窮奇), 만연(獌狿) 등이 살고 있습니다.

이곳에서 전제(專諸)[17]와 같은 용사들로 하여금 이러한 짐승들을 잡도록 하고 있습니다. 초나라 왕은 옥으로 장식한 길들인 박(駁) 네 마리가 끄는 수레를 타고 어수(魚須)로 묶은 깃대의 큰 깃발과 명월주(明月珠)의 깃발을 길게 바람에 날립니다. 간장(干將)[18]의 예리한 창을 세우고 오고(烏嘷)[19]에 조각한 활을 왼쪽에, 하(夏)나라 풍의 의복에 각이 진 화살을 오른쪽에 가졌습니다. 양자(陽子)[20]는 수레를 같이 타고 섬아(纖阿)가 수레를 끌어당깁니다. 짐승이 달리는 속도를 억제하여 아직 충분히 달리기도 전에 빠르고 사나운 짐승을 범하여 공공(邛邛)[21]을 깔아 죽이고 거허(距虛)를 짓밟아 잡습니다. 야생 말을 추월하여 도도(騊駼)[22]를 수레 축의 머리로 받습니다. 유풍(遺風)을 타고 질주하는 기(騏)를 쏘아 죽입니다. 수레와 말이 날래기는 우레와 같이 움직이며 질풍과 같이 빨라서, 유성처럼 흐르고 벼락처럼 칩니다. 활은 헛되이 발사하지 않고, 적중시키면 반드시 짐승의 눈꼬리를 찢거나 가슴을 관통하여 겨드랑이에 이릅니다. 심장을 명중하여 힘줄을 끊습니다. 사냥을 하여 포획한 것은 마치 짐승의 비가 쏟아지는 듯하여 풀을 덮고 땅을 가립니다. 그때 초나라 왕은 말고삐를 잡고 천천히 배회하며, 새가 날개를 펴고 날듯이 유연하게 소요하며 그늘진 숲

---

16) 瑇瑁 : 거북 모양의 해상동물로 겉껍질이 아름다워 장식품을 만들 수 있다.
17) 專諸 : 춘추시대의 자객. 일찍이 吳 公子 光을 위해서 칼을 물고기 뱃속에 숨겨 吳나라 왕의 막료를 찔러 죽였다. 여기서는 용사를 가리킨다.
18) 干將 : 춘추시대 吳나라의 칼 만들기로 이름이 난 장인을 말한다.
19) 烏嘷 : 고대의 훌륭한 활 이름.
20) 陽子 : 춘추시대 秦나라 사람으로 이름은 孫陽이고 자는 伯樂이다. 말을 알아보는데 탁월한 재능을 가졌다고 한다.
21) 邛邛 : 고대 전설 속에 나오는 이상한 동물로 마치 말과 같은 모습을 하고 있다.
22) 騊駼 : 東海에서 사는 야수로, 말의 모습을 하고 있다.

을 살피어 장수들의 분노하는 모습과 맹수를 두려워하는 모양을 살핍니다. 피로한 짐승의 앞을 가로막아 지쳐 힘이 다한 것을 잡습니다. 그리하여 여러 사물의 다양한 변화 상태를 골고루 살핍니다.

그러면 정(鄭)나라의 아름다운 여인들은 부드러운 비단을 두르고 가는 삼베와 비단으로 만든 치마를 끌고 각양각색의 비단을 몸에 입고 안개처럼 엷은 비단을 늘어뜨렸다. 그녀들의 옷주름과 구김살이 드리워져 구불구불한 것이 마치 나무가 우거진 깊숙한 골짜기처럼 그 모양이 겹쳐졌으나 긴 소매맺자락은 정연하여 가지런하고, 섬(纖)은 날리고 소(髾)는 드리워졌습니다. 수레를 붙들고 공손히 따라가면서 옷이 날려 스륵스륵 하고 소리를 냅니다. 아래로는 난초와 혜초(蕙草)에 스치고 위로는 깃털로 장식한 수레 위의 비단 우산을 쓸고, 비취와 새털로 만든 목걸이에 구슬로 장식한 수레의 끈이 걸리며, 가볍게 솟아올랐다가 다시 내려지니 신선의 모습을 방불케 합니다.

이에 모두가 함께 혜포(蕙圃)로 가서 사냥을 합니다. 비틀거리며 금제(金題) 위를 기어올라가 물총새를 덮쳐 잡고 준의(鵔鸃)를 쏘고, 짧은 활에 가는 실을 매어 높은 하늘의 흰 고니를 쏘고, 가아(駕鵝)를 연달아서 잡으며 두 마리의 학을 쏘아 떨어뜨리고 검은 학을 거기에 보태 떨어지는 모양은 볼 만합니다. 사냥놀이에 지치면 맑은 못에서 노닙니다. 물새의 모양을 그린 배를 띄우고 계수나무 삿대를 올리고 새털로 장식한 포장을 치고 날개로 장식한 덮개를 세우고 대모(玳瑁)를 그물질하며 자패(紫貝)를 낚습니다. 황금 북을 치고 퉁소를 불면 사공이 노래를 부릅니다. 그 노랫소리는 여운이 있어 물고기들이 놀랍니다. 물결이 크게 끓어오르고 내뿜는 샘물이 일어나 달아나고 솟아나서 한데 합쳐 소용돌이치니, 물 속의 돌들이 서로 부딪쳐 낭랑하게 울리고 천둥벼락처럼 울려 수백리 밖에까지 들릴 것 같습니다.

장차 사냥꾼들에게 휴식을 시키려고 북을 둥둥 치고 신호의 깃발을 들면, 수레는 행렬을 정돈하고 기마는 대열에 들어섭니다. 기다랗게 잇달아 줄을 지어 서로 무리를 이룹니다. 초나라 왕은 양운대(陽雲臺)로 올라 편안히 좌정하고 있다가 오미(五味)를 조화시켜 요리한 음식을 갖춘 뒤에 그것을 먹습니다. 이것은, 대왕께서 온종일 달리며 수레에서 내리지도 않고 수레바퀴에다 피를 물들인 채 산 고기를 쪼개서 소금을 찍어 입에 넣으며 스스로 즐겁다고 하는 것과 같지 않습니다. 신이 가만히 살펴보니, 제나라는 아마 초나라만 못한 것 같습니다'라고 하였습니다. 그러자 제나라 왕은 침묵한 채 저에게 아무 대답도 하지 않았습니다."

오유선생이 말하였다. "이 어찌 잘못된 짓입니까! 그대는 천리를 멀다 하지 않고 제나라에 오는 영광을 주셨으므로, 제나라 왕이 경내의 선비를 모두 불러서 수레와 말의 무리를 정돈하여 나가서 사냥을 하였던 것입니다. 힘을 합쳐 짐승을 잡는 데 힘써서 그대를 즐겁게 하려고 하였습니다. 어찌하여 자랑을 떠벌린다고 말합니까! 초나라에 그러한 곳이 있는가 없는가를 질문한 것은 초나라와 같은 큰 나라의 풍속의 아름다움과 그대의 감상을 듣기를 원한 것인데, 지금 그대는 초나라 왕의 후한 덕을 칭송하지 아니하고, 다만 운몽의 광대함만을 추켜 세워서 높고 사치스러움을 자랑하며 음탕함과 사치스러움을 드러내었습니다. 나는 가만히 그대를 위하여 이러한 태도가 애석한 일이라고 봅니다. 반드시 그대가 말한 바와 같다면 본디 그것은 초나라의 아름다움이 아닌 것입니다. 만일 그런 일이 있어서 말하였다면 그것은 초나라 왕의 악덕함을 나타내는 것입니다. 그러나 더욱이 그것이 사실이 아니라면 그대의 신의를 해치는 것입니다. 그대의 악덕을 드러내고 사신의 신의를 손상시키는 것은 두 가지 다 옳은 일이라고 할 수 없는데, 그대가 굳이 그런 일을 한 것은 반드시 제나라를 가볍게 여기고 초나라에 누를 미치게 하는 것입니다. 또 제나라는 동쪽으로는 큰 바다가 있고 남쪽으로는 낭야산(琅邪山)[23]이 있습니다. 성산(成山)[24]에서 유람하고 지부산(之罘山)[25]에서 활을 쏘며, 발해(渤海)에서 배를 띄우고, 맹제(孟諸)[26]에서 놀며 곁으로 숙신국(肅愼國)[27]과 이웃하였고, 오른쪽으로는 탕곡(湯谷)[28]으로써 경계를 삼고 있습니다. 가을에는 청구산(靑丘山)[29]에서 사냥하고 자유롭게 바다 밖에서 소요하면 운몽과 같은 따위는 여덟 개나 아홉 개쯤 삼켜도 그 가슴속에서는 일찍이 개자(芥子)만큼도 걸리는 것이 없을 것입니다. 가슴이 막히지 않을 만큼 큰 인물과 다른 나라의 특이하고 기이한 조수(鳥獸) 등 만물이 비늘처럼 많이 모여, 그 가운데 충만한

23) 琅邪山 : 지금의 山東省 膠南縣 동쪽 해안가에 위치하였다. 어떤 이는 누대의 이름이라고도 한다.

24) 成山 : 지금의 山東省 榮成縣 동북쪽에 위치하였다.

25) 之罘山 : 지금의 山東省 福山縣 동북쪽에 위치하였다.

26) 孟諸 : 고대 澤藪 이름. 지금의 河南省 商丘市 동북쪽에 위치하였다.

27) 肅愼國 : 옛날 나라 이름. 지금의 吉林省 동북쪽에 위치하였다.

28) 湯谷 : 지명. '暘谷'이라고도 한다. 고대 사람들은 태양이 뜨는 곳을 동쪽 끝으로 생각하였다.

29) 靑丘 : 바다 밖에 있는 나라 이름.

것을 말한다면 모두 다 기록할 수 없습니다. 우(禹)임금일지라도 그것을 모두 이름 붙일 수는 없을 것이며, 설(契)[30]도 그 수를 헤아릴 수 없을 것입니다. 그렇지만 제후의 지위에 있기 때문에 감히 유희의 즐거움이라든지 원유(苑囿)의 크기를 말하지 않는 것입니다. 선생은 또 빈객으로서 대우받고 있습니다. 그러므로 제나라 왕은 사양하여 대답하지 않은 것이지, 어찌 대답할 것이 없어서 대답하지 않았다고 생각하십니까!"

무시공이 빙그레 웃으며 대답하였다. "초나라의 이야기는 사리에 맞지 않지만, 제나라의 이야기 또한 당연하다고는 할 수 없습니다. 대체로 제후로 하여금 공물을 바치게 하는 것은 재물과 보배를 얻기 위해서 하는 것이 아니고, 제후가 천자에 대한 직무를 이행하기 위해서 하는 것입니다. 흙을 쌓아 올려서 경계를 만드는 것도 수비와 방어를 위한 것이 아니고 사악한 것을 금지하기 위한 것입니다. 지금 제나라는 제후의 대열에 서서 동번(東藩)이 되었습니다. 그러나 밖으로는 숙신과 사사로이 왕래하여 나라를 버리고 국경을 넘고 바다를 건너서까지 사냥한다는 것은 그 도리 면에서 본래부터 마땅하지 않습니다. 또 두 분의 의론은 군신의 도리를 밝혀서 제후의 예의를 바로잡는 데에 힘쓰지 않고, 한갓 유렵의 즐거움과 동산의 큰 것을 다투는 것을 일로 삼으며, 사치스러운 것을 가지고 서로 이기려고 하고, 황음한 행동을 가지고 서로 우월함을 자랑하니, 이것은 이름을 드러내고 칭찬을 드러낼 수 있는 것이 아니고, 군주의 명성을 폄하하고 자신을 손상시키기에 알맞을 뿐입니다. 그리고 제나라와 초나라의 일에 어찌 말할 만한 것이 있겠습니까! 그대는 아직 저 거대하고 화려한 것을 보지 못하였기 때문입니까? 홀로 천자의 상림원(上林苑)[31]의 이야기도 듣지 못하였습니까?

창오(蒼梧)를 동쪽에 두고, 서극(西極)을 서쪽으로 하고, 단수(丹水)[32]는 다시 그 남쪽에 있고, 자연(紫淵)[33]은 그 북쪽을 가로질렀습니다. 패수(霸水)와 산수(滻水)[34]는 수원(水源)과 수류(水流)가 다 상림원 안에 있

30) 契 : 商代 시조의 이름. 일찍이 司徒 직책을 역임하였고 계산에 뛰어났다.

31) 上林苑 : 정원 이름. 長安 서쪽에 위치하였다. 본래 秦나라 때의 舊苑이었는데, 漢 武帝 때 확충하여 남쪽으로 終南山에 닿았고, 북쪽으로는 渭水에 닿아 주위가 300리였으며, 안에는 離宮이 70개가 있었다.

32) 丹水 : 물 이름. 陝西省 商縣 북쪽 葱嶺山에서 발원하여 동남쪽의 河南省으로 유입되었다.

33) 紫淵 : 못 이름. 長安의 북쪽에 위치하였다.

34) 霸水, 滻水 : 물 이름. 陝西省 藍田縣에서 발원하여 북쪽으로 흘러 渭水와 합류하

고, 경수(涇水)와 위수(渭水)[35]는 다 상림원 밖에서 들어와서 다시 원(苑) 밖으로 나갑니다. 풍(酆),[36] 호(鄗),[37] 요(潦),[38] 휼(潏)[39]의 네 강물이 굽이굽이 뒤틀려 상림원 안을 돌고 있습니다. 탕탕(蕩蕩)하게 흘러서 여덟 개의 냇물로 갈라집니다. 서로 등지고 각기 형태를 달리하면서 동서남북으로 뒤섞여서 흐릅니다. 다시 산초나무가 자라고 있는 언덕 사이로 나오고 섬의 물기슭에 이르러 계림(桂林)의 속을 가로지르고, 넓은 들을 지난다. 콸콸 흐르는 급류는 대지를 따라 흘러내려가 협소한 해안 사이로 달려갑니다. 이 물은 큰 돌에 부딪치고 돌출한 모래 언덕에 충돌하여 부글부글 끓어올라 노하여 소리지릅니다. 물이 뛰고 물이 되돌아오고 뭉치어 솟아오르는가 하면 금방 또 달아나고 서로 육박하며 서로 칩니다. 옆으로 퍼지며 거꾸로 꺾이고 중첩해서 가볍게 달리고 소리가 요란하고 세력이 기복하고, 별안간 높았다가 별안간 낮았다가 딩굴어 한 쪽으로 꼬부라지고 뒷물결은 앞 물결을 넘어서 푹 꺼진 곳으로 달려가고, 물소리가 쏴아 하며 급류의 여울을 내려갑니다. 바위를 치고 구부러진 언덕을 찌르면서 달려가 치솟아 올랐다가 깨어져 흩어집니다. 높은 곳에 다달아 낮은 곳으로 떨어지고 노호하는 물소리는 쾅쾅, 콸콸 하며 속에서 끓어오르는 듯 물결을 달리게 하고, 거품을 튀기며, 급하게 내쏟아 달려서 저 아득한 쪽에서 아득한 쪽으로 흘러가고, 고요히 소리 없이 영원히 돌아갑니다. 그런 다음에는 끝없이 천천히 돌아서 호호하게 흰빛으로 빛이 나고, 동쪽으로 흘러서 태호(太湖)에 들어가고 작은 못에 넘쳐 흐릅니다. 여기에 이르면 교룡(蛟龍), 적리(赤螭), 긍몽(䱭鰽), 점리(螹離), 옹용(鰅鱅), 건탁(鰬魠), 우우(禺禺), 허납(鱋鰨)이 지느러미를 흔들고 꼬리를 흔들며 비늘과 날개를 떨쳐 깊은 바위 속으로 잠깁니다. 물고기와 자라의 소리가 은은하게 들리는 듯하고, 만물은 매우 많습니다. 명월(明月)이라는 구슬이 강기슭에 반짝이고, 촉석(蜀石), 황연(黃碝), 수정(水晶)의 덩이들이 여기저기에서 딩굴면서 찬란한 광채를 번쩍이며 서로 비치어 물 가운데 더미를 지어 쌓였다.

35) 涇水, 渭水 : 지금의 涇河와 渭河를 가리킨다. 모두 甘肅省에서 발원하였다.

36) 酆 : 물 이름. 陝西省 寧陝縣 동북쪽 秦嶺에서 발원하여 북쪽으로 長安을 지나 渭水로 흘러들어간다.

37) 鄗 : 물 이름. 지금의 陝西省 長安縣 남쪽에서 발원하여 북쪽으로 흘러 渭水로 흘러들어간다.

38) 潦 : 물 이름. 지금의 陝西省 盧縣 남쪽에서 발원하여 북쪽으로 흘러 渭水로 흘러들어간다.

39) 潏 : 물 이름. 長安縣 남쪽 秦嶺에서 발원하여 서북쪽으로 흘러 渭水로 흘러들어간다.

여 있습니다. 홍곡(鴻鵠), 숙보(鷫鴇), 가아(鴐鵝), 촉옥(鸀鳿), 교청(鵁鶄),[40] 환목(䴅目), 번목(煩鶩), 용거(鷛鶏), 침자(䲖鵝), 교로(鵁鸕) 등 온갖 물새들이 물 위에서 떼를 지어 떠서 바람 따라 흔들리고 물결 따라 움직입니다. 풀이 우거진 물가로 몰려가서는 물풀을 쪼아 먹고 연과 마름을 씹고 있습니다.

여기에 산은 높이 솟아 있는데, 수목은 울창해서 짙게 물들고 높고 낮아서 가지런하지 않습니다. 구종산(九嵏山)[41]은 높고 험준하며, 종남산(終南山)[42]은 깎아질렀습니다. 바위 벼랑은 기이한 형상을 보이면서 높고 굽이지며 험준합니다. 시냇물은 계곡에 쏟아져 다시 골짜기를 통하여 굽이굽이 시내를 이루었습니다. 공허한 큰 입을 벌린 크고 작은 언덕과 따로 떨어져 있는 섬들이 있습니다. 그리고 높고 험준하고 울퉁불퉁하여 평탄하지 않습니다. 언덕과 섬들은 높고 낮은 곳이 급경사를 이루면서 멀리 이어집니다. 못은 괴수의 형상과 같고 물은 계곡으로 떨어져 왕성하게 흘러내리니 넓고 평편하고 너그럽습니다. 언덕 위 10리마다 하나씩 정자를 세워 천리에 뻗혔습니다. 그 어느것도 다듬지 않은 것이 없습니다. 향기 좋은 푸른 색의 혜초(蕙草)로 덮혀 있고, 강리(江離)로 씌워지고 미무(蘪蕪)와 유이(流夷)가 섞여 있으며, 결루(結縷)도 심어져 있고, 여사(戾莎)도 모여 있으며, 게거(揭車), 형란(衡蘭), 고본(槀本), 사간(射干), 자강(茈薑), 양하(蘘荷), 짐증(葴橙), 약손(若蓀), 선지(鮮枝), 황력(黃礫), 장모(蔣芧), 청번(青薠)은 큰 못에 분포되어 있고 넓은 들에 널려 있어 서로 이어져 끝이 없고 넓고 넓게 퍼진 것이 바람 따라 쓰러져 흔들리고 여러가지 향기가 퍼져 바람에 실려서 사람의 마음속으로 스며듭니다.

그 경물(景物)의 풍부함과 치밀함을 두루 살펴보면, 망망하고 황홀하여 끝이 없고 한정이 없습니다. 해는 동쪽 못에서 나와서 서쪽 언덕으로 들어갑니다. 동산의 남쪽에는 기후가 따뜻하여 엄동(嚴冬)에도 초목이 무성하게 자라고 물이 생동하고 물결은 뛰놉니다. 짐승은 용(獼), 모(旄), 맥리(貘犛), 침우(沈牛), 주미(麈麋), 적수(赤首), 환제(圜題), 궁기(窮奇), 상서(象犀) 등이 있습니다. 그 북쪽에는 한여름에도 얼음이 얼어 땅이 터집니다. 얼음 위를 걸어서 옷자락을 걷어들고 하수(河水)를 건너게 됩니다. 그곳의 짐승으로는 기린(麒麟), 각단(角端), 도도(騊駼), 낙타(駱駝), 공공(蛩蛩), 탄해(驒騱), 결제(駃騠), 여마(驢馬), 나마(騾馬) 등이

40) 鵁鶄 : 물새 이름. 오리 모양의 다리가 길고 붉은 색 털을 가지고 있다.
41) 九嵏山 : 지금의 陜西省 禮泉縣 동북쪽에 있다.
42) 終南山 : 지금의 陜西省 長安縣 남쪽 秦嶺山脈에 있다.

있습니다.

여기에 이궁(離宮)과 별관(別館)은 산에 가득하고 골짜기에 이어져 있으니, 높다란 회랑은 사방으로 처마를 드리우고, 2층 누각과 굽은 주랑(走廊)이 서로 이어져 있습니다. 단청한 서까래 위에 옥으로 장식하여 임금의 수레가 갈 수 있는 길이 즐비하게 이어져 있습니다. 첨하의 주랑은 길게 둘러져 있어서 그 길은 중간에 반드시 머물러야만 할 정도입니다. 종산(嵏山)을 평평하게 닦아서 집을 짓고, 높은 누대를 겹쳐 쌓아올려서 바위 틈의 깊숙한 곳에 방을 꾸미니, 그곳에서는 아득히 멀어서 보이는 것이 없고, 쳐다보면 대들보가 높아 하늘을 만질 수 있을 것만 같습니다. 유성은 궁궐 안의 작은 문을 지나가고, 무지개는 난간에 길게 당겨져 있고, 청룡은 동상(東箱)에 꿈틀거리고, 상여(象輿)는 서상(西廂)에 서립니다. 영어(靈圉)는 고요한 집에서 휴식하고, 악전(偓佺)의 무리는 남쪽 처마의 햇볕 속에 몸을 드러내고 있습니다. 단 샘물은 깨끗한 방 안에서 솟아오르고, 통과하는 냇물은 안뜰을 지나갑니다. 반석으로 벼랑을 가지런하게 끊어 세우고, 가지런하지 않은 작은 산을 닦고 높고 험준한 산봉우리를 정리하며 조각한 듯 기이한 천연석을 보존시킵니다. 매괴(玫瑰)와 벽림(碧琳)의 구슬들과 산호(珊瑚)가 무더기로 더부룩하게 났고, 민옥(瑉玉)과 문석(文石)에는 무늬진 비늘이 있습니다. 적옥(赤玉)은 아롱진 무늬를 띠고 그 사이에 섞여 있습니다. 수수(垂綏), 완염(琬琰), 화씨벽(和氏璧)이 이곳에서 산출되었습니다.

여기에서 노귤(盧橘)은 여름에 익고, 황감(黃柑), 유자(柚子), 비파(枇杷), 소조(小棗), 산리(山梨), 후박(厚朴), 영조(梬棗), 양매(楊梅), 앵도(櫻桃), 포도(葡萄), 은부(隱夫), 울체(鬱棣), 답답(榙樑), 여지(荔枝)의 온갖 과일들이 후궁에 많이 있고, 북쪽 동산에 이어 있고, 언덕에 이어지고 평원으로 이어져 내려갑니다. 푸른 잎새와 붉은 줄기가 생동하는 그 사이에 붉은 꽃을 피웁니다. 붉은 꽃봉오리는 빼어나서 찬란하게 넓은 들에 비쳐 빛이 납니다. 사당(沙棠), 역저(櫟櫧), 화범(華氾), 벽로(檗櫨), 유락(留落), 서여(胥余), 빈랑(檳榔), 종려(棕櫚), 단(檀), 목란(木蘭), 예장(豫章), 여정(女貞)의 진기한 나무들은 키가 큰 것은 천길이나 되고 굵은 것은 아름드리가 됩니다. 꽃가지는 곧고 시원스러우며 열매와 잎은 크고 무성합니다. 모여 서로 뭉쳐서 서로 의지하여 휘감기고 겹쳐 뒤엉켜 있는 것이 구불구불 서리고 뒤섞여서 헝클어져 있습니다. 꼿꼿하게 혹은 비스듬하게 척척 휘어진 가지 사이로 떨리는 꽃은 펄펄 나부낍니다.

바람은 나뭇가지를 울리고 금석(金石)의 소리는 피리소리를 듣는 것 같습니다. 이 여러 나무들이 길고 짧음이 가지런하지 않은 모습으로 후궁을 둘러싸고 떼를 지어 모여 있으며 뒤섞여 겹쳐 있습니다. 산을 덮고 골짜기를 수놓으며 언덕을 따라서 습지로 이어졌습니다. 이것은 보아도 끝이 없고 탐구해도 끝이 없습니다.

여기에 현원(玄猨), 소자(素雌), 유획(蜼玃), 비류(飛鸓), 질조(蛭蜩), 구유(蠼蝚), 점호(蛩胡)들이 그 사이에 서식하면서 길게 울부짖는가 하면 슬픈 소리로 웁니다. 훨훨 나는 듯 서로 지나가고, 나뭇가지에 걸터앉아 교만한 몸짓을 하곤 합니다. 이에 다리가 없는 냇물을 뛰어넘으며, 우뚝 솟은 나무에 올라가서 늘어진 가지를 잡고 나뭇가지가 드문 곳을 훌쩍 뛰어 건넙니다. 그러면 짐승들은 어지럽게 흐트러지고 먼 데로 이동합니다.

이러한 곳이 수천 수백 곳입니다. 즐거이 유람하고 오가면서 궁궐에서 유숙하고 관(館)에서 손님 노릇을 합니다. 그러나 요리장을 옮기는 일이 없고 후궁을 이동시키는 일이 없어도 가는 곳마다 온갖 것이 갖추어져 있습니다.

이에 가을이 지나가고 겨울로 접어들면, 천자가 목책을 만들어 사냥을 합니다. 상아로 장식한 수레를 타고 구슬로 장식한 용과 같은 백마 여섯 마리를 세웁니다. 오색 찬란한 깃발이 번득이며, 용과 호랑이를 구름처럼 그린 깃발이 나부낍니다. 혁거(革車)는 앞에서 인도하고, 도거(道車)와 유거(游車)[43]는 뒤를 따릅니다. 손숙(孫叔)[44]이 고삐를 잡고 위공(衛公)[45]이 모셔서 태우고, 좌우 종횡으로 호위하며 따르면서 사방의 목책으로 나아갑니다. 북을 울려 행차를 엄중히 하고 사냥꾼을 내보냅니다. 강하(江河)를 막아서 짐승을 가두며, 태산을 망루로 하고, 수레와 말은 우레와 같이 일어나서 하늘을 떨치고 땅을 움직이며 흩어져 쫓아갑니다. 떼지어 가는 모양이 언덕에 이어지고 못에 흘러내리며 구름처럼 퍼지고 비처럼 쏟아집니다.

비(貔), 표(豹)를 산 채로 잡고 승냥이와 이리를 두들겨서 잡으며 곰과 큰 곰을 손으로 잡으며, 산양(山羊)을 발로 차서 죽이며 할(鶡) 새의 꼬리를 모자처럼 쓰고 백호(白虎)의 가죽으로 바지를 만들어서 입고, 아생 말

43) 道車, 游車 : 天子가 밖으로 나갈 때는 수레 앞에 道車 다섯 대, 游車 아홉 대가 있었다.

44) 孫叔 : 漢 武帝 때의 太卜公 孫賀(字는 子叔이다)를 가리킨다. 일설에는 고대의 獸御者 孫陽을 가리킨다고도 한다.

45) 衛公 : 漢 武帝 때의 大將軍 衛靑을 가리킨다. 일설에는 고대의 수레를 잘 몰던 衛 莊公이라고도 한다.

을 타고 위태로운 언덕을 오르고 경사진 억덕을 내려가며 험준한 지름길을 달려서 구렁을 건너고 물을 건너서 비렴(蜚廉)을 방망이로 치고 채치(解豸)를 희롱하며, 하합(瑕蛤)을 치고 맹씨(猛氏)를 창으로 찌르고 신마(神馬)를 줄을 매서 붙듭니다. 봉시(封豕)를 쏘고 화살을 헛되이 쏘지 않습니다. 짐승의 목을 찌르고 뇌수를 부숩니다. 화살을 헛되게 쏘지 않습니다. 시위소리가 났는가 하면 어느새 짐승이 거꾸로 넘어집니다. 이에 천자의 수레는 깃대를 멈추고 배회합니다. 나는 듯이 왕래하면서 각 부대의 나아가고 물러남을 곁눈으로 바라보고 장수의 지휘하는 모습을 살핍니다. 그리고 나서 점차로 깃대를 재촉하여 아득히 멀리 떠나갑니다. 나는 새들은 놀라 날아 흩어지고, 교활한 짐승은 짓밟으며 흰 사슴을 깔아 죽이고 토끼를 재빨리 잡습니다. 신속하게 붉은 섬광을 앞질러 그 빛이 뒤에 남게 됩니다. 괴물을 따라 우주의 밖으로 나가고 번약(繁弱)[46]에 흰 깃이 달린 살을 가득히 메웁니다. 유효(游梟)를 쏘고 비허(蜚虛)를 칩니다. 살찐 놈을 골라서 겨누어 화살을 쏘는데 먼저 맞히기 전에 명중할 위치를 정하고 화살을 쏩니다. 화살이 활을 벗어나는가 하면 짐승은 벌써 쓰러집니다.

그렇게 한 뒤에 깃발을 올려 다시 높게 띄워 공중에 나부끼게 하여 강풍을 견디고, 허무(虛無)를 타고 천상에 올라서 신선과 함께 노니는 기분으로 현학(玄鶴)[47]을 짓밟고 곤계(昆鷄)의 행렬을 혼란시키며 공작(孔雀)과 난조(鸞鳥)를 쫓고 준의(鵔鸃)를 재촉하며 예조(鷖鳥)를 덮치고 봉황을 잡으며 원추(鴛雛)를 움키고 덮칩니다.

이윽고 더 나갈 길이 없는 곳에 이르러 수레를 돌려 돌아옵니다. 마음을 따라 소요하고 멀리 북쪽 끝에 내려 곧바로 가기도 하고 돌기도 하면서 석궐관(石闕觀)[48]을 지나고 봉만관(封巒觀)을 거치며, 모작관(鳷鵲觀)을 지나 노한관(露寒觀)을 바라보고, 당리궁(棠梨宮)[49]으로 내려옵니다. 의춘궁(宜春宮)[50]에서 쉬고 서쪽으로 의곡궁(宜曲宮)[51]에 달려가며, 배를 우수(牛首)의 못에 씻고 용대(龍臺)[52]에 올라가 세류관(細柳觀)[53]에서 쉽니

46) 繁弱 : 고대의 훌륭한 활 이름. 夏后氏가 가지고 있던 것이라고 전해진다.
47) 玄鶴 : 전설에 의하면, 학은 천 살이 되면 푸른 색 혹은 검정색으로 변한다고 한다. 그래서 '玄鶴'이라고 하였다.
48) 石闕觀 : 아래의 封巒觀, 鳷鵲觀, 露寒觀과 더불어 甘泉宮 外觀의 이름이다.
49) 棠梨宮 : 雲陽縣 동남쪽 30리쯤에 있던 궁궐 이름.
50) 宜春宮 : 지금의 陝西省 西安市 동남쪽, 長安縣 북쪽에 있던 궁궐 이름.
51) 宜曲宮 : 昆明池 북쪽에 있던 궁궐 이름.
52) 龍臺 : 灃水 서북쪽 渭水 근처에 있었다.
53) 細柳觀 : 昆明池 남쪽에 있었다.

다. 사대부의 근로와 지략을 관찰하고, 사냥꾼의 포획물을 살펴봅니다. 보병과 수레가 밟고 갈아붙인 것과 승기(乘騎)가 유린해 잡은 것과 백성들이 발로 밟아 잡은 것과 그밖에 짐승이 극도로 피로하고 놀라 엎드려 칼을 받지 않고 죽은 것이 뒤섞여 무수히 많습니다. 구덩이에 차고 골짜기에 가득하여 평지를 덮고 못을 메운 것을 볼 수 있습니다.

이에 사냥놀이에 싫증이 나면 하늘처럼 높은 누대에 술을 벌여놓고 넓은 집에서 풍악을 아룁니다. 천섬 무게의 큰 종을 치고 만섬의 기둥을 세우며 비취의 날개털로 장식한 기를 세우고 악어 가죽의 북을 설치하고 갈천씨(葛天氏)[54]의 노래를 듣습니다. 천명이 부르면 만명이 화답합니다. 산과 언덕은 그 소리에 진동하고, 냇물과 골짜기는 그 때문에 흔들려 물결이 용솟음칩니다. 파유(巴楡)의 춤과 송(宋)과 채(蔡) 나라의 음악, 회남(淮南)의 음악, 우차(于遮)의 곡(曲), 문성현(文成縣)과 전현(顚縣)의 노래를 한꺼번에 연주하기도 하고 교대로 연주하기도 합니다. 금(金), 고(鼓)는 교대로 울립니다. 금석(金石)의 소리와 태고(太鼓)의 소리는 마음을 시원하게 만들고 귀를 놀라게 합니다. 형(荊), 오(吳), 정(鄭), 위(衛)의 노랫소리와 "소(韶),"[55] "호(濩),"[56] "무(武),"[57] "상(象)"[58]의 음악과 주색에 흘러들어가는 속악(俗樂)과 언(鄢), 영(郢)[59]의 음악이 어지럽게 뒤섞여 일어나며 "격초(激楚)"와 "결풍(結風)"이 있습니다. 배우(俳優),[60] 난쟁이가 있으며 적제(狄鞮)[61]의 명창이 있어서 귀와 눈을 즐겁게 하고 마음과 뜻을 기쁘게 합니다. 그 까닭은 앞에는 아름다운 음악이 흘러나오고 뒤에는 아름다운 미인들이 있기 때문입니다.

저 청금(青琴), 복비(宓妃)와 같은 무리는 절세미인이어서 세속을 초월하였으며, 아름답고 우아하고 정숙합니다. 짙은 화장과 곱게 꾸민 모습은 경쾌하고 곱고 가냘프고 부드러우며 섬세하고 나긋나긋합니다. 비단 치마를 끌고 선 모습은 아름답고 기다란 옷매무새가 마치 그림을 그려놓은 것 같습니다. 걸을 때마다 옷이 물결치는 모양은 여느 세상의 옷과는 다릅니

54) 葛天氏 : 전설 속의 부락.
55) "韶" : 舜임금의 음악.
56) "濩" : 湯王의 음악.
57) "武" : 周 武王의 음악.
58) "象" : 周公의 음악.
59) 鄢, 郢 : 楚나라 수도 이름. 옛 성은 지금의 湖北省 宜城縣 동남쪽에 있었다.
60) 俳優 : 고대에 歌舞나 연기를 업으로 삼았던 예술인으로, '優伶'이라고도 하였다.
61) 狄鞮 : 지명. 河內郡(지금의 河南省 武陟縣, 沁陽縣 일대)에 있으며, 많은 명창이 배출되었다.

다. 아름다운 향기는 풍기어 맵고 향긋합니다. 흰 이를 가지런히 드러낸 모습은 웃음에 아주 어울리어 선명하게 빛이 납니다. 기다란 눈썹의 가늘게 굽어진 눈은 먼 곳을 바라보는 듯 곁눈질을 보낸답니다. 저편의 눈빛이 오고 이편의 혼이 가서 이 마음 그 곁에서 즐깁니다.

이에 술자리는 무르익고 풍악은 한창 흥을 돋우며 천자는 망연히 생각에 잠깁니다. 그리하여 무엇인가 잃어버린 것이 있는 것 같은 심경이 됩니다. 그는 말하기를 '아아, 이것은 너무 사치스럽구나! 짐은 정사를 보고 듣는 것 외에는 한가롭게 날을 보내는 것이 없이 가을철과 겨울철에는 사냥을 즐기면서 때로 여기서 휴식을 취할 뿐이다. 그러나 아마 후세의 자손들이 사치하고 화려한 데에 흘러서 마침내는 처음의 근검과 순박한 데로 되돌아갈 수 없게 될까 두렵다. 이는 후세의 자손들을 위하여 업을 일으켜 전통을 남기는 선조의 도리가 아니구나'라고 하였다. 이에 드디어 술자리를 끝내고 사냥을 중지한 뒤 유사(有司)에게 명하여 말하기를 '개간할 수 있는 토지는 모두 갈아서 밭을 만들어 백성들을 부유하게 만들라. 담을 헐고 도랑을 메워서 산골의 백성들에게 이곳으로 올 수 있도록 하라. 저수지에도 물고기를 길러서 백성들에게 그 채취를 금지하지 말라. 궁관(宮觀)을 비워서 백성들을 궁궐의 하인으로 삼아 채우지 말라. 창고의 곡식을 풀어서 가난한 자를 구제하고 부족한 것은 보충해주도록 하라. 과부와 홀아비들을 돌보아주고 고아와 의지할 곳 없는 늙은이를 위로해주도록 하라. 황제의 조서를 말하여 형벌을 덜어주고 제도를 고치며 복색을 바꾸고 달력을 바꾸어 천하 백성들과 함께 다시 시작하도록 하라'라고 하였다.

이에 길일을 가려서 재계하고 예복을 입고 육두마차(六頭馬車)를 타고 비취 깃발을 세우고 방울을 울리면서 육예(六藝)[62]의 동산에서 놀고 인의의 길로 달리고 『춘추(春秋)』의 숲을 보고 "이수(狸首)"[63]를 쏘고 "추우(騶虞)"[64]를 겸하여 현학(玄鶴)을 쏘고 간척(干戚)을 세우고 운한(雲罕)을 장식하고 「대아(大雅)」[65]와 「소아(小雅)」[66]를 잡고 "벌단(伐檀)"[67]을

62) 六藝 : 『詩經』, 『書經』, 『禮記』, 『易經』, 『樂』, 『春秋』 등 여섯 개의 유가 경전을 말한다.

63) "狸首" : 『詩經』의 일실된 시 제목.

64) "騶虞" : 『詩經』 「召南」 편 참조.

65) 「大雅」 : 『詩經』의 한 부분으로 총 31편이며, 대부분 西周 왕실과 귀족의 작품이고, 주로 后稷과 武王, 왕실 등의 공적을 칭송하였다.

66) 「小雅」 : 『詩經』의 한 부분으로 총 74편으로 구성되어 있으며, 대부분 西周 후기와 東周 초기에 이루어졌고, 작자는 거의 통치계급에 속한다. 연회의 민가도 부분적으로 있기는 하지만, 통치의 위기상황을 반영하고 있을 뿐만 아니라 이러한 상황에 대한 우려의 마음을 담은 정치시가 대부분이다.

슬퍼하고 '악서(樂胥)'[68]의 시를 즐기고 위엄 있는 태도를 『예기(禮記)』의 동산에서 닦고 『상서(尙書)』의 밭에 날개를 펴서 춤을 추며 날고, 『역경(易經)』의 도를 이어 서술하고 괴이한 짐승을 내치고, 명당(明堂)에 올라가 태묘에 앉아서 군신에게 마음대로 정치의 득실을 아뢰게 하니, 사해에 천자의 은혜를 입지 않는 자가 없습니다. 이때에 천하는 매우 기뻐하여 바람을 향해 듣고 물의 흐름에 따라 교화됩니다. 감탄하여 도에 부합하고 의에 옮겨갑니다. 형벌은 있으나 쓰지 않습니다. 덕은 삼황(三皇)보다 높고 공은 오제(五帝)보다 많습니다. 이와 같기 때문에 사냥은 비로소 기뻐할 수 있는 것입니다.

만일 단지 종일토록 풍우에 몸을 쐬여 말을 달려서 심신을 수고롭게 하며, 신체를 피곤하게 하고, 거마를 피로하게 하며 정예의 사졸들의 사기를 손상시키고, 창고의 재물을 말리며 후한 은덕은 없고 일신의 향락만을 힘쓰면서 많은 백성들을 돌보지도 않고 국가의 정사를 잊은 채 꿩과 토끼 등의 포획만을 탐낸다면, 그것은 어진 사람이 하는 바가 아닌 것입니다. 이것을 가지고 본다면, 제나라와 초나라의 일이 어찌 슬프지 않겠습니까! 지방은 천리를 넘지 않는데 원유(苑囿)는 900리나 됩니다. 이곳에서는 초목을 개간할 수 없어서 백성들은 농사를 지어 먹을 곳이 없습니다. 한낱 제후의 작은 나라로서 만승의 천자조차도 사치로 여기는 바를 즐기신다면, 나는 백성들이 그 해를 입을 것을 두려워합니다."

이에 두 사람은 깜작 놀라 안색을 고치고 멍하니 자신을 잃고 있다가 주춤주춤 물러나 자리를 피하며 말하였다. "시골뜨기가 고루해서 사양하고 겸손한 태도를 알지 못하였습니다. 드디어 오늘 가르침을 받았으니 삼가 명령을 듣겠습니다."

이 부(賦)를 올리자, 천자는 상여를 낭(郞)으로 임명하였다. 무시공은 천자의 상림원의 광대함과 산곡(山谷), 수천(水泉), 만물(萬物)을 말하였고, 자허는 초나라의 운몽택이 가지고 있는 것이 매우 많은 것을 말하였는데, 그것은 매우 사치스럽고 화려하여 그 실질보다 지나치며, 또 의리를 숭상하는 바가 아니었다. 그런 까닭에 정도(正道)로 돌아가는 요점만을 따서 그것을 논술한 것이다.

---

67) "伐檀":『詩經』「魏風」편에 나온다.
68) 樂胥:『詩經』「小雅」"桑扈"에 "君子樂胥"라는 구절이 나온다.

상여가 낭이 된 지 두어 해 만에 때마침 당몽(唐蒙)[69]은 사자가 되어 계략을 써서 야랑(夜郎), 서북(西僰)[70]을 점령하고 이들과 통하고자 하여 파(巴),[71] 촉(蜀)의 이졸(吏卒) 1,000명을 징발하였다. 군(郡)에서는 또 그들의 양곡을 운송하기 위하여 많은 사람을 내보내니 무려 만여 명이나 되었다. 당몽은 징발 군법을 발동하여 그 수령을 베어 죽이니 파와 촉의 백성들이 크게 놀라고 두려워하였다. 황상이 듣고 이에 상여를 시켜서 당몽을 꾸짖고, 이어 파와 촉의 백성들에게 그것은 황상의 뜻이 아니라는 것을 해명하게 하였다. 그 격문은 다음과 같다.

> 파와 촉의 태수에게 고한다. 만이(蠻夷)[72]가 스스로 제멋대로 행동하건만 이것을 토벌하지 않은 것이 오래되었다. 때로는 변방 지역을 침범하고 사대부(士大夫)[73]를 괴롭히기도 하였다. 폐하께서 즉위하여 천하를 위로하시고 중국(中國)[74]을 편안하게 하셨다. 그렇게 한 뒤에 군사를 일으켜 북쪽으로 흉노(匈奴)를 정벌하니, 선우(單于)가 놀라고 두려워하여 양손을 마주 잡고 공손히 폐하의 지휘를 들으며 무릎을 꿇고 화평을 청하였다. 강거(康居),[75] 서역(西域)[76]의 나라들은 통역을 거듭하여 와서 입조하고 머리를 조아리면서 진기한 공물을 바쳤다. 군대를 옮겨 동쪽을 향해 동월(東越)[77]에 침공을 당한 남월(南越)을 위해서 남쪽의 반우(番禺)[78]를 깨뜨렸더니 남월은 태자를 입조시켰다. 남이(南夷)[79]의 군주들과 서북(西僰)의

---

69) 唐蒙 : 漢 武帝 때의 仕番陽(지금의 江西省 波陽縣 동북쪽)의 縣令으로, 상서를 올려 夜郎道 개통을 건의하여 郎中將에 임명되었으며, 명을 받고 夜郎으로 가서 夜郎의 제후들을 후하게 대우하여 漢나라로 귀속되도록 하였다.

70) 西僰 : 즉 서쪽에 있는 僰夷로, 僰道(지금의 四川省 宜賓市)를 중심으로 한 川南과 滇東 북부 일대에 분포하고 있었다.

71) 巴 : 군 이름. 지금의 四川省 旺蒼縣, 閬中縣, 合川縣, 永川縣 동쪽 지역에 해당한다.

72) 蠻夷 : 고대 중국의 사방 각 소수민족에 대한 칭호.

73) 士大夫 : 고대에 군대의 장수를 일컫던 호칭.

74) 中國 : 고대에는 일반적으로 華夏族이 거주하는 黃河 유역을 일컬었다. '中土,' '中原' 등의 의미와는 유사하지만, 현재 중국 전영토를 뜻하는 '中國'과는 다르다.

75) 康居 : 고대 西域의 나라 이름.

76) 西域 : 漢나라 이후 玉門關(지금의 甘肅省 敦煌縣 서북쪽) 서쪽 지역에 대한 총칭. 협의적으로는 葱嶺 동쪽을 가리키고, 광의적으로는 西域을 통해서 도달할 수 있는 지역을 말한다.

77) 東越 : 고대 남방의 越人의 한 파로 秦漢 시대 때에는 지금의 福建省 북부, 浙江省 남부의 일부 지역에 분포하여 살았다.

78) 番禺 : 지금의 廣東省 廣州市.

추장들은 항상 공물을 바치는 것을 게을리 하지 안았다. 목을 길게 빼고 발꿈치를 들어서 물고기가 입을 위로 향하듯 모두 서로 다투어 의(義)에 돌아와 신하가 되기를 원하고 있는데, 길은 멀고 산천은 막히고 깊어서 스스로 이룰 수가 없다. 저 순종하지 않는 자는 이미 베었으며, 선행한 자들은 아직 상을 주지 못하였다. 그런 까닭에 중랑장(中郞將) 당몽으로 하여금 가서 빈객을 대하는 예의로써 그들을 대우하게 하고 파와 촉의 사민(士民) 각각 500명을 징발하여 폐백을 받들고 가게 하는 한편, 사자의 불의의 변을 호위하게 하였을 뿐이어서 변란의 걱정을 없애려고 하였던 것이다. 이제 들으니, 그는 드디어 군사를 동원하고 군법을 일으켜서 자제(子弟)들을 놀라고 두려워하게 하며 장로(長老)들을 근심하게 하였다. 군에서도 또 저희 마음대로 함부로 그들을 위하여 식량을 운송하게 하였다고 한다. 이런 일은 다 폐하의 뜻이 아니다. 원정을 가게 된 자가 혹은 도망치고 혹은 자살한다고 하니 이것 또한 다른 사람의 신하된 자의 도리가 아니다.

저 변방의 무사가 봉수(烽燧)[80]가 올랐다고 들으면 모두 활을 잡고 달려가며 무기를 메고 뛰어가서 땀을 흘리며 서로 잇달아 모여, 다른 사람에게 뒤질세라 두려워한다. 시퍼런 적의 칼날을 무릅쓰고 날아오는 화살을 두려워하지 않는 것을 의로 여겨 뒤돌아보지 않으며 발꿈치를 돌리지 않는다. 그 사람들은 노여움을 품는 것을 마치 사사로운 원수를 갚는 것처럼 한다. 저들인들 어찌 죽는 것을 기뻐하고 사는 것을 싫어하여서겠는가? 그들인들 호적에 들어 있는 백성이 아니며, 파와 촉의 사람들과 군주를 달리하고 있는 사람들이겠는가? 오직 그들은 계책이 깊고 생각하는 바가 멀며 국가의 위급함을 급선무로 생각하고 신하로서의 도리를 다하는 것을 기쁘게 생각하기 때문이다. 그런 까닭에 부(符)[81]를 쪼개 봉읍(封邑)을 받고, 규(珪)[82]를 나누어 작위를 받는 것이다. 지위는 통후(通侯)[83]에 오르고 사는 집은 성의 동쪽 저택가와 줄짓게 되며, 마침내는 현달한 이름을 후세에 남기고 토지를 자손에게 전하게 된다. 행하는 일은 매우 충성스럽고 공경스러우며 머무는 지위는 매우 편하다. 명성은 무궁하게 전해지고 공업은

79) 南夷 : 지금의 雲南省, 貴州省 및 廣西省 북부 지역의 각 소수민족을 가리킨다.

80) 烽燧 : 밤에 섶나무를 태우는 것을 '烽'이라 하고, 낮에 섶나무를 태워 연기가 나게 하는 것을 '燧'라고 하였다.

81) 符 : 고대의 제왕은 제후나 공신들에게 봉토를 나누어주고 符節을 둘로 나누어 쌍방이 각기 절반씩을 가지고 신의를 지킬 것을 약속하였다.

82) 珪 : 고대의 길이가 긴 옥그릇으로, 흰색은 天子가 가지고 있고, 푸른 색은 제후가 가지고 있었다.

83) 通侯 : 관직 이름. 秦나라의 12등급 중 가장 높은 등급.

드러나서 없어지지 않는다. 그런 까닭에 현인과 군자들이 간과 뇌를 중원의 땅에 바르고 기름과 혈액으로 들풀을 적시면서 사퇴하지 않는 것이다. 그러므로 사신 경호의 임무를 맡고 남이에 이르러서 즉시 자살하거나 혹은 도망하여 베임을 받게 된다면, 몸이 죽고도 이름이 없을 것이다. 이런 것을 일컬어 '지극히 어리석다'라고 한다. 그 부끄러움은 부모에게 미치고 천하의 웃음거리가 된다. 사람의 도량이 서로 어긋남이 어찌 멀지 않은가! 그러나 이것은 혼자 그렇게 하는 자의 죄만은 아니다. 그것은 부형의 가르침이 앞서지 않고, 자제가 가르침에 따르는 것을 삼가지 않으며, 청렴함이 적고 부끄러워함이 적으며, 풍속이 돈독하지 않기 때문이다. 그들이 형벌을 받는 것은 또한 마땅하지 않은가!

폐하께서는 사자인 유사가 그 당몽과 같을까 걱정하시고, 불초한 백성들에게 이와 같은 행동이 있음을 슬퍼하신다. 그런 까닭에 사자를 보내어 백성에게는 군졸을 보낼 것을 타이르고, 이어 불충하게 죽고 도망하는 것을 책망하고 삼로(三老),[84] 효제(孝弟)[85]에게는 훈계하지 않은 허물을 꾸짖는 것이다. 때마침 바쁜 농사철에 백성들을 번거롭게 불러 모으는 것이 어렵다는 것을 안다. 이미 친히 가까운 고을을 살펴보았다. 멀고 가까운 곳의 계곡과 두메산골의 백성들이 두루 듣지 못할까 두렵다. 이 격문이 도착하거든 급히 현 안의 오랑캐에 내려주어 모두가 폐하의 뜻을 알게 하라. 결코 소홀하게 처리함이 없게 하라.

상여가 돌아와 천자에게 보고하였다. 당몽은 이미 계략을 써서 야랑과 통하였고, 이 틈을 타서 서남이(西南夷)[86]의 길을 개통하고자 하여 파, 촉, 광한(廣漢)[87]의 사졸, 노역하는 자 수만명을 징발하였다. 2년 동안 길을 닦았으나 채 완성이 되지 않았다. 사졸의 대다수가 죽었고 막대한 경비가 들었다. 촉의 백성들과 한나라의 정권을 잡은 자들은 대부분 국가의 불리함에 대해서 말하였다. 이때에 공(邛),[88] 작(筰)[89]의 군(君), 장(長)은 남이(南夷)가 한나라와 통하여 수많은 상을 받았다는 소식을 듣고

84) 三老 : 고대에 교화를 맡던 鄕官.

85) 孝弟 : 漢代의 鄕官 명칭. 三老와 같은 직책으로 교화를 담당하였다.

86) 西南夷 : 서남쪽의 각 소수민족을 가리킨다.

87) 廣漢 : 군 이름. 漢 6년(기원전 201년)에 巴, 蜀 두 군을 나누어 설치하였다.

88) 邛 : 즉 '邛都之夷'를 말한다. 지금의 四川省 西昌縣 남쪽의 雅礱江과 金沙江 사이.

89) 筰 : 즉 '筰都夷'를 말한다. 지금의 四川省 樂山縣, 漢原縣, 石棉縣, 越西縣과 木里壯族 자치현 일대.

대부분 한나라 신하가 되기를 원하였다. 한나라의 관리를 두고 남이와 동등한 대우를 해줄 것을 청하였다. 천자가 상여에게 물으니, 상여가 말하기를 "공(邛), 작(筰), 염(冉), 방(駹)은 촉군(蜀郡)에 가깝고 길도 또한 통하기 쉽습니다. 일찍이 진(秦)나라 때에는 서로 통하여 군과 현으로 삼았는데, 한나라가 일어나면서 폐지하였습니다. 이제 진실로 다시 통하여 군과 현을 설치한다면 남이보다 나을 것입니다"라고 하였다. 천자는 그럴 것이라고 생각하였다. 드디어 상여를 중랑장으로 임명하고 부절을 세워 서이(西夷)에 사자로 보냈다. 부사(副使)로는 왕연우(王然于), 호충국(壺充國), 여월인(呂越人)이 사두마차의 급행 전마(傳馬)를 달려파, 촉의 관리를 통하여 폐물을 서이에게 뇌물로 주었다. 촉에 도착하자, 촉의 태수와 이하의 관원들이 모두 교외로 나와 맞이하고 현령은 몸소 활과 화살을 지고 앞에서 인도하였으니, 이처럼 촉의 사람들은 영광으로 여겼던 것이다. 이에 탁왕손과 임공(臨邛)의 모든 공들이 저마다 문하를 통하여 소와 술을 바치고 서로 환심을 사려고 하였다. 탁왕손은 탄성을 지르며 스스로 딸로 하여금 오히려 사마장경에게 시집 가게 한 것은 잘한 일이라고 생각하였다. 그리고 딸에게 재물을 후하게 나누어주어 그것이 아들과 균등하였다. 사마장경이 곧 서이를 평정하였다. 공, 작, 염, 방, 사유(斯榆)의 군장 등은 모두 청하여 내신(內臣)이 되었다. 변경의 관소(關所)를 개방하고 변관(邊關)을 더욱더 넓혔다. 서쪽으로는 말수(沫水)와 약수(若水)에 이르고, 남쪽으로는 장가강(牂柯江)[90]에 이르러 변방의 경계를 만들고, 영관(零關)의 길을 통하게 하였으며, 손수(孫水)에 다리를 가설하여 공, 작과 통하게 하였다. 돌아와 천자에게 보고하니, 천자가 매우 기뻐하였다.

상여가 사자로 갔을 때, 촉의 장로들은 대부분 "서남이와 통할지라도 소용이 없을 것이다"라고 하였다. 게다가 대신들 또한 그렇다고 하였다. 상여가 간하고자 하였으나, 계획이 이미 섰으므로 감히 간언하지 못하였다. 이에 글을 지어 촉군의 부로(父老)의 말의 형식을 빌려 자기가 상대방을 힐난하는 것으로써 천자를 풍간하였다. 또 이어 그 사신으로서의 취지를 말하고 백성들로 하여금 천자의 뜻을 알게 하였다. 그 글은 다음과

90) 牂柯江 : 혹은 牂柯水라고도 한다. 지금의 北盤江 혹은 都江을 가리킨다.

같다.

한나라가 일어난 지 78년, 천자의 홍성한 은덕은 6대(六代)[91]에 걸쳐 있고, 무위(武威)는 성대하고 깊은 은덕은 모든 생물을 윤택하게 적셔주어서 한 왕조 이외의 지역에까지 크게 넘치고 있다. 그래서 사자를 서쪽으로 가게 하여 물의 흐름과 같은 형세로 점차 복종하지 않는 자를 물리치니, 바람이 부는 곳에 따라 쓰러지지 않는 것이 없었다. 따라서 염(冉)을 조정으로 들어오도록 하고, 방(駹)을 복종시켰으며, 작(筰)을 평정하고 공(邛)을 어루만지며 사유(斯榆)를 공략하였으며, 포만(苞滿)을 점령하고 수레를 돌려 귀환하여 동쪽을 향하여 장차 보고하려고 촉도(蜀都)에 이르렀다.

기로(耆老),[92] 대부(大夫), 그 지역의 유력인사 27명이 위엄 있는 태도를 갖추고 사자를 방문하였다. 인사를 마치고 이어 나아가 말하기를 "대체로 들으니 천자께서는 이적(夷狄)[93]에 대해서는 의(義)로써 얽어매어두어 견제하면서 그 관계를 단절하지 않을 뿐이라고 합니다. 이제 삼군(三郡)[94]의 군사를 피로하게 하여 야랑과의 길을 개통하려고 한 것이 3년이 되었습니다. 그러나 사업은 완성되지 못하고 사졸은 지쳤으며 만민은 견딜 수 없게 되었습니다. 지금 또 계속하여 서이와 이으려고 하니 백성의 힘이 다하여 아마 일을 마칠 수 없을 것입니다. 이것은 또한 사자의 허물이고, 또한 우리들도 은근히 천자의 사자를 위하여 걱정하는 바입니다. 또 저 공, 작, 서북이 중국과 아울러 서 있은 지 이제 많은 세월이 지나 이루 기록할 수 없을 정도입니다. 어진 자도 덕으로써 그들을 따르게 하지 못하였고, 강한 자도 무력으로써 그들을 병합하지 못하였습니다. 생각컨대 그것은 거의 불가능한 일입니다! 지금 평민의 재물을 쪼개어 이적(夷狄)에게 주며, 믿을 수 있는 촉의 백성을 피로하게 하는 무용한 일을 하니, 시골 사람들은 고루하여 말할 바를 알지 못하겠습니다"라고 하였다.

사자가 말하였다. "그 무슨 말씀입니까? 설령 여러분의 말과 같다면, 이 촉도 만이의 의복을 바꾸지 않았을 것이며 파의 풍속도 변하지 않았을 것입니다. 나는 이와 같은 말을 듣는 것을 싫어합니다. 더구나 이 일은 방관자가 볼 수 있는 것이 아니기 때문입니다. 나는 가는 것이 급하여 그 상세한 것을 얻어 들을 수 없었으나 이제 대부를 위하여 그 대략을 이야기하

91) 六代 : 高祖, 惠帝, 高后, 文帝, 景帝, 武帝를 가리킨다.
92) 耆老 : 나이가 많은 사람. '耆'는 고대에 60세를 가리켰다.
93) 夷狄 : 고대에는 변방 지역의 소수민족을 광범위하게 지칭하였다.
94) 三郡 : 巴, 蜀, 廣漢을 가리킨다.

도록 허락해주십시오.

대체로 세상에는 반드시 비상한 사람이 있은 뒤라야 비상한 일이 있고, 비상한 일이 있은 뒤에라야 비상한 공이 있는 것입니다. 비상함이라는 것은 본래부터 평범한 것과는 다른 것입니다. 때문에, 비상한 일의 그 시초는 서민들이 두려워한다고 합니다. 그것이 성공함에 이르면 천하는 편안하게 되는 것입니다.

옛날에 홍수가 넘쳐 흘러서 범람하니, 백성들은 짐을 꾸려서 혹은 올라가고 혹은 내려가면서 이사를 다니곤 하였습니다. 그러한 기구한 모양으로 백성들은 편안할 수 없었습니다. 하후씨(夏后氏)[95]가 이것을 근심하여 드디어 홍수를 다스렸습니다. 강을 트고 하수를 소통하여 잠긴 곳을 말리고 재해를 덜어 안정되게 하면서, 동쪽으로 물을 바다에 돌려보내니 천하가 영원히 편안해졌습니다. 이러한 일의 수고로움이 어찌 백성뿐이겠습니까? 하후씨는 마음으로는 생각으로 번민하고 몸으로는 그 노고를 가까이하고 친히 실천하였으므로, 손발에는 못이 박히고, 발에는 털이 닳아 없어지고, 피부에는 털이 나지 않았습니다. 그런 까닭에 그의 아름다운 공적은 무궁하게 드러나고 그 명성은 오늘날까지 전해지고 있는 것입니다.

또 어진 군주가 즉위하면, 어찌 작은 일에만 구애받아 기량이 좁고 습속에 메이고 서책에서 익힌 것을 따르고 전통에 익어서 세상에 즐거움을 얻는 일에만 그치겠습니까! 반드시 장차 숭고하고 원대한 전통을 세우고 의론이 있어 만세의 모범이 되려고 할 것입니다. 그런 까닭에 만국을 포용하고 사색에 힘써 천지와 나란히 합니다. 하물며 『시경』에서, '넓은 하늘 아래 어디나 왕의 땅 아닌 곳 없고, 온 땅덩이 위에 왕의 신하 아닌 자 없다'[96]라고 말하지 않았습니까? 이것은 육합(六合)[97]의 안과 팔방(八方)[98]의 밖에 물이 스며들고 물이 넘쳐 흐르고 마치 생명이 있으면서 윤택하지 않는 것 같으므로 어진 군주는 그것을 부끄럽게 여깁니다. 이제 국내의 사대부의 무리는 모두 행복을 얻어서 한사람도 빠뜨려진 자가 없습니다. 그러나 이적은 풍속을 달리한 나라로서 멀리 떨어져 있고, 종류가 다른 종족의 땅이어서 배와 수레가 통하지 않고, 인적도 드물어 정치와 교화는 오히려 아직 베풀어지지 않았으며, 이런 시대에 덕화는 오히려 미미합

95) 夏后氏 : 夏禹를 가리킨다. 그는 본래 전설 속의 夏后氏 부락의 영수로 舜임금을 받들어 홍수를 다스렸다. 치수의 공적으로 舜임금의 후계자가 되었다.

96) 『詩經』「小雅」"北山" 참조.

97) 六合 : 천지사방을 가리킨다. 여기서는 광범위하게 천하를 뜻한다.

98) 八方 : 동, 남, 서, 북 사방에 四維(동남, 동북, 서남, 서북)를 더한 것이다.

니다. 이들은 안으로 와서는 변경에서 의를 범하고 예를 침범하며, 밖으로 나가서는 간사한 행동을 제멋대로 하여서 그들의 군주를 내쫓고 죽이고 군주와 신하로 하여금 위치가 바뀌게 하고 높은 자와 낮은 자가 차례를 잃게 하고 부형(父兄)은 죄 없이 형벌을 받고, 어린이와 고아는 종이 되어 묶여 가며 울게 하였습니다. 그리고 중원을 향하여 원망하여 말하기를 "대체로 들으니 중원에는 지극히 어진 이가 있어서 덕은 성대하고 은택은 널리 덮어 만물이 제자리를 얻지 못한 자가 없다고 한다. 그런데 이제 홀로 어찌하여 나를 버리는가?"라고 합니다. 발뒤꿈치를 들고 사모하는 것이 마치 가문 날에 비를 기다리는 것과 같다고 합니다. 포학한 자도 이 때문에 눈물을 흘리는데, 하물며 성스러운 천자가 또 어찌 이적과 개통을 멈출 수 있겠습니까? 때문에 북쪽으로 군대를 출동시켜 강한 오랑캐를 치고, 남쪽으로 사자를 보내어 강한 월(越)을 꾸짖었습니다. 그러자 사면이 덕에 감화하였습니다. 서이와 남이 두 곳의 군장들은 물고기가 흐르는 물을 따르듯 우러러보며 작호(爵號) 받기를 원하여 그 수는 억(億)을 헤아리게 되었습니다. 그런 까닭에 이에 말수와 약수에 관소를 정하고 장가강을 경계로 하였으며, 영산(零山)[99]을 소통하여 길을 열고 손수(孫水)의 원천에 다리를 가설하였습니다. 또한 도덕의 길을 창설하고 인의의 전통을 드리웠습니다. 장차 은혜를 널리 베풀고, 먼 곳의 백성을 어루만져 소원하고 먼 곳까지 미치게 하여 폐쇄되지 않게 하며, 아직 막히어 미개한 곳으로 하여금 광명의 빛을 얻게 함으로써 이러한 전쟁을 쉬게 하고 그 토벌을 그치게 하려는 것입니다. 멀고 가까운 곳이 일체가 되며 안과 밖을 안락하고 행복하게 하려는 것도 즐거운 일이 아닙니까? 대체로 백성들을 곤고함 속에서 구제하고, 지존의 미덕을 받들어 말세의 쇠미한 형세를 만회하고 주나라의 끊어진 맥락을 잇는 것은 천자로서의 급선무입니다. 설령 백성들이 수고로 울지라도 또 어찌 그칠 수 있겠습니까?

또 제왕의 일은 진실로 근심하고 부지런히 하는 데서 시작되고, 편안하고 즐거워하는 데서 끝나지 않는 것이 없습니다. 그렇다면 천명을 받은 이 사신의 사명은 바로 여기에 있는 것입니다. 바야흐로 장차 태산에 봉제(封祭)를 올리고 양보(梁父)에 제의(祭儀)를 올려 수레의 방울을 울리고 음악과 송가(頌歌)를 높이어 위로는 오제(五帝)와 같고 아래로는 삼왕(三王)의 위에 오르려고 하는 것입니다. 보는 자는 아직 가르치는 손가락을 보지 못하고, 듣는 자는 아직 지휘하는 소리를 듣지 못하는 것처럼 천자의 취지

99) 零山 : 靈山이라고도 한다.

를 보통 사람들은 알지 못합니다. 그러니 오히려 초명(鷦明)[100]은 이미 하늘을 날고 있는데 새그물을 치는 자는 오히려 숲과 못을 보고 있는 것과 같은 것입니다. 슬픈 일입니다!"

이에 여러 대부들은 망연자실하여 그들이 품고 있던 일의 뜻을 상실하였으며, 그 나아갈 바를 잃었다. 탄식하면서 서로 일컬어 말하기를 "한나라의 덕은 진실로 위대하군요. 이것은 우리들이 듣고 싶어하였던 것입니다. 비록 백성들이 태만하게 할지라도 청컨대 자신이 이에 앞장 서서 실천하겠습니다"라고 하였다. 그리고 부로들은 실의에 차서 발을 옮겨 물러나서 서서히 이어 하직하고 물러갔다.

그 뒤에 어떤 사람이 상서하여 "상여가 사자로 나갔을 때 뇌물로 돈을 받았습니다"라고 하여 상여는 벼슬에서 물러났다. 그러나 그는 한 해 남짓 있다가 다시 부름을 받고 낭이 되었다.

상여는 말은 어눌하였으나 글은 잘 지었다. 평소 그는 소갈병(消渴病)을 앓고 있었다. 그는 탁문군(卓文君)과 혼인하여 재물이 풍족하였다. 그는 나아가 벼슬을 하기는 하였으나 일찍이 공경(公卿)이나 국가의 일에 참여하지 않았다. 질병을 핑계삼아 한가하게 살면서 관직과 작위를 바라지 않았던 것이다. 일찍이 황상을 뒤쫓아 장양궁(長楊宮)[101]에 이르러 사냥하였다. 이때 천자는 사냥을 좋아하여 직접 곰, 산돼지를 쏘고, 말을 달려 야수를 쫓곤 하였다. 상여가 상소하여 그것을 중지하라고 간언하였다. 그 글은 다음과 같다.

신이 듣건대, 생물에는 유(類)는 서로 같으면서도 그 능력이 다른 것이 있다고 합니다. 그러므로 힘은 오획(烏獲)[102]을 일컫고, 날랜 것은 경기(慶忌)[103]를 말하며, 용감한 것은 맹분(孟賁)과 하육(夏育)[104]을 기대한다고

---

100) 鷦明 : 전설 속에서 다섯 방위를 지키는 신령스러운 새 가운데 하나이다.

101) 長楊宮 : 지금의 陝西省 周至縣 동남쪽 30리 되는 곳에 있다. 본래는 秦나라의 궁궐이었는데 漢代에 이르러 다시 꾸며 사용하였고, 궁궐 안에 버드나무가 여러 그루 있었기 때문에 붙은 이름이다.

102) 烏獲 : 전국시대 秦나라의 力士. 그는 千鈞의 무게를 충분히 들 수 있었으며, 力士 任鄙, 孟說 등과 함께 秦 武王의 총애를 받아 大官의 관직에까지 올랐다.

103) 慶忌 : 춘추시대 吳王 僚의 아들.

104) 孟賁, 夏育 : 전국시대의 용사. 특히 孟賁은 바닷길을 갈 때 교룡을 피하지 않았고, 육로로 갈 때에는 승냥이와 이리를 피하지 않고 무섭게 꾸짖어 그 소리가 하늘

합니다. 신의 어리석은 생각으로 가만히 생각하니, 사람에게는 진실로 그러한 면이 있습니다. 짐승도 또한 마땅히 이와 같을 것입니다. 지금 폐하께서는 막히고 험난한 곳을 돌보지 않고 쫓아가 즐겨 맹수를 쏘고 계십니다. 만일 갑자기 특출한 맹수와 만나 생각지 못하였던 곳에서 놀라 폐하를 따르던 수레가 일으킨 먼지를 범한다면, 수레는 바퀴를 돌릴 겨를이 없을 것이고 사람은 기교를 부릴 틈이 없을 것입니다. 이때에는 오획, 봉몽(逢蒙)의 기술이 있을지라도 힘을 쓸 수 없을 것이니, 마른 나무와 썩은 그루터기도 모두 해가 될 것입니다. 이것은 마치 호(胡)와 월(越)이 수레의 바퀴통 밑에서 일어나고, 강(羌)과 이(夷)가 수레 뒤의 횡목(橫木)에 침범한 것과 같은 것입니다. 어찌 위태하지 않겠습니까? 가령 만전을 기하여 화가 발생하지 않는다고 할지라도 본래 천자께서 마땅히 가까이 가야 할 곳이 아닌 것입니다.

또 저 길을 쓸어 깨끗이 한 다음에 가고, 도로의 중앙을 달릴지라도, 때로는 말이 재갈을 벗어버리고 날뛰는 변이 있습니다. 그런데 하물며 무성한 풀 속에서 지나가고 구릉을 달리면서, 앞에는 짐승을 쫓아가는 즐거움이 있고 속으로는 의외의 사변에 방비하는 것이 없으니, 아마 그것이 화를 만드는 것 또한 어렵지 않을 것입니다. 하오니 만승의 천자의 소중한 몸을 가볍게 여기시는 것을 안전하다고 할 수는 없습니다. 그러므로 만에 하나 위험이 있는 길로 나가는 것을 즐겨 하여 그것을 오락으로 삼으신다면 사사로이 폐하를 위하는 신으로서는 폐하께서 이와 같이 하셔서는 안 된다고 생각합니다.

대체로 선견지명이 있는 자는 싹이 트기 전에 일을 미리 알고, 지혜가 있는 자는 위험을 미연에 피하는 것입니다. 화라는 것은 본래부터 대부분 쉽게 발각되지 않는 곳에 곳에 숨어 있다가 사람들이 소홀하게 하는 곳에서 발생하는 것입니다. 그러므로 속담에도 "집에 천금을 쌓아놓으면 집 가장자리에 앉지 않는다"라고 하는 것입니다. 이 말이 비록 하찮은 듯하나, 그것으로써 큰 것을 비유할 수 있을 것입니다. 신은 폐하께서 유의하시어 신의 마음을 살펴주시기를 희망합니다.

황상은 잘 썼다고 생각하였다. 돌아올 때, 의춘궁(宜春宮)을 지나면서 상여는 부를 바쳐 진 2세(秦二世)의 행위의 과실을 슬퍼하였다. 그 글은 다음과 같다.

을 감동시켰다고 한다.

경사진 긴 언덕을 올라가, 나란히 늘어선 높이 솟은 궁전의 높은 곳에 들어갔다. 굽이진 강머리의 물가를 굽어보며 남산(南山)의 높낮이를 바라본다. 산세는 높고 아득히 깊구나. 깊은 계곡은 산간에 퍼져 있구나. 시냇물은 때로는 급하게 때로는 느리게 멀리 흘러 넓고 평평한 연못과 평원으로 쏟아지네. 온갖 무성한 나무들을 보고, 무성하게 자란 죽림도 본다. 동쪽의 토산(土山)으로 달려가고, 옷을 걷고 여울물을 건너 북쪽으로 흘러간다. 잠시 깃발을 멈춘 채 마음 고요히 서성이면서 진 2세 황제의 유적을 살펴 조상한다. 진 2세는 몸가짐을 삼가지 않아 나라는 멸망하고 권세는 잃게 되었다. 참소를 믿고 깨닫지 못하여 종묘사직은 끊어지고 멸망하였네. 아아 슬프구나! 품행이 좋지 못하였기 때문에 분묘에는 풀이 우거져도 돌볼 이 없고, 혼은 돌아갈 곳이 없어서 제사를 받지도 못하네. 아득히 멀리 세월이 흘러갈수록 황폐는 더하여 더욱더 암담해갈 것이다. 정령(精靈)은 의지할 곳 없는 귀신이 되어, 날아올라서 저 높은 하늘을 향하여 가서 돌아오지 않는다. 아아 슬픈 일이로구나!

상여는 임명되어 효문원(孝文園)의 영(令)이 되었다. 천자가 이미 「자허부」의 일을 아름답게 여기었다. 상여는 천자가 선도(仙道)를 좋아하는 것을 보고, 말하기를 "상림의 일은 아직 아름답다고 하기에는 부족하고 오히려 화려할 뿐입니다. 신이 일찍이 「대인부(大人賦)」를 지었으나, 아직 완성하지 못하였습니다. 저에게 완성하여 올리도록 허락해주십시오"라고 하였다. 상여가 전설 속의 선인(仙人)들이 산과 못 사이에 사는데 그 형용이 매우 파리하게 되어 있으므로, 이것은 제왕의 선인을 의미하는 것이 아니라고 생각하였다. 이에 드디어 「대인부」를 지었다. 그 글은 다음과 같다.

세상에 대인(大人)[105]이 있어 중주(中州)[106]에 살았다. 저택이 만리에 가득 찼건만, 일찍이 그것을 가지고 잠깐이나마 머무를 수 있다고 여기지 않았다. 세속이 절박하고 좁은 것을 슬퍼하여 훨훨 가볍게 일어나 멀리 노닐었다. 붉은 기운의 깃발과 흰 무지개를 드리운 채 구름 기운을 타고 위로 떠올라갔다. 황백(黃白)의 긴 장대를 세우고 광채로 빛나는 깃발을 달았으며, 순시(旬始)[107]를 늘어뜨려 깃발 끝을 장식하고, 혜성(彗星)[108]을 끌

105) 大人 : 天子를 비유한 것이다.
106) 中州 : 중국.

어당겨 수술로 삼았다. 바람 따라 나부끼며 높다랗고, 또 펄펄 뒤치며 동요한다. 참(欃), 창(槍)[109]을 따다 깃발로 삼고, 둥그런 무지개를 길게 엮어 도(韜)를 삼는다. 이때 붉은 빛이 아득히 멀어 눈부시고 변화무쌍하여 바람처럼 솟아오르고 구름처럼 떠오른다. 응룡(應龍),[110] 상여(象輿)를 타고 적룡(赤龍), 청룡(靑龍)을 부마(副馬)로 삼는다. 내려오고 올라가는 것이 기세가 왕성하다. 목을 꼿꼿이 세우고 교만한 기세로 달리고 굴절하고 높다랗게 높이 일어나서 뛰는가 하면 구불구불 감곤 한다. 머리를 끄덕끄덕 흔들면서 목덜미를 길게 펴고 앞으로 전진한다. 방자하고 자유자재하다. 머리를 쑥 치켜드는 것이 가지런하지 않으며, 빨리 가서 앞으로 나아갔다가는 뒤로 물러서며, 눈을 움직이고 혀를 내민다. 쭉 위로 날아오르면서 좌우가 서로 따라간다. 여러 번 머리를 흔들고 달려서 서로 의지하여 뒤엉키고 서로 이끌고 서로 부른다. 땅을 밟고 내려섰는가 하면 훌쩍 날아 솟아오른다. 날아올라서는 미친 듯 달리고 나란히 날고 달려서 서로 쫓곤 한다. 신속하게 호흡하는 것은 번개가 지나가는 것과 같다. 풀어지듯 안개처럼 가버리고, 순식간에 구름처럼 흩어진다.

비스듬히 극동(極東)을 건너가서 북극(北極)에 올라 신선과 결합한다. 진인(眞人)이 서로 찾아서 서로 꺾어 굽힘이 심원하다. 그리하여 오른쪽으로 회전하고 옆으로 비천(飛泉)을 건너며, 그리고는 바로 동쪽으로 간다. 모두 영어(靈圉)를 불러 선정하게 하고 신들을 수레에 태우고 오제(五帝)를 길잡이로 하고 태일(太一)로 하여금 제자리에 돌아가게 하며, 능양(陵陽)[111]으로 하여금 뒤따르게 하여 현명(玄冥)[112]을 왼쪽에 있게 하고, 함뢰(含雷)[113]를 오른쪽에 있게 한다. 육리(陸離)[114]를 앞세우고 휼황(潏湟)[115]을 뒤따르게 한다. 선인 정백교(征伯僑)[116]를 부리고 선문(羨門)을 사역한다. 기백(岐伯)에게 명하여 의방(醫方)을 맡게 한다. 축융(祝

---

107) 旬始 : 별 이름. 북두성 옆에서 나오며, 수탉의 모양을 하고 있다.
108) 彗星 : 중국 고대에는 '妖星'이라고 불렀는데, 그 모양이 마치 청소하는 것과 같았기 때문이다.
109) 欃, 槍 : 彗星의 다른 이름.
110) 應龍 : 날개가 있는 용.
111) 陵陽 : '陵陽子明'이라는 신선 혹은 지금의 安徽省 宣城縣에 위치한 산 이름이라고도 한다.
112) 玄冥 : 고대의 水神 혹은 雨神.
113) 含雷 : 즉 黔嬴. 천상의 조화의 신.
114) 陸離 : 신 이름.
115) 潏湟 : 신 이름.
116) 征伯僑 : 신선 이름. '征伯橋'라고도 하였다.

融)[117]으로 하여금 경호하도록 하여 행인을 멈추게 하고 악기(惡氣)를 맑게 한 뒤에 간다. 나는 수레 만승을 모아 오색의 구름으로 수레의 일산(日傘)을 삼고, 빛나는 깃발을 올려 구망(句芒)으로 하여금 종자를 인솔하게 한다. 나는 남쪽으로 가서 즐기고자 한다.

숭산(崇山)[118]을 지나서 당요(唐堯)를 위문하고, 우순(虞舜)을 구의(九疑)[119]에서 들러본다. 행렬은 어지럽게 뒤섞이고 겹쳐 쌓이고 서로 교차하여 서로 이어져 바야흐로 달리려고 한다. 소란스럽고 서로 부딪쳐 서로 혼란스럽고, 팽배하여 전진할 수 없다. 이제 물이 아래로 흐르는 것처럼 행렬은 움직인다. 잇달아 모여드니 그 모습이 모아놓은 것이고, 넓게 퍼져 흩어지니 그 상태 또한 광막하게 섞여 있다. 뇌실(雷室)의 우레소리는 우르르 쾅 하고 들리는 곳으로 곧바로 들어가고, 귀곡(鬼谷)[120]의 산곡은 울퉁불퉁하여 평탄하지 않은 곳을 통과해 나온다. 팔굉(八紘)[121]을 두루 관람하고 사황(四荒)[122]을 본다. 가서 구강(九江)[123]을 건너고 오하(五河)[124]를 넘는다. 염화산(炎火山)을 지나 약수(弱水)에 배를 띄워 작은 주(洲)를 건넌다. 사막을 건넌다. 갑자기 총령산(葱嶺山)에 쉬며 철썩철썩 물장난을 즐긴다. 여와(女媧)로 하여금 비파를 타게 하고, 풍이(馮夷)[125]로 하여금 춤추게 한다. 때로는 아득하고 혼미하여 장차 정신이 혼탁해질 것 같다. 병예(屛翳)를 불러서 풍백(風伯)을 죄 주고 우사(雨師)를 형에 처한다. 서쪽으로 곤륜산(昆侖山)의 모호한 형체를 바라보며, 곧바로 가서 삼위산(三危山)으로 달린다. 창합(閶闔)을 밀치고 천제의 궁궐로 들어가 옥녀(玉女)[126]를 태우고 돌아온다. 낭풍산(閬風山)을 올라 멀리 모이니, 마치 까마귀가 높이 날아오른 후 한 번 멈추는 것과 같다. 음

117) 祝融 : 火神.
118) 崇山 : 즉 狄山을 말한다. 唐堯가 그 남쪽에 안장되었다고 전해진다.
119) 九疑 : 즉 九疑山을 말한다. 지금의 湖南省 寧遠縣 남쪽에 위치하였다. 虞舜이 이곳에 안장되었다고 전해진다.
120) 鬼谷 : 지명. 귀신들이 많이 모여 있는 곳이라고 전해지는데, 昆侖山 북쪽에 위치하였다.
121) 八紘 : 가장 먼 곳을 가리킨다.
122) 四荒 : 觚竹, 北盧, 西王母, 日下를 말한다. 뜻은 사방의 개화되지 않은 지역을 의미한다.
123) 九江 : 광범위하게 長江을 가리킨다.
124) 五河 : 광의적 의미로서 大河를 가리킨다. 일설에는 紫, 碧, 絳, 靑, 黃 다섯 가지 색의 물을 말하기도 한다.
125) 馮夷 : 즉 河伯을 말한다.
126) 玉女 : 선녀.

산(陰山)을 낮게 돌아가서 날아오른다. 이제 서왕모(西王母)[127]의 하얗게 희어진 머리를 본다. 그녀는 머리꾸미개를 쓰고 바위 틈에서 살고 있다. 다행히 세 발을 가진 까마귀가 있어서 그의 사역을 담당한다. 반드시 장생하여 이와 같이 죽지 않는다. 그러나 비록 만년에 걸쳐 죽지 않을지라도 즐거워할 것은 없다.

수레를 돌려 왔다갔다하여 부주산(不周山)[128]에 바로 건너가 유도산(幽都山)[129]에서 회식한다. 밤 사이의 수기(水氣)를 호흡하고 조하(朝霞)[130]를 먹는다. 지초(芝草)의 꽃을 씹고 경수(瓊樹)[131]의 꽃을 조금 먹는다. 점차로 나아가서 높이 오르고 어지럽게 크게 성큼 뛰어서 위로 올라간다. 천문(天門)의 거꾸로 달린 그림자를 뚫고, 뭉게뭉게 피어나는 구름을 건너서 유거(游車)와 도거(道車)를 달려 길게 내려갈 때 안개를 뒤로 남긴 채 멀리 달려간다. 우주 안의 좁은 곳에 놓여 있어 깃발을 펼쳐들고 북극으로 나간다. 주둔시킨 기사를 현궐(玄闕)에 남겨두고 선구를 한문(寒門)[132]에서 앞질러 가게 한다. 아래는 깊고 멀어서 땅이 없고 위는 광막하여 하늘이 없다. 보아도 눈이 아물거려 보이지 않고, 들어도 귀가 멍하여 들리는 것이 없다. 허무를 타고 올라가니, 초연하여 벗이 없어 홀로 있었다.

상여가 「대인부」를 바치니, 천자가 매우 기뻐하였다. 둥실 구름 위로 올라간 것 같은 기분이고, 천지 사이를 자유로이 노니는 것 같은 뜻이 있다고 하였다.

상여는 이미 병으로 해직되고, 무릉(茂陵)[133]의 집에서 살고 있었다. 천자가 말하기를 "사마상여의 병이 위독하다. 가서 그의 책을 모두 가져오는 것이 좋겠다. 만일 그렇게 하지 않는다면 뒤에 그것을 잃은 것이다"라고 하였다. 천자는 소충(所忠)[134]에게 가도록 하였다. 그런데 상여는

127) 西王母 : 신화 속의 인물. '王母'라고도 한다. 『山海經』에서 그녀는 승냥이와 이리의 꼬리에 호랑이 이빨을 한 괴물로 나온다. 『漢武內傳』에서는 오히려 용모가 절색인 여신으로 3,000년마다 한 번씩 복숭아를 武帝에게 바쳤다.

128) 不周山 : 昆侖山 동남쪽에 있다고 전해진다.

129) 幽都山 : 北海 안에 있다고 전해진다.

130) 朝霞 : 옛날에는 해가 뜨기 전의 紅黃色 기운을 말한다.

131) 瓊樹 : 昆侖山 서쪽으로 흐르는 해안가에 서식하며, 크기는 300圍이고, 높이는 만 仞이다.

132) 寒門 : 天北門을 가리킨다.

133) 茂陵 : 옛 현 이름. 지금의 陝西省 興平縣 동북쪽 지역. 武帝는 사후에 이곳에 안치되었다.

이미 죽고 집에는 책이 없었다. 그의 아내에게 물으니 대답하기를 "장경은 본래 일찍이 가지고 있는 책이란 없었습니다. 때때로 글을 저술하면 사람들이 또 가져가버리곤 하여 집에는 책이 없습니다. 장경이 아직 죽기 전에 한 권의 책을 저술하여 말하기를 '사자가 와서 책을 요구하거든 이것을 올리시오'라고 하였을 뿐, 다른 책은 없습니다"라고 하였다. 그가 남긴 서찰은 봉선(封禪)[135]에 관한 일을 쓴 것이었다. 그의 처는 소충에게 그것을 주었다. 소충이 그 책을 올리니 천자가 그것을 진중하게 여기었다. 그 책에는 다음과 같이 쓰여 있었다.

천지가 처음 열려 하늘이 백성을 낳았습니다. 역조(歷朝)의 임금을 거쳐서 진(秦)나라에 이르렀습니다. 가까운 자의 유적을 살피고 먼 자의 유풍을 들으면, 예부터 군주가 된 자는 많지만 이름이 묻혀 서적에 기록되지 않은 자는 이루 다 셀 수 없습니다. 순임금과 우임금의 뒤를 이어 밝고 큰 덕을 계승하여 생전의 이름과 사후의 시호를 높이 받들어 후세에 일컬을 만한 자는 대략 72명의 군(君)이 있습니다. 그 누구도 선을 따르고도 창성하지 않은 자는 없었고, 그 누구도 덕을 잃고 보전한 자는 없습니다.

헌원씨(軒轅氏)[136] 이전의 일은 멀고 아득하여 그 자세한 것을 얻어 들을 수 없습니다. 그러나 오제와 삼왕의 치적이 육경의 서적에 전하는 것은 볼 만합니다. 『상서(尙書)』에 말하기를 "원수(元首)는 현명하구나, 신하는 선량하구나"라고 하였습니다. 이것에 근거하여 말한다면, 군왕은 당요(唐堯)보다 성대한 이가 없고, 신하는 후직(后稷)[137]보다 현량한 이가 없습니다. 후직은 사업을 당(唐)에서 처음으로 하였고, 공류(公劉)[138]는 공적을 서융(西戎)[139]에 드러내었습니다. 문왕(文王)이 제도를 고치니, 이에 주

134) 所忠 : 사람 이름.

135) 封禪 : 전국시대 齊, 魯 나라에서는 몇몇 유생들이 五嶽 가운데 泰山이 가장 높다고 생각하고, 齊나라 왕은 응당 이 泰山에서 제사를 지내야 한다고 주장하였다. 따라서 泰山에서 단을 쌓아 하늘에 제사 지내는 것을 '封'이라 하였고, 산 남쪽의 梁父山에서 땅에 제사 지내는 것을 '禪'이라고 하였다..

136) 軒轅氏 : 즉 黃帝를 가리킨다. 姬姓이고, 호는 軒轅氏이다. 전설 속에서 炎帝와 함께 중화민족의 공동 조상이다.

137) 后稷 : 고대 周族의 시조. 일찍이 堯舜의 農官이 되어 농사 짓는 법을 백성들에게 가르쳤다.

138) 公劉 : 周族의 우두머리로, 后稷의 증손으로 전해진다. 夏代 말년에 周族을 인솔하여 豳(지금의 陝西省 彬縣 동북쪽)으로 옮겨와 지형의 水利를 관찰하여 황무지를 개간하여 거처를 안정되게 하였다.

139) 西戎 : 중국 고대 서북쪽의 戎族의 총칭. 원래는 황하 상류와 甘肅省 서북쪽에

나라가 크게 융성하고 대도(大道)가 여기에서 이루어졌습니다. 그리고 그 뒤로 점차 쇠미하여 천년에 이른 뒤에 그 성교(聲敎)는 끊어졌습니다. 어찌 처음을 잘하고 끝도 잘한 것이 아니겠습니까? 그렇게 된 것에 다른 까닭이 있는 것은 아닙니다. 그것은 앞의 것을 따르는 데 삼가고, 그 교화를 삼가 지켜왔기 때문입니다. 그러므로 주나라의 사적은 평이하여 따르기 쉽고, 은택은 깊고 광대하여 풍부하게 되기 쉬우며, 법도는 명백하고 본받기가 쉽고, 전통을 드리우는 것이 이치에 순응하기 때문에 계승하기가 쉬웠던 것입니다. 이렇기 때문에 왕업은 성왕(成王) 때에 성취되었고, 공적은 이후(二后)[140] 때 으뜸이었습니다. 그러나 그 처음을 살피고 그 마친 바를 궁구해보면, 특히 두드러지게 이상하리만큼 뛰어난 사적은 지금의 한나라와 비교할 만한 것이 없습니다. 그러나 오히려 한나라는 태산과 양보산(梁父山)에 올라 봉선(封禪)하여 영광스러운 명예를 세우고 높은 명성을 이루었습니다. 대한(大漢)의 덕은 왕성하게 솟아오름이 원천(原泉)과 같아서 성대하게 넘치고 퍼져서 널리 사방에 미칩니다. 무위(武威)는 구름처럼 퍼지고 안개처럼 흩어져서 위로는 구천(九天)[141]에 사무치고 아래로는 팔방의 극에 흘러갑니다. 살아 있는 모든 것은 천자의 은택에 잠기어 윤택해집니다. 화기(和氣)는 옆으로 흐르고 무위는 질풍같이 빨리 퍼져나갑니다. 가까운 자는 그 근원에서 놀고 먼 자는 그 말류에서 헤엄칩니다. 곤충도 화락하여 모두 머리를 돌려 안으로 향하고 천자의 은택을 입습니다. 그렇게 한 뒤에 추우(騶虞)와 같은 진귀한 짐승을 원유(苑囿)에서 기르고 미록(麋鹿)과 같은 괴수를 국경에서 잡았습니다. 한 줄기에서 여섯 이삭이 달린 곡식을 부엌에서 골라서 종묘에 바치고, 주나라에서 길렀던 거북을 기산(岐山)가에서 얻었습니다. 취황색(翠黃色) 용을 못에서 부릅니다. 귀신은 영어(靈圉)와 접촉하여 한관(閑館)에 빈객으로 대우합니다. 기이한 물건의 괴이함과 다양한 변화는 이보다 더할 수 없습니다. 진실로 존중해야 할 일입니다. 상서(祥瑞)의 징험이 이에 이르렀건만 오히려 엷다고 겸손해하며 감히 봉선할 것을 말하지 않습니다. 대체로 주나라에서는 무왕(武王)이 주왕(紂王)을 칠 때에 펄펄 뛰는 백어(白魚)가 배에 떨어진 것을 아름다운 상서라고 하여 구워서 하늘에 제사 지냈습니다. 이와 같은 미세한 것을 징험이라고 하여 태산에 올라가 봉선하였던 것입니다. 또한 부끄럽지 않습니까! 주나라의 지나침과 한나라의 겸양이 어찌 이렇게 다릅니까?

분포되어 있었는데, 점점 동쪽으로 이주하였다.

140) 二后 : 周 文王과 周 武王을 가리킨다.

141) 九天 : 하늘을 가리킨다. '九'는 숫자의 끝을 말한다.

이에 대사마(大司馬)[142]가 나아가 말하였다. “폐하께서는 어짊으로 군생(群生)을 기르시고, 의로움으로 불순한 자를 정벌하십니다. 중국의 모든 사람들은 공물을 받드는 직책을 기뻐하고, 모든 만이(蠻夷)들은 폐백을 바치니, 덕은 상고의 제왕과 같고, 공은 함께 병칭할 만한 자가 없습니다. 아름다운 공업은 두루 이르지 않는 곳이 없고, 태평스러운 상서의 징험은 여러 가지로 변화하여 시기를 따라 계속하여 이르러서, 독창적으로 나타난 것은 없습니다. 생각컨대 이것은 태산, 양보산에 제단을 설치하고 거둥하시기를 바라는 것입니다. 이것은 대체로 명호(名號)를 세워 영광을 드러내게 하려는 것입니다. 즉 하늘이 은택을 내려 땅을 복되게 하여 장차 제사지내 성공을 고하려는 것입니다. 그런데도 폐하께서 겸양하여 출발하지 않으실 수 있습니까? 그것은 천신(天神), 지기(地祇), 산악(山嶽)의 신의 환심을 끊고 왕도(王道)의 예의를 잃는 것이 됩니다. 여러 신하들은 이것을 부끄럽게 여깁니다. 어떤 사람은 말하기를 ‘하늘의 뜻은 진실로 이미 암시하였고, 진귀한 징조는 본래 사양할 수 없습니다’라고 하였습니다. 만일 이것을 사양한다면 그것은 옛날부터 태산에는 표기(表記)를 세울 기회가 없었을 것이고 양보산은 제사 받을 가능성이 없었을 것입니다. 또한 각각 때에 따라 한때를 영화로 삼고 그 세상을 지나갈 뿐이라면 이야기하는 자가 오히려 뒷세상에서 어떻게 72명의 군주가 있던 것을 말할 수 있었겠습니까? 대체로 덕을 닦은 이에게 표적〔符〕을 주면 표적을 그가 받들어 봉선의 일을 행하는 것은 방자함이 지나친 행위는 아닙니다. 때문에 성왕은 봉선의 일을 폐하지 않아서 중악(中嶽)[143]에 새겨서 지존함을 드러내고 성덕을 서술하여 영광스러운 명호를 발하고 두터운 복을 받음으로써 은택을 서민에게 미치게 하였던 것입니다. 성대하구나, 이 일이여! 이것은 천하의 장관이며 왕자(王者)의 위대한 업적이니 가볍게 여길 수 없습니다. 원컨대 폐하께서는 이것을 완수하십시오. 그렇게 한 뒤에 이어 학자와 선생들의 학술로써 일월(日月)의 빛을 우러름과 같이 하고, 그것으로써 관직을 지키고 일을 처리하게 하며, 또 겸하여 그 의(義)를 정열하고 그 글을 교감하여 『춘추』 일경(一經)을 짓게 하십시오. 그리하여 장차 종래의 육경(六經)을 칠경(七經)이 되게 하여, 길이 후세에 전하여 만세로 하여금 맑은 흐름을 흐르게 함으로써 그 여파를 높이고 영명한 명성을 날려서 풍성한 덕을 얻을 수 있게 하십시오. 이전 시대의 성왕들이 길이 위대한 명성

142) 大司馬 : 관직 이름. 漢 武帝 때의 군정 수뇌로 丞相, 御史大夫와 함께 ‘三公’이라고 칭하였다.

143) 中嶽 : 嵩山. 지금의 河南省 登封縣 북쪽.

을 보전하여 항상 칭송의 으뜸이 되는 까닭은 이러한 도를 행하였기 때문입니다. 마땅히 장고(掌故)에게 명하여 그 뜻을 모두 아뢰게 하여 살펴보십시오."

이에 천자가 크게 감동하여 안색을 고치고 말하기를 "그렇구나. 짐이 그 일을 시험해보겠다!"라고 하였다. 이에 생각을 고치고 마음을 돌려 공경들의 의견을 종합하여 봉선의 일을 문의하였다. 그리고 천자의 덕택이 큰 것을 시로써 읊게 하고, 표적의 풍부함을 널리 들어 송(頌)을 짓게 하였다. 그 송(頌)은 다음과 같다.

> 나의 하늘 같은 덕으로 만민을 덮으니, 구름은 유유히 흘러간다. 때로 감로(甘露)[144]가 때에 이르러 내리니 저 토양을 충분히 적신다. 맛있는 유액이 땅에 스미니 무슨 생물인들 자라지 않으리. 아름다운 곡식 한 줄기에 여섯 이삭 맺히네. 수확이 어찌 쌓이지 않으리.
>
> 다만 비로써 적셔줄 뿐만 아니라 또 그것을 윤택하게 하네. 다만 윤택하게 할 뿐만 아니라 널리 그것이 퍼지고 흩어지게 하네. 만물이 화락하여 그리워하고 사모한다네. 명산이 봉선을 분명히 나타내며, 우리 임금께서 오시기를 기다리네. 임금님, 임금님, 어찌하여 봉선의 일을 하지 않으십니까!
>
> 무늬도 아름다운 짐승은 우리 임금의 동산에서 즐기며 있네. 흰 바탕 검은 무늬에 그 모습 아름답구나. 화목한 모습, 바로 군자의 태도로구나. 대체로 일찍이 그 짐승 있다는 소리만 들었더니 이제 그 온 것을 보네. 그가 좇아온 길 어딘가 알 수 없지만, 하늘에서 내리는 상서로운 조짐이라네. 이 짐승은 순임금 때 나타나서 우씨(虞氏)[145]가 여기에 의지하여 일어났다네.
>
> 통통하게 살찐 기린이 저 제단의 뜰에 노닐었네. 맹동(孟冬) 10월에 우리 임금이 가셔서 교사(郊祀)하셨네. 저 기린이 우리 임금의 수레 앞을 달려 우리 임금은 그것으로써 복을 받으셨네. 삼대(三代) 이전에도 일찍이 이러한 상서는 없었네.
>
> 구불구불 서린 황룡이 지극한 덕에 감동하여 날아올랐네. 그 채색은 번쩍번쩍 빛이 나네. 진정한 용(제왕)이 모습을 보여 만백성들을 각성시켰네. 고서에도 육룡(六龍)을 타고 하늘에 오른다고 하였네.

144) 甘露 : 옛날 사람들은 천하가 태평스러우면 하늘에서 甘露를 내려준다고 믿었다. '甘露'는 맛있는 이슬이라는 뜻이다.

145) 虞氏 : 舜임금을 가리킨다.

천명(天命)의 분명한 징조는 반드시 말을 쓰지 아니하고, 사물에 기탁하여 봉선하는 군주에게 알리네.

육경을 펼쳐놓고 살펴보니, 하늘의 뜻과 사람의 일이 이미 서로 어울려 합치되고, 위와 아래가 서로 화해를 나타냈네. 성왕의 덕망을 찬양하며 항상 스스로의 부덕함을 두려워하고 삼가네. 그러므로 "일어날 때에는 반드시 쇠할 것을 염려하고, 편안할 때에는 반드시 위태로움을 생각한다"라고 하였네. 그렇기 때문에 은 탕왕(殷湯王)과 주 무왕(周武王)은 지극히 존엄한 지위에 있으면서도 존경하고 삼감을 잃지 않았네. 순임금은 큰 법칙을 밝혀서 항상 스스로 성찰하고, 정치의 득실을 살폈다네. 이런 일들이 바로 이것을 말하는 것이네.

사마상여가 이미 죽은 지 5년 뒤[146)]에 천자가 비로소 후토(后土)[147)]에 제사를 지냈다. 8년 뒤에 드디어 먼저 중악(中嶽)에 제례(祭禮)하고 태산(太山)[148)]에 봉(封)하고, 양보산에 이르러 숙연산(肅然山)에서 선(禪)하였다.

상여의 다른 저서로는 『유평릉후서(遺平陵侯書)』, 『여오공자상난(與五公子相難)』, 『초목서(草木書)』 등과 같은 것이 있으나 여기에서는 수록하지 않았다. 그 저서들 중에서 특히 공경(公卿)들에게 저명한 것만을 채택하였다.

태사공은 말하였다.

"『춘추』는 드러난 사실을 추측하여 은미한 것에 도달하였고, 『역경』은 은미한 것을 근본으로 하여 명백한 사실에 이르고 있으며, 「대아(大雅)」는 먼저 왕공(王公)과 대인(大人)의 덕을 말하여 여러 서민의 일에 미치었고, 「소아(小雅)」는 작은 개인의 행위를 말하여 정치의 선악을 평하여 민간의 언어로 전하였다. 때문에 『춘추』, 『역경』, 「대아」, 「소아」의 말은 비록 겉으로는 서로 다르지만 그것이 모두 덕으로 귀일하는 면에서는 같다. 상여(相如)의 글은 비록 공허한 말과 분방한 설명이 많으나 그 주가 되는 뜻은 절약과 검소에 귀일하는데, 이것은 『시경』의 풍간(諷諫)과 무

146) 司馬相如는 기원전 118년에 죽었는데, 죽은 지 5년 후라면 기원전 113년을 말한다.

147) 后土 : 토지신. 여기서는 토지신에게 제사 지내는 社壇을 말한다.

148) 太山 : 즉 泰山을 말한다.

엇이 다르겠는가? 양웅(揚雄)[149]은 '사치스럽고 화려한 상여의 부(賦)는 백 가지를 칭찬하고 한 가지를 풍유하였다. 마치 정(鄭), 위(衞)의 음란한 음악을 질탕하게 연주하고, 곡이 끝난 뒤에 아악(雅樂)[150]을 연주하는 것과 같다. 그것은 이미 본지(本旨)를 훼손하는 것이 아닐까?'라고 말하였다. 나는 그의 말 중에서 논할 가치가 있는 것만을 취해서 이 편을 저술하였다."

149) 揚雄 : 西漢 시대의 문인, 철학자, 언어학자이다. 자는 子雲이고, 蜀郡 成都 사람으로, 成帝 때 給事黃門郎이 되었다. 일찍이 「長楊賦」, 「甘泉賦」, 「羽獵賦」 등을 지었다.

150) 雅樂 : 儒家가 존중하여 받드는 음악.

권118「회남형산열전(淮南衡山列傳)」제58

회남(淮南)의 여왕(厲王) 유장(劉長)[1]은 한 고조(漢高祖)의 막내 아들이다. 그의 모친은 원래 조왕(趙王) 장오(張敖)[2]의 미인(美人)[3]이었다. 한(漢) 8년에 고조가 동원(東垣)[4]으로부터 돌아오며 조(趙)나라를 지날 때 조왕이 그 미인을 바친 것이다. 여왕의 모친은 고조의 총애를 받아 아기를 가졌다. 조왕 오는 감히 그녀를 궁중에 둘 수 없었으므로, 따로 밖에 궁을 지어 그곳에 기거하게 하였다. 관고(貫高)[5] 등이 모반하려고 한 박인(柏人)의 일[6]이 발각되자 조왕도 체포되어 함께 처벌을 받게 되었고, 왕의 모친과 형제들 그리고 첩들도 다 체포되어, 하내(河內)[7]에 구금되었다. 여왕의 모친 역시 구금되었는데, 옥리(獄吏)에게 말하기를 "황제의 총애를 받아 아기를 가졌다"라고 하였다. 옥리가 이 사실을 황제에게 알리니, 황제는 바야흐로 조왕으로 인해 화가 나 있어서 여왕의 모친을 거두지 않았다. 여왕 모친의 동생인 조겸(趙兼)이 벽양후(辟陽侯)[8]

---

1) 劉長(기원전 198-기원전 174년) : 漢 高祖의 아들. 高祖 11년(기원전 196년)에 淮南王에 봉해졌다. 도읍은 壽春(지금의 安徽省 壽縣)이며, 관할구역은 대략 지금의 安徽省, 河南省의 淮河 이남 및 湖北省 동부 지역이다. '厲王'은 그의 사후에 추존된 시호이다.

2) 張敖 : 趙王 張耳의 아들. 高祖 5년(기원전 202년) 張耳가 죽자 張敖가 대를 이어 趙王이 되었고, 高祖의 장녀인 魯元公主를 아내로 삼았다. 그의 재상 貫高 등이 반란을 도모하다가 발각된 후 폐해져서 宣平侯가 되었다. 高后 6년(기원전 182년)에 죽었다.

3) 美人 : 소실의 칭호.

4) 東垣 : 현 이름. 秦나라 때 설치되었다. 현 정부가 지금의 河北省 石家莊市 동쪽에 있었다.

5) 貫高 : 趙王 張敖의 재상.

6) 劉邦이 高祖 7년 平城에서 京師로 돌아오던 중 趙나라를 지날 때 趙王에 대하여 오만하고 무례하게 행한 데 불만을 품고, 趙나라의 재상 貫高가 柏人(지금의 河北省 唐山市 서쪽)에 병사를 매복시켜 劉邦을 죽이려고 하였다. '柏人의 일'은 바로 이를 가리킨다.

7) 河內 : 군 이름. 楚, 漢 때 설치하였다. 군 정부가 懷縣(지금의 河南省 武陟縣 서남쪽)에 있었다.

를 통하여 여후(呂后)에게 이 사실을 알리니, 여후는 질투하여 알리려 하지 않았고 벽양후도 애써 변론하지 않았다. 여왕의 모친이 이미 여왕을 낳고 원통하여 곧 자살하고 말았다. 옥리가 손으로 여왕을 받들고 황제를 배알하니, 황제는 후회하며 여후로 하여금 그를 양육하게 하고 여왕의 모친을 진정(眞定)[9]에 매장하였다. 진정은 여왕의 모친 생가가 있고, 조상 대대로 살던 현(縣)이다.

고조 11년 7월에 회남왕 경포(黥布)[10]가 반란을 일으키자, 한 고조는 자신의 아들 유장을 회남왕으로 삼고, 경포의 옛 땅을 다스리게 하였는데, 모두 네 개의 군(郡)[11]이었다. 황제가 친히 군사를 이끌고 경포를 공격하여 무찔렀고, 마침내 여왕이 즉위하였다. 여왕은 일찍이 모친을 잃어 늘 여후를 의지하였고, 효혜제(孝惠帝)와 여후 때에는 총애를 얻은 까닭에 근심과 해가 없었는데, 늘 마음으로 벽양후를 원망하였지만 감히 발설하지는 않았다. 효문제(孝文帝)가 즉위하자 회남왕은 자신이 가장 가까운 지친(至親)이라고 여기고 교만해져서 여러 차례 한나라의 법을 따르지 않았지만, 황제는 지친이라는 이유로 항상 그를 너그러이 용서해주었다. 효문제 3년에 여왕은 입조하였는데 더욱 방자하였다. 여왕은 황제를 따라 원유(苑囿)에 들어가 사냥을 하였는데, 황제와 함께 수레를 탔고, 늘 황제에게 '형'이라고 불렀다. 여왕은 재주와 힘이 있었고, 그 힘은 능히 정(鼎)을 들어올릴 만하였는데, 이에 벽양후를 찾아가 만나기를 청하였다. 벽양후가 나와 그를 보자 바로 소매로부터 철추를 꺼내 벽양후를 치고, 따르던 위경(魏敬)으로 하여금 그의 목을 치게 하고, 여왕은 바로 대궐 앞으로 달려가 상의를 벗고 사죄하며 말하기를 "신의 모친은 절대로 조왕의 일에 연루되지 않았고, 그때 벽양후가 힘썼다면 여후의 보호를 받

---

8) 辟陽侯 : 審食其. 沛縣 사람. 呂后의 총애를 받아 辟陽侯에 봉해졌다. 呂后가 정권을 잡았을 때에는 左丞相에 임명되었고, 후에 淮南王 劉長에 의해서 죽임을 당하였다. 辟陽은 漢나라의 현 이름으로 지금의 河北省 冀縣 동남쪽이다.

9) 眞定 : 현 이름. 漢 高祖 11년(기원전 196년)에 '東垣縣'을 '眞定縣'으로 고쳤다.

10) 黥布 : 英布를 가리킨다. 六縣(지금의 安徽省 六安市 북쪽) 사람. 일찍이 黥刑을 받았기 때문에 黥布라고도 칭하였다. 楚漢 전쟁중 공로가 높아 劉邦이 淮南王에 봉하였다. 후에 彭越, 韓信 등과 劉邦을 죽이려고 반란을 일으켰다가 전쟁에 패하여 江南으로 도망하였으나 長沙王의 꾀임에 넘어가 죽었다.

11) 四郡 : 黥布가 원래 소유하고 있던 九江, 衡山, 廬江, 豫章의 네 개 郡을 가리킨다.

을 수 있었을텐데, 힘써 변론하지 않은 것이 그의 첫번째 죄입니다. 또한 조왕 여의(如意)[12] 모자는 죄가 없는데 여후가 그들을 죽였습니다. 이때 벽양후가 힘써 변론하지 않은 것이 두번째 죄입니다. 여후가 여러 여씨(呂氏)들을 왕으로 봉하여 유씨(劉氏) 왕실을 위태롭게 하였지만 벽양후가 힘써 변론하지 않은 것이 세번째 죄입니다. 신은 진실로 천하를 위하여 간신 벽양후를 주살하여 모친의 원수를 갚고, 삼가 대궐 앞에 엎드려 죄를 청합니다"라고 하였다. 효문제는 그의 뜻을 가엾게 여기고 또한 지친(至親)인 연고로 처벌하지 않고 여왕을 용서하였다. 이때 박태후(薄太后)[13]와 태자(太子)[14] 그리고 모든 대신들이 모두 여왕을 두려워하였다. 여왕은 이로써 귀국하여 더욱 방자해져 한나라의 법을 사용하지 않고 출입할 때에는 경필(警蹕)[15]을 칭하고 자신의 명을 제(制)라고 칭하여 스스로 법령을 만들어 황제처럼 행동하였다.

6년에 남자(男子)[16] 단(但)[17] 등 70명과 극포후(棘蒲侯)[18] 시무(柴武)의 태자 기(奇)[19]와 모의하여 큰 수레 40승(乘)을 가지고 곡구(谷口)[20]에서 반란을 일으키게 하고 사람을 시켜 민월(閩越),[21] 흉노(匈奴)에 사자로 보냈다. 일이 발각되자 황제는 그 일을 처리하기 위해서 사자를 보내 회남왕을 소환하였다. 회남왕이 장안(長安)에 도착하였다.

신 승상(丞相) 장창(張倉),[22] 전객(典客)[23] 풍경(馮敬), 행어사대부사

12) 如意 : 戚夫人(高祖妃)의 아들로, 이름이 如意이며, 趙王에 봉해졌다. 그의 모친이 呂后와 서로 태자를 세우려고 다투다가, 高祖가 죽은 후 모자가 다 呂后에 의해서 살해되었다.
13) 薄太后 : 高祖妃. 文帝를 낳았고, 文帝가 즉위한 후 太后로 추존되었다.
14) 太子 : 劉啓를 가리킨다.
15) 警蹕 : 황제가 행차할 때, 통행을 금하여 길을 치우는 것을 말한다.
16) 男子 : 漢나라 때에는 관작이 없는 성년 남성을 '男子'라고 불렀다.
17) 但 : 사람 이름.
18) 棘蒲侯 : '柴武,' '陳武'라고도 한다.
19) 奇 : 柴奇를 가리킨다. 棘蒲侯 柴武의 태자로 '陳奇'라고도 한다.
20) 谷口 : 지역 이름. 지금의 陝西省 禮泉縣 동북쪽 涇水가 흘러나오는 산골짜기.
21) 閩越 : '東越'이라고도 한다. 고대 남방 越人의 한 갈래. 지금의 福建省과 浙江省 남부 일대. 秦나라 때 이곳에 閩中郡을 설치하였다가, 漢나라 초기에 다시 無諸를 閩越王으로 삼았다.
22) 張倉 : 『漢書』에는 "張蒼"으로 되어 있다. 陽武(지금의 河南省 原陽縣 동남쪽) 사람. 秦나라 때 御史가 되었고, 漢나라 초기에 代, 趙 나라의 相이 되었다가 北平侯에 봉해졌다. 후에 10여 년 동안 漢나라의 丞相을 지냈고, 일찍이 율법과 역법을 개

(行御史大夫事)[24] 종정(宗正)[25] 일(逸),[26] 정위(廷尉)[27] 하(賀),[28] 비도적중위(備盜賊中尉)[29] 복(福)[30] 등이 죽음을 무릅쓰고 아뢰옵니다. 회남왕 유장은 선제(先帝)의 법을 폐하고, 황제의 조서(詔書)를 따르지 않으며, 거처하는 데에도 법도를 준수하지 않으며, 노란 비단 덮개를 한 수레로 출입하면서 황제와 같이 행세하고 있으며, 제멋대로 법령을 제정하고 한나라의 법을 사용하고 있지 않습니다. 또한 관리를 두는 일에 이르러서는 자신의 낭중(郎中)[31] 춘(春)[32]을 승상으로 삼고, 한나라와 제후국의 사람들, 죄가 있어 도망한 자들을 모아 거두어 숨겨주고 살게 하였으며, 그들을 위하여 재물, 작위, 봉록, 전지(田地), 주택을 하사하였는데, 그 작위가 어떤 이는 관내후(關內侯)[33]에까지 이르고 봉록 2,000석(二千石)[34]을 주는 등, 그것은 마땅히 회남왕이 하사할 수 있는 것이 아닌데,[35] 그렇게 하는 것은 그가 반란을 꾀하고자 하기 때문입니다. 대부(大夫)[36] 단(但), 사오(士伍)[37] 개장(開章)[38] 등 70명과 극포후의 태자 기(奇)가

정한 漢代의 저명한 曆算家이다.

23) 典客 : 관직 이름. 주로 소수민족을 접대하는 일을 관장하였다.

24) 行御史大夫事 : 대리 御史大夫를 말한다. 御史大夫는 관직 이름으로 秦, 漢 때 丞相 다음가는 중앙의 최고 장관이었다. 주요 직무는 감찰과 법의 집행 그리고 중요 문서를 관장하였다. '三公' 가운데 하나이다.

25) 宗正 : 관직 이름. 秦나라 때 처음 설치하였는데, 漢나라 때에도 계속 설치하였다. 황족을 관리하는 사무를 맡아보며, 대부분 황족 가운데서 임명된다. '九卿' 가운데 하나이다.

26) 逸 : 사람 이름. 사적이 분명하지 않다.

27) 廷尉 : 관직 이름. 秦나라 때 처음 설치하였다. 형벌을 관장하며, '九卿' 가운데 하나이다.

28) 賀 : 사람 이름. 사적이 분명하지 않다.

29) 中尉는 관직 이름으로, 秦, 漢 나라 때의 무관의 직책이다. 京師의 치안을 담당하였다. "備盜賊中尉"는 中尉가 담당한 도적을 방비하는 직무를 말한다.

30) 福 : 사람 이름. 사적이 분명하지 않다.

31) 郎中 : 관직 이름. 전국시대에 처음 설치하였으며, 漢代에도 계속 설치하였다. 郎中令에 속하며, 兵車와 騎馬 그리고 출입문을 관장하였다. 봉록은 比300石이다.

32) 春 : 사람 이름. 사적이 분명하지 않다.

33) 關內侯 : 작위 이름. 秦, 漢 때 설치하였다. 20등급의 작위 가운데 제19등급이다. 일반적으로 京師 근교에 거주하였고, 봉읍은 없었다.

34) 二千石 : 秦, 漢 때 관리 등급의 높고 낮음은 봉록이 얼마인가에 따라 정해졌다. 안으로는 九卿, 郎將에서부터 밖으로 郡守, 都尉가 모두 2,000石이다. 매월 각각 곡식 180斛(中2,000石), 150斛(眞2,000石), 120斛(2,000石), 100斛(比2,000石)을 받는데, 각 제후국에서는 2,000石이 가장 높은 관리의 봉록 등급이다.

35) 일설에는 이러한 작위와 봉록은 모두 죄인들이 받을 수 없는 것이라고도 한다.

36) 大夫 : 작위 이름. 官大夫보다 낮으며, 20등급의 작위 가운데 제5등급이다.

37) 士伍 : 漢나라 때에는 죄를 지어 관작을 잃은 사람을 '士伍'라고 불렀다.

모반하여 종묘와 사직을 위태롭게 하려 하고 있습니다. 그들은 개장을 시켜 은밀히 유장에게 알려 민월과 흉노로 하여금 함께 모반하여 그들의 군사를 동원하려고 하고 있습니다. 개장은 회남에 가서 유장을 만났고, 유장도 여러 차례 함께 앉아 이야기하며 음식을 먹었고, 그를 위해서 집과 아내를 마련해주고 2,000석의 봉록을 가지고 그를 대우하였습니다. 개장은 사람을 시켜 단에게 이미 회남왕에게 말하였다고 이야기하였습니다. 춘은 사자를 시켜 단 등에게 보고하였습니다. 관리가 알고 장안 현위(縣尉) 기(奇)[39] 등으로 하여금 가서 개장을 체포하게 하였으나 유장은 그를 숨겨놓고 내놓지 않았으며, 이전의 중위(中尉) 간기(蕑忌)[40]와 모의하여 그를 죽여서 입을 막아버렸습니다. 그리고는 외관과 의복을 갖추고 비능읍(肥陵邑)[41]에 매장하고 나서 거짓으로 관리에게 "어디에 묻혀 있는지 모른다"라고 말하였습니다. 또 거짓으로 흙을 모아 그 위에 표시할 나무를 세우고 "개장이 죽어 이곳에 매장되다"라고 썼습니다. 유장은 스스로 죄 없는 자 한 사람을 죽이고 관리로 하여금 죄 없는 자 여섯 사람을 논죄하여 죽이게 하였습니다. 죄를 지어 성을 고치고 이름을 바꾸어 도망친 기시(棄市)[42]해야 할 죄인을 숨겨주기 위하여 죄도 짓지 않은 자를 거짓으로 사로잡아 그의 죄를 면해주었던 것입니다. 제멋대로 사람에게 죄를 주고, 사람에게 죄를 주면서도 한나라에 알리지 않았고, 가두어둔 죄인들 가운데 성단용(城旦舂)[43] 이상이 14명이었고, 멋대로 죄인을 사면한 것 중 죽을 죄를 지은 사람이 18명, 성단용 이하가 58명이었으며, 마음대로 작위를 하사해준 사람들 가운데 관내후 이하가 94명이었습니다. 전에 유장이 병으로 앓았을 때, 폐하께서는 그로 인해서 근심하시고 괴로워하시며 사자를 시켜 서신과 대추와 건포를 하사하셨는데도 유장은 받으려고 하지 않았고, 사자를 만나려고도 하지 않았습니다. 또한 남해(南海)[44]에 거주하는 자로 여강(廬江)[45] 경내에 있는 자가 반란을 일으키자 회남의 관리와 군사들이 그를 물

38) 開章 : 사람 이름.

39) 奇 : 사람 이름. 앞의 〈주 19〉의 '奇'와는 다른 사람이다.

40) 일설에는 '間忌'라고도 한다.

41) 肥陵邑 : 『漢書』에는 "肥陵"으로 되어 있다. 지금의 安徽省 六安縣 동북쪽.

42) 棄市 : 죄인을 사형에 처한 뒤 그 시체를 그냥 거리에 버려두는 것.

43) 城旦舂 : 漢代 형벌 가운데 하나. 남자는 아침 일찍 성을 쌓고, 여자는 쌀을 찧는 것으로 처벌을 삼았다. 형벌 기간은 4년이다.

44) 南海 : 군 이름. 秦나라 때 설치하였고, 군 정부는 番禺(지금의 廣東省 廣州市)에 있었다. 당시는 南越에 속하였다.

45) 廬江 : 군 이름. 楚, 漢 사이에 秦나라의 九江郡을 분할하여 설치하였다. 당시는 淮南國에 속하였다.

리쳤을 때도 폐하께서는 회남의 백성들이 빈곤하다고 여기시고 사자를 보내 유장에게 비단 5,000필을 하사하시어 관리와 군사 중 노고가 많은 자에게 하사하도록 하셨습니다. 그런데 유장은 하사받기를 원치 않고, 오히려 "애쓰고 수고한 자가 없다"라고 말하였습니다. 남해 백성의 왕[46] 직(織)[47]이 글을 올려 황제에게 벽옥을 바치려고 하니 간기가 제멋대로 그 글을 태워버리고 보고하지 않았습니다. 관리가 간기를 다스리려고 그를 소환할 것을 청하였으나, 유장은 그를 보내지 않고 "간기는 병을 앓고 있다"라고 말하였습니다. 또 승상 춘(春)이 유장에게 청하여 입조하기를 원하였으나, 유장은 화를 내며 "너희가 나를 떠나 스스로 한나라에 붙기를 원하는구나"라고 말하였습니다. 유장은 마땅히 기시해야 하옵니다. 신들이 청하옵건대 논의하여 법대로 처리하시기를 바랍니다.

황제가 명하기를 "짐은 차마 회남왕을 법대로 처리할 수 없으니, 그대들이 열후(列侯) 그리고 2,000석[48]과 의논하라"고 하였다.

신(臣) 창, 경, 일, 복, 하가 죽음을 무릅쓰고 아뢰옵니다. 신들은 진실로 열후와 2,000석 그리고 영(嬰)[49] 등 43명과 의논하였는데, 모두 "유장이 법도를 준수하지 않고 황제의 조서를 따르지도 않았으며, 은밀히 도당(徒黨)과 모반한 자를 모으고, 망명한 자를 후하게 양성하는 것은 그가 하고자 하는 바가 있었기 때문이다"라고 합니다. 신 등이 의논하기로는 법대로 다스려주시기를 원합니다.

황제가 명하기를 "짐은 차마 회남왕을 법대로 처리할 수 없으니, 유장의 죽을 죄를 용서하고 왕의 칭호를 폐하라"고 하였다.

신 창 등이 죽기를 무릅쓰고 아뢰옵건대, 유장은 큰 죽을 죄를 졌는데도 폐하께서는 차마 법대로 다스리지 않으시고, 다행히 용서하시고 다만 왕의 호칭만 폐하여 왕으로 일컫지 않게 하셨습니다. 신들은 그를 촉군(蜀郡) 엄도(嚴道)[50]의 공우(邛郵)[51]에 기거하게 하고, 그의 아들과 어미를 보내

46) 『漢書』「淮南傳」에는 '民'자가 없는데, '民'자는 덧붙인 듯하다.
47) 織 : 南海王의 이름. 『漢書』「高帝紀」에 '南海王 織'이 보인다.
48) 列侯는 작위 이름으로 '徹侯'를 가리킨다. 秦나라 때 설치한 20등급의 작위 가운데 최고 1등급에 해당한다. 漢나라 때도 계속해서 설치하였는데, 후에 武帝 劉徹의 이름을 피하기 위하여 '通侯'로 고쳤다. 列侯의 봉지에 대한 행정은 중앙에서 파견한 丞相이 관장하며, 본래 列侯 본인은 대부분 京師에 거주하며 봉지에서는 거주하지 않았다. 따라서 "列侯二千石"은 京師에 있던 公卿, 大臣을 가리킨다.
49) 嬰 : 汝陽侯 夏侯嬰을 가리킨다.

어 함께 기거하게 하며, 그 엄도현에는 가옥을 새로 짓게 하고, 그들 모두에게 양식을 주게 하며, 땔나무, 채소, 소금, 된장 그리고 음식 만드는 식기와 잠자는 자리들을 주게 하십시오. 신 등이 죽음을 무릅쓰고 청하옵건대 이 일을 천하에 선포하여 널리 알리시기를 원합니다.

황제가 명하기를 "유장에게 하루에 고기는 다섯 근, 술은 두 말을 주도록 계산하라! 예전의 첩 등 총애받던 자 10명으로 하여금 함께 따라가 살게 하고, 그 나머지는 주청대로 처리하라"고 하였다.

이에 따라서 함께 모반한 자는 다 죽여버렸다. 그래서 곧 회남왕을 보냈는데, 그를 치차(輜車)[52]에 태우고 각 현으로 하여금 차례로 전송하게 하였다. 이때 원앙(袁盎)[53]이 황제에게 간언하기를 "황제께서는 계속 회남왕을 방자하게 만드셨는데, 그것은 그 곁에 엄한 태부와 승상을 두시지 않은 까닭에 이 지경에까지 이르게 되었던 것입니다. 또한 회남왕의 사람됨이 강한데 이제 갑자기 그를 좌절시키시니 신은 졸지에 열악한 기후를 만나 병으로 죽어 폐하께서 장차 아우를 죽였다는 말을 들으실까 두렵습니다. 어찌하시렵니까?" 황제는 "짐도 그로 인해 고민하고 있는데, 짐은 곧 그를 부를 것이오"라고 말하였다. 각 현마다 회남왕을 전송하는 자들이 모두 감히 수레에 봉한 문을 열지 않았다. 회남왕이 이에 따르던 자에게 말하기를 "누가 나를 용맹하다고 하더냐? 내가 어찌 용맹하다고 하겠는가! 나는 교만하였던 까닭에 나의 과실을 듣지 않아 이 지경에 이르게 되었다. 인생의 한평생 동안을 어찌 이와 같이 근심하며 불안하게 살겠는가?"라고 하고는 음식을 먹지 않고 죽었다. 옹(雍)[54]에 이르자 옹현의 현령이 수레에 봉한 문을 열고 회남왕이 죽은 사실을 알렸다. 황제가 울며 매우 슬퍼하면서 원앙에게 "짐이 그대의 말을 듣지 않아, 마침내 회남왕을 잃었도다"라고 말하였다. 원앙은 "이미 어찌할 수 없으니, 원하옵건

50) 嚴道 : 현에 해당한다. 변경에 위치해 있고 또 소수민족이 거주하기 때문에 '道'라고 불렀다. 秦나라 때 설치하였고, 당시 죄인들이 대부분 이곳에 유배되었다.

51) 邛郵 : 邛僰 郵亭을 가리킨다. 지금의 四川省 榮經縣 서쪽.

52) 輜車 : 덮개가 있는 수레.

53) 袁盎 : 爰盎. 安陵(지금의 陝西省 咸陽市 秦都區 동북쪽) 사람. 齊, 吳 나라의 相을 역임하였고, 일찍이 吳王 劉濞로부터 많은 뇌물을 받고 그의 잘못을 여러 차례 숨겨주다가 御史大夫 晁錯에 의해서 고발되어 평민으로 강등되었다. 후에 이 일로 인해서 梁 孝王의 원망을 받아 피살되었다.

54) 雍 : 현 이름. 현 정부가 지금의 陝西省 鳳翔縣 남쪽에 있었다.

대 폐하 스스로 마음을 너그러이 가지옵소서"라고 말하였다. 황제는 "이 일을 어떻게 하라는 말인가?"라고 묻자, 원앙은 "오로지 승상과 어사대부를 참수하여 이로써 천하에 사죄하시면 됩니다"라고 대답하였다. 황제는 즉시 승상과 어사대부에게 명을 내려 각 현에서 회남왕을 전송하면서 봉인한 문을 열지 않은 자와 음식을 보낸 자 그리고 따르던 자를 잡아들여 모두 기시하였다. 그리고 회남왕을 옹(雍)에 열후의 예로써 매장하고 30호(戶)를 하사하여 무덤을 지키게 하였다.

효문제 8년, 황제는 회남왕을 불쌍하게 여겼다. 회남왕에게는 아들이 4명 있었는데 모두 일곱 또는 여덟 살이었는데, 황제는 안(安)을 부릉후(阜陵侯)에, 발(勃)을 안양후(安陽侯)에, 사(賜)를 양주후(陽周侯)에, 양(良)을 동성후(東城侯)에 각각 봉하였다.

효문제 12년에 어떤 사람이 노래를 지어 회남의 여왕을 노래하기를 "한 자의 베도 오히려 옷을 꿰맬 수 있고, 한 말의 곡식도 절구질할 수 있네. 형제 두 사람은 서로 용납할 수 없네"라고 하였다. 황제가 그 노래를 듣고 이에 탄식하며 말하기를 "요(堯), 순(舜)이 형제를 몰아내고, 주공(周公)이 관(管), 채(蔡)를 죽였지만, 천하가 그들을 성인이라고 하는 것은 어찌 된 것인가? 사사로움으로써 공의(公義)를 해치지 않았기 때문이다. 천하는 어째서 짐이 회남왕의 땅을 탐냈다고 하는가?"라고 하였다. 그래서 성양왕(城陽王)[55]을 회남의 원래 땅으로 옮겨 왕으로 삼았고, 회남왕을 추존하여 여왕으로 삼고, 묘지를 만들어 여전히 제후로써의 예의를 갖추었다.

효문제 16년에 회남왕으로 옮겼던 희(喜)를 다시 성양왕으로 삼았다. 황제는 회남의 여왕이 법을 폐지하고, 정도를 따르지 않다가 스스로 나라를 잃고 일찍 죽은 것을 불쌍하게 여겨 마침내 그의 세 아들들을 즉위시켰다. 부릉후 안을 회남왕으로, 안양후 발을 형산왕(衡山王)으로, 양주후 사를 여강왕(廬江王)으로 봉하니, 이로써 모두 다시 여왕 때의 옛 땅을 얻어 셋으로 나누어 가지게 되었다. 동양후(東陽侯)[56] 양은 그 전에 죽어 후사가 없었다.

효경제(孝景帝) 3년에 오(吳), 초(楚) 등 일곱 나라가 반란을 일으켰

---

55) 城陽王 : 景王 劉章의 아들인 劉喜를 가리킨다.
56) 東陽侯 : 문맥상으로 보아 '東城侯'를 잘못 쓴 듯하다.

다.[57] 오왕(吳王)의 사자가 회남에 도착하자 회남왕은 군사를 일으켜 그들과 호응하려고 하였다. 회남의 승상이 말하기를 "대왕께서 꼭 군사를 일으켜 오나라와 호응하려고 하신다면, 신이 그 장수가 되기를 원합니다"라고 하였다. 왕은 이에 군사를 승상에게 맡겼다. 회남의 승상은 군사를 이끌고 성을 굳게 지킬 뿐, 왕의 뜻을 따르지 않고 한나라를 도왔다. 한나라 역시 곡성후(曲城侯)[58]로 하여금 군사를 이끌고 회남을 구하게 하니, 회남은 이런 까닭에 온전히 보존될 수 있었다. 오나라의 사자가 여강에 도착하였으나, 여강왕은 이에 응하려 하지 않았고, 오히려 사자를 월(越)에 파견하여 왕래하게 하였다. 오나라의 사자가 형산(荊山)에 도착하자, 형산왕도 성을 굳게 지키며 한나라에 대해서 두 마음을 품지 않았다. 효경제 4년에 오, 초가 이미 멸망하자, 형산왕이 황제를 조현(朝見)하였고, 황제는 그가 절개와 믿음이 있다고 여겨 그의 노고를 위로하며 "남방은 낮고 습하다"라고 말하고 형산왕에서 옮겨 제북왕(濟北王)[59]으로 삼아 이로써 그를 표창하였다. 그가 죽으니 마침내 시호를 하사하여 정왕(貞王)이라고 하였다. 여강왕은 곁에 월(越)이 있어 여러 차례 사자를 보내 서로 왕래한 까닭에 형산왕으로 삼아 강북(江北)[60]을 다스리게 하였다. 회남왕은 예전과 같았다.

회남왕 안(安)은 사람됨이 독서나 거문고 타기를 좋아하고, 활을 쏘며 사냥하거나 말 달리는 것을 좋아하지 않았다. 또 음덕(陰德)을 행함으로써 백성들을 어루만지고 위로하여 자신의 이름을 천하에 퍼뜨리려고 하였다. 그는 때때로 여왕(厲王)이 죽은 것을 원망하여 반란을 일으키려고 하였지만 이유가 없었다. 건원(建元)[61] 2년에 회남왕이 입조하였다. 회남왕은 평소 무안후(武安侯)[62]와 가까운 사이로 당시 무안후는 태위(太

57) 景帝 3년에 吳, 楚 등 일곱 나라가 일으킨 반란으로, 우두머리는 吳王 劉濞였고 나머지는 楚王 劉戊, 膠西王 劉卬, 膠東王 劉雄渠, 濟南王 劉辟光, 菑川王 劉賢, 趙王 劉遂였다.
58) 曲城侯 : 성은 蟲이며, 이름은 捷이고, 그 부친의 이름은 逢이다.
59) 濟北은 지금의 山東省 平陰縣 동북쪽이다.
60) 江北 : 江水(長江) 이북을 말한다.
61) 建元 : 漢 武帝의 첫번째 연호. 중국에서 제왕이 연호를 사용하는 것은 이때부터 시작되었다.
62) 武安侯 : 田蚡. 長陵(지금의 陝西省 咸陽市 秦都區 동북쪽)에서 자라, 武帝가 즉

尉)[63]였는데, 회남왕을 패상(霸上)에서 마중하며 그와 더불어 이야기하기를 "바야흐로 지금 황제께는 태자가 없습니다. 대왕께서는 고황제의 친손(親孫)으로 인의(仁義)를 행하시어 천하에 모르는 사람이 없습니다. 만약 황제께서 어느날 갑자기 붕어하시면 대왕이 아니면 마땅히 누가 즉위하시겠습니까?"라고 하자, 회남왕이 크게 기뻐하면서 무안후에게 돈과 재물을 후하게 주었다. 이에 회남왕은 은밀히 빈객들과 교류하며 백성들을 어루만지고 위로하면서 반역의 일을 도모하였다. 건원 6년에 혜성이 나타나자 회남왕은 마음속으로 그것을 이상하게 생각하였다. 어떤 사람이 왕에게 말하기를 "이전에 오나라가 군사를 일으켰을 때 혜성이 나타났는데, 그 길이가 몇자밖에 되지 않았지만 오히려 피를 천리나 흘렸습니다. 이제 혜성의 길이가 하늘을 가로지르니 마땅히 천하의 군사들이 크게 일어날 것입니다"라고 하였다. 회남왕은 마음속으로 황제에게 태자가 없으니, 천하에 변란이 발생하면 제후들이 서로 다툴 것이라고 여겨, 더욱 무기와 공격용 기구를 수리하였고, 군(郡), 국(國)의 제후와 유사(游士) 그리고 기이한 재주를 가진 인재들에게 금전을 모아 뇌물로 보냈다. 어떤 방략(方略)을 일삼는 변사(辯士)들은 함부로 요사스러운 말을 지어 왕에게 아첨하니 왕은 기뻐하면서 그들에게 많은 금전을 하사하였고, 이로써 반역의 음모는 점점 심해졌다.

회남왕에게는 능(陵)이라고 하는 딸이 있었는데, 그녀는 총명하고 말재간이 있었다. 왕은 능을 사랑하여 항상 많은 금전을 주어 경사(京師)인 장안을 정탐하게 하고 황제의 좌우 측근들과 교제를 맺게 하였다. 원삭(元朔) 3년[64]에 황제가 회남왕에게 안석(安席)과 지팡이[65]를 하사하고, 입조하지 않아도 된다고 하였다. 회남왕의 왕후는 도(荼)인데 왕이 그녀를 총애하였다. 왕후는 태자 천(遷)을 낳았고, 천은 왕황태후(王皇太后)[66]의 외손인 수성군(修成君)의 여식을 비(妃)로 삼았다. 왕은 반역의

위한 후 武安侯에 봉해졌고 太尉가 되었다. 유학을 숭상하고 魏其侯 竇嬰과 함께 竇太后를 배척하였다. 후에 丞相에 임명되었고 武帝 元光 4년에 병으로 죽었다.

63) 太尉 : 관직 이름. 秦나라 때부터 西漢 때까지 설치되었다. 전국의 軍政을 담당하며, 丞相, 御史大夫와 함께 '三公'으로 불린다. 武帝 때에는 '大司馬'로 고쳐 불렀다.

64) 元朔은 漢 武帝의 세번째 연호이다. 한편 『史記志疑』에 따르면 '3년'은 아마도 '2년'을 잘못 쓴 듯하다.

65) 노인들은 앉을 때에는 安席에 의지하고 걸어다닐 때에는 지팡이에 의지하였기 때문에, 옛날에는 종종 지팡이와 安席을 하사하여 노인에 대한 공경심을 표시하였다.

도구들을 태자비가 알아 안에서 일이 발설될까 두려워하여, 태자와 모의하여 거짓으로 그녀를 사랑하지 않는 체하여 석 달 동안 잠자리를 같이하지 않게 하였다. 이에 왕은 거짓으로 태자에게 노한 척하여 태자를 유폐시키고, 그로 하여금 태자비와 함께 같은 방에서 석 달을 지내게 하였으나, 태자는 끝내 태자비를 가까이하지 않았다. 태자비가 떠나기를 청하니, 왕은 이에 글을 올려 사죄하고 그녀를 돌려보냈다. 왕후 도는 태자 천과 딸 능이 왕의 총애를 받게 되자 나라의 권력을 제멋대로 남용하였고, 백성들의 밭과 집을 침범하여 약탈하고, 사람들을 함부로 소환하여 묶어 가두었다.

원삭 5년에 태자는 검을 쓰는 것을 배웠는데, 스스로 자신을 따를 자가 없다고 여겨, 낭중(郎中) 뇌피(靁被)[67]가 검술에 뛰어나다는 소문을 듣고, 이에 그를 불러 겨루었다. 뇌피는 한두 차례 사양하다가 잘못하여 태자를 찔렀다. 태자가 노하자 뇌피는 두려워하였다. 이때에는 종군하기를 원하는 자가 있으면 바로 경사로 가게 하였는데, 뇌피는 곧바로 종군하여 흉노를 힘써 물리치기를 원하였다. 태자 천은 여러 차례 왕에게 뇌피를 나쁘게 이야기하니, 왕은 낭중령에게 그를 파면시키게 하고, 이로써 이후에도 이러한 일을 금지시키려고 하였다. 뇌피는 마침내 도망하여 장안에 도착하자 글을 올려 자신의 입장을 분명히 하였다. 황제는 그 일로 정위와 하남(河南)의 관리[68]에게 조서를 내렸다. 하남에서 조사하려고 회남 태자를 체포하려고 하자, 왕과 왕후는 계략을 써서 태자를 보내려 하지 않았고 마침내 군사를 동원하여 반란을 일으키려고 하였으나, 계획이 예정보다 늦어져 10여 일 동안 결정짓지 못하였다. 때마침 조서가 당도하여 회남에서 태자를 심문하였다. 이때 회남의 승상은 수춘(壽春)[69]의 승(丞)[70]이 태자를 머무르게 하면서 체포해 보내지 않은 것에 노하여 그의 불경을 탄핵하였다. 왕은 이에 승상에게 청하였으나 승상은 따르지 않았

66) 王皇太后：漢 武帝의 생모. 景帝 때 皇后가 되었고, 武帝가 즉위하자 皇太后가 되었다. 『漢書』「淮南傳」에는 '王'자가 없으니, 아마도 '王'자를 덧붙인 것 같다.

67) 靁被：『漢書』「淮南傳」에는 "雷被"로 되어 있다. '靁'는 '雷'와 통한다.

68) 河南은 河南郡을 말한다. 漢나라 때에는 崤山 동쪽에서 발생한 중요한 사건은 대부분 河南郡에서 심문하였다. 여기에서는 河南郡 都尉를 가리킨다.

69) 壽春：현 이름. 당시 淮南國의 도성. 지금의 安徽省 壽縣.

70) 丞：죄수에 대한 형벌을 관장하는 관리.

다. 왕은 사람을 시켜 글을 올려 승상을 고발하니, 황제는 그 일을 정위에게 다스리게 하였다. 사건의 실마리가 왕에게까지 연루되자, 왕은 사람을 시켜 한나라 조정의 공경(公卿)들을 살펴보게 하니, 공경들은 왕을 체포하여 다스리기를 원한다는 것을 알 수 있었다. 왕이 이 사건이 발각될 것을 두려워하자, 태자 천이 모의하여 말하기를 "한나라에서 사자를 보내 왕을 체포하려고 하면, 왕께서는 사람을 시켜 위사(衛士)의 옷을 입혀 창을 가지고 어전에 머무르게 하다가, 왕의 곁에서 시비가 생기면 즉시 그를 찔러 죽이십시오. 신도 역시 사람을 시켜 회남 중위를 찔러 죽이겠습니다. 그리고 나서 군사를 일으켜도 늦지 않을 것입니다"라고 하였다. 이때 황제는 공경들의 청을 허락하지 않고, 한나라의 중위 굉(宏)[71]을 파견하여 바로 회남왕을 심문하여 조사하게 하였다. 왕은 한나라의 사신이 온다는 소식을 듣고, 즉시 태자의 계책을 따랐다. 한나라의 중위가 도착하였는데, 왕이 살펴보니 그의 안색이 온화하고 왕을 심문하는 것도 뇌피를 파면한 일뿐이었으므로, 그는 스스로 죄상이 폭로되지 않을 것으로 추측하고 군사를 일으키지 않았다. 한편 중위는 돌아가서 이 사실을 보고하였다. 회남왕을 다스리려고 하였던 공경들이 말하기를 "회남왕 유안은 흉노를 힘써 물리치려는 뇌피를 막아 명문(明文)으로 선포한 조령(詔令)을 폐지하여 실시하지 않았으니, 마땅히 기시해야 합니다"라고 하였다. 황제는 조서를 내려 그것을 허락하지 않았다. 공경들은 그를 폐하고 왕으로 칭하지 않도록 청하였으나, 황제는 역시 조서를 내려 허락하지 않았다. 계속해서 공경들이 그렇다면 5개 현의 봉지를 삭탈하기를 청하자, 황제는 조서를 내려 2개 현의 봉지만을 삭탈하였다. 중위 굉(宏)을 시켜 회남왕의 죄를 사면하게 하고, 봉지를 삭탈하는 것으로 처벌하였다. 중위는 회남의 경계 지역 안에 들어가 왕을 용서한다고 선언하였다. 왕은 처음에 한나라의 공경들이 자신을 주살하도록 청하였다는 소식은 들었으나, 봉지를 삭탈한다는 것은 듣지 못하여 한나라의 사자가 온다는 소식을 듣고 자신이 체포될 것이 두려워, 이에 태자와 모의하여 예전처럼 그를 찔러 죽이려는 계획을 세웠다. 중위가 도착하여 바로 왕에게 축하의 말을 하니, 왕은 이로 인해 군사를 일으키지 않았다. 그후 스스로 애통해하며 말하기를 "내가 인의를 행하였다가 봉지를 삭탈당하니 심히 부끄럽구나"라고 하

71) 宏 : 사람 이름. 殷宏을 가리킨다.

였다. 그러나 회남왕은 봉지를 삭탈당한 뒤에도 반란을 도모하는 것이 더욱 심하였다. 많은 사자들이 장안으로부터 와서 망령되게도 요사스러운 말을 일삼았으며, 게다가 황제에게는 아들이 없고 한나라가 잘 다스려지지 않는다고 하면 왕은 곧 기뻐하였다. 그러나 한나라의 조정이 잘 다스려지고 아들이 있다고 하면, 왕은 노하여 이를 요사스러운 말로서 옳지 않다고 여겼다.

회남왕은 밤낮으로 오피(伍被),[72] 좌오(左吳)[73] 등과 더불어 여지도(輿地圖)[74]를 살펴보면서 부서의 군사들이 어디로부터 진입할 것인가를 살폈다. 왕이 말하기를 "황제께는 태자가 없으시니 만약 하루아침에 갑자기 붕어하신다면 조정의 신하들은 반드시 교동왕(膠東王)[75]을 부르거나, 그렇지 않으면 상산왕(常山王)[76]을 부를 것이며, 제후들도 서로 다툴 것이니, 내가 어찌 준비하지 않을 수 있겠는가! 또 나는 고조의 손자로 친히 인의를 행하였고, 폐하께서 나를 후하게 대우하여 내가 참을 수 있었지만, 만세(萬世)의 뒤[77]에는 내가 어찌 북면(北面)하여 신하처럼 어린 것들을 섬기겠는가!"라고 하였다.

왕은 동궁(東宮)에 앉아 오피를 불러 함께 모의하면서 "장군(將軍)[78]은 위로 오르시오"라고 말하였다. 오피는 창백해지면서 "황제께서 대왕을 용서하셨는데, 어찌 다시 이러한 망국의 말씀을 하십니까! 신이 듣기로는 자서(子胥)[79]가 오왕(吳王)[80]에게 간언하였지만 오왕이 채용하지 않자 '신은 이제 미록(麋鹿)이 고소대(姑蘇臺)[81]에서 노니는 것을 볼 것입

72) 伍被 : 楚나라 사람. 당시 淮南國의 中郞이었다.
73) 左吳 : 淮南王의 빈객. 『淮南要略』에 따르면 左吳는 伍被, 蘇非, 李尙, 陳由, 毛周, 雷被, 晉昌 등과 함께 수천명의 빈객 가운데 가장 재주가 뛰어난 자로, 당시는 이 여덟 사람을 '八公'이라고 불렀다.
74) 輿地圖 : 당시에 제작한 전국의 지도.
75) 膠東王 : 劉寄. 景帝의 아들. 도성은 卽墨(지금의 山東省 平度縣 동남쪽)이었다.
76) 常山王 : 劉舜. 景帝의 아들. 도성은 元氏(지금의 河北省 元氏縣 서북쪽)였다.
77) 황제가 죽은 후를 가리킨다. '萬世'는 황제가 죽은 것을 은유적으로 표현한 것이다.
78) 당시 '將軍'은 天子에게만 있었고, 제후에게는 다만 中尉가 있었을 뿐이다. 淮南王이 伍被에게 '將軍'이라고 부른 것은 공개적으로 자신이 꾸미고 있는 반역의 음모를 伍被에게 드러낸 것이다.
79) 子胥 : 伍員. 춘추시대 吳나라의 大夫로 字가 子胥이다.
80) 吳王 夫差를 가리킨다.
81) 姑蘇臺 : 지금의 江蘇省 蘇州市 서남쪽 姑蘇山 위에 있었다. 춘추시대에 吳王 闔

니다'라고 하였습니다. 신도 이제 마찬가지로 궁중에서 가시나무가 자라고 이슬에 옷이 젖는 것을 볼 것입니다"라고 하였다. 왕이 노하여 오피의 부모를 잡아 석 달 동안을 가두었다. 다시 불러 말하기를 "장군은 과인을 찬성하겠는가?"라고 하자, 오피는 다음과 같이 대답하였다.

안 됩니다. 신이 온 것은 다만 대왕을 위하여 계획을 세우기 위해서일 뿐입니다. 신이 듣기로는 귀가 밝은 자는 소리가 없는 데서 들으며, 눈이 밝은 자는 형태가 없는 데서 본다고 합니다. 그런 까닭에 성인은 만번을 일어나면, 만번 다 성공하는 것입니다. 옛날 문왕(文王)은 한 번 움직임으로써 공이 천세(千世)에 드러났고, 삼대(三代)에 나열되었으니, 이는 천심을 따라 움직인 것을 말하는 것으로, 해내(海內)[82]가 기약도 하지 않았지만 그를 따랐습니다. 이것은 천년 전의 실례인데 가히 살펴볼 만합니다. 무릇 백년 전의 진(秦), 근래의 오, 초 역시 족히 국가의 존망을 깨달을 수 있습니다. 신도 감히 오자서와 같은 죽음을 피하지 않거니와 대왕께서도 오왕처럼 충간을 듣지 않는 일이 없으시기를 원합니다. 옛날 진(秦)나라는 성현의 도리를 끊고, 유생과 방사(方士)들을 죽이며, 『시경(詩經)』과 『서경(書經)』을 불태우고, 예의를 버리고, 기만과 폭력을 숭상하고, 임의로 형벌을 사용하고, 해변의 곡식을 운송하여 서하(西河)[83]로 보냈습니다. 이때 남자들은 힘써 경작해도 술지게미와 겨조차 먹기에 부족하였으며, 여자들은 방적(紡績)을 하면서도 몸을 덮기에 부족하였습니다. 몽염(蒙恬)[84]을 파견하여 장성(長城)을 쌓아 동서로 수천리, 비바람과 눈서리에 몸을 맡긴 병사와 장수는 언제나 수 십만, 죽은 자도 가히 헤아릴 수 없으며, 시체가 천리이며 피는 흘러 경무(頃畝)를 이루었습니다. 백성들은 힘이 다하여 난을 일으키려고 하는 사람들이 열 집 가운데 다섯 집이었습니다. 또 서복(徐福)[85]으로 하여금 바다에 들어가 신선에게 기이한 물건을

閭가 쌓았다.

82) 海內 : 옛날 사람들은 중국의 강토가 사방으로 바다와 접해 있어서 전국이나 국내를 '海內'라고 불렀다.

83) 西河 : 옛날에는 서부 지구의 남북으로 흐르는 黃河를 '西河'라고 불렀다. 지금의 山西省 남부 黃河 서쪽의 陝西省 지역.

84) 蒙恬 : 秦나라 명장. 秦나라가 六國을 통일한 후 30만 명의 군사를 이끌고 匈奴를 물리치고 河南(지금의 몽고 河套 일대) 땅을 빼앗아 거기에 長城을 쌓았다. 기원전 210년에 자살하였다.

85) 徐福 : 권6 「秦始皇本紀」에는 "徐市"로 되어 있다. 秦나라 때의 方士로, 字는 君房이며 瑯琊(지금의 山東省 膠南縣 남쪽) 사람이다. 秦 始皇에게 글을 올려 바다 위에 蓬萊, 方丈, 瀛洲라고 하는 신선이 사는 세 개의 산이 있다고 하여, 童男童女 수

구하게 하니, 그는 돌아와 거짓으로 말하기를 "신(臣)이 바다 속의 커다란 신(神)을 만났는데 '네가 서황(西皇)[86]의 사자이냐?'라고 묻기에 신이 '그렇습니다'라고 대답하자 '너는 무엇을 구하느냐?'라고 묻기에 '수명을 연장시키는 약을 원합니다'라고 대답하였더니, 그 신은 '너는 진왕(秦王)의 예(禮)가 박하여 그 약을 볼 수는 있으나, 얻어 취하지는 못할 것이다'라고 하고는 바로 신을 데리고 동남쪽에 있는 봉래산(蓬萊山)으로 갔습니다. 영지초(靈芝草)로 이루어진 궁궐이 보이고 사자가 있었는데, 구릿빛에 용의 형상이었으며, 그 광채가 하늘까지 비추었습니다. 그래서 신이 재배(再拜)하고 '마땅히 어떤 예물을 바쳐야 합니까?'라고 묻자 해신(海神)은 '양가집 사내아이와 계집아이 그리고 백공(百工)[87]들의 제품을 바치면, 그것을 얻을 수 있다'라고 하였습니다"라고 하였다. 진 시황(秦始皇)이 크게 기뻐하며 동남동녀(童男童女) 3,000명을 보내고 오곡의 가지가지와 백공들의 제품을 가져가게 하였습니다. 서복은 평평한 들판과 넓은 못을 얻자 거기에 머물러 왕이 되고, 돌아오지 않았습니다. 그래서 백성들은 비통하게 생각한 나머지 난을 일으키려고 한 사람들이 열 집 가운데 여섯 집이었습니다. 또 위타(尉佗)[88]로 하여금 오령(五嶺)[89]을 넘어 백월(百越)[90]을 공격하게 하였습니다. 위타는 중국(中國)[91]이 극도로 피폐되었음을 알고, 거기에 머물러 왕이 되고, 돌아오지 않았습니다. 그는 사람을 시켜 글을 올려 군사들의 옷을 꿰매기 위해서 남편이 없는 여자 3만 명을 구하였고, 진시황은 그중 만 5,000명을 허락하였습니다. 그래서 백성들은 인심이 흩어지고 무너져 난을 일으키려고 한 사람들이 열 집 가운데 일곱 집이었습니다. 빈객이 고황제께 "때가 되었습니다"라고 하니, 고황제께서는 "기다려라. 성인이 장차 동남쪽에서 일어날 것이다"라고 하였습니다. 1년도 되지 않아 진승(陳勝)[92]과 오광(吳廣)[93]이 일어났습니다. 고황제께서 비로소

천명을 데리고 바다에 갔다가 돌아오지 않았다.

86) 秦 始皇을 가리킨다. 始皇이 황제를 칭하기 전에는 '秦王'이라고 불렀다.

87) 百工 : 옛날에 건축물을 짓는 여러 匠人들을 이렇게 불렀다.

88) 尉佗 : 趙佗를 가리킨다. 西漢 초에 南越王이었으며, 왕으로 불리기 전에 秦나라의 南海 郡尉를 지냈기 때문에 尉佗라고 불렀다.

89) 五嶺 : 越城, 都龐(일설에는 揭陽), 萌渚, 騎田, 大庾를 합쳐서 五嶺이라고 부른다.

90) 百越 : '百粤'이라고도 한다. 五嶺 이남에 있으며, 고대 남방 越族의 활동 지역을 가리킨다.

91) 中國 : 고대에는 華夏族이 거주하던 黃河 중하류 지역을 이렇게 불렀다. '中土,' '中原'과 같은 뜻이며, 여기에서는 당시 秦나라 조정이 통치하던 지역을 가리킨다.

92) 陳勝 : 字는 涉이다. 陽城(지금의 河南省 登封縣 동남쪽) 사람. 秦 2세 원년(기원

풍읍(豐邑)과 패현(沛縣)에서 한번 이끄니 천하가 기약도 하지 않았는데 호응하는 자가 가히 수를 헤아릴 수가 없었습니다. 이것이 소위 약점을 노려서 틈을 기다리는 것으로서, 진나라가 망하는 것을 틈타 비로소 일어난 것입니다. 백성들도 그것을 원하였는데, 마치 가뭄에 비를 기다리는 것 같았고, 그런 까닭에 행오(行伍)와 군진(軍陣) 가운데서 일어나 즉위하여 황제가 되셨던 것입니다. 공업(功業)은 삼왕(三王)[94]보다 높고, 은덕은 끝없이 전해졌습니다. 지금 대왕께서는 고황제께서 천하를 쉽게 얻으신 것만 보시고, 어째서 근래의 오, 초는 보지 않으십니까? 무릇 오왕은 호(號)를 하사받아 유씨(劉氏)의 좨주(祭酒)[95]가 되었고, 입조하지 않아도 되었고, 네 군(郡)[96]의 백성들을 다스리고 영토가 사방 수천리나 되었고, 안으로는 구리를 주조하여 돈을 만들고, 동쪽에서는 바닷물을 끓여 소금을 만들고, 위로는 강릉(江陵)[97]의 나무를 취하여 배를 만들었는데, 배 한 척의 무게는 중국의 수레 수십량(輛)에 해당하며, 나라는 부유하고 백성들은 많았습니다. 주옥(珠玉)과 황금 그리고 비단을 사용하여 제후나 종실의 대신들에게 뇌물로 주었으나 오로지 두씨(竇氏)[98]에게만 주지 않았습니다. 이윽고 계책이 정해지고 모의가 이루어지자 군사를 일으켜 서쪽으로 갔습니다. 대량(大梁)[99]에서 깨지고 호보(狐父)[100]에서 패하여 달아나 동쪽으로 가 단도(丹徒)[101]에 이르자 월(越)나라 사람이 그를 사로잡아 몸은 죽고 제사는 끊겨 천하의 웃음거리가 되었습니다. 무릇 오, 월의 무리[102]로도 성공할 수 없었던 것은 무슨 까닭입니까? 진실로 하늘의 도를 거스려 때를 알지 못하였기 때문입니다. 바야흐로 지금 대왕의 군사와 무리는 오, 초의 10분

전 209년)에 吳廣 등과 함께 蘄縣 大澤鄕(지금의 安徽省 宿縣 동남쪽)에서 秦나라에 반대하여 군사를 일으켜 陳縣(지금의 河南省 淮陽縣)에서 왕이라고 칭하였다.

93) 吳廣 : 字는 叔이다. 陽夏(지금의 河南省 太康縣) 사람. 秦 2세 원년에 陳勝과 함께 秦나라에 반대하여 군사를 일으켰다.

94) 三王 : 夏나라의 禹王, 商나라의 湯王, 周나라의 文王을 가리킨다.

95) 祭酒 : 고대에 연회와 제사 등의 典禮를 거행할 때 반드시 덕망 높은 연장자가 먼저 술을 땅에 뿌려 제사 지냈기 때문에, 후에는 덕망 높은 사람을 존칭하여 '祭酒'라고 불렀다.

96) 東陽郡, 鄣郡, 吳郡, 豫章郡을 가리킨다.

97) 江陵 : 현 이름. 南郡에 속하였다. 지금의 湖北省 江陵縣.

98) 竇氏 : 景帝의 외가인 竇氏 일가.

99) 大梁 : 성 이름. 지금의 河南省 開封市.

100) 狐父 : 지금의 安徽省 碭山縣 남쪽.

101) 丹徒 : 현 이름. 지금의 江蘇省 丹徒縣 丹徒鎭.

102) 『漢書』「伍被傳」에는 '吳'자 아래에 '越'자가 없다. 문맥상 "吳, 楚의 무리(吳楚之衆)"인 듯하다.

의 1도 되지 못하며, 천하의 안녕은 진나라 때보다도 만배나 되오니, 대왕께서는 신의 계책을 따르시기를 원합니다. 대왕께서 신의 계책을 따르지 않으신다면, 이제 대왕께서는 일이 반드시 이루어지지 않고, 말이 먼저 새나가는 것을 보시게 될 것입니다. 신이 듣기로는 미자(微子)[103]가 옛 나라를 지나다가 슬퍼 "맥수지가(麥秀之歌)"를 지었는데, 이는 주왕(紂王)[104]이 왕자 비간(比干)[105]의 말을 받아들이지 않은 것을 슬퍼한 것입니다. 그런 까닭에 『맹자(孟子)』에는 "주(紂)는 천자였을 때는 존귀하였으나, 죽어서는 일찍이 필부(匹夫)만도 못하였다"라고 되어 있는데, 이는 주왕이 먼저 스스로 천하를 거절한 것이 오래인 까닭이지, 그가 죽은 날 천하가 그를 버린 것 때문이 아닙니다. 이제 신도 역시 대왕께서 천승(千乘)의 군주를 버리려고 하심을 남몰래 슬퍼하오니, 장차 목숨을 끊는 글을 내리신다면 군신들 눈앞에서 동궁(東宮)[106]에서 죽겠습니다.

그러자 왕은 노기와 원망이 교차하며 못내 울적하였고, 눈물이 눈 주위에 가득하여 얼굴을 가로질렀다. 오피는 바로 일어나 한 걸음씩 계단을 밟으며 물러났다.

회남왕에게는 서자인 불해(不害)가 있었는데, 그는 나이가 많았지만 왕은 그를 사랑하지 않았고, 왕과 왕후 그리고 태자가 모두 그를 자식이나 형제로 간주하지 않았다. 불해에게는 아들 건(建)이 있어 재능이 뛰어나고 기개가 있었는데, 언제나 태자가 자신의 아비를 보살피지 않는 것을 원망하곤 하였다. 또 당시 제후들이 모두 자제들을 나누어 제후로 삼았는데, 회남왕은 오직 아들이 둘밖에 없으면서도 한 명만을 태자로 삼고, 건의 아비만 홀로 제후로 삼지 않은 것을 원망하였다. 건은 암암리에 남과 결탁하여 태자를 물리치려고 하자, 태자가 그 사실을 알고 여러 차례 잡아 묶고 건에게 매질을 하였다. 건은 태자가 한나라의 중위를 죽이고자 하는 음모를 알고 있었다. 그래서 바로 잘 알고 있던 수춘현(壽春縣)의

103) 微子 : 『漢書』「伍被傳」에는 "箕子"로 되어 있다. 권38 「宋微子世家」에 근거하면 "麥秀之歌"는 箕子가 지었음을 알 수 있다. 그 가사는 다음과 같다. "보리는 배게 나서 점점 자라고, 벼와 기장은 윤택이 흐르네. 저 교활한 아이는 나를 좋아하지 않네! (麥秀漸漸兮, 禾黍油油兮, 彼狡僮兮, 不與我好兮)"이다.

104) 紂王 : 商(殷)代의 마지막 군주.

105) 比干 : 殷 紂王의 숙부. 여러 차례 紂王에게 간언하다가 뜻을 이루지 못하고 배가 갈리어 죽었다.

106) 東宮 : 당시 淮南王이 기거하던 장소.

장지(莊芷)[107]를 시켜 원삭 6년에 황제에게 글을 올려 말하기를 "독약은 입에 쓰지만 병에는 이롭고, 충언은 귀에 거슬리지만 행하기에는 이롭습니다. 지금 회남왕의 손자인 건은 재능이 뛰어나지만, 회남왕의 왕후 도(荼)와 그녀의 아들인 태자 천(遷)이 항상 건을 시기하여 해치려고 합니다. 건의 아비 불해는 죄가 없는데도, 제멋대로 여러 차례 잡아 가두고 그를 죽이려고 하였습니다. 지금 건이 있으니 불러 물어보시면 회남의 은밀한 일을 다 아실 수 있습니다"라고 하였다. 글이 보고되자 황제는 그 일을 정위에게 내려주었고, 정위는 하남에 내려 다스리게 하였다. 이때 옛 벽양후의 손자인 심경(審卿)[108]은 승상 공손홍(公孫弘)[109]과 친하였는데, 회남의 여왕이 그의 조부를 죽인 것을 원망하여 이에 홍에게 회남의 일을 매우 과장하여 이야기하니, 홍은 이에 회남에서 반란의 음모가 있었다고 의심하고 그 송사(訟事)를 깊고 철저하게 다스렸다. 하남에서는 건을 다스리고자 회남 태자와 그 무리를 함께 끌어들였다. 회남왕이 이를 근심하여 군사를 일으키려고 오피에게 "한나라의 조정이 잘 다스려지고 있는가?"라고 묻자, 오피는 "천하는 잘 다스려지고 있습니다"라고 대답하였다. 왕은 마음속으로 좋아하지 않고 오피에게 "공은 무엇으로 천하가 잘 다스려지고 있다고 말하는가?"라고 물으니, 오피는 다음과 같이 대답하였다.

> 제가 가만히 조정의 정치를 살펴보니, 군신간의 예의, 부자간의 친애, 부부간의 구별, 장유(長幼)의 순서가 모두 도리에 맞으며, 황제의 거동 또한 옛날의 도리를 준수하고 있으며 풍속과 기강이 아직 결여된 것이 없습니다. 재물을 가득 실은 부유한 상인들이 천하를 두루 다니며, 길이 통하지 않은 곳이 없기 때문에 교역의 길도 트여 있습니다. 남월이 귀순하여 복종하고, 강(羌)[110]과 북(僰)[111]이 입조하여 조공을 바치고, 동구(東甌)[112]

107) 莊芷 : 『漢書』에는 "嚴正"으로 되어 있다. 아마도 明帝의 이름을 피하기 위하여 '莊'자를 '嚴'자로 쓴 듯하며, '芷'자는 '正'자를 잘못 쓴 듯하다.

108) 審卿 : 辟陽侯 審平. 審食其의 손자로 字는 卿이다. 뒤에 모반죄로 자살하였다.

109) 公孫弘 : 字는 季이며 薛(지금의 山東省 微山縣 동북쪽) 사람이다. 武帝 元光 원년에 博士가 되었다. 元朔 원년에 御史大夫에서 丞相이 되었고, 平津侯에 봉해졌다.

110) 羌 : 고대 서부의 소수민족.

111) 僰 : 고대 羌族의 한 갈래. 지금의 四川省 남부와 雲南省 동북부에 분포해 있었다.

112) 東甌 : 고대 越族의 한 갈래. '甌越'이라고도 한다. 秦, 漢 때에는 주로 지금의

가 들어와 항복을 하고, 장유(長楡)[113]를 넓히고, 삭방(朔方)[114]을 열어 놓으니 흉노가 날개가 끊기고 상하여 원조를 잃고 그 힘을 떨치지 못합니다. 비록 옛날의 태평스러운 때에는 미치지 못하지만, 그러나 역시 잘 다스려진다고 말할 수 있습니다.

왕이 노하자 오피는 죽을 죄를 사죄하였다. 왕은 또 오피에게 말하기를 "만약 산동(山東)[115]에 전쟁이 일어나면 한나라는 반드시 대장군(大將軍)[116]을 장수로 삼아 산동을 다스릴 것인데, 공은 대장군이 어떠한 사람이어야 한다고 여기는가?"라고 하자, 오피는 다음과 같이 대답하였다.

제가 잘 아는 황의(黃義)가 대장군을 따라 흉노를 친 일이 있는데, 돌아와 저에게 말하기를 "대장군은 사대부를 대우하는 데 예의가 있어야 하고, 사졸들에게는 은혜가 있어야 하며, 무리가 모두 그에 의해서 쓰이는 것을 좋아해야 합니다. 말을 타고 산을 오르내리는 것이 나는 것 같고, 재주는 다른 사람보다 뛰어나야 합니다"라고 대답하였습니다. 제가 생각하기에 그는 재능이 이와 같고, 또 여러 차례 군사를 통솔하는 것을 익혔다고 하니 쉽게 당해내지는 못할 것이라고 여깁니다. 또 알자(謁者)[117]인 조량(曹梁)이 장안에 사신으로 갔다가 돌아와 말하기를 "대장군은 호령이 분명하고 적을 대적할 때에는 용감하여 항상 사졸 앞에 선다고 합니다. 그는 또한 휴식을 취할 때에는 우물을 파고, 물이 충분히 나오지 않으면 반드시 사졸이 물을 다 마신 뒤 그제야 감히 마십니다. 군대가 돌아올 때면 사졸들이 이미 황하를 다 건너야 그제야 건넜습니다. 황태후가 하사한 금전과 비단은 다 군대의 관리들에게 내리니 비록 옛날의 이름난 장수라고 할지라도 그보다 낫지는 않을 것입니다"라고 하였습니다.

왕은 묵묵히 말이 없었다.

浙江省 남부와 甌江, 靈江 유역에 분포하였다.

113) 長楡 : 요새 이름. '楡木塞'라고도 한다. 朔方郡에 있으며, 王恢가 匈奴를 막기 위하여 이곳에 楡木(느릅나무)을 심은 것에서 그 명칭이 유래되었다.

114) 朔方 : 군 이름. 西漢 元朔 2년에 설치하였다. 관할구역은 지금의 몽고 河套 지역 서북부 및 后套 지역이다.

115) 山東 : 지역 이름. 전국시대와 秦, 漢 시대에는 崤山 혹은 華山 동쪽을 '山東'이라고 불렀다. '關東(函谷關 동쪽)'도 같은 뜻이다.

116) 大將軍 : 漢代 장군 가운데 가장 높은 칭호. 군사의 통솔과 작전을 관장하며, 지위는 '三公'과 비슷하다. 여기에서는 武帝 때의 大將軍 衛靑을 가리킨다.

117) 謁者 : 漢나라 때 군주 대신에 군주의 말을 전달하는 것을 담당하는 관리. 郎中令 혹은 少府에 속하였다.

회남왕은 건이 이미 불려가 심문받는 것을 보고, 나라의 은밀한 일이 장차 발각될 것이 두려워 군대를 일으키려고 하자, 오피는 또 어렵다고 여겼다. 이에 다시 오피에게 "공은 오(吳)나라가 군사를 일으킨 것이 옳다고 생각하는가, 옳지 않다고 생각하는가?"라고 묻자, 오피는 "옳지 않은 것으로 여깁니다. 오왕은 지극히 부유하고 존귀하였으니 군사를 일으키는 것은 적당하지 않았습니다. 그래서 몸은 단도(丹徒)에서 죽고, 머리와 발은 둘로 나뉘고, 자손은 살아 남은 자가 없었습니다. 신이 듣기로는 왕이 몹시 후회하였다고 들었습니다. 왕께서는 그것을 자세히 고려하여 오왕처럼 후회하는 바가 없으시기를 원합니다"라고 대답하였다. 왕은 다음과 같이 말하였다.

대장부가 죽는다고 하는 것은 한마디면 족하오. 하물며 오왕이 어찌 반역의 방략을 알았겠는가? 한나라의 장수 가운데 성고(成皐)[118]를 지나는 자가 하루에 40여 명이 되었소. 이제 내가 누원(樓緩)[119]으로 하여금 먼저 성고의 입구를 차단하게 하고, 주피(周被)로 하여금 영천(潁川)[120]을 공격하게 하여, 이로써 병사를 시켜 환원(轘轅)[121]과 이궐(伊闕)[122]의 길을 막게 하고 진정(陳定)으로 하여금 남양(南陽)[123]의 군사를 일으켜 무관(武關)[124]을 지키게 하겠소. 그러면 하남 태수가 홀로 낙양(雒陽)[125]을 지킬 따름이니 무슨 근심이 있겠는가? 그러나 하남 북쪽에는 오히려 임진관(臨晉關),[126] 하동(河東),[127] 상당(上黨),[128] 하내(河內)[129] 그리고 조나라가 있소. 사람들이 말하기를 "성고의 입구를 끊으면 천하가 통하지 않는

118) 成皐: 현 이름. 漢나라 때 설치하였고, 현 정부는 지금의 河南省 滎陽縣에 있었다. 지세가 험난하여 춘추시대에는 '虎牢'라고 불렀는데, 후에 '成皐'라고 이름을 고쳤다.
119) 樓緩: 淮南國의 신하 이름. 『漢書』「伍被傳」에는 '樓'자가 없다.
120) 潁川: 군 이름. 군 정부가 陽翟(지금의 河南省 禹縣)에 있었다.
121) 轘轅: 關 이름. 지금의 河南省 偃師縣 동남쪽 轘轅山 위에 있었다.
122) 伊闕: 關 이름. 지금의 河南省 洛陽市 남쪽 伊闕山 위에 있었다.
123) 南陽: 군 이름. 군 정부가 지금의 河南省 南陽市에 있었다.
124) 武關: 關 이름. 지금의 陝西省 商南縣 남쪽 丹江 위에 있었다.
125) 雒陽: 현 이름. '洛陽'을 말한다. 지금의 河南省 洛陽市 白馬寺 동쪽 洛水 北岸이다.
126) 臨晉關: 關 이름. 지금의 陝西省 大荔縣 동쪽 黃河 西岸에 있었다. 漢 武帝 때 '蒲關'으로 이름을 고쳤다. 당시 河北 지역에서 長安으로 통하는 주요 통로이다.
127) 河東: 군 이름. 지금의 山西省 夏縣 서북쪽.
128) 上黨: 군 이름. 군 정부가 지금의 山西省 長子縣 서쪽에 있었다.
129) 河內: 군 이름. 군 정부가 지금의 河南省 武陟縣 서남쪽에 있었다.

다"라고 하였소. 이곳 삼천(三川)[130]의 험난함에 의지하여 산동의 군사를 부르는 것이니 거사가 이와 같다면 그대는 어떻다고 여기는가?

오피는 "신에게 그 화(禍)는 보이지만 그 복(福)은 보이지가 않습니다"라고 대답하였다. 왕은 "좌오(左吳), 조현(趙賢), 주교여(朱驕如)는 모두 복이 있어 열 가운데 아홉은 성공한다고 여기는데, 공만이 홀로 화만 있고 복이 없다고 여기는 까닭은 무엇인가?"라고 묻자 오피는 "대왕의 신하 가운데 가까이 총애하던 자들 가운데 평소 무리를 잘 부리던 자는 모두 이미 조옥(詔獄)[131]에 갇혀 있으며, 그 나머지는 가히 쓸 만한 사람이 없습니다"라고 대답하였다. 왕이 말하기를 "진승, 오광은 송곳을 꽂을 땅이 없이도 천 명의 무리를 모을 수 있었고, 대택(大澤)에서 일어나 팔을 휘둘러 크게 호령하자 천하가 호응하였으며, 서쪽으로 희수(戲水)[132]에 이르자 군사가 120만 명이나 되었소. 우리나라가 비록 작으나 군사로 삼을 수 있는 자가 10만 명에 이르며, 이들은 죄를 지어 변방에 간 무리나 또 낫, 끌, 창자루를 쥔 상황은 아니오. 공은 무엇으로 화만 있고 복은 없다고 말하는가?"라고 묻자, 오피는 다음과 같이 대답하였다.

예전에 진(秦)나라는 무도하여 천하를 잔인하게 해쳤습니다. 만승의 수레를 일으키고 아방궁(阿房宮)을 짓고, 백성들의 수입의 대부분을 부세(賦稅)로 거두고, 여자를 징발하여 수자리를 서게 하고 아비는 자식을 편안하게 하지 못하였으며, 형은 동생을 안심하게 하지 못하였고, 정치는 가혹하고 형벌은 준엄하여 천하는 마치 불에 탄 것 같았으며, 백성들은 다 목을 빼들고 바라보며 갈망하고 있었고, 귀를 기울여 듣고 있었으며, 비통해하며 하늘을 우러러 부르짖고 가슴을 두드리며 황제를 원망하였기 때문에 진승이 크게 호령하자 천하가 호응한 것입니다. 지금 폐하께서는 천하에 군림하여 다스리시고 해내를 하나로 가지런히 하시고 널리 백성들을 사랑하시고 덕과 은혜를 베푸십니다. 비록 입에서 말씀을 하지 않으셔도 그 말은 격렬한 천둥처럼 빠르며 비록 조령(詔令)이 나오지 않았지만 변화하여 달리는 것이 신(神)과도 같아 마음속에 품는 바가 있으면 그 위엄이 만리를

130) 三川 : 고대에는 伊水, 洛水, 河水(黃河)를 '三川'이라고 불렀다. 전국시대에 秦나라가 이곳에 三川郡을 설치하였고, 漢나라가 일어나자 다시 '河南郡'으로 고쳤다.

131) 詔獄 : 고대에 황제의 詔令을 받들어 안건을 처리하거나 또는 죄를 범한 자들을 다루던 장소.

132) 戲水 : 지금의 陝西省 臨潼縣 동쪽에 있었다.

> 움직이며 아래로부터 위에 호응하는 것이 그림자와 메아리처럼 빠릅니다. 대장군의 재능은 장함(章邯), 양웅(楊熊)[133]에 비길 바가 아닙니다. 대왕께서는 진승, 오광으로 비유하시지만, 저는 그것이 잘못되었다고 여기고 있습니다.

왕이 "진실로 그대의 말과 같다면, 요행을 바랄 수 없다는 것인가?"라고 묻자, 오피는 "저에게 어리석은 계책이 있습니다"라고 대답하였다. 왕이 "무엇인가?"라고 묻자, 오피는 다음과 같이 대답하였다.

> 지금 제후들에게는 딴마음이 없고 백성들도 원망하는 기색이 없습니다. 삭방군의 밭과 땅은 넓고, 강물과 초목은 아름다우나, 이주하는 백성이 적어 그 땅을 채우기에는 부족합니다. 신의 어리석은 계책이란 거짓으로 승상과 어사대부의 청구 문서를 만들어 군(郡), 국(國)의 호걸과 임협(任俠) 그리고 내죄(耐罪)[134] 이상의 죄인을 옮기고 명을 내려 그 죄를 사면시키며, 재산이 50만 이상인 자를 모두 그 가속을 삭방군으로 옮기게 하고, 더 군사를 징발하고 그 모이는 날을 재촉하는 것입니다. 또 거짓으로 좌, 우, 도 사공(左右都司空),[135] 상림(上林), 중도관(中都官)[136] 등의 조옥(詔獄) 문서를 만들어 제후들의 태자와 총애하는 신하들을 체포하는 것입니다. 이와 같이 하면 백성들은 원망하게 되고, 제후들은 두려워할 것이니 즉시 변무(辯武)[137]를 시켜 때를 맞추어 이야기하면 혹은 요행으로 열 가운데 하나는 얻을 수 있겠습니다.

왕은 "좋소. 비록 그렇다고 할지라도 나는 그와 같이 되지는 않을 것으로 여기오"라고 말하였다. 그래서 왕은 마침내 관노(官奴)를 궁궐에 들여보내 황제의 옥새와 승상, 어사, 대장군, 군리(軍吏), 중이천석(中二千石), 도관령(都官令), 승(丞)의 인장(印章)과 가까운 군(郡)의 태수, 도위의 인장 그리고 한나라의 사절(使節)이 사용하는 법관(法冠)을 만들게 하여 오피의 계획대로 하려고 하였다. 사람을 시켜 거짓으로 죄를 짓게 하여 서쪽 경사(京師)로 보내 대장군과 승상을 섬기게 하여 하루아침에

133) 章邯, 楊熊 : 두 사람 모두 陳勝과 吳廣이 이끄는 반란을 진압한 秦나라의 장군이다.

134) 耐罪 : 2년 이상의 徒刑 판결을 받은 죄.

135) 左右都 司空 : 少府에 소속된 左司空, 右司空 및 宗正에 소속된 都司空을 말한다. 모두 죄인을 관장하는 관리이다.

136) 中都官 : 京師의 각 관부를 말한다.

137) 辯武 : '辯士'라고도 한다. 淮南에서는 말을 잘하는 사람을 '武'라고 불렀다.

군사가 일어나면 사람을 시켜 바로 대장군 청(靑)을 죽이게 하고, 승상을 설득하여 항복하게 하는 것은 머리 위에서 수건을 벗는 것처럼 쉬울 것이라고 생각하였다.

회남왕은 나라 안의 군사를 일으키려고 하였지만, 상국(相國)과 2,000석 이상의 관원들이 따르지 않을 것을 두려워하였다. 그래서 왕은 오피와 모의하여 먼저 상국과 2,000석 이상의 관원을 죽이려고 하였다. 즉 거짓으로 궁중에 불을 질러 상국과 2,000석 이상의 관원들이 불을 끄기 위해서 오면 바로 그들을 죽이기로 하였다. 그러나 계획을 결정하지는 않았다. 또 사람을 시켜 구도(求盜)[138]의 옷을 입히고 우격(羽檄)[139]을 가지고 동쪽으로부터 와서 말하기를 "남월의 군사들이 국경에 들어왔습니다"라고 말하게 하였다. 이를 틈타 군사를 일으키려고 하였던 것이다. 이에 사람을 시켜 여강과 회계(會稽)[140]에 가서 도적질을 하게 하였으나, 아직 군사를 일으키지는 않았다. 왕이 오피에게 "내가 군사를 일으켜 서쪽으로 향하면 제후들은 반드시 나에게 호응할 것이오. 만약 호응하지 않는다면 어떻게 하면 되겠는가?"라고 묻자, 오피는 "남쪽으로는 형산을 거두어 여강을 치고, 심양(尋陽)[141]의 배를 점유하여 하치(下雉)[142]의 성을 지키고, 구강(九江)[143]의 포구를 연결하고, 예장(豫章)[144]의 입구를 끊고, 뛰어난 사수에게 장강(長江)을 지키게 하여 이로써 남군(南郡)[145]의 군사들이 내려오는 것을 막는 것입니다. 동쪽으로는 강도(江都)[146]와 회계

138) 求盜 : 도둑 잡는 일을 관장하는 군졸.

139) 羽檄 : 닭털을 꽂은 檄文으로 사태가 위급함을 표시한다.

140) 會稽 : 군 이름. 秦 始皇 25년에 설치하였고, 군 정부가 吳縣(지금의 江蘇省 蘇州市)에 있었다.

141) 尋陽 : 현 이름. 현 정부가 지금의 湖北省 黃梅縣 서남쪽에 있었다. 廬江郡 서쪽가의 長江 北岸에 위치하였다.

142) 下雉 : 현 이름. 현 정부가 지금의 湖北省 陽新縣 동남쪽에 있었다. 江夏郡 동쪽가의 長江 南岸에 위치하였다.

143) 九江 : 지역 이름. 당시 尋陽縣내에 있었다. 즉 지금의 湖北省 廣濟縣, 黃梅縣 일대.

144) 豫章 : 豫章水를 말한다.

145) 南郡 : 군 이름. 군 정부가 江陵(지금의 湖北省 江陵縣)에 있었으며, 관할구역은 지금의 湖北省 粉靑河 및 襄樊市 이남, 荊門과 洪湖 이서, 長江과 淸江 유역 이북, 서쪽으로는 四川省 巫山縣에까지 이른다.

146) 江都 : 나라 이름. 漢 景帝 4년에 그 아들 劉非를 江都王에 봉하였다. 관할지역은 지금의 江蘇省 長江 이북, 射陽湖 서남쪽, 儀征縣 이동 지역이다. 武帝 元狩 3년

를 거두고, 남쪽으로는 강한 남월과 통하며 강수(江水)와 회수(淮水) 사이에서 굳게 지키고 있으면 시간을 연장시킬 수 있습니다"라고 대답하였다. 왕은 "좋소. 이 계책과 바꿀 만한 것은 없소. 사태가 급하게 되면 즉 남월로 달아나면 그뿐일 것이오"라고 말하였다.

정위는 회남왕의 손자 건의 말에 따라 회남왕의 태자 천이 이것에 연루되었음을 황제에게 보고하였다. 황제는 정위감(廷尉監)을 파견하여 회남의 중위를 만나는 틈을 타서 태자를 체포하게 하였다. 정위감이 회남에 도착하자 회남왕은 그 소식을 듣고 태자와 모의하여 상국과 2,000석을 불러 죽이고 군사를 일으키려고 하였다. 상국을 부르자 상국은 도착하였지만 내사(內史)는 마침 나갔다고 하고 오지 않았다. 중위도 "신은 조서를 받고 온 사자를 접견하기 때문에, 가서 왕을 뵐 수가 없습니다"라고 말하였다. 왕이 생각하기에 비록 상국을 죽여도 내사나 중위가 오지 않는다면 도움이 되지 않는다고 생각하여, 즉시 상국을 돌려보냈다. 왕은 그 일을 유예시키고 계획을 결정짓지는 않았다. 한편 태자는 죄를 짓게 된 것이 왕과 함께 한나라의 중위를 죽이려고 모의하였기 때문이라고 생각하고, 만약 함께 모의한 사람이 이미 죽게 되면 왕에게 피해가 가지 않을 것이라고 여겨, 왕에게 "신하들 가운데 쓸 수 있는 자는 모두 이전에 체포되고, 지금은 족히 함께 거사할 자가 없습니다. 왕께서 때가 아닌데도 군사를 일으켜 공적이 없을까 두려워하시니, 신은 차라리 왕께서 제가 체포당하게 두시기를 원합니다"라고 말하였다. 왕도 역시 거사를 잠시 멈추려고 이를 태자에게 허락하였다. 태자는 곧바로 스스로 목을 찔렀으나, 죽지는 않았다. 이때 오피는 스스로 관리에게 가서 바로 자신이 회남왕과 함께 모반하였고, 모반의 사실이 이와 같음을 보고하였다.

관리는 이로 인해서 태자와 왕후를 체포하고 왕궁을 포위하여 왕과 함께 모반한 빈객들 가운데 나라 안에 있는 자를 다 체포하고 반역의 도구를 찾아 이를 보고하였다. 황제는 공경에게 명하여 다스리게 하고 회남왕과 함께 연루되어 모반한 열후, 2,000석, 호걸 수천명이 모두 죄의 경중에 따라서 처벌을 받았다. 형산왕 사(賜)는 회남왕의 동생으로 함께 연좌되어 처벌받음이 마땅하였으므로, 유사(有司)는 형산왕을 잡아 가두기를 요청하였다. 황제는 "제후는 각기 그 나라로써 근본을 삼으니 서로 연좌

에 江陵郡이 되었다.

됨은 마땅하지 않다. 제후왕, 열후와 모여 승상과 함께 의논하라"고 말하였다. 조왕(趙王) 팽조(彭祖)[147]와 열후 그리고 신하 양(讓)[148] 등 43명이 의논하였는데, 그들은 모두 "회남왕 유안은 심히 대역 무도하고 모반이 명백하여 마땅히 주살해야 합니다"라고 말하였다. 교서왕(膠西王) 단(端)[149]이 의논하여 말하였다.

> 회남왕 안(安)은 법도를 폐하고 사악을 행하며 거짓된 마음을 품어 이로써 천하를 어지럽히고 백성들을 미혹하고 종묘를 배반하고 망령되게도 요사스러운 말을 지었습니다. 『춘추(春秋)』에 이르기를 "신하는 모반을 하지 말아야 하며 모반을 하면 죽여야 한다"라고 하였습니다. 안의 죄가 반역보다 무겁고 모반의 형태는 이미 정해진 것입니다. 신(臣) 단이 본 문서, 부절, 인장, 지도와 그밖의 대역 무도한 일의 증거가 분명하고, 그 대역 무도함이 심하니 마땅히 그를 법대로 적용시켜 죽여야 합니다. 나라의 관리들 가운데 200석(二百石)과 과 비200석(比二百石) 이상인 자, 종실과 가까워 총애를 받던 신하로서 법의 테두리 가운데 있지 않은 자, 서로 일깨워주며 가르치지 못한 자들은 마땅히 모두 관직을 벗기고 작위를 삭탈하여 사오(士伍)로 삼아 다시 관리가 되어 벼슬살이를 하지 않도록 해야 합니다. 그 중 관리가 아닌 나머지 사람들은 죽음을 속죄하는 대신 금 2근 8량을 바쳐야 합니다. 이로써 신하인 안의 죄를 드러내 천하로 하여금 신하의 도리를 분명히 알게 하여 감히 다시는 사악한 모반의 뜻을 가지지 않도록 해야 합니다.

승상 홍(弘), 정위 탕(湯) 등이 이를 보고하니, 황제는 종정(宗正)을 시켜 부절을 가지고 회남왕을 다스리게 하였다. 사자가 아직 도착하지 않았는데 회남왕 안은 스스로 목을 찔러 죽었다. 왕후 도(荼), 태자 천(遷) 그리고 모반에 참여한 많은 자들은 모두 멸족시켰다. 황제는 오피가 바른말을 하고 한나라의 선정(善政)을 여러 차례 인용하여 죽이지 않기를 원하였다. 정위 탕이 말하기를 "오피는 왕을 대신하여 모반을 획책하였으므로 오피의 죄를 용서하시면 안 됩니다"라고 하였다. 마침내 오피를 죽

147) 彭祖 : 劉彭祖를 말한다. 景帝의 아들로 처음에 廣川王에 봉해졌다가, 후에 趙王으로 옮겨졌다.

148) 讓 : 사람 이름. 『漢書』「功臣恩澤侯表」에 따르면 元朔 연간의 列侯 가운데에는 '讓'이라는 이름이 없다. '讓'은 아마도 '襄(曹參의 玄孫인 平陽侯 曹襄)'인 듯하다.

149) 端 : 劉端을 가리킨다. 景帝의 아들.

이고 그의 봉국을 없애서 구강군(九江郡)으로 삼았다.

형산왕 사(賜)는 왕후 승서(乘舒)에게서 자식 셋을 낳았는데, 첫째 아들은 태자로 삼은 상(爽)이고, 둘째 아들은 효(孝), 셋째는 딸 무채(無采)였다. 또 첩인 서래(徐來)에게서는 자식으로 아들딸 넷을 낳았고, 미인(美人) 궐희(厥姬)에게서는 자식 둘을 낳았다. 형산왕과 회남왕 형제는 예절상 서로 책망하며 틈이 있어, 서로 화목하지 못하였다. 형산왕은 회남왕이 모반에 사용할 반역의 도구를 만든다는 소식을 듣고 역시 마음속으로 빈객들과 결탁하여 그와 호응하려고 하였는데, 이는 그에게 병합되는 것을 두려워하였기 때문이다.

원광(元光)[150] 6년에 형산왕이 입조하였는데, 그의 알자인 위경(衛慶)이 방술을 알고 있어 글을 올려 황제를 섬기려고 하였다. 왕은 화가 나서 고의로 위경에게 죽을 죄가 있음을 탄핵하고 억지로 매질하여 그의 죄를 인정하게 하였다. 형산의 내사(內史)는 그 일이 옳지 않다고 여기고 그 송사를 접수하지 않았다. 형산왕은 사람을 시켜 글을 올려 내사를 고발하자, 내사는 조사를 받으면서 왕의 정직하지 못함을 이야기하였다. 왕은 또 여러 차례 사람들의 밭을 침범하여 약탈하고 남의 무덤을 파헤쳐 밭으로 삼았다. 유사(有司)는 형산왕을 잡아 다스리기를 청하였다. 황제는 이를 허락하지 않았고, 다만 관리 200석 이상을 두었다. 형산왕은 이로 인해 원망하여 해자(奚慈)와 장광창(張廣昌)과 함께 모의하여 능히 병법을 이해하고 천문 기상을 관측하는 자를 구하니, 그들은 밤낮으로 은밀히 모반할 것을 종용하였다.

왕후 승서가 죽자 서래를 세워 왕후로 삼았다. 궐희도 함께 총애를 받았다. 두 사람이 서로 질투하여, 궐희가 마침내 태자에게 왕후 서래를 욕하기를 "서래는 계집종을 시켜 고도(蠱道)[151]로 태자의 모친을 죽였습니다"라고 하였다. 태자는 마음속으로 서래를 원망하였다. 서래의 오빠가 형산에 도착하자, 태자는 함께 술을 마시다가 칼로 찔러 왕후의 오빠를 다치게 하였다. 왕후가 노하고 원망하여 여러 차례 왕에게 태자를 험담하

150) 元光 : 漢 武帝의 두번째 연호(기원전 134-기원전 129년)이다.
151) 蠱道 : 고대인들이 사람을 해치는 방법으로 사용한 일종의 巫術. 일반적으로 나무 인형을 묻어 상대방을 저주하였다.

고 악평하였다. 태자의 여동생인 무채는 시집을 갔으나 버림받고 돌아와서는 종과 간통하였고, 또 빈객과도 간통하였다. 태자는 여러 차례 무채를 책망하였고 무채는 화가 나서 태자와 왕래하지 않았다. 왕후가 곧 그 소식을 듣고 곧 무채를 잘 대해주었다. 무채와 둘째 오빠[152] 효(孝)는 어려서 어미를 잃었기 때문에 왕후를 따랐고, 왕후는 계획적으로 그들을 사랑하여 함께 태자를 비방하니, 왕은 이로 인해서 여러 차례 태자를 매질하였다. 원삭 4년에 어떤 사람이 왕후의 계모를 찔러 다치게 하자, 왕은 태자가 사람을 시켜 그를 다치게 한 것으로 의심하고 태자를 매질하였다. 뒤에 왕이 병이 나자 태자는 이때 병을 핑계로 시중을 들지 않자, 효와 왕후, 무채 모두가 태자를 헐뜯기를 "태자는 사실은 병이 아니며 스스로 병이 있다고 말하지만 얼굴에는 기뻐하는 빛이 있습니다"라고 하였다. 왕은 크게 노하여 태자를 폐하고 그의 동생 효를 세우려고 하였다. 왕후는 왕이 태자를 폐하기로 결심한 것을 알고, 효도 함께 폐하려고 하였다. 왕후에게는 시녀가 있었는데, 춤을 잘추어 왕이 그녀를 총애하자 왕후는 시녀를 시켜 효와 함께 음란하게 하여 그를 더럽혀 두 형제를 함께 폐하고 자신의 아들인 광(廣)을 세워 대신 태자로 삼으려고 하였다. 태자 상(爽)은 이를 알고 왕후가 여러 차례 자신을 헐뜯어 그치는 때가 없으니 함께 음란하여 이로써 그녀의 입을 막으려고 생각하였다. 왕후가 술을 마시자, 태자는 앞으로 올라가 축수하고 왕후의 넓적다리를 어루만지면서 왕후와 함께 동침하기를 청하였다. 왕후는 노하여 이를 왕에게 이야기하였다. 이에 왕은 그를 불러 결박하고 매질하려고 하였다. 태자는 왕이 자신을 폐하고 동생인 효를 세우려고 하는 것을 알고, 마침내 왕에게 말하기를 "효는 왕의 시녀와 간통을 하고, 무채는 종과 간통을 하였으니, 왕께서는 부디 몸조리에 힘써 주십시오. 저는 황제에게 글을 올리려고 하오니 허락하시기를 청합니다"라고 하고는 바로 왕을 등지고 나갔다. 왕이 사람을 시켜 그를 멈추게 하였으나, 막을 수 있는 자가 없어 마침내 스스로 달려가 행차하여 쫓아가 태자를 잡았다. 태자가 제멋대로 욕을 하자, 왕은 족쇄와 수갑을 사용해서 태자를 묶고 궁중에 가두었다. 한편 효는

152) 『漢書』「衡山傳」에 따르면 劉孝를 "少男(막내 아들)"으로 기록하였으니, 無采는 劉爽보다는 어리고 劉孝보다는 나이가 많다. 때문에 劉孝는 無采의 동생이니, 그를 둘째 오빠라고 한 것은 잘못이다.

날로 더욱 왕의 총애를 받았다. 왕은 효의 재능을 기특하게 여기고 마침내 그로 하여금 왕의 인(印)을 차게 하고 호칭을 장군이라고 하였으며, 궁궐 밖의 저택에 살게 하고 많은 금전을 주어 빈객을 불러 모으게 하였다. 빈객으로 오는 자들은 어렴풋이나마 회남왕과 형산왕이 모반의 계획이 있음을 알고 밤낮으로 그를 종용하고 권하였다. 왕은 마침내 효의 빈객인 강도(江都) 사람 구혁(救赫)[153]과 진희(陳喜)를 시켜 전차와 화살촉 그리고 화살을 만들게 하고, 황제의 옥새와 장상(將相)과 군리(軍吏)의 인장을 새기게 하였다. 왕은 밤낮으로 주구(周丘)[154] 등과 같은 장사를 구하였고, 때때로 오, 초가 반란을 일으킬 때의 계획을 칭찬하거나 인용하여 이로써 후일을 약속하였다. 형산왕은 감히 회남왕을 본받아 황제의 지위를 구한 것은 아니며, 다만 회남이 일어나면 자신의 나라가 병합될 것을 두려워하였을 뿐이고, 회남이 서쪽으로 가면 군사를 일으켜 강수(江水)와 회수(淮水)의 사이를 평정하여 그 땅을 점령하면 된다고 여겼으니, 그의 바람은 이 정도였다.

원삭 5년 가을에 형산왕이 입조할 때 회남을 지나게 되었는데, 회남왕은 곧 형제간의 우애를 말하면서 전날의 틈을 버리고 반역의 도구를 만들자고 약속하였다. 형산왕은 바로 글을 올려 병을 핑계로 거절하니 황제는 글을 내려 입조하지 말라고 하였다.

원삭 6년에 형산왕이 사람을 시켜 글을 올려 태자 상(爽)을 폐하고 효(孝)를 세워 태자를 삼도록 청하였다. 상이 듣고 곧 자신과 친한 백영(白嬴)을 시켜 장안에 가서 글을 올려 효가 전차와 화살추 그리고 화살을 만들고 왕의 시녀와 간통하였다고 말하게 하여, 이로써 효를 망치게 하려고 하였다. 백영이 장안에 도착하여 미처 글을 올리기도 전에 관리가 백영을 체포하고 회남의 일을 가지고 그를 가두었다. 형산왕은 상이 백영을 시켜 글을 올렸다는 소식을 듣고 나라의 음모를 말할 것이 두려워 곧 글을 올려 오히려 태자 상이 부도덕을 일삼아 기시의 죄가 있다는 사실을 알렸다. 황제는 이 사건을 패군(沛郡)[155]에 명을 내려 다스리게 하였다. 원수

153) 救赫 : 『漢書』「衡山傳」에는 "枚赫"으로 되어 있다.

154) 周丘 : 吳王 劉濞의 문객. 下邳 사람으로 吳나라에 도망하여 술을 파는 것을 업으로 삼았다. 吳王이 반란을 일으키자 周丘의 음모를 사용하여 下邳를 점령하였고, 하루 사이에 3만의 사람과 말을 구하였고, 계속 왕을 따라 북진하여 한 번에 10만여 명까지 늘였다. 吳王이 실패한 후 下邳로 돌아오는 도중에 병으로 죽었다.

(元狩)[156] 원년 겨울에 유사(有司)와 공경들이 패군에 명을 내려 회남왕과 함께 모반에 참여한 자를 잡아 가두게 하였으나, 잡지 못하고 진희만이 형산왕의 아들 효의 집에서 잡혔다. 관리는 효가 진희를 숨긴 우두머리임을 탄핵하였다. 효는 진희가 평소 여러 차례 왕과 함께 모반을 계획하였을 것이라고 여기고 그가 그 일을 고발할 것이 두려웠고, 듣기에 법률에 먼저 스스로 고백하면 그 죄를 용서받는다고 하였으며, 또 태자가 백영을 시켜 글을 올려 그 일이 발각될 것으로 의심하여 곧 먼저 스스로 고백하면서 함께 모반한 구혁, 진희 등을 고발하였다. 정위는 이를 증거로 다스렸고 공경은 형산왕을 체포하여 가두고 그를 다스릴 것을 청하였다. 황제가 말하기를 "체포하지 말라"고 하였다. 그리고 중위 사마안(司馬安)과 대행령(大行令) 이식(李息)을 보내 곧 왕을 심문하게 하니, 왕은 사정을 사실대로 전부 대답하였다. 관리가 모두 왕궁을 포위하여 지켰다. 중위와 대행령을 파견하여 패군과 함께 왕을 다스릴 것을 청하였다. 왕이 그 소식을 듣고 곧 스스로 목을 찔러 죽었다. 효가 먼저 스스로 모반을 고백하였으므로 그 죄를 용서해주었으나, 왕의 시녀와 함께 간통한 일에 연루되어 역시 기시되었다. 왕후 서래 역시 전 왕후였던 승서를 고술(蠱術)로 죽였다는 것에 연루되었고, 태자 상은 왕을 고발한 불효에 연루되어 모두 기시되었다. 이로써 형산왕과 함께 모반한 자들은 모두 멸족당하였다. 그들의 봉국을 없애고 형산군(衡山郡)으로 삼았다.

태사공은 말하였다.

"『시경(詩經)』[157]에 이르기를 '융(戎), 적(狄)은 정벌하고 형(荊), 서(舒)는 응징한다'라고 한 것은 진실로 옳은 말이다. 회남왕(淮南王)과 형산왕(荊山王)은 골육지친으로 강토가 사방 천리이며 제후에 나열되었으나, 번신(藩臣)의 직무를 준수하여 황제를 보좌하는 데 힘쓰지 않고, 오히려 사악하고 부정한 계획을 품어 반역의 일을 도모하여 마침내 부자(父子)가 두 차례나 나라를 망하게 하여 각기 자신의 몸을 끝까지 마치지 못하고 천하의 웃음거리가 되었다. 이는 왕 혼자만의 잘못은 아니며, 그곳

155) 沛郡 : 漢 高祖가 泗水郡을 고쳐서 설치하였다.
156) 元狩 : 漢 武帝의 네번째 연호(기원전 122-기원전 117년)이다.
157) 「魯頌」"閟宮" 참조.

의 풍속이 두텁지 않아 신하들이 점점 물들어 그렇게 된 것이다. 무릇 형초(荊楚)의 사람들은 날쌔고 용맹스럽고 가벼우며 사나워 난(亂)을 만들기 좋아하였으니, 이는 예로부터 기록된 바이다."

권119 「순리열전(循吏[1]列傳)」 제59

태사공은 말하였다.

"법령이란 백성을 선도하기 위함이고, 형벌이란 간교한 자를 처단하기 위함이다. 법문〔文〕과 집행〔武〕[2]이 잘 갖추어져 있지 않으면, 선량한 백성들은 두려워한다. 그러나 자신의 몸을 잘 수련한 사람이 관직에 오르면 결코 문란한 적이 없었다. 직분을 다하고 이치를 따르는 것 또한 정치를 바르게 하기 위함이다. 어찌 위엄만으로 되겠는가?"

손숙오(孫叔敖)[3]는 초(楚)나라의 처사(處士)[4]였다. 재상(宰相)[5] 우구(虞丘)[6]가 초 장왕(楚莊王)에게 자신의 후임자로 그를 추천하였다. 그는

---

1) 循吏 : 『漢書』「循吏傳」에 대한 顏師古의 주에서는 "循은 順이며, 위로는 공포된 법을 따르고, 아래로는 민심을 따르는 것이다(循, 順也, 上順公法, 下順人情也)"라고 쓰여 있다. 한편 이에 대해서 『史記索隱』에는 "법을 근본으로 삼고 이치를 따르는 관리를 일컫는다(謂本法循理之吏也)"라고 쓰여 있다. 즉 법에 의거하여 정사를 수행하며 따르는 관리를 말한다.

2) 여기에서 '文'은 법령을 지칭하고, '武'는 형벌을 지칭한 것이다. 따라서 '文武'란 곧 국가의 법제에 대한 범칭이며, 법문과 집행으로 해석할 수 있다.

3) 孫叔敖 : 춘추시대 楚나라 사람으로, 孫賈의 아들이며 이름은 蔿敖이다. 그가 어렸을 때 길에서 두 개의 머리를 가진 뱀과 마주친 적이 있었는데, 전하는 말에 의하면 머리 둘 달린 뱀을 보는 사람은 빨리 죽는다고 하였으므로, 그는 오직 다른 사람이 그 뱀과 마주치는 것이 두려워서, 즉시 그 뱀을 죽이고 땅에 묻어버렸다고 한다. 그는 나중에 楚나라의 宰相이 되었으며, 몸소 근면하고 청렴결백하였다. 세인들은 그를 훌륭한 宰相으로 추앙하였다.

4) 處士 : 옛날에 덕망과 재능이 있음에도 불구하고, 벼슬하지 않고 학문하는 사람을 일컫는 호칭이다.

5) 虞丘가 孫叔敖를 천거할 당시 그의 직위는 令尹이었다. 令尹은 楚나라의 최고 관직이었다. 司馬遷은 여기에서 令尹을 宰相과 구별하지 않았다. 宰相, 즉 '相'은 임금을 보필하는 최고의 행정장관을 말한다. 춘추시대 齊 景公 때 처음 相을 두었고, 秦 悼王 2년(기원전 309년)에는 左右 丞相을 두었다.

6) 虞丘 : 楚나라의 令尹을 지낸 사람으로 이름은 전하지 않고 성만 전한다. 사람들은 그를 '虞丘子'라고 불렀다. 그는 孫叔敖의 현명함을 듣고 楚 莊王에게 그를 적극적으로 추천하였고, 莊王은 현인을 추천한 공로로서 그에게 300리의 채읍지를 하사하면

석 달 만에 초나라의 재상이 되었는데, 정책을 실행하고 백성을 선도하였다. 관료체계가 평화로이 단합되고, 풍습은 아주 훌륭하게 유지되었다. 정치가 완화되어도 단속하는 대로 지켜졌고, 하급 관리들 중에는 사취하는 자가 없었으며, 도적떼가 생기지 않았다. 가을과 겨울에 백성들에게 산의 벌목을 권장하였고, 봄과 여름에는 강물을 이용하여 운반하게 하였다. 사람마다 편익을 얻게 되면서 백성들이 모두 자신들의 생활에 만족하기 시작하였다.

장왕은 화폐[7]가 가볍다고 생각하여 그 크기를 크게 바꾸었다. 백성들이 불편하여 모두 그들의 생업에 사용하지 않았다.[8] 시령(市令)[9]이 이것을 재상 손숙오에게 보고하기를 "시장이 혼란하여, 백성들이 어떻게 처신할지 모르고, 상거래 질서[10]가 안정되지 않습니다"라고 하였다. 재상은 "이 일이 언제부터 있었는가?"라고 물었고, 시령은 "석 달 정도 되었습니다"라고 대답하였다. 재상은 "알았다! 내가 곧 이를 회복시키겠노라"고 말하였다. 그후 닷새가 지나 조회가 열렸는데, 재상은 이를 장왕에게 보고하기를 "예전에 화폐를 바꾼 것은 무게가 가볍기 때문이었습니다. 근래에 시령이 와서 알려주기를 '시장이 혼란하여, 백성들이 어떻게 처신할지 모르고, 상거래 질서가 안정되지 않는다'고 하옵니다. 청컨대 즉시 예전대로 회복시켜주십시오"라고 아뢰자, 장왕이 이를 허락하여, 법령을 내린 지 사흘 만에 시장은 다시 예전처럼 회복되었다.[11]

초나라의 민간에서는 비거(庳車)[12]를 선호하였다. 장왕은 비거가 말에게 불편하다고 생각하여, 법령을 내려 수레를 높이도록 하려고 하였다. 재상은 "법령이 자주 발포되면 백성들은 어느 것을 지켜야 할지 모르게 되므로 안 됩니다. 왕께서 반드시 수레의 높이를 올리고 싶으시다면, 청

서 '國老'라고 칭하였다.

7) 당시 楚나라의 화폐는 조개 껍질 모양의 동전이 통용되었다.

8) 원문의 "皆去其業"에서 '去'는 일반적으로 '버리다, 포기하다' 등의 의미로 새기지만, 여기에서는 실제 백성들의 생업에 '적용되지 않다, 통용되지 않다' 등의 화폐에 대한 현상으로 보는 것이 타당하다.

9) 市令 : 즉 시장을 관리하는 관리이다.

10) 원문의 "次行"에 대해서 혹자는 '점포의 위치'로 보기도 한다.

11) 원문의 "吾今令之復矣.……臣請遂令復如故.……市復如故"에서 '復'자에 대한 의미는 '화폐를 바꾸다'보다는 '예전의 상태를 회복하다'라고 해석하는 것이 타당해 보인다.

12) 庳車 : 바퀴가 작고 본체가 낮은 왜소한 수레를 말한다.

컨대 마을 사람들[13]로 하여금 문지방을 올리게 하십시오.[14] 수레를 타는 사람은 모두 군자들입니다. 군자는 자주 수레에서 오르내릴 수 없습니다[15]"라고 말하였다. 장왕이 이를 허락하였다. 반년이 지나자 백성들은 스스로 자기의 수레를 높였다.

결국 이것은 가르치지 않아도 백성들이 스스로 감화하여 따른다는 것이다. 즉 가까운 데 사는 사람은 직접 보며 본받고, 멀리 사는 사람은 주변에 보이는 것을 모방하게 되는 것이다. 손숙오는 세 차례나 재상직에 올랐으나 기뻐하지 않는데, 자신의 재능이 그 자리에 오르게 하였다고 믿었기 때문이다. 또한 세 차례 파면되어도 후회하지 않았는데, 그것은 자기의 허물이 아니라고 알았기 때문이다.

자산(子產)[16]은 정(鄭)나라의 대부(大夫) 중의 한 사람이다. 정 소군(鄭昭君)[17] 시기에 총애받던 서지(徐摯)가 재상이 되었다. 그러자 나라가 혼란하게 되어 관료체계는 긴밀하지 못하고 가정은 화목하지 못하였다. 대궁자기(大宮子期)[18]가 임금에게 이것을 보고하여, 자산을 재상으로 삼았다. 그가 재상이 된 첫해[19]에는 소인배들이 경박한 소행을 범하지

13) 원문의 "閭里"는 민간을 총칭한 것이다. 그러나 원래 '閭'는 도읍지 부근의 25가구를 말하였고, '里'는 교외의 25가구를 지칭하였다. 여기서는 도읍지의 근교와 교외를 포괄하여 사용하였다.

14) 孫叔敖는 수레를 높이기 위해서 먼저 가옥의 문지방을 올리도록 건의하였는데, 이것은 낮은 수레를 끄는 말의 불편을 시정시키기 이전에, 사람들이 높은 곳을 오르내리는 데 습관이 들도록 해야 함을 말한 것이다. 환언하면, 국가의 정책은 짐승보다 인간을 우선 고려해야 함을 역설한 것이다.

15) 여기에서 '君子는 자주 수레에서 오르내릴 수 없다'라고 한 것은 수레의 높이를 올리는 데에 君子를 고려할 필요가 없다는 뜻이다.

16) 子產 : 춘추시대 鄭 簡公 때부터 등용되었던 公孫橋를 말하며, 字는 子產 또는 子美라고 하였고, 謚號는 成子였다. 그는 定公, 獻公, 聲公 세 임금을 섬겼다. 당시 晉과 楚 나라가 대립하였고, 鄭나라는 약소국으로서 두 강대국 사이에 놓여 있었다. 子產은 그 양국을 왕래하며 평화를 유지하는 데 노력하였다.

17) 鄭 昭君 : 권42 「鄭世家」와 권14 「十二諸侯年表」에 의하면, 昭公은 子產보다 140여 년이나 앞서 살았으므로, 여기에서 두 사람을 같은 시대 인물로 서술한 것은 오류이다.

18) 大宮子期 : 鄭 昭公의 아들이다.

19) 원문의 "爲相一年"은 '宰相이 된 첫 해(동안)'로 해석하였다. 일설에는 '宰相이 되어 한 해가 지나자'라고 하여 결과로 해석하기도 하는데, 이 부분은 子產이 宰相이 되어 예전의 國亂을 만회하는 과정을 서술한 것이다. 한편 결과로 보면 민심의 변모가 중심이 되어 전후 기술의 초점이 바뀌게 된다. 그러므로 여기에서는 子產의 정치

않게 하였고, 반백의 노인들에게 짐을 나르지 않게 하였으며, 어린이들에게 밭을 갈지 않게 하였다. 다음해에는 장터에서 이중 가격[20]을 매기지 않았다. 3년이 되던 해에는 야간 문단속을 하지 않았고, 길에 떨어진 물건이 있어도 주워가는 사람이 없었다. 4년이 되던 해에는 농기구를 논밭에 둔 채로 가지고 다니지 않았다. 5년이 되던 해에는 사병들이 척적(尺籍)[21]에 기록되는 일이 없어졌고, 국상(國喪) 기간에 명령을 내리지 않아도 잘 다스려졌다. 그가 정나라에서 26년간 정치하다가 죽자, 장정들은 울부짖었고 노인들은 어린애처럼 슬퍼하며 "자산이 우리를 버리고 죽었구나! 백성들은 장차 누구를 따른다는 말인가?"라고 탄식하였다.

공의휴(公儀休)[22]는 노(魯)나라의 박사(博士)[23]였다. 그는 뛰어난 재능과 덕망으로 노나라의 재상이 되었다. 법을 숭상하고 이치를 따르며, 변칙적으로 바꾸는 일이 없게 되자, 자연히 모든 관리들의 행동도 단정해졌다. 봉록을 누리는 자[24]는 일반 서민들과 이익을 다투지 않게 하고, 높은 봉록을 누리는 자[25]는 사소한 이익을 탐하지 못하게 하였다.

어떤 빈객이 재상에게 생선을 선물하였는데, 재상은 이를 받지 않았다. 빈객이 "소문에 재상께서 생선을 좋아하신다고 하기에, 어르신께 생선을 보낸 것인데, 왜 받지 않으십니까?"라고 물었다. 재상은 "생선을 좋아하기 때문에 받지 않았소. 오늘날 나는 재상직에 있기 때문에 충분히 생선을 살 수가 있소. 지금 생선을 받다가 파면되면, 누가 다시 나에게 생선을 주겠소? 나는 이 때문에 받지 않은 것이오"라고 설명하였다.

어느날 재상이 채소를 먹어보니 그 맛이 좋았는데, 그는 이내 자기의 밭에 있는 채소들을 뽑아 폐기시켰다. 또 자기 집에서 짜는 베가 질이 좋

적인 역점사업을 일년 단위로 설명한 것으로 보았다.

20) 원문 "豫賈"는 '預價'과 통한다. 당시 상거래 과정에서는 미리 높은 가격을 매겼다가 실제 거래할 때 할인해주는 현상이 있었다. 여기에서 말하는 이중 가격은 유통질서가 문란하였음을 말하는 것이며, 子産이 宰相이 된 5년째에는 이러한 현상이 없어졌던 것이다.

21) 尺籍 : 사방 1尺 되는 판을 말하는데, 여기에다 군령이나 전공을 기록하였다.

22) 公儀休 : 성이 公儀이다. 전국시대 魯 穆公 때 宰相이었다.

23) 博士 : 學官 이름으로 史籍이나 문서를 관장하였다.

24) 봉록이란 군사에게 주는 봉급이며, '봉록을 누리는 자'는 일반 관리를 총칭하는 것이다.

25) '높은 봉록을 누리는 자'는 고관을 지칭하는 것이다.

은 것을 보고는 당장 그 베 짜는 여자를 쫓아 보내고 그 베틀을 불태웠다. 그러면서 말하기를 "농부와 직녀(織女)는 어디에서 그 물건들을 팔아야 한다는 말인가"[26]라고 하였다.

석사(石奢)는 초 소왕(楚昭王)[27]의 재상이었다. 그는 성품이 곧고 정직하여 아부하거나 책임을 회피하는 일이 없었다. 어느날 현(縣)[28]을 시찰하다가 도중에 살인사건을 보게 되었다. 재상이 그 범인을 추적하니, 바로 자기의 부친이었다. 그러자 재상은 부친을 달아나게 하고 돌아와서 자기를 구속하게 하였다. 사람을 시켜 소왕에게 보고하기를 "살인자는 저의 부친입니다. 부친을 처형하여 정치를 바로하는 것은 불효이며, 법을 무시하고 부친을 사면하는 것은 불충입니다. 신의 죄과는 죽어 마땅합니다"라고 하였다. 소왕은 "추적하였으나 잡지 못한 것이니, 마땅히 죄를 받을 필요가 없소. 그대는 자기의 정무에 임하라"라고 말하였다. 석사는 "자기 아버지에게 사사로운 정을 두지 못하는 것은 효자가 아니며, 임금의 법을 받들지 못하는 것은 충신이 아닙니다. 왕께서 저의 죄를 용서하시는 것은 임금의 은혜이시고, 벌을 받아 죽는 것은 신하의 직분입니다"라고 말하며, 끝내 왕의 명령을 따르지 않고 스스로 목을 쳐서 죽었다.

이리(李離)는 진 문공(晉文公)[29]의 사법관(司法官)이었다. 그는 거짓말을 듣고 무고한 사람을 죽게 하자, 스스로 투옥하여 사형을 판결하였다. 문공이 말하기를 "관직에는 높고 낮음이 있고, 벌에는 가볍고 무거움

26) 여기에서 公儀休가 말한 바는, 자기의 능력이 채소나 베를 살 수 있음에도 불구하고 자급해버리면 그런 직종에 있는 서민들은 먹고 살 길이 없게 됨을 역설한 것이다.

27) 楚 昭王 : 楚 莊王의 증손으로서 성이 熊이고 이름이 珍이다. 권40「楚世家」참조.

28) 縣 : 고대에는 도읍지를 중심으로 1,000리까지를 縣이라 하였고, 나중에는 왕궁이 있는 도읍지만을 지칭하였으며, 그후에는 제후가 통치하는 지역을 말하게 되었다. 여기에서는 楚 昭王 시대(춘추시대)이므로 楚나라의 국내를 범칭한 것이다. 이것은 일반적으로 秦나라 때 郡縣制가 시행된 이후의 縣과는 다르다.

29) 晉 文公 : 이름은 重耳로 춘추시대 때 晉나라의 임금이다. 그는 일찍이 내란으로 인해서 19년 동안 외지에 나가 있었다. 귀국하여 왕위에 오른 후 국정을 정비하고 군대를 강화시켰다. 국력이 신장되어 春秋五覇 중의 하나가 되었다. 권39「晉世家」참조.

이 있소. 부하 관리에게 과오가 있는 것은 그대의 죄가 아니로다"라고 하자, 이리가 대답하기를 "신은 담당 부서의 장관으로서 하급 관리에게 직위를 양보하지도 않았고, 많은 녹봉을 받으면서도 부하 관리에게 이익을 나누어주지도 않았습니다. 오판하여 사람을 죽이고 그 죄를 하급 관리에게 떠넘기는 것은 아직 들어보지 못하였습니다"라고 하며, 문공의 명을 받아들이지 않았다. 이에 문공이 "그대의 말대로 자신에게 죄가 있다고 생각한다면, 과인에게도 죄가 있는 것이 아닌가?"라고 물었다. 이리가 대답하기를 "사법관에게는 법도가 있습니다. 형벌을 실수하면 자신이 형벌을 받아야 하고, 사형을 오판하면 자신이 죽어야 합니다. 임금께서는 신이 능히 미묘한 것까지 의혹을 풀 수 있으리라 생각하셨기에, 사법관으로 삼으셨습니다. 그러나 지금 거짓말을 믿고 사람을 죽였으니, 그 죄는 사형에 해당합니다"라고 하였다. 결국 그는 문공의 명을 듣지 않고 칼로 자결하였다.

태사공은 말하였다.

"손숙오(孫叔敖)는 한마디의 말로써 영(郢)[30]의 시장을 회복시켰다. 자산(子產)이 병으로 죽자 정(鄭)나라 백성들이 통곡하였다. 공의휴(公儀休)는 좋은 베를 짜는 것을 보고 그 직녀를 쫓아 보냈다. 석사(石奢)는 아버지를 풀어주고 자살함으로써 초 소왕의 명분을 세워주었다. 이리(李離)는 실수로 사람을 죽이고 자결함으로써 진 문공으로 하여금 국법을 엄정하게 하였다."

30) 郢 : 楚나라의 수도로서, 지금의 湖北省 江陵縣 서북쪽 紀南城이다.

권120「급정열정(汲鄭列傳)」제60

급암(汲黯)의 자(字)는 장유(長孺)이며 복양(濮陽)[1] 사람이다. 그의 선조는 옛날 위(衛)나라 임금[2]에게 총애를 받았다. 급암에 이르기까지 7대 후손은 대대로 경(卿)과 대부(大夫)[3]를 지냈다. 급암은 부친의 추천[4]으로 경제(景帝) 때 태자[5]의 세마(洗馬)[6]가 되었는데, 그의 풍모는 위압감을 주었다. 경제가 붕어하고 태자가 즉위하자 급암은 알자(謁者)[7]가 되었다. 그무렵 동월(東越)[8]에서는 서로 공방을 벌이고 있었는데,[9] 한 무제(漢武帝)가 급암을 파견하여 이를 살피고 오도록 하였다. 급암은 동월까지 가지 않고 오(吳)[10]까지 갔다가 돌아와서 보고하기를 "월(越)나

1) 濮陽 : 현 이름. 지금의 河南省 濮陽縣 서남쪽.

2) 원문에서 "衛君"이라고 한 것은 당시 전국시대 衛나라는 魏나라에 예속되어 있었기 때문에 '衛王'이라고 부르지 않았다. 그 영토는 지금의 河南省 북부와 山東省, 河北省, 山西省이 교차하는 작은 지역이었다.

3) 여기에서는 고관에 대한 일반적인 명칭으로 사용하였다. 예로부터 관직은 卿, 大夫, 士 등 세 등급으로 나누어져 있었다.

4) 漢나라의 제도에 의하면, 2,000石 직급의 관리 가운데 3년 이상을 봉직한 사람에게는 형제나 아들 가운데 한 사람을 추천하여 郎(궁중의 宿衛를 맡는 관직)이 되게 할 수 있었다.

5) 나중에 漢 武帝가 되었던 劉徹을 지칭한 것이다. 그는 중국 역대 황제 가운데 가장 영향력이 있던 인물 중의 한 사람이었다.

6) 洗馬 : 여기에서 '洗'는 '先'과 통하며 '太子의 洗馬'란 太子宮에 예속된 관직으로 出行할 때 선두에 나서 길을 인도하는 역할을 하였다. 직급은 600石에 해당하였는데, 뒤의 〈주 14〉와 〈주 30〉에 이와 관련된 내용이 설명되어 있다.

7) 謁者 : 관직 이름으로 郎中令의 屬官이다. 이 직책은 황제의 직속으로 접대와 황제의 지시를 전달하는 일을 관장하였다.

8) 東越 : 甌越과 閩越을 총칭한 것으로, 甌越은 지금의 浙江省 溫州市에 있었고, 閩越은 지금의 福建省 福州市에 있었다.

9) 孝景 3년(기원전 154년)에 吳楚가 반격하였을 때, 甌越의 東海王은 병사를 이끌고 吳나라를 따랐다. 그러나 吳楚가 패퇴하자, 東海王은 漢나라에 매수되어 吳王 濞를 살해하고 자신은 사면되었다. 吳王의 아들은 閩越로 피신하였고 東海가 자기 부친을 습격하여 죽인 것을 원망하였다. 漢 武帝 建元 3년(기원전 138년)에 閩越을 부추겨서 東甌를 포위하도록 하자, 甌越은 漢나라 조정에 구원요청을 하였고, 이에 漢나라가 지원하여 포위함으로써 공격을 해체시켰다.

라 사람들이 서로 싸우는 것은 본디 그들의 습성이 그러한 것인데, 그것은 천자의 사신에게는 치욕스러운 것이며 그럴 가치가 없는 것입니다"라고 하였다. 또 하내(河內)[11]에 화재가 발생하여 1,000여 채의 가옥이 불에 타자, 무제는 급암을 파견시켜 살피도록 하였다. 급암이 돌아와서 보고하기를 "서민의 실수로 화재가 났고, 집들이 인접하여 불탄 것이므로 우려하실 만한 것이 못 됩니다. 신이 하남(河南)[12]을 지나오다가, 하남의 빈민들 가운데 만여 가구가 수해와 한해를 당하여, 심지어 부자(父子) 사이에도 식량 싸움을 벌이는 것을 보게 되었습니다. 신은 삼가 방편을 강구하여, 부절(符節)로써 하남의 곡창을 방출하여 빈민들을 구제하였습니다. 신은 삼가 부절을 돌려드리면서 칙령을 변조한 죄를 받고자 합니다"라고 하였다. 그러나 무제는 이를 현명한 처사라고 여기고 그를 용서하면서, 그를 형양(滎陽)[13]의 현령으로 전출시켰다. 급암은 현령직을 수치스럽게 여기고 병을 핑계로 고향으로 돌아갔다. 무제가 이를 듣고서 즉시 그를 불러들여 중대부(中大夫)[14]로 임명하였다. 그는 여러 차례 지나치게 직언하여 조정에서 오래 버티지 못하고, 동해(東海)[15]의 태수로 전출되었다. 급암은 황로(黃老)의 학설을 배워서, 관리와 백성을 통치하는 데에도 청렴하고 조용한 것을 좋아하여, 승(丞)[16]과 사(史)[17]를 선발하여 모든 것을 그들에게 위임하였다. 단지 그는 정치의 큰 요지만 강구할 뿐 사소한 것에는 개의하지 않았다. 급암은 자주 병에 걸려 내실(內室)에 누워 밖으로 나가지 못하였다. 이렇게 한 해를 보내어도 동해는 잘 다스

---

10) 吳 : 현 이름. 지금의 江蘇省 蘇州市. 그 당시 이곳의 관할지는 會稽郡이었다.

11) 河內 : 군 이름. 지금의 河北省 남단, 山西省 동남부, 河南省 黃河 이북 지역을 말한다. 관할지는 懷縣(지금의 河南省 武陟縣 서남쪽)이었다.

12) 河南 : 군 이름. 지금의 河南省 서북부 대부분의 지역을 말한다. 관할지는 雒陽縣(지금의 河南省 洛陽市 동북쪽)이었다.

13) 滎陽 : 河南郡에 속하는 현 이름으로, 관할지는 지금의 河南省 滎陽縣 동북쪽에 있었다.

14) 中大夫 : 郎中令의 屬官으로서, 국정을 의론하는 직책이었다. 漢 武帝 때 光祿大夫로 개칭하였다. 汲黯은 태자의 洗馬 시절에 봉록이 600石의 직급이었고, 謁者 시절에도 같은 봉록을 받았으나, 中大夫 시절에는 2,000石의 직급에 해당하는 비교적 높은 지위였다.

15) 東海 : 군 이름. 지금의 山東省 남부와 江蘇省 邳縣 동쪽 해변 일대. 관할지는 郯縣(지금의 山東省 郯城縣의 서북쪽으로 3리 떨어진 지점에 있었다)이었다.

16) 丞 : 太守의 부관을 말하며, 직위는 600石에 해당한다.

17) 史 : 문서를 관리하는 서기 정도의 관리이다.

려졌다. 무제가 이 소문을 듣고 그를 불러들여 주작도위(主爵都尉)[18]에 임명함으로써, 그는 구경(九卿)[19]의 대열에 서게 되었다.[20] 그는 업무면에서 무위(無爲)를 추구하였을 뿐이어서, 큰 원칙만을 적용하고 법령에 구애받지 않았다.

급암의 성품이 거만하고 예의를 갖추지 않아 면전에서 반박하기도 하였고, 다른 사람의 과오를 용서할 줄도 몰랐다. 자기와 부합되는 자에게는 잘 대우하였지만, 자기와 부합되지 않는 자는 아예 보기조차 싫어하였다. 부하 관리들 또한 이로 인해서 그를 추종하지 않았다. 그러나 학문을 좋아하고 의협심이 있어 지조를 지키고 평소 행동도 결백하였다. 직언하기를 좋아하여 여러 번 무제와 대신들을 무안하게 만들었다. 항상 부백(傅柏)[21]과 원앙(袁盎)[22]의 인간성을 흠모하였다. 관부(灌夫),[23] 정당시(鄭當時)[24]와 종정(宗正)[25]인 유기(劉棄)[26]를 좋아하였고, 또 자주 직언하였기 때문에 직위에 오래 머물러 있을 수 없었다.

그 당시 태후(太后)[27]의 동생인 무안후(武安侯)[28] 전분(田蚡)[29]이 승

18) 主爵都尉 : 列侯들에게 봉작하는 일을 관장하는 직책이다. 이 관직 이름은 秦代의 '立爵都尉'와 같은 것이다. 직위는 2,000石에 해당하였다.

19) 九卿 : 즉 奉常(이후, 太常), 郎中令, 衛尉, 太僕, 廷尉(이후, 大理), 典客(이후, 大行), 宗正, 治粟內史(이후, 大司農), 少府 등이다.

20) 여기에서 汲黯이 맡은 主爵都尉는 中尉(이후, 執金吾)와 內史 등과 더불어 관례대로 九卿의 대우를 받았다.

21) 傅柏 : 梁 孝王의 장군으로서 성품이 강직하였다.

22) 袁盎(?-기원전 148년) : 楚나라 출신으로 字가 絲이다. 나중에는 安陵(지금의 陝西省 咸陽市 동북쪽)으로 옮겨 살았다. 그는 역대로 齊, 吳, 楚 나라의 宰相을 역임하였던 의협적인 인물이었다. 晁錯가 御史大夫였을 때 그가 吳王 濞의 뇌물을 받았음을 고발하여 서민으로 강등시켰다. 吳나라와 楚나라가 반격하였을 때, 그는 기회를 틈타 景帝에게 晁錯를 죽이도록 건의하였다. 나중에 梁 孝王이 자기의 형인 景帝의 제위를 계승하려는 것을 반대하는 등의 일로 인해서 梁 孝王이 사람을 시켜 그를 죽였다.

23) 灌夫(?-기원전 131년) : 潁陰(지금의 河南省 許昌縣) 출신으로 字가 仲孺이다. 그는 吳楚의 반격 때 부친과 더불어 종군하였고, 그 공로로 中郎將에 임명되었다. 이후 여러 차례 파면되기도 하고 승진되기도 하였으며, 최후에는 法免官이 되어 長安에 살았다. 그는 성품이 강직하고 아부하지 않았으며, 의협적이고 주정을 잘하였으며, 엄청난 부자였다. 식객은 하루에 수십명에서 백명까지 되었다. 魏나라의 제후 竇嬰과 사이가 좋았다. 나중에는 주벽으로 인해서 丞相 田蚡에게 체포되었고 가족이 몰사하였다.

24) 鄭當時 : 본편의 후반부에 상세히 보인다.

25) 宗正 : 관직 이름으로 황제의 宗族에 관한 일을 맡았으며, 九卿 중의 하나이다.

26) 劉棄 : 당시 漢 황실의 친척으로 劉棄疾이라고도 한다.

상(丞相)이 되었는데, 그는 중이천석(中二千石)의 고관[30]이 찾아와도 예의를 갖추지 않았다. 그런데 급암은 전분을 배알하지도 않았고, 항상 그에게 읍(揖)만 올렸다. 어느날 무제가 바야흐로 사상가들을 초빙하여, 이러쿵저러쿵 하고자 한다고 말하였다.[31] 급암이 대답하기를 "폐하께서 속으로는 욕심이 많으시면서 겉으로만 인의를 행하시려고 하는데, 어찌 도당씨(陶唐氏)와 유우씨(有虞氏)의 정치[32]를 본받으실 수 있겠사옵니까!"라고 하였다. 무제는 그 말을 묵인하기는 하였으나 화가 났고, 얼굴빛이 변한 채 조회를 끝냈다. 공경(公卿)[33]들은 모두 급암을 두려워하였다. 무제가 돌아와서 좌우의 신하들에게 "심하도다, 급암의 우직함이!"라고 하였다. 여러 신하들이 간혹 급암을 책망하였으나, 급암은 "천자께서는 공경 등 보필하는 신하를 두셨는데, 어찌 신하된 자로서 아첨하며

27) 여기에서는 武帝의 모친을 말하는데, 이름은 王娡이고 右扶風槐里(지금의 陝西省 興平縣 동남쪽) 출신이다. 처음에는 景帝 劉啓의 부인이었다. 아들 劉徹이 태자로 책봉되면서 황후가 되었고, 劉徹이 제위에 오르자 皇太后가 되었다.

28) 武安은 현 이름으로 지금의 河北省 武安縣을 가리킨다.

29) 田蚡(?-기원전 131년): 長陵縣(지금의 陝西省 咸陽市 동북쪽) 출신으로 王娡와 同母異父의 동생이다. 武帝 때 그는 武安侯에 봉해졌다. 建元 6년(기원전 135년)에 丞相이 되었고, 권세가 임금과 맞먹었다.

30) 여기에서는 漢代 조정의 고위급 관료를 지칭한 것이다. 원래 秦漢代에는 봉록의 직급을 곡식의 양으로 환산하여 구분하였다. 이것은 직위의 고하를 지칭하기도 하고 혹은 관직 이름으로도 사용되었다. 이러한 기준 가운데 조정의 九卿, 郎, 將부터 지방의 郡守, 尉까지는 모두 2,000石의 직급이며, 이것은 다시 4등급으로 나뉘었다. 즉 中二千石의 등급은 매월 180石, 眞二千石의 등급은 매월 150石, 2,000石의 등급은 매월 120石, 比二千石의 등급은 매월 100石에 해당하는 봉록을 받았다. 따라서 여기에서 말하는 '中二千石'은 180(石)×12(月)=2,160石이므로, '中'의 의미는 '넘친다, 초과하다'라는 뜻을 지니며, 九卿의 대열에 오른 고관을 지칭하는 것이다. 모든 관직은 이러한 기준에 의해서 2,000石에서 100石까지로 나뉘고, 거기에는 中 → 眞 → (本量) → 比 등으로 차등을 두었다. 그러나 고유명사로서도 사용되기도 하는데, 예를 들면 2,000石은 郡 太守를, 1,000石은 長史를, 500石(伍伯, 戶伯)은 중앙 관청의 부관을 지칭한다. 그리고 그 당시 관청의 말단 관리를 100石으로 통칭하기도 하였다.

31) 이 부분에 대해서, 荀悅의 『漢紀』에서는 "吾欲興政治, 法堯舜, 如何"라고 쓰여 있다. 즉 '나는 정치를 부흥시키고자 堯임금과 舜임금을 본받으려 하는데, 어떻소?'라고 하였다.

32) 陶唐氏(堯임금)과 有虞氏(舜임금)의 정치는 태평성세의 상징적인 의미를 지니고 있다.

33) 公卿: 즉 三公九卿을 말하는데, 이는 조정에서 가장 높은 부류의 고관들을 지칭한 것이다.

뜻대로 따르기만 하여, 폐하께서 옳지 못한 곳으로 빠지시게 하는가? 또 이미 그 지위에 있으면서, 비록 자기 한몸을 희생시키는 한이 있더라도, 어찌 조정을 욕되게 한다는 말인가!"라고 대답하였다.

급암은 자주 병에 걸렸는데, 병이 또 석 달을 넘기자[34] 무제는 언제나처럼 사고(賜告)[35]를 여러 번 주었으나 끝내 완쾌되지 않았다. 맨 나중에 병이 났을 때, 장조(莊助)[36]가 휴가를 청원하러 갔다. 무제가 "급암을 어떤 인물이라고 생각하는가?"라고 물었다. 장조가 대답하기를 "급암으로 하여금 어떤 관직을 맡게 하여도, 별로 남보다 뛰어난 점이 없습니다. 그러나 연소한 임금을 보필하는 경우에는 기존의 업적을 굳건히 지키며, 그를 유혹하여 불러도 오지 않을 것이며, 내쫓아도 가지 않을 인물입니다. 비록 자칭 맹분(孟賁)[37]이나 하육(夏育)[38]과 같은 자라고 할지라도, 그의 뜻을 빼앗을 수는 없을 것입니다"라고 대답하였다. 무제는 "그렇소. 옛날에 사직지신(社稷之臣)[39]이 있었는데, 급암과 같은 자가 그에 가까울 것이오"라고 하였다.

대장군(大將軍)[40] 위청(衛靑)[41]이 시종(侍從)할 때에도 무제는 옆으로

---

34) 漢나라의 제도에 의하면 관리가 병으로 석 달을 자리를 비우면 파면조치를 취하게 되어 있었다.

35) 賜告 : 즉 황제가 병가를 주는 것으로, 황제가 특별히 허락하여 파면시키지 않고 집에서 요양하도록 허락하는 것이다.

36) 莊助(?-기원전 122년) : 吳나라 출신으로 漢 武帝 초기에 각 郡에서 현자를 천거하는 정책을 내세워, 中大夫에 등용되었다. 그는 일찍이 會稽郡 太守를 지냈고, 나중에는 궁중에서 侍郎이 되었다. 淮南王 劉安이 입조하였을 때, 많은 도움을 주었고, 개인적으로 친분이 두터웠다. 그러나 劉安이 무너지자 연루되어 피살당하였다.

37) 孟賁 : 齊나라 사람으로서 秦 武王에게 귀의하였다. 그의 힘은 살아 있는 소의 뿔을 뽑을 만큼 대단하였다.

38) 夏育 : 周代 衛나라 사람으로 전하는 말에 의하면 그는 소의 꼬리를 뽑았다고 한다.

39) 社稷之臣 : 국가의 환난을 같이하는 충신을 말한다. '社稷'이란 본래 고대에 天子와 제후들이 제사 지낸 土神이나 谷神을 말한다. 이러한 신들은 실재 그 당시 '국가'의 상징적인 존재였다.

40) 大將軍 : 무관으로서 전국시대 때부터 있었고, 漢代에도 계속 이 관직이 유지되었다. 무관 가운데 최고 사령관에 해당하는 직위였다. 국가의 병역과 전쟁을 통괄하였다. 대부분 귀족들이 이 직위를 차지하였고, 권세를 누리며 직위도 상당히 높았다.

41) 衛靑(?-기원전 105년) : 字는 仲卿이며 河東郡 平陽縣(지금의 山西省 臨汾市 서남쪽) 출신이다. 衛皇后의 동생이다. 본래 平陽公主의 하인이었으나, 나중에 漢 武帝에 의해서 등용되었다. 관직은 大將軍까지 역임하였고 長平侯에 봉해졌다. 西漢 초기부터 匈奴의 귀족들이 계속적으로 북방 지역의 여러 군을 침공하였다. 元朔 2년

걸터앉아 그를 대하였다. 승상 공손홍(公孫弘)[42]이 평소 배알할 때에도 무제는 때때로 관을 쓰지 않았다. 그러나 급암이 배알할 때에는 무제가 관을 쓰지 않고 만나는 일이 없었다. 어느날 무제가 무장(武帳)[43] 안에 있을 적에, 급암이 찾아와 일을 보고하였는데, 무제는 관을 쓰지 않아서 급암을 멀찌감치 바라보다가, 장막 뒤로 피하여 측근을 시켜 그 일을 재가하도록 하였다. 그의 알현은 이처럼 천자에게도 예의를 갖추게 만들었던 것이다.

이무렵 장탕(張湯)[44]이 법률을 수정한 공로로 인해 정위(廷尉)[45]가 되었다. 급암은 자주 무제 면전에서 장탕을 질책하였는데, "공은 정경(正卿)[46]으로서, 위로는 선제(先帝)의 업적을 발전시키지 못하였고, 아래로는 천하의 사심(邪心)을 억제시키지 못하였으니, 안정된 나라의 백성을 풍요롭게 하는 것과 감옥을 텅 비게 만드는 것, 이 둘 중 어느 하나도 이룬 것이 없소. 사람을 벌하고 괴롭히는 것으로 자기의 직분을 성취하

(기원전 127년)에 그는 군대를 이끌고 匈奴族을 크게 물리쳐서 河套 지방을 점령하였다. 元狩 4년(기원전 119년)에 霍去病과 함께 다시 匈奴族의 주도세력을 대적시켰다. 그는 계속 7차례 출전하여 漢나라를 위협하는 匈奴族을 제거하였다. 권111 「衛將軍驃騎列傳」 참조.

42) 公孫弘(기원전 200-기원전 121년) : 薛縣(지금의 山東省 滕縣 동남쪽) 출신이다. 字는 季이다. 그는 젊어서 獄吏가 되었고, 나이 마흔에 『春秋公羊傳』을 익히기 시작하였다. 그는 일찍이 '五經博士'와 '弟子員'을 설치할 것을 건의하였다. 법조문에 밝아 武帝 때 丞相으로 임명되고 平津侯에 봉해졌다.

43) 武帳 : 당시 天子의 주변에는 5 가지의 무기를 장막으로 가려놓았는데, 이것은 위엄을 나타내기도 하고 비상시기에 대비한 것이기도 하였다.

44) 張湯(?-기원전 115년) : 杜陵(지금의 陝西省 西安市 동남쪽) 출신이다. 武帝 때 廷尉, 御史大夫 등의 직책을 역임하였다. 그는 일찍이 趙禹와 함께 법령을 수정 보완하였는데, '見知法(범행을 알거나 목격하고도 고발하지 않은 사람에게 범인과 동일한 죄를 지우는 것)'을 만들었다. 그는 白金(銀幣)과 五銖錢(錢幣)을 주조할 것을 건의하였고, 鹽鐵 정책을 지지하였다. 그리고 '告緡令(상인들에게 자진해서 납세하도록 하고, 이를 은닉하다가 다른 사람에 의해서 고발되면 재산을 몰수하고 반은 고발한 사람에게 주는 제도)'을 제정하였는데 이는 대상인에게 타격이 아주 컸다. 이처럼 그는 굵직한 사건들을 맡아 처리하였는데, 법에 따라 엄격하게 판결하였다. 그러나 결국 그도 죄를 범하여 자살하고 말았다.

45) 廷尉 : 관직 이름으로 九卿 중의 하나이다. 형벌과 감옥을 담당하는 최고 사법관이었다.

46) 正卿 : 卿의 대우를 받는 자와 구별하여 말한 것으로, 九卿의 정식 편제의 직분을 가진 고관을 지칭한 것이다.

고,[47] 멋대로 법조문을 해석하여 자기의 공을 성취하는 것은, 결국 고제(高帝)의 율법을 날조하여 어지럽히는 것이 아니고 무엇인가? 공께서는 이 일로 인해서 멸족당할 것이오"라고 하였다. 급암이 장탕과 논쟁을 벌일 때마다, 장탕의 변론은 항상 법조문의 심오함을 상세하게 거론하였고, 급암은 매번 강직하고 엄숙하게 고답적인 말로 항변하여 굴복시킬 수가 없게 되자, 화가 나서 "세상에서 도필리(刀筆吏)[48]를 공경에 앉혀서는 안 된다고 하더니, 과연 그렇구나. 장탕이 만약 득세하면 천하 백성들은 한쪽 다리로 서고, 곁눈질하며 보겠구나"라고 매도하였다.

이무렵 한나라는 마침 흉노(匈奴)들을 정벌하고 있었고, 사방의 오랑캐[49]를 회유하고 있었다. 급암은 이 일을 막으려고 힘썼는데, 무제에게 기회를 보아서 오랑캐[50]와 화친하여 군사를 일으키지 않도록 항상 말하곤 하였다. 무제는 마침 유가사상에 마음을 두어, 공손홍을 존중하였고, 나라 일이 점점 많아지자, 하급 관리와 백성들은 교묘하게 법망을 피하게 되었다. 그래서 무제는 법률을 더욱더 세분하여 이를 다스리고자 하였고, 장탕 등은 새로운 법령를 만들어[51] 더욱 무제의 총애를 받고 있었다. 급암은 평소 유학을 비난하였는데, 공손홍 등의 인물들을 향해서 단지 나쁜 마음을 품은 채 지혜를 궁리하며 아부하여 황제의 환심을 사려 한다고 질책하였다. 그리고 장탕과 같은 도필리들은 전문적으로 법률을 끌어다가 교묘히 모함하고, 사람을 함정에 빠뜨려 진상을 회복할 수 없게 하며, 법으로 처리하는 것을 공로라 생각한다고 질책하였다. 그러나 무제는 공손홍과 장탕을 더욱 훌륭하게 생각하였고, 그들은 마음속 깊이 급암을 미워하였으며, 무제 또한 그를 좋아하지 않았으므로, 빌미를 만들어 그를 해

47) 원문의 "非苦就行"에서 '非'는 '罪'와 통한다.

48) 刀筆吏 : '刀筆'이란 옛날 종이가 발명되기 전에는 竹簡에다 글을 썼는데, 거기에 사용되는 붓과 오자를 깎아내는 칼을 말한다. 따라서 '刀筆吏'는 竹簡에 새긴 오자를 긁어 고치는 일이나 하는 하급 관리를 지칭한다. 그러나 여기서는 문서를 마음대로 날조하는 관리를 빗대어 일컫는 말이다.

49) 즉 東夷, 西戎, 南蠻, 北狄 등을 일컫는다. 총칭하여 '四夷'라고도 불렀다.

50) 원문에서는 "胡"라고 하여 匈奴族을 지칭하지만, 고대에는 서쪽과 북쪽의 오랑캐를 일컫는 말이었다.

51) 武帝 때의 법률은 『漢書』의 「刑法志」에 의하면 "緩深故之罪, 急縱出之誅"라고 쓰여 있다. 여기에서 '深故'란 가중처벌을 말하며, 武帝 때에는 이를 경감하였다. 반면 '縱出'이란 비행을 자행하는 것을 말하며, 武帝 때에는 이를 가중시켰음을 알 수 있다.

치려고 하였다. 공손홍이 승상에 오르자, 이에 무제에게 말하기를 "우내사(右內史)[52]에는 황족과 귀족들이 많이 살고 있어서 통제하기가 어렵습니다. 평소 유명한 중신(重臣)이 아니면 그 소임을 다할 수 없습니다. 청컨대 급암을 우내사로 옮겨 앉히는 것이 좋겠습니다"라고 건의하였다. 급암이 우내사가 된 지 몇해가 되어도 관청의 업무는 문란하지 않았다.

대장군 위청은 그의 누님[53]이 황후가 되면서 더욱 권세가 높아졌다. 그러나 급암은 대등한 예로써 그를 대하였다. 어떤 사람이 급암에게 권고하기를 "예전부터 폐하께서는 마음속으로 모든 신하들이 대장군에게 겸손하기를 바라셨고, 결국 대장군의 권세는 더욱 높아지게 되었습니다. 어르신께서도 대장군을 배알하지 않으면 안 됩니다"라고 하였다. 급암은 "대장군에게 읍만 하는 상대가 있다는 것은 오히려 그를 존중하는 것이 아니겠는가?"라고 반문하였다. 대장군은 이를 듣고 더욱 급암을 현명하다고 생각하고, 여러 번 국가와 조정에 대한 의문스러움을 삼가 물었으며, 급암을 평소보다 좋게 대우하였다.

회남왕(淮南王)[54]이 반란을 일으키려고 하였을 때 급암을 두려워하며 "직언하기를 좋아하고 절개를 지켜 의에 죽는 인물이므로, 옳지 못한 일로써 그를 현혹시키기 어렵다. 승상 공손홍을 설득하는 것은, 덮개를 열고 낙엽을 떨어뜨리는 것[55]과 같을 따름이다"라고 하였다.

---

52) 右內史 : 관직 이름인 동시에 행정 이름이다. 景帝 2년(기원전 155년)에 京師(도읍지)를 다스리는 內史(京師의 주변 지역을 관장하는 관리)를 나누어 설치하였다. 직분은 郡의 太守에 해당하였는데, 지역이 도읍지에 속하므로 郡이라 칭하지 않았다. 관청은 長安(지금의 陝西省 西安市 서북쪽)에 두었다. 그 영역으로는 대략 지금의 陝西省 秦嶺 이북에서 渭河 하류 이남까지이고, 동쪽으로 潼關과 서쪽으로 寶鷄市에 걸쳐 북쪽 栒邑 등지까지 이른다.

53) 즉 衛子夫를 지칭하는데, 河東郡 平陽縣(지금의 山西省 臨汾市 서남쪽) 출신이다. 漢 武帝의 황후이다. 처음엔 平陽公主의 歌女였다가 나중에 입궁하였다. 元朔 원년(기원전 128년)에 아들 劉據가 태자로 책봉되면서 그녀는 황후가 되었다.

54) 淮南王(기원전 179-기원전 122년) : 즉 劉安을 말한다. 그는 沛郡의 豐(지금의 江蘇省 豐縣) 출신으로, 劉邦의 아들인 劉長의 아들이다. 그는 부친 劉長의 봉작을 계승하여 淮南王이 되었다. 문장에 뛰어나고 재능과 사상이 민첩하였다. 일찍이 빈객 수천명을 초청하여『淮南子』를 편집하였다. 나중에 모반하려다가 발각되어 자살하였다. 淮南은 나라 이름으로 지금의 安徽省 合肥市와 巢縣, 全椒縣, 來安縣, 鳳陽縣 등에 이르는 영역이었다. 수도는 壽春(지금의 安徽省 壽縣)이었다. 武帝 元狩 원년(기원전 122년)에 劉安이 자살한 이후 이 지역은 九江郡으로 개명되었다.

55) 이 말은 아주 쉬운 일을 비유하는 것으로서 원문에는 "發蒙振落"이라고 되어 있다.

무제는 이미 여러 번 흉노를 쳐서 승리를 거두었으므로, 급암의 말은 더욱 쓸모가 없게 되었다.

처음 급암이 구경의 대열에 올랐을 때, 공손홍과 장탕은 하급 벼슬아치였다. 공손홍과 장탕이 조금씩 높아져서 급암과 동등한 지위가 되었으나, 급암은 여전히 그들을 경멸하였다. 오래지 않아 공손홍은 승상에까지 오르고 제후에 봉해졌다. 장탕은 어사대부(御史大夫)[56]로 승진하였다. 예전에 급암이 관할하였던 승(丞)과 사(史)의 부관[57]은 모두 급암과 같은 대열에 서거나, 혹자는 그보다 더 높게 등용되었다. 급암은 편협한 마음에서 다소 원망스러움이 없을 수 없었으므로 황제를 뵙고 나아가 말하기를 "폐하께서는 장작을 쌓듯이 신하를 등용하시어, 나중 들어온 사람이 윗자리에 오릅니다"라고 하였다. 무제는 묵묵히 있었다. 잠시 후 급암이 물러가자, 무제는 "사람은 과연 학문이 없어서는 안 된다. 급암의 언변을 보니 날이 갈수록 심해지고 있다"[58]라고 말하였다.

그 뒤 얼마 안 되어 흉노족의 혼야왕(渾邪王)[59]이 무리들을 거느리고 항복해왔다. 한나라에서는 2만 대의 수레를 징발하려고 하였다.[60] 현관(縣官)[61]에서는 그만한 돈이 없어서 백성들로부터 말을 빌리려고 하였다. 백성들 중에는 말을 숨기는 자가 많아서 그 숫자를 채우지 못하였다.

---

56) 御史大夫 : 秦나라 때부터 설치되었던 관직 이름으로, 漢代에도 계속 유지되었는데, 당시 그 직위는 丞相 다음가는 최고 관직이었다. 관료들의 탄핵과 감찰을 담당하였고 서적과 공문서 등을 관장하였다. 漢代에 와서 丞相, 太尉와 더불어 '三公'이라 총칭되며 국정의 최고 관료 중의 하나였다.

57) 원문의 "黯時丞相史皆與黯同列"에서 '丞相史'는 『史記會注考證』에 의하면 본래 '相'자가 없다고 하였고, 『漢書』의 「汲黯傳」에도 '相'자가 없다. 그리고 汲黯은 丞相을 지낸 적이 없고, 그가 東海郡의 太守였을 때 丞과 史 등의 부관을 선발하여 위임하였던 것으로 미루어보아, 여기에서도 '黯時丞史皆與黯同列'이라 함이 타당하다.

58) 이 부분에서 武帝가 汲黯을 탓하는 것은 그의 언성이 道家에 치우쳐 당돌하였고, 儒家에서 주장하는 인의가 없음을 지적한 것이다.

59) 渾邪王 : 休屠王과 더불어 匈奴族의 유명한 왕이다. 원래 이들은 甘肅省의 河西 주변 일대를 점거하고 있었는데, 여러 차례 霍去病에게 패퇴하며 수만명을 잃었다. 이에 크게 분노하여 霍去病을 죽이려고, 두 사람은 漢나라에 항복할 것을 모의하였다. 그러나 休屠가 후회하자 渾邪는 元狩 2년(기원전 121년) 가을에 休屠를 습격하여 죽이고, 그의 백성을 이끌고 漢나라에 항복하였다.

60) 여기에서 말하는 수레〔乘〕는 네 마리의 말이 끌었는데, 이러한 수레 2만 대를 징발하려는 것은 匈奴族을 수송하기 위한 조치였다.

61) 縣官 : 여기에서는 天子나 조정을 지칭하는 대명사이다. 나중에는 관청을 지칭하는 것으로 바뀌었다.

무제는 분노하여 장안령(長安令)[62]을 참수하려고 하였다. 이에 급암은 "장안령은 죄가 없으며, 이 급암 한 사람의 목만 베면 백성들은 곧 말들을 내놓으려 할 것입니다. 하물며 자기의 군주를 모반하여 한나라에 항복한 흉노족인데, 한나라에서는 천천히 현에서 현으로 이송할 일이지, 어찌하여 천하를 소란스럽게 하며, 중국(中國)[63]의 백성을 피폐시키면서까지 이적(夷狄)의 백성들을 맞는다는 말입니까!"라고 항변하였다. 무제는 침묵하고 있었다. 혼야왕이 도착하자, 상인들은 흉노족의 장사꾼과 거래를 하였는데, 500여 명이나 사형을 당하게 되었다. 급암은 무제를 알현할 시간을 청하여, 고문전(高門殿)[64]에서 뵙고 다음과 같이 말하였다.

> 흉노가 북방의 요새지를 공격하며 화친을 끊었고, 우리 중국도 군사를 일으켜 이들을 무찌르게 되었습니다. 사상자 또한 엄청나게 많았고, 그 비용 또한 몇 백억의 동전[65]에 달합니다. 신의 어리석은 생각으로는 폐하께서 오랑캐를 사로잡았을 경우에 모두 전사자의 가족에게 노비로 삼게 하실 것이고, 노획한 재물도 그들에게 주시어, 천하 만민의 고통을 위로하며 백성들의 마음을 흡족하게 하실 것으로 알고 있었습니다. 지금 비록 그렇게는 못하시더라도, 혼야왕이 수만명의 무리를 이끌고 항복해오자, 국고를 털어 그들에게 상을 내리시고, 선량한 백성들로부터 징발하여 그들을 보살피는 것은, 비유하자면 망나니 자식을 봉양하는 것이옵니다. 또한 어리석은 백성이 장안의 시중에서 오랑캐 물건을 샀다고 해서 그것이 어찌 간교한 법관[66]의 판례에 의한 것처럼 변경에서 물자를 몰래 빼돌리는 것[67]과 같은 줄 알겠습니까? 폐하께서 비록 흉노의 물자를 가지고 천하 백성을 위로하지는 못하실지언정 아리송한 법으로써 무지한 500명을 죽이는 것은, 이른바 '잎을 보호하기 위해서 가지를 상하게 하는 격'[68]입니다. 신은 삼가 폐

62) '長安'은 현 이름(지금의 陝西省 西安市 서북쪽)으로 右內史 지역에 속해 있었고, 여기에서 '長安令'이란 長安 지역을 총괄하는 그 지역의 장을 말한다.

63) 中國 : 여기에서는 천하의 중심이 되는 국가를 말하는 것으로, 지금의 국호인 '中國'과는 다르다.

64) 高門殿 : 長安에 있던 未央宮 안에 있는 궁전이다.

65) 원문의 "而費以巨萬百數"에서 '巨萬'은 1億의 銅錢을 말하며, '百數'는 100을 단위로 계산함을 말한다. 따라서 이것은 몇 백억의 동전을 뜻하게 된다. 당시 武帝의 북방정벌이 빈번하여 전쟁비용으로 엄청난 비용이 들었음을 말한 것이다.

66) 간교한 법관, 즉 원문의 "文吏"는 張湯과 같은 인물을 빗대어 일컬은 것이다.

67) 漢代의 법률에는 직위 고하를 막론하고 변경 등지에서 오랑캐들에게 무기나 철 따위를 팔지 못하도록 제한하고 있었다.

68) 원문은 "庇其葉而傷其枝"이다.

하께서 취하실 일이 아닌 줄로 아옵니다

황제는 묵묵히 있다가, 그의 건의를 허락하지 않으며 "내 오랫동안 급암의 말을 듣지 않았는데, 지금 또다시 망령된 말을 하는구나"라고 하였다. 몇달 후 급암은 하찮은 법률에 저촉되어 사면과 동시에 파면되었다. 그래서 급암은 전원에 은거하게 되었다.

몇해가 지나 오수전(五銖錢)[69]으로 개주(改鑄)하게 되었는데, 백성들 대부분이 가짜 돈을 만들어내었고, 특히 초(楚) 지역[70]이 더욱 심하였다. 황제는 회양(淮陽)[71]을 초 지역의 길목이라 생각하고 이에 급암을 불러들여 회양의 태수로 임명하려 하였다. 급암은 공손히 사양하며 인(印)을 받지 않았으나, 조서가 자주 강압적으로 내려진 후에야 명에 따랐다. 무제는 급암을 불러 알현하게 하였는데, 급암은 무제에게 울면서 "신은 스스로 산골짜기에 묻힐 때까지 다시는 폐하를 못 뵈올 줄 알았고, 폐하께서 다시 신을 등용하실 줄은 생각조차 못하였습니다. 신에게는 천한 지병이 있어, 한 군을 맡을 능력이 없사옵니다. 바라옵건대 신으로 하여금 중랑(中郎)[72]이 되게 하시어 궁궐을 출입하며 과오를 보충하고 흘린 것을 줍도록 해주십시오.[73] 이것이 신의 소원이옵니다"라고 간청하였다. 무제는 "그대는 회양의 태수직를 천시하는가? 내가 곧 그대를 불러들이겠노라. 회양의 관리와 백성들이 서로 화합이 되지 못하므로, 나는 오직

69) 五銖錢 : 漢나라의 화폐로 元狩 5년(기원전 118년)에 三銖錢이 너무 가벼워서 五銖錢으로 바꾸었다. 하나의 동전의 무게가 5銖였는데, 고대의 중량에서 24銖가 1兩이었고, 16兩이 1斤이었다. 여기에서 '五銖'는 동전의 명칭으로, 1/24兩의 무게를 가진 漢나라의 동전이었다.

70) 전국시대 후기의 楚나라가 확보하였던 지역을 말하며, 지금의 江蘇省, 山東省, 安徽省, 河南省 등이 교차하는 지역을 가리킨다. 漢代에 와서는 彭城(지금의 江蘇省 徐州市)에서 관할하였는데, 이 지역에서는 구리가 많이 생산되었다.

71) 淮陽 : 지역 이름으로 지금의 河南省 鹿邑縣, 柘城縣, 扶溝縣이었다. 관할지는 陳縣(지금의 河南省 淮陽縣)에 있었다. 기원전 278년에 楚 頃襄王은 도읍지 郢이 秦나라의 공격으로 함락되자, 이곳으로 도읍을 옮겼는데, 이로 인해서 楚 지역이라고 부르게 되었다. 漢나라 초기에는 제후국이었다가 景帝 前元 3년(기원전 154년)에 郡으로 바뀌었다.

72) 中郎 : 즉 郎中令의 屬官으로 議郎, 郎中 등과 같은 직책이다. 여기서는 武帝의 측근에 머물러 있을 수 있는 관직을 일컫는다.

73) 원문의 "補過拾遺"는 汲黯이 武帝의 실수나 소홀함을 도울 수 있는 측근이 되고 싶은 심정을 토로한 것이다.

그대의 위엄을 믿노니, 누워서라도 그곳을 다스려주오"라고 하였다. 급암은 하직하고 임지로 출발하였는데, 대행(大行)[74] 이식(李息)[75]에게 들러 "나 급암은 버림을 받아 군으로 나가게 되어 조정의 국정에는 참여할 수 없게 되었소. 그런데 어사대부 장탕은 그의 지혜로 충언을 가로막을 수 있고, 속임수로 비행을 가릴 수도 있소. 간교한 말로 아부하고 변론으로 질책하는 데 힘쓰며, 천하를 올바르게 하려는 말을 하지 않고 오로지 폐하의 뜻에만 아부하고 있소. 폐하께서 원하시지 않는 바이면 그로 인해서 모함하고, 폐하께서 바라시는 바이면 그로 인해서 칭송한다네. 그렇게 일을 꾸며내기를 좋아하고 법률을 농간하고 있는 것이오. 조정 안에서는 거짓을 품고 폐하의 마음을 추종하며, 조정 밖에서는 잔혹한 관리를 끌고 다니며 위세를 부리고 있소. 공께서 지금 구경의 대열에 있으면서 일찌감치 이 일을 상고(上告)하지 않으시면, 장탕과 함께 징계를 받을 것이오"라고 일러주었다. 그러나 이식은 장탕을 두려워하여 끝내 그 말을 감히 아뢰지 못하였다. 급암은 예전의 방법으로 군을 다스리자, 회양의 정국은 안정되었다. 후일 장탕은 과연 실각하였고, 무제는 급암이 이식과 나눈 말을 듣고 이식을 처벌하였다. 급암에게는 제후의 재상이 받는 봉록[76]을 주어 회양군을 통치하게 하였다. 급암은 그후 7년이 지나 죽었다.

그가 죽은 후에, 무제는 급암의 공로를 인정하여 그의 아우 급인(汲仁)에게 관직을 주어 구경의 대열까지 오르게 하였고, 아들 급언(汲偃)도 제후국의 재상으로 승진하게 하였다. 급암의 조카[77]인 사마안(司馬安)은 젊어서 급암처럼 태자의 세마(洗馬)가 되었다. 사마안은 법에 정통하고 재치가 있어 관직생활에 능란하였다. 관직은 네 차례나 구경의 대열에 올랐고, 하남의 태수로 있다가 죽었다. 그의 형제들은 사마안의 공로로 같

---

74) 大行 : 즉 '大行令'으로 원래 典客이었다가 개명된 관직 이름이다. 蠻과 夷와의 관계를 관장하였고, 나중에는 '大鴻臚'라고 개칭하였다. 이것은 지금의 외교관 정도의 직책이었다.

75) 李息 : 郁郅縣(北地郡에 속하는 현으로, 지금의 甘肅省 慶陽縣이다) 출신이다. 武帝 때 세 차례나 將軍을 역임하였고, 변방으로 나가 전쟁을 하였으나 한번도 공을 세우지 못하였다. 그후 항상 大行職에만 있었다.

76) 제후의 재상이 받는 봉록, 즉 "諸侯相秩"은 漢代의 제도에 의하면 眞二千石이다. 따라서 汲黯은 郡의 太守가 받는 2,000石보다 많은 봉록을 받은 것이다.

77) 원문에서는 "姑妹子"라고 하여 고모의 아들을 말하나, 『漢書』의 「汲黯傳」에는 "妹子"라고 적고 있어 사촌 누이의 아들이 된다. 그의 관직과 연배로 보아 사촌 누이의 아들로 봄이 타당하다.

은 시기에 2,000석의 높은 벼슬에 오른 자가 열 명이었다. 복양(濮陽) 출신 단굉(段宏)은 처음에 갑후(蓋侯) 왕신(王信)[78]을 섬겼고, 왕신은 단굉을 신임하였다. 단굉 또한 두 차례 구경의 대열에 올랐다. 그러나 위(衛) 지역 출신[79]의 관료들은 모두 급암을 매우 두려워하며 그 명성을 뛰어넘지 못하였다.

정당시(鄭當時)는 자(字)가 장(莊)이며 진(陳)[80] 출신이다. 그의 조상인 정군(鄭君)[81]은 일찍이 항우(項羽)의 장수였는데, 항우가 죽은 뒤에 이내 한나라로 귀순하였다. 한 고조가 예전에 항우의 신하였던 자에게 항우의 이름을 부르게 하였는데, 정군만은 고조의 명령에 따르지 않았다. 고조는 조서를 내려 항우의 이름을 부른 자에게 모두 대부로 우대한다는 조서를 내렸고, 정군을 배척하였다. 정군은 문제(文帝) 때 죽었다.

정장(鄭莊)은 협객으로 자처하였는데, 장우(張羽)[82]를 재난에서 구해주어 그 명성이 초나라와 양(梁)[83]나라에 널리 퍼졌다. 경제 때 태자의 사인(舍人)[84]이 되었다. 그는 닷새마다 하루의 휴가를 얻었는데,[85] 항상 역마(驛馬)[86]를 장안의 교외(郊外)[87]에 배치해두고, 옛 친구들을 만나거나 빈객들을 초빙해서 밤을 샐 정도였지만, 항상 편향되지 않았는지 염려하였다. 정장은 황로(黃老)의 학설을 좋아하였고, 훌륭한 인물[88]을 흠모

---

78) 蓋侯 王信 : 景帝 황후의 오빠로서 武帝의 외삼촌이다. 여기에서 蓋은 현 이름으로 지금의 山東省 沂水縣 서북쪽에 있었다.

79) 여기에서는 濮陽 출신을 말하며, 원래 衛나라 지역이었으므로 원문에서는 "衛人仕者"라고 하였다.

80) 陳 : 현 이름으로 淮陽縣에서 관할하였다. 즉 지금의 河南省 淮陽縣에 있었다. 원래는 작은 나라였으나 기원전 479년에 楚나라에 멸망당하였다.

81) 鄭君 : 이름은 전하지 않아 君이라 높여 부른 경우이다. 즉 鄭當時의 부친을 말한다.

82) 張羽 : 梁 孝王의 장수였다.

83) 梁 : 제후국이며 영토는 지금의 河南省과 安徽省이 교차하는 지역에 있었다. 도읍지는 睢陽縣(지금의 河南省 商丘市 남쪽)이었다.

84) 太子의 舍人 : 太子의 속관으로 말단직을 말한다. 여기에는 門大夫, 庶子, 洗馬, 舍人 등이 있었다.

85) 漢代의 제도로서 관리들에게 5일마다 목욕 등을 할 수 있도록 하루를 쉬게 하는 것이 있었다.

86) 驛馬 : 고대의 교통수단으로 교외에 驛站이 있었고, 거기에 손님과 내왕하거나 전송하기 위해서 말을 비치해두었다.

87) 邑外를 '郊'라고 하였고, 성으로부터 20리 떨어진 곳을 '近郊'라고 하였다.

하며 그들을 만나지 못할까 걱정하곤 하였다. 나이는 젊고 벼슬도 미천하였지만 그가 교유하며 알고 지내는 사람들은 모두 할아버지 연배였고 천하에 이름이 알려진 선비들이었다. 무제가 즉위하자, 정장은 노(魯) 지역[89]의 중위(中尉),[90] 제남(濟南)[91]의 태수, 강도(江都)[92]의 재상 등을 차례로 역임하고, 구경의 대열에 올라 우내사(右內史)가 되었다. 무안후(武安侯)와 위기후(魏其侯)[93]의 논쟁으로 인해, 첨사(詹事)[94]로 강등되었다가 다시 대농령(大農令)[95]으로 승진되었다.

정장은 태사(太史)[96]가 되었을 때 하인들에게 훈계하기를 "손님이 오면 직위 고하를 가리지 말고 문간에 대기하는 일이 없도록 하라"고 하였다. 그는 주객(主客)의 예를 갖추고, 자기의 높은 지위를 남에게 낮추었다. 정장은 청렴하며 가업을 돌보지 않았고, 봉록이나 하사품을 받으면 여러 손님들에게 나누어주었다. 그러나 그가 남에게 선물하는 것은 대나무 그릇의 음식물 정도에 지나지 않았다. 또한 조회 때마다 틈나는 대로

---

88) 원문의 '長者'는 나이가 많고 덕성이 중후한 인물을 지칭한 것이다.

89) 魯 지역 : 지금의 山東省 남부 일대를 말한다.

90) 中尉 : 무기를 담당하는 관직 이름이다.

91) 濟南 : 군 이름으로 지금의 山東省 濟南市, 濟陽縣, 鄒平縣, 章丘縣 등이 포함되었고, 관할지는 東平陵縣(지금의 濟南市에서 동쪽으로 75리 떨어진 곳)이었다.

92) 江都 : 지역 이름으로 지금의 江蘇省 揚州市, 江都縣, 寶應縣, 金湖縣, 高郵縣 등이 포함되었다. 원래 독립된 국가로서 도읍지는 廣陵縣(지금의 江蘇省 揚州市 동북쪽)이었으나, 元狩 2년(기원전 121년)에 廣陵郡으로 예속되었다.

93) 魏其侯 : 즉 竇嬰을 지칭하는데 그는 文帝后의 이종 오빠이다. 공을 세워 魏其侯로 봉해졌고, 관직은 丞相에까지 올랐다. 유학을 숭상하였다가 이종 동생인 竇太后에게 죄를 지어 파면되어 귀향하였다. 元光 3년(기원전 132년)에 좋은 친구였던 灌夫가 田蚡에게 체포당하여 투옥되자, 武帝에게 상소하여 황태후의 궁궐에 체류하며 국정회의에 참석할 수 있도록 허락받았다. 끝내 田蚡은 누이인 王太后의 비호를 받으며 灌夫를 족멸시켰다. 다음해에 그도 피살당하였다. 여기에서 魏其는 현 이름으로 지금의 山東省 臨沂縣 남쪽에 있었다.

94) 詹事 : 관직 이름으로 秦나라 때부터 설치되었고, 漢나라에 와서도 유지되었는데, 황후와 태자의 가사를 맡았다.

95) 大農令 : 관직 이름으로 九卿 중의 하나로서 곡식을 담당하였으며, 전국가의 곡식에 관한 행정기관장이었다. 景帝 後元 원년(기원전 143년)에 大農令으로 개칭되었고, 武帝 太初 원년(기원전 104년)에 大司農으로 개칭되었다.

96) 太史 : 즉 太常의 屬官으로 봉록은 1,000石이었는데, 九卿의 대열에는 끼이지 못하였다. 따라서 鄭莊의 직위명은 이보다 훨씬 높은 고관이었을 것이다. 『漢書』의 「鄭當時傳」에 의하면 "當時爲大吏"로 되어 있으며, 바로 다음 문장에서도 "자기의 높은 지위를 남에게 낮추었다(以其貴下人)"라고 하여 문맥이 통하지 않는다. 여기에서 '太'자는 '內'의 오자로 봄이 타당하다.

무제에게 천하의 훌륭한 사람에 대해서 칭찬하지 않은 적이 없었다. 그가 선비나 승, 사 등의 부하 관리를 추천할 때에는 항상 진지하고 흥미 있게 그 사람을 칭찬하였고, 언제나 자기보다 훌륭한 점을 들었다. 관리의 이름을 부르지 않았고, 부하 관리와 이야기할 때에도 혹시 마음이 상할까 두려워하는 것 같았다. 좋은 이야기를 듣고 그것을 무제에게 전하면서도 늦지 않았나 두려워하였다. 산동(山東)[97]의 모든 선비들과 여러 손님들은 이 때문에 한결같이 정장을 칭찬하였다.

정장은 황하의 범람[98]에 관한 시찰 명령을 받게 되었는데, 이때 그는 여행준비를 위해서 닷새의 휴가를 청하였다. 무제가 "내가 듣기로 '정장이 출장갈 때에는 천리라도 식량을 휴대하지 않는다'라고 하던데, 왜 여행준비 기간이 필요한가?"라고 물었다. 그런데 정장은 조정에 와서 언제나 무제의 의사에만 따르며 감히 심하게 일의 옳고 그름을 따지지 않았다. 그의 만년에 와서, 한나라는 흉노를 무찌르고 사방의 오랑캐를 회유하느라 국비의 소모가 많아지면서 재정 사정은 아주 어려워졌다. 정장은 어떤 빈객을 대농(大農)[99]의 고용인으로 보증을 섰는데, 그에게는 빚이 너무 많았다. 사마안은 회양의 태수로 있으면서 이 사건을 들추어내었다. 정장은 이 일로 함정에 빠져 보석금을 내고 평민으로 강등되었다. 얼마 안 되어 잠시 장사(長史)[100]를 맡았다. 무제는 늙었다고 생각되어 그를 여남(汝南)[101]의 태수로 보냈다. 그는 몇해가 지나 관직에 있으면서 죽었다.

정장과 급암이 처음 구경에 올랐을 때에는 청렴하고 사생활이 결백하였다. 이 두 사람이 중도에 파면되었을 때, 그들의 집이 가난하였으므로 빈객들은 점차로 흩어졌다. 또한 군을 통치하였으나, 죽은 후에 남긴 재산이라고는 하나도 없었다. 정장의 형제와 자손들 중 정장의 공로로 인해서

---

97) 山東 : 崤山의 동쪽 지역을 말하며, 당시에 일반적으로 사용된 '關東(函谷關의 동쪽)'과 같은 개념이었다. 지금의 山東省과는 다르다.

98) 이 일은 武帝 元光 3년(기원전 132년)에 있었던 홍수사태를 말한다. 그해 봄에 황하가 범람하기 시작하면서, 물이 頓丘(지금의 河南省 濮陽縣 북쪽)로부터 동남쪽으로 흘렀다. 그해 5월에는 瓠子(濮陽縣의 서남쪽)가 침수되었고, 동남쪽으로 흐르던 물길은 巨野(지금의 山東省 巨野縣)로 유입되면서, 淮河, 泗水와 합쳐지면서 16개 郡을 침몰시켰다.

99) 大農 : 즉 大司農의 부서를 말한다.

100) 長史 : 丞相府에 속하는 관료 가운데 가장 높은 관직이다.

101) 汝南 : 군 이름으로 관할지는 輿縣이었다. 지금의 河南省 汝南縣 동북쪽에 옛 성이 있다.

2,000석의 벼슬을 한 사람은 예닐곱 명이 있었다.

태사공은 말하였다.

"급암(汲黯)이나 정당시(鄭當時)와 같은 현자에게 권세가 있으면 빈객들이 열배로 불어나고, 권세가 없으면 그렇지 못하다. 하물며 보통 사람이야 어떠하겠는가! 하규(下邽)[102]의 책공(翟公)[103]은 다음과 같이 말한 적이 있다. 처음 책공이 정위(廷尉)가 되었을 때에는 빈객들이 문을 가득 메웠다. 그가 벼슬에서 물러나자 대문 밖에서 작라(雀羅)[104]를 쳐도 될 정도였다. 그러다가 책공이 다시 정위가 되자 빈객들이 교제하려 하였는데, 책공은 이에 그의 대문에다 크게 써 붙이기를 '한 명은 죽고 한 명이 살아 있으면 비로소 우정의 진심을 알게 되고, 한 명은 가난하고 한 명이 부유하면 비로소 우정의 태도를 알게 되고, 한 명은 출세하고 한 명이 천해지면 비로소 우정의 진심을 알게 된다'라고 하였다. 급암과 정당시 역시 이와 같으니, 슬프도다!"

---

102) 下邽 : 현 이름으로 京兆尹에 속하며, 지금의 陝西省 渭南縣 동북쪽 50리 지점에 옛 성이 있다.

103) 翟公 : 翟은 성이며, 公은 일반적인 존칭이다. 『漢書』「百官公卿表」에 의하면 元光 5년에 "廷尉翟公"이라고 되어 있으므로, 武帝 때의 사람임을 알 수 있을 뿐이다.

104) 雀羅 : 참새를 잡는 그물을 말한다.

권121「유림열전(儒林[1]列傳)」제61

태사공은 말하였다.

"나는「공령(功令)」[2]을 읽다가 학관(學官)[3]의 장려책에 이르면, 책을 덮고 탄식하지 않은 일이 없다. 슬프구나! 주(周)나라 왕실이 쇠퇴하자 "관저(關雎)"[4]가 지어졌고, 유왕(幽王),[5] 여왕(厲王)[6]이 무도하여 예악은 무너졌다. 제후들은 제멋대로 처신하였고, 국법은 강한 제후국에 의해서 유린되었다. 그러므로 공자(孔子)는 왕도(王道)가 무너지고 사도(邪道)가 흥하는 것을 슬퍼하면서,『시(詩)』와『서(書)』를 재편집하여 예악을 고쳐 진흥시켰다. 제(齊)나라에 가서 "소(韶)"[7]를 듣고 석 달 동안 고기 맛을 몰랐다. 위(衛)나라에서 노(魯)나라로 돌아온 후에 음악을 정비하여, '아(雅)'와 '송(頌)'[8]이 각각 제자리를 찾게 되었다. 그러나 세상이 혼탁하였기 때문에 쓰일 수가 없었고, 이리하여 공자는 70여 명의 임금[9]에게 직접 설득하였으나 받아주는 임금이 없자 '만약 나를 등용하는

1) 儒林 : 儒家의 무리를 지칭하는 말로서, 孔子의 이론을 따르는 학자를 말한다. 이들은 禮樂과 인의를 숭상하고 충서와 중용의 도를 제창하였다. 정치적으로는 덕치와 어진 정치를 주장하고 윤리와 도덕 교육을 중시하였다.

2) 「功令」: 고대 국가에서 學官을 심사하고 등용하는 규율을 말한다.

3) 學官 : '敎官'이라고도 하는데, 이는 교육을 관장하는 관리와 교수를 지칭한다. 특히 漢代에는 五經博士를 처음으로 두었다.

4) "關雎" :『詩』의「周南」에 나오는 것으로『詩』의 첫번째 시이다. "詩序"에서는 이를 后妃의 덕을 읊은 것이라 하였고,『魯詩』에서는 周 康王의 호색을 풍자한 것으로 보았고, 朱熹는 애정적인 민가라고 설명하였다.

5) 幽王 : 周나라 임금 姬宮涅(기원전 781년에서 기원전 771년까지 재위하였다)을 가리킨다. 그는 犬戎에게 피살되었고, 이로써 西周가 멸망하였다.

6) 厲王 : 周나라의 姬胡를 말한다. 탐욕과 폭정으로 나라를 다스렸다. 기원전 842년에 수도에 민란이 일어나자 彘(지금의 山西省 霍縣)로 피신하였다.

7) "韶" : 舜임금의 음악의 곡 이름이다.

8) '雅'와 '頌' :『詩』의 내용으로서 작품들의 성격과 곡조가 상이한 데서 각각 '風(각국의 민가)'과 '雅(周 왕실의 樂歌)' 그리고 '頌(조정의 종묘나 공덕을 기리는 樂歌)'으로 나누었다.

9) 70여 명의 임금 :『孔子家語』에 의하면, 孔子는 일찍이 周, 鄭, 齊, 宋, 曹, 衛,

임금이 있다면 1년이면 될텐데'라고 아쉬워하였다. 그리고 서쪽 지역에서 기린을 잡았다는 소식을 듣자,[10] '내 도(道)는 끝났다'라고 한탄하였다. 이리하여 노나라 사관(史官)의 기록을 바탕으로 『춘추(春秋)』를 지어 임금의 법도로 삼았다. 『춘추』는 그 언사가 정밀하고 내용이 광범하여 후세 학자들은 대부분 이를 본받아 기록하고 있다.

공자가 죽은 후로부터 70여 명의 제자들은 사방의 제후를 유세하였는데, 그들은 높게는 사부(師傅),[11] 경(卿),[12] 상(相)[13]이 되었고, 낮게는 사대부의 친구나 스승이었거나, 또 은거하여 나타나지 않는 자들도 있었다. 자로(子路)[14]는 위(衛)나라에서, 자장(子張)[15]은 진(陳)[16]나라에서, 담대자우(澹臺子羽)[17]는 초(楚)나라에서, 자하(子夏)[18]는 서하(西

陳, 楚, 杞, 莒, 匡 등의 70여 제후국을 방문하였다고 한다.

10) 고대 전설상에 등장하는 기린은 일종의 상상의 동물이며, 신령하고 기이한 모습을 지니고 있어 聖王에 대한 길조로 인식되었다. 孔子는 魯 哀公 14년 봄에 魯나라의 서쪽 지역에서 기린 한 마리를 포획하였다는 소문을 듣고서, 周나라의 법도가 쇠퇴함을 상심하며 상서로움이 끝났다고 느꼈는데, 그러므로 魯나라의 사관이 쓴 『春秋』를 수정하여 '기린을 잡았다'는 말을 결부시켜 절망하였던 것이다.

11) 師傅 : 관직 이름으로서 고대에는 太師, 太傅, 太保, 少師, 少傅, 少保 등이 있었다. 이러한 관직 이름을 통칭하여 '師傅,' '師保,' '保傅'라고 하였다.

12) 卿 : 고대 고급 장관을 지칭하는 직위로서, 西周와 춘추시대 때 天子나 제후 아래에 속한 장관 관료를 모두 '卿'이라고 불렀다. 전국시대에 와서는 上卿, 亞卿 등의 작위를 지칭하게 되었다.

13) 相 : 여기에서는 제후국의 행정장관으로서 宰相급을 말한다. 원래 이 관직 이름은 조정의 최고 행정장관인 丞相의 호칭이었다. 그러나 여기에서는 제후국의 관료를 가리킨다. 漢 초기에는 '相國'이었다가 惠帝 원년(기원전 194년)에 '丞相'으로 개명하였고, 다시 景帝 때 와서 '相'으로 개명하여 조정의 丞相과 구분하였다. 그 지위는 대략 郡 太守에 해당하며, 漢代에는 이를 병칭하여 '郡國守相'이라고 하였다. 여기에 속하는 부관으로는 長史, 少史, 從史, 舍人, 相掾 등이 있다.

14) 子路 : 孔子의 제자로서 魯나라 卞(지금의 山東省 泗水縣) 사람이다. 성은 仲, 이름은 由, 字는 子路였다. 나중에 衛나라의 大夫인 孔悝의 宰를 지내다가, 귀족들의 내분으로 피살되었다.

15) 子張 : 孔子의 제자로서 陳나라 출신이었다. 성은 顓孫, 이름은 師, 字는 子張이었다.

16) 陳 : 춘추시대의 나라 이름으로 지금의 河南省 동부와 安徽省 일부분에 있었다. 도읍지는 宛丘(지금의 河南省 淮陽縣)였다.

17) 澹臺子羽 : 孔子의 제자로서 魯나라의 武城(지금의 山東省 費縣) 사람이다. 성은 澹臺, 이름은 滅明, 字는 子羽였다.

18) 子夏 : 孔子의 제자로서 晉나라의 溫(지금의 河南省 溫縣 서남쪽) 사람이다. 성은 卜, 이름은 商, 字는 子夏였다. 일찍이 衛나라의 西河(지금의 河南省 安陽縣) 일대에서 학문을 폈고, 魏 文侯는 몸소 국정에 대해서 자문하면서 그를 스승의 예로써

河)[19]에서 자리를 잡았고, 자공(子貢)[20]은 제나라에서 일생을 보냈다. 전자방(田子方),[21] 단간목(段干木),[22] 오기(吳起),[23] 금활희(禽滑釐)[24] 등은 모두 자하 부류의 인물로부터 학문을 전수받아 임금의 스승이 되었다. 이무렵 유독 위 문후(魏文侯)[25]만이 학문을 좋아하였다. 그후 세상은 진 시황(秦始皇)에 이르기까지 점차 쇠퇴하였고, 천하는 서로 다투며 전국시대를 이루며 유술(儒術)[26]을 배척하였지만, 제와 노 두 나라만은 학자들이 끊이지 않았다. 제나라의 위왕(威王)과 선왕(宣王)의 시대에는 맹자(孟子), 순자(荀子)와 같은 사람들이 모두 공자의 유업을 본받아 윤색함으로써 학문을 당대에 알렸다.

그런데 진(秦)나라 말기에 이르자, 『시』와 『서』를 불사르고 유가들을 매장시켰는데,[27] '육예(六藝)'[28]는 이로부터 없어졌다. 진섭(陳涉)이 왕

대하였다. 전하는 바에 의하면 『詩』와 『春秋』 등의 儒家 경전들은 그에 의해서 전수되었다고 한다.

19) 西河 : 지금의 河南省 安陽縣.

20) 子貢 : 孔子의 제자로서 衛나라 출신이다. 성은 端木, 이름은 賜, 字는 子貢이었다. 임기응변에 뛰어나 일찍이 齊, 吳 등의 나라에 가서 유세하였다.

21) 田子方 : 魏나라 출신으로 일찍이 魏 文侯의 후대를 받았다.

22) 段干木 : 성이 段干이고 이름이 木으로, 魏나라 출신이다.

23) 吳起 : 전략가로서 衛나라의 左氏(지금의 山東省 曹縣 북쪽) 사람이다. 나중에 楚나라의 令尹을 역임하였고, 楚 悼王을 보필하여 변법을 시행하며 부국강병을 촉진시켰다. 楚 悼王이 죽자 그는 옛 귀족에게 피살당하였다.

24) 禽滑釐 : 나중에 墨家의 대표적인 인물이 되었다.

25) 魏 文侯 : 즉 魏斯를 말한다. 전국시대의 魏나라를 세웠는데, 재위 기간은 기원전 445년에서 기원전 393년까지였다.

26) 儒術 : 즉 儒家 학술을 말한다.

27) 이 일은 秦 始皇 34년(기원전 217년)에 博士 淳于越이 중앙집권적인 군현제를 반대하며 옛 제도를 근거로 하며 영토를 자제에게 분할할 것을 주장하면서 시작되었다. 그러나 丞相 李斯는 이에 반박하여 儒家들의 고답적인 견해와 개인적인 학문으로 국정을 비방하지 못하게 만들고자 하였다. 秦 始皇은 李斯의 건의를 받아들여, 소위 '焚書坑儒'의 명령을 내렸던 것이다. 여기에 해당되는 전적은 『秦記』를 비롯하여 열국들의 역사서들, 博士 이하 관료들이 개인적으로 소장하고 있는 『詩』와 『書』 등이 포함되었다. 그리고 이러한 대상 전적에 대하여 논평을 하는 자는 곳곳에서 피살되었고, 私學이 금지되었을 뿐만 아니라 법령을 다루는 관리를 스승으로 삼도록 강요하였다. 다음해 盧生, 侯生 등의 方士들과 儒生들이 秦 始皇을 비난하였다. 이에 秦 始皇은 御史를 파견하여 조사하게 하였고, 460여 명의 方士와 儒生들이 咸陽에서 사형당하였다.

28) 六藝 : 즉 '六經'을 지칭하는 말로서, 『詩』, 『書』, 『易』, 『禮』, 『樂』, 『春秋』 등 儒家들이 경전으로 삼는 6개의 전적을 말한다.

위에 오르자 노나라의 모든 유생들은 공자의 예기(禮器)를 지니고 진왕(陳王)에게 가서 귀속하였다. 이리하여 공갑(孔甲)[29]은 진섭의 박사(博士)[30]가 되었다가 일생을 진섭과 함께 마쳤다. 진섭은 필부로서 변경으로 유배되는 사람들을 모아서 한 달 만에 초나라에서 왕이 되었으나 반년도 안 되어 멸망하였다. 그가 한 일이란 아주 보잘것없는 것이었는데, 유생들이 공자의 예기를 지니고 나아가 예물을 바치며 신하가 되려고 한 것은 무엇 때문인가? 진(秦)나라가 서적을 불태움으로써 쌓였던 분통을 진왕(陳王)에게서 풀려고 하였음이다.

한 고조(漢高祖)가 항적(項籍)을 무찌르고, 군대를 이끌고 노나라를 포위하게 되었는데, 그 와중에서도 노나라의 여러 유생들은 여전히 예악을 강론하고 암송하여, 현가(弦歌)의 소리가 끊이지 않았다 하니, 어찌 성인이 남긴 교화로서 예악을 좋아하는 나라가 아니겠는가? 그런 까닭으로 공자는 진(陳)나라에 머물면서도 '돌아갈지어다, 돌아갈지어다! 나의 고향[31]에 젊은이들은 진취적인 기상을 가졌고, 찬연히 문장을 이룩하면서도 이를 조절하는 바를 모르고 있다'[32]라고 말하였던 것이다. 대체로 제나라와 노나라 사람들이 학술[33]에 힘쓰는 것은 예부터 타고난 본성이라고 할 수 있다. 그러므로 한(漢)나라가 일어난 뒤에 모든 유가들은 비로소 경서와 예서[34]를 배워 익혔고, 대사례(大射禮),[35] 향음례(鄕飮禮)[36]를 강습할 수 있었다. 숙손통(叔孫通)[37]은 한나라에 예의를 세웠는데,

---

29) 孔甲 : 즉 孔鮒로서 字가 甲이다. 孔子의 8세손이다.

30) 博士 : 고대의 學官 이름으로 전국시대 때부터 유래하였다. 秦에서 漢 나라 초기까지 이 직책은 고금의 역사와 전적을 관장하였다.

31) 周代의 제도에서 500가구를 '黨'이라 하였고, 만 2,500가구를 '鄕'이라 하였는데, 원문에서는 "黨"이라고 쓰여 있다.

32) 이것은 『論語』의 「孔冶長」에 나오는 孔子의 말이다.

33) 원문에서 말하는 "文學"이란 철학, 역사, 문학 등의 저작을 통칭하여 일컬음이다. 따라서 이를 '학술'로 번역하였다.

34) 즉 儒家의 경전인 六經을 말한다.

35) 大射禮 : 제사나 행사를 할 때의 射禮를 말한다. 제후들은 제사를 지냈는데 군신들과 함께 화살을 쏘는 예를 행하였다. 명중시킨 사람은 제사에 참여할 수 있었고, 명중시키지 못한 자는 참여할 수 없었다.

36) 鄕飮禮 : 고대 향학은 3년 만에 졸업하였는데, 그중 우수한 학생은 군주에게로 추천되었다. 이때 고을의 大夫는 중심이 되어 그들과 함께 술자리를 마련한 뒤에 그들을 보냈다.

37) 叔孫通 : 성이 叔孫이고 이름이 通으로, 薛縣(지금의 山東省 滕縣 남쪽) 사람이

이로 인해서 그는 태상(太常)[38]이 되었으며, 함께 힘쓴 제자들도 모두 등용의 대상이 되었다. 이리하여 한 고조는 유림의 쇠퇴를 탄식하고 학술을 부흥시키고자 하였다. 그러나 아직도 무력으로 천하를 평정하고 있었기 때문에, 상서(庠序)[39]의 일을 정비할 겨를이 없었다. 혜제(惠帝)와 여후(呂后) 시대의 공경(公卿)들은 모두 무공을 세운 신하들이었다. 문제(文帝) 시대에 다소 유생들이 등용되기도 하였지만, 문제는 본래 형명(刑名)[40]의 학설을 좋아하였다. 경제(景帝) 시대에 와서는 유가들이 등용되지 않았고, 또 두태후(竇太后) 역시 황로(黃老)의 학설을 좋아하였으므로 여러 박사들은 형식적인 관직으로 대기할 뿐 승진하는 사람이 없었다.

지금의 황제[41]께서 즉위하실 무렵, 조관(趙綰)과 왕장(王臧)[42] 등은 유학에 정통하였고, 또 무제(武帝) 역시 유학에 뜻을 두었는데, 그리하여 방정(方正), 현량(賢良), 문학의 유가들을 부르게 되었다.[43] 이로부터 『시』를 논하는 사람으로는 노나라의 신배공(申培公),[44] 제나라의 원고생(轅固生),[45] 연(燕)나라의 한태부(韓太傅)[46]가 있었고, 『상서(尙

다. 일찍이 秦나라 때 博士를 지냈고, 나중에 漢 高祖에게 귀속하여 博士가 되어 稷嗣君으로 칭해졌다. 漢나라가 건국되자 그는 다른 유생들과 함께 조정의 의식을 세웠다. 나중에는 太子의 太傅를 맡았다.

38) 太常 : 관직 이름으로 秦代에는 '奉常'을 두었고, 漢 景帝 때에는 '太常'으로 개명하였다. 종묘사직을 관장하고 博士를 선출하는 일을 맡았다. 九卿 중의 하나이다.

39) 庠序 : 고대의 학교에 해당하는 명칭들이다. 夏나라 때는 '校'라고 하였고, 殷나라 때는 '序'라고 불렀으며, 周나라 때는 '庠'이라고 하였다. 특히 '庠序'는 시대순서를 역접시킨 명사임에 주의할 필요가 있다.

40) 刑名 : '形名'이라고도 하는데, 원래 형체(실제)와 명칭을 지칭하였다. 先秦시대의 法家들은 刑名과 法術을 연결시켜서 법령, 명분, 언론 등을 폈다. 명분을 따르고 실질을 질책하여 상을 신중히 내리고 벌을 밝힐 것을 주장하였다.

41) 漢 武帝 劉徹을 지칭한다. 기원전 141년에서 기원전 87년까지 재위하였다. 권12 「孝武本紀」 참조. 이하에서는 '武帝'라고 한다.

42) 趙綰, 王臧 : 이들은 모두 武帝 당시에 유명한 유학자들이다. 이들에 대한 사적이 이번 권에 상세히 나와 있다.

43) 漢 文帝는 정치의 득실을 알아보려고 각지에서 賢良과 方正한 儒家를 초청하여 직언하게 하였는데, 그중에 선별하여 관직을 주었다. 漢 武帝 때에도 다시 각지에서 뛰어난 儒家들을 등용하였는데, 賢良, 方正, 文學 등의 簡稱을 부여하였다. 이들은 그 명칭은 서로 상이하나 본질적으로 儒家 사상이라는 점에서 같다.

44) 申培公 : 성이 申이고 이름이 培이며 公은 존칭이다. 魯(지금의 山東省 曲阜市 일대) 출신. 『詩』에 대한 학파인 '魯詩學'의 창시자. 文帝 때 博士가 되었다.

45) 轅固生 : 성이 轅이고 이름이 固이며 生은 존칭이다. 齊(지금의 山東省 淄博市 일

書)』를 강론한 사람으로는 제남(濟南)의 복생(伏生)[47]이 있었다. 『예(禮)』를 강론한 사람은 노나라의 고당생(高堂生)[48]이고, 『역경(易經)』을 강론한 사람은 치천(菑川)[49]의 전생(田生)이며, 『춘추』를 강론한 사람은 제나라와 노나라에서는 호무생(胡毋生)[50]이고, 조(趙)나라에서는 동중서(董仲舒)[51]였다. 두태후가 죽게 되자, 무안후(武安侯) 전분(田蚡)[52]이 승상(丞相)이 되어, 황로(黃老)와 형명(刑名) 백가(百家)의 학설을 배격하고, 유학자 수백명을 초청하였는데, 공손홍(公孫弘)[53]은 『춘추』로써 한낱 평민에서 천자의 삼공(三公)[54]에 오르고 평진후(平津侯)에 봉해졌다. 이로써 천하에서 학자들은 일제히 유학에 쏠리게 되었다.

공손홍은 학관(學官)이 되어 도(道)[55]가 침체한 것을 한탄하며 다음과 같이 간청하였다.

승상과 어사대부(御史大夫)[56]의 말에 따르면, 조칙에 '백성을 교도하는 데

대) 출신. 『詩』에 대한 학파인 '齊詩學'의 창시자. 景帝 때 博士를 지냈다.

46) 韓太傅 : 성이 韓이고 이름이 嬰이며 太傅는 관직 이름이다. 燕(지금의 北京市 일대) 출신. 『詩』에 대한 학파인 '韓詩學'의 창시자. 文帝 때 博士를 지냈고, 景帝 때 常山王 劉舜의 太傅가 되었다. 저서로는 『韓詩內傳』과 『韓詩外傳』이 있다.

47) 伏生 : 성이 伏이고 이름이 勝이며 生은 존칭이다. 濟南(지금의 山東省 章丘 일대) 출신. 오늘날 전하는 『尙書』(28편)의 최초의 전수자이다. 西漢代 『尙書』를 논하는 학자들은 모두 그의 문하생들이다.

48) 高堂生 : 성이 高堂이고 字가 伯이며 生은 존칭이다. 魯나라 출신으로 오늘날 전하는 『禮』(17편)의 최초의 전수자이다.

49) 菑川 : 봉지 이름으로 지금의 山東省 壽光縣 경계 지역에 있었다.

50) 胡毋生 : 성이 胡毋이고 字가 子都이며 生은 존칭이다. 齊나라 출신으로 『春秋公羊傳』에 통달하여 景帝 때 博士가 되었다.

51) 董仲舒(기원전 179-기원전 104년) : 廣川(지금의 河北省 棗强縣 동쪽) 사람이다. 『春秋公羊傳』을 연마하였다. 武帝가 賢良과 文學의 儒家를 등용할 때 그는 儒家 사상의 중요성을 건의하여 설득시켰다. 이 이후 2,000년 동안 봉건제도하에서 유학을 정통의 지위로 올려놓는 데 일익을 담당하였다. 저서로는 『春秋繁露』와 『董子文集』이 있다.

52) 田蚡 : 長陵(지금의 陝西省 咸陽市 동쪽) 사람으로 漢 景帝 황후의 동생이다. 유학을 좋아하며 武帝 때 武安侯로 봉해졌고 太尉가 되었다가 丞相의 직위에까지 올랐다. 권107 「魏其武安侯列傳」 참조.

53) 公孫弘(기원전 200-기원전 121년) : 菑川 薛 출신으로 『春秋公羊傳』을 연마하였고 五經博士와 子弟員을 둘 것을 건의하였다. 법과 정치에 뛰어난 재능을 보여 丞相이 되고 平津侯에 봉해졌다.

54) 三公 : 西漢 시대에는 丞相, 太尉, 御史大夫를 총칭하여 일컬었다.

55) 道 : 여기에서는 일련의 정치주장이나 사상체계로서의 도를 말하는 것으로, 곧 儒家의 도리와 주장을 일컫는다.

에는 예(禮)로써 하고, 감화시키는 데에는 음악으로써 한다고 들었다. 혼인이란 부부관계를 맺는 윤리 대강이다. 지금 예는 폐지되었고 음악은 무너져 짐은 심히 이를 슬퍼하고 있다. 그래서 천하에 방정하고 박식한 학자들을 빠짐없이 불러 모두 조정에다 등용시켰다. 예관(禮官)[57]에게 학문을 권장하도록 명하는 것은, 강론과 토의를 통해서 학문을 널리 보급하고 예를 일으켜 천하의 본보기가 되게 하려는 것이다. 태상(太常)은 박사 및 그 제자들과 의논하여, 향리의 교화를 숭상함으로써 현명한 인재들을 많이 배출시켜라'고 하셨습니다. 그래서 태상인 공장(孔臧)과 박사인 평(平) 등이 삼가 의논하기를 '삼대(三代)[58]에는 도로써 향리마다 교육기관이 있었던 바, 하(夏)나라 때에는 교(校), 은(殷)나라 때에는 서(序), 주(周)나라 때에는 상(庠)이라 불렀다고 하며, 선을 권장할 경우에는 조정에서 표창하고, 악을 징계할 경우에는 형벌을 가하였다고 한다. 그러므로 교화를 시행하려면 본보기를 세워 도읍지부터 시작하여 안에서 밖으로 이르게 해야 된다'라고 하였습니다. 지금 폐하께서는 최고의 덕을 제고시켜 크게 밝힘을 보이시고, 천지를 맞이하시고, 인륜에 근거하시고, 학문을 권장하고 예를 닦으시고, 교화를 숭상하고 어진 선비를 격려하시어, 사방을 통솔하심으로써 태평의 근원이 되십시오. 옛날에는 정교(政敎)가 미흡하여, 예가 미비하였습니다. 바라옵건대 예로부터의 관제를 바탕으로 이를 부흥시키도록 허락하십시오. 박사의 직책에 제자 50명을 두게 하시고, 그들에게 요역(徭役)을 면제시켜주십시오. 태상은 18세 이상으로 풍모와 행실이 단정한 사람을 뽑아 박사를 보필하는 제자가 되게 해야 합니다. 군(郡), 국(國), 현(縣), 도(道),[59] 읍(邑)[60]에 학문을 좋아하고 어른을 공경하며, 정교를 잘 지키고 향리의 관례에 잘 순종하며, 언행과 품행이 듣는 바와 같은 자가 있으면, 현령(縣令), 제후국의 상(相), 현장(縣長) 및 현승(縣丞)[61]들

56) 御史大夫 : 관직 이름으로 秦代부터 설치되어 있었고, 漢代에는 丞相 다음가는 조정의 최고 관직이었다. 주요 직책은 관리들의 탄핵과 감찰을 관장하였고, 또 중요한 문건과 도서를 관할하였다.

57) 禮官 : 교화와 예의를 담당하는 관리를 말한다.

58) 三代 : 여기에서는 夏, 殷, 周 나라를 지칭한 것이다.

59) 道 : 여기에서는 소수민족이 모여 사는 縣을 말한다.

60) 邑 : 여기에서는 황제, 后妃, 공주의 봉지인 湯沐邑을 지칭한 것이다.

61) 縣에는 秦代에 처음 두었던 관직 이름으로 縣令과 縣長이 있었다. 漢代에는 縣의 영역, 즉 萬戶를 기준으로 그 이상이 사는 縣에는 縣令을 두었는데 1,000石에서 600石까지의 직급에 해당하였고, 그 이하의 주민이 사는 縣에는 縣長을 두어 500石에서 300石까지 직급에 해당하였다. 한편 縣의 보좌관에 해당하는 관직인 縣丞은 전국시대와 秦代에도 있었고, 漢代에는 '長吏'라고도 부르며 비서관에 해당하는 직책을 맡

은 직속 상관인 2,000석(二千石)[62]에게 상신(上申)하고, 2,000석은 가능성이 있는 자를 신중히 가려내어 계리(計吏)[63]와 함께 태상에게로 보내어, 제자들과 똑같이 학업을 받게 하는 것입니다. 1년이 지나 모두 시험을 거쳐, 한 가지 분야 이상에 능통하게 되면, 문학(文學),[64] 장고(掌故)[65]의 결원에 충원시킵니다. 그 가운데 낭중(郎中)[66]이 될 만한 뛰어난 자가 있으면, 태상이 명부를 작성하여 보고토록 합니다. 만일 남다른 수재(秀才)[67]가 있으면 그때마다 그의 이름을 보고토록 합니다. 그 가운데 학업에 힘쓰지 않고 재능이 부족하여 한 가지 분야에도 능통할 수 없으면 즉각 배제시키고, 또 부적격한 자를 많이 추천한 사람을 처벌해주십시오. 신들이 삼가 지금까지 공포된 조서와 율령들을 살펴보건대, 천인(天人)[68]의 구분을 명확히 하셨고, 고금의 의(義)에 통달하셨으며, 문장은 올바르고, 훈령은 심오하며, 은덕은 매우 훌륭하셨습니다. 그러나 그 아래의 벼슬아치들은 견문이 얕아서 구현하지도 못하고, 밝게 펴서 백성들을 깨우쳐주지도 못하고 있습니다. 치례(治禮)[69] 다음으로 장고(掌故)의 인재를 선발하였는데, 그들은 학문과 예의로써 관리가 되었으나 승진의 길은 막혀 있습니다. 바라옵건대 그들 중 직급이 비200석(比二百石)[70] 이상에서 100석까지의 관리로서 한 분야 이상에 능통한 자를 선발하여, 좌우 내사(左右內史),[71] 대행(大行)[72]의 졸사(卒史)[73]에 임명하시고, 비100석(比百石)[74]

았다. 주로 그 지역 출신이 맡았다.

62) 二千石 : 여기에서는 漢代의 郡 太守나 國相 등에 대한 관직 이름으로 사용하였다. 漢代의 봉록체계에 대해서는 권120 「汲鄭列傳」의 〈주 30〉 참조.

63) 計吏 : 郡, 國에서 지방 정치상황의 문서를 보고하는 관리이다.

64) 文學 : 관직 이름으로 郡, 國에서 학술에 관한 일을 관장하는 博士를 가리킨다.

65) 掌故 : 太常에 소속된 관리로 '掌固'라고도 한다. 국가의 법률제도의 역사적 사실을 담당하였다. 직급은 100石이었다.

66) 郎中 : 전국시대 趙, 韓, 齊, 秦, 楚 등의 나라마다 조정에 모두 이 관직 이름을 두어 임금을 侍衛하게 하였다. 秦漢 시대에는 郎中令의 부관으로서 比300石의 직급이었고, 龍車, 乘馬, 문호, 출입 등 분담하여 시중을 드는 직책이었다. 이 관직은 궁궐 안에서 거주하였으므로 郎中이라고 불렀다.

67) 秀才 : 재능이 뛰어난 자에 대한 통칭으로 사용되었고, 漢代 이래로 과거시험의 과목 중의 하나가 되었다. 여기에서는 재능이 특별하게 뛰어난 자를 지칭한 것이다.

68) 天人 : 즉 天道와 人道를 말하는 것으로, 자연의 섭리와 인간의 일을 일컫는다.

69) 治禮 : 大行에 소속된 관리로, 예의를 담당하였다.

70) 比二百石 : 漢代의 관리에 대한 직급으로서 200石보다 낮다. 권120 「汲鄭列傳」의 〈주 30〉 참조.

71) 左右 內史 : 漢代 京畿 지역을 관장하는 지방장관으로, 나중에는 左馮翊, 京兆尹으로 바뀌었다. 직급은 2,000石에 해당하였다.

72) 大行 : 周代에 처음 개설된 관직 이름으로, 주로 빈객을 접대하는 직책을 맡았다.

이하는 군(郡) 태수의 졸사에 임명하시되, 모든 군에는 2명씩으로 하고, 변방에 있는 군에는 1명씩으로 하십시오. 경서를 많이 암송하는 사람을 우선적으로 채용하고, 만일 인원이 부족하면 장고에서 선발하여 중2,000석(中二千石)[75]의 부관으로 충원하며, 또한 문학과 장고에서 선발하여 군(郡)의 부관으로 충원하면서 예비 인원을 두십시오. 바라옵건대 이를 「공령(功令)」에 기재하십시오. 기타의 것은 율령대로 하면 되옵니다.

무제는 칙명으로 '그렇게 하라'는 재가를 내렸고, 이후부터 공경(公卿), 대부(大夫), 사(士), 이(吏)에는 학술적인 선비가 두드러지게 많아졌다."

신공(申公)은 노나라의 사람이다. 한 고조가 노나라를 지나게 되었는데, 신공은 그의 스승[76]을 따라 제자로서 노나라의 남궁(南宮)에서 고조를 알현하였다. 여태후 시대에 신공은 장안으로 유학을 와서 유영(劉郢)[77]과 함께 같은 스승[78]에게서 배웠다. 그 뒤 유영이 초왕(楚王)이 되자 초왕은 신공에게 태자 무(戊)를 가르치게 하였다. 무는 학문을 좋아하지 않아 신공을 미워하였다. 유영이 죽고 무가 왕위에 오르자, 신공을 서미(胥靡)[79]가 되게 하였다. 신공은 이를 수치스럽게 여겼고, 노나라로 돌아와서 제자들만 가르치며 평생 문밖 출입을 하지 않았으며, 또한 빈객의 방문을 거절하였는데, 단지 제후[80]의 초청에만 나아갔다. 제자들 중

漢 景帝 中元 6년(기원전 144년)에 大行令으로 바뀌었다가, 武帝 太初 원년(기원전 104년)에 大鴻臚로 바뀌었다. 한편 고대 황제나 황후자 죽은 직후 시호가 결정되기 전에 부르는 별칭이기도 하였다.

73) 卒史 : 일반적으로 卿이나 郡守에게 예속된 하급 관리를 지칭한다. 秦漢代에는 郡의 주요 관료급들은 각각 卒史를 두었다. 그 직급은 100石으로 주로 郡 관청의 민원업무를 처리하는 직책을 맡았다.

74) 比百石 : 漢代의 관리에 대한 직급으로서 100石보다 낮으며, 관리로서는 가장 말단에 해당된다. 권120 「汲鄭列傳」의 〈주 30〉 참조.

75) 中二千石 : 여기에서는 九卿을 지칭한 것이다. 직급으로 보면 매우 높은 봉록을 받는 관료를 말한다. 이에 해당하는 직위는 丞相을 비롯한 三公과 九卿이다. 권120 「汲鄭列傳」의 〈주 30〉 참조.

76) 申公의 스승인 齊나라 출신 浮丘伯을 지칭한 것이다.

77) 劉郢 : 漢 高祖의 아우로 楚 元王 劉交의 아들이다.

78) 그 당시 浮丘伯은 長安으로 와서 학술을 강론하며 제자를 두고 가르쳤다.

79) 胥靡 : '縃靡'라고도 하는데, 고대에 노예에 대한 호칭으로, 끈으로 포박하여 강제로 노동하게 하였다. 이것은 漢代에 일종의 노동의 형벌을 받는 범법자에 대한 별칭으로 사용되었다.

에 먼 지방에서 찾아와 학업을 받는 자가 백여 명이 넘었다. 신공은 다만 『시』를 가르칠 뿐, 해석한 책은 만들지 않았고, 의심스러운 시는 빼버리고 전하지 않았다.

난릉(蘭陵)[81]의 왕장(王臧)은 신공에게 『시』를 배웠고, 경제를 섬겨 태자소부(太子少傅)[82]가 되었다가 면직되어 물러났다. 무제가 즉위하자 왕장은 글을 올려 숙위관(宿衛官)[83]이 되었는데, 계속 승진하여 1년 동안에 낭중령(郎中令)[84]까지 올랐다. 그리고 대(代)[85]나라의 조관(趙綰)도 일찍이 『시』를 신공에게 배웠는데, 그는 어사대부가 되었다. 조관과 왕장은 천자에게 주청하여 명당(明堂)[86]을 세워 제후들을 입조하도록 하려 하였으나 그 일을 성사시킬 수 없게 되자, 이에 스승인 신공을 천거하였다. 그래서 무제는 속백(束帛)[87]에 구슬을 첨가한 예물을 사신에게 주어 사두마차인 안거(安車)[88]로 신공을 모셔오도록 하였는데, 이때 제자 두 사람이 역마차로 따라왔다. 그들은 도착하여 천자를 알현하였다. 무제는 치란(治亂)에 대해서 물었는데, 신공은 그때 나이 여든이 넘은 노인이었지만, "옳은 정치는 말을 많이 하는 데 있지 않고 다만 얼마나 힘써 실천하느냐에 달려 있습니다"라고 대답하였다. 그 당시 무제는 문사(文詞)[89]를 좋아하던 터라, 신공의 대답을 듣고서 침묵하였다. 그러나 이미 초빙하였으므로 태중대부(太中大夫)[90]로 삼고, 노왕(魯王)의 저택[91]에

80) 그 당시 魯 지역의 제후는 恭王 劉餘였다.

81) 蘭陵 : 현 이름으로 지금의 山東省 棗莊市 동남쪽에 있었다.

82) 太子少傅 : 관직 이름으로 太子를 보필하며 가르치는 직책을 맡았다.

83) 宿衛官 : 궁궐을 호위하는 직책의 관리에 대한 총칭이다.

84) 郎中令 : 관직 이름으로 秦代부터 漢代 초기까지 계속 유지되었는데, 황제의 측근에서 보필하는 고위 관직이었다. 그 아래에는 大夫, 郎, 謁者 및 期門, 羽林宿衛官 등이 있었다.

85) 代 : 제후국으로 그 영토는 지금의 山西省 북부와 河北省 서북부 그리고 내몽고 자치구 동남부 일대였다. 원래 도읍지는 代(지금의 河北省 蔚縣 동북쪽)였으나, 漢文帝 때 中都(지금의 山西省 平遙縣 서남쪽)로 옮겼다.

86) 明堂 : 고대에 황제들이 국정을 펴는 곳으로, 대체로 국정회의, 제사, 시상, 임관, 養老, 敎學 등의 큰 행사들을 모두 이곳에서 거행하였다.

87) 束帛 : 고대에 초빙하거나 포상할 때 내리는 예물을 말한다. 세 마 여섯 자가 되는 비단의 양 끝을 한 필로 묶었는데, '束帛'이란 이렇게 다섯 필을 한데 묶은 것을 말한다.

88) 安車 : 안전하게 앉을 수 있는 일종의 馬車를 말하는데, 이것은 현인에 대한 존경을 표시하는 접대 방식 중의 하나였다.

89) 文詞 : 문장의 文彩를 일컫는다.

묵게 하고 명당에 관한 일을 의논하게 하였다. 두태후는 노자(老子)의 학설에 심취하여 유학을 좋아하지 않았으므로, 조관과 왕장의 과오를 찾아내어 무제를 책망하였고, 무제는 이로 인해서 명당에 관한 일을 중단하고, 조관과 왕장을 형리에게 모두 맡겼는데, 그후 두 사람은 자살하였고, 신공도 이내 파면되어 귀향하였다가 몇년 안 되어 죽었다.

그의 제자들 중에는 박사가 된 사람들이 10여 명 있다. 공안국(孔安國)[92]은 임회(臨淮)[93]의 태수, 주패(周霸)는 교서(膠西)[94]의 내사(內史),[95] 하관(夏寬)은 성양(城陽)[96]의 내사, 탕(碭)[97] 출신인 노사(魯賜)는 동해(東海)[98]의 태수, 난릉(蘭陵) 출신의 무생(繆生)은 장사(長沙)[99]의 내사, 서언(徐偃)은 교서(膠西)의 중위(中尉),[100] 추(鄒)[101] 출신인 궐문경기(闕門慶忌)[102]는 교동(膠東)[103]의 내사가 되었다. 그들은 관민을 통치하면서 항상 청렴하고 검소하여 학문을 하는 사람다웠다. 신공의 제자들로서 학관이 된 사람들의 덕행은 비록 미비하였지만, 그래도 대부, 낭중, 장고에까지 오른 자가 약 100명이나 되었다. 그들의 『시』에

90) 太中大夫 : 관직 이름으로 의론을 주로 하는 고문에 해당하는 관리이다.
91) 魯王의 저택 : 고대에는 京師에 天子를 알현하러 오는 각국의 제후가 묵을 수 있는 숙소가 있었는데, 여기서는 魯나라의 제후가 사용하였던 숙소를 지칭한 것이다.
92) 孔安國 : 儒家의 이론가이다. 전하는 바에 의하면 그는 孔子의 집 벽에 수장되어 온 古文『尙書』를 취득하여 '古文尙書學派'를 이루었다. 그러나 이후 학자들에게 인정을 받지 못하였다.
93) 臨淮 : 군 이름으로 지금의 安徽省과 江蘇省의 경계 지역 일대에 있었다. 관할지는 徐縣(지금의 江蘇省 泗洪縣 남쪽)이었다.
94) 膠西 : 제후국의 이름으로 지금의 山東省 膠河 서쪽 일대에 있었다. 관할지는 高密(지금의 山東省 高密縣 서남쪽)이었다.
95) 內史 : 西漢 초기에 제후국에는 內史를 두어 민정을 담당하게 하였다.
96) 城陽 : 군 이름이면서 제후국 이름으로, 위치는 지금의 山東省 莒縣 일대였고 관할지는 莒縣이었다.
97) 碭 : 군 이름이면서 현 이름으로 위치는 지금의 河南省, 山東省, 安徽省이 교차하는 지역이었다. 관할지는 碭縣(지금의 河南省 永城縣 동북쪽)이었다.
98) 東海 : 군 이름으로 위치는 지금의 山東省 남부와 江蘇省 북부에 있었다. 관할지는 郯縣(지금의 山東省 郯城縣 북쪽)이었다.
99) 長沙 : 제후국 이름으로 지금의 湖南省 동부와 남부 廣東省, 廣西省 壯族 자치구가 교차하는 지역에 있었다. 관할지는 臨湘(지금의 湖南省 長沙市)이었다.
100) 中尉 : 관직 이름으로 제후국의 군사 업무를 주관하였다.
101) 鄒 : 현 이름으로 위치는 지금의 山東省 鄒縣이다.
102) 闕門慶忌 : 성이 闕門이고 이름이 慶忌이다.
103) 膠東 : 제후국 이름으로 위치는 지금의 山東省 平度縣 일대에 있었다. 관할지는 卽墨(지금의 平度縣 동남쪽)이었다.

해석은 비록 달랐지만, 대부분이 신공의 견해에 근거한 것이었다.

청하왕(淸河王)[104]의 태부(太傅) 원고생(轅固生)은 제나라 사람이다. 『시』에 정통해서 경제 때 박사가 되었다. 그는 경제 면전에서 황생(黃生)과 논쟁한 적이 있었다. 황생이 말하기를 "탕왕(湯王)과 무왕(武王)은 천명을 받은 것이 아니라 자기의 군주를 시해한 것입니다"라고 하자, 원고생은 "그렇지 않습니다. 대체로 걸왕(桀王)[105]과 주왕(紂王)[106]은 잔학하고 난잡하여, 천하의 민심이 모두 탕왕과 무왕에게로 귀속하였던 것입니다. 탕왕과 무왕은 천하 인심과 더불어 걸왕과 주왕을 쳤던 것입니다. 걸왕과 주왕의 백성들은 군주의 부림을 받지 않고 탕왕과 무왕에게 귀속하였으므로, 탕왕과 무왕은 하는 수 없이 즉위하였는데, 이것이 천명이 아니고 무엇이겠습니까?"라고 대답하였다. 황생은 "모자는 비록 닳아도 반드시 머리에 쓰는 것이고, 신은 새것이라도 반드시 발에 끼우는 것입니다. 그 이유는 상하의 구분이 있기 때문입니다. 걸왕과 주왕이 왕도를 잃었을지라도 역시 군주입니다. 탕왕과 무왕이 성인이었을지라도 역시 신하입니다. 군주가 실정(失政)하면 신하는 바른말로 시정하여 군주를 받들어야 하는데, 도리어 실정 때문에 군주를 죽이고, 대신 남쪽을 바라보며 즉위하였던 것[107]은 시해한 것이 아니고 무엇입니까?"라고 반문하였다. 원고생은 "반드시 말한 대로라면, 고조께서 진나라를 대신하여 천자의 자리에 오른 것도 부당한 것이오?"라고 물었다. 이리하여 경제는 "고기는 먹고 말의 간[108]은 먹지 않았다고 해서, 고기 맛을 모른다고 할 수는 없소. 학문을 논하는 자가 탕왕과 무왕의 천명을 논하지 않는다고 해서, 어리석다고 할 수는 없소"라고 하며 논쟁을 중단시켰다. 이후 학자들은 천

104) 淸河王 : 즉 漢 景帝의 아들 劉乘을 말한다. 淸河는 제후국 이름으로 위치는 지금의 河北省과 山東省이 교차하는 지역에 있었다. 관할지는 淸陽(지금의 河北省 淸河縣 동남쪽)이었다.

105) 桀王 : 夏나라의 마지막 임금으로 폭정으로 일관한 폭군이었다. 나중에 商나라를 세운 湯王에게 패망하여 남쪽으로 달아나다가 죽었다.

106) 紂王 : 商나라의 마지막 임금으로 일찍이 東夷를 정벌하였고, 충신이었던 比干과 梅伯 등을 죽이고 周 文王을 감금하였다. 나중에 周 武王에게 패망하여 스스로 불에 타 죽었다.

107) 고대에는 天子의 즉위식 때 남쪽을 바라보았다.

108) 전하는 바에 의하면 말의 간에는 독성이 있어서 먹으면 치명적이라 하였다.

명과 시해에 대해서 감히 밝히려고 하지 않았다.

두태후가 『노자(老子)』의 문장을 좋아하여, 원고생을 불러 『노자』의 문장에 대해서 물은 적이 있었다. 원고생이 대답하기를 "이것은 무식한 하인의 말일 뿐입니다"라고 하였다. 태후는 화가 나서 "어떻게든 사공(司空)[109]의 성단서(城旦書)[110]를 받도록 하겠노라"고 하였다. 이에 원고생더러 권(圈)[111]으로 들어가 돼지를 찔러 죽이게 하였다. 경제는 태후의 화풀이와 원고생의 직언이 무죄임을 알고, 이에 원고생에게 예리한 칼을 건네주어 돼지를 찌르게 하였는데, 그는 정확히 심장을 찔러 단번에 돼지를 넘어뜨렸다. 태후는 잠자코 있었고, 다시 죄를 내릴 수 없자 그만두었다. 얼마 안 되어 경제는 원고생을 청렴하고 정직하다고 생각하여 청하왕의 태부로 승진시켰다. 그는 한참 지나서 병으로 벼슬을 그만두었다.

무제는 즉위 초기에 원고생을 다시 현량(賢良)으로 불러들였다. 원고생을 미워하고 있던 모든 선비들은 "원고생은 늙었습니다"라고 헐뜯어 그를 돌려보내고 말았다. 그때 원고생은 이미 아흔이 넘었다. 원고생의 초빙 때, 설(薛)[112]의 공손홍도 역시 초빙되었는데, 그는 원고생을 두려운 눈빛으로 대하였다. 이에 원고생은 "공손자(公孫子)여, 정학(正學)[113]에 힘쓰며 정견을 펴야지, 곡학(曲學)[114]으로 세상에 아부하지 마시오!"라고 경고하였다. 이후부터 제나라에서 『시』를 논하는 사람들은 모두 원고생에 근거하였다. 제나라 사람으로서 『시』로 귀족이 된 자들은 모두 원고생의 제자들이었다.

한생(韓生)은 연나라 사람이다. 그는 문제 때 박사가 되었고, 경제 때 상산왕(常山王)[115]의 태부가 되었다. 한생은 『시』의 뜻을 부연하여 『내외

---

109) 司空 : 형벌을 담당하는 관리를 지칭한다.

110) 城旦書 : 秦漢代의 형벌의 하나이다. 죄수에게 처벌하는 방편으로 야간에도 성을 쌓게 하였다.

111) 圈 : 짐승의 우리를 일컫는다.

112) 薛 : 읍 이름으로 지금의 山東省 滕縣 남쪽에 있었다.

113) 正學 : 漢 武帝 때에는 여러 사상가들을 배척하고 유학을 숭상하였는데, 여기에서 '正學'이란 儒家 학설을 지칭한 것이다.

114) 曲學 : '왜곡된 학문'이란 뜻으로 그 당시 正學인 유학과 구별하여 사용하였다.

115) 常山王 : 즉 漢 景帝의 아들 劉舜을 말한다. 常山은 제후국 이름으로 위치는 지금의 河北省 서부에 있었다. 관할지는 元氏(지금의 河北省 元氏縣 서북쪽)였다.

전(內外傳)』[116] 수만 언(言)을 지었는데, 그 견해가 제와 노 나라의 것[117]과는 많이 달랐으나 결국 그 귀결점은 같았다. 회남의 비생(賁生)[118]이 이를 전수하였다. 이후로 연나라와 조(趙)나라에서 『시』를 논하는 사람은 한생으로 말미암은 것이다. 한생의 손자인 상(商)은 무제 때 박사가 되었다.

복생(伏生)은 제남 사람이다. 원래는 진(秦)나라의 박사였다. 문제 때 『상서』에 능통한 사람을 찾았으나 천하에서 아무도 찾지 못하다가, 이에 복생이 잘 안다는 소문을 듣고 그를 초빙하려 하였다. 이때 복생은 아흔이 넘었고 늙어서 다닐 수가 없었다. 그래서 태상을 불러 장고(掌故)인 조조(朝錯)[119]를 파견시켜 그에게 전수받게 하였다. 진나라의 분서갱유 때에 복생은 벽에 『상서』를 숨겼다. 그후 전쟁이 크게 일어나 유랑하다가, 한나라가 천하를 평정하자 복생은 그 책을 찾았으나, 몇십편이 분실되고 단지 29편만을 구해서, 제나라와 노나라에서 가르쳤던 것이다. 학문하는 자는 이로 인해서 『상서』를 논할 수 있었고, 산동(山東)[120]의 많은 대학자들은 『상서』를 언급하지 않으며 가르치는 사람이 없었다.

복생은 제남의 장생(張生)과 구양생(歐陽生)[121]을 가르쳤는데, 구양생은 천승(千乘)[122]의 예관(兒寬)[123]을 가르쳤다. 예관은 『상서』에 통달하

116) 『內外傳』: 즉 『韓詩內傳』과 『韓詩外傳』을 지칭한 것이다.

117) 즉 齊나라의 轅固生을 시조로 삼는 詩經學派와 魯나라의 申培公을 시조로 삼는 詩經學派 등의 견해를 말한다.

118) 賁生 : 성이 賁이고 이름은 전하지 않는다.

119) 朝錯(기원전 200-기원전 154년) : 즉 景帝 때 대신이 된 晁錯를 말하는데, 그는 潁川(지금의 河南省 禹縣) 사람이다. 나중에 太子(즉 景帝)의 家令이 되었는데, 깊은 신임과 총애를 받아 '智囊'이라고 불렸다. 景帝가 즉위하면서 그를 內史, 御史大夫에까지 승진시켰다. 그는 御史大夫로 있으면서 농업과 상업을 권장하는 정책을 폈고, 많은 법령을 정립시켰다. 그리고 병사를 변방으로 집결시켜 수비에 충실하게 하였고, 제후들의 봉지를 점진적으로 회수하여 중앙집권의 기반을 공고히 하였다. 오래지 않아 吳와 楚 등의 제후국에서 '임금의 측근을 숙청한다'는 명목으로 반란을 일으키자, 그의 政敵인 袁盎 등의 음모로 인해서 피살되었다.

120) 山東 : 여기에서는 지역 이름으로 崤山이나 華山의 동쪽 지역을 일컫는 말이다. 그 당시의 關東(函谷關의 동쪽 지역)과 같은 뜻으로 사용하였다.

121) 歐陽生 : 성이 歐陽이고 字는 和伯이었다. 千乘 사람으로 西漢의 尙書學派인 '歐陽學'의 창시자이다.

122) 千乘 : 군 이름이면서 현 이름으로 지금의 山東省 북부에 있었다. 관할지는 千乘(지금의 山東省 高靑縣 동북쪽)이었다.

여, 문학 분야에서 군의 추천을 얻어 박사의 수업을 받았는데, 이때 공안국에게 배웠다. 예관은 가난하여 학비를 댈 수 없었는데, 항상 학생 도양(都養)[124]을 맡았고, 때로는 남몰래 날품팔이를 하며 옷과 식사를 제공받았다. 일할 때도 책을 휴대하였다가 쉬는 시간이면 이를 익히곤 하였다. 그후 그는 시험성적의 순위에 의해서 정위(廷尉)[125]의 사(史)[126]에 임명되었다. 이때 장탕(張湯)이 유학을 장려하던 터라 예관을 주얼연(奏讞掾)[127]으로 등용하였고, 기존의 법률로써 의혹의 큰 사건을 판결할 수 있게 되자 예관을 총애하였다. 예관은 사람됨이 온순하고 선량하며 청렴하고 지혜로우며 지조가 있고 문장력이 뛰어났다. 상소문을 쓰는 데에도 문장에는 총민함이 엿보였으나, 언변으로는 분명히 표현하지 못하였다. 장탕은 그를 훌륭한 인물로 여기고 자주 칭찬하였다. 장탕이 어사대부가 되자 자기의 부관으로 예관을 천자에게 천거하였다. 천자는 그를 만나보고 기뻐하였다. 장탕이 죽은 지 6년 만에 예관은 어사대부에 올라, 9년 동안 현직에 있다가 죽었다. 예관은 삼공의 지위에 있으면서, 온화하고 어진 성품으로 천자의 뜻을 받들어 오래도록 그 자리를 지켰다. 그러나 시정을 요구하는 간언이 없었으므로 부하 관리들이 그를 만만하게 보고 힘을 다해서 일하지 않았다. 장생 또한 박사가 되었다. 복생의 손자가 『상서』를 잘 안다고 해서 초빙하였으나 총명하지는 못하였다.

이 이후로 노나라의 주패와 공안국, 낙양(雒陽)[128]의 가가(賈嘉)[129] 등이 상당히 『상서』에 통달한 사람들로 알려졌다. 공안국은 고문(古文) 『상서(尙書)』[130]를 가지고 있다가, 금문(今文)[131]으로 고쳐 썼는데, 이로

123) 兒寬 : 나중에 左內史, 御史大夫가 되었다. 일찍이 鄭나라 연안에서 '六輔渠'를 개발하여, 농사에 관개의 효율을 확대시켰다. 또 司馬遷과 함께 '太初曆'을 제정한 바 있다.

124) 都養 : 전체의 식사를 하는 당번을 말한다.

125) 廷尉 : 관직 이름으로 형벌을 관장하는 고관이다. 九卿 중의 하나이다.

126) 史 : 즉 비서관에 해당하는 직급이다. 따라서 '廷尉史'는 廷尉를 보필하며 행정적인 업무를 처리하였다. 廷尉의 비서에 해당한다.

127) 奏讞掾 : 즉 刑事 사무관을 말한다. 주로 형사사건의 판정을 황제에게 보고하는 일을 하였다. '掾'은 屬官(副官)에 대한 총칭이다.

128) 雒陽 : 현 이름으로 위치는 지금의 河南省 洛陽市 동북쪽에 있었다.

129) 賈嘉 : 즉 賈誼의 손자로, 나중에 郡守가 되었고 九卿의 대열에 올랐던 인물이다.

130) 古文 『尙書』 : 儒家의 경전 중의 하나이다. 전하는 바에 의하면 漢 武帝 말기에 魯 共王 劉餘가 孔子의 집에서 벽 속에 있는 것을 발견하였다고 하며, 今文 『尙書』

인해서 평민으로서 군주의 초빙을 받았던 것이다.[132] 그는 이때 흩어졌던 『상서』의 10여 편을 더 보태게 되었고, 대체로 『상서』는 이때부터 많아지게 되었다.

여러 학자들이 대부분 『예』를 강론하였으나, 노나라의 고당생(高堂生)이 가장 시초였다. 『예』는 본래 공자 때에도 그 내용이 완전하지 못하였고, 진나라의 분서갱유에 이르게 되어, 책의 분실은 더욱 많아졌다. 지금까지 오직 『사례(士禮)』[133]만이 남아 있는데, 고당생이 이에 대해서 능통하였다.

그리고 노나라의 서생(徐生)은 예절에 대해서 뛰어났다. 문제 때 서생은 예절로써 예관대부(禮官大夫)[134]가 되었다. 아들인 서연(徐延)과 손자인 서양(徐襄)에게까지 전하였다. 서양은 천성적으로 예절에는 뛰어났으나 『예』에 대해서 능통하지 못하였다. 서연은 『예』에 대해서 능통하였으나 예절에는 뛰어나지 못하였다. 서양은 예절로써 한나라의 예관대부가 되었고, 광릉(廣陵)[135]의 내사에까지 올랐다. 서연을 비롯하여 서씨의 제자인 공호만의(公戶滿意),[136] 환생(桓生), 선차(單次)[137]는 모두 일찍이 한나라 예관대부가 되었다. 그리고 하구(瑕丘)[138]의 소분(蕭奮)은

보다 16편이 더 많다. 秦, 漢 이전에는 古文으로 책을 썼으므로 생긴 이름이다. '古文'에 대한 개념을 보면 광의로는 甲骨文, 金文, 籒文(주문, 大篆) 등과 전국시대 때 6국에서 통용되던 문자를 포괄한다. 일설에는 甲骨文에서 小椽까지를 '古文'이라고 하며, 隸書로부터 현재까지 통용되는 문자까지를 '今文'이라고 칭한다. 협의로는 오직 전국시대 때 6국에서 통용되던 문자만을 지칭한다.

131) 今文 : 여기서는 隸書를 지칭한 것이다. 隸書는 漢代에 통용되었던 문자로서, 당시에 '今文' 혹은 '今字'라고 불렀다.

132) 원문의 "因以起其家"에서 '其家'는 孔安國의 개인적인 신분을 나타낸 것이고, '起'는 임금의 부름을 받았음을 뜻한다. 일설에는 '其家'를 학파로 해석하기도 한다.

133) 『士禮』 : 즉 현전하는 『禮』를 지칭한다. 儒家 경전의 하나로서, 춘추전국 시대 때의 부분적인 禮制를 모아놓은 서적이다. 총 17편으로 구성되어 있다. 일설에는 周公이 지었다고 하고, 일설에는 孔子가 정리하였다고 한다. 요즘 사람들은 이 책의 喪葬제도에 근거하여 고분 등에서 출토되는 유물과 결부시켜 연구를 한다. 이 책은 일반적으로 전국시대 초기에서 중엽 사이에 쓰였다고 본다.

134) 禮官大夫 : 관직 이름으로 궁중의 의식에 관한 일을 맡은 관리이다.

135) 廣陵 : 제후국 이름으로 지금의 江蘇省 長江 북부 연안 일대에 있었다. 관할지는 廣陵(지금의 江蘇省 揚州市 서북쪽)이었다.

136) 公戶滿意 : 사람 이름으로 성이 公戶이고 이름이 滿意이다.

137) 單次 : 사람 이름으로 성이 單이고 이름이 次이다.

『예』로써 회양(淮陽)[139]의 태수가 되었다. 이후로 『예』와 예절을 강론하는 자들은 모두 서씨로부터 말미암은 것이다.

노나라 상구(商瞿)[140]가 공자에게 『역경』을 전수받았고, 공자가 죽자 상구는 『역경』을 전수시켰으며, 제나라의 전하(田何)[141]에 이르기까지 여섯 세대[142]였는데, 전하의 자(字)는 자장(子莊)이었으며, 이무렵에 한나라가 건국되었다. 전하는 동무(東武)[143] 사람인 왕동자중(王同子仲)[144]에게 전수하였고, 자중은 치천(菑川) 사람인 양하(楊何)에게 전수하였다. 양하는 『역경』으로써 원광(元光)[145] 원년에 초빙되어 중대부(中大夫)[146]에 올랐다. 제나라 사람인 즉묵성(卽墨成)[147]은 『역경』으로써 성양(城陽)의 상(相)에 올랐고, 광천(廣川)[148] 사람인 맹단(孟但)은 『역경』으로써 태자문대부(太子門大夫)[149]가 되었다. 노나라 출신인 주패, 거(莒) 사람인 형호(衡胡), 임치(臨菑) 사람인 주보언(主父偃)[150] 등은 모두 『역경』으로 2,000석에 올랐다. 그리고 『역경』을 정밀하게 논하는 사람

---

138) 瑕丘 : 현 이름으로 춘추시대 魯나라의 負瑕邑이었다. 지금의 山東省 兗州 동북부에 있었다.

139) 淮陽 : 군 이름으로 지금의 河南省 淮陽縣 일대에 있었다. 관할지는 陳(지금의 河南省 淮陽縣)이었다.

140) 商瞿 : 춘추시대 魯나라 사람으로 孔子의 제자이다.

141) 田何 : 西漢의 『今文易經』의 시조이다.

142) 『易經』은 商瞿로부터 橋庇에게, 이것은 다시 馯臂子弓에게, 다시 周醜에게, 다시 孫虞에게, 다시 田何에게 전해졌는데, 商瞿에서 田何까지 모두 여섯 세대에 걸쳐 전수되었다.

143) 東武 : 현 이름으로 지금의 山東省 諸城縣에 있었다.

144) 王同子仲 : 王同은 성명이고 字가 子仲이다.

145) 元光 : 漢 武帝의 연호(기원전 134-기원전 129년)이다.

146) 中大夫 : 관직 이름으로 의론을 주로 하며, 光祿勳에 예속된 관리이다.

147) 卽墨成 : 성이 卽墨이고 이름이 成이다.

148) 廣川 : 제후국 이름으로 지금의 河北省 남부와 山東省이 교차하는 지역에 있었다. 관할지는 信都(지금의 河北省 冀縣)였다.

149) 太子門大夫 : 관직 이름으로 太子 太傅 혹은 少傅의 屬官으로서 600石의 직급이었다.

150) 主父偃(?-기원전 126년) : 성이 主父이고, 이름이 偃이다. 그는 中大夫가 되었는데, 점진적으로 할거세력을 약화시키기 위해서 제후들은 대부분 그의 자제를 제후가 되게 할 것만을 주장하였다. 武帝는 그의 주장을 받아들여 '推恩令'을 내렸고, 이로써 제후국은 점점 축소되어, 유명무실한 지경이 되었다. 그는 나중에 齊 지역의 相이 되었고, 齊王의 자살을 협박하려다 피살되었다.

들은 모두 양하의 설법에 바탕을 두었다.

동중서(董仲舒)는 광천 사람이다. 『춘추』를 연마함으로써 경제 때 박사가 되었다. 장막을 쳐놓고 강론하고 암송하였는데, 제자들은 입문한 지 오래된 순서대로 서로 수업하는 방법으로써 전수하였으므로, 어떤 제자는 스승의 얼굴을 보지도 못하였고, 동중서는 3년 동안 자택의 정원을 안 볼 정도로 전심전력을 기울였다. 출입에 예의를 다하고, 예법에 맞지 않은 일은 하지 않아, 학자들은 모두 스승의 예로써 그를 존중하였다. 무제가 즉위하면서 그는 강도(江都)의 상(相)이 되었다. 『춘추』에 적힌 천재지이(天災地異)의 변화로써 음양(陰陽)[151]의 기운이 운행하는 이치를 유추하였다. 따라서 비를 바랄 경우에는 모든 양기(陽氣)를 밀폐시키고 모든 음기(陰氣)를 발산시키고, 비를 그치게 하는 경우에는 그 반대로 실행하였다. 강도의 전지역에 이를 실행하여 원하는 대로 되지 않은 적이 없었다. 중도에 해임되어 중대부(中大夫)가 되었으나, 관사에 살면서 『재이지기(災異之記)』를 저술하였다. 이무렵 요동(遼東)[152]의 한 고조 묘당에 화재가 발생하였는데, 주보언이 그를 시기하여 그의 저서를 절취하여 무제에게 올렸다. 무제는 여러 학자들을 소환하여 그 책을 살펴보게 하였는데, 비방한 바가 있었다. 동중서의 제자인 여보서(呂步舒)는 스승의 책인 줄 모르고, 이를 저속하고 어리석다고 하였다. 이리하여 동중서를 형리에게 넘겨 사형으로 판결하였으나, 황제는 조칙으로 그를 사면시켰다. 그후 동중서는 재이(災異)에 관해서 다시는 감히 강론하지 않았다.

동중서는 인품이 청렴하고 정직하였다. 그 당시 한나라는 사방의 오랑캐들을 국외로 축출하고 있었는데, 동중서만 못하였지만 공손홍은 『춘추』를 연마하여 시류에 영합하여 처신함으로써, 지위가 공경에까지 올랐다. 따라서 동중서는 공손홍을 아첨꾼으로 여겼고, 공손홍은 그를 미워하였는데, 이에 무제에게 아뢰기를 "오직 동중서만이 교서왕(膠西王)[153]의 상

---

151) 陰陽 : 중국 철학의 중요한 범주이다. 고대 사상가들은 모든 현상에는 正反의 두 가지 측면이 있다고 보았고, 이를 '陰陽'이라는 개념으로서, 자연계에 양립하며 상호 消長하는 물리적인 힘으로 해석하였다.

152) 遼東 : 군 이름으로 지금의 遼寧省의 大凌河 동쪽 지역에 있었다. 관할지는 襄平(지금의 遼陽市)이었다.

153) 膠西王 : 즉 景帝의 아들 劉端을 말하는데, 그는 성격이 음험하고 포악하여 膠西

(相)이 될 수 있습니다"라고 하였다. 교서왕은 평소 동중서의 덕행을 듣고 있어서 그를 후대하였다. 동중서는 시간이 지나면 혹시 죄를 얻게 될까 두려워하여, 속히 사임하고 고향으로 돌아갔다. 시종 죽는 날까지 가산을 돌보지 않고 학문과 저술하는 일만 하였다. 그러므로 한나라가 건국되어 오세(五世)[154] 동안에는 오직 동중서만이 『춘추』에 저명하고 능통하였다. 그의 학문은 공양씨(公羊氏)[155]에게 전수받은 것이었다.

호무생(胡毋生)은 제나라 사람이다. 경제 때 박사가 되었고, 늙어서는 고향에 돌아와 제자들을 가르쳤다. 제나라 지역에서 『춘추』를 강론하는 자들은 대부분 호무생에게 전수받았고, 공손홍 역시 많은 영향을 받았다.

하구(瑕丘)의 강생(江生)은 『곡량춘추(穀梁春秋)』[156]를 연구하였다. 그는 공손홍에 의해서 등용되었으며, 이에 대한 해석들을 수집 비교하였는데, 마침내 동중서의 해설을 채용하게 되었다.

동중서의 제자로서 성공한 사람으로는 난릉의 저대(褚大), 광천의 은충(殷忠), 온(溫)[157]의 여보서 등이다. 저대는 양(梁)[158]나라의 상에까지 올랐다. 여보서는 장사(長史)[159]에 올라 부절을 지니고 회남(淮南)의 의혹을 판결하러 파견되었고,[160] 제후가 직권으로 처리하며 조정에 보고하지 않은 데 대해서 『춘추』의 이치로써 이를 반증하자, 천자는 전적으로 옳다고 여겼다. 그의 제자들 가운데 능통한 자는 명대부(命大夫)[161]에까지 올랐다. 낭, 알자, 장고가 된 자는 약 100명이나 된다. 그리고 동중서의 아들과 손자도 모두 학문으로써 대관(大官)에까지 올랐다.

國의 여러 相과 고위 관리들을 살해하였다.

154) 즉 高祖, 呂后, 文帝, 景帝, 武帝 등을 지칭한 것이다.

155) 公羊氏 : 성이 公羊으로 전국시대 때 齊나라 출신인 公羊高가 『春秋公羊傳』을 저술하였다.

156) 『穀梁春秋』 : 즉 『春秋穀梁傳』을 말하며, 전국시대 때 魯나라 출신의 穀梁赤이 『春秋』에 대해서 해설한 책이다. 穀梁은 성이고 이름이 赤이다.

157) 溫 : 현 이름으로 지금의 河南省 溫縣에 있었다.

158) 梁 : 제후국 이름으로 지금의 河南省과 安徽省이 교차하는 지역이었다. 관할지는 睢陽(지금의 河南省 商丘縣 남쪽)이었다.

159) 長史 : 관직 이름으로 三公府의 屬官이며 三公을 보좌하는 역할을 하였다.

160) 이것은 당시 淮南王인 劉安의 모반사건을 말한 것이다.

161) 命大夫 : 황제로부터 임명을 받은 大夫를 통칭한다. 예를 들면 光祿大夫, 太中大夫, 諫大夫 등이 있다.

권122 「혹리열전(酷吏列傳)」 제62

공자(孔子)가 말하기를 "법으로써 이끌고 형벌로써 다스릴 때 백성들은 무슨 일을 저질러도 부끄러워하지 않는다. 오로지 도덕으로 이끌고 예로써 다스릴 때 백성들은 비로소 그 부끄러움을 알고 바른 길을 가게 된다"[1]라고 하였다. 노자(老子)[2] 또한 "큰 덕은 덕을 의식하지 않기 때문에 덕을 지니게 되고, 작은 덕은 그 덕을 잃지 않으려 하기 때문에 지닐 수 없게 된다.[3] 법령이 밝게 정비될수록 도둑은 많아진다[4]"라고 하였다.

태사공은 말하였다.

"이상의 말들은 진정으로 옳다. 법령이 정치의 도구이기는 하지만 백성들의 선과 악, 맑음과 혼탁을 다스리는 근본 제도는 아니다. 옛날에는[5] 천하의 법망이 그 어느 때보다 치밀하였다. 그러나 백성들의 간교함과 거짓은 오히려 더욱 악랄하였다. 법에 걸리는 관리들과 법망에서 빠져나가려는 백성들과의 혼란이 구제할 수 없을 만큼 극에 달하자, 결국 관리들은 책임을 회피하게 되었고 백성들은 법망을 뚫어 망국의 지경에 이르렀다. 당시의 관리들은 타는 불은 그대로 둔 채 끓는 물만 식히려는 방식[6]의 정치를 하였으니, 준엄하고 혹독한 수단을 쓰지 않고 어찌 그 임무를 감당할 수 있었겠는가! 도덕을 말하는 사람들 역시 그 임무를 다할 방법

1) 『論語』「爲政」편에 "導之以政, 齊之以刑, 民免而無恥. 導之以德, 齊之以禮, 有恥且格"이라고 되어 있다.
2) 老子 : 이름은 李耳, 字는 聃, 伯陽이다. 楚나라의 古邑(지금의 河南省 歸德府 鹿邑縣) 사람으로 孔子보다 약간 연장이며 周나라에서 守藏이라는 벼슬을 하였다. 그 후 벼슬을 내놓고 서쪽 函谷關에 갔을 때 關令인 尹喜가 간곡히 부탁하여 1,000여 言에 달하는 『道德經』 한 권을 물려받았는데 이것이 지금의 『老子』 上, 下 2편이다.
3) 『老子』 38章에는 "上德不德, 是以有德, 下德不失德, 是以無德"이라고 되어 있다.
4) 『老子』 57章에는 "法令滋章, 盜賊多有"라고 되어 있다.
5) 여기서는 秦나라를 가리킨다.
6) 원문에는 "救火揚沸"이라고 되어 있는데, 이는 문제를 근본적으로 해결하지 않음을 비유한 말이다.

이 없었다. 공자는 말하기를 '소송을 처리하는 일은 나도 남과 다를 바 없다. 만일 다르다면, 그것은 사람들로 하여금 소송을 발생하지 않게 하는 것이다'[7]라고 하였다. 노자 역시 '범속한 사람은 도를 들으면 크게 소리내어 웃기만 한다'[8]라고 말하였다. 이는 허튼 소리가 아니다. 한(漢) 왕조가 일어나자 고조(高祖)는 가혹함을 버리고 관대함을 실행하였고, 간교함을 억누르고 중후함을 제창하여 배를 삼킬 만한 큰 고기도 빠져나갈 수 있을 만큼 법망을 너그러히 하였다. 그렇게 하였더니 관리의 치적은 오히려 훌륭하여 실수를 범하지 않았고, 백성들은 태평안락하였다. 이상으로 볼 때, 국가의 안정은 이러한 도덕의 힘에 있는 것이지 냉혹한 법령에 의존할 수는 없는 것이다.

고후(高后) 시대의 혹리(酷吏)로는 오직 후봉(侯封)[9]이라는 자가 있었다. 그는 황족들을 각박하게 억압하였으며, 공신들에게 모욕을 주었다. 그러나 여씨(呂氏) 일족이 패망하자 후봉 일가는 주멸되고 말았다. 효경제(孝景帝) 시대에는 조조(晁錯)[10]가 각박하고 엄중하게 법을 운용함으로써 그의 재능을 발휘하였다. 그래서 오(吳), 초(楚) 7국이 난을 일으켜[11] 조조에게 대항하였고, 조조는 결국 이 때문에 처형되었다. 그후 질도(郅都)와 영성(寧成)과 같은 무리가 있었다.

질도는 양(楊)[12] 땅 사람이다. 그는 낭(郎)[13]의 신분으로 한 문제(漢文帝)를 섬기었다. 한 경제(漢景帝) 시기에는 중랑장(中郎將)[14]이 되어

7) 『論語』「顏淵」편에는 "聽訟, 吾猶人也, 必也使無訟乎!"라고 되어 있다.

8) 『老子』41章에는 "下士聞道大笑之"라고 되어 있다.

9) 侯封 : 邠, 즉 지금의 陝西省 彬縣에 살던 사람이다.

10) 晁錯(기원전 200-기원전 154년) : 潁川(지금의 河南省 禹縣 일대) 사람이다. 漢文帝 때 太子家令이 되어 당시 太子인 孝景帝의 신임을 받았다. 景帝가 즉위한 뒤에는 御史大夫가 되었다. 그는 '重本抑末' 정책을 견지하였다. 또한 匈奴의 침략에 효과적으로 대비하였고, 제후국의 봉지를 점차 회수하여 중앙집권제도를 공고히 하였다.

11) 七國之亂 : 景帝는 晁錯를 御史大夫로 임명하고 점차 제후국의 봉지를 탈취하여 중앙집권제도를 강화시키려 하였다. 景帝 3년(기원전 154년)에 吳, 楚 등 7국은 晁錯를 죽여야 한다는 명목으로 반란을 일으켰다.

12) 楊 : 현 이름. 지금의 山西省 洪洞縣 동남쪽.

13) 郎 : 황제를 보필하는 관리의 총칭으로, 議郎, 中郎, 侍郎, 郎中 등의 명칭이 있었다.

단호히 직간을 하였으며, 조정에서는 대신들을 면전에서 훈책하였다. 그가 일찍이 황제를 따라 상림원(上林苑)[15]에 간 적이 있었는데, 가희(賈姬)[16]가 변소에 갔을 때 사나운 멧돼지가 나타나 돌연 변소로 돌진해들어갔다. 황제는 질도에게 그녀를 구해주라고 눈짓하였으나 질도는 움직이지 않았다. 이에 황제가 몸소 병기를 들고 가희를 구하려고 하자, 질도는 황제 앞에 엎드려 말하기를 '미희 하나를 잃으면 또 다른 미희를 입궁시키면 됩니다. 천하에 어찌 가희와 같은 사람이 또 없겠습니까? 지금 폐하께서 자신을 아끼지 않으시면 황실과 황후는 장차 어찌 되겠습니까?'라고 하였다. 황제가 몸을 돌려 돌아오자 멧돼지도 도망쳐버렸다. 태후(太后)는 이 소문을 듣고 질도에게 황금 100근을 하사하였으며, 이때부터 질도를 중하게 여겼다.

제남(濟南)[17]에 간씨(瞯氏)[18] 성을 가진 호족들은 모두 300여 가(家)가 있었다. 그들은 횡행하여 법도와 기강을 지키지 않았는데, 2,000석(二千石)[19]이 그들을 다스릴 수 없게 되자 한 경제는 질도를 제남의 태수(太守)로 임명하였다. 질도는 부임하자마자 간씨의 우두머리 일가를 주살하였다. 그러자 나머지 간씨들은 모두 놀라서 두 다리를 벌벌 떨었다. 1년 남짓 지나자 제남 군내에서는 길에 물건이 떨어져 있어도 주워가는 사람이 없게 되었다. 근방 10여 군의 태수[20]들도 모두 질도를 경외하기를 마치 대부(大府)[21]를 두려워하는 것과 같았다.

질도는 사람됨이 용감하고 기개가 있었으며 공정하고 청렴하였다. 사신(私信)은 뜯어보지도 않았고,[22] 기증하는 예물은 일체 받지 않았으며,

14) 中郎將 : 秦나라 때 황제를 모시던 관직 이름이다.

15) 上林苑 : 苑 이름이다. 秦漢 때 황제가 놀던 곳으로 지금의 陝西省 西安市에 있었다.

16) 賈姬 : 漢 武帝의 妃妾이다.

17) 濟南 : 군 이름. 지금의 山東省 중부 일대에 위치하였다.

18) 瞯氏 : 성이 '瞯'임을 말한다. 고대의 성씨는 2 가지로 나뉘었다. 남자의 경우는 氏라고 칭하였고, 여자는 姓이라고 칭하였다. 秦漢 이래 姓, 氏는 점차 혼합해서 사용되었는데, 太史公 때부터 완전히 혼용되었다.

19) 二千石 : 漢代 郡守의 통칭이다.

20) 원문에는 "郡守"로 되어 있다. 郡守는 전국시대에 생긴 관직이다. 처음에는 무관으로서 郡을 방위하다가 나중에는 점차 지방관으로 변하였다. 漢 景帝 때는 '太守'로 개칭되었다.

21) 大府 : 고급 관공서로서, 예를 들면 三公府, 將軍府 등을 가리킨다.

22) 이와 다른 해석으로서, '사적인 일로 공문을 띄우지 않는다'라는 설도 있다.

다른 사람의 청탁도 받는 법이 없었다. 그는 항상 스스로 당부하기를 '이미 양친을 버리고 떠나 관직에 올랐으니, 이 몸은 응당 관직상의 책임을 다하고 절개를 지키다가 죽을 뿐, 처자를 제대로 돌볼 수는 없는 일이다'라고 하였다.

질도는 중위(中尉)[23]로 승진하였다. 당시의 승상 조후(條侯)[24]는 지극히 고귀한 신분으로서 매우 거만하였다. 그러나 질도는 그를 만나면 가볍게 읍할 뿐 배례하지 않았다. 당시 백성들은 죄를 받을까 두려워 항상 스스로 조심하였지만, 질도는 단독으로 솔선해서 엄혹한 법을 적용하였다. 또한 법을 집행할 때에는 황실의 친척들조차 가리지 않았다. 그래서 열후(列侯)[25]들과 황족들은 질도를 곁눈질하며 그에게 '보라매'라고 이름을 부쳤다.

어느날 임강왕(臨江王)[26]이 중위부(中尉府)로 소환되어 심문을 받았다. 그때 임강왕은 도필(刀筆)[27]을 빌려 황제에게 사죄하는 편지를 쓰려 하였으나, 질도는 부하에게 명하여 도필을 주지 못하게 하였다. 이에 위기후(魏其侯)[28]는 사람을 보내어 비밀리에 도필을 임강왕에게 주게 하였다. 그러자 임강왕은 황제에게 사죄의 편지를 쓴 뒤 곧 자살하였다. 두태후(竇太后)는 이 소식을 듣고 화가 나서 중법으로 질도를 중상하자, 질도는 면직을 당해 집으로 돌아갔다. 그러나 한 경제는 사자에게 절(節)[29]을 가지고 가게 하여 질도를 안문(雁門)[30]의 태수로 임명하였다. 그리고

23) 中尉 : 관직 이름으로 수도의 치안을 담당하였다.

24) 條侯 : 沛縣(지금의 江蘇省 沛縣)에 살았던 周亞夫(?-기원전 143년)를 가리킨다. 漢 文帝 때 匈奴 귀족이 침공하자 그는 장군이 되어 細柳(지금의 陝西省 咸陽市 서남쪽)를 수비하였다. 景帝 때는 太尉로 임명되어 吳, 楚 7국의 亂을 평정한 후 丞相이 되었다. '條'는 지금의 河北省 景縣 남쪽을 가리킨다.

25) 列侯 : 작위 이름으로 秦代의 20등급의 작위 중 가장 높은 위치였다.

26) 臨江王 : 漢 景帝의 太子 劉榮을 말한다. 그는 기원전 149년 모친 栗姬가 총애를 잃자 臨江王으로 실추되었다. 기원전 146년에는 宗廟의 땅을 침범하였다는 죄명으로 中尉府에 가서 심문을 받다가 자살하였다.

27) 刀筆 : 글씨를 쓰는 도구이다. 고대에는 대나무 통에 붓으로 글씨를 쓴 후, 이를 다시 칼로 새겼다. 그래서 '刀筆'이라고 불렀다.

28) 魏其侯 : 景帝 때 大將軍이었던 竇嬰을 가리킨다. 그는 竇太后의 堂姪로서 吳, 楚 7國의 난 때 공을 세워 魏其侯에 봉해졌다. 魏其는 현 이름으에 지금의 山東省 沂縣 남쪽이다.

29) 節 : 고대 사자가 가지고 있는 증빙서를 말한다.

30) 雁門 : 군 이름으로, 지금의 山西省 북부와 내몽고 자치구 남부 지역에 해당한다.

는 질도로 하여금 조정으로 가지 않고 곧장 부임시켜, 구체적 상황에 근거하여 독단적으로 정사를 처리할 수 있게 하였다. 흉노(匈奴)들은 평소 질도의 기개를 들어 알고 있었다. 그가 변경을 지키러 오자, 흉노들은 군대를 이끌고 그곳에서 철수하여 질도가 죽을 때까지 감히 안문에 접근하지 못하였다. 그들은 질도를 본뜬 목각 인형를 만들어 기마병들이 달리면서 그것을 향해 쏘게 하였으나, 아무도 그것을 맞추지 못할 만큼 질도를 두려워하였다. 그후 두태후는 끝내 한 왕조의 법률로써 질도를 중상하였다. 한 경제는 '질도는 충신이오'라고 말하며 그를 석방하려 하였다. 그러자 두태후는 '임강왕은 충신이 아니었다는 말씀입니까?'라고 하여 결국 질도를 죽이고 말았다.

영성(寧成)은 양(穰)[31] 땅 출신이다. 낭관(郎官)과 알자(謁者)[32]의 신분으로 한 경제를 섬겼다. 그는 기개가 강하여 다른 사람의 수하에 있으면서 반드시 그 상관을 압도하고, 상관으로 있을 때에는 부하들을 다루기를 젖은 장작을 묶듯 하였다. 그는 각박하고 간교하며, 제멋대로 위력을 발휘하였다. 점차 승진하여 제남군 도위(都尉)[33]에까지 올랐는데, 마침 질도가 그곳의 태수로 있었다. 개국 초 전임한 몇몇 도위들은 모두 군부(郡府)로 걸어 들어가 하급 관리의 전달을 통해서 태수를 만났다. 이는 마치 현령(縣令)이 태수를 배알하듯 하는 정도로 모두가 질도를 두려워하였던 것이다. 영성은 부임하고 나서 곧 질도보다 높은 위치에 있게 되었다. 질도는 평소 영성의 명성을 익히 들었으므로 그를 우호적으로 접대하고 동시에 영성과 좋은 관계를 맺었다. 아주 오랜 뒤에 질도가 죽었다. 그후 장안(長安) 부근의 황족들 중에는 법을 범하고 악행을 하는 자가 많았으므로, 한 경제는 영성을 불러 중위에 앉혔다. 그의 통치 방식은 질도를 많이 본받았으나, 청렴한 점에서는 질도를 따르지 못하였다. 그러나 황족들과 호걸들은 모두 영성을 두려워하며 불안해하였다.

한 무제(漢武帝)가 즉위하자 영성은 내사(內史)[34]로 전임되었다. 많은

31) 穰 : 현 이름으로 지금의 河南省 鄧縣을 말한다.

32) 謁子 : 관직 이름으로 춘추전국 시대에 왕명을 전달하였는데, 漢代에는 郎中令의 속관으로서 객을 영접하는 일을 담당하였다.

33) 都尉 : 관직 이름. 전국시대에 설치되었는데 지위가 將軍보다는 약간 낮았다. 漢景帝 때 郡尉에서 都尉로 개칭되어 全郡의 軍事를 담당하였다.

황제의 외척(外戚)들이 그의 단점을 비방하자, 영성은 비행에 근거하여 곤겸(髡鉗)[35]의 형벌에 처하게 되었다. 당시 구경(九卿)[36]의 신분으로서 사형선고를 받으면 바로 죽음에 처해졌으며, 일반적인 형벌을 받는 경우는 드물었다. 그러나 영성은 극형(極刑)[37]에 처해졌다. 그는 스스로 다시는 임용되지 못할 것이라 생각하고는 형구를 벗어던지고 통행증[38]을 위조하여 함곡관(函谷關)을 빠져나와 집으로 돌아갔다. 그는 큰소리 치며 말하기를 "벼슬에 나아가 2,000석의 고관에 오르지 못하고, 장사를 해서 천만금의 부를 쌓지 못한다면, 어찌 다른 사람과 비할 수 있겠는가!"라고 하였다. 그래서 그는 돈을 빌려서 1,000여 경(頃)의 논을 사들여 빈민들에게 세를 내주어 경작케 하여 수천가(家)를 노역으로 부렸다. 몇년 후, 그의 죄는 사면되었다. 당시 그의 가산은 이미 수천근의 황금에 달하였으며, 심중의 불만을 토로하여 관리들의 약점과 비리를 파악하고 동시에 그들을 장악하고 있었다. 그가 외출할 때에는 수십기(騎)가 따랐고, 백성을 부릴 때에는 그의 권위가 군의 태수를 능가하였다.

주양유(周陽由)의 부친은 조겸(趙兼)[39]이다. 조겸은 회남왕(淮南王)[40]의 이모부의 신분으로, 주양후(周陽侯)[41]로 봉해짐으로써 주양씨(周陽氏)라는 성을 가지게 되었다. 주양유는 외척이라는 특전으로 낭(郎)에 천거되어 한 문제와 한 경제를 섬겼다. 한 경제 때 주양유는 군의 태수가 되었다. 한 무제는 즉위 초에 관리들이 백성들을 다스림에 매우 신중하기를 제창하였다. 그러나 주양유는 태수 가운데 가장 난폭하고 잔혹하며 오만방자하기가 이를 데 없었다. 그가 좋아하는 자는 법을 어겨서라도 살려

---

34) 內史 : 관직 이름. 秦代에 설치되어 京畿 지방을 관리하였다. 이는 후세의 京兆尹에 해당하며, 漢 景帝 때에는 左右 內史로 구분하였다.
35) 髡鉗 : 고대 형벌의 이름으로, '髡'은 머리카락을 자르는 것을 의미하며, '鉗'은 철로 목을 감아 묶는 것을 가리킨다.
36) 九卿 : 秦漢 시대의 중앙 각 기관 장관의 총칭이다. 여기에는 太常, 郎中令, 衛尉, 太僕, 廷尉, 典客, 宗正, 大司農, 少府 등을 말한다.
37) 極刑 : 重刑으로서, 여기서는 髡鉗에 처함을 가리킨다.
38) 원문에는 "傳"이라고 하였는데, 이는 관문을 통과할 때 사용하는 목판으로 만들어진 통행증을 가리킨다.
39) 趙兼 : 越나라 사람으로, 漢 高帝의 첩인 越美人의 동생이다.
40) 淮南王 : 漢 高帝의 아들 劉長을 가리킨다.
41) 周陽은 城 이름으로, 지금의 山西省 聞喜縣에 위치하였다.

주고, 그가 증오하는 자는 법령을 굽혀서라도 죽음에 처하게 하였다. 그가 있는 군의 호족들은 반드시 그에 의해서 소멸되었다. 태수가 되어서는 도위(都尉)를 보기를 현령같이 보았고, 도위가 되어서는 태수를 무시하여 태수의 권력을 넘보았다. 그와 급암(汲黯)[42]은 고집이 세었으며, 혹독하기로 유명한 사마안(司馬安) 등도 모두 2,000석의 직위에 있었는데, 이들 셋이 함께 수레를 타면 급암과 사마안은 감히 주양유와 같이 부들을 깐 자리에 앉지 않고 비껴 탔으며 난간에도 함께 기대지 않았다.

주양유가 나중에 하동(河東)[43]의 도위로 갔을 때, 그곳의 태수 승도공(勝屠公)과 권력다툼을 벌여, 서로 상대방의 죄행을 고발하기에 이르렀다. 승도공은 형벌에 처해졌으나 자신의 인격으로써 비추어 형벌을 받기보다 스스로 죽음을 택하였으며, 주양유는 기시(棄市)[44]에 처해졌다.

영성과 주양유 이후, 국사(國事)는 나날이 복잡해졌고, 백성은 교묘한 수단으로 법률에 대처하였으며, 일반 관리의 통치방법도 대부분 영성이나 주양유를 닮아갔다.

조우(趙禹)는 태(斄)[45] 땅 사람이다. 좌사(佐史)[46]로 있다가 중도관(中都官)[47]으로 전임되었다. 그는 청렴하였으므로 영사(令史)[48]가 되어 태위(太尉)[49] 주아부(周亞夫)를 섬겼다. 주아부가 승상이 되자 조우는 승상의 사(史)가 되었다. 승상부 관리들은 모두 그가 청렴하고 공평하다고 칭찬하였으나, 주아부는 그를 신임하지 않았다. 그가 말하기를 '나는 조우의 재능이 뛰어나다는 것은 잘 알고 있다. 그러나 그는 법을 집행함에 지나치게 엄격하여 고급 관청에서는 일할 사람이 못 된다'라고 하였다. 당시 황제의 재위 무렵, 조우는 관청의 문서관리를 주관함에 공을 세

42) 汲黯 : 濮陽(지금의 河南省 濮陽縣) 사람으로, 郡의 太守, 都尉 등을 지내었고 직언하기를 좋아하였다.

43) 河東 : 군 이름으로, 지금의 山東省 運城縣에 위치하였다.

44) 棄市 : 市中에서 사형을 집행하여 시체를 거리에 내보이는 고대의 형벌을 가리킨다.

45) 斄 : 현 이름으로, 지금의 陝西省 武功縣 서남쪽에 위치하였다.

46) 佐史 : 관직 이름. 漢代 지방관의 屬吏를 말한다.

47) 中都官 : 漢代 수도의 각 관서의 총칭이다.

48) 令史 : 문서 관리를 주관하는 관원을 가리킨다.

49) 太尉 : 관직 이름. 전국 軍政의 우두머리로서, 丞相, 御史大夫와 함께 三公이라고 불린다. 漢 武帝 때에는 '大司馬'로 개칭되었다.

우고, 점차 승진하여 어사(御史)[50]가 되었다. 황제는 그가 유능하다고 인정하고 태중대부(太中大夫)로 삼았다. 그는 장탕(張湯)과 함께 여러 율령(律令)[51]을 제정하였으며 견지법(見知法)[52]을 만들었는데, 관리들은 이후로 반드시 상호 감시하고 정찰하여야 하였다. 법률집행이 더욱 심각하고 각박해진 것은 대개 이때부터 시작되었다.

장탕(張湯)은 두(杜)[53] 사람이다. 그의 부친은 장안의 승(丞)[54]이었다. 부친이 볼일로 출타하자 어린 장탕이 집을 지켰다. 부친이 집에 돌아와보니 쥐가 고기를 물어간 것을 알고 크게 화가 나서 장탕을 매질하였다. 장탕은 쥐구멍을 파서 고기를 훔친 쥐와 먹다 남은 고기를 찾아낸 후, 쥐에게 영장을 발부하고 고문하고 나서 심문기록문서를 작성하였다. 그리고 심문판결의 보고절차를 거쳐 도둑질을 한 쥐를 구속하고 남은 고기를 압수하였다. 마지막으로 심판절차에 따라 판결문을 갖춘 뒤 대청 아래에서 쥐를 책형(磔刑)[55]에 처하였다. 그의 부친이 이러한 광경을 보고, 그의 아들이 작성한 판결문을 읽어보니 이는 마치 노련한 법관이 만든 것과 같았다. 이에 심히 놀란 부친은 그의 아들에게 판결문서를 배우도록 시켰다. 부친이 죽은 후, 장탕은 장안의 현리(縣吏)가 되어 오래 근무하였다.

주양후(周陽侯)[56]가 구경(九卿)으로 있을 때 장안의 감옥에 갇힌 적이 있었다. 그때 장탕은 있는 힘을 다해서 그를 도왔다. 전승(田勝)이 출옥하여 후작으로 봉해지자 장탕과 굳게 친교를 맺고, 장생을 여러 요인들에게 두루 소개하였다. 장생은 내사(內史)로 있으면서 영성을 섬겼는데, 영성은 장탕의 재능이 출중함을 알고 승상부에 그를 추천하였다. 그래서

50) 御史 : 관직 이름. 漢代에는 그 직무에 따라 有侍御史, 符璽御史, 治書御史, 監察御史 등으로 구분하였다.

51) 律令 : 법령으로서, 趙禹는 『朝律』 6篇을 저술하였다.

52) 見知法 : 漢나라의 법률상, 관리가 타인의 죄를 알고도 검거하지 않을 때, 이를 동일한 죄로 여긴다는 법을 가리킨다.

53) 杜 : 현 이름. 지금의 陝西省 西安市 동남쪽에 위치하며, 宣帝 때 '杜陵'으로 개칭되었다.

54) 丞 : 현 이름. 주로 보좌 관원을 말하는데, 여기서는 縣丞을 가리킨다.

55) 磔刑 : 고대의 시체를 찢는 가혹한 형벌을 말한다.

56) 周陽侯 : 田勝을 말한다. 그는 漢 景帝 王皇后의 어머니만 같은 동생으로, 漢 武帝 때 周陽侯에 봉해졌다.

장탕은 무릉(茂陵)[57]의 위(尉)[58]에 임명되어 방중(方中)[59]을 지휘하였다.

무안후(武安侯)[60]가 승상이 되자 장탕을 불러 비서로 삼았다. 그리고 때때로 장탕을 황제에게 추천하여 어사로 임명하고, 그를 파견하여 사건을 조사하고 처리하게 하였다. 그가 진황후(陳皇后)가 관계된 한 무제 저주사건을 담당할 때, 이와 관련된 일당을 철저히 규명하였다. 당시 황제는 그가 유능함을 인정하여 점차 승진시켜 태중대부에 임명하였다. 그는 조우와 함께 여러 법령을 제정하였는데, 법령을 까다롭고 엄중하게 만들어 재직하는 관리들을 엄격히 단속함에 그 목적을 두었다. 오래지 않아, 조우는 중위로 승진하더니 다시 소부(少府)[61]로 임명되었고, 장탕은 정위(廷尉)[62]가 되었다. 두 사람은 서로 사이가 좋았으며 장탕은 조우를 형과 같이 대하였다. 조우는 사람됨이 청렴결백하나 무척 오만하여 관리가 된 이후 집안에 방문객이 없었다. 삼공구경(三公九卿) 등이 방문을 해도 조우는 끝내 답사하는 일이 없었다. 이는 그가 친구와 빈객의 내왕을 단절하여 자신의 주장을 단독으로 실행하기 위해서였다. 그는 법조문을 보면 즉시 채택하였고, 다시 조사하는 법이 없었으며, 관리들의 숨은 비행을 낱낱이 캐냈다. 한편 장탕의 사람됨은 매우 기만적이었으며 지혜를 구사하여 사람을 부렸다. 그가 처음 미천한 관리로 있을 때에는 이익을 탐하여 장안의 거상(巨商) 전갑(田甲), 어옹숙(魚翁叔)[63] 등의 무리들과 결탁을 하였다. 그리고 구경의 지위에 올라서는 전국의 유명인사와 관리들을 접대하면서, 내심으로는 비록 그들의 의견에 맞지 않더라도 표면상으로는 그들을 환영하는 태도를 취하였다.

---

57) 茂陵 : 漢 武帝 당시 미리 건축한 능묘로서, 지금의 陝西省 興平縣 동북쪽에 위치하였다.

58) 尉 : 관직 이름. 본래 縣에서 군사와 치안을 담당하는 관원이나, 여기서는 능묘를 건축하는 관원을 가리킨다.

59) 方中 : 능묘를 건축하는 土方 공사를 가리킨다.

60) 武安侯(?-기원전 131년) : 長陵(지금의 陝西省 咸陽縣 동북쪽) 사람 田蚡을 가리킨다. 그는 漢 景帝 王皇后의 어머니만 같은 동생으로서 漢 武帝 때 武安侯로 봉해졌다. 권107 「魏其武安侯列傳」 참조.

61) 少府 : 관직 이름. 전국시대 때 시작되어, 秦漢代로 이어져 九卿 중의 하나가 되었다.

62) 廷尉 : 관직 이름. 九卿 중의 하나로 형법을 주관하였다.

63) 魚翁叔 : 성이 '魚'이고 이름은 '翁叔'이다.

이무렵 황제는 유학에 심취해 있었다. 장탕은 중대사건의 판결을 내릴 때, 고의(古義)[64]에 부합하고자 박사(博士)[65]의 제자들 가운데 『상서(尙書)』와 『춘추(春秋)』에 정통한 자들을 청하여 정위의 사(史)로 임명하고, 법령의 의심스러운 부분을 해결하게 하였다. 의심이 있는 안건을 올릴 때에는 반드시 미리 황제에게 각 방면의 연유를 설명해주었다. 그리고 황제에게 결재받은 것을 판결의 원안으로 삼았으며, 이를 다시 정위의 판례로 명기하여 황제의 현명함을 선양하였다. 업무를 보고할 때 만일 질책을 받는 경우, 그는 잘못을 시인하여 사죄하고 황제의 의향에 따랐는데, 이때는 반드시 정(正),[66] 감(監),[67] 연사(掾史)[68]들 중 현명한 부하 관리들을 끌어대며 말하기를 '그들이 제게 한 건의는 폐하께서 저에게 요구한 바와 꼭 같았습니다. 그런데 제가 이를 채용하지 않았으니 참으로 어리석음이 이와 같은 지경에 이르렀습니다'라고 하였다. 그래서 장탕의 잘못은 언제든지 용서를 받았다. 그가 안건을 보고할 때 황제가 칭찬하는 경우에는 '신은 이러한 주장(奏章)을 쓸 줄 모릅니다. 이는 정, 감, 연사들 중 모모(某某)가 작성한 것입니다'라고 하였다. 그는 부하를 추천하여 그들의 장점을 내세우고 단점을 숨기려 하는 것이 이와 같았다. 기소된 안건에 대해서 황제의 의향이 죄를 엄히 다스리고자 하는 듯하면, 장탕은 그 안건을 엄혹한 감사(監史)에게 맡겨 집행하게 하였고, 만일 황제의 의향이 관대히 용서하고자 하는 것 같으면 부하 중 죄를 가벼이 다스리고 공평무사히 집행하는 감사에게 처리하도록 하였다. 그리고 심판을 받는 자가 만일 막강한 호족이라면 반드시 법률조문을 교묘히 적용하였고, 만일 나약한 평민일 경우에는 그는 왕왕 구두로 진술하기를 '비록 법조문에 따르면 마땅히 벌을 내려야 합니다만, 원컨대 폐하께서 헤아려 결정하십시오'라고 하였다. 그래서 왕왕 이러한 장탕의 간구(懇求)로 인해서 사면된 자가 있었다. 장탕은 비록 고관을 지냈지만 품행이 올바랐다. 빈객들과 교제도 하고 관대히 음식을 접대하였으며, 관리로 있는 옛 벗의 자제

64) 古義 : 고대 성현의 도리와 원칙을 말한다.

65) 博士 : 秦나라 때 두었던 학관 이름이다. 이들은 고금의 史事나 書籍 典守를 주관하였으나, 漢 武帝 때 五經博士를 설치한 후부터는 오직 經學만을 연구하였다.

66) 正 : 廷尉의 주요 보좌 관원을 말한다.

67) 監 : 廷尉의 보좌 관원으로서, 左監과 右監이 있다.

68) 掾史 : 漢代 고급 관리의 수하에서 일하는 屬官의 통칭이다.

와 빈궁한 형제들을 더욱 두텁게 보살펴주었다. 또한 여러 공경(公卿)들에게 문안을 드리는 데에도 추위와 더위를 가리지 않았다. 그러므로 장탕이 비록 법을 집행함이 가혹하고 시기심이 강하여 매우 공평하게 일을 처리하지는 못하였으나 도리어 이와 같은 좋은 명성을 얻었던 것이다. 그리고 그를 위해서 힘썼던 가혹한 관리들은 대부분 유학을 하는 선비였는데, 특히 승상 공손홍(公孫弘)은 그의 훌륭한 점을 자주 칭찬하였다. 그는 회남왕(淮南王),[69] 형산왕(衡山王),[70] 강도왕(江都王)[71] 등의 모반 사건을 처리할 때, 모두 철저히 규명하였다. 황제는 엄조(嚴助)[72]와 오피(伍被)[73]를 사면하고자 하였다. 이에 장탕은 '오피는 모반을 획책한 장본인이고, 엄조는 폐하의 총애를 받으면서 궁중을 마음대로 드나들던 심복 신하입니다. 그런데 그는 제후와 내통하였습니다. 이러한 자를 죽이지 않는다면 차후 어떠한 죄인도 처벌할 수 없을 것입니다'라고 하며 단호히 주장하였다. 이에 황제는 그들에 대한 판결에 동의하였다. 그는 옥사를 처리함에 대신들을 물리치고 스스로의 책임으로 그 공적을 올리는 사건들이 많았다. 그래서 장탕은 더욱 총애와 신임을 받아 어사대부(御史大夫)에 올랐다.

마침 흉노의 혼야왕(渾邪王)[74]이 투항하여, 한 왕조는 대규모로 출병하여 흉노를 토벌하였다. 또한 산동 지방에 홍수와 한발이 겹치자 빈궁한 백성들은 이리저리 유랑하여, 모두 정부의 식량보급에 의지하였으므로 국고는 텅 비게 되었다. 이때 장탕은 황제의 뜻을 받들어 나라에 청원해서 백금(白金)[75]과 오수전(五銖錢)[76]을 주조하였고, 전국의 식염과 병기를 국가 전매사업으로 전환하여 부상들의 폭리를 배제하였다. 또한 고민령(告緡令)[77]을 선포하여 호족들과 대지주들을 제거하였다. 게다가 법조문

69) 淮南王 : 漢 高帝의 손자 劉安을 가리킨다.
70) 衡山王 : 漢 高帝의 손자 劉賜를 가리킨다.
71) 江都王 : 漢 景帝의 손자 劉建을 가리킨다.
72) 嚴助 : 吳縣(지금의 江蘇省 蘇州市) 사람으로 中大夫, 郡太守를 지낸 적이 있다. 후에 劉安과 연결되어 피살되었다.
73) 伍被 : 楚나라 사람으로 淮南의 中郎을 지낸 바 있다. 후에 劉安과 모반을 도모하다가 처형되었다.
74) 渾邪王 : 본래 單于의 수하에 있던 일개 왕이었으나, 漢 武帝 때 4만여 명의 사람들을 데리고 漢나라에 투항하였다.
75) 白金 : 고대에서는 은을 가리킨다.
76) 五銖錢 : 무게가 5銖인 화폐로서, '銖'는 고대의 중량 단위를 말한다.

을 교묘히 적용하여 호족들을 죄에 빠뜨림으로 해서 가혹한 법의 시행을 보완하였다. 장탕이 매번 입조하여 보고를 올릴 때, 국가 재정을 논할 경우 오랜 시간이 걸렸는데 이때 황제는 식사를 잊을 정도였다. 이무렵 승상들[78]은 그저 자리만 채웠을 뿐 국가의 대사는 모두 장탕에 의해서 결정되었다. 당시 백성들은 생활의 안정을 얻지 못해서 소요를 일으켰고, 정부가 주관하는 정책도 실효를 거두지 못하였으며, 탐관오리들은 일제히 절도와 침탈을 일삼았다. 장탕은 형벌로써 그들의 죄를 철저하게 다스렸다. 이로 인해서 공경 이하 일반인에 이르기까지 모두 장탕을 지탄하였다. 그러나 장탕이 병이 났을 때 황제가 몸소 문병을 갈 정도로 황제는 장탕을 우대하였다.

흉노가 와서 화친하기를 청하자,[79] 대신들은 황제의 면전에서 토론을 하였다. 박사 적산(狄山)이 말하기를 '화친함이 합당합니다'라고 하였다. 황제가 그에게 이유를 묻자, 적산은 '병기는 흉기입니다. 쉽게 자주 그것을 사용해서는 안 됩니다. 고조 황제께서 흉노를 토벌하시려다가 평성(平城)에서 곤욕을 치르시고[80] 결국 화친을 맺게 되셨습니다. 효혜제(孝惠帝)와 여태후(呂太后) 시기에는 천하가 안락하였습니다. 그러나 문제(文帝) 때에는 흉노를 치려다가 북방 변경 일대가 소란하여 백성들은 전쟁에 고통에 시달렸습니다. 경제(景帝) 시기에는 오, 초 7국의 반란이 일어나, 황제께서 양궁(兩宮)[81]을 왕래하며 수개월 동안 마음을 조이셨습니다. 오, 초 7국이 패망한 후, 경제께서는 줄곧 다시는 전쟁을 말씀하지 않으셨으며, 천하는 부유하고 충실해졌습니다. 지금 폐하께서 군사를 동원하여 흉노를 치시면서부터 국고는 텅 비고, 변경의 백성들은 곤고와 빈

---

77) 告緡令 : 사람들에게 다른 사람이 몰래 재산을 축적하여 탈세하는 행위를 고발하도록 장려하는 법령이다. 당시는 끈으로 동전 1,000개를 꿰어 묶은 것을 1緡이라고 하여 재산 가치의 척도로 삼았다. 그래서 타인의 실제 재산 정도를 적발하는 것을 '告緡'이라고 한 것이다.

78) 당시의 丞相은 李蔡, 莊青翟 등이었다.

79) 漢族 봉건왕조와 소수민족의 수령, 그리고 소수민족의 수령 사이에는 정치 목적의 결연을 맺게 되었다. 이는 漢 高祖가 宗室의 여자를 匈奴 單于에게 시집을 보내면서 비롯되었다.

80) 원문에는 "大困平城"이라고 되어 있다. 이는 기원전 200년에 漢 高帝가 친히 구대를 이끌고 匈奴를 치러 갔으나, 平城에서 포위당하였음을 말한다. 平城은 현 이름으로 지금의 山西省 大同市 동북 지역에 위치한다.

81) 兩宮 : 景帝가 기거하던 未央宮과 竇太后가 기거하던 長樂宮을 말한다.

궁으로 허덕이고 있습니다. 이상으로 볼 때, 화친하는 편이 좋다고 생각합니다'라고 대답하였다. 황제가 다시 장탕에게 묻자, 장탕이 말하기를 '이처럼 어리석은 선비가 무엇을 알겠습니까?'라고 하였다. 그러자 적산이 말하였다. '저는 충성을 다하고 있습니다만,[82] 어사대부 장탕은 거짓으로 충성하는 자입니다. 장탕이 회남왕, 강도왕 반란 사건을 처리한 것처럼, 냉혹한 판결문으로 제후들을 통렬히 탄핵하고 황제의 골육 사이를 이간시켜 소원하게 하여 각국의 제후들이 불안을 느끼게 되었습니다. 신은 본래 장탕이 거짓 충신인 것을 알고 있었습니다.' 이때 황제는 안색이 변하며 말하였다. '내가 그대를 일개 군의 태수로 보낸다면 능히 오랑캐로 하여금 침략을 못하게 할 수 있겠소?' 그러자 적산은 '할 수 없습니다'라고 하였다. 황제가 다시 물었다. '일개 현의 현령으로 임명하면 어떻겠소?' 적산은 '할 수 없습니다'라고 대답하였다. 황제가 또 물었다. '요새의 수비대장으로 맡기면 어떻겠소?' 이에 적산은 답변이 궁해지면 장차 사법관리에게 넘겨질 것이라 짐작한 나머지 '할 수 있습니다'라고 대답하였다. 그러자 황제는 적산을 변경에 있는 요새로 보냈다. 1개월 남짓 지나서 흉노는 적산의 목을 베어 갔다. 이때부터 군신들은 장탕을 두려워하여 벌벌 떨게 되었다.

장탕의 빈객인 전갑(田甲)은 비록 상인이었으나 현명하고 지조가 있었다. 당초 장탕이 말단 관리로 있을 때 그와 서로 금전거래를 하였다. 장탕이 대관이 되자, 전갑은 장탕의 품행에 과실이 있으면 이를 질책하였으니, 그는 열사(烈士)[83]의 기풍을 지니고 있었던 것이다.

장탕은 어사대부가 된 지 7년 만에 실각하였다.

하동(河東) 출신 이문(李文)이라는 자는 일찍이 장탕과 사이가 나빴다. 후에 그가 어사중승(御史中丞)[84]이 되자 분노와 원한을 품고 수차례 궁정문서를 통해서 장탕에게 해가 될 만한 문제를 찾았는데, 조금의 빈틈도 없었다. 장탕에게는 그가 아끼는 사(史) 노알거(魯謁居)가 있었다. 노알거는 장탕이 이로 인해서 불만이 있는 것을 알고 사람을 시켜 급히

82) 원문에서는 "愚忠"이라고 하였는데, 이는 봉건사회에서 신하가 황제에게 충성을 다함을 스스로 '愚忠'이라고 한 것이다.

83) 烈士 : 당시 공을 세우려는 의지가 굳고 정의를 위해서 죽음을 두려워하지 않는 사람들을 일컫는 말이다.

84) 御史中丞 : 관직 이름. 漢代에 御史大夫를 보좌하던 관리를 말한다.

이문의 변고(變告)[85]를 상주(上奏)하게 하였다. 이 일이 장탕에게 맡겨지자, 장탕은 판결을 내려 이문을 사형에 처하였다. 그리고 내심 이 일은 노알거가 행한 것임을 알고 있었다. 황제가 장탕에게 물었다. '이문의 변고한 사건의 단서는 어떻게 잡은 것이오?' 그러자 장탕은 놀라는 척하며 대답하기를 '이는 아마 이문과 잘 아는 사람 가운데 그에게 원한을 품은 자의 소행인 줄 압니다'라고 하였다. 후에 노알거가 병에 걸려 시골의 집에 누워 있었다. 장탕은 친히 그에게 문병하여 노알거의 다리를 주물러주었다. 한편 조(趙)[86]나라 사람들은 제철을 주요 사업으로 삼았다. 그래서 조나라 왕은 수차례 정부가 설치한 철관(鐵官)의 일로 소송을 제출하였으나, 장탕은 번번이 조나라 왕을 방해하였다. 그래서 조나라 왕은 장탕의 숨은 부정을 찾았다. 그리고 노알거 역시 일찍이 조나라 왕을 탄핵한 바 있었으므로 조나라 왕은 두 사람을 함께 고발하였다. '장탕은 대신의 신분인데도 자기 속관인 노알거가 병에 걸리자 그에게 방문하여 다리를 주물러주었습니다. 이들은 아마도 커다란 부정을 공모하고 있는지 의심이 갑니다.' 이렇게 상서된 안건은 정위(廷尉)에게 넘겨졌다. 노알거가 병으로 죽자 사건은 노알거의 아우에게 연루되어, 그의 아우는 도관(導官)[87]의 서(署)에 갇히게 되었다. 장탕은 도관에 수감된 다른 죄수들을 취조하다가 노알거의 아우를 발견하고 몰래 그를 구해주려고 생각하였지만 겉으로는 모르는 척하였다. 노알거의 아우는 이 사실도 모른 채 장탕을 원망하고 사람을 보내어 상서를 올리게 하였다. 즉 장탕은 노알거와 밀모하고 공동으로 획책하여 이문의 변고를 처리하였다고 보고하였다. 이 안건의 처리는 감선(減宣)[88]에게 맡겨졌다. 감선도 일찍이 장탕에게 원한이 있었으므로 이 안건을 담당한 후 사건 진상을 철저하게 규명하고자 하였다. 그가 아직 상주하지 않았을 때, 마침 어떤 자가 효문원(孝文園)[89]의 부장품을 도굴한 사건이 발생하였다. 승상 청책(靑翟)[90]은 장탕

85) 變告 : 비상 사태를 긴급히 보고하는 것을 가리킨다.
86) 趙 : 지금의 河北省 남부에 위치하며, 邯鄲(지금의 邯鄲市)을 도읍으로 하였다.
87) 導官 : 관직 이름으로 궁정에 쌀과 술을 공급하였다. 아마 당시 감옥에는 죄인들로 가득 찼기 때문에 남은 죄인들을 잠시 이곳에 구류시켰을 것으로 보인다.
88) 減宣 : 御史中丞, 左內史, 右扶風 등을 지냈으며, 후에 죄를 짓고 자살하였다.
89) 孝文園 : 漢 文帝의 묘지를 가리킨다.
90) 靑翟 : 莊靑翟을 가리킨다.

과 함께 입조하여 황제에게 사죄하기로 약속하였다. 어전에 이르자, 장탕은 단지 승상만이 사계절에 능원을 순시하였으니 그는 마땅히 사죄해야 하며 장탕 자신과는 무관하다고 생각하고 사죄하지 않았다. 승상이 사죄한 후 황제는 어사에게 이 일을 처리하도록 하였다. 이에 장탕은 견지법을 승상에게 적용하려 하자 승상은 이를 불안해하였다. 승상의 수하에는 세 사람의 장사(長史)[91]들이 있었는데, 모두 장탕을 미워하여 그를 해치고자 하였다.

그중 장사 주매신(朱買臣)은 회계(會稽)[92] 사람으로서 『춘추』를 전공하였다. 장조(莊助)가 사람을 시켜 주매신을 추천하였는데, 그는 『초사(楚辭)』[93]에도 능통하여 장조와 함께 황제의 총애를 받고 궁중에서 황제를 모시다가, 태중대부가 되어 정치에 참여하게 되었다. 그러나 장탕은 그 당시 말단 관리였으므로 주매신 등에게 무릎을 꿇고 엎드려 지시를 받들었다. 그러던 장탕이 나중에는 정위가 되어 회남왕의 사건을 처리하면서 장조를 실각시켰으니, 주매신은 장탕에게 내심 깊은 원한을 품고 있었다. 장탕이 어사대부가 되었을 무렵, 주매신은 회계군 태수에서 구경의 서열에 속하는 주작도위(主爵都尉)[94]에 올랐다. 몇년 후, 주매신은 법에 걸려 면직되어 장사를 대리하는 지위로 장탕을 만나게 되었던 것이다. 장탕은 평상 위에 앉아 마치 승사(丞史)를 대하듯 주매신을 접대하며 예우하지 않았다. 주매신은 혈기가 끓는 초(楚)나라의 인사로서 이로 인해서 원한을 품게 되어 항상 죽을 각오로 복수를 다짐해왔다. 한편 왕조(王朝)는 제(齊)[95]나라 사람으로 유학에 능통하여 우내사(右內史)가 되었다. 변통(邊通)은 장단(長短)의 술(術)[96]을 공부한 사람으로 성품이 강직하고 난폭하였다. 그는 두 번이나 제남(濟南)의 재상을 지냈다.[97] 그들의

91) 長史 : 관직 이름으로 祕書長에 해당한다. 漢代의 三公은 모두 그들을 보좌하는 長史를 데리고 있었다.

92) 會稽 : 군 이름. 지금의 江蘇省 남부, 安徽省 남부, 그리고 浙江省 대부분 지역에 해당하였다.

93) 『楚辭』 : 楚나라의 屈原을 대표하는 辭賦 작품을 말한다.

94) 主爵都尉 : 관직 이름. 秦代에는 '主爵中尉'가 있었는데, 漢代에 '主爵都尉'로 바뀌었다. 주로 봉작에 관한 직무를 담당하였다.

95) 齊 : 지금의 山東 전역에 걸친 漢나라 초기의 국가로, 臨菑에 도읍하였다.

96) 長短術로서, 전국시대 縱橫家의 설을 의미한다.

97) 濟南이 이전에는 왕국이었으므로 宰相이 있었다.

이전 지위는 모두 장탕보다 높았으나, 얼마 안 되어 벼슬을 잃고 장사로서 장탕에게 굽실거려야 하였다. 장탕은 자주 승상의 직무를 대행하였는데, 이 세 사람의 장사들이 본래 귀한 신분이었던 것을 알면서도 항시 그들을 능멸하고 억압하였다. 그래서 세 사람의 장사들은 함께 모의하여 말하기를 '처음에 장탕은 승상과 함께 황제께 사죄하기로 약속하였다가 승상을 배반하였습니다. 지금 종묘의 사건을 가지고 승상을 탄핵하려 획책하고 있으니, 이는 승상을 밀어내고 자신이 그 자리를 차지하려는 속셈입니다. 우리는 장탕의 숨은 부정을 알고 있습니다'라고 하였다. 그리하여 장탕과 공범인 상인 전신(田信) 등을 체포하여 심문하였다. 장탕이 황제에게 주청하려 할 때면 전신이 먼저 그 내용을 알아서 미리 물자를 매점하여 큰 이익을 얻었고, 그 이익금도 장탕과 나누었다는 자백을 받아냈다. 또한 전신은 장탕의 다른 부정도 언급하였다. 이러한 사건의 전모는 널리 퍼져 전해지게 되었다. 이에 황제는 장탕에게 물었다. '내가 어떤 정책을 시행하려 하면 상인들이 항상 먼저 알고 해당 물자를 매점하니, 이는 마치 누군가가 나의 계획을 사전에 그들에게 말하는 것 같았소.' 이에 장탕은 사죄는 하지 않고 놀라는 기색을 가장하며 말하기를 '확실히 그런 것 같습니다'라고 하였다. 이때 감선도 노알거 등의 일을 상주하였다. 황제는 결국 장탕을 속이 검고 간교하며 거짓된 자로 여기고, 8명의 사자를 보내어 사건기록과 대조하며 장탕을 문책하게 하였다. 장탕은 그런 일이 없다고 답변하며 문책에 불복하였다. 그러자 황제는 조우를 시켜 장탕을 문책하게 하였다. 조우가 와서 장탕을 꾸짖으며 말하였다. '그대는 어찌 자신의 신분을 알지 못하는 거요? 그대의 사건판결로 일족이 전멸된 자가 몇 명이나 되는지 알고 있소? 지금 사람들은 모두 당신에 대한 구체적인 증거를 가지고 있다고 말하고 있고, 폐하께서는 그대를 가두는 것을 원치 않으시고 그대 스스로 방법을 강구하기를 원하시고 계시오. 그런데 어찌 확실한 증거 앞에서 극구 반박하려 하시오?' 이에 장탕은 보고문을 쓰면서 대답하기를 '나는 조그마한 공로도 없이 말단 관리로 있었는데 폐하께서 총애하시어 삼공의 지위에 오르게 되었으니, 그 죄는 보상할 길이 없소. 그러나 내게 모함하여 죄를 뒤집어씌우려고 획책한 자들은 저 세 사람의 장사들이오'라고 하고는 곧 자살하고 말았다.

장탕이 죽은 뒤에 보니, 그의 가산은 500근의 황금을 초과하지 못하였으며, 그것도 모두 봉록과 하사금이었고 다른 재산은 없었다. 그의 형제들[98]과 아들들은 장탕의 장례를 후하게 치르려고 하였으나 장탕의 모친이 말하기를 '장탕은 천자의 대신으로서 추악한 평판을 받고 죽었으니 어찌 후한 장례를 치를 수 있겠는가!'라고 하였다. 그래서 소달구지에 시체를 실었는데 내관은 있으나 외곽(外槨)은 없었다. 천자는 이 소문을 듣고 말하였다. '그런 어머니가 아니고서야 그런 아들을 낳을 수 없을 것이다.' 마침내 사건의 전모가 밝혀져 세 사람의 장사들은 주살되었다. 승상 청책은 자살하였고, 전신은 감옥에서 석방되었다. 황제는 장탕을 애석히 여기어 얼마 후 그의 아들 장안세(張安世)[99]를 등용하였다.

조우는 중도에서 파직되었으나 얼마 후 정위(廷尉)가 되었다. 당초 조후(條侯)는 조우가 잔혹한 인물이라 여기고 그를 신임하지 않았다. 조우가 소부(少府)가 되어서 서열이 구경에 올랐는데, 과연 잔혹하고 성급하였다. 그러나 그가 만년에 이르자 사건이 더욱 많아졌는데, 일반 관리들은 더욱 준엄하게 집행하였으나, 조우의 법 집행은 도리어 너그러웠다. 이로 인해서 조우는 부드럽고 공평하다는 명성을 얻게 되었다. 왕온서(王溫舒) 등은 그후의 관리로서 법을 집행함이 조우보다 냉혹하였다. 조우는 연로하여 연(燕)나라 재상으로 임명되었다. 몇년 후 그는 정신이 혼미하여 죄를 범하자 면직되어 고향으로 돌아갔다. 장탕이 죽은 지 10년 후, 그는 천수를 누리다가 집에서 죽었다.

의종(義縱)은 하동(河東) 사람이다. 어린 시절에는 장차공(張次公)과 함께 강도짓을 하며 도적패를 결성하였다. 의종에게는 의후(義姁)라는 누이가 있었는데 의술이 좋아 왕태후(王太后)[100]의 총애를 받았다. 왕태후가 그의 누이에게 '너의 아들이나 형제 중 관리가 되려는 자가 있느냐?'라고 묻자, 그녀는 '동생이 하나 있습니다만 품행이 좋지 못해 관리가 될 수 없습니다'라고 대답하였다. 그러나 왕태후는 황제에게 말해서

---

98) 원문에는 "昆弟"라고 되어 있다. 이는 형과 동생을 가리키는 말로서, 원근에 있는 형제들을 지칭한다.

99) 張安世 : 張湯의 아들로서, 후에 大司馬, 車騎將軍, 衛將軍을 지냈으며 富平侯에 봉해졌다.

100) 王太后 : 漢 武帝의 모친으로, 右扶風 槐里(지금의 陝西省 興平縣 동남부) 사람이다.

의후의 동생 의종을 중랑(中郞)[101]에 임명하게 하였으며, 또한 상당(上黨)[102]에 있는 어느 한 현의 현령을 보좌하게 하였다. 의종은 일을 처리하는 데에 매우 과감하였다. 좀처럼 온정을 베풀지 않았으므로 현내에서 일을 미루는 법이 없었다. 그리하여 치적이 전군(全郡) 중 최고로 뽑혔다. 후에 그는 장릉(長陵)[103]과 장안(長安)의 현령으로 전임되었다. 법률을 그대로 운용하여 통치하였으므로 귀척(貴戚)이라고 해서 예외일 수 없었다. 태후의 외손 수성군(修成君)의 아들 중(仲)까지도 체포해서 심문하였다.[104] 황제는 의종이 유능하다고 인정하고 그를 하내(河內)[105]의 도위로 승진시켰다. 그는 부임하자마자 그 지방의 호족인 양씨(穰氏) 일족을 주멸하였다. 그로 인해 하내의 주민들은 길에 떨어진 물건도 줍지 않았다. 장차공도 낭(郞)이 되었는데 용감하게 참군하여 적진 깊숙히 들어가 공을 세우고 안두후(岸頭侯)에 봉해졌다.

영성(寧成)이 집에서 한거하고 있었는데 황제는 그를 군의 태수로 임명하고자 하였다. 어사대부 공손홍(公孫弘)은 '제가 산동에서 하급 관리로 있을 때 영성은 제남(濟南)의 도위를 지냈습니다. 그가 통치함은 마치 이리가 양떼를 치는 것과 같았습니다. 영성에게 직접 백성을 다스리게 해서는 안 됩니다'라고 하였다. 이에 황제는 영성을 관도위(關都尉)[106]로 임명하였다. 1년 남짓 지나서 관동(關東) 지방의 관리들은 함곡관을 출입하는 군국(郡國)의 관리들이 '차라리 새끼 가진 호랑이를 만날지언정 영성의 노여움은 사지 말라'라고 하며 수근거리는 것을 보았다. 의종은 하내에서 남양(南陽)[107]의 태수로 전출되어 갈 때 영성이 남양에 있는 집에서 지내고 있다는 소문을 들었다. 의종이 관(關)에 도착하자 영성은 옆으로 비껴 서서 그를 맞이하였다. 그러나 의종의 태도는 오만하여 답례도 하지 않았다. 의종은 남양에 도착하여 곧 영씨 일족을 조사하여 철저하게

---

101) 中郞 : 관직 이름으로 秦代에서 생겼다. 漢代에는 郞中令에 속하였는데, 그 장관은 中郞將이라고 칭하였다.

102) 上黨 : 군 이름. 지금의 山西省 동남부.

103) 長陵 : 현 이름. 지금의 陝西省 咸陽市 동북쪽.

104) 修成君은 王太后와 전남편 사이에서 소생한 딸에게 봉해진 이름이다. 그녀의 아들 仲은 당시 수도를 어지럽혔다.

105) 河內 : 군 이름. 지금의 河南省을 경계로 黃河 이북에 위치하였다.

106) 關都尉 : 관직 이름. 화물세를 거두고 여객의 왕래를 감찰하는 관리를 가리킨다.

107) 南陽 : 군 이름. 지금의 河南省과 湖北省의 경계 지역에 위치하였다.

분쇄하자, 영성은 결국 죄를 입게 되었다. 또한 공씨(孔氏), 포씨(暴氏)[108] 등의 무리는 모두 도망쳤으며, 남양군의 관리와 백성들은 모두 공포에 질려[109] 꼼짝하지 못하였다. 평지(平氏)[110]의 주강(朱强)[111]과 두연(杜衍)[112]의 두주(杜周)는 의종의 어금니와 발톱[113] 역할을 하였던 관리들로서, 인정을 받아 정위(廷尉)의 속관으로 임명되었다. 당시 군대가 자주 정양(定襄)[114]으로 출병하여, 그곳의 관리와 평민들은 심히 혼란스러웠고 풍속은 망가졌다. 이때 의종이 정양군의 태수로 임명되었다. 의종은 부임하자 정양군의 감옥에 중범과 경범으로 갇혀 있는 200여 명의 죄수들, 그리고 비밀리에 그들을 면회하는 죄수들의 빈객과 형제들 200여 명을 모두 잡아들였다. 의종은 그들에게 '이자들은 죽을 죄에 해당하는 자들의 형구(刑具)를 풀어주었다'라는 누명을 씌우고, 그날 400여 명을 몰살하였다. 그 뒤로 정양군의 백성들은 춥지도 않은데 부들부들 떨었고, 교활한 백성들은 도리어 관리에게 빌붙어 통치하는 것을 도왔다. 이무렵 조우와 장탕은 법을 엄혹하게 적용하여 구경의 지위에 올랐다. 그러나 그들의 통치는 아직 관대한 편이었으며 법령에 근거하여 일을 집행하였다. 그런데 의종은 매나 새매가 날개를 펴고 새를 덮치듯이 잔혹한 수단으로 통치하였다. 그후 오수전과 백금이 발행되면서부터 백성들은 그것을 위조하였는데, 수도에서는 그것이 더욱 심하였다. 그래서 황제는 의종을 우내사(右內史)로, 왕온서를 중위(中尉)로 임명하고 이를 담당하게 하였다. 왕온서는 극도로 흉악하였다. 그는 자신이 하려는 일을 먼저 의종에게 알리지 않았고, 의종은 반드시 기세로써 왕온서를 꺾어 그의 공적을 깨부수었다. 그들의 통치하에서 많은 사람들이 죽었다. 그러나 이는 일시적인 치안을 도모하는 데 급급한 것이었고, 간악한 무리들은 더욱 그치지 않았다. 이리하여 직지(直指)[115]라는 벼슬이 처음으로 생겼으며, 관리들의

108) 孔, 暴의 2 가지 성씨는 당시 南陽의 강력한 호족들이었다.
109) 원문은 "重足"으로, 즉 다리를 겹치고 서 있다는 뜻으로, 이는 매우 두려워함을 비유한 것이다.
110) 平氏 : 현 이름. 지금의 河南省 唐河縣 동남쪽.
111) 朱强 : 사람 이름.
112) 杜衍 : 현 이름. 지금의 河南省 南陽市 서남쪽.
113) 원문에는 "牙爪"라고 하였는데, 이는 보좌하는 사람을 비유하는 말이다.
114) 定襄 : 군 이름. 지금의 내몽고 長城 이북과 林格爾 일대에 위치하였다.
115) 直指 : 관직 이름. 이들은 조정에서 직접 지방으로 파견되어 지방의 관리들을 감

통치는 죽이고 가두는 것을 주요 임무로 삼았는데, 염봉(閻奉)은 그 흉포함으로써 이에 등용될 정도였다. 의종은 청렴하였고 통치방식은 질도를 본받았다. 한 무제가 정호궁(鼎湖宮)[116]으로 행차하였다가 오랫동안 병석에 누워 있었다. 그러다가 갑자기 회복되어 감천궁(甘泉宮)[117]으로 행차하였는데 그 길이 거의 정비되어 있지 않았다. 황제는 노하여 '의종은 내가 다시는 이 길을 가지 못할 것이라 여겼다는 말인가?'라고 말하며 내심 그를 매우 원망하였다. 겨울이 되자 양가(楊可)가 마침 '고민(告緡)'[118]을 주관하고 있었다. 의종은 그것이 백성들을 혼란에 빠뜨리는 행위라고 간주하고 관리들을 시켜 양가가 보낸 부하들을 체포하게 하였다. 황제는 이 소식을 듣고 두식(杜式)[119]을 시켜 의종이 조령을 어기고 정사(政事)를 방해하였다고 하여 의종을 거리에서 처단하였다. 그 뒤 1년이 지나 장탕도 죽었다.

왕온서(王溫舒)는 양릉(陽陵)[120] 사람이다. 젊은 시절 사람을 죽여 매장하는[121] 등 나쁜 짓을 자행하였다. 그후 현(縣)의 정장(亭長)[122]으로 보임되었으나 번번이 파면되었다. 다시 말단 관리가 되어 사건의 심리를 맡아보더니 정사(廷史)가 되었다. 이어 장탕을 섬기다가 어사로 승진하였다. 그는 도적들을 체포하는 임무를 수행하였는데, 이때 많은 죄인들을 살상하였다. 그 뒤 점차 승진하여 광평(廣平)[123]의 도위가 되었다. 그는 군내에서 호쾌하고 과감하며 능력 있는 관리 10여 명을 선발하여 자신의 심복으로 삼고, 그들의 숨은 중죄를 파악하였다. 그리고 나서 그들로 하여금 도적 잡는 일에 열중하게 하여 체포하고자 하는 도적을 순조롭게 잡

찰하였는데, 당시 그 세력이 대단하였다.

116) 鼎湖宮 : 지금의 陝西省 藍田縣에 있던 궁을 말한다. 그밖에 지명으로서는 지금의 河南省 靈寶縣 근방으로, 黃帝가 용을 타고 승천하였다는 곳으로 전해진다.

117) 甘泉宮 : 지금의 陝西省 淳化縣 서북쪽에 있는 甘泉山에 위치하였다.

118) 告緡 : 앞의 〈주 77〉 참조.

119) 杜式 : 사람 이름.

120) 陽陵 : 현 이름. 지금의 陝西省 高陵縣 서남쪽.

121) 원문에는 "椎埋"라고 하였는데, 여기에는 2 가지 해석이 있다. 하나는 사람을 죽여 매장한다는 것이고, 다른 하나는 무덤을 파고 부장물을 훔쳐낸다는 것이다.

122) 亭長 : '亭'은 漢代 지방의 말단 행정기구로서, 대략 가로와 세로 각 10里를 1亭으로 삼았다. 그리고 여기에 亭長을 두어 치안과 민사를 담당하게 하였다.

123) 廣平 : 군 이름. 위치는 지금의 河北省 남부 지역이다.

는 방법을 취하였다. 그들 가운데 비록 100 가지 죄를 진 자가 있더라도 이를 법으로 처벌하지 않았다. 그러나 만일 숨거나 도망할 경우에는 본인은 물론 그 가족까지 몰살시켰다. 이러한 연유로 인해서 제(齊), 월(越) 지역[124]의 도적들은 감히 광평에 접근하지 못하였고, 광평에서는 길에 떨어져 있는 물건도 줍지 않는다는 소문이 나게 되었다. 황제가 이를 듣고 왕온서를 하내군의 태수로 승진시켰다.

왕온서는 광평에 있을 때 하내군의 유력한 호족 중 간악한 집안을 잘 파악하고 있었다. 하내군으로 가기를 기다리던 중 드디어 9월에 부임하게 되었다. 그는 군부(郡府)에 명령하여 50필의 사마(私馬)를 하내부터 장안까지 각 역에 배치하게 하였다. 부하들에게도 광평에 있을 때와 같은 방법으로 하여, 군내(郡內)의 교활한 호족들과 연좌된 자들을 체포하였는데 무려 1,000여 가구나 되었다. 그리고 나서 상서(上書)하기를 '아주 교활한 자는 일족을 멸하고, 조금 교활한 자는 당사자만 사형에 처하기로 하며, 그들의 재산을 모조리 몰수하여 부당하게 축적한 재물을 변상토록 한다'라고 청하였다. 상서한 지 불과 2-3일이 지나자 황제의 비준을 얻게 되었다. 안건이 상부에 보고된 바로는 처형자의 피가 십여 리를 흘렀다고 한다. 하내의 백성들은 그가 상주하여 비준을 받은 것이 너무도 신속하여 이를 괴이하게 여겼다. 12월이 지났을 때, 군내에는 소리가 없어졌다. 감히 밤에 외출하는 자도 없었고 들에도 개를 짖게 하는 도둑도 없었다. 그중 체포하지 못한 범인들은 이웃 군국(郡國)으로 도망쳤다. 춘기(春期)가 되자 왕온서는 발을 구르고 탄식하며 말하기를 '아아! 만일 겨울을 1개월만 연장한다면 족히 일을 처리할 수 있을 터인데!'라고 하였다. 이 정도로 그는 살상을 좋아하고 인명을 아끼지 않았던 것이다. 천자는 이러한 일을 듣고 그를 유능하다고 판단하여 다시 중위로 승진시켰다. 그의 통치방법은 하내에 있을 때와 같이 여러 교활한 관리들을 불러 수하에 두고 그들과 함께 일을 도모한 것이다. 즉 하내에는 양개(楊皆)와 마무(麻戊)가 있었고, 관중(關中)에는 양공(楊贛)과 성신(成信)이 있었다.[125] 의종이 내사로 있을 때, 왕온서는 그를 겁내어 감히 함부로 형벌

124) 齊, 越 : 대개 전국시대부터 漢나라 초기까지의 齊나라와 越나라 지역을 가리키는데, 지금의 山東省과 河北省 남부에 해당된다.

125) 楊皆, 麻戊, 楊贛, 成信 : 모두 사람 이름이다.

을 집행하지 못하였다. 의종이 죽고 장탕이 실각된 후, 그는 정위가 되었고 윤제(尹齊)는 중위가 되었다.

윤제는 동군(東郡)[126] 치평(茌平)[127] 사람이다. 그는 문서를 다루는 하급 관리에서 시작하여 어사까지 승진하였다. 장탕을 섬기었는데, 장탕은 그의 청렴함과 용맹함을 자주 칭찬하여 그에게 도적을 감찰하게 하였다. 윤제는 죄인을 처형하는 데에 귀척(貴戚)을 가리지 않았다. 그가 관내도위(關內都尉)로 승진한 후로는 영성보다 더 엄혹하다는 소문이었다. 황제는 그의 재능을 인정하여 중위로 승진시키자, 관리들과 백성들은 더욱 곤궁해졌다. 그의 성격은 강하고 직선적이었으며, 문사(文辭)가 부족하였다. 강포하고 흉악한 관리들은 그를 두려워하여 모두 움츠러들었으나, 그렇다고 선량한 관리들을 효과적으로 통치할 수도 없었다. 그래서 실패하는 일이 많았고 죄를 입어 파면당하고 말았다. 황제는 왕온서를 다시 중위로 복직시켰으며, 양복(楊僕)은 엄혹함을 인정하여 주작도위로 삼았다.

양복은 의양(宜陽)[128] 사람이다. 그는 천부(千夫)[129]의 신분으로 관리가 되었다. 하남(河南)[130] 태수가 그를 유능하다 인정하고 천거하자, 그는 어사가 되어 관동 지방의 도적을 감찰하게 되었다. 그의 통치는 윤제를 본받아 과감하고 흉포하였다. 점차 승진해서 주작도위가 되고 구경의 서열에 올랐다. 황제는 그를 유능하다고 인정하였다. 남월(南越)[131]이 반란을 일으켰을 때, 그는 누선장군(樓船將軍)[132]에 임명되어 공을 세우고 장량후(將梁侯)로 봉해졌다. 그 뒤 순체(荀彘)와 함께 조선(朝鮮)을

126) 東郡 : 지금의 河南省과 山東省의 경계 지역에 위치하였다.
127) 茌平 : 현 이름. 지금의 山東省 茌平縣 서쪽.
128) 宜陽 : 현 이름. 지금의 河南省 宜陽縣.
129) 千夫 : 漢 武帝가 설치한 武功 직위직 명칭. 모두 17급으로 나뉘었는데, '千夫'는 그중 제7급에 속하였다.
130) 河南 : 군 이름. 위치는 지금의 河南省 黃河 이남의 洛水, 伊水 하류이다.
131) 南越 : 부족 이름. 고대 남방의 越人 일족이 세운 국가이다. 漢 武帝 元鼎 6년(기원전 111년) 南越을 멸하고 9郡을 설치하였다.
132) 樓船將軍 : 西漢 때 지방의 특수성을 고려하여 각종 병력을 훈련시켰는데, 江淮 이남에서는 水軍을 훈련시켰다. 楊僕은 이때 '樓船'이라고 하여 水軍을 통솔하였으므로, 武帝는 그를 '樓船將軍'에 봉하였다.

치러 갔다가 순체에게 묶여 벼슬에서 쫓겨났다. 그 뒤 병으로 죽었다.

왕온서는 다시 중위가 되었다. 그는 문사(文辭)가 부족하여 정위로 있을 때 똑똑하지 못하였으므로 일을 제대로 처리하지 못하였으나, 중위가 되어서는 재능이 트였다. 그는 도적들을 감찰하였는데, 평소 관중의 풍속에 익숙한 그였으므로 유력하고 간악한 관리들을 잘 알고 있었다. 흉악한 관리들은 그를 도와 계책을 도모하였다. 왕온서는 그들을 통해서 도적들과 불량소년들을 엄밀히 정찰하고, 투서함을 두어 범죄를 고하게 하는 방법을 썼다. 그리고 백격장(伯格長)[133]을 두고 간악한 자들과 도적들을 감시하게 하였다. 왕온서의 사람됨은 아첨하는 성격인지라 권력가를 잘 섬겼고 권세가 없는 자는 노예처럼 취급하였다. 권문세가에 대해서는 설령 그 죄가 매우 크다 해도 상관하지 않았고, 권세가 없는 자에 대해서는 귀척이라도 반드시 욕을 보이려 하였다. 또한 법조문을 교묘히 적용하여 교활한 하층민들을 모함하였고 강력한 호족들에는 위협을 주었다. 중위로서 그의 통치는 이와 같았던 것이다. 교활한 자들은 그에 의해서 끝까지 추궁되었고, 대개 혹형을 당해 피부가 찢기고 터져 옥중에서 죽었으며 일단 판결이 나면 살아 나오지 못하였다. 그의 심복 부하들은 마치 인간의 탈을 쓴 호랑이와 같았다. 이때 중위부(中尉府)가 관할하는 지역의 간교한 자들은 종적을 감추었고, 권세 있는 자들은 그의 명성을 높이고 그의 치적을 찬양하였다. 그가 중위로 있은 몇해 동안 그의 부하들은 직권을 이용하여 많은 부를 축적하였다.

왕온서가 동월(東越)[134]을 치고 돌아왔을 때였다. 그는 의론을 발표하였으나 황제의 마음에 들지 못하였고, 결국 사소한 법에 저촉되어 관직에서 파면되고 말았다. 그무렵 황제는 통천대(通天臺)[135]를 축조하고자 하였으나 인력이 없었다. 왕온서는 중위부의 병역을 기피한 사병들의 명단을 조사할 것을 청구하여, 수만명을 축조공사 인부로 쓰게 하였다. 황제

133) 伯格長 : '伯'은 街道를, '格'은 촌락의 의미로서, '伯格長'은 街長과 村長을 뜻한다.

134) 東越 : 고대 越人의 일파로서, 秦漢 때 지금의 福建省 북부와 浙江省 남부 지역에 분포하였다. 漢 武帝 元鼎 6년에 東越王은 漢族 통치에 저항하다 실패하여, 일부 東越人들은 江淮 일대로 쫓겨났다.

135) 通天臺 : 높이가 50丈인 臺로, 甘泉宮에 축조되었다.

는 기뻐하며 그를 소부(少府)로 임명하였다. 그는 다시 우내사(右內史)로 전임되었는데 통치하는 방식은 예전과 같았고 간사함을 다소 억제하였을 뿐이다. 그는 또 죄를 범하여 면직되었으나 다시 우보(右輔)[136]에 임명되어 중위 직무를 겸임하였다. 통치방법은 역시 그대로였다.

그로부터 한 해 남짓 지나서, 한나라는 대원국(大宛國)을 치기 위해서 군사를 일으켰다. 황제는 조서를 내려 세력 있는 관리들을 징발하였다. 그때 왕온서는 그의 부하인 화성(華城)을 숨겨주었다. 이에 어떤 자가 나타나 왕온서가 돈을 받고 기병에 징집될 병역을 면제해주었으며, 부정한 방법으로 이득을 얻었다고 긴급 고발하였다. 그 죄행은 멸족에 이르렀고 왕온서는 자살하고 말았다. 이때 그의 두 동생들과 양쪽 사돈들도 각기 다른 죄를 범하여 멸족되고 말았다. 광록(光祿)[137] 서자위(徐自爲)는 말하기를 '슬픈 일이도다. 옛날에는 3족을 멸한다는 말이 있었는데, 왕온서의 죄는 막중하여 5족이 동시에 주멸되었구나!'[138]라고 하였다.

왕온서가 죽은 후 그의 재산을 합쳐보니 자그만치 1,000금(千金)[139]에 달하였다.

몇년이 지나서 윤제도 회양(淮陽)의 도위로 있으면서 병으로 죽었는데 가산은 50금도 되지 못하였다. 그런데 그를 죽이려는 회양 사람들이 매우 많았으므로, 그가 죽은 뒤 원수지간이던 가족들은 그의 시체를 불에 태우려고 하였다. 그래서 윤제의 가족들은 시체를 가지고 몰래 도망하여 매장하였다.

왕온서 등이 포악한 수단으로 통치한 이래 군 태수, 도위, 제후 2,000석(諸侯二千石)[140] 등 정치를 하려는 자들은 대개 왕온서의 통치방식을 따랐다. 그러나 관리와 백성들은 더욱 쉽게 죄를 범하였고 도둑은 도처에서 생겼다. 남양에는 매면(梅免), 백정(白政)이 있었고, 초(楚)[141]에는

136) 右輔 : 관직 이름. 三輔 가운데 하나인 '右扶風'의 별칭이다.

137) 光祿 : 관직 이름. 漢 武帝 때 '光祿勛'으로 개칭되었다.

138) 三族은 부모, 형제, 처자를 가리키는데, 王溫舒의 경우는 그 자신과, 두 동생 그리고 그 사돈까지 주멸되었으므로 五族이 멸족된 것이다.

139) 千金 : 漢代에는 金 1斤을 '1金'이라고 하였다. 그러므로 千金은 千斤의 金을 말하는 것이다.

140) 諸侯二千石 : 제후국의 재상, 內史, 中尉 등을 가리키는데, 그들의 봉록은 모두 2,000石이었다.

141) 楚 : 춘추전국 시대의 楚나라 지역인 長江 중하류 일대를 가리킨다.

은중(殷中), 두소(杜少)가 있었으며, 제(齊)에는 서발(徐勃), 그리고 연(燕)[142]과 조(趙) 사이에는 견로(堅盧)와 범생(范生) 등의 무리가 있었다. 큰 무리는 수천명에 달하였으며, 그들은 제멋대로 이름을 내걸고 성읍을 공격하여 무기고에 있는 병기를 탈취하였다. 또한 사형수를 석방하고 태수와 도위를 결박하여 욕을 보였으며, 2,000석의 고관을 살해하고 격문을 띄워 각 현에 식량을 갖추어놓도록 통고하였다. 소규모의 도적떼들도 수백명을 헤아렸으며 고을을 약탈하는 행위는 셀 수 없을 정도였다. 황제는 어사중승(御史中丞), 승상장사(丞相長史)를 파견하여 이를 감찰하게 하였다. 그러나 이들의 힘으로는 이를 저지할 수 없었다. 이에 광록대부 범곤(范昆)과 여러 보도위(輔都尉) 그리고 구경의 벼슬이었던 장덕(張德) 등을 동원하여 비단옷[143]을 입히고 절(節)과 호부(虎符)[144]를 주어 병사를 징발하고 동원하게 하였다. 이때 큰 무리로서 목이 잘린 자들은 만여 명에 달하였으며, 도적에게 음식물을 제공한 자들도 법에 의해서 처단되었다. 이 법에 연좌된 자들은 각 군에 있었는데 많은 경우는 수천 명이나 되었다. 몇년 후에도 대부분의 괴수들은 체포할 수 없었다. 그리고 흩어진 졸개들도 도망하여 다시 집단을 결성하여 산천에 근거지를 두고 왕왕 무리지어 활동하였으나, 나라에서는 어찌할 도리가 없었다. 그래서 침명법(沈命法)을 제정하여 선포하기를 '도적 무리가 일어났을 때, 관리들이 이를 적발해내지 못하거나 혹 적발한 후 체포한 사람 수가 규정 수준을 미치지 못할 경우에 2,000석 고관에서 이하 하급 관리까지 모두 사형에 처한다'라고 하였다. 이러한 법률이 제정된 이후, 하급 관리들은 죽음이 두려워 비록 도적을 적발하였더라도 감히 고발하지 못하였다. 이는 체포하지 못할 경우 상부에까지 영향을 미치게 되기 때문이었으며, 또한 상급 관부에서도 고발하지 못하게 하였다. 그래서 도적들은 더욱 늘어났고, 상하 관리들은 서로 허위문서를 작성하여 문장의 수식으로 법의 징

142) 燕 : 춘추전국 시대의 燕나라 지역, 즉 지금의 河北省 북부와 遼寧省 남부 일대를 가리킨다.

143) 원문에는 "繡衣"라고 하였는데, 이는 조정에서 입는 꽃을 수놓은 옷을 가리킨다.

144) 虎符 : 고대 제왕이 신하에게 병권을 주거나 군대를 징발할 때 내리는 증표로서, 銅으로 호랑이 모양을 주조한 것이다. 뒷면에는 문자가 새겨져 있는데, 반으로 나누어 오른쪽은 조정에 남기고 왼쪽은 신하에게 주었다.

벌을 피하였다.

감선(減宣)은 양(楊) 땅 사람이다. 그는 좌사(佐史)로 있다가 뛰어난 능력으로 인해서 하동(河東) 태수의 관청에서 일을 하게 되었다. 위청(衛靑)[145] 장군의 사자가 하동에 말을 사러 왔다가 감선의 재능을 보고 황제에게 보고하였다. 황제는 감선을 불러 대구승(大廏丞)[146]으로 임명하였는데, 감선은 직책을 잘 수행하여 점차 어사와 중승(中丞)으로 승진하였다. 황제는 그를 보내어 주보언(主父偃)[147]의 죄를 심판하게 하고 또 회남왕의 모반사건도 처리하게 하였다. 그는 세밀한 법조문을 적용시켜 사형에 처한 사람들이 매우 많았으나, 해결하기 어려운 사건의 판결을 과감하게 내린다는 평이 있었다. 수차례 파면되고 기용되면서 어사와 중승으로 임명되어 20년 가까이 관직에 있었다. 왕온서가 중위에서 물러날 때 감선은 좌내사(左內史)가 되었다. 그의 통치는 매우 치밀하여 쌀과 소금 등의 관리나 크고 작은 일 모두 그의 손을 거쳐야 하였다. 그리고 친히 현의 각 부문의 기물을 관리하였으므로 현장(縣長)과 현승(縣丞)을 포함하여 관리들은 마음대로 그것을 관장할 수 없었다. 이를 어길 경우 감선은 그들을 중법으로 다스렸다. 관직에 들어선 지 수년 만에 그는 군내의 모든 사소한 사건까지 처리하였다. 그는 작은 일에 충실함으로써 큰 일을 해내었다. 자신의 능력에 의지하여 실행하는 그러한 방식은 보통 사람으로서 쉽게 할 수 있는 일은 아니었다. 감선은 중도에서 면직되었다가 다시 우부풍(右扶風)에 임관되었다. 그는 성신(成信)을 몹시 미워하였다. 성신이 도망하여 상림원(上林苑)에 숨어버리자, 감선은 미(郿)[148]의 현령을 시켜 성신을 제거하도록 하였다. 그러나 관졸들이 성신을 죽일 때 쏜 화살이 상림원의 문에 맞고 말았다. 이로 인해서 감선은 형리에게 넘겨져 죄를 문책당하게 되었다. 결국 대역죄(大逆罪)로 판결되어 일족이

145) 衛靑 : 漢 武帝 衛皇后의 동생으로, 관직은 大司馬, 大將軍에 이르렀고 長平侯에 봉해졌다. 권111「衛將軍驃騎列傳」참조.

146) 大廏丞 : 말을 관리하는 하급 관리로서 太僕에 속하였다.

147) 主父偃 : 臨菑 사람으로 中大夫를 지냈다. 그는 할거세력을 약화시키기 위한 정책을 漢 武帝에게 건의하였다. 漢 武帝가 이를 받아들이고 '推恩令'을 내자, 제후국의 봉지는 점차 줄어들어 그 명맥만 유지하게 되었다. 후에 그는 齊나라의 재상이 되었다가 죄를 짓고 처형되었다.

148) 郿 : 현 이름. 지금의 陝西省 眉縣을 가리킨다.

몰살당하고 감선은 자살하였다. 그리고 두주(杜周)가 그 자리에 임용되었다.

두주(杜周)는 남양군 두연(杜衍) 사람이다. 의종이 남양군 태수로 있을 때 그의 발톱과 어금니 역할을 하다가 정위사(廷尉史)로 천거되었다. 두주는 장탕을 섬겼는데, 장탕이 수차례 그의 뛰어난 능력을 상주(上奏)하였다. 그후 그는 어사로 임명되어 변경 지대의 손실 상황을 조사하라는 명령을 받았다. 당시 두주의 논고로 인해서 사형을 당한 자가 매우 많았다. 그러나 그가 상서한 일이 황제의 마음에 들어 신임을 얻게 되었으며, 그는 감선과 번갈아가며 10여 년 동안 중승을 지냈다.

그의 통치방법은 감선과 서로 비슷하였다. 그러나 그는 신중하여 결단이 느렸다. 또한 외관상으로는 관대하게 보였으나 내심 냉혹함이 골수에 사무쳐 있었다. 감선이 좌내사가 되었을 때 두주는 정위가 되었다. 그는 장탕의 통치방식을 본받았고 황제의 의향을 잘 살폈다. 그는 황제가 배척하고자 하는 자를 모함하였고, 황제가 석방하려는 자를 오래 가두어두었다가 황제의 하문(下問)을 기다려 그자의 억울함을 넌지시 비추었다. 문객들 중에는 두주를 질책하여 말하기를 '그대는 천자의 공평한 판결을 결정하는 자리에 있으면서 3척(三尺)의 법[149]에 따르지 않고 오로지 황제의 의향에 따라 판결하니, 사법관이 본래 이런 것이오?'라고 하였다. 그러자 두주는 '3척의 법이란 어디서 나온 것이겠소? 이전의 군주가 옳다고 여기어 제정한 것은 법률이 되고, 후대의 군주가 옳다고 여기어 기록한 것은 법령이 되는 것이오. 즉 당시 상황에 적합한 것이 옳다는 말이오. 어찌 과거의 법만 고집하는 거요!'라고 말하였다.

두주가 정위에 오른 뒤 황제가 처리하라고 맡긴 사건은 더욱 많아졌다. 2,000석 고관의 신분으로 옥에 갇힌 자들이 앞서 잡혀온 자들과 새로 잡혀온 자들을 합치면 모두 100여 명은 되었다. 또한 군의 태수, 삼공부(三公府) 등의 관리들도 검거되면 정위가 이를 처리하였는데, 그것이 한 해에 1,000여 건에 달하였다. 큰 사건은 연좌되어 체포된 증인이 수백명이고, 작은 사건은 수십명이었다. 멀리서 오는 사람은 수천리 밖에서 왔

149) 三尺法 : 당시 3尺이 되는 대나무 통에 법률을 기록하였는데, 이로 인해서 '三尺法'이라고 불렀다.

으며 가까운 거리라고 해도 수백리나 떨어진 거리였다. 심문을 할 때면, 옥리는 기소장에 의거 죄를 인정하였으며, 불복할 경우에는 매질을 하여[150] 원래의 죄과대로 확정지었다. 그래서 당시 사람들은 체포하려 한다는 소식을 들으면 모두 도망쳐 숨었다. 사건을 오래 끌어 몇번의 사면이 내려진 경우에도 10여 년이 지나 고소를 당한 사람은 대개 부도죄(不道罪)[151] 이상의 죄명으로 처형되었다. 정위와 중도관(中都官)이 칙령에 의해서 체포한 자들이 6만-7만 명이 되었고, 다른 관리가 죄명을 꾸며 처리한 죄수들도 10만 여 명이 되었다.

두주는 중도에서 파면되기도 하였으나 후에 집금오(執金吾)[152]가 되어 도적을 잡는 직무를 수행하였다. 그는 상홍양(桑弘羊)[153]이나 위황후(衞皇后)[154] 등의 형제 자식들까지도 체포하였으며 사건 처리 또한 가혹하였다. 이에 황제는 그가 전심 전력을 다해 사심 없이 일을 처리하는 바를 인정하고 그를 어사대부로 승진시켰다.

두주의 두 아들은 황하를 사이에 두고 각기 하내군과 하남군의 태수가 되었다. 그들의 통치 역시 흉포하고 잔혹하기가 왕온서보다 더하였다. 두주가 당초 정위의 사(史)로 있을 때 가진 것은 단지 한 필의 말, 그나마 그것도 온전하지 못한 말뿐이었다. 그러나 그가 벼슬을 한 지 오랜 세월이 지나서 마침내 삼공(三公)의 지위에 오르게 되었다. 그때부터 자손은 높은 벼슬에 오르고 집안에는 막대한 재산이 모이게 되었다."

태사공은 말하였다.

"질도(郅都)에서 두주(杜周)에 이르는 열 사람들[155]은 모두 냉혹하고 준열함으로 이름이 났다. 그런데 질도는 강직해서 시비를 정확히 가려내어 국가의 대세를 다투었다. 장탕(張湯)은 음양술수를 알았기 때문에 황제와 상하 뜻이 잘 맞았고, 당시 수차례 정사의 득실을 변론함으로써 국

150) 원문에는 "笞掠"으로 되어 있다. 이는 채찍으로 때리는 등의 형벌을 말한다.

151) 不道罪 : 죄명으로 무고한 일가 세 사람을 죽이는 것을 말한다.

152) 執金吾 : 관직 이름. 漢 武帝 때 '中尉'를 '執金吾'로 바꾸었다.

153) 桑弘羊 : 洛陽 사람으로, 大司農, 御史大夫 등을 지냈고, 漢 昭帝 때 정권다툼으로 인해서 피살되었다.

154) 衞皇后 : 漢 武帝의 皇后 衞子夫를 말한다.

155) 이 두 사람과 본문에 나온 사람들 중 楊僕을 뺀 여덟 사람, 즉 寧成, 周陽由, 趙禹, 張湯, 義縱, 王溫舒, 尹齊, 減宣을 가리킨다.

가는 그로 인해서 이익을 얻었다. 조우(趙禹)는 항상 법에 의거하여 정의를 수호하였다. 두주는 부추김과 아첨이 심하였으나 말수를 적게 함으로써 신중함을 나타냈다. 장탕이 죽은 이후 법망은 조밀하게 정비되어 형벌은 더욱 준엄해졌으나, 공무(公務)는 점차 혼란하여 쇠퇴함을 면치 못하였다. 구경들은 봉록을 받으며 그들의 지위를 지키는 데 연연하였다. 그들은 정치적 과실을 저지르지 않으려는 것에 급급하였는데 어찌 법령 이상의 것을 논할 여유가 있었겠는가! 그러나 이상의 열 사람들 중 청렴한 자들은 족히 모범이 될 만한 자들이었고, 부정한 자들은 족히 사람들이 경계로 삼을 만한 자들이었다. 그들의 계획과 지도는 간교함과 사악함을 지양하였으며, 일체의 행위에서 훌륭한 소질을 지니고 교화와 형벌을 동시에 겸하였다. 또한 비록 잔혹하다고 할지라도 그 직위에 충실하였다. 촉(蜀)[156]의 태수 풍당(馮當)은 포악하여 남을 학대하였고, 광한(廣漢)[157]의 이정(李貞)은 제멋대로 사람의 사지를 찢었으며, 동군(東郡)의 미복(彌僕)은 톱으로 사람의 목을 잘랐다. 또한 천수(天水)[158]의 낙벽(駱璧)은 억지로 자백을 받아냈고, 하동(河東)의 저광(褚廣)은 닥치는 대로 사람을 죽였으며, 경조(京兆)의 무기(無忌)와 풍익(馮翊)의 은주(殷周)는 지독하기가 독사와 같고 흉포하기가 사나운 새와 같았다.[159] 그리고 수형도위(水衡都尉) 염봉(閻奉)은 사람을 마구 구타하고 또 죄를 눈감아준다고 하여 뇌물을 받았으니, 이러한 일들을 어찌 다 헤아릴 가치가 있겠는가! 어찌 거론할 가치가 있겠는가!"

---

156) 蜀 : 군 이름. 지금의 四川省 서부에 위치하였다.
157) 廣漢 : 군 이름. 지금의 四川省 북부와 甘肅省의 경계 지역에 위치하였다.
158) 天水 : 군 이름. 지금의 甘肅省 동부에 위치하였다.
159) 원문의 "蝮"은 뱀의 이름이고, "鷙"는 사나운 조류를 나타낸다.

권123 「대원열전(大宛列傳)」 제63

대원(大宛)[1]의 사적은 장건(張騫)으로부터 알려지게 되었다. 장건은 한중(漢中)[2] 사람으로 건원(建元)[3] 연간에 낭관(郎官)[4]이 되었다. 당시에 천자가 흉노(匈奴)에서 투항해온 사람에게 물어보면 모두가 “흉노는 월지(月氏)[5]의 왕을 격파하고 그의 머리뼈로 술 마시는 그릇[6]을 만들었고, 월지는 쫓겨간 뒤로 항상 흉노에게 원한을 품고 있었으나 함께 흉노를 치는 사람이 없습니다”라고 말하였다. 때마침 한(漢)나라는 흉노를 쳐 없애고자 하였기에 이 말을 듣고 월지와 연락하고자 하였다. 월지로 가려면 반드시 흉노의 땅을 거쳐가야 하였으므로 능히 사신으로 갈 수 있는 사람을 모집하였다. 장건은 낭관의 신분으로 응모하여 월지에 사신으로 가게 되어, 당읍씨(堂邑氏)의 흉노족 노예 감보(甘父)[7]와 함께 농서(隴西)[8]를 떠났다.

장건이 흉노를 지나는데 흉노는 그를 잡아 선우(單于)에게로 보냈다. 선우는 그를 붙들어두고 말하기를 “월지는 우리의 북쪽에 있는데 한나라가 어찌 사신을 보낼 수 있겠느냐? 내가 월(越)나라로 사신을 보내고자

1) 大宛 : 고대 서역의 나라 이름으로 수도는 貴山城에 있었다.
2) 漢中 : 漢代의 군 이름으로 지금의 陝西省 남부, 湖北省 서북부 지역이다.
3) 建元 : 漢 武帝 劉徹의 연호(기원전 140-기원전 135년)이다.
4) 郎官 : 秦漢 때 宿衞를 맡은 벼슬이다. 후세에는 장관을 보좌하는 차관 격인 벼슬을 ‘侍郞’이라고 하였고 또 각 司에 ‘郎中’을 두었으며 그 부관을 ‘員外郞’이라고 하였다.
5) 月氏 : 漢代에 甘肅省의 서북쪽에 나라를 세웠던 종족으로 匈奴, 烏孫에게 패하여 일부는 서쪽으로 옮겨 중앙 아시아에 옮겨 살았는데 이를 大月氏라고 하고, 본래의 땅에 머무른 것을 小月氏라고 한다.
6) 이에 대하여 여러 가지 설이 있는데, 이 외에 술을 담은 그릇이라는 설과 대소변을 보는 용기라는 설이 있다.
7) 堂邑氏는 성이며 漢나라 사람이다. 堂邑氏의 노예의 이름이 甘父이다. 堂邑父라고 칭하기도 하는데, 이것은 주인의 성으로 씨를 삼고 거기에 노예의 이름인 ‘父’를 붙인 것이다.
8) 隴西 : 漢代의 군 이름으로 지금의 甘肅省 鞏昌府이다.

한다면 한나라는 허락하겠느냐?"라고 하였다. 이리하여 장건은 10여 년 동안 억류되었고 결혼하여 자식까지 낳았으나, 장건은 한나라 사신으로서의 부절(符節)을 지니고 잃지 않았다.

흉노에서 사는 동안 차차 그에 대한 감시도 소홀해졌으므로, 장건은 기회를 틈타 무리들과 함께 달아나 월지로 향하였고, 서쪽으로 달린 지 수십일 만에 대원에 이르렀다. 대원에서는 한나라에 물자가 풍부하다는 말을 듣고 서로 왕래하고자 하였으나 그러지 못하고 있던 터라, 장건을 보자 기뻐하며 "당신은 어디로 가려고 하는가?"라고 물으니, 장건은 "한나라를 위해서 월지에 사신으로 가던 중에 흉노 땅에 붙잡혀 있었습니다. 지금 도망쳐나왔사온대, 청컨대 왕께서는 사람을 파견해 길을 인도하도록 하여 저를 보내주십시오. 진실로 제가 월지에 도착한 다음 다시 한나라로 돌아가게 된다면, 한나라는 왕께 이루 말할 수 없이 많은 재물을 선사할 것입니다"라고 말하였다. 대원왕은 이 말을 믿고 장건에게 안내인과 통역원을 딸려보내주었으므로, 그는 드디어 강거(康居)[9]에 도착하였다. 강거에서는 그들을 대월지(大月氏)[10]로 보냈다. 대월지는 왕이 일찍이 흉노에게 죽음을 당하였으므로 그의 태자를 세워 왕으로 하고 있었다.[11] 그리고 그들은 이미 대하(大夏)[12]를 정복하여 그 땅에 살고 있었는데, 땅은 비옥하고 침략자들도 거의 없어 안락한 나날을 보내고 있었으며, 한나라는 멀리 떨어져 있는 것으로 알고 있었으므로 흉노에게 복수할 생각이 전혀 없었다. 장건은 월지에서 대하로 갔으나 끝내 월지의 대답을 얻지 못하였다.

1년 남짓 머물러 있다가 돌아오던 중 남산(南山)[13]을 따라 강족(羌族)[14]의 땅을 거쳐 돌아올 생각이었는데, 또다시 흉노에게 붙들리고 말았다. 그곳에 1년 남짓 억류되어 있을 때 선우가 죽자 좌녹려왕(左谷蠡王)[15]이

9) 康居 : 고대 서역의 나라 이름으로 유목민족이며, 활동범위는 지금의 咸海와 바이칼 호 사이였다. 수도는 卑闐城에 있었다.

10) 大月氏 : 앞의 〈주 5〉 참조.

11) 『漢書』「張騫傳」에는 "그의 부인을 세워 왕으로 삼았다(立其夫人爲王)"라고 되어 있다.

12) 大夏 : 고대 서역의 나라 이름으로 기원전 2세기 무렵 月氏에게 멸망당하였다.

13) 南山 : 天山, 阿爾金山, 祁連山을 가리킨다.

14) 姜族 : 漢代 서부 민족의 이름이다. 지금의 티베트 족이다.

15) 左谷蠡王 : 匈奴의 관제에 의하면 單于의 아래에는 左右 賢王이었고, 賢王의 아래

태자를 몰아내고 스스로 왕이 되었으므로 나라 안이 혼란스러워지자, 장건은 흉노의 아내와 당읍보(堂邑父)[16]를 데리고 도망쳐 한나라로 돌아왔다. 한나라에서는 장건에게 태중대부(太中大夫)[17]를 배수하고, 당읍보는 봉사군(奉使君)[18]을 삼았다.

장건은 사람됨이 의지가 굳세고 마음이 너그럽고 남에게 성실하였으므로 만이(蠻夷)들도 모두 그를 좋아하였다. 당읍보는 본래 흉노인이었기에 활을 잘 쏘았는데, 곤궁에 처하였을 때에는 짐승을 잡아 끼니를 제공하였다. 처음에 장건이 길을 떠날 때에는 그 일행이 100여 명이었는데, 13년 후에는 오로지 두 사람만이 돌아왔다.

장건이 직접 가본 곳은 대원(大宛), 대월지(大月之), 대하(大夏), 강거(康居)이지만, 그밖에도 인접한 5, 6개의 대국(大國)에 대해서도 전해 듣고 천자에게 자세하게 보고하였다.

> 대원은 흉노의 서남쪽, 한나라의 정서(正西)쪽에 있는데, 한나라에서 약 만 리쯤 떨어져 있습니다. 그들의 풍습은 한곳에 머물러 살면서 밭을 갈아 벼와 보리를 심고 있습니다. 포도주가 있고, 좋은 말이 많은데 말은 피와 같은 땀을 흘리고[19] 그 말의 조상은 천마(天馬)의 새끼라고 합니다. 성곽(城郭)[20]과 집이 있으며, 관할하는 읍은 크고 작은 70여 개의 성으로 인구는 몇 십만 정도 됩니다. 대원의 무기는 활과 창이며 사람들은 말을 타고 활을 쏩니다. 그 북쪽은 강거, 서쪽은 대월지, 서남쪽은 대하, 동북쪽은 오손(烏孫),[21] 동쪽은 우미(扜罙),[22] 우전(于窴)[23]입니다. 우전의 서쪽은 물이 모두 서쪽으로 흘러 서해(西海)[24]로 들어가고, 동쪽은 물이 동쪽으로 흘러 염택(鹽澤)[25]으로 들어갑니다. 염택의 물은 지하로 흘러들고,

---

에는 左右 谷蠡王이었다.

16) 堂邑父 : 윗문장에서 나왔던 堂邑氏의 匈奴族 노예 甘父의 생략된 명칭이다.

17) 太中大夫 : 郞中令의 屬官으로 議論을 맡는다.

18) 奉使君 : 관직 이름인데 아마도 堂邑父를 위하여 특별히 설치한 듯싶다.

19) 漢나라의 서역에서는 일종의 명마가 생산되는데, 이름은 汗血馬이다.

20) 城郭 : 內城과 外城을 말하는데, '城'은 內城이고 '郭'은 外城이다.

21) 烏孫 : 漢代에 서역, 곧 伊犂 지방에 있던 나라나 혹은 그 인종을 가리키는데, 수도는 赤谷城에 있었다.

22) 扜罙 : 나라 이름으로 '拘彌'라고 하기도 한다.

23) 于窴 : 고대 서역의 나라 이름으로 '于闐'이라고 하기도 한다.

24) 西海 : 고대의 호수 이름으로 일설에는 지금의 靑海省의 靑海라고 하기도 하고, 일설에는 居延海라고 하기도 한다.

25) 鹽澤 : 新疆省 婼羌縣에 있는 못의 옛 이름으로 지금의 羅布泊이다.

그 남쪽은 바로 황하(黃河)가 발원하는 곳입니다. 옥석(玉石)이 많고 황하는 중국으로 흘러갑니다. 누란(樓蘭)[26]과 고사(姑師)[27]에는 성곽이 있고 염택에 인접해 있습니다. 염택은 장안(長安)에서 약 5,000리쯤 떨어져 있습니다. 흉노의 우측은 염택 동쪽에 위치해 있는데, 농서의 장성(長城)에 이르러 남쪽으로 강과 접하여 한나라로 통하는 길을 가로막고 있습니다.

오손은 대원의 동북쪽 2,000리쯤 되는 곳에 있으며 정착하지 않고 유목생활을 하는데 흉노와 풍속이 같습니다. 군사가 몇만명이나 되며, 용감하게 잘 싸웁니다. 원래 흉노에 복속되어 있었으나 강성해진 뒤로는 흉노에 있는 인질들을 거두어가고, 조회에도 가려 하지 않습니다.

강거는 대원의 서북쪽 2,000리쯤 되는 곳에 있으며, 정착하지 않고 사는데, 월지와 풍속이 매우 비슷합니다. 활을 쏘는 군사[28]가 8-9만 명이며, 대원과 인접한 나라입니다. 나라가 작아서 남쪽은 월지에 복속되어 있고, 동쪽은 흉노에 복속되어 있습니다.

엄채(奄蔡)[29]는 강거 서북쪽 2,000리쯤 되는 곳에 있으며, 정착하지 않고 사는데 강거와 풍속이 매우 비슷합니다. 활을 쏘는 군사는 10여 만 명입니다. 큰 못에 잇대어 있는데, 끝이 없으니 아마도 바로 북해(北海)[30]라고 불리는 곳인가봅니다.

대월지는 대원 서쪽 2,000-3,000리쯤 되는 곳에 있으며, 규수(嬀水)[31] 북쪽에 위치하고 있습니다. 그 남쪽은 대하, 서쪽은 안식(安息),[32] 북쪽은 강거입니다. 정착하지 않고 유목생활을 하며 옮겨다니는데, 흉노와 풍속이 같습니다. 활을 쏘는 군사가 10-20만 가량 됩니다. 이전에는 강성하여 흉노를 업신여겼는데, 묵돌(冒頓)[33]이 즉위한 후에 월지를 쳐부수고, 노상선우(老上單于) 때 와서는 월지왕을 죽이고 그 머리뼈로 술 마시는 그릇을 만들었습니다. 처음에 월지는 돈황(敦煌)[34]과 기련(祁連) 사이에 있

26) 樓蘭 : 漢魏시대의 서역의 지명으로 원명은 크로라이나이다. 타림 분지 동편의 로브 지방에 있던 오아시스로 상업도시였다.
27) 姑師 : 고대 서역의 나라 이름으로 후에 '車師'로 바꾸었다.
28) 일반적으로 전사를 지칭한다.
29) 奄蔡 : 고대의 나라 이름으로 康居의 서북쪽에 위치해 있었는데, 지금의 옛 소련 중앙 아시아 서부 지역으로 里海와 咸海 일대이다.
30) 北海 : 지금의 里海를 지칭한다.
31) 嬀水 : 山西省 永濟縣 남쪽에서 발원하여 서쪽으로 흘러 黃河로 들어가는 강이다.
32) 安息 : 고대에 서역에서 가장 큰 나라로 지금의 이란 지방에 있었다. 원래 이름은 파르티아이다.
33) 冒頓 : 漢나라 초기의 匈奴의 유명한 單于이다.
34) 敦煌 : 漢代의 군 이름으로 지금의 甘肅省 부근이다. 그 남쪽에는 유명한 千佛洞

었는데, 흉노에게 패하자 멀리 떠나 대원을 지나서 서쪽으로 대하를 공격하여 그들을 신하로 삼고, 마침내는 규수 북쪽에다 도읍을 세우고 왕정(王庭)[35]으로 삼았습니다. 떠나지 않고 남은 일부 사람들은 남산과 강족이 거주하던 곳을 지키고 살면서 소월지(小月氏)라고 이름하였습니다.

안식은 대월지의 서쪽 몇천리 되는 곳에 위치하고 있습니다. 그들의 풍속은 한곳에 정착하여 밭갈이하여 벼와 보리를 심고 살며, 포도주도 있습니다. 성읍은 대원과 같습니다. 관할하는 크고 작은 읍이 몇백개이며, 땅이 사방 몇천리나 되는 가장 큰 나라입니다. 규수에 임해 있으며, 시장이 있는데 사람들은 장사를 하기 위해서 수레와 배를 이용하여 이웃 나라나 때로는 몇천리 되는 곳까지 다닙니다. 은으로 돈을 만드는데, 돈의 모양은 그 나라 왕의 얼굴과 같고, 왕이 죽으면 곧 돈을 다시 바꾸어 새 임금의 얼굴로 본을 뜹니다. 가죽에다 횡서(橫書)로 적어 문자를 기록합니다. 그 서쪽에는 조지(條枝)[36]가 있으며, 북쪽에는 엄채(奄蔡), 여헌(黎軒)[37]이 있습니다.

조지는 안식의 서쪽 몇천리 되는 곳에 있으며, 서해(西海)에 임해 있습니다. 날씨는 덥고 습기가 많으며, 밭갈이하여 벼를 심습니다. 큰 새[38]가 있는데, 알의 크기가 항아리만합니다. 인구는 대단히 많으며 대개는 소군장(小君長)이 있는데, 안식은 이 나라를 정복하여 통치하며 속국으로 삼고 있습니다. 나라 사람들은 마술에 뛰어납니다. 안식의 장로(長老)들은 "조지에는 약수(弱水)[39]와 서왕모(西王母)가 있다고 전해듣기는 하였으나 아직 한번도 본 일은 없다"라고 합니다.

대하는 대원 서남쪽 2,000여 리, 규수 남쪽에 있습니다. 그들의 풍습은 정착해 살고 있어서 성곽과 집이 있고, 대원과 풍속은 같습니다. 대군장(大君長)은 없고, 대부분의 성읍은 소군장을 두고 있습니다. 그들의 군사는 약하고 싸움을 두려워합니다. 그러나 장사는 잘합니다. 대월지가 서쪽으로 옮겨간 뒤로 그들을 쳐서 깨뜨려 속국으로 만들어 다스리고 있습니다. 대하의 인구는 많아서 100여 만 명입니다. 그들의 수도는 남시성(藍市

이 있는데, 六朝시대의 불교 미술의 유적을 보존하고 있고, 經卷圖書가 많이 발굴되고 있다.

35) 王庭 : 匈奴의 單于가 있는 곳.

36) 條枝 : 고대의 나라 이름으로 지금의 이라크 경내에 있었다.

37) 黎軒 : 고대의 나라 이름으로 '大秦國'이라고 부르기도 하는데, 이는 곧 유명한 고대 로마 제국이다.

38) 타조를 가리킨다.

39) 弱水 : 仙境에 있다는 강인데, 기러기의 털도 가라앉는다고 전해온다.

城)이라고 부르는데, 시장이 있어 여러 가지 물건을 매매하고 있습니다. 그 동남쪽에 연독국(身毒國)[40]이 있습니다.

그리고 장건은 말하였다.

신이 대하에 있을 때, 공(邛)[41]의 대나무 지팡이와 촉(蜀)[42]의 옷감을 보았습니다. "어디서 이것을 얻었느냐"고 물었더니, 대하 사람들은 "우리 장사꾼들이 연독에 가서 사 가지고 온 것입니다"라고 말하였습니다. 연독은 대하의 동남쪽에서 약 몇천리 되는 곳에 있습니다. 그들의 풍속은 정착해 살며 대하와 아주 비슷하고, 땅은 지세가 안 좋아 습기가 많고 덥다고 합니다. 백성들은 코끼리를 타고 싸웁니다. 그 나라는 큰 강에 임해 있습니다. 신이 짐작해보건대, 대하는 한나라에서 만 2,000리 떨어져 있고, 한나라 서남쪽에 위치해 있는 것 같습니다. 지금 연독국은 또 대하의 동남쪽 몇천리에 위치해 있으며 촉의 물건들이 있으니 이는 즉 촉에서 그리 멀지 않다는 것입니다. 지금 대하로 사신을 보낸다면 강족의 영토를 지나가야 하는데 지세가 험하니 강족이 싫어할 것이고, 그렇다고 조금 북쪽으로 해서 가면 흉노에게 붙들리게 될 것입니다. 그러나 촉에서 가게 되면 길도 가깝고 또한 도둑도 없을 것입니다.

천자는 이미 대원과 대하, 안식 등이 모두 대국으로서 진기한 물건들이 많고, 백성들은 정착해서 살고 있고 중국과는 산업도 매우 비슷하나, 군사는 약하고 한나라의 재물을 소중하게 여기고 있으며, 그 북쪽에는 대월지와 강거 등이 있는데, 군사는 강하지만 물건을 보내주고 이로움을 베풀면, 조회에 들게 할 수도 있을 것이라는 말을 들었다. 만약 도의로써 그들을 예속시킨다면, 만 리에 걸쳐 국토를 넓힐 수 있고, 여러 차례 통역을 바꿔야 할 정도가 될 것이며, 여러 특수한 풍속을 대할 수 있게 되니, 천자의 위엄과 은덕이 세상에 두루 퍼질 수 있을 것이라고 생각하였다. 천자는 흡족하여 장건의 말이 옳다고 여겨, 장건으로 하여금 촉과 건위(犍爲)[43]에서 밀사를 파견하여 네 길로 나누어 동시에 출발하게 하였는데, 하나는 방(駹)[44]에서 출발하고, 하나는 염(冉)[45]에서 출발하였으며,

---

40) 身毒國 : 고대 서역의 나라 이름으로 지금의 인도와 파키스탄 일대에 있었다.
41) 邛 : 고대 서남 지역의 오랑캐 족 이름으로, 즉 邛都夷를 가리킨다. 지금의 四川省 西昌縣 일대에 있었다.
42) 蜀 : 군 이름으로 지금의 四川省 서쪽 지역이다.
43) 健爲 : 郡 이름으로 지금의 四川省 簡陽縣과 新津縣 이남 지역이다.

하나는 사(徙)[46]에서 출발하고, 또 하나는 공(邛)과 북(僰)[47]에서 출발하였는데, 모두 제각기 1,000-2,000리를 갔다. 그런데 북쪽은 저(氐)와 작(筰)[48]에 의해서 막히고, 남쪽은 수(巂)[49]와 곤명(昆明)[50]에 의해서 막혀버렸다.

곤명에 있는 무리들은 군장이 없고 도둑질을 잘하였으므로 한나라 사신들을 보기만 하면 죽이고 물건을 약탈하여 끝내 대하와 통할 수 없었다. 그러나 서쪽으로 1,000리쯤 되는 곳에 코끼리를 타고 다니는 나라가 있는데, 이름은 전월(闐越)[51]이라고 하며, 촉의 장사꾼들이 몰래 물건을 팔기도 하고, 어떤 이는 그곳을 가보기도 하였다는 말을 듣고, 한나라는 대하로 통하는 길을 찾기 위해서 전국(闐國)과 통하게 되었다. 처음에 한나라는 서남쪽 이민족들과 통하려고 하였으나 비용이 많이 들고 길도 통해 있지 않았으므로 그만두었다. 그런데 장건이 "대하에 통할 수 있다"라고 말하자, 이에 다시 서남쪽의 이민족들과 왕래하는 일을 진행하였다.

장건은 교위(校尉)[52]로서 대장군(大將軍)[53]을 따라 흉노를 공격하였는데, 장건이 사막 가운데 수초(水草)가 있는 곳을 알고 있었기 때문에 군대는 곤란을 겪지 않아도 되었으며, 이에 장건을 박망후(博望侯)[54]에 봉

44) 駹 : 고대 서남 지역의 오랑캐 족 이름으로 곧 '冉駹夷'이다. 지금의 四川省 茂汶縣 일대에 분포해 있었다.

45) 冉 : 고대 서남 지역의 오랑캐 족 이름으로 지금의 四川省 漢源 일대에 있었다.

46) 徙 : 고대 서남 지역의 오랑캐 족 이름으로 지금의 四川省 天全縣 동쪽에 있었는데, '斯榆'라고 부르기도 한다.

47) 僰 : 고대 서남 지역의 오랑캐 족 이름으로 지금의 四川省, 雲南省 동북부에 있었다.

48) 氐와 筰은 모두 고대 서남 지역의 오랑캐 족 이름이다.

49) 巂 : 고대 서남 지역의 오랑캐 족 이름인데, 이것이 지명이라고 말하는 사람도 있다.

50) 昆明 : 고대 서남 지역의 오랑캐 족 이름으로, 지금의 四川省 서남부와 雲南省의 서부, 북부에 분포해 있었다.

51) 闐越 : '滇國'이라 부르기도 하는 고대 서남 지역의 오랑캐 나라 이름이다.

52) 校尉 : 姦猾을 糾正하거나 또는 兵馬를 맡은 무관으로, 대략 將軍에 다음가는 지위이다.

53) 大將軍 : 관직 이름으로 西漢 때의 가장 높은 장군의 호칭으로 병사를 통솔하여 전쟁을 수행하는 임무를 맡았다. 여기서는 당시의 大將軍이었던 衛青을 말한다.

54) 博望侯 : 두 가지의 해석이 있는데, 하나는 지명으로 인해 이러한 봉호를 얻었다는 것으로, 博望은 지명이며 지금의 河南省 南陽市 동북 지역이라는 설이다. 다른 하나는 張騫의 지식이 해박하고 안목이 넓어서 이러한 봉호를 얻었다는 설이다.

하였다. 이해가 원삭(元朔) 6년[55]이다. 그 이듬해에 장건은 위위(衛尉)[56]가 되어 이장군(李將軍)[57]과 함께 우북평(右北平)[58]으로 나가 흉노를 쳤다. 흉노는 이장군을 포위하였고, 한나라 군사는 사상자가 매우 많았으며, 장건은 약속한 기일에 늦었으니 참형(斬刑)에 해당되었으나 돈으로 속죄하고 평민이 되었다. 이해에 한나라는 표기(驃騎)[59]를 파견하여 흉노의 서쪽 변경에 있는 수만명을 격파하고 기련산(祁連山)에 이르렀다. 그 다음해에 혼야왕(渾邪王)[60]이 그의 백성들을 거느리고 한나라에 항복하니, 이리하여 금성(金城),[61] 하서(河西)[62]의 서쪽에서 남산을 따라 염택에 이르기까지 흉노인이 없었다. 흉노는 때로는 정탐병을 보내기도 하였으나, 그런 경우는 매우 드물었다. 2년 후에 한나라는 출격해서 선우를 사막 북쪽으로 패주시켰다.

이후로 천자는 여러 차례 장건에게 대하 등에 대해서 물었다. 장건은 이미 후(侯)의 자리를 잃었으므로 이렇게 말하였다.

> 신이 흉노에 억류되어 있을 때 들은 바로는 오손(烏孫)의 왕 이름은 곤모(昆莫)인데, 곤모의 아버지는 흉노의 서쪽 변경의 작은 나라의 왕이었답니다. 흉노는 그의 아버지를 공격하여 죽였고, 곤모는 태어나자마자 들에 버려졌습니다. 그러자 까마귀가 고기를 물고 와서 그 위를 날고, 늑대가 와서 그에게 젖을 먹였습니다. 선우는 이상하다고 느끼고 그를 신(神)이라 여겨 거두어 길렀습니다. 장년이 된 다음 군대를 거느리게 하였더니 여러 차례 공을 세우자, 선우는 그의 아버지의 백성들[63]을 다시 곤모에게 주고 장기간 서쪽 변방을 지키게 하였습니다. 곤모는 그의 백성들을 잘 거두어 보살피고 가까운 소읍들을 공격하였는데, 활을 쏘는 군사가 수만명이 되었

55) 元朔은 漢 武帝 劉徹의 연호(기원전 128-기원전 123년)이다. 元朔 6년은 기원전 123년이다.

56) 衛尉 : 九卿의 하나로 대궐 문의 경비 및 병영을 맡은 관직이다.

57) 李將軍 : 장군 李廣을 가리킨다.

58) 右北平 : 漢代의 군 이름으로 지금의 河北省 동북부와 遼寧省 大凌河 상류 이남, 六股河 서쪽 지역을 관할하였다.

59) 驃騎 : 漢代의 장군 명칭으로 漢 武帝가 霍去病을 '驃騎將軍'으로 삼은 데서 시작되었으며, 녹봉은 大將軍과 같다.

60) 渾邪王 : 匈奴의 單于가 파견하여 河西 일대에서 유목하던 무리들의 우두머리.

61) 金城 : 漢代의 군 이름으로 지금의 甘肅省 서남부에서 青海省 西寧市 동쪽 지역이다.

62) 河西 : 지금의 甘肅省 蘭州市 북쪽과 黃河의 서쪽 일대를 가리킨다.

63) 匈奴에게 패해서 달아난 烏孫의 백성들이다.

으며, 모두 잘 싸웠습니다. 선우가 죽자, 곤모는 그의 무리들을 이끌고 먼 곳으로 옮겨가 독립하여 흉노에게 조회하러 가지 않았습니다. 흉노는 기습병을 보내 습격하였으나 이길 수 없자, 신이라 여기고 그를 멀리하며 그저 견제하기만 하고 별로 공격하지 않았습니다. 지금 선우는 새로 한나라로부터 고통을 겪었고, 또 원래 혼야왕의 땅이던 곳은 텅 비어 사람이 살지 않고 있습니다. 오랑캐들은 한나라의 재물을 탐내는 것이 습관처럼 되어 있으니, 만약 지금 이때에 후한 물건을 오손에게 보내주고, 점점 더 동쪽으로 가까이 불러들여 그 전 혼야왕의 땅에 살게 하고, 한나라와 형제의 의를 맺게 하면, 오손은 형편상 한나라를 따르게 될 것입니다. 이렇게만 된다면, 흉노의 오른팔을 끊는 셈이 됩니다. 오손과의 연합이 성립되면, 그 서쪽의 대하 등을 모두 끌어들여 속국으로 만들 수가 있을 것입니다.

천자는 이 말이 맞다고 여기고, 장건을 중랑장(中郎將)[64]에 봉하여 군사 300명을 거느리게 하고, 말은 군사마다 두 마리씩 주었으며, 소와 양은 수만 마리에 이르고 수 백만에 해당되는 금과 비단을 가져가게 하고, 많은 지절부사(持節副使)[65]를 수행시켜서 만약 길이 편리하다면, 그들을 다른 가까운 나라에도 보낼 수 있게 하였다.

장건은 마침내 오손에 도착하였는데, 오손왕 곤모가 한나라 사신을 만나는 데 선우의 예법대로 하자 장건은 매우 치욕스러웠다. 그러나 오랑캐들이 욕심이 많다는 것을 알고 있었으므로 "한나라 천자께서 하사하신 물건이오니, 왕께서 절을 하지 않으시려면 하사하신 물건을 되돌려주십시오"라고 말하니, 곤모는 일어나 보내온 물건에 대해서는 절을 하였으나, 그 나머지 예식은 여전히 그대로였다. 장건은 사신으로 오게 된 이유를 일러 말하기를 "오손이 동쪽으로 옮겨와 혼야왕의 옛 땅에 살게 되면, 한나라는 옹주(翁主)를 보내 곤모의 부인으로 삼게 할 것입니다"라고 하였다. 이무렵 오손은 나라가 나뉘어 있었고, 왕은 연로하였으며, 한나라에서 멀리 떨어져 있었기에 한나라가 큰지 작은지도 몰랐으며, 본래 흉노에게 오래도록 복속해 있었고, 또 그들과의 거리는 가까웠으므로 대신들은 모두 흉노를 무서워하며 옮겨가 살기를 원하지 않았으므로, 왕도 자기 마

64) 中郎將 : 漢代의 황제의 경호관으로 郎中令에 속하며, 將軍에 다음가는 관직 이름이다.

65) 持節副使 : 符節을 지니고 烏孫 부근의 각국을 방문하러 가는 副使들을 말하는데, 일반적으로 正使만이 符節을 지닐 수 있었다.

음대로 할 수 없었다. 그래서 장건은 대답을 얻을 수가 없었다.

곤모에게는 10여 명의 아들이 있었고, 그중 대록(大祿)이라고 불리는 가운데 아들은 힘이 세고 병사들을 잘 다루었는데, 만여 명의 기병을 거느리고 다른 곳에 살고 있었다. 대록의 형이 태자였는데, 태자에게는 잠취(岑娶)라고 하는 아들이 있었다. 그러나 태자는 일찍 죽었다. 그는 죽기에 앞서 그의 아버지 곤모에게 "반드시 잠취를 태자로 삼아주시고, 다른 사람을 대신 세우지 말아주십시오"라고 말하였다. 곤모는 불쌍히 여겨 이를 허락하고 마침내 잠취를 태자로 삼았다. 대록은 자신이 태자의 뒤를 잇지 못한 것에 분노하여 다른 형제들과 연합하여 그의 무리들을 거느리고 잠취와 곤모를 공격할 것을 도모하였다. 곤모는 이미 나이가 들었고 대록이 잠취를 죽일까봐 두려워하고 있었으므로, 잠취에게 만여 명의 기병을 주어 다른 곳에서 살게 하고, 곤모 자신도 만여 명의 기병을 거느리고 스스로 대비하였다. 나라 안의 백성들은 셋으로 나뉘어 있었으나 대체로 곤모의 지배를 받고 있었다. 곤모도 이로 인해서 감히 자기 마음대로 장건과 약정하지 못하였던 것이다.

장건은 곧 부사(副使)들을 대원(大宛), 강거(康居), 대월지(大月氏), 대하(大夏), 안식(安息), 연독(身毒), 우전(于闐), 우미(扜罙) 및 여러 인접한 나라에 사신으로 나누어 보냈다. 오손왕은 안내인과 통역원을 딸려 장건을 돌려보내주었다. 장건은 오손왕이 한나라로 보내는 사신 몇십 명과 말 몇십필을 오손왕의 감사의 표시로서 함께 데리고 왔는데, 오손은 이것을 기회로 한나라를 살피고 한나라가 얼마나 광대한지 알아보도록 명령하였다.

장건이 돌아오자 천자는 그를 대행(大行)[66]에 봉하여 구경(九卿)[67]의 대열에 서게 하였다. 그로부터 1여 년 뒤에 장건은 죽었다.

오손의 사신들은 이미 한나라의 인구가 많고 물자가 풍부한 것을 보고, 자기 나라에 돌아가 보고하니, 그들은 더욱 한나라를 존중하게 되었다. 그후 1여 년이 지나자, 장건이 처음에 대하 등의 나라에 파견하였던 사신

---

66) 大行 : 즉 '大行令'인데 빈객의 접대를 맡은 벼슬 이름이다.

67) 九卿 : 아홉 사람의 장관을 말하는데 시대에 따라 이름에 다소 차이가 있다. 周나라 때에는 少師, 少保, 少傅의 三孤와 冢宰, 司徒, 宗伯, 司馬, 司寇, 司空의 六卿이 있었고, 漢나라 때에는 大常, 光祿勛, 大鴻臚, 大司農, 衛尉, 太僕, 廷尉, 宗正, 少府가 있었다.

들이 대부분 그 나라 사람들과 함께 돌아오니, 이때부터 서북쪽의 각국들이 비로소 한나라와 통교하기 시작한 것이다. 그러나 이는 장건이 개척한 길이므로 그후에 사신으로 나가는 사람들은 모두 '박망후'라고 칭하여 외국에서 신의를 얻고자 하였으며, 외국 역시 이러한 까닭에 그들을 신임하였다.

박망후 장건이 죽은 후에, 흉노는 한나라가 오손과 통교하고 있다는 것을 듣고, 노하여 그들을 공격하려고 하였다. 오손에 도착한 한나라 사신은 그 남쪽을 지나서 대원과 대월지에 이르러 서로 접촉하니, 오손은 비로소 두려워져 사신을 보내어 말을 바치고, 한나라의 옹주를 처로 맞이하여 형제지국(兄弟之國)이 되고자 하였다. 천자가 여러 신하들의 계책을 묻자, 모두가 말하기를 "반드시 먼저 폐백(幣帛)을 바치게 한 다음에, 옹주를 시집 보내셔야 합니다"라고 하였다.

처음에 천자가 『역경(易經)』을 펴서 점을 쳐보았더니, 이르기를 "신마(神馬)가 서북쪽으로부터 오리라"라고 하였다. 그 뒤에 오손의 좋은 말을 얻고 '천마(天馬)'라고 이름하였다. 그런데 이제 대원의 한혈마(汗血馬)를 얻고 보니, 더욱 건장하였으므로 오손의 말 이름을 바꾸어 '서극(西極)'이라 하고, 대원의 말을 '천마'라고 이름하였다. 그리고 한나라는 영거(令居)[68] 서쪽에 성을 쌓고, 새로이 주천군(酒泉郡)을 설치하여 서북쪽의 모든 나라들과 통하기 좋도록 하였다. 그래서 더욱 많은 사신들을 안식(安息), 엄채(奄蔡), 여헌(黎軒), 조지(條枝), 연독(身毒) 등에 보냈다. 그리고 천자가 대원의 말을 좋아하였기 때문에 사신들을 연달아 계속 보냈다. 외국으로 가는 사신들은 많을 때는 몇백명, 적은 경우는 백여명이 되었는데, 그들이 가지고 가는 것은 거의 박망후 때와 비슷하였다. 그후 점차 습관이 되자, 차츰 적어지게 되었다. 한나라가 대체로 1년 동안에 사신을 파견하는 횟수는 많으면 10여 차례, 적으면 5-6차례로서, 먼 곳을 간 사람은 8-9년, 가까운 곳으로 간 사람도 몇해가 지나서야 돌아왔다.

이때에 한나라는 이미 월나라를 멸망시켰으므로 촉(蜀)과 서남이(西南夷)들은 모두 두려워 떨며 한나라에게 관리를 파견해 관할해줄 것을 청하고, 조회에 들어오고 있었다. 이리하여 한나라는 익주(益州), 월수(越

68) 令居 : 漢나라의 현 이름으로 옛 성은 지금의 甘肅省 酒泉縣에 있었다.

嶲), 장가(牂柯), 침려(沈黎), 민산(汶山) 등의 군(郡)[69]을 설치하여 한나라의 경계와 연결시켜 대하와 왕래하기 편하게 하고자 하였다. 그래서 백시창(柏始昌)과 여월인(呂越人) 등 한 해에 10여 차례 사신을 파견하였는데, 이렇게 새로이 설치한 군을 지나서 대하로 향하였으나, 모두가 다시 곤명(昆明)에서 막히게 되어 그들에게 살해되고 돈과 물건을 전부 빼앗기게 되니, 끝내 대하에 이르지 못하였다. 이리하여 한나라는 삼보(三輔)[70]의 죄인들을 징발하여 파(巴),[71] 촉의 군사 몇만명과 합류시키고, 곽창(郭昌)과 위광(衛廣) 두 장군을 파견하여 한나라 사자를 가로막은 곤명의 무리들을 치게 하니, 몇만명의 머리를 베거나 사로잡아 철수하였다. 그후에도 사신을 파견하기는 하였으나, 곤명은 다시 습격하곤 하여 끝내 통과할 수가 없었다. 그러나 북쪽의 주천(酒泉)을 거쳐 대하에 왕래한 사신은 너무 많아서, 외국에서는 차츰 한나라의 폐물을 싫어하게 되었고, 그 물건들을 귀히 여기지도 않게 되었다.

박망후가 외국으로 가는 길을 열어 존귀하게 되었기에, 그를 따르던 관리와 병사들은 서로 다투어 글을 올려 외국의 진기하고 괴이한 것들과, 이로움과 병폐 등을 말하고 사신이 되기를 원하였다. 천자는 그 나라들이 멀리 떨어져 있는 곳이어서 사람들이 즐겨 갈 수 있는 곳이 아니라고 여겼기에, 그들의 말을 받아들여 정절(旌節)[72]을 주고, 또 관리나 백성 중에서 모집하여 그들의 출신 등도 묻지 않고 수행원을 준비해주고 그들을 파견하여 그 길을 넓혔다. 갔다가 돌아온 사자 중에는 재물을 빼돌리는 이도 있었고, 사신으로서 천자의 본뜻을 어기는 자들도 나타나게 되자, 천자는 그들이 이러한 일에 습관이 되어 있다고 여기고 조사하여 무거운 죄로 다스리고, 그들이 발분해서 공을 세우면 죄를 면할 수 있도록 해주니, 그들은 다시 사신이 되기를 요구하였다.

사신을 보내야 할 일은 끝이 없었고, 그들 역시 경솔하게 법을 어겼다. 그리고 이졸(吏卒)들은 또한 늘상 적극적으로 외국의 모든 것을 찬양하였

69) 益州郡은 지금의 雲南省에 있었고, 越嶲郡은 지금의 四川省에 있었으며, 牂柯郡은 지금의 貴州省에 있었고, 沈黎郡과 汶山郡은 지금의 四川省에 해당된다.

70) 三輔 : 漢 武帝 太初 원년에 세 구역으로 나눈 長安 부근 땅의 지방장관으로 長安 이동 지역의 京兆尹, 長陵 서북 지역의 左馮翊, 渭城 이서 지역의 右扶風을 말한다.

71) 巴 : 지명으로 지금의 四川省 重慶市 지역이다.

72) 旌節 : 사신이 가지고 다니는 符節 구실을 하는 旗를 말한다.

는데, 크게 과장한 사람에게는 부절을 주어 정사(正使)로, 과장 정도가 적은 사람은 부사(副使)로 삼으니, 이 때문에 말을 함부로 하고 행실이 단정하지 못한 자들이 모두 다투어 그대로 따라 하게 되었다. 사신으로 가는 사람들은 모두가 가난한 집 출신이어서 천자가 서역 각국으로 보내는 예물을 가로채어 자기 마음대로 사용하고, 싼값으로 그곳의 물건을 사들여 이익을 챙겼다. 외국 사람들도 한나라 사신들의 말이 제각기 서로 다른 것에 싫증이 났고, 한나라의 군사는 멀리 있어 쳐들어올 수 없다는 계산으로 음식물 제공을 중단하여 한나라의 사신들을 괴롭혔다. 한나라의 사신들은 먹을 것이 떨어지게 되자, 원한이 쌓이게 되어 서로 공격하는 지경에까지 이르게 되었다.

누란과 고사는 작은 나라였지만, 교통의 요지에 있었으므로 한나라의 사신 왕회(王恢)[73] 등을 더욱 심하게 위협하였다. 또 흉노의 기병들이 자주 서쪽 나라로 가는 한나라의 사신들을 가로막고 공격하였다. 사신들은 대체로 외국에서 받은 재난에 대해서 "외국은 모두 성읍이 있기는 하나, 군대가 약하여 격파하기 쉽다"라고 서로 다투어 말하였다. 그래서 천자는 이러한 이유로 종표후(從驃侯) 파노(破奴)[74]를 파견하여 속국의 기습병과 각 군(郡)의 군사 몇만명을 거느리고 흉하수(匈河水)까지 가서 흉노를 치려고 하였지만, 흉노는 모두 달아나버렸다. 그 이듬해 고사를 공격하였는데, 파노는 경기(輕騎)[75] 700여 명과 함께 먼저 이르러 누란왕을 포로로 하고 드디어 고사를 깨뜨렸다. 이 일로 인해서 군대의 위력을 떨쳐 보이고, 오손과 대원 등을 곤란하게 하였다가 돌아오자 천자는 그를 착야후(浞野侯)에 봉하였다.

왕회는 여러 차례 사신으로 나가 누란에게 고통을 겪었으므로, 그러한 상황을 천자에게 보고하니, 천자는 군사를 징발하여 왕회로 하여금 파노를 도와 누란을 격파하게 하고, 그를 호후(浩侯)에 봉하였다. 이리하여 주천군에서 옥문관(玉門關)[76]까지 요새가 열을 잇게 되었다.

오손은 1,000필의 말을 바치고 한나라 딸을 맞이하려 하니, 한나라는

---

73) 王恢 : 漢 武帝 元封 3년(기원전 108년)에 趙破奴를 도와 樓蘭을 격파하는 데 공을 세워 浩侯에 봉해졌다.

74) 破奴 : 즉 趙破奴로 從驃侯는 그의 봉호이다.

75) 輕騎 : 경무장한 기병 또는 가볍게 차리고 날쌘 말을 탄 군사를 가리킨다.

76) 玉門關 : 關 이름으로 지금의 甘肅省 敦煌縣 서북쪽 지역이다.

황족의 딸인 강도옹주(江都翁主)를 보내 오손왕에게 시집 보냈고, 오손왕 곤모는 그녀를 우부인(右夫人)으로 삼았다. 흉노 또한 딸을 곤모에게 시집 보내니 곤모는 그녀를 좌부인(左夫人)으로 삼았다. 곤모는 "나는 늙었다"라고 말하고, 그의 손자인 잠취에게 옹주를 아내로 삼게 하였다. 오손에는 말이 많이 있었는데, 부유한 사람들 중에는 4,000-5,000필의 말을 가진 자도 있었다.

처음으로 한나라의 사신이 안식에 도착하였을 때, 안식왕은 2만 명의 기병을 동원시켜 동쪽 변경까지 나와 맞게 하였다. 동쪽 변경은 왕도(王都)에서 몇천리나 떨어져 있다. 사신이 왕도까지 가는 데에는 몇십개의 성읍을 지나게 되어 있는데, 백성들은 계속 이어져 대단히 많았다. 한나라의 사신이 돌아오니, 그들도 사자를 보내 한나라의 사자를 따라와서 한나라의 광대함을 관찰하고, 큰 새의 알과 여헌(黎軒)의 마술사를 한나라에 바쳤다. 그리고 대원 서쪽의 작은 나라인 환잠(驩潛),[77] 대익(大益)[78]과 대원의 동쪽 나라인 고사(姑師), 우미(扜罙), 소해(蘇薤)[79] 등의 사신들이 한나라 사신을 따라와서 예물을 올리고 천자를 배알하였다. 천자는 크게 기뻐하였다.

그리고 한나라 사신들은 황하의 원류를 찾아냈는데, 황하는 본래 우전(于窴)에서 시작되었고, 그 산에는 옥석(玉石)이 많았으며, 사신들이 그것을 캐어오니 천자는 옛날의 도서를 참고하여 황하가 시작되는 이 산을 곤륜(昆侖)이라고 이름하였다.

이때에 천자는 자주 바닷가를 순행하였는데, 언제나 외국 손님들을 모두 데리고 다녔으며, 인구가 많은 큰 도시에 들러서는 재물과 비단 등을 풀어 상으로 내리고, 풍성한 술과 안주를 갖추어 그들을 후하게 대접함으로써 한나라의 부유함을 과시하였다. 또한 수시로 씨름대회를 열고, 신기한 놀이와 갖가지 괴이한 물건들을 전시하여 많은 관중들을 끌어 모았으며, 많은 상품들을 하사하고 주지육림(酒池肉林)의 큰 잔치를 베풀었으며, 외국 손님들로 하여금 각 창고와 부장(府藏)[80]에 쌓여 있는 것들을

77) 驩潛 : 漢代 서역의 작은 나라로 康居에 속해 있었다.
78) 大益 : 아라비아 족으로 유목생활을 하였다.
79) 蘇薤 : 漢代 서역의 작은 나라로 康居에 속해 있었다.
80) 府藏 : 궁정의 곳간.

두루 보게 하여 한나라의 광대함을 드러내어, 그들을 놀라게 하였다. 마술사의 기교가 더욱 교묘해지고, 씨름이나 기예도 해마다 변화를 더하여 갈수록 매우 성행하였는데, 이러한 것은 바로 이때부터 시작된 것이다.

서북쪽의 외국 사신들은 빈번히 왕래하였다. 그러나 대원 서쪽의 여러 나라들은 스스로 한나라와 멀리 떨어져 있다고 여겨, 여전히 교만하고 안일하게 굴었으므로, 한나라도 여전히 그들을 예로써 복종하게 하며, 속박하여 한나라를 섬기도록 할 수는 없었다. 오손의 서쪽에서 안식에 이르기까지는 흉노에 가까웠으므로 흉노가 월지를 괴롭히고 나서부터는 흉노의 사신이 선우의 편지를 가지고 있기만 하면, 나라마다 먹을 것을 차례로 보내주며 감히 억류해놓고 고통을 주는 일은 없었다. 그러나 한나라의 사신이 가면 재물을 주지 않고는 먹을 것을 얻을 수가 없고, 가축도 사지 않으면 탈 수가 없었다. 이러한 이유는, 한나라가 멀리 떨어져 있고, 게다가 재물이 많다고 생각하였기 때문이다. 따라서 한나라의 사신은 반드시 사야지만 원하는 바를 얻을 수 있었는데, 이는 또한 그들이 한나라의 사신보다 흉노를 더 두려워한 탓이기도 하다.

대원 주위의 나라에서는 포도로 술을 빚었는데, 부잣집에서는 만여 석(石)[81]에 이르는 술을 저장해두었고, 오래된 것은 몇십년이 지났는데도 상하지 않았다. 그곳의 사람들은 술을 좋아하고, 말은 목숙(苜蓿)[82]을 좋아하였다. 한나라의 사자가 그 씨앗을 가져오니, 천자는 목숙과 포도를 비옥한 땅에 심기 시작하였다. 천마가 많아지고, 외국의 사신들이 많이 오게 될 무렵에는 이궁(離宮)[83]과 별관(別觀)[84] 옆에는 보이는 곳마다 온통 포도와 목숙이 심어져 있었다. 대원의 서쪽에서 안식에 이르는 나라들은 비록 언어가 많이 달랐지만, 풍습이 거의 비슷해서 서로가 상대방의 말을 알아들을 수 있었다. 그곳 사람들은 모두 눈이 움푹 들어가 있고, 턱수염과 구레나룻이 난 사람이 많았으며, 장사를 잘하였고 아주 작은 돈 때문에도 서로 다투었다. 풍속은 여자를 귀하게 여겼으므로 남편은 아내의 말에 따라 일을 처리하였다. 이곳에서는 명주실과 옻나무가 나지 않았

81) 1石은 용량의 단위로는 10斗이고, 중량의 단위로는 120斤이다.

82) 苜蓿 : 콩과에 속하는 한해살이풀로서 牛馬의 사료나 혹은 비료로 쓰인다.

83) 離宮 : 황제의 놀러 가는 행차를 위하여 正宮 이외에 궁성에서 떨어진 곳에 지은 궁전.

84) 別觀 : 離宮의 대문 밖에 있는 망루.

고, 철기를 주조하여 쓸 줄 몰랐다. 한나라 사신을 따라간 이졸(吏卒)들이 그들에게 투항하여 병기(兵器)[85]를 주조하는 법을 가르쳐주었다. 그들은 한나라의 황백금(黃白金)[86]을 얻게 되면 곧 그릇을 만들고 돈으로 쓰지는 않았다.

한나라에서 사자로 가는 사람이 많았기에 어려서부터 그들을 따라다닌 자들은 귀국한 후에 대부분 천자에게 과장된 좋은 말을 하였다. 말하기를 "대원에는 이사성(貳師城) 안에 좋은 말〔馬〕이 있는데, 감추어두고 한나라 사신에게는 주려고 하지 않습니다"라고 하였다. 천자는 원래 대원의 말〔馬〕을 좋아하고 있었기에 이 이야기를 듣자 기뻐서 장사(壯士)와 거령(車令) 등으로 하여금 천금(千金)과 금으로 만든 말을 가지고 가서, 대원왕에게서 이사성의 좋은 말을 얻어오게 하였다. 대원에는 한나라의 물건들이 많았는데 그들은 서로 상의하여 말하였다.

> 한나라는 우리나라와 멀리 떨어져 있기 때문에 그들 사신 일행은 자주 염수(鹽水)[87]에 빠져 죽은 일이 있고, 그 북쪽에는 흉노의 도둑들이 있어 습격하고, 그 남쪽으로 나가면 물과 풀이 없다. 게다가 늘 성읍이 없어서 식량이 떨어질 때가 많았다. 한나라 사신들은 몇백명이 한패가 되어 오지만 언제나 식량이 모자라 죽는 사람이 반을 넘는데, 어찌 많은 군사를 보낼 수 있겠는가? 한나라는 우리나라를 어떻게 할 수 없을 것이다. 또 이사성의 말은 대원의 보마(寶馬)이다.

이리하여 결국 한나라 사신에게 말을 주려고 하지 않았다. 한나라 사신은 화가 나서 욕을 하며 금으로 만든 말을 망치로 쳐부수고 그곳을 떠났다. 대원의 귀인(貴人)[88]들은 노하여 "한나라의 사신은 극히 우리를 무시하고 있다!"라고 말하고, 한나라 사신을 돌아가도록 해놓고는 그 동쪽 변경에 있는 욱성(郁成)[89]으로 하여금 가는 길목을 막고 공격하여 한나라 사신들을 죽이고 재물을 약탈하도록 하였다. 이리하여 천자는 크게 노

---

85) 兵器 : 대체로 금속기구를 지칭한다.

86) 黃白金 : 黃金과 白銀이다.

87) 鹽水 : 즉 鹽澤을 가리킨다.

88) 貴人 : 궁정의 신하 중에서 지위가 현저하게 높은 관원. 『漢書音義』에서는 "內官 중에서 天子가 아끼고 사랑하는 사람(內官之貴幸者)"이라고 되어 있다.

89) 郁城 : 옛 나라의 이름으로 貳師城 동북쪽에 있었는데, 지금은 러시아의 영토에 속한다.

하였다. 일찍이 대원에 사신으로 갔다 온 일이 있는 요정한(姚定漢) 등은 "대원은 병력이 약하여 실로 3,000명이 못 되는 한나라 군사를 끌고 가더라도 센 활을 쏘면 그들을 모두 포로로 하여 대원을 깨뜨릴 수 있을 것이다"라고 말하였다.

천자는 일찍이 착야후(浞野侯)에게 누란을 치게 하였을 때 착야후가 700기(騎)를 거느리고 먼저 이르러 그 왕을 포로로 한 일이 있었기 때문에 요정한 등이 하는 말이 틀림없다고 생각하였고, 총희(寵姬) 이씨(李氏)의 형제들을 후(侯)로 끌어올려주고자 하여 오라비인 이광리(李廣利)[90]를 이사장군(貳師將軍)에 임명하고 속국의 6,000기와 각 군국(郡國)에 있는 불량소년 몇만명을 징발하여 가서 대원을 치게 하였다. 이사성에 이르러 좋은 말을 빼앗아 오기를 기대하고 있었기 때문에 '이사장군'이라고 부른 것이다. 조시성(趙始成)을 군정(軍正)[91]으로 하고, 옛 호후(浩侯) 왕회로 하여금 앞장 서서 군대를 이끌도록 하였으며, 이차(李哆)[92]를 교위로 삼아 군대의 큰 일을 담당하도록 하였는데, 이해는 태초(太初) 원년이었다. 이해에 관동(關東)에 메뚜기떼가 크게 일어나 서쪽으로 돈황(敦煌)까지 퍼지고 있었다.

이사장군의 군사는 서쪽으로 진격하여 염수를 지나게 되었는데, 길목에 있는 작은 나라들은 겁이 나서 각기 성문을 굳게 닫고 지키며 한나라 군에게 식량을 주려고 하지 않았다. 그렇다고 그들을 공격해도 함락시킬 수가 없었다. 함락시키게 되면 식량을 얻을 수 있었지만, 함락시키지 못하면 며칠 만에 떠나가야만 하였다. 욱성에 도착할 무렵에 남은 군사는 몇천명에 불과하였고, 그들도 모두 굶주리고 지쳐 있었다. 욱성을 공격하였으나 욱성이 크게 이겨 살상(殺傷)당한 군사가 대단히 많았다. 이사장군은 이차 및 조시성 등과 상의하여 "욱성조차 점령할 수 없는데, 하물며 왕도(王都)를 공격할 수 있겠는가?"라고 하고는 군사를 이끌고 돌아왔다. 갔다 오는 데에 2년이 걸렸다. 돈황에 돌아오니 군사 수는 출발할 때의 1-2할에 불과하니, 사자를 보내 글을 올려 고하였다.

---

90) 李廣利 : 西漢 때의 中山 사람으로 漢 武帝의 李夫人의 오빠이다. 당시에 武帝는 그를 貳師將軍에 임명하였는데, 그는 몇만명의 군사를 거느리고 大宛을 정벌하여 수십필의 좋은 말과 3,000여 필의 보통 말을 획득하였다.

91) 軍正 : 군법을 처리하는 군사.

92) 李哆 : 사람 이름. 후에 그 공으로 인해서 上黨 太守가 되었다.

길은 멀고 식량은 거의 떨어졌으니, 병졸들은 싸움을 걱정하지 않고 굶주림을 근심하고 있습니다. 군사가 적어 대원을 함락시키기에는 부족합니다. 바라옵건대 잠시 병력을 거두고 새로 증강하여 다시 나가게 해주시옵소서.

이 소식을 들은 천자는 크게 노하여 사신을 보내 옥문관을 막고는 "군사로서 감히 들어오는 자는 사형에 처하겠다"라고 말하였다. 이사장군은 두려워서 그대로 돈황에 머물렀다.

그해 여름에 한나라는 착야후의 군사 2만여 명을 흉노에게 잃었다. 공경(公卿)[93]과 논자(論者)들은 모두 대원을 치는 군사를 파하고, 전력을 다하여 흉노를 칠 것을 원하였다. 그러나 천자는 이미 대원을 무찌르기로 하였는데, 대원과 같은 작은 나라도 함락하지 못하면 대하 등도 한나라를 가볍게 여길 것이며, 대원의 좋은 말은 절대로 얻지 못하게 될 것이고, 오손과 윤두(侖頭)[94]도 업신여기고 한나라의 사신들을 괴롭히게 되어 외국의 웃음거리가 될 것이라고 생각하였다. 이에 대원을 치는 것이 특히 부당하다고 말하는 등광(鄧光) 등을 조사하여 처벌하고, 죄수들 가운데 재관(材官)[95]의 죄를 용서해주고, 더 많은 불량소년과 변경의 기병들을 징발하여, 1년 남짓 지나자 6만여 명의 군사로 돈황을 출발하게 하였는데, 개인적으로 먹을 음식을 지고 따라가는 사람은 포함되어 있지 않았다. 이 부대는 10만 마리의 소, 3만여 필의 말과 몇만 마리의 나귀와 노새, 낙타를 데리고 있었다. 식량은 풍부하였고, 무기와 큰 활도 많이 준비되었다. 온 천하가 소동을 일으키며 명령을 전하고 서로 받들며 대원을 치게 되었는데, 대체로 이때 합류한 교위가 50여 명에 이르렀다.

대원왕이 있는 성 안에는 우물이 없고, 물은 전부 성 밖의 흐르는 물을 길어다가 쓰고 있었으므로 성 아래의 물이 흐르는 길을 옮겨 성 안의 물을 말리려고 하였다. 그리고 병사 18만 명을 더 징발, 파견하여 주천과 장액 북쪽을 수비하게 하고, 거연(居延)[96]과 휴도(休屠)[97] 두 현을 새로 설치하여 주천을 방위하게 하였다. 그리고 천하의 일곱 가지 죄를 가진

93) 公卿 : 三公과 九卿을 말하는데, 일반적으로 조정의 고위 고관을 일컫는다.
94) 侖頭 : 서역의 나라 이름으로 지금의 新疆省 輪臺縣 동남쪽 지역이다.
95) 材官 : 西漢 때에는 지역적 특징을 이용하여 각 兵團을 훈련시켰는데, 그중 平原과 山阻 지역에서 훈련한 병졸들을 '材官'이라고 한다.
96) 居延 : 옛 현 이름.
97) 休屠 : 지금의 甘肅省 武威縣 북쪽 지역.

자[98]를 징발하고, 말린 식량을 싣고 가서 이사장군에게 공급해주었다. 짐을 실은 수레와 사람들의 무리가 끊임없이 줄을 이어 돈황에 도착하였다. 또 말〔馬〕에 정통한 사람 두 명을 집구교위(執驅校尉)[99]로 임명하여 대원을 깨뜨린 후, 좋은 말을 고르도록 준비하였다.

이리하여 이사장군은 후에 다시 출정하게 되었는데, 병력은 많았고, 가는 곳마다 작은 나라들 중 나와서 맞지 않는 나라가 없었으며, 모두 식량을 내오며 한나라 군사에게 공급해주었다. 그런데 윤두에 이르렀는데, 윤두가 항복하지 않자, 며칠을 공격하여 그들을 모조리 도살하였다. 여기서부터 서쪽으로는 대항하는 나라가 없어 순조롭게 대원의 수도에 이르렀는데, 도착한 한나라 군사는 3만 명이었다. 대원의 군사는 한나라 군사를 맞아 싸웠으나, 한나라 군사는 활을 쏘아 이들을 깨뜨리니, 대원의 군사는 달아나 그들의 성 안으로 들어가 성벽에 의지하여 방어하였다. 이사장군의 군사는 진군하여 욱성을 치고 싶었지만 행군을 지체하게 되면, 대원에게 더욱 속임수를 쓸 기회를 주게 될까 두려워 먼저 대원성을 공격해서 그 수원(水源)을 끊어 물의 흐르는 방향을 바꾸어버리자, 대원은 굳게 지키고자 해도 곧 큰 어려움을 겪게 되었다. 한나라는 그 성을 포위하여 공격한 지 40여 일 만에 그 외성(外城)[100]을 깨뜨리고 대원의 귀인 중에 용장(勇將)인 전미(煎靡)를 사로잡았다. 대원의 군사는 매우 두려워하며 성 안으로 달아났다. 대원의 귀인들은 서로 상의하여 말하였다.

> 한나라가 대원을 치는 이유는 우리 왕인 무과(毋寡)가 좋은 말〔馬〕을 감추어 두고 한나라 사신을 죽였기 때문이다. 지금 왕 무과를 죽이고 좋은 말을 내놓으면, 한나라 군사는 분명히 포위를 풀게 될 것이다. 설사 말을 듣지 않는다고 해도, 그때 가서 힘껏 싸우다 죽어도 늦지 않을 것이다.

대원의 귀인들은 이것이 옳다고 여겨 그들 왕인 무과를 죽이고 귀인 한

98) 원문은 "七科謫"이다. 당시에는 사회적 지위가 낮은 계층을 징발하여 멀리 떨어진 변경으로 보내서 지키도록 하였는데, 이는 秦代와 西漢 중기 용병 때에 사용한 방법이다. 七科에는 죄를 지은 관리, 도망갔던 범죄자, 데릴사위, 市籍(상인의 호적)이 있는 장사꾼, 일찍이 市籍이 있었던 사람, 부모나 조부모가 市籍이 있었던 사람이 포함되는데, 漢 武帝가 匈奴와 大宛을 칠 때에 이러한 사람들을 징발하여 병사로 사용하였다.

99) 執驅校尉 : 즉 執馬校尉와 驅馬校尉를 말한다.

100) 外城 : 성 밖에 겹으로 쌓은 성.

사람이 그 머리를 가지고 이사장군에게로 가서 약속하며 말하였다.

한나라는 우리를 치지 말아주십시오. 우리는 좋은 말을 있는 대로 모두 내어 마음대로 골라 가도록 맡기고, 또 한나라 군사에게 식량을 공급하겠습니다. 만일 받아들이지 않는다면 우리는 좋은 말을 모조리 죽여버릴 것이며, 그리고 강거의 구원병이 곧 도착할 것입니다. 도착하게 되면 우리 군사는 성 안에 있고, 강거의 구원병은 성 밖에서 한나라 군사와 싸울 것입니다. 한나라는 깊이 생각해보십시오. 어느 쪽을 따르겠습니까?

이때 강거의 후(候)[101]는 한나라 군사의 형편을 살피고 있었는데, 한나라 군이 여전히 강성하였으므로 감히 진격하지 못하고 있었다. 이사장군은 조시성, 이차 등과 상의하여 말하였다.

들리는 바에 의하면, 대원성 안에서는 최근에 진(秦)나라 사람[102]을 찾아내서 우물을 파는 것을 알게 되었고, 또 성 안에는 식량이 아직도 많다고 한다. 우리가 온 것은 괴수인 무과를 베어 죽이기 위해서였다. 그 무과의 머리는 이미 와 있는데, 그래도 군사를 풀지 않는다면 대원은 성을 굳게 지킬 것이고, 강거가 우리 군사가 지친 것을 엿보고 있다가 대원을 구하러 오면 우리 군사가 무너질 것은 분명하다.

한나라 군리(軍吏)들은 모두 그러리라 생각하고 대원의 약속을 받아들였다. 대원은 이에 좋은 말을 꺼내와서는 한나라 군사에게 마음대로 고르게 하였으며, 많은 식량도 가져와서 한나라 군사에게 제공해주었다. 한나라 군사는 좋은 말 몇십필과 중등 이하의 암수 3,000여 필을 고른 다음 대원의 귀인 가운데, 매채(昧蔡)를 대원왕으로 세우고 함께 맹약을 한 후에 군사를 거두었다. 이리하여 끝내 중성(中城)[103]으로는 들어가지 못한 채 전쟁을 끝내고 돌아왔던 것이다.

처음에 이사장군은 돈황을 출발하여 서쪽으로 나아갈 때 군사 수가 너무 많아 도중에 여러 나라들이 식량 공급을 할 수 없을 것이라고 여겨, 군사를 몇개 부대로 나누어 남쪽 길과 북쪽 길로 나아가게 하였다. 교위 왕신생(王申生)과 이전에 홍려(鴻臚)[104]였던 호충국(壺充國) 등 1,000여

---

101) 候: 정찰병.
102) 漢나라 사람을 말한다. 옛날에 서역 사람들은 중국을 秦이라고 불렀다.
103) 中城: 主將이 있는 內城을 말하는데, '牙城'이라고도 한다.
104) 鴻臚: 외국의 빈객을 접대하는 벼슬 이름.

명은 따로 떨어져 욱성에 이르렀다. 욱성은 성을 굳게 지키며 그들에게 식량을 주려고 하지 않았다. 왕신생은 대군(大軍)[105]에서 200리 떨어져 있었으며 대군의 위세에 힘입어 이들을 가볍게 여겨 식량을 제공하도록 요구하였지만, 욱성은 끝내 주려고 하지 않았다. 한편 욱성에서는 신생의 군사가 날마다 줄어드는 것을 알아내고 어느 이른 아침 3,000명의 군사로 공격해와서 신생 등을 죽이니, 신생의 군대는 무너지고 몇 사람이 탈출하여 이사장군에게 도망갔다. 이사장군은 수속도위(搜粟都尉)[106]인 상관걸(上官桀)[107]을 시켜 욱성으로 가서 깨뜨리도록 하였다. 욱성왕은 강거로 도망치고, 걸은 추격하여 강거에 이르렀다. 강거는 한나라가 이미 대원을 깨뜨렸다는 것을 듣고 욱성왕을 끌어내어 걸에게 넘겨주니, 걸은 네 명의 기사에게 욱성왕을 묶고 감시하며 대장군(大將軍)[108]에게 보내도록 하였다. 네 사람은 서로 의논하여 말하기를 "욱성왕은 한나라가 싫어하는 사람인데, 지금 산 채로 데리고 가다가 갑자기 뜻밖의 일이라도 생기면 큰일이다"라고 하고 죽이고자 하였으나, 감히 먼저 죽이려는 사람이 없었다. 상규(上邽)[109]의 기사인 조제(趙弟)는 가장 나이 어린 사람이었지만, 칼을 뽑아들고 나아가 욱성왕을 베어 죽이고, 그의 머리를 들고 갔다. 조제와 상관걸은 이사장군을 뒤쫓아갔다.

이사장군의 두번째 원정 때, 처음에 천자는 사신을 오손에게 보내 대규모로 군사를 동원하고 힘을 합쳐 대원을 치자고 말하였다. 오손은 2,000기(騎)를 보내 출정하게 하였으나, 망설이며 전진하려고 하지 않았다. 이사장군이 동쪽으로 돌아올 때 도중의 여러 작은 나라들은 대원이 항복한 것을 들었기에, 모두들 그 자제들을 한나라 군에게 딸려 보내 공물을 바치고, 천자를 뵙고 그들을 볼모로 하여 한나라에 머무르게 하였다.

이사장군이 대원을 정벌할 때, 군정(軍正)인 조시성은 힘껏 싸워 공로가 가장 많았고, 또 상관걸은 용감하게 적진 깊숙히 쳐들어갔으며, 이차는 많은 계책을 세웠으나 옥문관에 돌아온 군사들은 만여 명이고, 군마는

105) 大軍 : 貳師將軍이 이끄는 부대를 가리킨다.

106) 搜粟都尉 : '治粟都尉'라고 부르기도 하는데, 농업과 재정을 관장하는 관리로, 大司農(西漢 말기의 관제 중 穀貨에 관한 사무를 맡은 벼슬) 소속이다.

107) 上官桀 : 上官은 성이고, 이름은 桀이다.

108) 여기서는 貳師將軍 李廣利를 가리킨다.

109) 上邽 : 옛날의 지명으로 지금의 甘肅省 天水縣 서남쪽 지역이다.

1,000여 필 정도였다. 이사장군의 두번째 원정에서는 군대는 식량이 부족한 것도 아니었고, 전사한 사람이 그리 많은 것도 아니었으나, 장수와 관리들이 탐욕스러워, 대다수가 사졸들을 아끼지 않았고 군량을 빼돌렸으므로 죽은 사람이 많았다. 그러나 만 리나 되는 먼 곳에 가서 대원을 정벌하였기에 천자는 굳이 잘못을 조사하지 않고, 이광리를 해서후(海西侯)에 봉하였다. 또 스스로 욱성왕을 벤 기사 조제를 신치후(新時侯)에 봉하고, 군정인 조시성을 광록대부(光祿大夫)로 삼고 상관걸을 소부(少府)로 하고 이차를 상당(上黨) 태수(太守)로 삼았다. 군 관리들 중 구경(九卿)에 봉해진 사람들은 세 사람이고, 제후들의 재상이나 군수, 2,000석의 신분으로 오른 사람들은 100여 명이며, 1,000석 이하의 벼슬에 오른 사람들은 1,000여 명이나 되었다. 자진해서 전쟁에 따라나선 사람들은 기대한 이상의 벼슬을 얻게 되고, 죄수로서 종군한 사람들은 그 노역을 면제해주었다. 사졸들에게 하사된 물건은 4만 금에 상당하였다. 대원을 치기 위해서 두 번 오고 가고 모두 4년이 걸려 전쟁은 끝이 났던 것이다.

한나라는 대원을 정복하고 매채(昧蔡)를 대원왕으로 세우고 떠났다. 그로부터 1년 남짓 지나자, 대원의 귀인들은 매채가 한나라에 아첨을 잘해서 자기 나라를 망친 것이라고 여기고 매채를 죽인 다음, 무과의 동생인 선봉(蟬封)을 세워 대원왕으로 삼고, 그의 아들을 한나라에 볼모로 보냈다. 한나라에서는 사신을 보내 후한 선물을 주어 위로하게 하였다.

그리고 10여 명의 사신들을 대원 서쪽의 여러 나라들에도 보내 진기한 물건들을 구해 오게 하고, 이를 계기로 대원을 정벌한 한나라의 위풍과 덕행을 보도록 하였다. 또 돈황에다 주천도위(酒泉都尉)를 두었고, 서쪽 염수까지 이르는 곳곳에는 정(亭)이 생겼다. 그리고 윤두에는 수백명의 전졸(田卒)이 있었으므로 그들을 감독하기 위한 사신을 파견하여 밭을 보호하고 양식을 쌓아두었으며 이를 외국으로 가는 사신들에게 공급하였다.

태사공은 말하였다.

"「우본기(禹本紀)」[110]에는 '하수(河水)[111]는 곤륜산(昆侖山)에서 나온

110) 「禹本紀」: 가장 오래된 제왕의 전기.
111) 河水: 黃河를 가리킨다.

다. 곤륜산은 그 높이가 2,500여 리이며, 해와 달이 서로 피해 숨으며 그 빛을 밝힌다. 그 위에는 예천(醴泉)[112]과 요지(瑤池)[113]가 있다'라고 되어 있다. 그런데 이제 장건(張騫)이 대하(大夏)의 사신으로 간 후에야 하수의 원류를 밝혀내게 되었는데, 어떻게 「우본기」에서 말한 바의 곤륜산을 본 사람이 있겠는가! 그러므로 구주(九州)[114]의 산천에 관한 기록은 『상서(尙書)』에 있는 것이 사실에 가깝다. 「우본기」나 『산해경(山海經)』[115]에서 말한 괴상한 물건에 대해서는 나는 감히 말하지 않겠다."

112) 醴泉 : 물맛이 단 샘.

113) 瑤池 : 周 穆王이 西王母와 만났다는 仙境이다.

114) 중국의 전지역을 아홉으로 구분한 것인데, 堯舜禹 때에는 冀州, 兗州, 青州, 徐州, 荊州, 揚州, 豫州, 梁州, 雍州를 가리키고, 殷나라 때에는 冀州, 豫州, 雍州, 揚州, 荊州, 兗州, 徐州, 幽州, 梁州를 가리키고, 周나라 때에는 揚州, 營州, 豫州, 青州, 兗州, 雍州, 幽州, 冀州, 幷州를 가리킨다. 이는 곧 중국 전역을 일컫는 것이다.

115) 『山海經』 : 작자 미상의 周晉간의 神話書로 산천, 초목, 금수에 관한 기괴한 이야기가 실려 있다.

권124 「유협열전(游俠列傳)」 제64

한비(韓非)[1]가 말하기를 "유자(儒者)는 유가 경전에 근거하여 일을 행함으로 법을 어지럽히고, 협객은 무력으로 금령(禁令)을 위반한다"[2]라고 하여 선비와 협객 두 부류를 똑같이 비난하고 있다. 그러나 대다수 선비들은 세상의 칭송을 받는 경우가 많다. 법술[3]로써 재상(宰相)[4]이나 경(卿),[5] 대부(大夫)[6]의 지위를 얻고, 당시의 군주를 보좌하여 그들의 공명이 역사서에 기록되는 경우는 새삼 거론할 필요가 없다. 계차(季次), 원헌(原憲)[7]과 같은 자는 빈궁한 유생에 불과하였다. 그들은 독서하는 데에도 홀로 고상한 군자의 덕을 지니고 있었으며, 도의에 맞지 않는 당세와 영합하려 들지 않아 당시 사람들은 이들을 비웃었다. 그래서 계차와 원헌은 평생을 쑥대로 엮은 집에서 남루한 의복과 거친 음식으로 빈곤하게 살았다. 그러나 그들이 죽은 지 이미 400여 년이 지났음에도 불구하고 제자들은 여전히 그들의 뜻을 기리고 있다. 유협(游俠)[8]의 경우, 그 행

---

1) 韓非(기원전 280?-기원전 233년) : 전국시대 말기의 사상가이다. 그는 이전 法家의 사상과 실천을 총결하여 法, 術, 勢 삼위일체의 完整한 法家의 사상체계를 수립하였다. 韓非는 나라에서 인재를 가려 등용하지 않고 사악한 무리들에게 정치가 맡겨져, 조정에는 온통 독충과 같은 간신배들이 가득 차 있음을 분개한 나머지, 마침내 「孤憤」, 「五蠹」, 「內外儲」, 「說林」, 「說難」 등을 저술하였다. 『韓非子』는 韓非가 지은 것으로 모두 55편으로 되어 있는데, 그중에 몇편은 후세 사람들의 위탁이라고 한다.

2) 『韓非子』 「五蠹」에는 "儒以文亂法, 而俠以武犯禁"이라고 되어 있다.

3) 원문에는 "術"이라고 하였는데, 이는 수단이나 방법을 의미한다.

4) 宰相 : 고대 天子 수하의 최고 행정장관을 말한다.

5) 卿 : 天子, 제후에 소속된 고급 장관을 가리킨다.

6) 大夫 : 일반 행정관리를 말한다.

7) 季次, 原憲 : 모두 孔子의 제자들이다. 公孫弘의 字가 季次이고, 原憲의 字는 子思이다.

8) 游俠 : 司馬遷이 말한 '游俠'이라는 말에는 신의가 있고, 행동에는 실천이 있으며, 환란에 빠진 사람을 구하고, 곤궁에 있는 사람을 돕는 자를 지칭하였다. 그러나 후세에 와서는 '俠客'이나 '劍客'을 가리키는 말로 변하였다.

위가 반드시 정의에 의거하지는 못하였지만, 그들의 말에는 반드시 신용이 있었고 행동은 과감하였으며 이미 승낙한 일은 반드시 성의를 다하였다. 또한 자신의 몸을 버리고 남의 고난에 뛰어들 때에는 생사를 돌보지 않았다. 그러면서도 자신의 능력을 자랑하지 않았고, 그 공덕을 내세우는 것을 오히려 수치로 삼았다. 아마 이밖에도 찬미할 점이 많을 것이다.

하물며 위험이라는 것은 사람들이 항시 부딪칠 수 있는 경우이다.

태사공은 말하였다.

"옛날 순(舜)임금은 우물을 파다가 매장될 뻔하였고,[9] 이윤(伊尹)은 솥과 도마를 짊어지고 요리를 하였으며,[10] 부열(傅說)은 부험(傅險)이라는 곳에서 숨어 산 적이 있고,[11] 여상(呂尙)은 극진(棘津)에 살며 곤궁을 겪었다.[12] 그리고 관중(管仲)은 족쇄와 수갑을 찬 적이 있고,[13] 백리혜(百里奚)는 소를 먹이기도 하였으며,[14] 공자는 광(匡) 땅에서 난을 당하여 진(陳), 채(蔡) 사이에서 식량이 떨어졌다.[15] 그들은 모두 유가에서 인정하는 덕망 있고 어진 사람들이다. 그러나 그들 역시 이러한 재난을 면하지 못하였는데, 하물며 평범한 재능으로 난세의 흐름을 건너려는 사람들이야말로 얼마나 힘들겠는가? 그들이 겪은 재난을 어찌 다 말할

---

9) 『孟子』「萬章」에는 舜임금이 어린 시절 부모에게 박해를 받았다는 기록이 있다. 舜의 부모는 舜에게 창고를 고치라고 시킨 뒤 사다리를 치우고 아래에서 불을 땠으며, 우물을 파라고 시킨 뒤 흙으로 우물을 메워서 그를 그 속에 묻혀 죽게 하려고 하였다고 한다.

10) 이는 伊尹이 요리 만드는 수단을 가지고 湯王에게 쓰임을 받으려 한 것을 말한다.

11) 傅說은 殷 高宗의 재상으로, 傅險 지방에 은거하며 工人의 일을 하였다.

12) 전하는 바에 의하면, 呂尙은 殷 紂王 때 학정을 피하여 渭水 북쪽에서 낚시를 하다가 周 文王과 만나게 되었다고 한다. 周 文王은 그에게 太公望이라는 호를 내리고 중용하였다.

13) 管仲은 齊 桓公의 宰相을 지냈는데, 전하는 바에 의하면 그는 齊 桓公에게 구금된 적이 있다고 한다.

14) 百里는 성이고 奚는 이름이다. 그는 춘추시대 虞나라 사람으로 虞大夫를 지냈는데, 秦나라가 虞나라를 멸하자 포로가 되어 秦나라로 보내졌다. 그는 楚나라로 도망쳤으나, 秦 穆公이 회유하여 다시 불러들였다. 결국 그는 秦 穆公의 집정을 도와 그를 五霸 중 하나로 만들었다. 百里奚가 秦 穆公을 만나기 전에는 소를 먹이는 노예였다.

15) 孔子가 列國을 돌아다닐 때, 陳(지금의 河南省 淮陽縣)과 蔡(지금의 河南省 蔡縣)에서 식량이 떨어져 고생한 바를 나타낸다.

수 있을까?

속담에서 말하기를 '어찌 인의(仁義)를 알아야 하는가? 이익을 누릴 수 있는 것이 바로 은덕이라 알면 그뿐이다'[16]라고 하였다. 그래서 백이(伯夷)와 숙제(叔齊)가 주(周)나라를 추하게 여기고 수양산(首陽山)에서 굶어 죽었지만 문왕(文王)과 무왕(武王)은 이 때문에 왕위에서 물러나지 않았고, 도척(盜跖),[17] 장교(莊蹻)[18]는 흉포하였으나 그 일당들은 그들의 의기(義氣)를 한없이 칭송하였다. 여기서 볼 때 '혁대의 갈고리 단추를 훔친 자는 처형되고 국가의 권력을 훔친 자는 제후가 된다. 그러나 제후의 가문에도 인의(仁義)가 있다'[19]라고 하는 것은 조금도 틀림이 없는 말이다.

지금 학문에 구속되거나 혹 하찮은 의리를 품은 채 오랫동안 세상과 고립되어 살아가는 것이, 어찌 격을 낮추고 세속에 동조하여 시대의 조류를 따라 부침하여 명예를 얻는 것과 같겠는가! 그러나 평민들 중의 무리로서 가령 사람에게 베풀고 구함에, 허락한 일은 이행하며 천리 먼 곳에서도 의리를 위해서 죽음을 두려워하지 않고 세상의 비난을 마다하지 않는다면, 이는 그들의 장점이며 또 그것은 아무렇게나 해낼 수 있는 일이 아니다. 그래서 선비들은 곤궁한 조건하에서 그들에게 생명을 의지하는데, 그들이야말로 사람들이 말하는 현인이나 호걸이 아니겠는가? 만일 민간의 유협들을 계차나 원헌과 같은 자들의 역량과 재능 면에서 비교한다면, 당시의 공명(功名)의 측면에서는 이들을 같이 논할 수 없다. 그러나 신의의 차원에서 볼 때 그들의 의거를 어찌 무시할 수 있겠는가!

옛날의 포의(布衣)[20] 협객에 대해서는 들은 적이 없다. 근대의 연릉(延陵),[21] 맹상(孟嘗),[22] 춘신(春申),[23] 평원(平原),[24] 신릉(信陵)[25]

---

16) 원문은 "何知仁義, 已饗其利者爲有德"이다.

17) 盜跖 : 춘추시대의 큰 도적을 가리킨다. 일설에 의하면, 堯舜 때의 흉악한 사람이라고도 한다.

18) 莊蹻 : 전국시대 楚나라 장군으로, 楚 威王 때 명을 받고 定巴, 黔中 일대를 탈취하였다.

19) 『莊子』「胠篋」에는 "彼竊鉤者誅, 竊國者爲諸侯, 諸侯之門而仁義存焉"이라고 되어 있다.

20) 布衣 : 서민이나 백성을 가리키는 말이다.

21) 延陵 : 춘추시대 吳나라의 귀족 季札을 말한다. 季札은 延陵에 봉해졌기 때문에 延陵季札이라고 불리게 되었다. 그는 기원전 544년에 魯나라로 갔다. 이를 司馬遷의 시대와 비할 때 400여 년이 차이가 나기 때문에 '近世'라고 하기는 무리가 있고, 또

등의 인물들은 모두가 왕의 친족들로서 봉토를 가지고 경상(卿相)의 부유함을 누리고 있었다. 그들은 천하의 현자들을 초청하여 그 명성을 제후들에게 드러내었다. 그들이 현명하지 않았다고는 말할 수 없다. 이를 비유하자면 명성이 바람에 실려간 것이라고 하겠는데, 그 명성이 본래 빠른 것이 아니고 바람의 기세가 강한 탓일 뿐이었다. 이에 반해서, 시정의 협객들은 오직 자기의 행실을 수양하고 이름을 더럽히지 않도록 조심하여 명성을 온 천하에 퍼뜨렸으니, 그들의 현명함을 칭찬하지 않는 사람이 없었다. 이는 매우 하기 힘든 일이었다. 그러나 유가(儒家), 묵가(墨家)에서는 모두 이들을 배척하여 문헌 중에는 그 기록이 없다. 진한(秦漢) 이전의 민간 협객들의 기록은 모두 매몰되어 사람들이 알 길이 없으니 심히 유감스럽다. 내가 들은 바로는 한(漢) 나라 건립 이후 주가(朱家), 전중(田仲), 왕공(王公), 극맹(劇孟), 곽해(郭解) 등의 협객이 있었다. 이들은 비록 때때로 당시 법망에 저촉되기는 하였지만, 개인적으로 의리가 있고 청렴하고 겸손함을 나타내어 족히 칭찬할 만하였다. 그들의 명성은 헛되이 세워진 것이 아니며 사람들도 까닭 없이 그들을 추종하였을 리도 없다. 유협들은 패를 짓고 세력을 결성하여 축재를 하고 가난한 사람들을 부리며, 폭력으로 약한 자를 억누르거나 마음대로 쾌락을 즐기는 것을 가장 부끄러운 일이라고 여겼다. 그런데도 세속에서는 그 진의를 모르고 주가, 곽해 등을 포악한 무리들과 함께 취급하고 비웃었으니 어찌 통탄하지 않을 수 있는가!

노(魯)나라의 주가(朱家)[26]는 한 고조(漢高祖)와 같은 시대 사람이다. 노나라 사람들이 모두 유학의 학술사상을 공부할 때, 주가는 오히려 협객으로 이름을 날렸다. 그가 숨겨주어 생명을 건진 호걸들은 100여 명이나 되며, 그 외 보통 사람들은 더욱 셀 수 없이 많았다. 그러나 그는 줄곧

한 그는 俠客도 아니었다. 따라서 여기의 '延陵'은 잘못으로 더 들어간 글자임이 틀림없다.

22) 孟嘗 : 전국시대 齊나라 귀족 田文을 가리킨다. 권 75「孟嘗君列傳」 참조.
23) 春申 : 전국시대 楚나라 귀족 黃歇을 가리킨다. 권 78「春申君列傳」 참조.
24) 平原 : 전국시대 越나라 귀족 越勝을 가리킨다. 권 76「平原君虞卿列傳」 참조.
25) 信陵 : 전국시대 魏나라 귀족 無忌를 가리킨다. 권 77「魏公子列傳」 참조.
26) 朱家 : 漢나라 초기에 '任俠'으로 이름이 났다.

자신의 재능을 자랑하지 않았고 자신의 덕행을 내세운 적이 없었다. 오히려 은혜를 베풀었던 사람들을 만나기를 두려워하였다. 그는 남의 곤란을 도울 때 먼저 빈천한 사람부터 시작하였다. 그 자신의 집안에는 남아 있는 재산이 없었고, 의복도 닳아져서 무늬가 분명하지 않을 정도였다. 식사도 두 가지 이상의 음식을 동시에 먹는 법이 없었으며, 타는 것도 소달구지가 고작이었다. 그는 전적으로 남의 위급한 일을 달려가서 도왔는데, 그것을 자신의 일보다 더 귀하게 여겼다. 그는 일찍이 계포(季布)[27] 장군을 곤란에서 몰래 구해준 적이 있었다. 계포 장군이 존귀해진 후에 이 사실을 알고 그를 찾았으나 그는 평생 만나지 않았다. 함곡관(函谷關) 동쪽 지역의 사람들은 그와 사귀고자 애타지 않는 사람이 없었다.

초(楚)나라 사람 전중(田仲)도 협객으로 이름이 났다. 검술을 좋아하였으며, 주가를 아버지처럼 섬겼다. 그리고 스스로 자신의 행실이 주가에 미치지 못한다고 여겼다.

전중이 죽은 뒤, 낙양(洛陽)에는 극맹(劇孟)[28]이라는 자가 있었다. 주(周)나라 사람[29]들은 장사하는 데 재능이 뛰어났는데, 극맹은 제후들 사이에서 임협으로 잘 알려졌다. 오(吳), 초(楚) 7국이 반란을 일으켰을 때, 조후(條侯) 주아부(周亞夫)[30]는 태위(太尉)가 되어 마차를 타고 가다가 하남(河南)[31]에 이르러 극맹을 만났다. 주아부는 크게 기뻐하며 말하기를 '오, 초가 이렇게 큰 일을 저지르면서 극맹을 구하지 않았다니, 내가 알기로 그들은 이미 일을 이룰 수 없을 것이다'라고 하였다. 천하가 동란에 있는 상황에서 재상이 극맹을 얻었다는 사실은 마치 일개 적국을 얻은 것과 마찬가지였다. 극맹의 행실은 주가와 비슷하였다. 그는 놀음을

27) 季布 : 漢나라 초기의 楚나라 사람이다. 그는 楚와 漢 나라가 싸울 때 項羽의 장군으로서 劉邦을 수차례 곤경에 빠뜨렸다. 漢 왕조 건립 당시에 劉邦에게 잡혔으나, 朱家의 도움으로 풀려났다.

28) 劇孟 : 西漢의 洛陽 사람으로, 당시 이름난 任俠이었다.

29) 周나라 땅이었던 洛陽의 사람을 가리킨다.

30) 周亞夫 : 景帝 3년에 漢나라의 36將을 이끌고 나아가 吳, 楚의 군대를 크게 처부수고 이를 평정하였다. 이 공로로 그는 丞相의 자리에 올랐다. 그런데 匈奴의 部將 등 5명이 투항하자 景帝는 이들을 侯로 대우하고 술까지 권하려고 하였다. 이때 周亞夫는 그것은 臣節의 표시가 될 수 없다고 하여 반대하였으나 황제는 용납하지 않았다. 이에 周亞夫는 벼슬자리를 내놓고 말았다. 얼마 뒤 그는 誣告로 인해서 하옥되었다가, 기원전 142년에 옥중에서 굶어 죽었다.

31) 河南 : 군 이름. 중심지는 洛陽이었다.

좋아하였는데 이는 대부분 젊은 사람들의 놀이였다. 극맹의 모친이 죽자 먼 곳에서 문상하러 온 수레가 거의 1,000대가 넘었다. 그러나 극맹이 죽은 후 그의 집에는 10금(金)[32]의 재산도 남아 있지 않았다.

부리(符離)[33] 사람 왕맹(王孟) 역시 협객으로서 양자강과 회수(淮水) 사이에서 이름이 알려졌다.

이무렵 제남(濟南)의 간씨(瞯氏)와 진(陳)의 주용(周庸) 또한 호걸로 이름이 났는데, 한 경제(漢景帝)가 이 소식을 듣고 사자를 파견하여 이러한 무리들을 주살하게 하였다. 그 뒤 대군(代郡)의 백씨(白氏) 일족, 양(梁)[34]의 한무벽(韓無辟), 양책(陽翟)[35]의 설황(薛况), 섬(陜)의 한유(韓孺) 등이 이어서 출현하였다.

곽해(郭解)는 지(軹)[36] 땅 사람이다. 자는 옹백(翁伯)이며 관상가 허부(許負)의 외손자이다. 곽해의 부친은 협객이라는 이유로 한 문제(漢文帝) 때 처형되었다. 곽해는 체구는 작았지만 매우 용맹하였으며 술은 마시지 않았다. 젊은 시절 원한이 많아 잔인한 생각을 품고 있었고, 일이 뜻에 맞지 않을 경우에는 직접 살인하는 일도 많았다. 그는 목숨을 걸고 친구를 위해서 복수하였고 망명한 사람들을 감추어주었으며, 간악한 짓과 강도 행위도 그치지 않았다. 또한 가짜 돈을 만들고 무덤을 파헤쳐 부장품도 훔쳤다. 이러한 일들이 수없이 많았으나, 운이 좋게 궁지에서 빠져나와 도망칠 수 있었고 혹은 사면되기도 하였다. 그는 나이가 들자 이전의 생활을 바꾸어 신중하게 살았다. 원한이 있어도 덕으로써 보답하고 후하게 베풀면서 그 대가를 바라지 않았다. 의협적인 행동은 오히려 더 적극적이었으며, 남의 목숨을 구해주고도 그 공을 자랑하는 법이 없었다. 그러나 그의 잔혹함은 여전히 마음속에 내재하였는데, 분노가 폭발하면 돌연 화난 눈을 부릅떴다. 젊은이들은 그의 행실을 앙모하였다. 그래서 그를 위해서 복수를 해주었으나 그에게는 알리지 않았다.

곽해의 외조카는 곽해의 위세를 믿고 어떤 사람과 술을 마시다가 상대

---

32) 당시 금 1斤을 1金이라고 하였으므로, 10金은 10斤의 金을 말한다.
33) 符離 : 전국시대 楚나라의 읍 이름으로, 秦나라가 설치한 현을 말한다.
34) 梁 : 지금의 河南省 商丘縣 남쪽.
35) 陽翟 : 지금의 河南省 禹縣.
36) 軹 : 현 이름. 漢代에 설치되어, 隋代에 없어졌다.

에게 잔을 비우게 하였다. 그 사람은 이미 주량을 넘어서 마실 수가 없었으나 곽해의 조카는 억지로 술을 따랐다. 이에 상대가 노하여 칼을 뽑아 곽해의 조카를 쳐버리고 도망하였다. 곽해의 누이가 화를 내며 '옹백과 같은 의협심을 가지고서 남이 내 아들을 죽였는데도 범인을 잡지 못하다니!'라고 말하였다. 그녀는 아들의 시체를 길바닥에 버려둔 채 장사를 치르려 하지 않았다. 이는 곽해에게 모욕을 주기 위해서였다. 곽해는 사람을 시켜 범인의 거처를 탐지하였다. 범인은 궁지에 몰리자 스스로 돌아와 모든 사실을 곽해에게 고해바쳤다. 그러자 곽해는 '자네가 그애를 죽일 만도 했군. 내 조카가 옳지 못했어'라고 말하며 범인을 돌려보냈다. 결국 죄는 그 조카에게 돌아갔으므로 시체를 거두어 매장하였다. 많은 사람들이 이 소문을 듣고 모두 곽해의 의협심을 칭찬하면서 더욱 그를 따르게 되었다.

곽해가 출입할 때에는 길가의 사람들 모두가 그를 비켜섰다. 그런데 오직 한 사람이 양다리를 벌리고 앉아 오만하게 그를 바라보았다. 곽해는 곧 그자의 이름을 알아오게 하였다. 객(客)[37]이 그를 죽이려고 하자, 곽해가 말하였다. '자기가 사는 마을에서 존경을 받지 못하는 것은 나의 덕행이 부족해서 그럴 것이오. 그가 무슨 죄가 있겠소!' 그후 곽해는 몰래 위사(尉史)[38]를 찾아가 부탁하여 말하기를 '이 사람은 내가 소중히 여기는 사람인데 병역을 교체할 때 그를 면제해주시오'라고 하였다. 그리하여 병역이 교체될 때마다 몇번이 지나도 위사는 그를 찾지 않았다. 그는 이 일을 이상하게 여기고 가서 그 연유를 물었더니, 곽해가 그를 면제하게 해주었다는 것이었다. 그래서 다리를 벌리고 앉아 곽해를 바라보던 그 자는 웃옷을 벗고[39] 곽해를 찾아가 용서를 빌었다. 많은 젊은이들이 이 소식을 듣고 더욱 곽해를 사모하였다.

낙양 사람들 중에 서로 원수로 지내는 두 집안이 있었다. 성 안의 현인 호걸들이 이들을 화해시키려고 10명 이상이나 중재에 나섰지만 끝내 성공하지 못하였다. 곽해의 빈객은 곽해를 보고 그들의 화해 중재를 권유하였

---

37) 客 : 郭解를 방문한 방문객을 말한다.
38) 尉史 : 縣尉 수하의 書吏를 말한다.
39) 원문에는 "肉袒"이라고 하였다. 옛날에는 제사를 지내거나 또는 사죄할 때 웃옷을 벗음으로써 경의를 표하였다고 한다.

다. 그러자 곽해는 밤중에 두 원수지간의 집을 방문하였다. 그들은 곽해의 말을 완곡히 듣고 화해하기를 승낙하였다. 이때 곽해는 '제가 듣기로 낙양의 여러 인사들이 나서서 당신들을 화해시키고자 하였으나 듣지 않았다고 하더군요. 이제 나의 말을 듣고 화해하시겠다니 다행입니다. 그런데 저 곽해는 다른 고을에서 온 자로서 어찌 이 고을 현사들의 권위를 뺏을 수 있겠습니까?'라고 말하고, 그날 밤에 몰래 그곳을 떠났다. 또 그들에게 말하기를 '당분간 나의 말대로 하지 마십시오. 그리고 내가 돌아간 후에 낙양의 인사들을 중재하게 한 다음 그들의 말을 들었다고 하십시오'라고 하였다.

곽해는 겸손하여 감히 수레를 타고 현의 관청을 가는 일이 없었다. 인근 군국(郡國)으로 가서 다른 사람을 위한 일을 도모할 때에도 할 수 있는 일은 반드시 잘 해냈고, 할 수 없는 일은 청탁한 사람에게 만족하게끔 잘 설득한 후 비로소 술과 음식을 대하였다. 사람들은 이로 인해서 그를 존중하였고 다투어 그에게 쓰이기를 바랐다. 읍내의 젊은이와 이웃 현의 현사, 호걸들이 밤이면 그를 찾아들었는데 그 수레가 10여 대나 되었다. 이는 곽해의 문객을 자기의 집에 데려다가 공양하기 위해서였다.

한 무제(漢武帝)가 지방 호족들과 부호들을 무릉(茂陵)으로 이주시킬 무렵,[40] 곽해의 집안은 빈궁하였기 때문에 재산이 등급에 미치지 못하였다. 그러나 그의 명성이 높았기 때문에, 관리들은 그를 이주시키지 않았다가는 처벌을 당할 것이 두려워 부득이 그를 이주하게 하지 않으면 안 되었다. 이때 위청(衛靑) 장군이 곽해를 위해서 황제에게 말하기를 '곽해는 가난해서 이주 대상이 못 됩니다'라고 하였다. 그러자 황제는 '하찮은 평민임에도 불구하고 장군이 그를 위해서 말할 정도라면, 이는 그가 빈궁하지 않음을 설명하는 것이오'라고 말하였다. 곽해의 집안도 마침내 이사를 하게 되었다. 그런데 사람들이 곽해를 환송하기 위해서 모은 금액만도 1,000여 만 전이 넘었다. 한편 이무렵, 지(軹) 땅에 사는 사람인 양계주(楊季主)의 아들이 현의 속관으로 있었다. 그는 곽해를 이주시켜야 한다고 들고 일어난 자였다. 곽해의 조카는 양가(楊哥)의 목을 베었다. 이때

40) 茂陵은 漢 武帝의 능으로, 지금의 陝西省 興平縣 동북쪽에 있다. 漢 武帝는 元朔 2년(기원전 127년)에 재산이 300만 이상 되는 부호들을 茂陵으로 이주시킨 바 있다.

부터 양씨 가문과 곽씨 가문은 원수가 되었다.

곽해가 관중(關中)에 들어서자, 그곳의 현사, 호걸들은 그를 알든 모르든 곽해의 명성을 듣고 다투어 그와 교제하려고 하였다. 곽해는 체구가 왜소하였고 술을 마시지 않았으며, 외출할 때에 수레나 말을 탄 적이 없었다. 그후 지 땅에서는 양계주마저 살해당하였다. 이에 양계주 집안에서는 상서(上書)를 올렸다. 그런데 곽해와의 일을 상서한 사람도 대궐[41]에서 살해되고 말았다. 황제는 이 소식을 듣고 즉시 곽해를 체포하라고 명령하였다. 곽해는 도망을 쳐서 모친과 처자를 하양(夏陽)[42]에 두고 자신은 임진(臨晉)[43]으로 갔다. 임진의 적소공(籍少公)은 본래 곽해를 알지 못하였다. 곽해는 적소공에게 가명을 대어 임진관을 나가게 해달라고 요청하였다. 그래서 적소공은 곽해를 내보내주었고, 곽해는 방향을 돌려 태원(太原)[44]으로 들어갔다. 그는 머무르는 집의 주인에게 항시 행선지를 밝혀주었기 때문에 관리들은 그를 추적하여 적소공에게까지 이르렀다. 그러나 적소공이 자살하고 난 뒤였으므로 곽해의 다음 행선지를 말할 사람이 끊어진 것이었다.

결국 곽해는 아주 오랜 뒤에 체포되었다. 그리하여 철저하게 범행이 추궁되었으나, 그의 살인 행위는 모두 대사령(大赦令)이 반포되기 이전이었으므로 처벌 대상이 되지 못하였다. 지 땅의 한 선비가 상부에서 곽해를 징벌하기 위해서 파견된 사자와 함께 앉았다. 객(客)이 곽해를 찬양하자 그는 말하기를 '곽해는 오로지 못된 일만 저질러 국법을 어기는 자요. 어찌 그를 어질다고 할 수 있소!'라고 하였다. 문객이 이를 듣고 그 선비를 죽여서 혀를 잘라버렸다. 관리는 이 일로 곽해를 문책하였으나, 곽해는 살인자를 알지 못하였다. 결국 선비를 죽인 사람은 끝내 찾아낼 수 없었고, 아무도 그가 누구인지 몰랐다. 하는 수 없이 관리는 황제에게 곽해의 무죄를 상서하게 되었다. 그러나 어사대부(御史大夫) 공손홍(公孫弘)[45]이 따져 말하였다. '곽해는 보통 서민의 신분이면서 임협이라 하여

41) 원문에는 "闕下"라고 하였는데, '闕'은 황궁의 앞에 있는 양쪽 누대를 가리킨다.

42) 夏陽 : 본래 이름은 '陽夏'인데, 秦 惠文王 11년(기원전 327년)에 '夏陽'이라 개칭되었다.

43) 臨晉 : 현 이름. 지금의 陝西省 大荔縣.

44) 太原 : 秦나라가 설치한 군이다. 통치하는 장소는 晉陽, 즉 지금의 太原市 서남쪽이었다.

권력을 행사하고 사소한 원한으로 사람을 죽였소. 곽해는 비록 본인이 모른다고 해도 이 죄는 그가 직접 살인한 것보다 훨씬 더 크오. 이는 마땅히 대역무도죄로 다스려져야 할 것이오!' 그래서 드디어 곽해옹백의 일족은 몰살을 당하고 말았다.

그런 이후로 협객인 자는 매우 많았으나, 모두 거만하여 진정한 협객은 그 수에 미치지 못하였다. 그러나 그중에서 장안(長安)의 번중자(樊仲子),[46] 괴리(槐里)[47]의 조왕손(趙王孫), 장릉(長陵)[48]의 고공자(高公子),[49] 서하(西河)[50]의 곽공중(郭公仲),[51] 태원(太原)의 노공유(鹵公孺),[52] 임회(臨淮)[53]의 예장경(兒長卿), 동양(東陽)[54]의 전군유(田君孺) 등은 비록 협객이었지만 신중하고 겸손한 군자의 덕을 지니고 있었다. 반면에 장안 북쪽 지방의 요씨(姚氏), 서쪽 지방의 두씨(杜氏), 남쪽 지방의 구경(仇景), 동쪽 지방의 조타우공자(趙他羽公子),[55] 남양(南陽)[56]의 조조(趙調) 등의 무리들은 도적과 같은 집단으로서 단지 민간에 섞여 살았을 뿐이었다. 어찌 거론할 가치가 있겠는가! 이들은 모두 옛날 주가(朱家)와 같은 인물이 매우 수치스럽게 여기던 자들이었다."

태사공은 말하였다.

"나는 곽해(郭解)를 보았는데,[57] 그의 모습은 보통 사람에 미치지 못

---

45) 公孫弘 : 字가 季이다. 漢 武帝 元朔 때 丞相이 되었는데, 武帝로부터 두터운 신임을 받았다. 郭解가 처벌을 받을 무렵은 마침 그가 御史大夫로 있을 때였다.

46) 樊仲子 : 『漢書』에는 "樊中子"라고 되어 있다.

47) 槐里 : 당시 右扶風의 屬縣으로, 지금의 陝西省 興平縣 동남부에 위치하였다.

48) 長陵 : 左馮翊의 屬縣으로, 지금의 陝西省 咸陽市 동북부에 위치하였다.

49) 高公子 : 성이 高이고, 字가 公子이다.

50) 西河 : 군 이름. 漢 元朔 4년(기원전 125년)에 설치되었다. 통치하던 장소는 지금의 내몽고 東勝縣이었다.

51) 郭公仲 : 『漢書』에는 "郭翁仲"이라고 되어 있다.

52) 鹵公孺 : 『漢書』에는 "魯公孺"라고 되어 있다.

53) 臨淮 : 군 이름. 지금의 江蘇省 泗洪縣 남쪽.

54) 東陽 : 현 이름. 지금의 山東省 武城縣 동북쪽.

55) 趙他羽公子 : 사람 이름. 성이 趙이고, 이름은 他羽, 字는 公子이다. 『漢書』에는 "佗羽公子"라고 되어 있다. 일설에 의하면 趙他, 羽公子 두 사람이라고도 한다.

56) 南陽 : 군 이름. 통치하던 곳은 宛縣으로 지금의 河南省 南陽市였다.

57) 漢 武帝 元朔 2년(기원전 127년)에 재산이 300만 이상인 전국의 부호들을 茂陵으로 불렀을 때 司馬遷은 關中에 온 郭解를 본 것이다.

하였고, 말솜씨도 본받을 구석이 없었다. 그러나 천하의 사람들은 현명한 사람이나 불초한 사람이나, 그를 아는 사람이나 모르는 사람이나, 모두 그의 명성을 흠모하였다. 자칭 협객이라고 말하는 사람은 누구든지 그의 이름을 내세웠다. 속담에 이르기를 '사람들이 흠모하는 빛나는 명성이 어찌 다하는 때가 있으랴!'[58]라고 하였다. 곽해는 그 훌륭한 명성을 계속 누리지 못하였으니,[59] 정말 애석하도다!"

58) 원문은 "人貌榮名, 豈有旣乎!"이다.

59) 당시 郭解에 대한 명성에도 불구하고 儒家, 墨家에서는 모두 그를 배척하였음을 나타낸다.

권125 「영행열전(佞幸[1]列傳)」 제65

속담에 "힘써 농사 짓는 것이 절로 풍년 만나는 것만 못하고, 착하게 벼슬을 사는 것이 임금에게 잘 보이는 것만 못하다"라고 하였는데, 이것은 참으로 빈말이 아니다. 여자만이 미색(美色)과 교태로써 잘 보이는 것이 아니고, 벼슬길에도 그런 일이 있는 것이다.

옛적에 미색으로 임금의 사랑을 받은 자는 많았다. 한(漢)나라가 일어나자 고조(高祖)는 대단히 사납고 강직하였지만, 그런데도 적(籍)이라는 유자(孺子)[2]는 아첨하는 것으로 사랑을 받았다. 또 효혜제(孝惠帝) 때에는 굉(閎)이라는 유자가 있었다. 이들 두 사람은 무슨 재능이 있었던 것이 아니라, 단지 순종하고 아첨하는 것으로써 귀염을 받으며 황제와 기거를 함께 하였다. 공경(公卿)들이 드릴 말씀이 있을 때에는 모두 이 두 사람을 통해서 말씀을 드렸다. 그렇기에 효혜제 때의 낭시중(郎侍中)[3]은 모두 준의(鵔鸃)의 깃으로 꾸민 관을 쓰고,[4] 조개로 장식한 띠를 매고, 지분(脂粉)을 발라 적과 굉의 무리가 되었다. 두 사람은 집을 안릉(安陵)[5]으로 옮겼다.

효문제(孝文帝) 때의 총신(寵臣)으로는 사인(士人) 등통(鄧通)이 있었고, 환관 조동(趙同)과 북궁백자(北宮伯子)가 있었다. 북궁백자는 사람을 사랑하는 장자(長者)로서, 조동은 점성술과 망기술(望氣術)[6]에 뛰어난 자로서 각각 총애를 받아 항상 효문제의 수레에 함께 타게 되었지만

1) 佞幸 : 아첨과 미색으로 총애를 얻는 것.
2) 孺子 : 어린 소년.
3) 郎은 관직 이름이다. 議郎, 中郎, 侍郎, 郎中 등을 포괄한다. 모두 황제 곁에서 시중드는 관원이다. 侍中은 궁중에서 황제를 모시는 것으로, 나중에 관직 이름 뒤에 붙게 되었다.
4) 鵔鸃는 錦鷄를 말한다. 冠에 錦鷄의 깃털을 꽂아 장식한 것을 가리킨다.
5) 安陵 : 漢 惠帝의 陵邑. 지금의 陝西省 咸陽市 동북쪽.
6) 望氣術 : 구름의 형태를 보고 점을 치는 것.

등통에게는 특별한 재주는 없었다. 등통은 촉군(蜀郡)의 남안(南安)[7] 사람이다. 노를 가지고 배를 잘 저었기 때문에 황두랑(黃頭郎)[8]이 되었다. 어느날 효문제는 꿈속에서 하늘에 오르려 하였으나 오를 수 없었는데, 어떤 황두랑이 뒤에서 밀어주어서 하늘에 오르게 되었다. 뒤를 돌아보니 그 황두랑의 옷에 등뒤로 띠를 맨 곳의 옷솔기가 터져 있었다. 문제(文帝)는 잠을 깬 뒤 점대(漸臺)[9]로 가서 은밀히 꿈속에서 밀어올려준 황두랑을 찾았다. 등통을 보니 그의 옷이 등뒤가 터져 있어서 꿈과 같았다. 그를 불러 성과 이름을 물은즉 성은 등(鄧)이었고 이름은 통(通)이었다. 문제는 기뻐하였고,[10] 날이 갈수록 그를 사랑하였다. 등통 또한 성실하고 근신하며, 교제를 싫어해서 휴가를 주어도 밖에 나가려고 하지 않았다. 이에 문제가 억만전을 등통에게 내렸는데 그것이 10번이 넘었으며, 벼슬은 상대부(上大夫)에 이르렀다. 문제는 때때로 등통의 집으로 가서 놀았다. 그러나 등통에게는 다른 재주도 없었고 훌륭한 사람을 천거할 줄도 몰랐다. 다만 자기 한 몸을 조심하여 황제에게 잘 보일 따름이었다. 어느날 문제가 관상 잘 보는 사람에게 등통을 보였더니 "가난해서 굶어 죽을 것입니다"라고 말하였다. 문제는 "등통에게는 그를 부유하게 할 수 있는 짐이 있다. 어찌 가난을 말할 수 있는가?"라고 하였다. 이에 등통에게 촉군의 엄도(嚴道)[11]에 있는 구리 광산을 주고 스스로 돈을 만들어 쓸 수 있게 하였다. 이 '등씨전(鄧氏錢)'은 천하에 널리 퍼졌으니, 그 부유함이 이와 같았다.

문제는 일찍이 종기를 앓았는데, 등통은 늘 황제를 위해서 종기의 고름을 빨아냈다. 문제는 마음이 편하지 않아 조용히 등통에게 "이 세상에서 누가 가장 짐을 사랑하고 있겠느냐?"라고 물어보았다. 등통이 "의당 태자를 따를 사람이 없을 것입니다"라고 대답하였다. 마침 태자가 들어와 문병을 하였는데, 문제는 태자에게 종기를 빨라고 시켰다. 태자는 종기를

---

7) 蜀郡은 군 이름이다. 지금의 四川省 서부 지역으로 관할지역은 成都市였다. 南安은 현 이름으로, 지금의 四川省 樂山縣이다.

8) 黃頭郎 : 漢代에 선박운행을 관장하는 관원. 누런 모자를 썼기에 붙은 이름이다.

9) 漸臺 : 臺 이름. 未央宮의 滄池 가운데 있었다.

10) 하늘에 오른〔登〕 꿈과 鄧通의 '鄧'이 서로 뜻이 통하기 때문이다.

11) 嚴道 : 현 이름. 지금의 四川省 滎經縣. 銅山이 있었는데 이곳은 鄧通이 돈을 만들던 곳이다.

빨기는 하였으나 난처해하는 빛이었다. 얼마 뒤 태자는 등통이 늘 황제를 위해서 고름을 빨아낸다는 말을 듣고 마음속으로 부끄러워하였으나, 이로 인해서 등통을 미워하게 되었다. 문제가 죽고 경제(景帝)가 즉위하자 등통은 벼슬을 그만두고 집에 있게 되었다. 오래되지 않아 등통이 국경 밖으로 그가 만든 돈을 실어내고 있다고 고발한 사람이 있었다. 관리에게 넘겨 조사를 하게 하였는데 그런 일이 상당히 많았던 것으로 드러났다. 결국 죄를 물어 등통의 집 재산을 모조리 몰수한 다음에도 거만금의 빚을 지게 만들었다. 장공주(長公主)[12]가 등통에게 재물을 내렸으나, 관리가 재빨리 그것을 몰수하였기 때문에 등통은 비녀 하나조차 몸에 지닐 수가 없었다. 그래서 장공주는 빌려준다는 명목으로 등통에게 입을 것과 먹을 것을 보내주었다. 결국 등통은 끝내 제 앞으로는 단 한푼의 '등씨전'을 가지지 못하고 남의 집에 얹혀 살다가 죽었다.

효경제(孝景帝) 때에는 궁중에 총신은 없었고 다만 낭중령(郎中令)[13]인 주문인(周文仁)이 있었을 뿐이다. 주문인이 받은 총애는 보통 사람이 받은 것보다는 훨씬 큰 것이지만 그다지 두텁지는 않았다.

지금의 천자(天子)[14]가 궁중에서 총애하는 신하로는 한왕(韓王)의 손자인 사인(士人) 언(嫣)이 있고, 환관 이연년(李延年)이 있다. 언은 궁고후(弓高侯)[15]의 얼손(孽孫)[16]이다. 지금의 황제가 아직 교동왕(膠東王)[17]으로 있을 무렵, 한언은 왕과 함께 글을 배워서 서로가 사랑하고 있었다. 그 뒤 교동왕이 천자가 되자 더욱더 한언을 사랑하였다. 한언은 말타기와 활 쏘기를 잘하였고 아첨도 잘하였다. 황제는 즉위하자 흉노(匈奴)를 치는 것에 전념할 생각이었다. 언은 그 이전부터 흉노의 군사에 대해서 잘 알고 있었으므로 더욱 소중하게 여겨져서 벼슬이 상대부에 이르렀다. 그가 받은 상사(賞賜)는 등통에 비교되었다. 그무렵 언은 늘 황제

12) 長公主 : 文帝의 장녀인 劉嫖를 가리킨다. 景帝의 누이.
13) 郎中令 : 황제 측근의 고위 관직. 시종, 경호, 고문 등을 담당하는 관원의 우두머리. 후에 '光祿勛'으로 이름을 바꾸었다.
14) 漢 武帝 劉徹을 말한다.
15) 弓高侯 : 韓頹當.
16) 孽孫 : 첩에게서 얻은 손자를 말한다.
17) 膠東은 나라 이름으로 지금의 山東省 동부였다. 도읍은 卽墨(지금의 平度縣 동남쪽)이었다.

와 함께 기거를 하였다. 강도왕(江都王)[18]이 입조(入朝)하였는데 조서가 내려와서 왕은 황제를 따라 상림(上林)[19]에서 사냥을 하기로 되어 있었다. 통행을 차단하고 길 좌우의 경계를 다 끝냈으나 천자의 수레는 아직 출발하지 않고 먼저 언으로 하여금 부거(副車)[20]를 타고 수십백 기(騎)를 거느려 짐승이 있고 없는 것을 돌아보게 하였다. 멀리서 이를 바라보고 있던 강도왕은 그의 일행을 천자의 행차인 줄 알고 시종들을 물리치고 길가에 엎드려 배알하려 하였다. 그런데 언은 빨리 달려가며 왕을 보지도 않고 지나가버렸다. 강도왕은 노하여 울면서 황태후에게 "바라옵건대 나라를 폐하께 바치고 한언과 같이 궁중에서 폐하를 모실 수 있게 해주십시오"라고 하였다. 태후는 이 일로 인해서 언에 대해 원한을 품게 되었다. 언에게는 황제를 모시고 영항(永巷)[21]에 출입하는 것도 허용되고 있었다. 결국 그가 궁녀와 밀통하고 있다는 소문이 황태후에게까지 들렸다. 황태후는 노하여 사자를 시켜 언에게 죽음을 내리도록 하였다. 황제는 언을 위해서 사과를 하였으나 황태후는 끝내 이를 듣지 않았다. 언은 마침내 죽었다. 그의 아우인 안도후(案道侯) 한열(韓說) 역시 아첨으로 사랑을 받았다.

이연년은 중산(中山)[22] 사람이다. 부모와 그 자신, 그리고 형제자매들은 본래 다 창(倡)[23]이었다. 이연년은 법에 저촉되어 부형(腐刑)[24]을 받은 다음 구중(狗中)[25]에서 일을 보고 있었다. 그런데 평양공주(平陽公主)[26]가 황제에게 이연년의 누이동생이 춤을 잘 춘다는 말을 하였다. 황제는 그녀를 보고 속으로 기뻐하였다. 그녀가 영항(永巷)에 들어오자 이연년을 불러 그의 지위를 높여주었다. 이연년은 노래를 잘 불렀고 색다른

---

18) 江都王 : 漢 景帝의 아들 劉非.

19) 上林 : 苑 이름. 秦漢시대 황제의 수렵장. 둘레의 200여 里에는 離宮이 10여 개 있었다. 지금의 陝西省 西安市 서쪽에 옛 터가 남아 있다.

20) 副車 : 황제를 호종하는 수레.

21) 永巷 : 妃嬪들이 머무는 곳.

22) 中山 : 나라 이름. 지금의 河北省 중부에 위치하였고, 도읍은 盧奴(지금의 定縣)였다.

23) 倡 : 가무에 종사한 예인.

24) 腐刑 : 宮刑을 말한다.

25) 狗中 : 漢代에 황제의 사냥개를 관리하던 곳.

26) 平陽公主 : 漢 景帝의 장녀. 陽信長公主에 봉해졌다가 후에 平陽侯 曹壽에게 시집을 가서 平陽公主라고 칭하였다.

음악도 지어냈다. 당시 황제는 천지신명에 대한 제사를 일으키고 악시(樂詩)[27]를 지어 음악에 맞추어 노래를 부르게 하려고 하였다. 이연년은 황제의 뜻을 잘 받들어 음악에 맞추어 악시를 연주하였다. 그의 누이동생도 총애를 받아 사내아이를 낳았다. 이연년은 2,000석(二千石)[28]의 인수(印綬)를 차고 협성률(協聲律)[29]이라고 불리며 황제와 함께 기거를 하였다. 그도 크게 총애를 받아 거의 한언과 같은 대우를 받았던 것이다. 그러나 오랜 세월이 지난 뒤에는 이연년의 아우가 궁녀와 밀통하였을 뿐 아니라 출입하는 태도마저 교만하고 방자하였다.[30] 누이인 이부인(李夫人)이 죽고, 이연년에 대한 황제의 사랑이 시들게 되자 이연년 형제는 잡혀 처형되고 말았다.

이런 뒤로 대궐 안에서 사랑을 받는 신하들은 대개가 외척들이었으나 족히 셀 것은 못 된다. 위청(衛青)과 곽거병(霍去病)[31] 또한 외척으로서 사랑을 받았다. 그러나 그들은 그들의 뛰어난 재능에 의해서 스스로 승진하였던 것이다.

태사공은 말하였다.

"심하구나, 사랑하고 미워하는 감정이 때에 따라 변함이! 미자하(彌子瑕)[32]의 행적은 후세 사람에게 영행(佞幸)의 모습을 잘 보여주는 것으로 비록 백세(百世) 뒤의 일이라도 알 수 있는 것이다."

---

27) 樂詩 : 음악에 맞추어 부를 수 있는 시, 즉 가사를 말한다.

28) 二千石 : 봉록이 2,000石이 되는 관리를 말한다. 녹봉은 120斛穀이다. 漢代에는 안으로 九卿郎將부터 밖으로 郡守尉가 모두 2,000石이었다.

29) 協聲律 : 관직 이름. 『漢書』「佞幸傳」에는 "協律都尉"라고 되어 있다.

30) 원문은 李延年이 밀통하였다고 되어 있으나, 그의 아우가 밀통하였다는 설도 있다. 후자가 비교적 신빙성이 있어서 그 설을 따른다. 왜냐하면 李延年은 이미 宮刑을 받았기 때문이다.

31) 衛青은 漢 武帝의 衛皇后의 동생으로 벼슬은 大將軍에 이르고 長平侯에 봉해졌다. 霍去病은 衛皇后의 조카로 벼슬이 驃騎將軍에 이르고 冠軍侯에 봉해졌다.

32) 彌子瑕 : 춘추시대 衛 靈公의 총신. 임금의 영을 사칭하여 임금의 수레를 사용하였으며, 먹던 복숭아가 달다고 임금에게 권하였다. 두 가지 일은 모두 임금의 칭찬을 받았지만, 총애를 잃자 이 일로 인해서 도리어 죄를 얻었다.

권126「골계열전(滑稽[1]列傳)」제66

공자(孔子)는 말하였다. "육예(六藝)는 그 다스림에서는 작용이 같은 것이다. 『예기(禮記)』는 사람을 절도 있게 하고, 『악(樂)』은 화합하게 하고, 『서경(書經)』은 옛일을 말하여 본받게 하고, 『시경(詩經)』은 옛 성현의 뜻을 전달하게 하며, 『역경(易經)』은 다스림을 신비하게 하고, 『춘추(春秋)』는 정의로 시비를 가리게 한다."

태사공은 말하였다.

"천도(天道)는 넓고도 넓다. 어찌 위대하다고 하지 않겠는가![2] 말도 은미(隱微)함 속에도 이치에 맞아서, 또한 이것으로써 일의 얽힌 것을 풀 수 있다.

순우곤(淳于髡)은 제(齊)나라 사람의 데릴사위였다. 키는 7척이 되지 못하였으나, 익살스럽고 변설에 능하여 여러 번 제후에게 사신으로 나갔으나 일찍이 굽히거나 욕되게 행동하지 않았다. 제 위왕(齊威王)[3] 때의 일이다. 왕은 수수께끼를 좋아하였으며, 음탕하게 놀면서 밤새워 술 마시기를 즐겼다. 술에 빠져서 정사(政事)를 경(卿), 대부(大夫)에게 맡겼다. 백관들이 문란해서 질서가 없어지고, 제후들이 모두 침범하여 나라의 운명이 조석(朝夕)에 있게 되었다. 그러나 측근의 신하들은 감히 간하지 못하였다. 순우곤이 수수께끼를 빗대어 왕에게 '나라 안에 큰 새가 있어 대궐 뜰에 멈추어 있습니다. 3년이 되어도 날지 않으며, 또 울지도 않습니다. 왕께서는 이것이 무슨 새인 줄 아십니까?'라고 말하였다. 왕이 '이

1) 滑稽：말을 잘하고, 유창하여 막힘이 없는 것. 후에는 해학, 유머의 뜻으로 쓰이게 되었다.

2) 司馬遷의 뜻은 세상의 이치는 매우 많아서 문제를 해결하는 방법이 하나만은 아니라는 뜻이다.

3) 齊 威王：田因齊. 기원전 378년에서 기원전 343년까지 재위하였다.

새는 날지 않으면 그뿐이나 한 번 날면 하늘에 오르며, 울지 않으면 그뿐이나 한 번 울면 사람을 놀라게 할 것이다'라고 대답하였다. 이에 여러 현(縣)의 영장(令長)[4] 72명을 조정으로 불러 그중 한 사람은 상을 주고, 한 사람은 벌을 주었다. 그리고는 군사를 일으켜 출정하였다. 제후들이 크게 놀라서 그동안 침략해서 차지하였던 제나라 땅을 모두 돌려주었으며, 이로써 제나라의 위엄이 36년간에 걸쳐 떨쳐졌다. 이 일은 「전경중완세가(田敬仲完世家)」 속에 기록되어 있다.

위왕 8년, 초(楚)나라가 크게 군대를 동원하여 제나라에 침입하였다. 위왕이 순우곤을 시켜 조(趙)나라로 가서 구원병을 청하게 하였는데, 황금 100근과 거마(車馬) 10대를 예물로 가지고 가게 하였다. 순우곤이 하늘을 우러르며 크게 웃자, 관의 끈이 모두 떨어졌다. 왕이 말하였다. '선생은 이것을 적다고 생각하는가?' 곤이 말하였다. '어찌 감히 그럴 수 있겠습니까?' 왕이 말하였다. '웃는 데에는 어찌 까닭이 있지 않겠소?' 곤이 말하기를 '어제 신(臣)이 동쪽에서부터 오면서 길가에서 풍작을 비는 자를 보았습니다. 돼지 발 하나와 술 한 잔을 손에 잡고 빌기를, 높은 밭에서는 그릇에 가득, 낮은 밭에서는 수레에 가득, 오곡이여 풍성하게 우리 집에 넘쳐라고 하였습니다. 신은 그 손에 잡은 바가 그처럼 작으면서, 원하는 바가 그처럼 사치스러운 것을 보았기 때문에 웃는 것입니다'라고 하였다. 이에 제 위왕은 황금 천 일(千溢),[5] 백벽(白璧) 열 쌍, 거마(車馬) 100대로 예물을 늘려주었다. 곤이 작별인사를 하고 떠나 조나라에 이르렀다. 조나라 왕이 정예 병사 10만 명과 혁거(革車)[6] 천 승(千乘)을 주었다. 초나라가 이 말을 듣고 밤에 군대를 이끌고 가버렸다.

위나라 왕이 크게 기뻐하여 후궁에 술자리를 마련하고 곤을 불러서 술을 내렸다. 곤에게 '선생은 얼마나 술을 마셔야만 취할 수 있소?'라고 물으니, 순우곤이 대답하기를 '신은 한 말〔斗〕을 마셔도 취하고 한 섬〔石〕을 마셔도 취합니다'라고 하였다. 위나라 왕이 '선생이 한 말을 마시고 취한다면 어찌 한 섬을 마실 수 있다는 것이오? 그 이유를 들을 수 있겠

4) 縣의 행정장관. 縣의 크기가 萬 戶 이상이면 '縣令'이라고 하고, 萬 戶 이하이면 '縣長'이라고 한다.

5) 溢 : '鎰'과 같다. 중량 단위로 20兩 혹은 24兩을 1溢로 한다.

6) 革車는 전차를 말한다.

소?'라고 하니, 곤이 말하였다. '대왕이 계신 앞에서 술을 내려주신다면 법을 집행하는 관원이 곁에 있고 어사(御史)[7]가 뒤에 있어서 곤이 두려워 엎드려서 마시게 되니 한 말을 넘지 않아서 곧 취하게 됩니다. 만약 어버이에게 귀한 손님이 계셔, 곤이 옷깃을 바르게 하고 꿇어앉아 앞에 모시고 술을 대접하면서 때로는 나머지 술을 받고 술잔을 받들어 손님의 장수를 빌며 자주 몸을 일으키게 되면 두 말을 못 마시고 곧 취하게 됩니다. 만약 사귀던 벗과 오래 보지 못하다가 갑자기 만나게 되면 즐거워서 지난 날의 일들을 말하고 감회를 토로하니 대여섯 말을 마실 수가 있습니다. 만약 마을의 모임으로 남녀가 섞여 앉아 서로 상대방에게 술을 돌리고, 장기와 투호를 벌여서 상대를 구하고, 남녀가 손을 잡아도 벌이 없고, 눈이 뚫어져라 바라보아도 금함이 없으며, 앞에서는 귀거리가 떨어지고, 뒤에서는 비녀가 어지러히 흩어지는 경우라면, 곤은 이런 것을 좋아하여 여덟 말 정도를 마실 수 있지만 2-3할밖에 취기가 돌지 않습니다. 또 날이 저물어 술자리가 파하게 되어 술통을 모으고 자리를 좁혀서 남녀가 동석하고, 신발이 서로 뒤섞이며, 술잔과 그릇이 어지럽게 흩어지고 마루 위의 촛불이 꺼집니다. 이윽고 주인이 곤만을 머물게 하고 다른 손님들을 배웅합니다. 그리고 엷은 비단 속옷의 옷깃이 열리면 은은한 향기가 풍깁니다. 이런 때를 당하면 곤의 마음이 가장 기뻐지며, 한 섬은 마실 수 있을 것입니다. 그러므로 술이 극도에 이르면 어지럽고, 즐거움이 극도에 이르면 슬퍼진다고 하는 것인데, 모든 일이 모두 이와 같은 것입니다.' 즉 사물이란 극도에 이르면 안 되며, 극도에 이르면 반드시 쇠한다는 것을 풍간(諷諫)한 것이다. 위나라 왕이 '좋은 말씀이요'라고 하고는 곧 밤새워 술 마시는 것을 그만두고, 곤을 제후의 주객(主客)[8]으로 삼았다. 그후 왕실의 주연에는 곤이 언제나 왕을 곁에서 모셨다.

그로부터 100여 년 뒤에 초(楚)나라에 우맹(優孟)이라는 사람이 있었다. 우맹은 본래 초나라의 악인(樂人)이었다. 키가 8척이며, 변설에 능하여 언제나 담소로써 풍자하였다. 초 장왕(楚莊王)[9] 때 왕이 좋아하는

---

7) 御史 : 관직 이름. 문서와 기사를 담당하였다.
8) 主客 : 외국 사신을 접대하는 관원의 우두머리.
9) 楚 莊王 : 熊侶. 기원전 613년에서 기원전 591년까지 재위하였다.

말이 있었는데, 왕은 그 말에게 무늬 있는 비단으로 옷을 지어 입히고, 화려한 집에 두었으며, 장막이 없는 침대 위에서 자게 하고, 대추와 마른 고기를 먹였다. 말이 살 찌는 병에 걸려서 죽으니, 신하들로 하여금 이를 장사 지내게 하였는데, 속널과 바깥널을 갖추어 대부(大夫)의 예로써 장사 지내려고 하였다. 좌우의 신하들이 이를 다투어 옳지 않다고 하였다. 왕이 명령을 내리기를 '감히 말〔馬〕을 가지고 간하는 자가 있으면 죄가 죽음에 이를 것이다'라고 하였다. 우맹이 이 말을 듣고 대궐문 안으로 들어가서 하늘을 우러러 크게 곡하였다. 왕이 놀라 그 까닭을 물었다. 우맹이 말하기를 '말은 임금이 좋아하시던 것입니다. 당당한 초나라의 강대함으로 무엇을 구하여 얻지 못할 것이 있겠습니까? 대부의 예로써 장사 지내는 것은 박합니다. 임금의 예로써 장사 지내기를 청합니다'라고 하였다. 왕이 '어떻게 하면 되겠는가?'라고 하니, 우맹이 대답해 '신이 청하옵건대 옥을 다듬어 속널을 만들고, 무늬 있는 가래나무〔梓〕로 바깥널을 만들며, 단풍나무, 느릅나무, 녹나무 등으로 횡대를 만드십시오. 군사를 동원하여 무덤을 파고, 노약자로 하여금 흙을 지게 하여 무덤을 쌓으며, 제나라와 조나라의 대표를 앞에 모시게 하고 한(韓)나라와 위(魏)나라의 대표로 뒤에서 호위하게 하십시오. 사당을 세워 태뢰(太牢)[10]로 제사 지내고 만 호(萬戶)의 읍으로써 받들게 하십시오. 제후가 이를 듣는다면 모두 대왕이 사람을 천하게 여기고, 말〔馬〕을 귀하게 여김을 알게 될 것입니다'라고 말하였다. 왕이 '과인의 잘못이 이에 이르렀다는 말인가! 이를 어찌하면 좋겠는가?'라고 말하자, 우맹이 말하였다. '청컨대 대왕을 위하여 육축(六畜)[11]으로써 장사를 지내소서. 즉 부뚜막으로 바깥널을 삼고 구리로 만든 가마솥을 속널을 삼으십시오. 생강과 대추를 섞은 뒤 향료를 넣어 쌀로 제사를 지내고, 화광(火光)으로 옷을 입혀서 이를 사람의 창자 속에 장사 지내십시오.' 이에 왕은 곧 말을 태관(太官)[12]에 주고 천하 사람으로 하여금 알지 못하게 하였다.

초나라 재상 손숙오(孫叔敖)[13]는 우맹이 어진 사람임을 알고 그를 잘

10) 太牢 : 소, 양, 돼지 한 마리씩을 희생으로 삼는 최고의 제사.
11) 六畜 : 소, 양, 돼지, 말, 닭, 개를 말한다.
12) 太官 : 관직 이름. 왕의 음식을 담당하였다.
13) 孫叔敖 : 楚나라의 현명한 재상. 권119「循吏列傳」참조.

대우하였다. 그가 병들어 죽게 되자 아들에게 '내가 죽으면 너는 반드시 빈곤하게 될 것이다. 너는 가서 우맹을 만나보고, 나는 손숙오의 아들입니다라고 말하여라'라고 당부하였다. 몇해 지나자 과연 그 아들은 곤궁하여 땔나무를 등에 지게 되었다. 우맹을 만나서 말하기를 '저는 손숙오의 아들입니다. 아버지께서 돌아가실 때에 당부하시기를 가난하게 되면 당신을 찾아가라고 하셨습니다'라고 하였다. 우맹은 '그대는 멀리 가는 일이 없도록 하라'라고 말하였다. 그리고는 곧 손숙오의 의관을 입고 행동거지와 말투를 흉내냈다. 이처럼 하기를 한 해 남짓 하니 손숙오와 비슷하여 초나라 왕과 좌우 사람들이 분별할 수 없게 되었다. 장왕이 주연을 베풀었는데 우맹이 앞으로 나아가서 잔을 드렸다. 장왕이 크게 놀랐다. 손숙오가 다시 살아난 것으로 여겨서 그를 재상으로 삼으려고 하였다. 우맹이 '돌아가 아내와 의논하기를 청합니다. 사흘 뒤에 재상이 되겠습니다'라고 말하였다. 장왕이 이를 허락하였다. 사흘 뒤 우맹이 다시 왔다. 왕이 '아내의 말이 무어라고 하던가?'라고 물으니, 우맹이 말하였다. '아내가 말하기를, 삼가 하지 마소서. 초나라의 재상이란 족히 할 것이 못 됩니다. 손숙오와 같은 초나라의 재상은 충성과 청렴을 다해서 초나라를 다스렸고, 초나라 왕은 패자(霸者)가 될 수 있었습니다. 이제 그가 죽자 그 아들은 송곳조차 꼽을 땅이 없고, 빈곤하여 땔나무를 져서 스스로 먹을 것을 마련합니다. 만약에 손숙오와 같이 된다면 스스로 목숨을 끊느니만 못합니다라고 하였습니다.' 이어서 다음과 같이 노래하였다.

> 산속에 살면서 밭 갈며 고생하여도 먹을 것을 얻기 어렵네. 몸을 일으켜서 벼슬아치가 된다고 하여도 탐욕하고 비루한 자는 재물을 남기고, 치욕을 돌보지 않아 몸이 죽은 뒤에 집이 부유해지네. 그러나 뇌물을 받고 국법을 어겨 부정을 일삼다 대죄(大罪)에 저촉되면 몸이 죽고 집안이 망할까 두려워 탐욕하는 벼슬아치 노릇을 어찌 할 수 있으리! 청렴한 벼슬아치 되어 법을 받들고 직책을 지켜 죽어도 감히 비행(非行)을 저지르지 않을 것을 생각하나 청렴한 벼슬아치인들 어찌할 수 있으리. 초나라 재상 손숙오는 청렴을 지켜서 죽기에 이르렀어도 이제 처자가 궁하여 땔나무를 져서 먹고 사네. 청렴한 벼슬아치도 할 것이 못 되네!

이에 왕이 우맹에게 사과하고, 손숙오의 아들을 불러 침구(寑丘)[14]의

14) 寑丘: 楚나라의 읍 이름. 지금의 河南省 臨泉縣.

땅 400호를 봉하여 아버지의 제사를 받들게 하였다. 그 뒤 10세손에게도 이것이 끊어지지 않고 전해졌다. 이는 말할 수 있는 시기를 알았다고 하겠다.

그로부터 200여 년 뒤에 진(秦)나라에 우전(優旃)이라는 사람이 있었다. 우전은 진나라의 난쟁이 창(倡)[15]이었다. 그는 우스운 소리를 잘하였으나, 그것이 도리에 맞았다. 진 시황(秦始皇) 때 주연을 베풀었는데 비가 왔다. 창을 잡고 섬돌가에 늘어서 있는 경호하는 군사가 모두 비에 젖어 추워하고 있었다. 우전이 이를 보고 불쌍히 여겨서 말하였다. '그대들은 쉬고 싶은가?' 경호하는 자가 모두 말하였다. '그렇게만 된다면 아주 다행이겠습니다.' 우전이 말하였다. '내가 그대들을 부르면 그대들은 빨리 예라고 대답하라.' 얼마 안 되어 어전 위에서 황제의 장수를 빌며 만세를 불렀다. 우전이 난간에 임하여 크게 불렀다. '경호하는 군사들아!' 군사들이 '예'라고 대답하였다. 우전이 말하였다. '그대들은 비록 키는 크나 비를 맞고 있으니 무슨 이익됨이 있다는 말인가? 나는 비록 키는 작으나 다행히도 편히 쉬고 있다.' 이에 진 시황은 경호하는 군사로 하여금 반씩 서로 교대하도록 하였다.

진 시황이 일찍이 원유(苑囿)[16]를 크게 넓혀서 동쪽은 함곡관(函谷關)에 이르고, 서쪽은 옹(雍)과 진창(陳倉)[17]에 이르게 하려 하였다. 우전이 말하기를 '좋습니다. 금수를 그 안에 많이 놓아서 도적이 동쪽에서 온다면 고라니와 사슴으로 하여금 그들을 뿔로 막게 하면 될 것입니다'라고 하였다. 진 시황은 이 말 때문에 중지하고 말았다.

2세 황제가 즉위하자 성벽에 옻칠을 하려고 하였다. 우전이 말하기를 '좋습니다. 주상께서 비록 말씀이 아니 계셔도 신이 진실로 청하려 하였던 것입니다. 성벽에 옻칠하는 것은 비록 백성들이 비용을 근심하게 되겠지만, 그러나 훌륭한 것입니다. 옻칠한 성벽이 웅장하게 서 있으면 도적이 와도 오르지 못할 것입니다. 그러나 일을 한다면 칠을 하기는 쉬우나,

---

15) 倡 : 가무하는 사람.

16) 苑囿 : 여러 식물과 짐승을 기르는 곳.

17) 모두 현 이름이다. 雍은 지금의 陝西省 鳳翔縣 남쪽이고, 陳倉은 지금의 陝西省 寶鷄市 동쪽이다.

음실(陰室)[18]을 만들기가 어렵습니다'라고 하였다. 이에 2세 황제가 웃었고 그 까닭으로 일은 중지하게 되었다. 얼마 안 되어 2세는 살해당하였고, 우전은 한(漢)나라로 귀순해왔다가 몇해 뒤에 죽었다."

태사공은 말하였다.

"순우곤(淳于髡)이 하늘을 우러러 크게 웃자 제 위왕(齊威王)이 뜻을 얻게 되었고, 우맹(優孟)이 머리를 흔들며 노래하자 땔나무를 졌던 자가 봉해지게 되었고, 우전(優旃)이 난간에서 빠르게 부르자 경호하는 군사들이 반씩 교대할 수 있게 되었다. 어찌 위대하지 않은가!"

저선생(褚先生)[19]은 말하였다.

"신은 다행히 경술(經術)[20]로써 낭(郎)이 됨을 얻었으나, 외가(外家)[21]의 기록 읽기를 좋아하여 스스로 사양하지 않았습니다. 다시 골계고사(滑稽故事) 6장(六章)을 지어 아래에 붙입니다. 이를 보면 견문을 넓힐 수 있고, 호사가가 읽는다면 마음이 유쾌해지고 귀가 놀랠 것입니다. 이로써 태사공의 3장(三章) 뒤에 붙입니다.

무제(武帝) 때 총애를 받은 창(倡)으로는 곽사인(郭舍人)[22]이라는 자가 있었다. 그는 말하는 것이 비록 도리에는 맞지 않았으나, 황제의 마음을 기쁘게 하였다. 무제가 어렸을 적에 동무후(東武侯)의 어미[23]가 무제를 길렀다. 황제가 장년이 되자 이를 이름하여 '대유모(大乳母)'라고 하였다. 유모는 대체로 한 달에 두 번 입조하였는데, 황제는 조서를 내려

18) 陰室 : 칠을 말리는 건조실.
19) 褚先生 : 褚少孫. 西漢의 사학가. 潁川 사람. 元帝, 成帝 때의 博士. 『史記』에 빠진 부분이 있어 이를 보충하였다. 다만 어느 곳이 그가 보충한 부분이고 어느 곳이 후세 사람들이 위탁한 것인지는 논쟁의 여지가 있다. 明나라 때 찬집된 『褚先生集』이 남아 있다.
20) 經術 : 儒術.
21) 外家 : 六經 이외의 史傳과 雜學들을 모두 칭하는 말.
22) 舍人은 家臣을 가리킨다. 춘추전국 시대에는 왕공, 귀족들의 모종의 사무를 담당하던 문객을 舍人이라고 불렀다. 후에는 관직 이름이 되었다. 여기서는 기예를 갖춘 사람을 가리킨다.
23) 두 가지 해설이 있다. 하나는 東武縣의 사람이라는 뜻으로 보는 것이요, 하나는 東武侯(郭他)의 어미로 풀이하는 것이다.

행신(幸臣) 마유경(馬游卿)을 시켜 비단 50필을 유모에게 주었으며 또한 음식을 준비해 유모를 공양하였다. 유모가 글을 올려 '어느 곳에 공전(公田)이 있는데 이를 빌려주시기를 원합니다'라고 하였다. 황제가 말하기를 '유모가 이를 얻기를 원하는가?'라고 하고 그것을 유모에게 주었다. 황제는 일찍이 유모의 말을 듣지 않은 적이 없었다. 명을 내려 유모가 수레를 타고서 황제가 다니는 길을 다닐 수 있게 하였다. 이때 공경대신(公卿大臣)이 모두 유모를 공경하고 존중하였다. 유모의 집 자손과 종들이 장안의 거리에서 횡포를 부렸다. 길에서 남의 마차를 세우고 남의 의복을 빼앗았다. 이 말이 궁중에까지 들렸으나 차마 법으로 다스리지 못하였다. 관리가 유모의 집을 옮겨 변방에 두기를 청하자 황제가 이를 재가하였다. 유모가 궁중으로 들어가 황제를 작별하기 앞서, 먼저 곽사인을 만나보고 눈물을 흘렸다. 곽사인이 말하기를 '들어가 뵙고 작별을 하고 나오실 때에 걸음을 빨리 하면서 자주 뒤를 돌아보도록 하시오'라고 하였다. 유모가 그 말대로 작별을 고하고 나가면서 빨리 걸음을 옮기면서도 자주 뒤를 돌아보았다. 곽사인이 급한 말투로 꾸짖어 말하기를 '쯧쯧, 늙은 여자는 왜 빨리 가지 않는가! 폐하께서는 이미 장년이신데, 아직도 그대의 젖을 얻어 사실 줄로 아는가? 무엇을 또 돌아본다는 말인가!'라고 하였다. 이에 황제는 불쌍히 여기고 슬퍼하여 곧 조서를 내려 이를 중지시키고, 유모를 옮기지 않게 하였다. 그리고 참소한 자를 벌을 주어 귀양 보냈다.

무제 때 제(齊)나라 사람으로 동방생(東方生)이라고 하는 자가 있었는데, 이름은 삭(朔)이다. 옛날부터 전해내려오는 서적과 경술을 사랑하였고, 널리 외가(外家)의 기록을 본 것이 많았다. 삭이 처음 장안에 들어와 공거(公車)[24]에서 글을 올렸다. 모두 3,000개의 주독(奏牘)[25]을 썼다. 공거에서는 두 사람을 시켜 함께 들게 하여서야 겨우 이것을 옮길 수 있었다. 황제는 상방(上方)[26]에서 이를 읽었는데, 그칠 때에는 곧 그곳을 붓으로 표시하였으며, 이렇게 이것을 읽기 시작하여 두 달 만에 겨우 끝냈다. 황제는 조서를 내려 그를 낭(郎)으로 삼았다. 그는 항상 황제의 측

24) 公車 : 조정의 공문과 臣民들의 상소문을 처리하는 부서.
25) 奏牘 : 황제에게 상소할 때 쓰이는 나무조각.
26) 上方 : 황실에 쓰이는 물건을 만드는 곳.

근에 있었다. 자주 불리어 어전에서 말하였는데 일찍이 황제가 기뻐하지 않은 적이 없었다. 때로 조서를 내려 어전에서 먹을 것을 내렸다. 먹기를 끝내면 그 남은 고기를 모두 품에 넣어 가지고 나갔으므로 옷이 모두 더러워졌다. 자주 비단을 내려주었는데 어깨에 메고 나갔다. 하사받은 돈과 비단을 부질없이 써서 장안의 미녀 가운데서 젊은 부인을 맞이하였다. 이렇게 한 해 정도만 되면 곧 그 여자를 버리고 다시 맞이하곤 하였다. 이처럼 하여 황제가 내린 돈과 재물을 모두 여자에게 써버렸다. 황제 좌우의 낭관들의 반쯤은 그를 미치광이라고 불렀다. 황제가 이를 듣고 말하기를 '삭으로 하여금 이와 같은 행동을 못하게 한다면, 그대들이 어찌 그에게 미칠 수 있겠소?'라고 하였다. 삭이 그의 아들을 천거하여 낭에 임명되게 하고 다시 시알자(侍謁者)[27]가 되게 하니, 그는 항상 절(節)[28]을 가지고 사신으로 나갔다. 동방삭이 궁전 안을 걸어가고 있을 때 어떤 낭이 말하기를 '사람들이 모두 선생을 미친 사람이라고 합니다'라고 하니, 삭이 말하기를 '나와 같은 사람은, 이른바 조정에서 세상을 피하는 사람이네. 옛사람은 깊은 산속에서 세상을 피하였지만 말이네'라고 하였다. 때로 술 좌석에서 거나하게 취하면 두 손을 땅에 붙이고 다음과 같이 노래하였다.

> 세속에 젖어 세상을 금마문(金馬門)에서 피하네. 궁전 안에서도 세상을 피하고, 몸을 온전히 할 수 있는데, 왜 반드시 깊은 산속, 쑥으로 엮은 집 밑이랴.

금마문이란 환자서(宦者署)[29]의 문을 말한다. 문 곁에 동(銅)으로 만든 말이 세워져 있으므로 이를 '금마문'이라고 한 것이다.

어느 때인가 학궁(學宮)에 모인 박사와 선생들이 서로 의론을 폈다. 그들은 함께 동방삭을 비난하여 말하기를 '소진(蘇秦)과 장의(張儀)[30]는 한번 만 승(萬乘)의 임금을 만나보면 경상(卿相)의 자리에 있게 되고, 은택이 후세에까지 미쳤습니다. 이제 선생께서는 선왕(先王)의 도를 닦고,

27) 侍謁者 : 관직 이름. 궁정의 일을 전달하는 관리.
28) 節 : 사자가 가지고 다니는 信物.
29) 宦者署 : 환관을 관리하는 부서.
30) 蘇秦, 張儀 : 전국시대 縱橫家의 대표 인물. 권69 「蘇秦列傳」과 권70 「張儀列傳」 참조.

성인(聖人)의 의리를 사모하여, 『시경』, 『서경』과 백가(百家)의 말을 왼 것이 이루 셀 수 없습니다. 그리고 문장을 쓴 것이 스스로 세상에 둘도 없다고 자부하고 계십니다. 곧 견문이 넓고 사물을 판단하는 데에 밝으며 지혜가 뛰어났다고 할 수 있겠습니다. 그런데 힘을 다하여 충성을 다하고 성스러운 임금을 섬겼으나 헛되이 많은 날을 수십년 보냈어도, 벼슬은 시랑(侍郎)에 지나지 않고 지위는 집극(執戟)[31]에 지나지 않습니다. 생각컨대 무슨 잘못된 일이라도 있었던가요? 무슨 까닭입니까?' 동방삭이 말하기를[32] '이는 진실로 그대가 알 수 있는 것이 아니오. 그때는 그때요, 지금은 지금인 것이오. 어찌 같을 수 있겠는가? 대저 장의나 소진이 있던 시대는 주(周)나라 왕실이 크게 무너져서 제후가 조회하지 않았을 때요. 힘으로써 정치를 하고 권세를 다투어 서로 병력으로 침탈하여 12개의 나라[33]로 겸병되었으나, 아직도 자웅이 결정되지 않았던 시기였소. 인재를 얻는 자는 강성하고, 인재를 잃는 자는 멸망하였소. 그러므로 그들의 말과 계책이 받아들여져 높은 지위에 있게 되었고, 은택이 후세에 미치며 자손이 길이 영귀하였던 것이오. 그러나 지금은 그렇지 않소. 성스러운 황제께서 위에 계셔 덕이 천하에 흐르고 제후가 복종하며 위엄이 사방 오랑캐에 떨쳐지고 있소. 사해(四海)의 밖까지 자리를 삼아서 그릇을 엎어놓은 것보다 편안하며, 천하가 고루 합하여 한집이 되었소. 계획을 세우고 일을 진행시키는 것이 마치 손바닥 안에서 움직이는 것과 같으니, 착하고 착하지 않는 것을 무엇을 가지고 구별하겠는가? 이제 천하가 광대하고, 사민(士民)이 많기 때문에 정력을 다해서 유세하는 것으로 황제의 신임을 얻으려고 몰려드는 자가 이루 그 수를 헤아릴 수 없을 지경이오. 힘을 다하고 의를 사모하여도 의식에 곤란을 받고, 어떤 이는 문호(門戶)[34]를 잃게 되오. 장의와 소진으로 하여금 나와 함께 지금의 시대에 나게 하였다면 장고(掌故)[35]도 얻지 못하였을 것이오. 어찌 감히 상시(常侍)나 시랑(侍郎)[36] 등을 바랄 수 있다는 말인가! 전해오는 말에 이

31) 執戟 : 郎官을 가리킨다. 郎官이 戟을 잡고 侍衞를 하는 직책이기에 한 말이다.
32) 이 아래에 나오는 것은 東方朔의 "答客難"의 문장이다.
33) 秦, 楚, 齊, 燕, 韓, 趙, 衞, 宋, 魏, 中山, 魯, 鄭의 12개 국을 가리킨다.
34) 門戶 : 관리가 되는 길.
35) 掌故 : 禮樂制度 등의 옛일을 정리, 기록하는 관리.
36) 常侍, 侍郎 : 즉 常侍郎을 가리킨다. 항상 임금을 곁에서 모시는 관리.

르기를, 천하에 재해가 없다면 비록 성인(聖人)이 있다고 하여도 그 재주를 펼 곳이 없고, 윗사람과 아랫사람이 화합하면 비록 어진 이가 있어도 공을 세울 수가 없다라고 하였소. 그러므로 시대가 다르면 일도 다르다[37]는 것이오. 비록 그렇기는 하지만 어찌 수신(修身)하는 일을 힘쓰지 않겠는가? 『시경』에 이르기를, 종(鍾)을 궁(宮)에서 울리어 소리가 밖에 들린다.[38] 학이 구고(九皐)[39]에서 우니 소리가 하늘에 들린다[40]라고 하였소. 진실로 능히 몸을 닦을 수 있다면 어찌 영귀하지 못하는 것을 근심하랴! 태공(太公)[41]이 몸소 인의를 행하여 72세에 문왕(文王)을 만나 그 포부를 행할 수 있게 되어 제나라에 봉해졌고, 700년이 되도록 그것이 끊어지지 않았소. 이것이 바로 선비가 밤낮으로 부지런히 학문을 닦으며 도를 행하는 것을 감히 멈추지 못하는 까닭이오. 지금의 처사(處士)[42]는 비록 시대에 쓰여지지 않는다고 하더라도 우뚝 홀로 서고, 괴연(塊然)히 홀로 처하며, 위로는 허유(許由)[43]를 보고 아래로는 접여(接輿)[44]를 살피며, 계책은 범려(范蠡)[45]와 같고 충성은 오자서(伍子胥)[46]에 합치되나, 천하가 평화스러우니 정의를 지켜 수신을 하는 것뿐이오. 짝이 없고 무리가 적은 것은 처음부터 당연한 것이오. 그대들은 어찌 나를 의심하는가!'라고 하였다. 이에 여러 선생들은 묵묵히 아무 대답도 할 수가 없었다.

건장궁(建章宮) 후각의 이중으로 된 난간 안에 이상한 짐승이 나타났다. 그 모양이 고라니와 비슷하였다. 무제가 가서 이를 보고는, 측근의 경험이 많고 경술에 통달한 신하들에게 물어보았으나 다들 알지 못하였다. 이에 동방삭에게 조사하게 하였다. 삭이 말하기를 '신은 알고 있습니

37) 『韓非子』「五蠹」에 나오는 말이다.
38) 『詩經』「小雅」"白華"에 있는 구절이다.
39) 九皐 : 깊은 연못.
40) 『詩經』「小雅」"鶴鳴"에 나오는 구절이다.
41) 太公 : 呂尙. 周나라의 元勳. 권32「齊太公世家」참조.
42) 자신을 비유한 말.
43) 許由 : 堯임금이 군주의 자리를 물려주려고 하였으나 사양하고 귀를 씻었다는 전설의 인물.
44) 接輿 : 춘추시대의 은사.
45) 范蠡 : 춘추시대 말기 越나라의 謀臣. 권41「越王句踐世家」참조.
46) 伍子胥 : 춘추시대 말기 吳나라의 大夫로 나라에 공이 컸으나 직언으로 인해서 결국 자결하게 되었다. 권66「伍子胥列傳」참조.

다. 신에게 술과 기름진 쌀밥을 내리시어 실컷 먹게 하옵소서. 그러면 신이 곧 말하겠습니다'라고 하니 조서를 내려 '좋소'라고 하였다. 이미 음식을 내려서 먹였다. 그러자 또 말하기를 '어느 곳에 공전(公田)과 고기를 기르는 연못과 갈대밭 몇 이랑이 있습니다. 폐하께서 신에게 이를 주신다면 신 삭은 이를 말씀드리겠습니다'라고 하니 조서를 내려 '좋소'라고 하였다. 이에 삭이 기꺼이 말하기를 '그것은 이른바 추아(騶牙)[47]라는 짐승입니다. 먼 나라 사람이 귀순하여 의(義)를 존중할 경우에는 추아가 먼저 나타납니다. 그것의 이는 앞뒤가 하나 같으며 가지런하여 어금니가 없습니다. 그러므로 이를 추아라고 부르는 것입니다'라고 하였다. 그 뒤 과연 한 해 만에 흉노의 혼야왕(渾邪王)[48]이 정말로 10만 명의 무리를 거느리고 와서 한나라에 항복하였다. 이에 다시 동방삭에게 돈과 재물을 내려준 것이 매우 많았다.

동방삭이 늙어 죽게 되었을 때 간하여 말하기를 '『시경』에 말하기를, 윙윙 파리가 떼지어 울타리에 앉네. 화락한 군자여, 참언을 믿지 말라. 참언은 끝이 없어 나라를 어지럽힌다[49]라고 하였습니다. 폐하께서는 아첨을 멀리하시고, 참소하는 말을 물리치십시오'라고 하였다. 황제가 말하기를 '어째서 요즘 동방삭이 착한 말을 많이 하는 것일까?'라고 하며 이상하게 생각하였다. 얼마 안 되어 삭은 과연 병들어 죽었다. 옛말에 이르기를 '새가 장차 죽으려면 그 울음이 슬프고, 사람이 장차 죽으려면 그 말이 착하다'[50]라고 하였으니, 바로 이를 두고 한 말이다.

무제 때 대장군 위청(衛靑)[51]은 위후(衛后)[52]의 오빠로, 장평후(長平侯)에 봉해졌다. 그는 종군하여 흉노를 무찌르고, 여오수(余吾水)[53] 부

---

47) 騶牙 : 전설에 의하면 이 동물은, 그 시대의 통치자의 신의가 뛰어남을 상징한다고 한다.
48) 渾邪王 : 匈奴의 오른쪽 지역을 다스리던 왕. 霍去病에게 자주 패하여 單于가 벌하려 하자 漢나라에 투항하였다.
49) 『詩經』「小雅」"靑蠅"에 나오는 구절이다.
50) 『論語』「泰伯」에 나온다.
51) 衛靑 : 河東 平陽 사람. 당시의 名將으로 자세한 것은 권111「衛將軍驃騎列傳」참조.
52) 衛后 : 衛子夫. 漢 武帝의 皇后. 衛靑은 衛后의 동생이다.
53) 余吾水 : 지금의 몽고 북부에 있는 강.

근에 이르렀다가 돌아왔다. 흉노를 베고, 포로도 잡아와 공을 세웠다. 그가 돌아오니 황제는 조서를 내려 황금 1,000근을 하사하였다. 장군이 대궐 문을 나서니, 제나라 사람 동곽선생(東郭先生)이 방사(方士)[54]로서 공거(公車)에서 조서를 기다리고 있다가, 길 위로 나와 위장군의 수레를 가로막고는, 절하며 말하였다. '여쭐 것이 있습니다.' 장군이 수레를 멈추고 동곽선생을 앞으로 나오게 하였다. 동곽선생이 수레 곁으로 가서 말하였다. '왕부인(王夫人)이 새로이 황제께 총애를 받고 있으나 집이 가난합니다. 이제 장군께서 황금 1,000근을 얻으셨으니, 만약 그 반으로써 왕부인의 어버이에게 주시면 황제께서 이를 듣고 반드시 기뻐하실 것입니다. 이것이 이른바 기이하고도 편리한 계책입니다'라고 하였다. 위장군이 사례하며 말하기를 '선생께서 다행히도 편리한 계책을 알려주셨습니다. 가르침을 받들기를 청합니다'라고 하였다. 이에 위장군이 곧 황금 500근으로 왕부인의 어버이에게 선물을 하였다. 왕부인이 이 일을 무제에게 고하였다. 무제가 말하기를 '대장군은 이와 같은 일을 할 줄 모르오'라고 하고, 불러서 누구로부터 계책을 받은 것인지를 물었다. 위청이 대답하였다. '조서를 기다리고 있는 동곽선생에게서 받았습니다.' 이에 황제는 조서를 내려 동곽선생을 부르고, 군 도위(郡都尉)[55]에 임명하였다. 동곽선생은 오랫동안 공거에서 조서를 기다리고 있었으므로, 빈곤하여 굶주리고, 추위에 떨었으며, 옷은 해지고 신도 온전치 못하였다. 눈 속을 가면 신이 위는 있어도 밑이 없어서 발이 그대로 땅에 닿았다. 길가의 사람들이 이를 보고 웃었다. 동곽선생이 이에 말하였다. '누가 능히 신을 신고 눈 속을 가면서 사람으로 하여금 이것을 볼 때, 위는 신이고 아래는 사람의 발로 알게 할 수 있겠는가?' 그는 2,000석(二千石)의 벼슬에 임명되어 푸른 인수(印綬)를 차고 대궐 문을 나가서 하숙집 주인에게 작별을 고하였다. 전에 같이 조서를 기다리던 자들이 모여 도성 문 밖에서 조도(祖道)[56]에게 제사 지내니, 길 위에 영화가 넘치고 이름이 세상에 세워졌다. 그는 이른바 남루한 옷을 입고서 보배를 품은 자인 것이다. 그가 빈곤하였을 때에는 사람들이 돌아보지 않다가, 그가 영귀함에 이르러서는

54) 方士 : 신선술을 연구하는 사람.
55) 郡 都尉 : 郡 太守를 도와 武事를 관장하는 벼슬.
56) 祖道 : 길의 神.

곧 서로 다투어 붙었다. 속담에 이르기를 '말〔馬〕을 감정할 때에는 파리한 데서 실수하게 되고, 선비를 평가할 때에는 가난한 것으로 실수하게 된다'라고 하였는데, 바로 이것을 가지고 말하는 것인가?

왕부인이 위독하였다. 황제가 몸소 가서 이를 문병하며 말하기를 '그대의 아들은 마땅히 왕이 될 것이오. 어디에 두기를 원하는가?'라고 하니 대답하기를 '낙양에 있게 되기를 원합니다'라고 하였다. 황제가 말하기를 '안 되오. 낙양은 무고(武庫)와 오창(敖倉)[57]이 있고 관(關)의 입구에 해당하여 천하의 목구멍이오. 선제(先帝) 때부터 왕을 두는 일을 하지 않았소. 그러나 관동(關東)의 나라들 중에 제나라보다 큰 것이 없소. 제나라 왕을 삼을 것이오'라고 하였다. 그러자 왕부인이 손으로 머리를 두드리면서[58] '심히 다행스럽습니다'라고 말하였다. 따라서 왕부인이 죽자 이르기를 '제나라 왕의 태후(太后)가 돌아가셨다'라고 하였다.

옛날에 제나라 임금이 순우곤을 시켜 고니를 초나라에 바치게 하였다. 그는 도성의 문을 나서자 길 위에서 그 고니를 날려버렸다. 그러고는 빈 새장만을 든 채 초나라 왕을 뵙고 거짓말을 꾸며 말하기를 '제나라 임금께서 신으로 하여금 고니를 바치라고 하셨습니다. 물 위를 지나는데 고니의 목말라함을 차마 볼 수 없어 꺼내서 물을 마시게 하였더니, 저를 버리고 날아서 도망쳤습니다. 저는 배를 찌르고 목을 매어 죽을까 생각하였으나, 사람들이 우리 임금을 변변찮은 새 때문에 선비로 하여금 스스로 목숨을 끊게 하였다고 논의할 것이 두려웠습니다. 고니는 털을 가진 물건이며 서로 비슷한 것이 많기 때문에, 제가 사서 이를 대신하려 하였으나, 이는 신의가 없는 행동으로서 우리 임금을 속이는 것입니다. 다른 나라로 달아나려고 하였으나 두 임금께서 사신을 통하지 않게 하실 것이 가슴 아프게 생각되었습니다. 그러므로 와서 허물을 자복하고 머리를 두드려 대왕께 죄를 받으려 하는 것입니다'라고 하였다. 초나라 왕이 말하기를 '훌륭하도다. 제나라 임금에게 이와 같은 신의 있는 선비가 있었던가!'라고 하고 후하게 예물을 내려주었다. 그 재물은 고니를 바칠 경우보다 갑절이

57) 敖倉 : 秦漢時代 국가의 큰 창고. 지금의 河南省 鄭州市 北邙山 기슭에 자리하였다.

58) 자리에서 일어날 수 없으므로 머리를 두드려 감사를 표시한 것이다.

나 많았다.

무제 때 북해(北海)[59]의 태수를 불러 행재소(行在所)[60]에 오게 하였다. 그때 문학졸사(文學卒史)[61]로서 왕선생(王先生)이라는 자가 있어 태수와 함께 가기를 자청하며 '제가 그대에게 이익됨이 있을 것입니다. 허락해주소서'라고 하였다. 여러 부(府)의 아전들이 말하기를 '왕선생은 술을 좋아하고, 말이 많으며 내실이 없습니다. 함께 갈 수 없을 것 같습니다'라고 하였다. 태수가 말하기를 '선생의 뜻이 가려 하니, 거스를 수 없다'라고 하고 결국 함께 갔다. 궁에 이르러 궁부 문 밖에서 조서를 기다렸다. 왕선생은 부질없이 돈을 품속에 지니고 술을 사서 위졸복야(衞卒僕射)[62]와 함께 마시며 날마다 취한 채 태수는 만나지도 않았다. 마침내 태수가 들어가 황제께 절하려 할 때 왕선생이 호랑(戶郞)[63]에게 '청컨대 나 대신 우리 태수를 불러 문 안에서 말하게 해주시오'라고 하였다. 호랑이 태수를 부르자, 태수가 나와서 왕선생을 만났다. 왕선생이 말하기를 '천자께서 곧 태수께, 어떻게 북해를 다스려 도적이 없게 하였는가? 라고 물으시면, 태수께서는 무엇이라 대답하시겠습니까?'라고 하니 태수가 '나는 어진 인재를 가려 뽑고, 각각 그 능력으로써 일을 맡기며, 상의 등급을 달리하고, 착하지 못한 자를 벌하였습니다라고 말하겠소'라고 하였다. 왕선생이 말하기를 '그와 같이 대답하신다면, 이는 곧 자기를 칭찬하고 자랑하는 것이 되니 안 됩니다. 원컨대 태수께서는, 신의 힘이 아니라 모두 폐하의 신령(神靈)과 위무(威武)가 변화시킨 바입니다라고 대답하십시오'라고 하였다. 태수가 알았다고 하였다. 태수가 불려 들어가 어전 앞에 이르니, 황제가 물었다. '어떻게 북해를 다스려서 도적이 일어나지 못하게 하였는가?' 태수가 머리를 조아리며 말하였다. '신의 힘이 아니라 모두 폐하의 신령과 위무가 변화시킨 것입니다.' 무제가 크게 웃으며 말하기를 '훌륭하도다. 어디에서 장자(長者)의 말을 얻어 이렇게 말하는 것인가? 누구에게서 그 말을 받았는가?'라고 하니 태수가 '문학졸사에게

59) 北海 : 군 이름으로 지금의 山東省 동부 지역이다.

60) 行在所 : 황제가 임시 거처하는 곳. 이 이야기는 漢 宣帝 때의 일로 『漢書』「循吏傳」에 보인다. 즉 褚先生이 오기한 것이다.

61) 文學卒史 : 문서를 담당하는 낮은 계급의 관리.

62) 衞卒僕射 : 경호병들의 우두머리.

63) 戶郞 : 궁문을 지키는 郞官.

이를 받았습니다'라고 하였다. 황제가 '지금 어디에 있는가?'라고 하니 태수가 '궁부 문 밖에 있습니다'라고 답하였다. 황제는 조서를 내려 왕선생을 불러 벼슬에 임명하여 수형승(水衡丞)[64]을 삼고, 북해태수는 수형도위(水衡都尉)[65]를 삼았다. 전해오는 말에 이르기를 '아름다운 말〔言〕은 팔 수 있으며, 높은 행실은 베풀 수 있다'[66]라고 하였으며, '군자는 서로 보내되 말로써 하고, 소인은 서로 보내되 재물로써 한다'[67]라고 하였다.

위 문후(魏文侯)[68] 때 서문표(西門豹)가 업(鄴)[69]의 영(令)이 되었다. 표가 업에 이르렀다. 장로(長老)를 모아 백성들이 괴로워하는 바를 물었다. 장로가 '하백(河伯)[70]에게 아내를 바치는 일로 고통을 당하고 있습니다. 이 때문에 가난합니다'라고 하였다. 표가 그 까닭을 묻자 대답하기를 '업의 삼로(三老)[71]와 아전이 해마다 백성에게 돈을 수 백만 전 거두어갑니다. 그중에서 20-30만 전을 써서 하백에게 아내를 바치게 하고는 그 나머지 돈은 무당과 함께 나누어 가지고 돌아갑니다. 그 시기가 되면 무당이 다니면서 어려운 집안의 딸 중에서 아름다운 여자를 보고 말하기를, 이 여자는 마땅히 하백의 아내가 될 것이다라고 하고 곧 폐백을 주고 데려갑니다. 먼저 씻기고 새로 비단옷들을 지어주어서 홀로 있게 합니다. 재궁(齋宮)[72]을 물가에 만들고 붉은 장막을 둘러서 여자를 그 안에 있게 합니다. 쇠고기와 술과 밥을 갖추어 먹이고, 10여 일을 보냅니다. 그날이 되면 화장을 시키고 시집 가는 여자의 상석(床席)처럼 만들어, 여자를 그 위에 앉힌 뒤 이것을 물 위에 띄웁니다. 처음에는 떠서 수십리를 가지만 곧 물에 잠겨버립니다. 아름다운 딸을 가진 집에서는 무당이 하백을 위하여 딸을 데려갈 것을 두려워하여 딸을 데리고 멀리 도망가는 자가 많

64) 水衡丞：水衡都尉의 屬官.
65) 水衡都尉：上林苑을 관장하는 관리.
66) 『老子』에 나오는 구절이다.
67) 『晏子春秋』에 나오는 구절이다.
68) 魏 文侯：魏斯. 전국시대 魏나라 임금. 기원전 424년에서 기원전 387년까지 재위하였다.
69) 鄴：魏나라의 읍 이름. 지금의 河北省 臨漳縣 서남쪽.
70) 河伯：水神.
71) 三老：관직 이름. 교화를 담당하였다.
72) 齋宮：재계하는 집.

아졌습니다. 이런 까닭으로 해서 성 안이 더욱 비어 사람이 없게 되고, 또 빈곤해졌습니다. 이것은 매우 오래전 일입니다. 전해오기를, 만일 하백에게 아내를 바치게 하지 않는다면, 물이 범람해 백성들을 익사시킬 것이다라고 합니다'라고 하였다. 서문표가 '하백을 위하여 아내를 바치려고 삼로와 무당과 부로(父老)가 여자를 물 위로 보내거든 와서 알려주기 바란다. 나도 여자를 보내러 가겠다'라고 말하였다. 모두 알았다고 하였다.

마침내 그때가 되자, 서문표가 물가로 가서 이들을 만났다. 삼로와 아전, 유지들과 마을의 부로가 모두 모이고, 백성들로서 보러 온 자가 모두 2,000-3,000명이었다. 무당은 늙은 여자로서 나이가 이미 일흔이었다. 그녀는 여제자 10여 명을 따르게 하였는데, 모두 비단으로 만든 예복을 입고 큰무당의 뒤에 섰다. 서문표가 '하백의 아내를 불러오라. 내가 그 미추(美醜)를 살피리라'라고 하였다. 곧 여자가 장막을 나와서 서문표 앞에 이르렀다. 표가 이를 보더니 삼로와 무당과 부로를 돌아보며 말하였다. '이 여자는 아름답지가 않다. 수고스럽지만 큰무당 할멈은 들어가서 하백에게 고하라. 다시 아름다운 여자를 구하여 후일에 보낸다고.' 곧 아전과 군사를 시켜 큰무당 할멈을 안아서 물 속에 던지게 하였다. 조금 있다가 말하기를 '무당 할멈이 어찌 이토록 오래 있는가? 제자는 가서 그를 재촉하라!'라고 하고 다시 제자 한 사람을 물 속에 던졌다. 다시 조금 있다가 말하기를 '제자도 어찌 이토록 오래 있는가? 다시 한 사람을 보내어 이를 재촉하게 하라!'라고 하며, 또 한 제자를 물 속에 던졌다. 이렇게 모두 제자 세 명을 던졌다. 서문표가 말하였다. '무당과 그 제자들은 모두 여자라 일을 고하기가 어려울 것이다. 삼로가 수고해야겠다. 들어가서 하백에게 고하라'라고 하며 다시 삼로를 물 속에 던졌다. 서문표가 털비녀를 관에 꽂고 허리를 경(磬)[73]처럼 굽혀 절을 하고, 물을 향하여 서서 기다린 지 한참이 지났다.[74] 장로와 아전들 곁에서 보는 사람들이 모두 놀라고 두려워하였다. 서문표가 돌아보며 말하였다. '무당과 삼로가 모두 돌아오지 않는다. 이를 어찌 한다는 말인가?'라고 하며 다시 아전과 고을 유지를 한 사람씩 들어가서 이를 재촉하게 하려고 하였더니, 모두들 머리를 조아려서 이마가 깨지고 피가 땅 위에 흐르며 얼굴이 흙빛이

73) 磬 : 石磬. 曲形으로 생긴 악기.

74) 고의로 경건한 듯한 모습을 취함을 표현한 말.

되었다. 서문표가 말하기를 '좋다. 잠깐 머물러라. 잠시 기다려보리라'라고 하고는 좀 있다가 말하였다. '아전은 일어나라. 하백이 아마 손님을 오래 머무르게 하는 것 같다. 너희들은 모두 돌아가라.' 업의 아전과 백성들이 크게 놀라고 두려워하였다. 이로부터 감히 다시는 하백을 위하여 아내를 바치게 한다는 말을 하지 못하였다.

서문표는 곧 백성을 동원하여 12개의 도랑을 파서 강의 물을 끌어서 백성들의 논에 대었다. 이로써 논에 모두 물이 대어졌다. 그 당시 백성들은 도랑을 만드는 것이 좀 번거롭고 괴롭다고 여겨서 하려 들지 않았다. 표가 말하기를 '백성은 이루어진 것을 즐거워할 뿐, 함께 일을 시작할 수는 없다. 이제 부로와 자제들이 비록 나를 원망하나, 백세 뒤에는 부로의 자손들이 반드시 내 말을 생각할 것이다'라고 하였다. 오늘에 이르러서도 모두 이 수리(水利) 덕분에 백성들이 풍족하다. 12개의 도랑이 천자의 치도(馳道)[75]를 가로지르고 있었다. 한(漢)나라가 일어나게 되자 지방의 장리(長吏)[76]는 12개의 도랑의 다리가 천자의 행차하는 길을 끊으며, 또한 그것이 서로 접근해 있는 것은 안 된다고 생각하였다. 그래서 도랑의 물을 합치고 또한 치도에 이르러서는 세 도랑을 합쳐서 하나의 다리로 만들려고 하였다. 그러자 업의 부로들이 장리의 말을 들으려 하지 않았다. 서문표가 한 것이니 어진 분의 법식(法式)을 고쳐서는 안 된다고 생각한 것이다. 장리도 마침내 이 말을 받아들여서 그대로 두었다. 이리하여 서문표는 업의 영이 되어 이름을 천하에 날리고, 은택이 후세에까지 흘러서 끊어진 때가 없다. 어찌 어진 대부(大夫)라고 일컫지 않겠는가?

전하는 말에 이르기를 '자산(子產)[77]이 정(鄭)나라를 다스리자 백성들이 그를 속일 수가 없었고, 자천(子賤)[78]이 선보(單父)[79]를 다스리자 백성들이 차마 그를 속이지 못하였으며, 서문표가 업을 다스리자 백성들이 감히 그를 속이지 못하였다'라고 하였다. 세 사람의 재능 가운데 누가 가장 뛰어난 것인가? 다스리는 길을 아는 자는 마땅히 이를 분별할 수 있으리라."

---

75) 馳道 : 군주가 다니는 길.
76) 長吏 : 縣級의 주요 관리(令, 長, 丞, 尉)를 말한다.
77) 子產 : 公孫僑. 춘추시대 鄭나라의 현명한 재상.
78) 子賤 : 宓子齊. 孔子의 제자. 單父宰를 지냈다.
79) 單父 : 魯나라의 읍 이름. 지금의 山東省 單縣.

권127「일자열전(日者列傳)」[1] 제67

예로부터 천명을 받은 자만이 왕이 되었지만, 왕자(王者)가 일어날 때 일찍이 복서(卜筮)[2]로써 천명을 판단하지 않은 적이 있었던가! 그런 일은 주(周)나라 때 특히 성하였고, 진(秦)나라에 이르러서도 볼 수가 있다. 대왕(代王)이 한(漢)나라의 제위(帝位)에 오를 때에도 복자(卜者)의 판단에 의해서 결정하였다.[3] 태복(太卜)[4]은 한나라가 일어났을 때부터 있었다.

사마계주(司馬季主)는 초(楚)나라 사람이다. 그는 장안(長安)의 동시(東市)[5]에서 점을 치고 있었다.

송충(宋忠)은 중대부(中大夫)[6]였고, 또 가의(賈誼)[7]는 박사(博士)[8]였다. 송충과 가의는 같은 날 휴가를 나왔다. 함께 걸으면서 담론하는 사이

---

1) 日者는 본래 時日의 길흉을 점치는 것으로 天象을 살펴서 점을 치는 것이다. 엄밀하게 '卜筮'와는 다르나 '점쟁이'를 통칭하는 말로 쓰였다. 이 「日者列傳」은 목록만 있고 司馬遷의 원문은 없어진 것으로, 여기에 기술된 것은 司馬遷의 글이 아니고 후세에 누군가 기록한 것을 褚少孫이 보충해 지금과 같이 만든 것이다.

2) 卜은 거북의 껍질을 태워서 생기는 금을 보고 길흉을 판단하는 것이고, 筮는 蓍草가 배열되는 모습을 보고 길흉을 판단하는 것이다.

3) 代王은 漢 文帝 劉恒을 말한다. 代는 나라 이름으로 漢 高祖 6년 雲中, 雁門, 代의 53개 현으로 구성되었고 도읍은 代縣에 있었다. 呂后가 죽은 뒤 周勃 등이 呂氏들의 난을 진압하고 代王을 황제로 추대하려고 하였다. 이때 代王은 결단을 못 내리고 주저하고 있었다. 이에 卜者에게 점을 치게 하니 "大橫"이라는 점괘가 나왔고 卜者는 크게 길하다고 代王에게 말하였다. 이에 代王은 제위에 오르게 되었다.

4) 太卜 : 관직 이름. 제왕의 占卜을 담당하는 직책.

5) 東市 : 長安에 있던 시장의 하나. 이 외에도 전문성을 띤 시장(牛市, 酒市 등)이 있었다고 한다. 이를 '九市'라고 칭하였다.

6) 中大夫 : 관직 이름. 顧問과 應對를 맡았다.

7) 賈誼 : 西漢의 政論家, 문학가. 洛陽 사람. 文帝 때에 博士가 되었다. 대신들의 참소로 長沙王의 太傅로 폄척되었고 뒤에는 梁 懷王의 太傅가 되었다. 「陳政事疏」, 「過秦論」 등의 政論文과 「弔屈原賦」 등이 전해온다.

8) 博士 : 관직 이름. 西漢 때에는 奉常(景帝 때 '太常'으로 개칭되었다)에 속하였다. 고금의 사건에 두루 통하는 것을 임무로 하였다. 후일 漢 武帝의 五經博士는 유교경전을 가르친 것으로, 이와는 다르다.

에 『역경(易經)』이 선왕(先王)과 성인(聖人)의 도술(道術)로서 두루 세상 물정에 통해 있는 것을 말하고 서로 얼굴을 마주 보면서 탄식하였다. 가의가 "제가 듣기로는 옛날 성인은 조정에 있지 않으면 점쟁이나 의원 중에 있었다고 합니다. 지금 제가 삼공(三公)과 구경(九卿)[9]을 비롯하여 조정의 사대부(士大夫)들을 보건대, 모두 성인이 아님이 분명합니다. 한번 시험삼아 복자 중에서 찾아보아 그 풍도를 살펴봅시다"라고 말하였다. 두 사람은 곧 수레를 함께 타고 시장으로 가서 점치는 집으로 들어갔다. 때마침 비가 내려서 길에 사람이 적었다. 사마계주는 한가롭게 자리에 앉아 있었고, 서너 명의 제자가 옆에서 모시고 있었다. 마침 천지의 도와 일월(日月)의 운행, 음양길흉의 근본에 대해서 논하고 있는 중이었다. 두 사람이 재배하고 서자 사마계주는 두 사람의 용모와 태도에서 학식이 있는 사람들인 것을 알고 정중하게 답례한 뒤 제자로 하여금 안내하여 자리에 앉게 하였다. 두 사람이 자리에 앉자 사마계주는 지금까지 하고 있던 이야기를 계속하였다. 그는 천지의 처음과 끝, 일월성신의 운행규칙을 밝히고 인의(仁義)의 단계를 순서에 따라서 질서 있게 길흉의 징험을 열거하고 있었는데, 그 말이 수천 마디에 이르렀지만 모두가 이치에 벗어난 것은 한마디도 없었다.

송충과 가의는 문득 놀라고 두려워하며 깨달은 바가 있어서, 관을 바로 고쳐 쓰고 옷깃을 여민 다음 단정히 앉아서 말하였다. "선생의 모습을 뵈옵고 또 선생의 말씀을 들었습니다. 선생은 저희들이 세상을 바라보건대 일찍이 뵙지 못한 분입니다. 그런데 그런 분께서 이렇게 낮은 처지에 계시면서 점쟁이라는 천한 일을 하고 계십니까?"

사마계주는 배를 싸안고 크게 웃으면서 말하였다. "보아하니 공들은 도덕과 학문이 있는 분들 같은데, 지금 어찌 이렇게 식견이 고루하고 천박하며, 그 말이 어찌 이렇게 촌스러운 것이오? 지금 공들이 어질다고 하는 것은 어떤 것이며, 높다고 여기는 사람은 누구요? 지금 무엇으로 나

9) 三公은 왕조의 최고 관직이다. 周代에는 司徒, 司馬, 司空을, 秦漢代에는 丞相, 太尉, 御史大夫를 일컫는 말이었다. 한편 九卿은 왕조의 중앙 행정기관의 총칭이다. 秦漢代에는 일반적으로 奉常, 郎中令, 衛尉, 太卜, 廷尉, 典客, 宗正, 治粟內史, 少府를 지칭하는 말로 쓰였다.

를 낮고 비천하다고 생각하는 것이오?"

두 사람은 말하였다. "높은 벼슬과 후한 봉록은 세상 사람들이 높이는 것이니, 재능이 뛰어난 자가 그런 지위에 있는 것입니다. 지금 선생께서는 그런 지위에 계시지 아니하므로 비천하다고 말한 것입니다. 점쟁이가 하는 말은 미덥지 못하고 행하는 행동은 본받을 것이 없으며, 또 부당한 사례를 취함으로써 천하다고 말한 것입니다. 대체로 점이라는 것은 세상에서 천하게 여기는 것입니다. 세상에서 모두 말하기를 '점치는 자는 말이 많고, 과장하며 허탄하여 사람의 마음을 맞추고, 허황되게 사람의 운명을 과대하게 꾸며서 사람의 마음을 들뜨게 하고, 제 마음대로 환난이 있다고 늘어놓아서 사람의 마음을 아프게 하고, 귀신을 빙자하여 남의 재물을 뜯어내고, 후한 사례를 요구하여 자신의 이식을 채우고 있다'라고 말하고 있습니다. 이와 같은 일들은 우리들이 부끄러워하는 바이고, 그래서 낮고 비천하다고 한 것입니다."

사마계주는 말하였다. "공들은 편안히 앉아 천천히 들어보십시오. 저 더벅머리 아이들을 보았소? 해와 달이 그들을 비추어주면 밖에 나가고, 비추어주지 않으면 나가지 않습니다. 그러나 그들은 일식이나 월식 또는 길흉에 대해서 물으면 옳은 대답을 할 수가 없습니다. 이것으로써도 알 수 있듯이, 어진 자와 어리석은 자를 확실하게 구별할 수 있는 사람은 그다지 흔치 않습니다. 어진 자가 하는 일은 바른 도를 따라 바른 말로써 세 번 의견을 간해도 듣지 않을 때에는 물러나는 것입니다. 남을 칭찬할 때에는 그 보상을 바라지 않고, 남을 미워할 경우에도 원망을 살 것을 염두에 두지 않습니다. 또한 나라에 편리하고 백성들에 이익이 되도록 하는 것을 임무로 삼습니다. 그렇기 때문에 관직이 적임이 아니라고 생각하면 관직에 나아가지 않고, 봉록은 자기의 공로에 알맞지 않다고 생각되면 받지 않습니다. 남의 부정을 보면 비록 그가 높은 지위에 있더라도 공경하지 않으며, 남의 더러운 행위가 있으면 아무리 존귀한 자라도 몸을 굽히지 않습니다. 얻어도 기뻐하지 않고, 떠나도 원통하게 생각하지 않습니다. 자기가 죄 지은 바가 없으면 치욕을 당해도 부끄러이 생각하지 않는 것입니다. 지금 공들이 말한 소위 어진 자들이란 모두가 부끄러워해야 할 자들뿐입니다. 그들은 자기 몸을 너무도 낮추어서 나가고, 너무 겸손하게 말하고, 권세로써 서로가 이끌어들이고, 이익을 미끼로 서로가 유도하고, 도당을 만들어서 올바른 사람을 배척하여 영예를 추구하고, 나라의 봉록을 받으면서도 사사로운 이익만 추구하여 법을 왜곡해서 농민들로부터 무거운 세금을 거두어들입니다. 또 관직을 위세를 부리는 수단으로 삼고, 법을 사람을 해치는 도구로 하여 이익을 찾아 포악한 짓을 합니다. 이들을 비유하면 칼을 빼들고 사람을 위협하는 강도와 무엇이 다르겠습니까? 처음 벼슬에 임명되었을 때에는 교묘하게 거짓으로 실력을 두 배로 보여주며, 있지도 않은 공적을 말하고, 있지도 않은 일을 서류로 꾸며서 임금의 눈을 속이려 하고 있습니다. 남의 위에 있는 것을 좋은 것으로 여겨 벼슬에 임명될 때에는 어진 이에게 양보하지 않습니다. 공적을 늘어놓는 데 거짓을 보고하기도 하며, 없는 것을 있는 것처럼 하고, 적은 것을 많은 것으로 하여 자기에게 유리한 권세와 높은 자리를 구합니다. 그리고 술과 음식으로 수레와 말을 타고 놀러 돌아다니며, 미녀와 가동(歌童)을 기르되 부모를 돌보지 않고, 법을 어겨서 백성들을 해롭게 하고, 나라를 공허하게 만들고 있습니다. 이는 도둑질을 하되 창이나 활을 가지지 않은 것뿐이며, 공격을 하되 칼이나 화살을 쓰지 않는 것뿐이라고 할 수 있습니다. 부모를 속이고도 아직 그 죄를 받지 않고, 주군을 시해하였으나 아직 벌을 받지 않은 것뿐입니다. 무엇을 가지고 그들을 높고 어진 재능을 가진 자라고 한다는 말입니까?

도둑이 창궐해도 막지 못하고, 오랑캐가 복종하지 않아도 누를 수가 없고, 간악한 자가 일어나도 막을 수가 없고, 관리가 부패하고 타락해도 다스리지 못하고, 사계절의 기후가 불순해도 조절할 수 없고, 농사가 흉년이라도 이를 다스리지 못합니다. 능력이 있으면서도 이를 행하지 않는 것은 충성스럽다고 할 수가 없습니다. 재주도 능력도 없으면서 벼슬자리에 앉아 나라의 봉록을 탐하면서 어진 이가 관직에 진출하는 것을 방해하는 것은 벼슬을 도둑질하고 있는 것입니다. 그것은 무리를 많이 거느리고 있는 자를 출세시키고, 재물이 있는 자를 우대하는 것이 됩니다. 그대들은 올빼미와 봉황이 함께 하늘을 난다는 것을 보지 못하였습니까?[10] 난(蘭), 지(芷), 궁(芎), 궁(藭)[11]이 넓은 들에서 버림을 받고, 호(蒿)나

10) 올빼미는 소인을, 봉황은 군자를 말한다. 결국 올빼미가 활개를 치면 봉황은 사라진다는 뜻이다.

11) 蘭, 芷, 芎, 藭 : 모두 香草로 군자, 현인을 비유한다.

소(蕭)[12]와 같은 잡초가 숲처럼 무성해 있소. 훌륭한 군자가 몸을 피해서 이 세상에 나타나지 못하게 만드는 것은 그대들이 어질다, 고상하다라고 하는 자들 때문입니다.

'옛일을 전할 뿐 새로 만들어내지는 않는다'라는 것은 군자의 의리입니다.[13] 대개 복자라는 것은 반드시 천지를 따르고 사계절을 본뜨며, 인의에 순응하여 책(策)[14]을 나누어 괘(卦)를 정하고, 식(式)[15]을 굴려서 기(棋)[16]를 바르게 하고, 그런 뒤에 천지의 이해(利害)와 일의 성패를 말하게 됩니다. 옛날 선왕께서 나라를 정할 때에 반드시 먼저 일월을 점치고 감히 하늘을 대신하여 천하를 다스리셨고, 시일(時日)의 길함을 갖춘 뒤에 도읍에 들으셨던 것입니다. 또한 집에 자식을 낳게 되면 먼저 길흉을 점친 다음 그 아이를 자식으로 양육하였던 것입니다. 복희씨(伏羲氏)가 "팔괘(八卦)"를 만들고, 주 문왕(周文王)이 이것을 부연하여 "384효(爻)"를 만드니 천하는 바로 다스려졌습니다.[17] 월왕(越王) 구천(句踐)은 문왕의 "팔괘"를 본뜸으로 적국(敵國)을 격파하여 천하의 패권을 잡게 되었습니다. 이런 점으로 보면 복서(卜筮)가 사람을 배신한 것이 무엇이 있다는 것입니까?

그리고 복자는 깨끗이 쓸고 자리를 정한 다음 의관을 바르게 한 연후에 비로소 일의 길흉과 성패를 말하니, 이는 예의를 갖춘 것입니다. 점의 결과를 말하면 그것으로 귀신도 향응하게 할 수 있고, 충신은 그 임금을 섬기게 되고, 효자는 그 어버이를 받들게 되고, 어버이는 그 자식을 양육하게 됩니다. 이는 덕을 베푸는 것입니다. 그리고 점을 부탁하는 사람은 의무로 수십전에서 100전까지 줍니다. 그 덕택으로 아픈 사람은 병이 낫는 수도 있고, 죽어가던 자가 살아나기도 하며, 환난을 면하는 사람도 있고, 사업에 성공하는 사람도 있으며, 자식을 시집 보내기도 하며, 혹은 며느리를 맞아오기도 하여 자식을 양육합니다. 이것의 은덕이 어찌 수십전이

12) 蒿, 蕭 : 쑥과의 식물. 소인을 뜻한다.

13) 『論語』「述而」편에 나온 "述而不作"을 인용해서, 卜者는 천지음양의 도리를 말할 뿐 스스로 허탄한 말을 지어내지 않는다는 것을 말한 것이다.

14) 策 : 점치는 蓍草.

15) 式 : '栻'과 통한다. 점치는 판.

16) 棋 : 점괘의 모습을 일컫는 말.

17) 伏羲氏는 전설상의 인물로 인류의 시조이다. 그가 八卦를 만들었다고 전해진다. 周 文王은 羑里에 갇혀 있을 때 64괘의 각 爻에 爻辭를 지었다고 전해진다.

나 100전 가치만 하겠습니까? 이는 저 노자(老子)가 말한 소위 '최상의 덕은 얼른 보아 덕 같지 않다. 그러므로 덕이 있는 것이다'[18]라는 것입니다. 대체로 복자가 천하에 베푼 혜택은 큰데도 자기가 받는 사례는 적습니다. 노자의 말은 바로 이것과 무엇이 다르겠습니까?

장자(莊子)도 말하기를 '군자는 안으로 굶주리거나 추위에 떨 염려가 없고, 밖으로는 약탈당할 걱정이 없다. 높은 자리에서는 존경을 받고, 아랫자리에 있어도 해를 당하지 않는다. 이것이 군자의 도이다'라고 말하고 있습니다. 대개 복자라는 직업은 쌓아도 부풀 것이 없고, 간직하는 데 창고가 필요없고, 옮기는 데 수레가 쓰이지 않으며, 짐을 꾸려서 등에 짊어져도 무겁지 않지만, 머물러 쓰게 되면 다함이 없습니다.[19] 다함이 없는 물건을 가지고 끝이 없는 세상에서 놀게 되는 것이므로 장자가 살다간 자유로운 행동도 이보다 더하지는 못할 것입니다. 두 분께서는 어째서 점을 업으로 살아가는 것이 나쁘다고 하십니까? 하늘은 서북쪽이 부족해 있기 때문에 별이 서북쪽으로 옮겨가고, 땅은 동남쪽이 부족하기 때문에 바다로써 못을 만든 것입니다.[20] 해는 중천에 이르게 되면 반드시 이동하고, 달은 차면 반드시 이지러지게 됩니다. 선왕이 세운 진리라도 때로는 존재하고 때로는 없어지기도 합니다. 그대들이, 말하는 것은 반드시 신빙성이 있어야 한다고 복자에게 책임을 묻는 것은 또한 잘못된 일입니다.

공들은 저 유세가들을 보았습니까? 일을 생각하고 계획을 세우는 것은 반드시 이들입니다. 그러나 그들의 말 한마디로써 군주의 마음을 기쁘게 할 수는 없는 것입니다. 그러므로 그들의 말은 반드시 선왕을 일컫고 상고(上古)를 언급합니다. 일을 생각하고 방책을 세울 경우에는 선왕의 공적을 수식하고 또는 그 실패나 폐해를 말함으로써 군주의 마음을 두렵게도 하고 혹은 기쁘게도 하여 자기의 욕망을 채우려 하는 것입니다. 말이 많고 과장된 점에서는 이보다 더 심한 사람은 없습니다. 그러나 나라를 부강하게 하고 공을 이루고 임금에게 충성을 다하려고 한다면 이런 방법

18) 이 말은 『老子』 38章에 나오는 말로 원문은 "上德不德, 是以有德"이다.

19) 간단한 점치는 도구만으로 충분히 생활을 꾸림을 말하는 것이다.

20) 『淮南子』「天文訓」에는 옛날에 共工과 顓頊이 군주의 자리를 다투다가 不周山을 건드리게 되어 하늘을 받드는 기둥을 부러뜨려서 하늘이 서북쪽으로 기울어 日月星辰이 그 방향으로 움직이게 되었고, 땅은 동남쪽이 부족해 물이 흘러들게 되었다는 기록이 있다.

이 아니라면 이룰 수 없는 것입니다. 지금 복자라는 사람은 미혹한 사람을 인도하고 어리석은 사람을 가르쳐주는 것입니다. 대체로 어리석고 미혹된 사람을 어찌 말 한마디로써 알게 할 수 있습니까! 그러기에 점치는 사람은 말많은 것을 싫어하지 않는 것입니다.

또 기기(騏驥)[21]는 비루 먹은 노새와는 사마(駟馬)[22]로서 짝지울 수 없으며 봉황을 제비나 참새와 함께 무리 지을 수가 없는 것입니다. 이와 같이 어진 자는 불초한 자와는 항렬을 같이하지 못합니다. 그러므로 군자는 낮고 드러나지 않는 곳에서 사람들을 피하고, 스스로 몸을 숨기고 세속의 윤리를 피하는 것입니다. 드러나지 않는 곳에서 덕을 보이고 많은 재해를 제거시켜 사람의 천성을 밝혀주고, 위를 돕고 아래를 길러 세상의 공리(功利)를 많게 하며, 존귀나 명예는 구하지 않는 것입니다. 공들은 단지 입을 벌려 떠드는 사람들이니 장자(長者)의 도리를 어떻게 안다는 말입니까?"

송충과 가의는 망연자실하여 넋을 잃고, 얼굴은 창백하고 입을 열 수 없었다. 그래서 옷깃을 바로 하고 일어나서 재배하고 하직 인사를 한 후에 나왔다. 정신 없이 문을 나와 간신히 수레에 올랐으나, 가로대에 엎드려 고개를 떨구고 숨도 크게 쉴 수 없을 정도였다.

사흘 뒤에 송충과 가의는 궁궐문 밖에서 서로 마주쳤다. 두 사람은 서로 끌어당기며 가만히 속삭였다. 서로 탄식해서 말하기를 "도덕은 높을수록 몸은 더욱 편안하고, 권세는 높을수록 몸은 더욱 위태롭다. 혁혁한 권세의 자리에 있게 되면 언젠가는 내 몸을 망칠 날이 오게 된다. 점치는 사람은 점을 쳐서 정밀하게 맞히지 못한다고 해도 복채를 되돌려 받는 일이 없지만, 임금을 위해서 방책을 세울 때 정밀하지 못하면 몸둘 곳이 없다. 이것의 차이는 마치 머리에 쓰는 관과 발에 신는 신발만큼이나 크다. 이것이야말로 노자가 말한 '무명(無名)은 만물의 처음이다'[23]라는 말일 것이다. 하늘과 땅은 넓고 크며 물건은 너무 많아 안전한 곳도 있고 위험

---

21) 騏驥 : 준마를 가리킨다.
22) 駟馬 : 같은 수레를 끄는 네 마리의 말.
23) 『老子』 1章에 "無名, 天地之始"라는 말이 있다. 여기에서는 司馬季主가 권세에 몸을 의탁하지 않고, '無名'의 경지에 몸을 맡기고 있어 편안한 것이 老子의 도와 깊게 합치된다는 뜻으로 쓰였다.

한 곳도 있는데 어디에 있어야 할지 모르겠다. 나와 그대가 어찌 그 사람처럼 살 수 있겠는가! 그들은 때가 지나면 지날수록 편안하다. 증씨(曾氏)[24]가 말한 본래의 삶이라는 말의 뜻도 이와 다를 것이 없을 것이다."

오랜 뒤에 송충은 사신이 되어 흉노(匈奴)로 가다가 도중에서 되돌아온 일 때문에 죄를 지게 되었다. 또 가의는 양 회왕(梁懷王)[25]의 부(傅)[26]가 되었으나 왕이 말에서 떨어져 죽자 그 일로 식음을 끊고 한스러워하다가 죽었다. 그들은 꽃을 피우기 위해서 애쓰다가 도리어 뿌리를 끊은 것이다.

태사공은 말하였다.

"옛날의 복자(卜者)를 기록하지 않는 이유는 여러 서적들에 기록되어 있지 않았기 때문이다. 사마계주(司馬季主)의 경우는 내가 기록하게 되었다."

저선생(褚先生)은 말하였다.

"신이 낭(郎)[27]이었을 무렵 장안의 거리를 구경하였습니다. 그때 복서(卜筮)를 업으로 하고 있는 훌륭한 선비를 만난 일이 있었습니다. 그가 기거하는 모습을 보면, 비록 시골 사람이 와도 의관을 정제하여 대하니 군자의 기풍이 엿보이고 상대의 성격을 보고 풀기를 잘하며, 부인들이 찾아와서 점을 칠 경우 엄숙한 얼굴로 대하고 이를 드러내 웃는 일은 한번도 없었습니다. 예부터 뛰어난 자가 세상을 피해 숨어서 살며 세속을 피하는 경우 잡초가 무성한 늪에 살거나 혹은 민간에 살면서 입을 다물고 말하지 않는 자도 있었고, 복자(卜者) 사이에서 몸을 보전하는 자도 있었다고 합니다. 사마계주는 원래 초나라 선비로서 장안에 유학하고 있었는

24) 曾氏 : 『史記集解』에 의하면 "莊氏"로 되어 있는 곳도 있다. 莊子의 '莊'으로 바꿔야 옳을 것이다.

25) 梁 懷王 : 劉揖. 漢 文帝의 아들. 詩書를 좋아하고 文帝의 사랑을 받았으나 재위 10년에 말에서 떨어져 죽고 말았다.

26) 傅 : '太傅'를 가리킨다. 제왕을 교육하는 관리. 呂后 때 설치되었다가 후에 폐지되었다. 哀帝 때에 다시 설치되었다. 그 지위는 三公보다 위이며 제후국에도 한 사람의 太傅를 두었다.

27) 郎 : 관직 이름. 議郎, 中郎, 侍郎, 郎中 등을 포괄한다. 모두 황제 곁에서 시중드는 관원이다. 모두 郎中令에 속해 있으며 궁을 수호하거나 황제를 호종하였다.

데, 『역경』에 능통하였고 황제(黃帝)와 노자(老子)의 설을 말하며 널리 보고 아는 것이 많았습니다. 그가 저 두 대부(大夫)에게 대답한 바를 보건대 옛적의 현명한 임금과 성인의 도를 인용하고 있는데, 이것은 천박한 견문이나 얕은 술수로는 도저히 할 수 없는 일이었습니다. 복서(卜筮)로써 천리에 이름을 떨친 일은 가끔 있는 일입니다. 옛글에 전하기를 '부(富)가 첫째, 귀(貴)가 그 다음이다. 이미 귀하게 되었으면, 각각 한 가지 재주를 배워서 세상에 입신하려 한다'라는 말이 있습니다. 황직(黃直)은 대부이며, 진군부(陳君夫)는 그 부인(婦人)이었는데, 이 두 사람은 말의 좋고 나쁜 것을 잘 감별하는 것으로 천하에 이름을 날렸습니다. 제(齊)나라 장중(張仲)과 곡성후(曲成侯)는 검(劍)에 뛰어나 천하에 이름을 떨쳤습니다. 유장유(留長孺)는 돼지를 감정하는 것으로 이름이 나 있었고, 형양(滎陽)[28]의 저씨(褚氏)는 소를 잘 감정해서 이름을 날렸습니다. 이렇게 능히 재주를 가지고 이름을 날린 자는 많으며 이들 모두가 세상에서 높고 뛰어난 풍도가 있음을 어찌 다 말로 하겠습니까? 그러므로 '맞는 땅이 아니면 나무를 심어도 크지 않게 되고, 그 뜻이 아니면 가르쳐도 쓸모가 없다'라고 하는데, 집에서 자손을 가르칠 경우에는 자손들이 어떤 것을 좋아하는지를 판별해야 할 것 같습니다. 좋아하는 것과 싫어하는 것이 그 생활과 맞는 것이니 그 좋아하는 것을 가르치면 이루게 되는 것입니다. 그러므로 '한 집안을 세우고 자식을 가르치고 있는 모습을 보면 그 사람됨을 알 수가 있다. 그 자식에게 적합한 삶을 찾아주고 있으면 그 어버이는 훌륭한 사람이라고 할 수 있다'라고 하는 것입니다.

신이 낭(郞)이었을 때 전에 태복(太卜)이었던 낭과 같은 관청에서 일한 적이 있는데, 그자가 '무제(武帝)께서 점가(占家)들을 모아놓고, 아무 날은 며느리를 맞이해도 좋은 날인가? 라고 물으셨습니다. 이에 오행가(五行家)[29]는 좋습니다라고 말하였습니다. 감여가(堪輿家)[30]는 안 됩니다라고 말하였고, 건제가(建除家)[31]는 불길하다고 대답하였습니다. 총진가(叢辰家)[32]는 크게 흉합니다라고 답하였고, 역가(曆家)[33]는 조금 흉합

28) 滎陽 : 현 이름. 지금의 河南省 滎陽縣 동북쪽.

29) 五行家 : 陰陽五行으로 점을 치는 사람.

30) 堪輿家 : 주택이나 묘지로 길흉을 점치는 풍수가.

31) 建除家 : 『淮南子』「天文」에는 建, 除, 滿, 平, 定, 執, 破, 危, 成, 收, 開, 閉로써 점을 치는 사람으로 기록되어 있다.

니다라고 답하였고, 천인가(天人家)[34]는 조금 길합니다라고 하였으며, 태일가(太一家)[35]는 크게 길합니다라고 답하였습니다. 이렇게 각자 논쟁을 벌여서 결론이 나지 않았습니다. 그래서 사실대로 황제에게 상주하였더니 황제께서는, 모든 상서롭지 못한 것을 꾀하는 데에는 오행(五行)을 주로 하라. 사람은 오행에 의해서 태어나고 살아가기 때문이다라고 하는 조칙을 내리셨습니다'라고 말하였습니다."

---

32) 叢辰家 : 12辰에 따라 善神과 惡煞을 배열해 점치는 것. 『漢書』「藝文志」五行類에 "『鍾律叢辰日苑』 33권"이라는 기록이 있다.

33) 曆家 : 曆法을 연구해서 길흉을 점치는 것.

34) 天人家 : '天人'이라는 말은 보이지 않고 『漢書』「藝文志」에 "『天一』 6권"이라는 기록이 보이는데, 그러므로 '天一'로 쓸 수 있으며, 五行家의 일종이라고 할 수 있다.

35) 太一家 : 『漢書』「藝文志」에 "『泰一』 29권"이라는 기록이 보인다. 風雨水旱饑饉兵革 등의 변화를 점치는 것.

권128 「귀책열전(龜策列傳)」[1] 제68

태사공은 말하였다.

"옛날부터 현명한 군왕들은 나라를 세우고, 천명을 받아[2] 왕업(王業)을 일으키려고 할 때, 복서(卜筮)[3]를 소중히 여겨 선정을 돕지 않은 일은 한번도 없었다! 당요(唐堯),[4] 우순(虞舜)[5] 이전에 행해졌던 일은 기록이 부족한 탓으로 여기에 기록할 수 없으나, 하(夏), 은(殷), 주(周) 삼대가 일어난 뒤로는 각각 복서에 상서로움이 나타나, 그것에 의해서 나라의 기반을 닦게 되었던 것이다. 하나라 시조 우(禹)임금은 도산(塗山)[6]에서 결혼하였는데,[7] 그 점[8]이 길하여 그의 아들 계(啓)[9]가 대를

1) 『史記索隱』에 다음과 같은 기록이 있다. "「龜策傳」은 목록만 있고 책은 전하지 않아, 褚先生이 보충한 것이다."

2) 원문은 "受命"이다. 이 말은 고대 제왕이 신권에 의탁하여 자신을 높이는 말로, 하늘의 명령을 받아 인간의 제왕이 된다는 뜻이다. 미신을 믿는 사람에게는 하늘의 뜻과 명령을 지칭하기도 하고, 하늘이 인간의 운명을 좌우하는 것을 가리키기도 한다.

3) 卜筮 : 점치는 것을 말한다. '卜'은 거북 껍질로 점치는 것을 말하는데, 이것은 거북 껍질을 불에 태워 생긴 무늬를 근거로 하여 길흉을 예측하는 것을 말한다. '筮'는 蓍草로 점치는 것을 말하는데, 蓍草의 배열 상태를 근거로 하여 길흉을 예측하는 것을 말한다. 卜筮는 고대의 미신이면서 풍속이기도 한데, 殷나라와 周나라 시대에 극히 성행하였다.

4) 원문은 "唐"으로 陶唐氏를 말한다. 전설 속의 아득한 옛날의 부락 이름이다. 平陽(지금의 山西省 臨汾市 서남쪽)에 위치하였으며, 堯가 지도자였다.

5) 원문은 "虞"로 有虞氏를 말한다. 전설 속의 아득한 옛날의 부락 이름이다. 蒲坂(지금의 山西省 永濟縣 서쪽 蒲州鎭)에 위치하였으며, 舜이 우두머리였다.

6) 塗山 : 일반적으로 禹임금이 塗山氏와 결혼하고 제후들과 회합을 가진 곳이라고 여기는 곳이다. 지금의 安徽省 蚌埠市 서쪽의 東岸, 浙江省 紹興市 서북쪽, 四川省 重慶市 동쪽이라는 등 여러 가지 설이 있다. 孔安國은 塗山을 나라 이름이라고 하였다.

7) 이 문장은 禹임금이 塗山氏의 딸을 아내로 맞아들였다는 것을 말하는 것이다. 禹임금은 아들 啓를 낳았으며, 집에 머물지 않고 치수에 온 힘을 기울이고 집안을 돌보지 않아, 결국 치수에 성공하였다.

8) 원문은 "兆"이다. 점을 칠 때, 점쟁이는 거북 껍질을 태워 생긴 무늬로 길흉을 판단하는데, 이러한 무늬를 '兆'라고 한다. 때에 따라서는 '豫兆,' '徵兆'라고도 한다.

이어 하나라의 제왕이 되었다. 간적(簡狄)이 날아다니는 제비의 알을 먹었으나, 그 조짐이 길하여 뒤에 은나라가 크게 흥하였다.[10] 후직(后稷)은 어릴 때부터 농사 일을 좋아하여 즐겨 백곡을 심었는데, 그 점괘가 좋았기 때문에 뒤에 주나라가 천하의 왕으로 불렸던 것이다.[11] 군왕은 여러 가지 의심스럽고 어려운 일을 결정할 때에는 복서로써 예측하였다. 시초(蓍草)[12]나 귀갑(龜甲)을 사용하여 판단하였는데, 이것은 변하지 않는 규칙이었다.

만(蠻),[13] 이(夷),[14] 저(氐),[15] 강(羌)[16] 등의 오랑캐들은 비록 군신의 차례는 없어도 의혹을 결정할 때는 역시 점을 치는 풍속이 있었다. 쇠와 돌을 써서 점을 치기도 하고, 혹은 풀[17]과 나무를 써서 점을 치는 등 나라에 따라 각각 그 풍습이 달랐다. 그러나 모두 점을 근거로 하여 전쟁을 일으키고 공격을 하고 군사를 나아가게 하여 승리를 얻게 되었던 것이다. 각각 그들의 신령을 믿고 점에 의해서 장차 올 일들을 알 수 있다고 생각하였기 때문이다.

내가 들은 바는 대충 다음과 같다. 하나라와 은나라 사람들은 점[18]을

---

9) 啓 : 전설 속의 夏나라 국왕. 성은 姒이고, 禹임금의 아들이다. 禹임금이 죽은 후 왕위를 계승하여 "부친이 아들에게 양위하여 천하를 다스린다"는 제도를 확립시켰다.

10) 帝嚳의 두번째 妃인 娀氏의 딸 簡狄이 제비의 알을 먹고 契를 낳았다고 전해지고 있다. 契는 성장하여 禹가 치수하는 데 공을 세워 舜임금이 司徒로 임명하여 教化를 관장하였다. 商에 거주하였으며, 商나라의 시조가 되었다.

11) 嚳帝의 첫째 부인인 邰氏의 딸 姜原(혹은 嫄)이 황야에서 거인의 발자국을 밟고 임신하여 棄를 낳았다고 전해지고 있다. 棄는 어려서부터 깨와 고추 심는 것을 좋아하였으며, 성장하여서도 곡식 심는 것을 좋아하여 堯임금에 의해서 農官에 임명되어, 백성들에게 농사 짓는 방법을 가르쳤다. 그리고 舜임금에 의해서 邰의 제후가 되었으며, 호를 后稷이라고 하였다. 그는 周나라의 시조가 되었다. 周나라 사람들은 그가 처음으로 기장과 보리를 심었다고 여겼다.

12) 원문은 "蓍"로 蓍草의 줄기를 말한다. 옛날에는 점을 칠 때 많이 사용하였다.

13) 蠻 : 옛날 중국의 남쪽 오랑캐에 대한 호칭. 일반적으로 소수민족을 지칭한다.

14) 夷 : 옛날 중국의 동쪽 오랑캐에 대한 통칭. 어떤 경우에는 남쪽과 서남쪽에 거주하는 소수민족을 지칭하기도 한다.

15) 氐 : 옛날 중국 서쪽에 거주하던 오랑캐를 일컫는다. 晉나라 때에는 前秦, 後涼, 成漢 등의 나라를 세우기도 하였다.

16) 羌 : 옛날 중국 서쪽에 거주하던 오랑캐. 東晉 때에는 後秦을 세우기도 하였다.

17) 원문은 "草"이다. 『史記集解』에는 徐廣의 말을 인용하여 "一作'革'"이라고 되어 있다.

18) 원문은 "卜"이다. 『史記會注考證』에는 何焯의 다음의 말이 인용되어 있다. "'卜'

칠 때 시초나 귀갑을 사용하였고, 점을 치고 난 뒤에는 이를 곧 버렸다. 당시 사람들은 귀갑을 오래 간직하면 영험이 없고, 시초 또한 오래 보관하면 신통함을 잃게 된다고 생각하였기 때문이다. 그런데 주나라에 와서는 왕실의 복관(卜官)이 항상 시초와 귀갑을 소중히 간직하였다. 그리고 시초와 귀갑의 크기나 사용순서 따위를 중시하는 바가 각 시대마다 다르기는 하였지만 대략 그 목적은 같았다. 어떤 사람은 성왕(聖王)에게 일어나는 모든 일은 숙명적인 것이 아닌 것이 없으며, 결정해야 할 의문 역시 그 일을 처리하기 전에 그 징조가 먼저 보이지 않은 것이 없다고 여겨, 그들은 시초와 귀갑에 의해서 신명의 의사를 묻고 의혹을 푸는 방법을 만들게 되었다. 그리하여 세상이 점점 쇠미해지고 어리석은 사람이 지혜로운 사람을 스승으로 섬기지 않게 되고, 사람들이 각각 자기 편한 대로 생각하며, 가르침이 백가(百家)로 나뉘어 서로 다투게 되고, 성왕의 도(道)가 난잡해지고 무질서해졌기 때문에, 도리와 관계된 것을 가장 미묘하고 심오한 경지로 귀납시키기 위해서 항상 '정신'에 규범을 두었다. 또 어떤 사람은 영험한 거북의 뛰어난 점에서는 성인도 이에 미칠 수 없다고 여겼는데, 그 까닭은 영험한 거북이 길흉을 보여주고 시비를 분별하는 점에서 대체로 인간 세상의 일과 부합한다고 여겼기 때문이다.

고조(高祖) 때, 진(秦)나라의 옛 제도를 모방하여 태복관(太卜官)[19]을 두었다. 그 당시 천하는 겨우 안정을 찾았으나 전란은 아직 완전히 가시지 않았다. 효혜제(孝惠帝)는 재위 기간이 짧고 여태후(呂太后)는 여제(女帝)였으며, 효문제(孝文帝)와 효경제(孝景帝)는 옛 제도를 답습하였을 뿐, 복서의 이치를 강구하거나 시험할 겨를이 없었다. 어떤 부자(父子)가 천문과 역법, 복서를 관장하는 주관(疇官)[20]을 대대로 이어오기는 하였으나, 복서의 정미 심묘한 점을 많이 잃게 되었다. 그러나 지금의 황제[21]가 즉위한 뒤로는 널리 예능의 길을 열어 백가(百家)의 학문[22]을 모

자 다음에 '筮'자가 있다."

19) 太卜官 : 관직 이름으로, 제왕의 점치는 일을 관장하였다. 商代에 이미 卜官이 있었다. 『周禮』에 "太卜"이라는 관직 이름이 보인다. 『漢書』「百官公卿表」에는 秦나라 때 종묘의례를 관장하던 것을 漢 景帝가 '太常'으로 이름을 바꾸었다는 기록이 있다. 太卜은 그 안에 속한 관직의 하나이다.

20) 疇官 : '疇人'이라고도 한다. 천문, 역법, 卜筮를 관장하는 관리. '疇'는 '籌'와 통한다.

21) 漢 武帝 劉徹(기원전 156-기원전 87년)을 말한다. 景帝의 아들로 기원전 141년

두 받아들이게 되어, 한 가지 재주에 정통해 있는 선비조차도 자신의 능력을 발휘할 수 있게 되었다. 그리하여 뭇사람보다 월등히 뛰어난 능력이 있는 사람은 높은 지위에 올라 사사로움에 치우지지 않고 모든 것을 평등하게 대하여, 몇해 사이에 태복(太卜)이 수집한 자료는 대단히 많아지게 되었다. 마침 황제가 북쪽으로 흉노(匈奴)[23]를 치고 서쪽으로는 대원(大宛)[24]을 공격하고, 남쪽으로는 백월(百越)[25]을 손아귀에 넣고자 하였는데, 복서(卜筮)가 일어날 가능성이 있는 여러 가지 일을 정확하게 예견하여 한(漢)나라가 일을 벌이기 전에 미리 대책을 마련하여 이로움을 취하고 해로움을 피하게 하였다. 그리고 맹장이 직접 적의 예봉을 꺾고, 군사를 나아가게 하고 물러나게 하여 적을 물리치는 데, 점을 쳐서 정한 시기가 크게 도움이 되었다. 황제는 더욱더 공이 있는 복관(卜官)을 중시하

에서 기원전 87년까지 재위하였다. 통치기간 동안 百家의 사상을 억제하고 유학을 받들었다. 상인들을 억압하고, 제후국을 약화시켰으며, 수리시설을 확충하고, 屯田制를 시행하고, 匈奴의 위협을 없애고, 비단길을 개척하여, 주위의 모든 지역을 다스렸다.

22) 武帝의 조모인 竇太后(?-기원전 135년 혹은 기원전 129년)는 黃老之術을 좋아하였다. 武帝 초기에는 여러 학술을 모두 다 받아들였다. 竇氏가 죽은 후, 武帝는 유학을 높이 받들었으나, 法術과 刑名學도 받아들였다. 董仲舒를 대표로 하는 西漢 儒家는 그 학설 속에 道家, 法家, 陰陽家의 사상을 수용하였다.

23) 匈奴 : 옛날 부족 이름. 혹은 '胡'라고도 한다. 전국시대에 燕, 趙, 秦 이북 지역에서 활동하였다. 秦漢 때, 冒頓單于가 여러 부족을 통일하여 세력이 강성해져, 大漠 남북의 광대한 지역을 통치하였다. 漢나라 초기에는 부단히 남하하여 漢나라를 괴롭혔다. 漢나라는 기본적으로 방어정책을 취하였다. 武帝에 이르러서 반격정책을 취하여 匈奴는 막대한 타격을 입고 세력이 약화되었다. 漢 武帝는 元光 2년(기원전 133년)에 匈奴의 馬邑을 공격한 이래 元狩 4년(기원전 119년)까지 계속 반격하여 匈奴의 주력부대를 괴멸시켰다.

24) 大宛 : 옛날 西域의 나라 이름. 지금의 중앙 아시아 우즈베키스탄이다. 왕이 貴山城(지금의 러시아에 있는 카잔)을 다스렸다. 張騫이 西域을 개척한 후, 漢나라와 왕래가 빈번해졌다. 武帝 太初 3년(기원전 133년), 漢나라가 大宛을 공격하자 大宛은 漢나라에 항복하였다. 汗血馬(흘리는 땀이 피와 같다)로 유명하다.

25) 百越 : 越人의 卑稱. 옛날 부족 이름. 옛날에 長江 중하류 이남의 광대한 지역에 살았던 민족이다. 부락이 많아서 百越이라고 불렸다. 후에 漢나라 및 기타 민족에 융화되었고, 그 일부분은 지금의 壯族, 黎族, 傣族의 연원과 밀접한 관계가 있다. 秦漢 때는 秦 南海尉 趙佗가 桂林郡, 象郡 등을 병합하여 南越 武王으로 자립하였다. 武帝 元鼎 5년(기원전 112년), 군대를 일으켜 南越을 공격하여 다음해 南越을 멸하고 南海 등 九郡을 설치하였다. 元封 원년(기원전 110년), 越 繇王 등이 東越王 余善을 죽이고 漢나라에 항복하자, 東越族은 長江과 淮水 사이로 이주하였다(이해보다 앞서 20-30년 전에 東甌人이 이미 이곳으로 이주하였다).

여, 때로는 하사품으로 수 천만 전(錢)[26]을 내리기도 하였다. 그리하여 구자명(丘子明)과 같은 무리들은 점을 잘 쳐서 부귀영화를 누렸다. 그들은 황제의 은총을 크게 입어 조정의 대신들을 압도하였다. 점으로 남을 해치고자 푸닥거리하는 것[27]을 알아맞히기도 하고, 남을 모함하는 사건[28]의 경우 그 주범을 알아맞히기도 하였다. 그러나 그들은 점괘를 이용하여 평소에 사소한 원한이 있거나 못마땅해하였던 사람을 공적인 일에 결부시켜 죄를 덮어씌우기도 하였다. 이처럼 복관들이 제멋대로 다른 사람들을 모함하여, 일족(一族)이나 일문(一門)이 멸족을 당한 예는 이루 다 헤아릴 수 없을 정도였다. 그래서 모든 백관들은 두려움에 떨며 '귀갑과 시초가 능히 말을 할 줄 안다'고 말하였다. 그러나 그후에 사람을 해치는 일 등 그들의 간악한 짓이 발각되어 조정에서 삼족을 멸하는 벌로 그들을 다스렸다.

시초를 배열하여 길흉을 점치고, 귀갑을 불에 태워 그 징조를 관찰하였는데, 그 속에는 변화가 무궁무진하였다. 그래서 반드시 현인을 뽑아 점을 치게 하였는데, 이것이야말로 성인이 신중하게 해야 할 일이라고 할 수 있다! 주공(周公)[29]은 태왕(太王), 계력(季歷), 문왕(文王)의 거북으로 세 번 점을 쳐서[30] 무왕(武王)[31]의 병을 완쾌시켰고,[32] 상(商)나라

26) 銅幣 하나(예를 들면 五銖錢)를 一錢이라고 한다.

27) 원문은 "蠱道"이다. 즉 사기술을 말한다. 漢 武帝는 方士들을 맹신하여 자주 方士들에게 속임을 당하였다. 여기서는 方士들이 행한 여러 가지 사기술을 말하는 것으로, 다음에 나오는 '誣蠱'와는 다르다.

28) 원문은 "巫蠱"로, 巫術로 사람을 해치는 것을 말한다. 옛날에 미신을 믿는 사람은 巫術로 저주하고 나무 인형을 만들어 땅에 묻으면 다른 사람을 해칠 수 있다고 여겼다. 武帝는 만년에 병이 많아 주위의 사람들이 巫蠱한 것이라고 의심하여, 여러 차례 巫蠱之獄을 일으켰다. 元光 5년(기원전 130년)에 陳皇后를 폐하고, 巫蠱한 많은 사람을 체포하여 죽여, 이때 죽은 사람들이 300여 명에 달하였다. 이것은 武帝의 첫번째 巫蠱之禍의 기록이다. 征和 2년(기원전 91년), 태자 劉据는 巫蠱之罪를 당하자, 부친인 武帝와 5일 동안 격전을 벌여 수만명이 죽었다. 이것이 武帝 때 일어났던 최대의 巫蠱之禍이다.

29) 周公 : 西周 초기의 정치가. 성은 姬이고, 이름은 旦이며, 叔旦이라고도 불린다. 周 武王의 동생이다. 采邑이 周(지금의 陝西省 岐山縣 북쪽)에 있었기 때문에 周公이라 불렸다. 武王을 도와 商을 멸하였다. 武王이 죽고, 成王은 나이가 어려 그가 섭정하였다. 군사를 내어 東征하여, 형제 管叔 등의 반란과 紂의 아들 武庚의 반란을 평정하고, 땅을 나누어 대규모로 제후를 봉하고, 東都 洛邑을 세웠다. 그는 禮樂을 정비하여 典章制度를 세우고, '明德愼罰'을 주장하였다.

30) 『尙書』 孔穎達疏에 따르면 三王은 다른 卜法을 사용하였다고 전해진다.

주왕(紂王)[33]이 포학무도하여 큰 거북으로 점을 쳤으나 길조가 나타나지 않았다.[34] 또 진 문공(晉文公)[35]은 주 양왕(周襄王)[36]의 왕위를 회복하기 위해서[37] 미리 점을 치니 '황제(黃帝)[38]가 판천(阪泉)에서 싸운다'는

---

31) 武王 : 周 武王. 西周의 건립자. 성은 姬이고 이름은 發이다. 부친 文王의 유언을 받들어 제후와 연합하여 商을 멸하고 周 왕조를 세웠다. 鎬(지금의 陝西省 長安 灃河 동쪽)에 도읍하였다.

32) 『尙書』「周書」"金滕"에 다음과 같은 기록이 있다. "周 武王이 紂를 정벌한 이듬해 병이 나자, 周公은 단을 세우고 조상인 太王(古公亶父), 王季(季歷), 文王(昌)에게 武王의 병을 대신하여 자신이 죽을 수 있도록 해달라고 기도하였다. 기도를 마치고, 세 번 점을 치니, 모두 길조가 나왔다. 다시 점보는 책을 살펴보니 역시 모두 길하다고 하였다. 이튿날 武王이 쾌유하였다."

33) 紂王 : 受라고도 하며, 帝辛이라고도 한다. 商나라를 망하게 한 임금이다. 일찍이 東夷를 정벌하였으며, 比干 등을 죽이고, 周 文王을 감금하였다. 포학한 정치를 하여 사회의 모순이 격화하였다. 기원전 11세기 초 武王이 紂를 공격할 때, 선봉대가 배반하는 바람에 紂는 크게 패하여 자살하였다.

34) 『尙書』「商書」"西伯戡黎"에는 다음과 같이 기록되어 있다. "西伯昌(周 文王)이 黎國을 점령하여, 商나라의 정권을 압박하였다. 紂王의 대신 祖尹가 두려워하여 급히 紂王에게 와서 말하였다. '皇上! 하늘이 저희 殷의 운명을 버리고, 성인과 큰 거북도 길함이 있다는 것을 알지 못한다고 합니다.……' 紂王은 그 말을 듣지 않고 다음과 같이 말하였다. '아! 내 평생 운명이 하늘에 있는 것이 아니다.'"

35) 晉 文公(기원전 697-기원전 628년) : 이름은 重耳이다. 기원전 636년에서 기원전 628년까지 재위하였다.

36) 周 襄王(?-기원전 619년) : 성은 姬이고 이름은 鄭이다. 기원전 651년에서 기원전 619년까지 재위하였다. 그는 狄(북방의 소수민족 중의 하나)의 딸을 아내로 맞아들였고, 계모 惠后와 불화하였다. 16년(기원전 636년) 그가 狄后를 폐하자, 狄人은 惠后의 도움으로 王城을 공격하여, 惠后의 아들인 叔帶를 왕으로 추대하였다. 襄王은 鄭나라로 도망쳤다. 후에 晉 文公의 도움으로 다시 왕위를 되찾았다.

37) 『左傳』僖公 25년과 28년의 기록에 의하면 다음과 같다. "국외로 떠돌아다니는 襄王이 제후들에게 구원을 요청하였다. 魯 僖公 25년(周 襄王 17년, 기원전 635년) 晉 文公은 대신 狐偃의 간언을 받아들여 군사를 일으켜 周나라를 구원하였다. 즉 溫을 에워싸고, 襄王을 王城으로 맞아들이고, 왕자 帶를 죽이고 周나라의 반란을 평정하였다. 周나라가 晉나라에게 河內와 陽樊을 하사하여, 晉나라는 南陽을 얻게 되었으며, '尊王'이란 미명도 얻었다. 그후 楚나라와 패권을 다투어 우세한 위치를 얻고, 魯 僖公 28년(周 襄王 20년, 기원전 632년), 踐土(지금의 河南省 原陽縣 서남쪽)에서 제후들과 회합을 가져, 文公은 襄王에 의해 정식으로 侯伯(제후의 盟主, 즉 覇主)에 봉해졌다. 그해 겨울, 晉 文公은 溫(지금의 河南省 溫縣)에서 다시 제후들의 회합을 가져 覇主의 지위를 더욱더 공고히 하였다."

38) 黃帝 : 전설 속의 中原 민족의 조상. 성은 姬이고, 호는 軒轅氏, 有熊氏이며, 少典의 아들이다. 炎帝가 여러 부족을 괴롭히자, 그는 여러 부족의 추대로 炎帝 兪罔과 阪泉(지금의 河北省 涿鹿縣 동남쪽)에서 대전을 벌여 炎帝를 격퇴하였다. 후에 蚩尤를 무찔렀다. 그리고 추대한 부족들의 맹주가 되었다. 전하는 바에 따르면 누에를 치고, 배와 수레를 만들었으며, 문자, 음률, 의약, 산수 등이 모두 黃帝시대에

길조를 얻어,[39] 마침내 '전정벌(專征伐)'이라고 새겨진 홍색 궁시를 천자로부터 하사받았다.[40] 진 헌공(晉獻公)[41]이 여희(驪姬)[42]의 미색을 탐내어 여융(驪戎)을 공격하기 전에 점을 치게 하였는데, 그 점괘에는 '이빨에 화가 미친다'는 흉조가 나타나,[43] 그 화는 헌공에서부터 해제(奚齊), 도자(悼子), 혜공(惠公), 회공(懷公)에 이르기까지 오대에 미쳤다.[44] 초

시작되었다고 한다.

39) 『左傳』 僖公 25년에 다음과 같은 기록이 있다. "狐偃이 文公에게 襄王을 받아들일 것을 간하자, 文公은 사람들에게 거북으로 점을 치게 하여, '黃帝가 阪泉에서 싸우면 길함'이라는 길조를 얻었다. 文公은 다시 蓍草로 점을 치게 하여 역시 길조를 얻었다. 이에 晉 文公은 周나라를 도와 난을 평정하기로 결심하였다."

40) 원문은 "彤弓之命"이다. 周 天子가 하사하는 '專征伐'의 권력을 뜻하는 것으로, 侯伯(霸主)에게 주어진다. 彤弓은 주홍색의 활이다. 옛날 제후들이 큰 공을 세우면 天子가 활과 화살을 하사하였는데, 그것은 '專征伐'하는 데 사용되었다. 彤弓은 그중의 하나이다. 『尙書』「周書」"文侯之命"에 "彤弓은 하나이고, 彤矢는 백 개이다"라고 적혀 있다.

41) 晉 獻公(?-기원전 651년) : 이름이 詭諸이며, 춘추시대 晉나라의 국왕으로, 기원전 676년에서 기원전 651년까지 재위하였다. 그는 같은 종족을 멀리하고 전쟁에 공이 많은 다른 성을 卿과 大夫로 중용하여 자신을 우두머리로 하는 왕실을 강화하였다. 小國을 멸하고, 驪戎과 北狄을 물리치고, 국토를 확장하여 晉나라를 북방의 대국으로 만들었다. 그러나 驪姬를 총애하여 화를 자초하였으며, 그가 죽은 후에는 晉나라에 내란이 극성하였다.

42) 驪姬(?-기원전 651년) : 麗姬라고도 한다. 춘추시대 驪戎의 딸로, 晉 獻公이 驪戎을 정벌하고 그녀를 빼앗아 그의 부인이 되었으며, 아들 奚齊를 낳았다. 그녀는 獻公의 총애를 받아, 아들 奚齊를 태자로 삼으려고, 몰래 태자 申生을 죽이고 重耳 등 여러 公子를 내쫓았다. 獻公이 죽자 奚齊가 왕위를 계승하였으나, 대신 里克이 그를 죽였으며, 驪姬도 살해하였다.

43) 『國語』「晉語」와 『史記』「晉世家」에는 다음과 같은 기록이 있다. "獻公 5년(기원전 672년), 驪戎을 정벌하기 위해서 점을 치게 하니, 좌우의 벌어진 틈으로 입 안의 이빨이 있는 형상을 하고 있고, 그것이 세로로 그려져 있었다. 卜官 史蘇는 이 조짐이 '이빨의 화'를 표시하는 것이기 때문에 해로움을 상징하는 것이라고 여겼다."

44) 驪姬가 몰래 태자 申生을 죽이고 난 지 5년 후, 獻公이 죽자 대신 荀息이 유언에 따라 驪姬 아들 奚齊를 임금으로 세우려고 하였으나, 대신 里克이 奚齊를 죽였다. 荀息은 奚齊의 동생(驪姬의 동생이 낳은 아들) 悼子(또는 卓子)를 임금으로 세웠으나, 里克이 또 悼子를 죽이자, 荀息도 따라 죽었다. 秦 穆公이 군사를 일으켜 公子 夷吾를 호위하여 晉나라 도읍으로 들어오자, 齊 桓公도 여러 제후들을 이끌고 晉나라로 들어와, 모두 夷吾를 임금으로 세우니, 이 사람이 바로 惠公이다. 惠公은 里克을 죽이고, 申生의 大夫들을 죽이고, 그리고 秦나라와 전쟁하였던 사람들을 포로로 하였다(후에 석방하였다). 惠公이 죽고 태자 圉가 왕위에 오르니, 이 사람이 懷公이다. 기원전 636년, 秦 穆公은 군사를 일으켜 重耳를 귀국시키고, 사람을 시켜 秦나라 권신들을 책동하여 懷公을 죽이도록 하였다. 重耳가 왕위에 오르자(晉 文公), 晉나라의 내란이 사라졌다.

영왕(楚靈王)[45]이 주나라 왕실을 배반하기 위하여 점을 친 결과 불길한 징조가 나타나,[46] 마침내 건계(乾谿)[47]에서 패하였다.[48] 이와 같이 길흉의 징조와 그 응험이 거짓 없이 사실로 나타났으며, 당시 사람들도 점괘가 제대로 맞는다는 것을 사실을 통해서 똑똑히 보아왔던 관계로, 점괘의 징조와 응험이 사실과 일치하였다고 말하지 않을 수 있었겠는가! 군자는 복서를 경시하고 신명(神明)을 믿지 않는 사람이 황당무계하다고 여겼지만, 인간사를 위배하고 사람의 도리에도 어긋나는 행동을 하면서 미신만을 맹신하는 사람은 귀신에게조차도 합당한 대우를 받지 못한다고 여겼다. 이런 까닭에 『상서(尙書)』 "홍범(洪範)"[49]에는, 기자(箕子)가 의심나는 일이나 어려운 일을 해결하고자 할 때, 함께 상의할 대상으로 다섯 가지[50]가 있다고 한 기록이 있는데, 복(卜)과 서(筮)가 그중에 두 가지

45) 楚 靈王(?-기원전 529년) : 춘추시대 楚나라의 국왕. 성은 羋이며, 이름은 圍(혹은 回)이다. 기원전 540년에서 기원전 529년까지 재위하였다. 그는 국왕을 죽이고 왕위에 올랐지만, 오히려 군사를 일으켜 임금을 죽인 齊나라의 慶封을 성토하여, 당시 사람들이 모두 그를 비웃었다. 일찍이 陳, 蔡, 徐 등의 여러 나라를 유린하였다. 후에 公子 比 등이 반란을 일으키고 楚나라 도읍을 공격하자, 靈王은 자결하였다.

46) 『左傳』 昭公 13년에 다음과 같은 기록이 있다. "당초 靈王은 점을 쳐서 자신이 天子가 될 수 있는지를 물었으나, 점이 불길하여 거북을 던지고 天帝를 욕하였다. '보잘것없는 천하에, 조그만한 天子의 지위를 당신이 나에게 주지 않으면, 내 스스로 반드시 취하고 말겠다.'"

47) 乾谿 : 지명. 지금의 安徽省 亳縣 동남쪽.

48) 권40 「楚世家」에 다음과 같은 기록이 있다. "기원전 529년 靈王은 乾谿에서 쾌락에 탐닉하여 이곳을 떠날 생각을 하지 않았다. 백성들이 노역으로 고통을 겪자, 公子 比 등이 그 기회를 틈타 반란을 일으키고 楚나라 도읍을 공격하여 태자를 죽였다. 靈王은 가까운 사람들이 모반하고 곁을 떠나, 배가 고파 죽을 지경에 이르렀다. 후에 芋尹 申無宇 아들의 구원을 받았으나, 얼마 후 자결하였다."

49) 『尙書』 "洪範" : 『尙書』는 『書經』이라고도 한다. 유교 경전 중의 하나이다. 중국 상고 역사와 고대 事迹을 부분적으로 살펴볼 수 있는 저작이다. 孔子가 편찬한 것으로 전해지고 있다. "堯傳," "禹貢," "洪範" 등은 후세 사람이 보충한 것으로 전해지고 있다. 今文과 古文 두 종류가 있으며, 현재 통행되고 있는 『十三經注疏』本 『尙書』는 今文과 古文의 합본이다. 이 책은 商, 周, 특히 西周 초기의 중요한 사료를 비교적 많이 보전하고 있다. "洪範"은 箕子와 武王의 문답식 기록으로, 箕子가 진술한 治國理民의 법에는 9 가지가 있는데, 그중에서 7 가지는 의심스러운 문제를 해결하는 방법에 관한 것이다.

50) 『尙書』 "洪範"에 다음과 같은 기록이 있다. "폐하께서 큰 의혹이 있으시면, 폐하의 마음과 상의하고, 卿, 大夫들과 상의하고, 백성과 상의하고, 卜과 筮에 상의하십시오."

를 차지하였다. 다섯 사람이 각각 점을 쳐서 그중에서 많은 사람의 판단을 믿고 따랐다. 이것으로 보아 비록 복관을 설치하여 복서를 소중히 여기기는 하였지만 전적으로 점에 의지하지 않았다는 것을 알 수 있다.

나는 강남(江南) 지역을 유람하면서 그곳 백성들이 점치는 모든 행위를 이해할 수 있었다. 그리고 그곳의 나이 많은 어른들에게 물으니, 그들은 거북은 천년을 살아야 연꽃 잎 위에서 놀고 시초는 한 뿌리에 백개의 줄기가 나야 한다고 말하였다.[51] 그리고 천년 묵은 거북과 백개의 줄기를 가진 시초가 있는 곳에는 호랑이와 이리 등 맹수들이 살지 않으며, 해충이나 독초도 나지 않는다고 말하였다. 강 근처에 사는 사람들은 늘 거북을 길러서 그 피를 마시고 고기를 먹는데, 이렇게 하는 것이 혈액순환을 좋게 하고[52] 원기를 보충하여 늙고 병드는 것을 막는 데 도움이 된다고 믿었다. 아마 그것은 사실이 아니겠는가!"[53]

저선생은 말하였다.

"신(臣)은 유교 경전에 통달하고 박사(博士)[54]에게서 수업을 받고 『춘추(春秋)』를 공부하여, 좋은 성적으로 낭관(郎官)[55]에 임명되었습니다. 다행히 궁궐을 수비하기 위해서 숙직하는 기회를 얻어 10여 년 동안 궁궐을 드나들게 되었습니다. 그동안 몰래 『태사공전(太史公傳)』을 좋아해 읽

51) 『史記集解』에는 徐廣의 말이 다음과 같이 인용되어 있다. "劉向은 거북이 천년을 살아야 영험이 있고, 蓍草는 백년을 자라야 백개의 줄기가 생긴다고 하였다."

52) 원문은 "導引"이다. 이것은 중국 고대에 병을 없애고 몸을 건강하게 하는 養生術인 동시에 중의학에서 병을 치료하는 방법의 하나로, 道士들은 '修仙'의 방법으로 이용하였다. 자신이 안마하여 근육을 풀어주고 호흡을 조정하는 방법 등을 통하여 몸을 단련시킨다. 여기서는 근육을 풀어주고 피를 원활하게 해주는 것으로 풀이할 수 있다.

53) 이상의 문장을 司馬遷이 쓴 것이 아니라고 여기는 사람은 褚少孫이 司馬遷의 名義와 語套를 빌려서 쓴 것이라고 한다. 그러나 이 부분이 司馬遷의 「龜策列傳」의 서설로, 褚少孫이 쓸 수 없는 것이며, 인용부분은 褚少孫이 보충한 것이라고 여긴다. 후자의 설이 비교적 믿을 만하다.

54) 博士 : 관직 이름이다. 西漢 시기에 奉常(太常)에 속한 관리로, 고금의 일에 통달하여 顧問을 담당하던 직책이다. 武帝 때에는 五經博士를 설치하여, 유교 경전으로 제자들을 가르쳤다. 宣帝 때에는 五經博士를 12명까지 두었다.

55) 郎官 : 옛날 황제 시종의 총칭. 西漢 시대에는 漢郎, 中郎, 侍郎, 郎中 등이 있었으며, 인원은 일정치 않았고, 많으면 천명 정도였으며, 모두 郎中令(光祿勛)에 예속되어 있었다. 문을 지키거나 마차나 말을 관리하는 일 등을 관장하였다.

었습니다. 『태사공전』에는 다음과 같이 쓰여 있습니다. '하(夏), 상(商), 주(周) 삼왕(三王)[56]이 다같이 거북 점을 쳤으나 그 방법은 달랐으며, 사방 오랑캐들 역시 복서의 풍습은 각각 달랐으나, 모두 복서로써 길흉을 판단한 점은 같다. 그래서 나는 대략적인 것을 살펴보고 그 요점을 간추려서 「귀책열전(龜策列傳)」을 썼다.' (태사공의 말을 믿고) 신은 장안(長安)의 성 안을 오가며 「귀책열전」을 찾으려 하였으나 찾지 못하였습니다. 그래서 신은 태복관(太卜官)을 찾아가서, 전해져온 이야기를 잘 알고 있는 나이 많은 문학관(文學官)[57]들에게 관계 있는 전고(典故)의 가르침을 받아 귀책, 점복에 관한 일을 기록하여 아래와 같이 편술하였습니다.

전하는 바에 따르면, 옛날 오제(五帝)[58]와 삼왕(三王)이 거사하고자 할 때에는 반드시 먼저 시귀(蓍龜)로 점을 쳐서 결정하였다고 한다. 옛날 점복서(占卜書)에는 다음과 같이 쓰여 있다. '아래에 복령(茯笭)[59]이 있으면 그 위에 토사(兎絲)[60]가 있고, 위에 시초가 나면 그 밑에 신귀(神龜)가 있다.'[61] 복령이라고 하는 것은 토사 밑에서 성장하는 것으로, 그 모양은 나는 새 모양과 같다. 첫 봄비가 오고 그친 다음, 날씨가 맑게 개고 바람이 없는 날, 밤중에 토사를 베어내고 등불로 복령을 비추어본다. 불이 꺼진 후 그곳에 표를 하고, 길이가 4장(四丈)[62]이나 되는 새 천으

56) 三王 : 夏, 商, 周 세 나라를 세운 禹임금, 湯임금 그리고 文王과 武王을 말한다.

57) 원문은 "文學"으로 관직 이름이다. 漢代에는 州郡이나 王都에 文學을 설치하였으며, '文學掾'이라고도 하고 '文學史'라고도 하였다. 후대의 '敎官'은 이것에서 유래하고 있다.

58) 五帝 : 상고시대 다섯 명의 지도적인 인물로, 대체로 원시시대 후기에 속한다. 일반적으로 黃帝, 顓頊, 帝嚳, 堯, 舜을 지칭하기도 하며, 伏羲, 神農, 黃帝, 堯, 舜을 지칭하기도 한다.

59) 원문은 "伏靈"으로 茯笭을 가리킨다. 소나무 뿌리에 기생하는 검은 버섯으로, 소나무의 뿌리를 포함하여 '伏神'이라고 한다. 모두 약재로 사용한다.

60) 兎絲 : 兎絲子라고도 하며, 실새삼을 말한다. 기생하는 덩굴풀은 줄기가 가늘고 길며, 다른 식물을 휘감고 기생한다. 씨앗은 약재로 사용한다.

61) 『淮南子』「說山訓」에는 다음과 같은 기록이 있다. "천년 된 소나무에는 아래에 茯笭이 있으면 위에 兎絲가 있으며, 위에 무성한 蓍草가 있으면 아래에 거북이 있다. 聖人은 겉을 보고 속을 알고, 한번 보고 숨겨진 것을 안다." 이는 여기서 말하는 것과 부합한다.

62) 西漢 시대에 1尺은 지금의 8寸 3分(27. 65밀리미터)보다 작다. 4丈은 대략 지금의 3丈 3尺 2寸과 같다.

로 주위를 싸두었다가, 이튿날 날이 새면 그곳에서 복령을 캐낸다. 깊이 넉 자에서 일곱 자까지 파면 복령을 얻을 수가 있다. 만약에 일곱 자보다 깊이 파면 복령을 얻을 수 없다. 복령은 천년 묵은 노송의 뿌리로, 사람들이 그것을 먹으면 불로장생한다. 듣건대 백개의 줄기가 난 시초는, 그 밑에 반드시 신귀가 있어서 이를 지키고, 그 위에는 항상 푸른 구름이 덮여 있다고 한다. 옛날 점복서에는 또 다음과 같이 쓰여 있다. '천하가 태평하고 왕도(王道)가 행해지면, 시초의 줄기는 열 자나 되는 길이로 자라고, 한 뿌리에서 백개의 줄기가 난다.' 지금 사람들이 시초를 얻고자 하나 옛날 법도에 부합하지 않기 때문에, 백개의 줄기가 있고 줄기의 길이가 열 자가 되는 것은 얻을 수 없다. 줄기가 80개 있고 길이가 여덟 자 되는 것마저 얻기 어렵다. 시초로 점치기를 좋아하는 사람들은 줄기가 60개 있고 길이가 여섯 자 되는 것을 얻을 수만 있어도 좋다고 여긴다고 쓰여 있다. 옛날 책에는 다음과 같이 기록되어 있다. '능히 명귀(名龜)를 얻은 사람은 재물이 그에게 모여들어, 그 집은 크게 부유하게 되어 반드시 천만냥을 모을 수 있다.' 명귀(名龜)는 모두 여덟 종류가 있는데, 첫째를 '북두귀(北斗龜),' 둘째를 '남진귀(南辰龜),' 셋째를 '오성귀(五星龜),' 넷째를 '팔풍귀(八風龜),' 다섯째를 '이십팔수귀(二十八宿龜),' 여섯째를 '일월귀(日月龜),' 일곱째를 '구주귀(九州龜),' 여덟째를 '옥귀(玉龜)'라고 부른다. 점복서에서 묘사하고 있는 여덟 종류의 명귀 그림에는 각각 거북의 배 밑에 문자가 적혀 있고, 그 문자 부분에 적혀 있는 설명이 그 명귀의 이름에 해당된다. 여기서는 그 대강의 뜻만을 기록하고 그 그림은 그리지 않겠다. 이러한 명귀를 얻을 때에는 반드시 한 자 두 치를 얻지 않으면 안 되는데, 백성들은 일곱 치나 또는 여덟 치 길이의 거북을 얻어도 보배로 여긴다. 지금 사람들이 말하는 주옥(珠玉)이나 보기(寶器)는 비록 깊이 감추어져 있어도 그 빛을 드러내고 반드시 그 신명함을 나타낸다는 것은 이를 두고 말한 것임에 틀림없다. 그러므로 아름다운 옥이 산에 있어 초목이 기름지고, 깊은 못에 진주가 있어 물가 언덕의 물이 마르지 않아 허물어지지 않는 것은 진주와 옥이 가져다주는 결과이다. 명월(明月)과 같은 아름다운 진주는 강과 바다에서 나며, 조개 속에 감추어져 있고, 교룡(蛟龍)이 그 위에 엎드려 있다. 왕이 그것을 얻으면 오래도록 천하를 보존할 수 있고, 주위의 오랑캐들이 복종한다. 만약에 어떤 사람이 줄기가 백개 있는 시초를 얻고, 동시에 그 밑에 있는 신귀(神龜)까지 얻어 점을 친다면 그가 말한 것이 백발백중이어서 충분히 길흉화복을 판정할 수 있을 것이다.

신귀는 장강(長江) 물 속에서 난다. 여강군(廬江郡)[63]에서는 매년 때에 맞추어 태복관에게 길이 한 자 두 치 되는 살아 있는 거북을 20마리 헌상하는데, 태복관은 길일을 가려 그 배의 껍질을 벗겨낸다. 거북은 천 년이 되어야 길이가 한 자 두 치가 된다. 제왕이 군대를 일으키고 장군을 파견할 때는 반드시 종묘의 당상(堂上)[64]에서 귀갑을 찔러 점을 쳐서 길흉을 판단한다. 지금 고조묘(高祖廟) 안에는 거북의 방이 있는데, 그 안에는 위에서 언급한 거북 껍질이 신령스러운 보물로 보관되어 있다.

옛 점복서에는 다음과 같이 쓰여 있다. '거북의 앞발의 뼈를 얻어 몸에 지니고, 거북을 얻어 집안 서북쪽에 걸어두면, 깊은 산이나 큰 숲속으로 들어가도 길을 잃지 않는다.' 내가 낭관(郎官)으로 있을 때 『만필석주방(萬畢石朱方)』[65]을 본 적이 있는데, 그 책에는 다음과 같이 쓰여 있었다. '신귀는 강남의 가림(嘉林) 속에 산다. 가림이란 그 속에 범이나 늑대와 같은 맹수가 없고, 올빼미와 같은 나쁜 새도 없으며, 독충이나 해충도 없고, 들불도 여기까지는 미치지 못하며, 여기서는 도끼로 나무를 벨 수 없는, 즉 좋은 숲이라는 것이다. 신귀는 이 가림에서 항상 아름다운 연잎 위에 집을 짓고 산다. 신귀의 왼쪽 옆구리에는, 갑자(甲子) 중광(重光)에 나를 얻는 사람이 필부(匹夫)라면 임금이 되거나 봉토(封土)가 있는 제후가 될 것이며, 제후가 나를 얻으면 제왕이 될 것이다라는 글이 쓰여 있다. 흰 뱀이 몸을 도사리고 있는 숲속에서 신귀를 얻고자 하는 사람은 목욕재계를 하고 그것이 나타나주기를 기다리는데, 어떤 사람이 신귀에 관한 비밀을 알려주기를 기다리듯 몸가짐은 겸손하고 공손하게 해야 한다. 그리고 이때는 술을 땅에 부어 제사 지내고, 머리를 풀어 산발을

63) 廬江郡 : 楚漢 시기에 秦九江을 나누어 郡을 설치하였다. 그 위치는 舒(지금의 安徽省 廬江縣 서남쪽)에 있었다. 漢나라 때의 경계는 지금의 安徽省 巢縣, 舒城, 霍山 이남, 長江 이북, 湖北省 英山, 廣濟, 黃海와 河南省 商城縣 등이다.

64) 원문은 "廟堂"이다. 太廟의 明堂. 옛날에 제왕이 제사 지내고 의논하던 곳이다. 조정을 지칭하기도 한다.

65) 『萬畢石朱方』 : 萬畢은 사람 이름으로, 方術之士이다. 『史記索隱』에 따르면 '萬畢術' 안에 '石朱方'이 있다.

해야 한다. 이렇게 사흘 밤낮을 얻고자 갈구하면 신구를 얻을 수 있다.' 이러한 기록으로 보아 신귀의 영묘함은 대단하다는 것을 알 수 있다! 어찌 우리가 신귀를 존경하지 않을 수 있겠는가?

남쪽에 거북으로 침대 다리를 받쳐둔 노인이 살았는데, 그후 20여 년이 지난 뒤 노인이 죽어 침대를 옮겼으나, 거북은 아직도 살아 있었다. 이것은 거북이 제 스스로 기(氣)를 마음대로 움직일 수 있기 때문이다. 어떤 사람이 다음과 같이 물었다. '거북이 이처럼 신령한 것인데, 태복관이 살아 있는 거북을 얻으면, 어째서 곧 죽여 그 껍질을 얻습니까?' 최근에 장강 근처에 사는 어떤 사람이 명귀(名龜)를 얻어 기르고 있었는데, 거북 때문에 그 집안은 큰 부자가 되었다. 그는 친구와 상의하여 거북을 놓아주려 하였다. 친구는 거북을 죽여 놓아주지 말라고 하였다. 거북을 놓아주면 거북이 집을 망하게 할 것이라고 말하였다. 그러자 거북은 꿈에 나타나 다음과 같이 말하였다. '나를 물 속으로 돌려보내고, 죽이지는 마시오.' 그러나 그 사람은 결국 거북을 죽이고 말았다. 그러자 거북을 죽인 후 그 사람은 죽고 집안에는 불행이 잇달았다. 백성과 군왕의 도리는 다르다. 백성이 명귀를 얻으면 아무래도 죽이지 않는 편이 낫다. 그러나 고사에 따르면 옛날 명왕(明王)과 성주(聖主)는 모두 거북을 죽여서 사용하였다.

송 원왕(宋元王)[66]은 한 마리의 신귀(神龜)를 얻어 역시 죽여 점치는데 사용하였다. 삼가 그 일을 아래에 기술하여 옛 이야기를 듣기 좋아하는 사람들에게 감상하게 하고자 한다.

송 원왕 2년, 장강(長江)의 신(神)이 신귀를 황하의 신에게 사자로 보

66) 宋 元王 : 『莊子』「外物」편에 "宋元君"이라고 되어 있다. 宋 元公 子佐(?-기원전 517년)를 일컫는다. 춘추시대 宋나라의 임금으로, 기원전 531년에서 기원전 517년까지 재위하였다. 여러 공자를 죽여 내란이 일어났으며, 후에 魯 昭公이 귀국하여 元王을 죽였다. 錢大昕은 宋나라가 偃부터 왕이라고 칭하였으며, 여기서 말하고 있는 元王이 王偃이라고 여겼다. 宋王 偃(?-기원전 286년)은 전국시대 말기의 宋나라 임금으로, 기원전 328년에서 기원전 286년까지 재위하였다. 『戰國策』, 『呂氏春秋』, 『資治通鑑』에는 "宋康王"이라고 되어 있다. 그는 薛나라를 정벌하고 騰나라를 멸망시켰으며, 齊나라와 楚나라 땅을 빼앗고 서쪽으로는 魏나라 군대를 무찔러 여러 나라와 적대관계에 있었다. 그리고 천지간의 귀신을 무시하고 대신의 간언을 듣지 않아서 제후들이 그를 '桀宋'이라고 하였다. 후에 齊나라, 魏나라, 楚나라 등 세 나라가 기원전 286년 宋나라를 멸망시키고 그 땅을 삼분하여 나누어 가졌으며, 宋王 偃도 죽게 되었다.

냈다. 신귀가 천양(泉陽)[67]에 이르렀을 때 예저(豫且)[68]라는 어부가 그물로 이를 잡아 바구니 속에 넣어두었다. 밤중에 신귀는 송 원왕의 꿈에 나타나 이렇게 말하였다. '저는 장강 신의 명령으로 황하 신에게 사신으로 가던 길이었는데, 제가 가는 길목에 그물이 쳐져 있어, 천양 지방에 사는 예저에게 잡혀 도망칠 수 없습니다. 곤경에 빠졌으나 하소연할 사람이 아무도 없습니다. 대왕께서는 평소에 덕과 의리가 있으신지라 이렇게 찾아와 도움을 청합니다.' 원왕(元王)은 깜짝 놀라 잠에서 깨어났다. 그리고 박사(博士) 위평(衞平)을 불러 물었다. '방금 과인은 꿈속에서 한 남자를 만났는데, 그는 목을 길게 늘어뜨리고 머리가 길쭉하였으며, 검은색으로 수놓은 옷을 입고, 검은 수레에 올라타고 나타나 과인에게 이렇게 말하였소. 저는 장강 신을 위해서 황하 신에게 사신으로 가는 길이었는데, 제가 가는 길목에 그물이 쳐져 있어, 천양에 사는 예저에게 잡혀 도망칠 수 없습니다. 곤경에 빠졌으나 하소연할 사람이 아무도 없습니다. 대왕께서는 평소에 덕과 의리가 있으신지라 이렇게 찾아와 도움을 청합니다라고 말이오. 이 남자는 도대체 무엇이란 말인가?' 위평은 이야기를 다 듣고 점치는 식(式)[69]을 들고 일어나, 하늘을 우러러 달빛을 보고 북두성(北斗星)[70]의 두병(斗柄)이 가리키는 방향을 관찰한 다음, 태양이 그때 하늘에 있는 곳을 추정하였다. 위평은 컴퍼스와 짧은 자 그리고 저울대와 저울추로 측량하였다. 동남쪽, 서북쪽, 서남쪽, 동북쪽의 네 방향[71]에 위치를 정하고, 건(乾), 곤(坤), 진(震), 손(巽), 감(坎), 리(裏), 간(艮), 태(兌) 등 팔괘(八卦)도 바르게 배열하였다. 위평은 원왕

---

67) 泉陽 : 고을 이름. 그 위치는 분명하지 않다. 지금의 河南省에 해당한다.

68) 豫且 : 泉陽 지방에서 고기를 잡는 어부. 『莊子』「外物」 편에는 "余豫"로 되어 있다.

69) 式 : 점치는 도구이다. 위에는 하늘 형상이 그려져 있고, 밑에는 땅의 모습이 그려져 있다. 사용하는 시기는 하늘과 땅이 혼란스러울 때이다.

70) 北斗星 : '北斗七星'이라고도 한다. 북쪽 하늘에 국자 모양으로 늘어서 있는 일곱 개의 별, 즉 큰곰자리 별을 말한다. 그중에서 玉衡, 開陽, 搖光 세 별을 '斗柄'이라고 한다. 北斗星은 계절과 시간에 따라 그 위치가 다르며, 北極星을 중심으로 돌고 있는 것처럼 보았기 때문에 옛날 사람들은 해가 질 무렵 斗柄이 가리키는 방향을 근거로 하여 계절을 정하였다. 斗柄이 동쪽을 가리키면 봄이고, 남쪽을 가리키면 여름이며, 서쪽을 가리키면 가을이고, 북쪽을 가리키면 겨울이다.

71) 원문은 "四維"이다. 동남쪽(巽), 동북쪽(艮), 서남쪽(坤), 서북쪽(乾) 등 네 방위를 말한다.

이 꾼 꿈의 길흉을 헤아리고, 왕이 꿈에서 본 것이 거북이라는 것을 예지하고, 원왕에게 대답하였다. '어젯밤은 임자일(壬子日)[72]로, 태양이 북쪽 현무상(玄武象)인 우수(牛宿)[73]에 자리잡는 날입니다. 이때가 되면 강물이 크게 불어 귀신이 서로 상의합니다. 은하수가 남북으로 종관(縱貫)하면, 강신(江神)과 하신(河神)은 약속하기를 남풍이 갑자기 불면 강신이 사자를 보내 연락하기로 하였습니다. 하늘의 흰 구름이 은하수를 덮으면 만물이 모두 어려운 상황을 맞게 됩니다. 그리고 북두성의 두병(斗柄)이 태양을 향하면, 강신의 사자가 갇히게 됩니다. 수놓은 검은 색의 옷을 입고 검은 색의 수레에 탄 것은 거북입니다. 대왕께서는 급히 사람을 보내어 거북을 찾도록 하십시오.' 대왕은 '알았소'라고 대답하였다.

그래서 송 원왕은 사자를 급히 천양으로 보내어 천양령(泉陽令)[74]에게 묻게 하였다. '너의 현에는 어부의 집이 몇 집이나 되는가? 그리고 누가 예저인고? 예저가 잡은 거북이 대왕의 꿈에 나타났기 때문에, 대왕께서 나를 이곳으로 보내어 그 거북을 찾아오라고 명령하셨다.' 천양령은 관속들을 시켜 호적대장을 조사하게 하고, 주민의 분포도를 자세히 살펴, 강가에서 고기잡이를 업으로 삼아 살아가는 쉰다섯 집을 알아내었으며, 그 중에서 마침내 상류에 거주하고 있는 주인이 예저라는 것을 알게 되었다. 천양령은 말하기를 '이 사람이다'라고 하였다. 그리고 사자와 함께 달려가 예저에게 물었다. '어젯밤 너는 고기를 잡으러 가서 무엇을 얻었느냐?' 예저가 대답하였다. '한밤중에 그물을 올려 거북을 잡았습니다.' 사자가

---

72) 옛날 사람은 干支紀日法을 사용하였는데, 10干과 12支를 순서에 따라 조합하여 60개의 단위를 만들어 60甲子라고 하였다. '壬子'는 그중의 하나이다. 어떤 경우에 날짜 표시는 天干을 기록하고 地支를 기록하지 않는데, 10干의 하나인 '壬' 역시 날짜를 표시한다. 시간을 표시할 때는 12支를 사용하여 12時辰이라고 하는데, '子'는 그중의 하나이다. 이는 밤 12시 전후를 말한다.

73) 牛宿 : 중국 고대 천문학자들은 하늘의 별의 집합체를 宿(星宿, 후대에는 星官)라고 하였다. 그중에서 28宿는 天象을 관측하고 해와 달 그리고 五星이 하늘에서 운행하는 상황을 관측하는 좌표이다. 28宿는 일반적으로 네 부분으로 나누어지는데, 각 부분은 7개의 宿로 이루어져 있다. 동서남북 네 방위는 蒼龍, 白虎, 朱雀, 玄武 등 네 가지 동물의 형상과 어우러져 四象이라고 한다. 28宿는 北斗 斗柄이 가리키는 角宿를 기록으로 하여 서쪽에서 동쪽으로 배열하고 있으며, 그 이름은 四象과 관계가 있다. 28宿는 三垣(太微垣, 紫微垣, 天市垣)과 결합하여 하늘을 나누는 표준이 되고 있다.

74) 令 : 縣令으로 한 縣의 행정장관이다. 秦漢 이후 인구 萬戶 이상의 縣의 장관을 令이라 하였으며, 萬戶 이하의 장관을 長이라 하였다.

말하였다. '지금 거북은 어디 있느냐?' 예저가 대답하였다. '바구니 안에 있습니다.' 사자가 말하였다. '왕께선 네가 거북을 잡은 것을 아셨다. 그래서 내게 그것을 구해오라고 명령을 하신 것이다.' 그러자 예저가 말하였다. '알았습니다.' 그리고 곧 거북을 바구니 안에서 꺼내 묶은 다음 사자에게 바쳤다.

사자는 거북을 수레에 싣고 천양 성문을 나섰다. 대낮인데도 깜깜해서 아무것도 보이지 않았고, 심한 비바람이 치며, 하늘과 땅이 모두 어두컴컴하였다. 청황(靑黃)의 오색 구름이 거북을 실은 수레 위를 덮어, 번개와 비가 함께 일어나며 바람이 불어왔다. 사자는 거북을 실은 수레를 끌고 국도(國都)의 궁전 정문으로 들어와서 동쪽 방에서 원왕을 뵈었다. 거북의 몸뚱이는 흐르는 물처럼 번쩍이고 있었고, 멀리 원왕을 보자 목을 늘이고 앞으로 기어가서, 세 걸음 나아가 멈추더니 목을 움츠리고 물러나 본래의 위치로 돌아갔다. 원왕은 이것을 보고 이상하게 생각하여 위평에게 물었다. '거북은 과인을 보자 목을 늘이고 앞으로 기어나와, 왜 앞을 바라다본 것인고? 또 목을 움츠리고 본래의 위치로 돌아갔는데, 이것은 무슨 뜻인고?' 위평이 대답하였다. '거북은 어려운 상황 속에 꼬박 하룻밤을 갇혀 있게 되었는데, 왕께서는 덕과 의가 계시어 사자를 보내 이를 구해내셨던 것입니다. 지금 목을 내밀고 앞으로 기어나간 것은 감사하다는 뜻을 나타낸 것이며, 목을 움츠리고 물러난 것은 속히 떠나고 싶다는 뜻입니다.' 원왕이 말하였다. '그래. 이 거북이 이토록 신령하다는 말인가? 오래 머물게 해서는 안 되겠다. 빨리 수레를 준비하여 거북을 보내주어 임무를 완수해야 할 기한에 늦지 않게 하라.'

위평이 대답하였다. '이 거북은 천하의 보물입니다. 먼저 이 거북을 얻은 사람이 천자가 됩니다. 그리고 (이 거북에 의해서 점을 치면) 영험하지 않는 것이 없으며, 전쟁에 승리하지 않는 적이 없습니다. 이 거북은 깊은 못에서 태어나서 황토(黃土)에서 성장하여, 하늘의 도를 알고 상고(上古)의 일에 밝습니다. 물 속에 살기를 3천년! 자기에게 정해진 구역을 벗어나지 않으며, 편안하고 얌전하고, 조용하고 바르며, 움직이는 데 힘을 들이지 않습니다. 수명은 천지(天地)와 같아, 그 끝을 아는 사람이 없습니다. 이 거북은 사물과 함께 변화하며, 사철마다 그 색깔을 쉽게 바꿉니다. 사는 곳에서 가만히 숨어서 살며, 엎드려 다른 것을 먹지 않습니다. 즉 봄에는 푸른 색, 여름에는 노란 색, 가을에는 흰색, 겨울에는 검은 색으로 변합니다. 이 거북은 음양(陰陽)[75]을 이해하고 형(刑)과 덕(德)을 알아서 이해(利害)를 예견할 수 있고, 화복(禍福)을 분명히 해줍니다. 이 거북으로 점을 치면 말하는 것은 반드시 맞고, 전쟁에서는 반드시 이깁니다. 왕께서 이것을 보물로 가지고 계시면 제후들이 모두 복종하게 될 것입니다. 왕께서는 이를 놓아 보내지 마시고 이 거북으로 나라를 안정시키도록 하십시오.'

원왕이 말하였다. '이 거북은 대단히 신령하여 하늘에서 내려와 깊은 못으로 떨어져 환난에 처한 상황에서 과인을 어진 사람으로 생각하고, 후덕하고 충과 신의가 있다고 믿었기 때문에 과인에게 찾아와 구원을 요청한 것이다. 과인이 만일 놓아주지 않으면 어부와 무엇이 다르겠는가? 어부는 거북의 고기로 이익을 취하고, 과인은 그 신묘한 힘을 탐낸다면, 이것은 바로 아랫사람은 어질지 못한 일을 하고, 윗사람은 덕이 없는 일을 행하는 것이 된다. 군신이 다같이 예가 없으면 어떻게 복을 받을 수 있겠는가? 과인은 이 거북을 붙들어두는 일을 차마 하지 못하겠다. 어떻게 이 거북을 놓아주지 않을 수 있겠는가!'

위평이 대답하였다. '그렇지 않습니다. 신은 다음과 같은 말을 들었습니다. 은혜와 덕이 크면 보답할 필요가 없으며, 다른 사람이 귀중한 물건을 대왕께 맡기면 돌려줄 필요가 없다고 말입니다. 하늘이 내려준 물건을 대왕께서 받아들이지 않으면 하늘이 대왕의 보물을 빼앗아가는 것을 기다리는 것과 같습니다. 지금 이 거북이 천하를 주유하면서 어느곳으로 가든 위로는 창천(蒼天)에 이르며 아래로는 초야를 가까이하면서 구주(九州)를 돌아다녔건만 치욕을 당하지 않았고, 어느곳에서도 저지당하지 않고 돌아다녔습니다. 그러나 그 거북이 지금 천양에 이르러 어부에게 치욕을 당하고 갇히었습니다. 대왕께서 비록 놓아준다 하더라도 강신과 하신이 분노하여 반드시 복수하여 치욕을 씻고자 할 것입니다. 그러면 거북은 스스로 우리를 공격하고 자신의 신령함으로 우리를 우롱할 것입니다. 만약에 큰비를 내려 홍수를 일으키면 다스릴 방법이 없을 것입니다. 그리고

75) 陰陽 : 중국 철학 범주의 하나로, 자연계는 대립적이면서 소멸하고 생장하는 물질로 이루어져 있다고 한다. 『易傳』의 작가는 음양의 변화를 우주의 기본적인 규칙으로 이해하였다.

가뭄이 들게 하고 큰 바람을 일으키고 모래 바람을 일으켜서 황충이 많아진다면 백성들이 농사 짓는 시기를 그릇치게 될 것입니다. 대왕께서 이 거북을 인의로써 대한다면 반드시 거북의 징벌이 있을 것입니다. 이것은 다른 원인이 있어서가 아니라 귀신의 재앙이 거북의 몸에 있기 때문입니다. 대왕께서 나중에 후회한다면 어찌 늦지 않겠습니까! 바라옵건대 대왕께서는 거북을 놓아주지 마십시오.'

원왕은 탄식하며 말하였다. '다른 사람의 사자를 가로막고, 다른 사람의 계획을 망치는 것이 난폭한 것이 아니란 말인가? 다른 사람의 물건을 빼앗아 그것을 자신의 보물로 한다면 횡포가 아니란 말인가? 과인은 다음과 같은 말을 들었다. 갑자기 얻은 물건은 갑자기 잃게 되고 강제로 다른 사람의 물건을 빼앗은 사람은 나중에 빈털털이가 된다고 하였다. 하걸(夏桀)과 상주(商紂)는 난폭하고 횡포하여 나라는 망하고 자신은 죽게 되었다. 지금 내가 그대의 말을 듣는다면 인의가 없다는 말을 듣게 되고 난폭한 도리만 있게 되는 것이다. 이렇게 하면 강신과 하신은 상 탕왕(商湯王)과 주 무왕(周武王)이 되고 나는 걸왕과 주왕이 될 것이다. 어떤 좋은 점은 없지만 예기치 않은 재앙이 닥칠지도 모르는 일이다. 과인이 거북을 대하고 의혹에 싸여 불안한데 어떻게 이 보물을 섬길 수 있다는 말인가? 빨리 거북을 내보내고 이곳에 오래 머무르지 않게 하도록 하라.'

위평이 대답하였다. '그렇지 않습니다. 대왕께서는 걱정하지 마십시오. 천지간에는 돌이 쌓여 산을 이루고 있으나 산은 아무리 높아도 무너지지 않으며, 땅은 산으로 인해 안정을 유지하고 있습니다. 그러므로 물건 중에서 어떤 것은 위태로운 듯이 보이면서 오히려 안전한 것이 있고, 어떤 것은 가벼우면서도 쉽게 옮길 수 없는 것이 있으며, 사람들 가운데에도 어떤 사람은 충신이기는 하지만 방종한 사람만 못한 경우도 있고, 어떤 사람은 못난 얼굴을 가지고 있으면서도 큰 벼슬에 적당하며, 어떤 사람은 아름답고 좋은 얼굴을 하고 있어도 뭇사람의 화근이 되기도 합니다. 지혜가 남보다 뛰어난 신인(神人)이나 성인(聖人)이 아니면 사물의 이치를 다 알 수는 없습니다. 봄, 여름, 가을, 겨울은 덥기도 하고 춥기도 합니다. 추위와 더위가 정상이 아니면 나쁜 기운이 사물을 해치게 됩니다. 일년 중에는 다른 절기가 있어 때에 따라 각각 다르게 됩니다. 그러므로 봄에는 만물이 나고, 여름에는 자라며, 가을에는 거두어들이고, 겨울에는 저장하는 것입니다. 어떤 사람은 인의를 행하고 어떤 사람은 난폭한 행동을 합니다. 난폭한 행동도 때로는 행할 이유가 있으며, 인의도 행할 때가 있는 것입니다. 만물은 모두가 이와 같아서 도리를 똑같이 행할 수는 없습니다. 대왕께서 신의 견해를 듣기 원하신다면, 이 점에 대해서 상세히 말씀드리겠습니다. 하늘에 오색이 나타나면 흑백을 분간해야 하고, 땅이 오곡을 낳으면 선악을 알아야만 합니다. 백성들이 그것을 분간하지 못하면 금수와 같습니다. 계곡이나 동굴에 살면 농사 짓는 일을 모릅니다. 세상에 화난(禍難)이 자주 일어나면, 음양이 뒤바뀌고 혼란해집니다. 모든 일을 급하게 해도 혼인만은 하지 않습니다. 요괴와 재난이 계속 출현하여 인간의 번식능력이 아주 약해졌습니다. 그래서 후에 성인이 나와 모든 생물을 분별하고 처리하여 다시는 서로간에 해치는 일이 없도록 하였습니다. 짐승에게는 암수의 구별을 두어 산과 벌판에 살게 하였으며, 새들에게도 암수의 구별을 두어 숲과 못에 흩어져 살게 하였고, 딱딱한 껍질이 있는 곤충은 골짜기에 두었습니다. 그리고 성인이 백성들을 다스리는 데는 성곽을 지어 성 안에 마을과 길을 만들고, 성 밖에 사방으로 논밭을 만들었습니다. 부부에게는 집과 논밭을 나누어주었습니다. 그리고 그들에게 호적을 만들게 하여 성(姓)에 따라 가족을 구분하였습니다. 벼슬을 세워 소임을 두고, 지위와 봉록을 주는 것으로써 그들을 권장하며, 명주와 삼베옷을 입히고 오곡을 먹게끔 하였습니다. 따라서 백성은 논밭을 갈아 흙으로 씨를 덮고, 김매어 잡초를 없애며, 입으로 맛있는 것을 먹고, 눈으로 아름다운 것을 보며, 몸으로 이익을 받았습니다. 위에 말한 것으로 판단하면 강하지 않고서는 여기까지 이르지 못합니다. 그러므로 밭갈이하는 사람이 강하지 못하면 창고가 차지 않으며, 장사꾼이 강하지 못하면 남은 이익을 얻지 못하며, 부녀들이 강하지 못하면 포면(布帛)이 정교하지 못하고, 소임이 강하지 못하면 위세가 성립될 수 없으며, 대장이 강하지 못하면 사졸은 명령대로 움직이지 않고, 후왕(侯王)이 강하지 못하면 평생에 이름이 나지 못한다고 하였습니다. 이처럼 강한 것은 모든 일의 처음이며, 분별하는 도리요, 사물의 기강이 되므로 강한 것을 통해 찾는다면 얻지 못하는 것이 없다고도 하였습니다. 왕께서 그렇지 않다고 생각이 되신다면 왕께서는 저 옥독(玉櫝), 척치(隻雉)가 곤륜산(崑崙山)[76]

76) 崑崙山 : 지금의 新疆 自治區, 西藏 自治區, 靑海省 근처에 있다.

에서 나고 명월주(明月珠)가 사방 바다에서 난다는 것을 모르십니까? 그것들은 돌을 깨고, 조개를 갈라 꺼낸 다음 시장에 내다 팔게 됩니다. 성인은 그것을 얻어 큰 보물로 하고, 큰 보물을 가지고 있는 사람은 천자가 됩니다. 지금 왕께서는 거북을 붙들어두는 것을 강한 것이라고 생각하고 계시나 곤륜산에서 돌을 깨는 쪽이 강한 것입니다. 이것을 캐는 사람에게는 허물이 없으며, 보물이라 하여 깊이 간직하는 사람에게는 화가 없습니다. 지금 거북은 사자로서 찾아와 그물에 걸림으로써 어부에게 잡혔지만 대왕의 꿈에 나타나 도움을 구하였던 것이니, 이것은 나라의 보물입니다. 대왕께서는 아무것도 걱정하실 것이 없습니다.'

원왕이 말하였다. '그렇지는 않다. 과인은 간(諫)은 복이요, 아첨은 화이므로, 임금이 아첨을 받아들이는 것은 어리석고 유혹되어 있기 때문이다라고 들었다. 그렇기는 하지만 화는 함부로 이르는 것이 아니고 복은 공연히 오는 것이 아니다. 천지의 기운이 화합해서 비로소 모든 제물이 생긴다. 기운에는 음양의 나눔이 있고, 사계절은 차례로 바뀌며, 열두 달은 동지와 하지를 기간으로 하여 번갈아 든다. 성인은 여기에 통철해 있으므로 몸에 재앙이 없고, 명왕은 이 이치로써 다스리기 때문에 아무도 속이지 못하는 것이다. 그러므로 복이 이르는 것은 사람이 스스로 낳는 것이요, 화가 이르는 것은 사람이 스스로 이룩하는 것이다라고 말하였던 것이다. 화와 복은 같은 것이며, 형(刑)과 덕은 한 쌍이다. 성인은 이것을 꿰뚫어보고 길흉을 아는 것이다. 걸왕과 주왕 때에는 하늘과 공을 다투고, 귀신은 길을 막아 사람과 서로 통하지 못하도록 하였다. 이것 자체가 이미 참으로 무도한 일이었는데, 거기에 또 아첨하는 신하가 많이 있었다. 걸왕(桀王)에게는 조량(趙梁)이라는 아첨하는 신하가 있었다. 그는 걸왕으로 하여금 무도한 일을 행하게 하고, 늑대처럼 탐욕스러운 짓을 권장하며, 은나라의 탕왕을 붙들어 하대(夏臺)[77]의 옥에다 가두고, 관용봉(關龍逢)[78]을 죽이게 하였다. 좌우에 있는 사람은 죽음을 두려워하여 걸왕을 곁에서 모시면서도 그날을 넘기기 위한 아첨으로 일관하였다. 나라는 계란을 쌓아올린 것보다도 더 위험한 상태에 있었는데도 모두 걱정

77) 夏臺 : 옛날 누각 이름. '鈞臺'라고도 한다. 지금의 河南省 禹縣 남쪽에 있다.
78) 關龍逢 : 夏나라 말기의 대신. 夏나라 桀王의 포학무도하여 關龍逢이 여러 차례 간언하자 桀王에게 죽임을 당하였다.

없습니다라고 말하고 걸왕 만세를 외치기를 즐겨 하였고, 개중에는 즐거움은 아직 반에도 미치지 못하였습니다라고 선동하는 사람도 있었다. 결국 걸왕의 이목을 가리고 함께 속이며 미쳐 날뛰었던 것이다. 그 결과 탕왕이 드디어 걸왕을 치게 되어 그의 몸은 죽고 나라는 망하였다. 아첨하는 신하의 말을 받아들였기 때문에 몸이 화를 입은 것이다. 역사는 이 사실을 기록에 남겨 오늘날까지 전해준다. 주왕(紂王)에게도 아첨하는 신하가 있었는데 좌강(左彊)이라 불렀다. 그는 눈짐작으로 측량할 수 있는 것을 자랑하며 주왕으로 하여금 상아로 꾸민 화려한 궁전을 짓게 하였는데, 그 높이는 하늘에 닿을 정도였다. 또 주왕에게는 구슬을 새겨넣은 침대도 있었다. 그는 코뿔소의 뿔로 만든 그릇과 옥으로 만든 그릇, 상아로 만든 젓가락 등으로 국을 먹었다. 성인 비간(比干)은 심장을 갈리게 되었고, 겨울 아침에 시내를 건넌 장사(壯士)는 다리가 끊겼다. 기자(箕子)[79]는 죽는 것이 두려워 머리를 풀어 흩뜨리고 미치광이로 가장하였다. 주나라 태자 역(歷)을 죽이고, 문왕(文王) 창(昌)을 돌집에 처넣어 저녁 무렵에서 아침까지 가두어두려고 하였다.[80] 결국 음긍(陰兢)이 그를 구출해서 함께 달아나 주나라 땅으로 들어간 다음 태공 망(太公望)을 자기 편으로 하여 군사를 모아 일으켜 주왕을 공격하였다. 문왕이 죽었으므로 주나라 군사들은 그의 시체를 수레에 싣고 전진하며 태자 발(發)이 대신 장군이 되어 무왕(武王)이라 불렀다. 목야(牧野)[81]에서 싸워 주왕을 화산(華山)[82] 남쪽에서 깨트렸다. 주왕은 이기지 못하고 패해 돌아갔으나 상아로 장식한 궁전에서 포위를 당하자 침소에서 자살하였다. 이리하여 주왕은 몸이 죽어도 장사를 지내지 못하고 그의 머리는 네 마리 말이 끄는 수레 뒤의 횡목에 매달려 갔던 것이다. 과인은 이 같은 일들을

79) 箕子 : 商나라의 귀족. 관직은 太師를 역임하였다. 箕(지금의 山西省 太谷縣 동북쪽)에 제후로 봉해졌다. 紂王에게 간언하였다가 감금당하였다. 周나라 武王이 商을 멸망시키고 箕子를 석방하였다. 『尙書』「周書」"洪範"에 箕子가 武王과 대화하였다는 기록이 전해지는데, 이는 후세 사람이 쓴 것이다.

80) 역사서에는 紂王이 西伯昌(周 文王), 九侯(鬼侯), 鄂侯를 三公으로 삼았다가, 차례로 九侯와 鄂侯를 죽이자, 西伯昌이 그 소식을 듣고 혼자 탄식하였다고 전해진다. 紂王은 昌을 羑里(지금의 河南省 湯陰縣 남쪽)에 가두었다.

81) 牧野 : 옛 지명. 지금의 河南省 淇縣 서남쪽. 이곳은 殷나라 말기의 도성인 朝歌(지금의 淇縣)에서 멀리 떨어져 있지 않다. 武王은 殷나라에 반대하는 제후들과 이곳에서 회합을 가졌으며, 殷나라 군대를 물리쳤다.

82) 華山 : 牧野 부근의 산 이름. 지금의 陝西省 華陰縣 남쪽에 있는 華山이 아니다.

생각하면 창자가 뒤끓는 것만 같다. 걸왕과 주왕은 천하라는 부를 지니고 천자라는 귀한 자리에 올라 있었던 것이다. 그런데도 크게 거만을 부리고, 욕심은 끝이 없었으며, 일을 일으키고는 높은 것을 기뻐하고, 탐욕스러운 늑대처럼 교만하여 충실한 신하는 쓰지 않고 아첨하는 신하의 말만 받아들여 천하의 웃음거리가 되었다. 지금 우리나라는 제후국에 끼어 힘이 미약하기가 추호와 같다. 일을 일으켜 실패하는 날에는 어디로 도망칠 곳도 없을 것이다.'

위평이 말하였다. '그렇지는 않습니다. 황하 신이 아무리 신령하고 현명하더라도 곤륜산 신에는 미치지 못합니다. 장강의 원류가 멀고 흐르는 길이 길고 크다 하더라도 사해(四海)의 크기에는 미치지 못합니다. 그래서 사람들은 곤륜산과 사해의 보물을 앗아 취하고자 하며, 제후들도 그 보물을 서로 다투어 취하고자 하기 때문에 전쟁이 일어나는 것입니다. 소국이 망하고 대국이 위태하게 되고, 사람들이 부형을 죽이고 처자를 포로로 하며, 나라를 해치고 종묘를 없애기까지 하는 것은, 이 보물을 서로 가지고자 다투기 때문입니다. 이것이 강포(强暴)함입니다. 그러므로 천하를 강포하게 취하더라도 다스리기는 문덕으로써 하고, 사계절의 질서에 위배되지 않고, 반드시 어진 선비를 친애하며 음양의 기운과 더불어 변화하고, 귀신을 사자로 해서 천지와 통하게 하여 더불어 벗이 되면 제후들은 기꺼이 복종하고 백성들 또한 크게 기뻐하게 되어, 나라는 편안하고 사회는 옛 것을 고치고 새로운 것을 시작할 수 있다고 하였습니다. 탕왕과 무왕은 이를 행하였으므로 천자의 귀한 지위를 내 것으로 하였고, 역사는 이를 기록하여 세상의 기강으로 삼았던 것입니다. 그런데 대왕께서는 탕왕과 무왕을 찬양하지 않고 스스로 걸왕과 주왕에 비하고 계십니다. 걸왕과 주왕은 강포하였고 그것을 떳떳한 것인 줄로 생각하였습니다. 걸왕은 사치한 기와집을 짓고, 주왕은 화려한 궁전을 만들어 백성들로부터 실을 징집하여 장작을 대신해서 때는 등 애써 백성들의 힘을 낭비하였습니다. 부세는 한도가 없고, 살육은 멋대로였으며, 사람들의 육축(六畜)을 죽여 가죽을 만들고, 그 가죽으로 자루를 만들어 자루에다 죽인 육축의 피를 담은 다음 그것을 달아 매고, 사람들과 함께 활과 화살로 이를 쏘아 상제(上帝)와 힘을 겨루었으며, 사계절을 거슬러 행동하고 여러 신들에게 올리기 전에 먼저 햇곡식을 먹었습니다. 간하는 사람은 당장 죽게 되고, 아첨하는 자만 옆에 있게 하였습니다. 성인이 세상을 등지고 살고, 백성은 착한 일을 하지 않게 되었습니다. 자주 가뭄이 들어 나라에는 이상한 일들이 많이 일어났으며, 곡식을 해치는 명충(螟蟲)이 해마다 생겨 오곡은 잘 익지 못하였습니다. 백성들은 편히 살지 못하고, 귀신은 제사를 받지 못하였으며, 회오리바람은 매일같이 일어나서 대낮에도 캄캄하였고, 일식과 월식이 함께 일어나 숨을 죽인 듯 빛이 없고, 뭇 별이 어지럽게 흐르며 모든 기상이 끊어졌습니다. 이러한 일을 생각해보더라도 어떻게 걸왕과 주왕이 장구할 수 있었겠습니까? 탕왕과 무왕이 나타나지 않았더라도 때가 오면 당연히 망해야 했던 것입니다. 그러므로 탕왕이 걸왕을 치고 무왕이 주왕을 이긴 것은 때가 그렇게 시킨 것입니다. 이리하여 탕왕과 무왕은 천자가 되고, 자손들 또한 대를 이어 천자가 됨으로써 종신토록 허물이 없었기에 후세 사람들은 오늘날까지 이를 칭찬하고도 그칠 줄을 모릅니다. 이것은 다 때에 맞추어 행할 일을 행하고, 일을 보고 강하게 나가야 할 때에는 강하게 나갔기 때문에 비로소 제왕이 될 수 있었던 것입니다. 지금 이 거북은 큰 보물입니다. 성인의 사자로서 뜻을 현왕(賢王)[83]에게 전하러 온 것입니다. 거북이 손발을 쓰지 않아도 우레와 번개가 거북을 호위하고, 비바람과 강물이 거북을 전송한 것입니다. 후왕(侯王)에게 덕이 있으면 이 거북을 받을 자격이 있는 것입니다. 지금 대왕께서는 덕을 지니고 계시니, 이 보물을 받아 마땅한데도 굳이 받지 않으시려 하니 걱정이 됩니다. 대왕께서 이를 놓아보내시면 송(宋)[84]나라에는 반드시 허물이 생길 것입니다. 뒤에 후회를 하셔도 그때는 이미 어쩌지 못할 것이옵니다.'

원왕은 크게 기뻐하였다. 이리하여 원왕은 하늘이 내리신 물건에 대해서 태양을 향해 감사하고 두 번 절하며 거북을 받은 다음, 날을 가려서 목욕재계하였다. 갑, 을일(甲乙日)이 가장 좋은 날이었으므로 그날에 흰 꿩과 검은 양을 잡아 그 피를 거북에게 들이붓고, 제단 위에서 칼을 휘둘

83) 賢王 : 宋 元王을 말한다.

84) 宋 : 나라 이름. 성은 子氏이다. 나라를 세운 군주는 紂王의 배다른 형제인 微子啓이다. 기원전 11세기에 周公은 紂王의 아들 武庚의 반란을 평정한 후, 商나라 옛 도읍 주변 지역을 微子에게 주었다. 微子는 商丘(지금의 河南省 商丘市 남쪽)에 도읍하였으며, 宋나라 땅은 지금의 河南省 동쪽 및 山東省, 江蘇省, 安徽省 지역에 해당한다. 기원전 286년 齊나라에 멸망당하였다.

러 거북의 뚜껑을 벗겨 가졌다. 거북의 몸에는 긁힌 상처 하나 입히지 않고 벗겨내어 포와 술을 그 창자에 채워 경의를 표하였다. 귀갑은 가시나무 가지로 태워 이것으로 점을 치고자 하면 그 위에는 반드시 틈이 나타났다. 즉 불로 구운 거북의 등에 갈라진 줄이 떠오르고, 그것이 서로 엇갈려 무늬를 나타내는 것이다. 복공(卜工)에게 이를 점치게 하면 말하는 것이 모두가 적중하였다. 그래서 귀갑을 나라의 귀한 보물로 간직하였는데, 그 평판은 가까운 이웃 나라에도 알려졌다. 또 소를 죽여 그 가죽을 벗겨 정(鄭)[85]나라에서 나는 오동나무에 씌워 군고(軍鼓)를 만들면 초목이 각각 흩어져 무장한 군대로 변하였고, 그리하여 싸워 이기고 쳐서 취하는 데는 원왕을 따를 사람이 없었다. 원왕 때 위평은 송나라 재상이 되었다. 송나라가 그무렵 가장 강하였던 것은 거북의 힘에 의한 것이었다.

그러므로 누군가가 이렇게 말하였다. '거북은 대단히 신령해서 원왕에게 현몽(現夢)할 수 있을 정도였지만, 자신은 어부의 바구니에서 나오지는 못하였다. 열번 말해서 하나하나 적중시킬 수는 있었으나 사자로서의 명령을 황하 신에게 전하고 돌아가 장강 신에게 복명할 수는 없었다. 대단히 현명하여 사람을 잘 가르쳐 싸우면 이기고 치면 취할 수 있게 하였지만 자기 몸을 칼날에서 벗어나 뚜껑이 벗기는 화로부터 면하게 할 수는 없었다. 대단히 성지(聖智)로워서 용케 자기의 위기를 미리 알고 재빨리 왕의 꿈에 나타나기는 하였으나 위평의 입을 막을 수는 없었다. 백번 말해 백번을 다 맞히었으나 그의 몸은 잡히고 말았다. 만난 시운이 불리하면 제아무리 현명해도 그 현명함을 활용하지는 못한다. 현인은 항상 어질지만, 선비도 가끔 어질 수가 있다. 그러므로 밝은 눈에도 보이지 않는 것이 있고, 밝은 귀에도 들리지 않은 것이 있는 법이다. 사람은 아무리 현명해도 왼손으로 네모를 그리고 동시에 오른손으로 동그라미를 그리지는 못하며 저 밝은 해와 달도 때로는 뜬구름에 덮히는 수가 있다. 예(羿)[86]는 활을 잘 쏘기로 이름이 높았으나 웅거(雄渠)와 봉문(蠭門)[87]에

---

85) 鄭 : 나라 이름. 성은 姬氏이다. 나라를 세운 군주는 周 宣王의 동생 鄭 桓公(이름은 友)이다. 처음에 鄭(지금의 陝西省 華縣 동쪽)에 제후로 봉해졌는데 후에 동쪽으로 옮겨 나라를 세우고 新鄭(지금은 河南省에 속한다)에 도읍하였다. 기원전 375년 韓나라에 의해서 멸망당하였다.

86) 羿 : 後羿, 夷羿라고도 한다. 夏나라 東夷族의 전설적인 지도자이다. 窮氏 부락에 지도자가 있었는데, 이 사람도 이름이 羿였다. 그는 활 쏘기에 능하였다. 夏나라를

게는 미치지 못하였다. 우임금은 변지(辯智)로써 유명하였지만 귀신을 이기지는 못하였다. 지축이 부러지는 바람에 서까래가 없어져 하늘도 동남쪽으로 기우는데, 하물며 사람에게 어찌 완전하라고 꾸짖을 수가 있겠는가?' 공자(孔子)는 이것을 듣고 말하였다. '신귀는 길흉을 알고 있으나 그 뼈는 그저 헛되이 말려질 뿐이다.' 해는 덕의 상징으로 천하에 군림하고 있으나 세 발 새[88]에게 욕된 꼴을 당하고 있다. 달은 형(刑)의 상징으로서 덕인 해를 보좌하고 있으나 두꺼비에게 먹히어 월식이 된다.[89] 호랑이를 꼼짝 못하게 하는 고슴도치는 까치에게 욕을 당한다. 등사(螣蛇)가 신명하기는 하나 지네에게는 위협을 당한다. 대나무는 밖은 마디가 있고 결이 있으나 속은 텅 비어 있을 뿐이다. 소나무와 잣나무는 모든 나무의 으뜸이지만 베어져 문을 만드는 재목이 된다. 일진(日辰)이 완전하지 못하기 때문에 고(孤)와 허(虛)의 나쁜 날이 생긴다. 황금에도 흠이 생기는 수가 있고, 백옥에도 티가 있는 일이 있다. 일에는 빨리 행해야 할 경우와 서서히 행해야 할 경우가 있다. 모든 사물에는 그 사물의 결점에 구속되는 경우와 그 사물의 장점에 의지되는 경우가 있다. 그물눈을 조밀하게 해야 할 경우와 엉성하게 해야 할 경우가 있다. 마찬가지로 사람에게는 잘하는 점도 있고 못하는 점도 있다. 어떻게 한결같이 적당히 할 수 있겠으며 사물 또한 완전할 수 있겠는가? 하늘도 오히려 완전하지는 못하다. 그러므로 세상에서 집을 지을 때에는 기와를 석 장 모자라게 이어 하늘의 완전하지 못한 것에 맞추는 것이다. 천하에는 온갖 계급이 있고, 물질은 불완전한 채로 생성하는 것이다."

저선생은 말하였다.

"고기잡이가 그물을 들어 신귀를 잡자, 거북은 스스로 송 원왕에게 현

무너뜨리고 太康의 왕위를 빼앗았다. 얼마 후 사냥을 좋아하여 백성들을 돌보지 않아 죽임을 당하였다. 신화전설에 의하면 堯임금 때 10개의 해가 있어 식물이 말라 죽고 맹수들의 피해가 커서, 羿는 9개의 해를 쏘아 떨어뜨리고 맹수들을 죽여서 백성들의 화근을 제거하였다고 한다.

87) 雄渠, 蠭門 : 雄渠子, 蠭門子라고도 한다. 옛날에 활을 잘 쏘기로 유명한 전설적인 인물들이다.

88) 원문은 "三足鳥"이다. 신화전설에 의하면 태양에 세 발 달린 새가 살았다고 전해진다.

89) 신화전설에 의하면 달에 두꺼비가 살았다고 전해진다.

몽을 하였다. 원왕은 박사 위평을 불러 꿈에 본 거북의 모양을 알렸다. 위평은 말뚝을 박아 해와 달의 위치를 정하고, 형(衡)과 도(度)에 의해서 방위를 바로잡아 길흉을 판단한 다음 물건의 빛깔로써 거북이라는 것을 알았다. 위평은 왕을 달래어 신귀를 붙들어두어 나라의 중한 보물로 삼게 하였으니, 이는 장한 일이다. 옛날에 복서를 행할 경우에 반드시 거북을 일컫게 되는 것은 그 이름이 전해내려온 바가 오래되었기 때문이다. 그 전하는 바는 다음과 같다.

3월 2월 정월 12월 11월 중앙은 닫혀지고 안은 높고 밖은 낮다.
4월 머리는 쳐들고 다리는 벌려, 수렴(收斂)의 형상이 일어난다.
5월 횡길(横吉), 머리를 숙인 큰 형상.
6월 7월 8월 9월 10월."[90)]

점을 치는 데 금기사항에는 다음과 같은 규정이 있다.

"자시(子時), 해시(亥時), 술시(戌時)에는 점을 쳐서는 안 된다. 무릇 거북을 죽이되 만일 한낮에 그것을 먹고 저물녘에 점을 치면 점괘가 맞지 않는다. 경신일(庚辛日)은 거북을 죽이는 데 좋고 거북의 껍데기를 벗겨 얇게 하는 데 좋다. 항상 초하루에 귀갑을 씻어 깨끗이 한다. 먼저 맑은 물로 귀갑을 씻고, 계란으로 문질러 상서롭지 않은 것을 없앤다. 그리고 나서 귀갑을 손에 들고 구워 점을 치는 것인데, 이것이 원칙인 것 같다. 만일 점을 쳐도 맞지 않을 때에는 다시 계란으로 씻어내어 깨끗이 하고, 동쪽을 향하고 서서 가시나무 또는 단단한 나무로 지진다. 그때 흙으로 만든 계란으로 귀갑을 세 번 가리킨 다음 그 귀갑을 손에 들고 계란으로 어루만진 후 다음과 같이 빈다. '오늘은 길일입니다. 삼가 쌀과 계란과 귀갑을 구운 나무와 누런 비단으로 옥령(玉靈)의 상서롭지 않은 것을 씻어 깨끗이 하였습니다. 옥령은 반드시 믿음과 정성으로써 모든 일의 진실을 알려주십시오. 그러면 길흉의 징조에 의하여 모든 점을 점칠 수 있습니다. 믿음도 정성도 없다면 옥령을 태워 그 재를 날려보내 다음 거북의

90) 日月龜로 점을 칠 때, 거북의 배 아래에 있는 12개의 흑점을 12월로 한다. 왼쪽에서부터 오른쪽으로 순서에 따라 3월, 2월, 정월에서 12월까지 1주기로 한다. 어느 한 점 부근에 나타난 무늬의 형상을 근거로 하여 그 달에 어떤 길흉이 있는가를 추측한다. 또 横吉은 龜甲에 가로로 금이 가 있는 吉한 경우를 가리킨다.

징계로 삼겠습니다.' 이리하여 점을 칠 때에는 반드시 북쪽을 향하는 것이다. 이때 귀갑의 크기는 반드시 한 자 두 치이어야 한다.

점을 칠 때에는 먼저 가시나무를 때는 아궁이에 거북을 구워 그 한복판에 구멍을 뚫은 다음 다시 굽는다. 그리고는 거북의 머리 부분을 세 번 구멍을 뚫고 다시 세 번 굽는다. 처음 구워 구멍을 뚫은 가운데 부분을 다시 굽는 것을 정신(正身)이라고 하고, 머리를 굽는 것을 정수(正首)라고 하며, 발 쪽을 굽는 것을 정족(正足)이라고 한다. 이렇게 각각 세번씩 굽는다. 그런 다음 곧 아궁이에서 세 번 귀갑을 빙글빙글 돌리고 다음과 같이 빈다. '옥령부자(玉靈夫子)의 신력(神力)에 비나이다. 옥령부자시여, 가시나무로 그대의 가슴을 구워 그대에게 먼저 알리오. 그대는 위로 하늘까지 오르고, 아래로는 못에 들어가오. 모든 신령한 것들이 책(筴)을 헤아려 점을 치더라도 그대의 영험을 따르지는 못하리라. 오늘은 길일으로 정성을 다하여 점을 치고자 합니다. 어떤 사람이 어떤 일을 점치려 하는데, 만약에 점이 길조로 나타나면 자연히 기뻐할 것이고, 길조를 얻지 못하면 고통스러울 것입니다. 만일 제가 얻고자 하는 일이 원하는 대로 된다면 몸은 길고 크게, 목과 다리는 움츠러들어 모두 위로 붙으오. 얻지 못할 것 같으면 내게 그 모양을 보여주기 위해서 몸은 구부리고, 안과 밖이 서로 응하지 않게 하고, 목과 다리는 없어져버리시오.'

영귀(靈龜)로써 점을 칠 때에는 다음과 같이 빈다. '그대 신령스러운 거북에게 비나이다. 오서(五筮)의 신령함도 신귀의 신령함만 같지 못하여 사람의 생사를 아는 것에 미치지 못하오. 어떤 사람이 정성을 다하여 점을 쳐서 어떤 물건을 얻고자 합니다. 만일 희망하는 것을 얻을 수 있다면 머리는 내밀고, 발은 벌리어 안팎이 서로 응하게 하오. 만일 얻어질 수 없다면 머리는 젖히고, 발은 움츠러들어 안팎이 서로 응하지 말고 각각 내리게 하오.' 이렇게 하면 점을 칠 수 있다.

병자를 점칠 때에는 다음과 같이 빈다. '지금 어떤 사람이 중한 병에 걸려 있소. 죽을 것 같으면 머리를 젖히고 발을 벌려 안과 밖이 서로 뒤집히게 하고 몸은 꺾어지시오. 죽지 않을 것 같으면 머리를 젖히고 발을 움츠리시오.'

병자가 귀신이 씌었는지를 점칠 때에는 다음과 같이 빈다. '지금 이 병자가 귀신에 씌었거들랑 징조를 보이지 마오. 귀신에 씌지 않았으면 징조

를 보이오. 집안이 귀신에 씌었거든 징조를 안에 보이고, 바깥이 귀신에 씌었다면 징조를 밖에 보이오.'

옥에 갇힌 사람이 나올 수 있나 없나를 점칠 때에는 다음과 같이 빈다. '출옥할 수 없으면 횡길을 방해하오. 만일 출옥할 수 있으면 발을 벌려 머리를 쳐들어 징조를 밖으로 보이오.'

재물을 구해서 그것이 얻어질까 어떨까를 점칠 때에는 다음과 같이 빈다. '얻어질 수 있으면 머리를 들고 발을 벌려 안팎이 서로 응하게 하고, 만일 얻어질 수 없으면 징조를 보여 머리를 들고 발을 움츠리시오.'

신첩(臣妾)과 마소를 매매하는 것을 점칠 때에는 다음과 같이 빈다. '매매가 잘 될 것 같으면 머리를 들고 발을 벌려 안팎이 서로 응하게 하고, 매매가 잘 안 될 것 같으면 머리를 들고 발을 움츠려 징조를 보여 횡길을 방해하시오.'

도둑이 어느곳에 몇명 모여 있나를 점칠 때에는 다음과 같이 빈다. '지금 우리 장수와 군사 몇명이 도적을 치러 나가오. 이길 것 같으면 머리를 들고 발을 벌려 몸을 바르게 하여, 안은 저절로 높아지고 밖은 낮아지게 하오. 이기지 못할 것 같으면 발을 움츠리고 머리를 들고, 몸은 안을 낮게 하고 밖을 높게 하오.'

가야 할 것인가 가지 말아야 할 것인가를 점칠 때에는 다음과 같이 빈다. '가야 하겠으면 머리와 발을 벌리시오. 가지 말아야 할 것 같으면 발을 움츠려 머리를 들든가 횡길을 방해하시오. 방해하면 가지 않겠소.'

도적을 치러 나갈 때, 제대로 만나게 될 것인지 어떤지를 점칠 때에는 다음과 같이 빈다. '만나게 될 것 같으면 머리는 들고 발은 움츠려 징조를 밖으로 보이오. 만나지 못할 것 같으면 발을 벌려 머리를 드시오.'

도적의 동정을 살피러 갈 경우 제대로 만날 수 있을지 어떨지를 점칠 때에는 다음과 같이 빈다. '만날 수 있으면 머리는 들고 발은 움츠려 징조를 밖으로 보이오. 만날 수 없으면 발을 벌리고 머리를 드시오.'

도적이 일어났다는 소리를 듣고 그것이 쳐들어올 것인지 어떨지를 점칠 때에는 다음과 같이 빈다. '쳐들어올 것 같으면 밖이 높고 안이 낮게 하며, 발은 움츠려 머리를 드시오. 쳐들어오지 않으면 발을 벌리고 머리를 들든가 횡길을 가로막으시오. 그에 따라 기다리고 있든지 이쪽에서 나가든지 하리다.'

전임을 명령받았을 때 벼슬을 그만둘 것인지 그만두지 않을 것인지를 점칠 때에는 다음과 같이 빈다. '버리는 편이 좋으면 발을 벌려 징조를 밖으로 보이고 머리를 드시오. 버리지 않는 편이 좋으면 발을 움츠려 징조를 보이거나 횡길을 보이면 편안히 있으리다.'

관직에 있는 것이 아직 좋은가 좋지 않은가를 점칠 때에는 다음과 같이 빈다. '좋으면 징조를 보여 몸을 바르게 하든지 횡길을 나타내오. 좋지 못하면 몸을 꾸부리고 머리를 들어 발을 벌리오.'

집에 있는 것이 좋으냐 좋지 못하냐를 점칠 때에는 다음과 같이 빈다. '좋으면 징조를 보여 몸을 바르게 하거나 횡길을 나타내오. 좋지 못하면 몸을 꾸부리어 머리를 들고 발을 벌리오.'

그해 농사가 풍년인지 어떨지를 점칠 때에는 다음과 같이 빈다. '풍년이면 머리를 들고 발을 벌려 안이 절로 높고 밖이 절로 드리어지게 하오. 흉년이면 발을 움츠리고 머리를 들어 징조를 밖으로 보이오.'

그해에 전염병이 유행할 것인지 어떨지를 점칠 때에는 다음과 같이 빈다. '전염병이 유행할 것 같으면 머리를 들고 발을 움츠리며, 몸이 굳어지는 징조를 밖으로 보이오. 유행하지 않으면 몸은 바르게, 머리는 들고 발을 벌리오.'

그해에 병란(兵亂)이 일어날까 어떨까를 점칠 때에는 다음과 같이 빈다. '병란이 일어나지 않을 것 같으면 징조를 보이거나 횡길을 나타내오. 병란이 일어날 것 같으면 머리를 들고 발을 벌리며, 몸이 밖으로 굳어지게 해주오.'

귀인(貴人)을 보는 것이 좋은가 좋지 않은가를 점칠 때에는 다음과 같이 빈다. '좋으면 발을 벌려 머리를 들고, 몸은 바로 하여 안이 절로 높게 하오. 좋지 못하면 머리를 들어 몸을 꺾고, 발을 움츠려 밖에서부터 안으로 함몰되어 텅 빈 점괘의 형상을 보이시오.'

남에게 부탁할 일이 있을 경우 그것이 잘 될지 어떨지를 점칠 때에는 다음과 같이 빈다. '잘 될 것 같으면 머리를 들고 발은 벌려 안은 절로 높아지게 하오. 잘 안 될 것 같으면 머리를 들고 발을 움츠려 징조를 밖으로 보이시오.'

도망한 사람의 뒤를 밟아 잡을 수 있을지 어떨지를 점칠 때에는 다음과 같이 빈다. '잡을 수 있으면 머리를 들고 발을 움츠려 안팎이 서로 응하

게 하오. 잡을 수 없으면 머리를 들고 발을 벌리거나 횡길을 나타내오.'

고기잡이나 사냥을 나갈 때 얻는 것이 있을지 없을지를 점칠 때에는 다음과 같이 빈다. '잡는 것이 있으면 머리를 들고 발을 벌려 안팎이 서로 응하게 하오. 없으면 발을 움츠리고 머리를 쳐들거나 횡길을 나타내오.'

나가서 도적을 만나게 될까 어떨까를 점칠 때에는 다음과 같이 빈다. '도적을 만나게 되면 머리를 들고 발을 벌려 몸을 꺾되 밖이 높고 안이 낮게 하오. 만나지 않을 것 같으면 징조를 보이오.'

비가 올까 안 올까를 점칠 때에는 다음과 같이 빈다. '비가 오면 머리를 들어 징조를 밖으로 보이되 밖이 높고 안이 낮게 하오. 오지 않으면 머리를 들고 발을 벌리거나 횡길을 나타내오.'"

명(命)[91]에 말한다. "횡길이 나타나게 되면 병을 점쳤을 때에는 중한 병자라도 그날은 죽지 않는다. 중환자가 아니면 점친 날에 쾌히 낫고 죽지 않는다. 옥에 갇힌 사람 중 중죄인은 나오지 못한다. 경범죄 죄인은 출옥하나 그날을 지나게 되면 나오지 못하지만 오래 옥에 갇혀 있어도 상하는 일은 없다. 재물을 구하고 신첩과 마소를 사는 데는 그날중이라면 원만히 되지만 그날을 넘기면 원만히 되지 않는다. 가야 할 것인지 가지 말아야 할 것인지라면 가지 말아야 한다. 올 것인가 어떨 것인가라면 온다. 그러나 밥 먹을 때가 지나도 오지 않는 사람은 오지 않는다. 도적을 치러 갈 것인지 어떨지라면 가지 말아야 한다. 가더라도 도적을 만나지는 못한다. 도적이 일어났다고 해도 쳐들어오지 않는다. 전임을 할 것인지 어떨 것인지라면 전임하지 않는다. 관직에 있고 집에 있는 것은 모두 좋다. 농사는 풍년이 아니다. 전염병은 유행하지 않는다. 이해 안에 병란은 일어나지 않는다. 사람을 찾아볼 것인가 말 것인가라면 찾아갈 일이다. 찾아가지 않으면 기쁜 일은 없다. 남에게 부탁을 하는 것은 가서 부탁하지 않으면 잘 되지 않는다. 도망간 사람은 뒤를 밟아도 잡을 수가 없고, 고기잡이나 사냥을 나가도 수확은 없다. 나가도 도적은 만나지 않는다. 비가 올지 오지 않을지는 오지 않는다. 갤지 개지 않을지는 개지 않는다."

명에 말한다. "정조(呈兆)가 나타나면 병자는 죽지 않는다. 감옥에 갇

91) 命 : 징조를 보고 판단하는 말.

힌 자는 석방될 수 있다. 밖으로 외출할 수 있다. 올 사람은 온다. 사고 싶은 것은 살 수 있다. 도망자를 쫓는 사람은 잡아들일 수 있지만, 하루가 지나면 잡아들일 수 없다. 점을 치고자 하는 사람이 올 것인지 아닌지는 오지 않을 것이다."

명에 말한다. "주철(柱徹)인 경우, 병을 점쳤을 때에는 죽지 않는다. 옥에 갇혔을 때에는 옥에서 나온다. 가야 할지 어떨지는 가야 한다. 올지 어떨지는 온다. 물건을 사는 것은 잘 되지 않는다. 걱정이 있는 사람은 걱정 안 해도 된다. 도망간 사람은 뒤를 밟아도 잡지 못한다."

명에 말한다. "머리를 쳐들고 발을 움츠리고, 안으로 변화가 있고 밖으로 변화가 없을 경우, 병을 점치면 무거운 병이라도 죽지 않는다. 옥에 갇힌 사람은 석방된다. 재물을 구하고 신첩과 마소를 사는 것은 잘 되지 않는다. 가야 할지 어떨지는 가는 것이 좋다고 들었더라도 가지 말 일이다. 올지 어떨지는 오지 않는다. 도적이 일어났다고 들더라도 쳐들어오지 않는다. 전임을 할 것인지 어떨지는 전임한다는 소문이 나도 전임하지 않는다. 관직에 나아가 있으면 걱정되는 일이 있다. 집에 있으면 재난이 많다. 이해의 농사는 중간 정도 된다. 전염병은 유행한다. 이해 안에 병란이 일어난다. 그러나 공격을 당한다는 소문이 있어도 공격당하지 않는다. 귀인을 만나는 것은 좋다. 가도 시원한 대답을 얻지 못한다. 도망간 사람은 쫓아가도 잡지 못한다. 고기잡이나 사냥을 해도 잡는 것이 없다. 외출을 해도 도적은 만나지 않는다. 비가 올지 안 올지는 전혀 오지 않는다. 갤지 안 갤지는 개지 않는다." 원래 귀갑에 나타나는 자형은 모두 수엄(首儼)으로 되어 있다. '엄'이란 것은 우러러본다는 뜻이다. 그러므로 '머리를 쳐들고'라고 정해져 있는 것이다. 이것은 사기(私記)이다.

명에 말한다. "머리를 들고 발을 움츠리고 안으로 변화가 있고 밖으로 변화가 없을 경우, 병을 점치면 중병이라도 죽지 않는다. 옥에 갇혀 있는 사람은 나오지 못한다. 재물을 구하고 신첩을 사는 것은 잘 되지 않는다. 가야 할지 어떨지는 가지 말아야 할 일이다. 올지 안 올지는 오지 않는다. 도적을 치러 나가도 도적을 만나지 못한다. 도적이 쳐들어온다고 들어도 마음으로만 놀랄 뿐 쳐들어오지는 않는다. 전임될지 안 될지는 전임되지 않는다. 관직에 있고 집에 있는 것은 좋다. 이해의 농사는 흉작이다. 전염병은 크게 유행한다. 이해 안에 병란은 일어나지 않는다. 귀인을 만나는 것은 좋다. 부탁하는 일은 해도 잘 되지 않는다. 도망간 사람은 쫓아도 잡지 못한다. 재물을 잃으면 찾지 못한다. 고기를 잡고 사냥을 해도 얻는 것은 없다. 나가도 도적은 만나지 않는다. 비가 올지 안 올지는 오지 않는다. 갤지 안 갤지는 개지 않는다. 나쁘다."

명에 말한다. "징조를 보이되, 머리를 들고 발을 움츠릴 경우, 병을 점치면 죽지 않는다. 옥에 갇혀 있는 사람은 아직 출옥하지 못한다. 재물을 구하고 신첩과 마소를 사는 것은 잘 되지 못한다. 가야 할지 어떨지는 가지 말 일이다. 올지 안 올지는 오지 않는다. 도적을 치러 나가도 만나지 못한다. 도적이 쳐들어온다고 들었어도 쳐들어오지 않는다. 오래 관직에 있는 사람은 걱정이 많다. 집에 있는 것은 좋지 못하다. 이해의 농사는 흉작이다. 전염병이 유행한다. 이해 안에 병란은 일어나지 않는다. 귀인을 만나는 것은 좋지 않다. 부탁한 일은 해도 잘 되지 않는다. 고기를 잡고 사냥을 해도 얻는 것은 없다. 나가도 도적은 만나지 못한다. 비가 올지 안 올지는 오지 않는다. 갤지 안 갤지는 개지 않는다. 좋지 않다."

명에 말한다. "징조를 보이되 머리를 들고 발을 움츠렸을 경우, 병을 점치는 사람 중 중병자는 죽는다. 갇힌 자는 출옥한다. 재물을 구하고 신첩과 마소를 사는 것은 잘 되지 않는다. 갈지 안 갈지는 갈 일이다. 올지 안 올지는 온다. 도적을 치러 나가도 도적을 만나지 못한다. 도적이 쳐들어온다고 들어도 쳐들어오지 않는다. 전임될지 안 될지는 전임된다. 관직에 머물러 있으려고 해도 오래 있지는 못한다. 집에 있는 것은 좋지 못하다. 이해의 농사는 흉작이다. 전염병이 유행해도 대단하지는 않다. 이해 안에 병란은 일어나지 않는다. 귀인을 만나는 것은 만나지 않는 쪽이 낫다. 부탁하는 일은 해도 잘 되지 않는다. 도망자는 쫓아도 잡지 못하고 고기를 잡고 사냥을 해도 잡는 것은 없다. 나가면 도적을 만난다. 비가 올지 안 올지는 오지 않는다. 갤지 안 갤지는 개지 않는다. 약간 좋다."

명에 말한다. "머리를 들고 발을 움츠릴 경우, 병을 점치면 죽지 않는다. 옥에 갇힌 사람은 오래 지나도 상하는 일은 없다. 재물을 구하고 신첩과 마소를 사는 것은 잘 되지 않는다. 가야 할지 어떨지는 가지 말 일이다. 도적을 치는 것은 나가지 않는 편이 좋다. 올지 안 올지는 온다. 도적이 쳐들어온다고 들려오면 쳐들어온다. 전임하게 될지 않을지는 전임의 소문이 나도 전임되지 않는다. 집에 있는 것은 좋지 않다. 이해의 농사는 흉작이다. 전염병은 대단치 않다. 이해 안에 병란은 일어나지 않는다. 귀인을 만날지 말지는 만나는 편이 좋다. 부탁하는 일은 해도 잘 되지는 않고, 도망자를 추적해도 잡을 수가 없으며, 고기잡이와 사냥을 해도 얻는 것은 없다. 나가면 도적을 만난다. 비가 올지 안 올지는 오지 않는다. 갤지 어떨지는 개지 않는다. 좋다."

명에 말한다. "머리를 들고 발을 벌리고 안으로 변화가 있을 경우, 병자를 점치면 죽는다. 옥에 갇힌 사람은 출옥한다. 재물을 구하고 신첩과 마소를 사는 것은 잘 되지 않는다. 가야 할지 어떨지는 갈 일이다. 올지 어떨지는 온다. 도적을 치는 것은 나가도 도적을 만나지 못한다. 도적이 쳐들어온다고 들려와도 쳐들어오지는 않는다. 전임될지 어떨지는 전임된다. 관직에 머물러 있으려고 해도 오래 있지 못한다. 집에 있는 것은 좋지 못하다. 이해의 농사는 풍작이다. 전염병이 유행해도 대단치는 않다. 이해 안에 병란은 일어나지 않는다. 귀인을 만나는 것은 좋지 않다. 부탁하는 일은 해도 잘 되지 않는다. 도망간 사람을 쫓아도 잡지 못한다. 고기를 잡고 사냥을 해도 얻는 것은 없다. 나가도 도적을 만나지 않는다. 비는 갠다. 개면 조금 좋고, 개지 않으면 더 좋다."

명에 말한다. "횡길로서, 안팎의 징조가 절로 높을 경우, 병자를 점치게 되면 쾌히 낫지 못하고 죽는다. 옥에 갇힌 사람은 무죄가 판명되어 출옥한다. 재물을 구하고 신첩과 마소를 사는 것은 잘 된다. 가야 할지 어떨지는 갈 일이다. 올지 안 올지는 온다. 도적을 치면 서로 힘이 비슷하다. 도적이 쳐들어온다는 소문이 들리면 쳐들어온다. 전임될지 어떨지는 전임된다. 집에 있는 것은 좋다. 이해의 농사는 풍작이다. 전염병은 유행하지 않는다. 이해 안에 병란은 일어나지 않는다. 귀인을 만나고, 부탁을 하고, 도망자를 뒤쫓고, 고기 잡고 사냥하는 것은 모두 잘 되지 않는다. 나가면 도적을 만난다. 비가 올지 안 올지는 온다. 갤지 어떨지는 갠다. 아주 좋다."

명에 말한다. "횡길로서 안팎의 징조가 절로 길할 경우, 병을 점치면 병자는 죽는다. 옥에 갇힌 사람은 출옥하지 못한다. 재물을 구하고 신첩과 마소를 사고 도망자를 뒤쫓고 고기 잡고 사냥하는 것은 모두 잘 되지 않는다. 갈 것인지 안 갈 것인지는 가면 돌아오지 않는다. 전임할지 안 할지는 전임하게 된다. 관직에 머물러 있으면 걱정되는 일이 있다. 집에 있거나 귀인을 만나거나 부탁을 하는 일은 모두 좋지 못하다. 이해의 농사는 흉작이다. 전염병은 유행한다. 이해 안에 병란은 일어나지 않는다. 나가도 도적을 만나지 않는다. 비가 올지 안 올지는 오지 않는다. 갤지 안 갤지는 개지 않는다. 좋지 못하다."

명에 말한다. "어인(漁人)[92]일 경우, 병자를 점치면 중병자도 죽지 않는다. 옥에 갇힌 사람은 출옥한다. 재물을 구하고, 신첩과 마소를 사고, 도적을 치고, 부탁을 하고, 도망간 사람을 뒤쫓고, 고기 잡고 사냥하는 것은 모두 잘 되지 않는다. 가야 할지 어떨지는 갈 일이다. 올지 안 올지는 온다. 도적이 쳐들어온다고 들려도 쳐들어오지 않는다. 전임할지 어떨지는 전임하지 않는다. 집에 있는 것은 좋다. 이해의 농사는 흉작이다. 전염병이 유행한다. 이해 안에 병란은 일어나지 않는다. 귀인을 만나는 것은 좋다. 나가도 도적을 만나지 않는다. 비가 올지 어떨지는 오지 않는다. 갤지 어떨지는 개지 않는다. 좋다."

명에 말한다. "머리를 들고 발을 움츠리고 안이 높고 밖이 낮을 경우, 병을 점치면 중병자라도 죽지 않는다. 옥에 갇힌 사람은 출옥하지 못한다. 재물을 구하고, 신첩과 마소를 사고, 도망간 사람을 뒤쫓고, 고기 잡고 사냥하는 것은 모두 잘 되어간다. 가야 할지 어떨지는 갈 것이 못 된다. 올지 어떨지는 갈 것이 못 된다. 올지 어떨지는 온다. 도적을 치면 이긴다. 전임될지 어떨지는 전임되지 않는다. 관직에 머물러 있으면 걱정은 있어도 손해는 없다. 집에 있으면 걱정과 병이 많다. 이해의 농사는 대풍이다. 전염병이 유행한다. 이해 안에 병란이 있으나 쳐들어오지는 않는다. 귀인을 만나거나 부탁을 하거나 하는 것은 좋지 않다. 나가면 도적을 만난다. 비가 올지 안 올지는 오지 않는다. 갤지 어떨지는 개지 않는다. 좋다."

명에 말한다. "횡길로서, 위로 앙(仰)이 있고 아래로 기둥이 있을 경우, 병은 오래 끌어도 죽지 않는다. 옥에 갇힌 사람은 나오지 못한다. 재물을 구하고 신첩과 마소를 사고, 도망자를 추적하고, 고기 잡고 사냥하는 것은 모두 잘 되지 않는다. 가야 할지 어떨지는 가지 않는다. 도적을 치는 것은 나가지 않는 편이 좋다. 나가도 만나지 못한다. 도적이 쳐들어온다고 들려와도 쳐들어오지 않는다. 전임할지 어떨지는 전임하지 않는

92) 漁人 : 나타난 징조의 이름일 것이나 확실하지 않다.

다. 집에 있거나 귀인을 만나거나 하는 것은 좋다. 이해의 농사는 대풍이다. 전염병이 유행한다. 이해 안에 병란은 일어나지 않는다. 나가도 도적을 만나지 않는다. 비가 올지 안 올지는 오지 않는다. 갤지 어떨지는 개지 않는다. 아주 좋다."

명에 말한다. "횡길로서, 유앙(楡仰)의 경우, 병을 점치면 죽지 않는다. 옥에 갇힌 사람은 출옥하지 못한다. 재물을 구하고 신첩과 마소를 사는 것은 나가보아도 여의치 못하다. 가야 할지 어떨지는 가지 말 일이다. 올지 어떨지는 오지 않는다. 도적을 치는 것은 나가지 않는 편이 좋다. 나가도 만나지 못한다. 도적이 쳐들어온다고 들려와도 쳐들어오지 않는다. 전임될지 어떨지는 전임되지 않는다. 관직에 머물러 있거나 집에 있거나 귀인을 만나거나 하는 것은 좋다. 이해의 농사는 풍작이다. 이해 안에 전염병이 유행하나 병란은 일어나지 않는다. 부탁을 하거나 도망자를 추적하거나 하는 것은 여의치 못하다. 고기 잡고 사냥하는 것은 나가도 얻는 것이 없고 잘 되지 않는다. 나가도 도적을 만나지 않는다. 비가 올지 안 올지는 온다. 갤지 어떨지는 개지 않는다. 조금 좋다."

명에 말한다. "횡길로서, 아래에 기둥이 있을 경우, 병을 점치면 중병이라도 쾌히 낫고 죽지 않는다. 옥에 갇힌 사람은 출옥한다. 재물을 구하고 신첩과 마소를 사고, 부탁을 하고, 도망자를 뒤쫓고, 고기 잡고 사냥하는 것은 모두 여의치 못하다. 가야 할지 어떨지는 가야 한다. 올지 어떨지는 안 온다. 도적을 치러 나가도 만나지 못한다. 도적이 쳐들어온다는 소문이 들리면 쳐들어온다. 전임을 하거나 관직에 머물러 있거나 하는 것은 좋으나 오래 가지 못한다. 집에 있는 것은 좋지 못하다. 이해의 농사는 흉작이다. 전염병은 유행하지 않는다. 이해 안에 병란은 일어나지 않는다. 귀인을 만나는 것은 좋다. 나가도 도적은 만나지 않는다. 비가 올지 어떨지는 오지 않는다. 갤지 어떨지는 갠다. 조금 좋다."

명에 말한다. "재소(載所)의 경우, 병을 점치면 모두 나아 죽지 않는다. 옥에 갇힌 사람은 출옥한다. 재물을 구하고 신첩과 마소를 사고, 부탁을 하고, 도망자를 추적하고, 고기 잡고 사냥하는 것은 모두 가능하게 된다. 가야 할지 어떨지는 가야 한다. 올지 어떨지는 온다. 도적을 치는 경우, 마주치게는 되나 싸움에까지는 이르지 않는다. 도적이 쳐들어온다고 들리면 쳐들어온다. 전임될지 어떨지는 전임된다. 집에 있으면 걱정이 있다. 귀인을 만나는 것은 좋다. 이해의 농사는 풍작이다. 전염병은 유행하지 않는다. 이해 안에 병란은 일어나지 않는다. 나가도 도적을 만나지 않는다. 비가 올지 어떨지는 오지 않는다. 갤지 어떨지는 갠다. 좋다."

명에 말한다. "근격(根格)의 경우, 병자를 점치면 죽지 않는다. 옥에 갇힌 사람은 오래되어도 해가 없다. 재물을 구하고 신첩과 마소를 사고, 부탁을 하고, 도망자를 뒤쫓고, 고기 잡고 사냥하는 것은 모두 여의치 못하다. 가야 할지 어떨지는 가지 말 일이다. 올지 어떨지는 오지 않는다. 도적을 치는 것은 나가도 싸움에는 이르지 않는다. 도적이 쳐들어온다고 들려도 쳐들어오지 않는다. 전임할지 어떨지는 전임하지 않는다. 집에 있는 것이 좋다. 이해의 농사는 보통은 된다. 전염병이 유행하나 죽는 사람은 없다. 귀인을 만나려고 해도 만날 수 없다. 나가도 도적을 만나지 않는다. 비가 올지 안 올지는 오지 않는다. 아주 좋다."

명에 말한다. "머리가 들리고 발을 움츠려 밖이 높고 안이 낮을 경우, 걱정이 있는 사람을 점치면 해가 없다. 가야 할지 어떨지는 가면 돌아오지 않는다. 오래 앓은 병자는 죽는다. 재물을 구하는 것은 여의치 못하다. 귀인을 만나는 것은 좋다."

명에 말한다. "밖이 높고 안이 낮은 경우, 병자를 점치면 죽지는 않으나 탈이 붙는다. 매매는 여의치 못하다. 관직에 머물러 있거나 집에 있거나 하는 것은 좋지 못하다. 가야 할지 어떨지는 가지 말 일이다. 올지 어떨지는 오지 않는다. 옥에 갇힌 사람은 오래되어도 해가 없다. 좋다."

명에 말한다. "머리가 들리고 발이 열리며, 안팎이 서로 응할 경우, 병자를 점치면 회복한다. 옥에 갇힌 사람은 출옥한다. 가야 할지 어떨지는 가야 된다. 올지 어떨지는 온다. 재물을 구하는 것은 가능하다. 좋다."

명에 말한다. "징조를 보이되, 머리를 들고 발을 벌릴 경우, 병을 점치면 심해져서 죽는다. 옥에 갇힌 사람은 출옥은 하나 걱정이 있다. 재물을 구하고 신첩과 마소를 사고, 부탁을 하고, 도망자를 뒤쫓고, 고기 잡고 사냥하는 것은 모두 여의치 못하다. 가야 할지 어떨지는 가지 말 일이다. 올지 안 올지는 오지 않는다. 도적을 쳐도 싸움에까지는 이르지 않는다. 도적이 쳐들어온다고 하면 쳐들어온다. 전임을 하거나, 관직에 머물러 있거나, 집에 있거나 하는 것은 모두 좋지 못하다. 이해의 농사는 흉작이다. 전염병은 유행하나 죽는 사람은 생기지 않는다. 이해 안에 병란은 일어나지 않는다. 귀인을 만나는 것은 좋지 못하다. 나가도 도적을 만나지 않는다. 비가 올지 안 올지는 오지 않는다. 갤지 어떨지는 개지 않는다. 좋지 않다."

명에 말한다. "징조를 보이되, 머리를 들고 발을 벌리고, 밖이 높고 안이 낮을 경우, 병자를 점치면 죽지는 않으나 다른 탈이 있다. 옥에 갇힌 사람은 출옥은 하나 걱정이 있다. 재물을 구하고 신첩과 마소를 사는 것은 만나려 해도 만나지 못한다. 가야 할지 어떨지는 가야 한다. 올지 어떨지는 온다는 소문이 있어도 오지 않는다. 도적을 치면 이긴다. 도적이 쳐들어온다고 들려와도 쳐들어오지 않는다. 전임하거나, 관직에 머물러 있거나, 집에 있거나, 귀인을 만나거나 하는 것은 모두 좋지 못하다. 이해의 농사는 보통은 된다. 전염병이 유행한다. 이해 안에 병란이 일어난다. 부탁을 하거나 도망자를 추적하거나 고기 잡고 사냥하는 것은 모두가 여의치 못하다. 나가면 도적을 만난다. 비가 올지 안 올지는 오지 않는다. 갤지 어떨지는 갠다. 나쁘다."

명에 말한다. "머리를 들고 발을 움츠리고 몸을 구부려 안팎이 서로 응할 경우, 병을 점치면 중병이라도 죽지 않는다. 옥에 갇힌 사람은 오래 지나도 출옥하지 못한다. 재물을 구하고 신첩과 마소를 사고, 고기 잡고 사냥하는 것은 모두 여의치 못하다. 가야 할지 어떨지는 가지 말 일이다. 올지 어떨지는 오지 않는다. 도적을 치면 이긴다. 도적이 쳐들어온다고 들리면 쳐들어온다. 전임될지 어떨지는 전임되지 않는다. 관직에 머물러 있거나, 집에 있거나 하는 것은 좋지 않다. 이해의 농사는 흉작이다. 전염병이 유행한다. 이해 안에 병란이 있으나 쳐들어오지는 않는다. 귀인을 만나면 기쁨이 있다. 부탁을 하거나 도망자를 추적하거나 하는 것은 여의치 못하다. 나가면 도적을 만난다. 나쁘다."

명에 말한다. "내격외수(內格外垂)인 경우, 외출하고자 하는 사람은 외출하지 않는 것이 좋다. 올 사람은 오지 않는다. 병자는 모두 죽는다. 감옥에 갇힌 자는 석방되지 않는다. 재물을 얻고자 하나 얻지 못한다. 사람을 만나려 하나 만날 수 없다. 아주 좋다."

명에 말한다. "횡길로서, 안팎이 서로 응하여 절로 높고, 유앙상주(楡仰上柱)하고, 발을 움츠릴 경우, 병을 점치면 중병이라도 죽지 않는다. 옥에 갇힌 사람은 오래 있으나 죄는 되지 않는다. 재물을 구하고 신첩과 마소를 사고, 부탁을 하고, 도망자를 추적하고, 고기 잡고 사냥하는 것은 모두 여의치 못하다. 가야 할지 어떨지는 가지 말 일이다. 올지 어떨지는 오지 않는다. 관직에 머물러 있거나, 집에 있거나, 귀인을 만나거나 하는 것은 좋다. 전임할지 어떨지는 전임하지 않는다. 이해의 농사는 대풍이라고 할 수 없다. 전염병이 유행한다. 이해 안에 병란이 일어나기는 하나 전쟁의 화는 없다. 나가면 도적을 만난다는 소문이 있어도 실제로 만나지는 않는다. 비가 올지 안 올지는 오지 않는다. 갤지 어떨지는 갠다. 아주 좋다."

명에 말한다. "머리를 들고 발을 움츠리고 안팎이 자연히 드리워질 경우, 병으로 근심하는 사람을 점치면 중병이라도 죽지 않는다. 관직에 머물러 있고 싶어도 있을 수 없다. 가야 할지 어떨지는 가야 한다. 올지 어떨지는 오지 않는다. 재물을 구하는 것은 여의치 못하다. 사람을 구하는 것도 여의치 못하다. 좋다."

명에 말한다. "횡길로서, 아래로 기둥이 있을 경우, 올까 어떨까를 점치면 온다. 점친 날 오지 않으면 당분간 오지 않는다. 병자를 점쳤는데, 하루를 지나도 쾌유하지 못하면 낫지 못하고 죽는다. 가야 할지 어떨지는 가지 않는 편이 좋다. 재물을 구하는 것은 여의치 못하다. 옥에 갇힌 사람은 출옥하게 된다."

명에 말한다. "횡길로서, 안팎이 절로 들려 있을 경우, 병자를 점치면 오랜 병이라도 죽지 않는다. 옥에 갇힌 사람은 오래 지나도 출옥하지 못한다. 재물을 구하는 것은 가능하나 얻는 것이 적다. 가야 할지 어떨지는 가지 말 일이다. 올지 안 올지는 오지 않는다. 귀인을 만날 것인지 어떨 것인지는 만나는 편이 좋다. 좋다."

명에 말한다. "안쪽으로 높고 바깥쪽으로 낮아져 다리와 머리가 너무 가벼운 경우, 재물을 구하면 얻을 수 없고, 외출하고자 하는 사람은 외출해도 된다. 병자는 나을 수 있다. 감옥에 갇힌 사람은 석방되지 않는다. 귀인을 만나고자 하나 만날 수 없다. 좋다."

명에 말한다. "외격(外格)의 경우, 재물을 구하는 것은 여의치 못하다. 가야 할지 어떨지는 가지 말 일이다. 올지 어떨지는 오지 않는다. 옥에 갇힌 사람은 출옥하지 못하며 불길하다. 병자는 죽는다. 귀인을 만날 것인지 어떨지는 만나는 편이 좋다. 좋다."

명에 말한다. "안이 절로 들리고, 밖은 오는 것이 바르고 발이 벌어질 경우, 가야 할지 어떨지는 가야 한다. 올지 어떨지는 온다. 재물을 구하는 것은 가능하게 된다. 병자는 병이 오래 가나 죽지 않는다. 옥에 갇힌 사람은 출옥하지 못한다. 귀인을 만날 것인지 어떨 것인지는 만나는 편이 좋다. 좋다."[93]

이것은 횡길로서, 위로 떠받치고 안과 밖이 절로 들리고 발은 움츠려 있다. 구하는 것을 점치면 뜻대로 된다. 병자는 죽지 않는다. 옥에 갇힌 사람은 해를 입는 일은 없으나 아직 출옥은 못한다. 가야 할지 어떨지는 가지 말 일이다. 올지 어떨지는 오지 않는다. 사람을 만나는 것은 만나지 않는 편이 좋다. 모든 일이 다 좋다.

이것은 횡길로서, 위로 떠받치고 안과 밖이 절로 들리고, 주족(柱足)은 만들어져 있다. 구하는 것을 점치면 뜻대로 된다. 병자는 거의 죽게 되었어도 병이 낫고 회복된다. 옥에 갇힌 사람은 상하는 일이 없이 출옥한다. 가야 할지 어떨지는 가지 말 일이다. 올지 어떨지는 오지 않는다. 사람을 만나는 것은 만나지 않는 편이 좋다. 모든 일이 다 좋다. 군사를 일으키는 것도 괜찮다.

이것은 정사(挺許)로서, 밖으로 변화가 있다. 구하는 것을 점치면 여의치 못하다. 병자는 죽지 않고 종종 회복된다. 옥에 갇힌 사람은 죄가 있으나 말로만 그렇게 운운될 뿐 해는 입지 않는다. 가야 할지 어떨지는 가지 말 일이다. 올지 어떨지는 오지 않는다.

이것은 정사로서, 안으로 변화가 있다. 구하는 것을 점치면 여의치 못하다. 병자는 죽지 않고 종종 회복된다. 옥에 갇힌 사람은 죄가 있으나 해를 입지 않고 출옥한다. 가야 할지 어떨지는 가지 말 일이다. 올지 어떨지는 오지 않는다. 사람을 만나는 것은 만나지 않는 편이 좋다.

이것은 정사로서, 안팎은 저절로 들려 있다. 구하는 것을 점치면 뜻대로 된다. 병자는 죽지 않는다. 옥에 갇힌 사람은 무죄이다. 가야 할지 어떨지는 가야 한다. 올지 어떨지는 온다. 발갈이, 매매, 고기잡이, 사냥은 모두 뜻대로 된다.

---

93) 다음의 글은 모두 점을 말한 글로서, 첫머리에 쓰여 있는 것은 모두 거북의 징조로, 옮겨 쓰는 동안에 "命曰"이 없어져버린 것으로 보인다.

이것은 호학(狐狢)이다. 구하는 것을 점치면 여의치 못하다. 병자는 죽고 회복하기 어렵다. 옥에 갇힌 사람은 무죄라도 나오기 어렵다. 집에 있는 것은 좋다. 장가를 들고 시집을 가는 것은 좋다. 가야 할 것인지 어떨 것인지는 가지 말 일이다. 올지 어떨지는 오지 않는다. 사람을 만나는 것은 만나지 않는 편이 좋다. 걱정할 일이 있느냐 없느냐는 없다.

이것은 호철(狐徹)이다. 구하는 것을 점치면 여의치 못하다. 병자는 죽는다. 옥에 갇힌 사람은 죄를 받게 된다. 가야 할지 어떨지는 가지 말 일이다. 올지 어떨지는 오지 않는다. 사람을 만나는 것은 만나지 않는 편이 좋다. 할 말이 정해져 있어 핑계는 댈 수가 없다. 모든 일이 다 좋지 못하다.

이것은 머리를 숙이고 발을 움츠려 몸이 굽어 있다. 구하는 것을 점치면 여의치 못하다. 병자는 죽는다. 옥에 갇힌 사람은 유죄로 되고, 원망을 듣는다. 간 사람은 오지 않는다. 가야 할지 어떨지는 가야 한다. 올지 어떨지는 오지 않는다. 사람을 만나는 것은 만나지 않는 편이 좋다.

이것은 정(挺)의 안팎이 저절로 드리워져 있다. 구하는 것을 점치면 여의치 못하다. 병자는 죽고 회복하기 어렵다. 옥에 갇힌 사람은 무죄이나 출옥하기 어렵다. 가야 할지 어떨지는 가지 말 일이다. 올지 어떨지는 오지 않는다. 사람을 만나는 것은 만나지 않는 편이 좋다. 좋지 못하다.

이것은 횡길로서, 유앙(楡仰), 머리를 숙이고 있다. 구하는 것을 점치면 여의치 못하다. 병자는 회복하기 어려우나 죽지는 않는다. 옥에 갇힌 사람은 출옥하기 어려우나 해는 입지 않는다. 집으로 돌아갈 수 있고 며느리를 맞고 딸을 시집 보내는 것은 좋다.

이것은 횡길로서, 위를 떠받치는 것이 바르고, 몸은 굽고, 안팎은 절로 들려 있다. 병자를 점치면 점친 날에는 죽지 않고 그 이튿날에 죽는다.

이것은 횡길로서, 위를 떠받치고 발이 움츠려들고, 안이 절로 들리고 밖이 저절로 드리워져 있다. 병자를 점치면 점친 날에는 죽지 않고 그 이튿날에 죽는다.

머리를 숙이고 발을 감추고, 바깥 징조는 있고 안쪽 징조는 없다. 병자는 귀갑의 점이 끝나기 전에 급히 죽는다. 복경실대(卜輕失大)는 하루 만에 죽지 않는다.

머리를 들고 발은 움츠려 있다. 구하는 것을 점치면 여의치 못하다. 옥에 갇힌 사람은 유죄로 된다. 그 죄에 대해서 사람들이 운운하는 것은 두려운 일이나 그로 인해 해를 입지는 않는다. 가야 할 것인지 어쩔지에 대해서는 가서는 안 된다. 사람을 만나는 것은 만나지 않는 편이 좋다.

범론(汎論)해서 말한다.

"바깥 징조는 남의 일이고, 안쪽 징조는 자기 일이다. 바깥 징조는 여자의 일이고, 안쪽 징조는 남자의 일이다. 머리를 숙이고 있는 것은 걱정거리가 있는 것이다. 큰 것은 몸으로, 작은 것은 가지로 판단한다.[94] 그 대강은 다음과 같다. 즉 병자에 대해서는 발이 움츠러들면 살고, 발이 열리면 죽는다. 오는 사람에 대해서는 발이 열리면 오고, 발이 움츠러들면 오지 않는다. 가는 사람에 대해서는 발이 움츠러들면 가서는 안 되고, 발이 열리면 가야 한다. 구하는 것에 대해서는 발이 열리면 뜻대로 되고, 발이 움츠러들면 여의치 못하다. 옥에 갇힌 사람에 대해서는 발이 움츠러들면 출옥하지 못하고, 발이 열리면 출옥한다. 병자를 점쳐서 발이 열렸는데도 죽는 것은 안이 높고 밖이 낮기 때문이다."

94) '몸'은 큰 龜裂을 말하고, '가지'는 작은 龜裂을 말한다.

권129 「화식열전(貨殖列傳)」 제69

노자(老子)[1]가 말하기를 "지극히 잘 다스려지는 시대는 이웃 나라와 서로 마주 보이고, 닭과 개 짖는 소리가 서로 들릴 정도이며, 백성들은 각자 자신들의 음식을 달게 먹고, 그들의 의복을 아름답게 여기고, 풍속을 편안하게 여기며, 자신들의 일을 즐거워하고, 늙어 죽을 때까지 서로 왕래하지 않는 것"[2]이라고 하였다. 그러나 만약 이러한 것을 목표로 삼아, 요즘의 풍속을 옛날처럼 돌이키려 하거나 백성의 눈과 귀를 틀어막는 것은 아마 실행할 수 없을 것이다.

태사공은 말하였다.

"나는 대저 신농씨(神農氏)[3] 이전의 일에 대해서는 잘 모른다. 그런데 『시경(詩經)』이나 『서경(書經)』에 쓰여 있는 우(虞)[4]나 하(夏)[5]와 같은 나라 이후의 상황을 보자면, 눈과 귀는 아름다운 소리나 모습의 좋은 점을 힘껏 보고 들으려 하고, 입은 여러 고기 등의 좋은 맛을 보고 싶어한다. 또한 몸은 편하고 즐거운 것을 두려워하고, 마음은 권세와 재능이 가져다준 영화로움을 자랑하려 하니, 이러한 풍속이 백성들을 전염시킨 지 이미 오래되었다. 때문에 오묘한 이론[6]을 가지고 집집마다 들려주어도 도저히 교화시킬 수가 없다. 그러므로 정치를 가장 잘하는 자는 자연스러

1) 老子 : 춘추시대의 사상가, 道家의 창시자. 성은 李, 이름은 耳, 字는 伯陽이다. 楚나라 苦縣(지금의 河南省 鹿邑 동쪽) 厲鄕 曲仁里 사람.

2) 『老子』 80章 참조.

3) 神農氏 : 농업과 의약을 발명하였다는 전설 속의 인물.

4) 虞 : 즉 有虞氏. 전설 속에 나오는 상고시대의 부락 이름.

5) 夏 : 중국 역사상 첫번째의 왕조인 夏后氏로써, 夏后氏 부락의 영수인 禹의 아들 啓가 세운 노예제 국가. 陽城(지금의 河南省 登封縣 동남쪽), 安邑(지금의 山西省 夏縣 서북쪽) 등에 도읍을 세웠다. 약 기원전 21세기부터 기원전 16세기 전후까지 있었다.

6) 원문 "眇論"은 말로는 설명하기 어려운 오묘한 이론을 말한다. '眇'는 '妙'와 같은 뜻으로 쓰였다. 전술한 老子의 태평성대(小國寡民)에 대한 이론.

움을 따르고, 그 다음은 이익으로써 백성들을 이끌고, 그 다음은 깨우치도록 가르치고, 또 그 다음은 백성들을 가지런히 바로잡는 사람이고, 가장 못하는 자는 백성들과 다투는 사람이다.

대체로 산서(山西)[7] 지방에는 재목과 대나무, 닥나무〔穀〕, 삼〔纑〕, 검정소〔旄〕,[8] 옥석(玉石) 등이 풍부하고, 산동(山東)[9] 지방에는 물고기, 소금, 옻, 실〔絲〕과 미녀가 많다. 강남(江南)[10] 지방에서는 녹나무〔枏〕,[11] 가래나무〔梓〕, 생강, 계수나무〔桂〕,[12] 금과 주석, 납〔連〕,[13] 단사(丹砂), 무소〔犀〕, 대모(玳瑁),[14] 진주, 짐승의 이빨과 가죽 등이 많이 난다. 또한 용문(龍門)[15]과 갈석(碣石)[16]의 북쪽에는 말, 소, 양, 모직물과 가죽, 짐승의 힘줄과 뿔 등이 많이 난다. 구리와 철은 천리사방 곳곳에서 나오므로, 산에서 나온 것이 마치 바둑돌을 펼쳐놓은 것 같다. 이것이 각지 생산품의 대략적인 상황이다. 이것들은 모두 중국 사람들이 좋아하는 것으로, 세간에서 쓰이는 피복, 음식, 산 사람을 먹이고 죽은 자를 장사 지내는 데에 쓰이는 용품인 것이다. 그러므로 농민들이 먹을 것을 생산하고, 어부나 사냥꾼[17]이 물품을 생산하고, 기술자들은 이것으로 물건을 만들며, 상인들은 이를 유통시킨다. 이러한 일들이 정령(政

---

7) 山西 : 옛 지역 이름. 전국시대와 秦漢 시대에는 崤山 혹은 華山 서쪽의 넓은 지역을 통칭하는 말이었는데, 당시에는 '關中'과 같은 뜻으로 쓰였다.

8) 旄 : 旄牛를 말한다. 꼬리 부분의 긴 털로 깃발 등의 장식을 만들었다.

9) 山東 : 전국시대와 秦漢 시대에는 崤山 혹은 華山 동쪽의 넓은 지역, 즉 '關東'을 말한다. 일반적으로는 黃河 유역을 가리키지만, 때로는 전국시대의 秦나라 외의 여섯 나라의 영토를 가리키기도 한다.

10) 江南 : 전국시대와 秦漢 시대에는 일반적으로 지금의 湖北省의 江南 부분과 湖南省, 江西省 일대를 지칭하였다.

11) 枏 : 녹나무과에 속하는 常綠喬木.

12) 桂 : 지칭하는 것이 무엇인지 여러 가지 설이 있다. 桂花(즉 木犀나무, 물푸레나무)를 말하기도 하고, 계수나무의 껍질인 계피를 말한다고도 한다.

13) 連 : 鉛.

14) 玳瑁 : 거북과의 바다거북. 등껍데기는 누런 바탕에 검은 점이 있는데, 여러 장식용품의 재료로 쓰였다.

15) 龍門 : 禹門口를 가리킨다. 지금의 山西省 河津縣 서북쪽과 陝西省 韓城縣 동북쪽에 있었다.

16) 碣石 : 지금의 河北省 昌黎縣 북쪽에 있는 산으로, 일설에는 山海關 동남쪽이라고도 한다.

17) 원문은 "虞"이다. '虞'는 山林水澤의 생산을 관장하던 관직 이름이나, 여기에서는 어부와 사냥꾼을 포함하여 지칭하는 것이다.

令)이나 교화(敎化), 징발에 의한 것이나 혹은 약속에 따라서 하는 것들이겠는가? 사람은 각자 자신의 능력에 맞추어 그 힘을 다해서 원하는 것을 손에 넣는 것이다. 때문에 물건 값이 싼 것은 장차 비싸질 징조이며, 값이 비싼 것은 싸질 징조이다. 사람마다 자신의 일에 힘쓰고 각자의 일을 즐거워하면, 이는 마치 물이 낮은 곳으로 흐르는 것과 같아 밤낮 멈추는 때가 없다. 부르지 않아도 스스로 몰려들고, 억지로 구하지 않아도 백성들은 물품을 만들어낸다. 이 어찌 도(道)에 부합되는 것이 아니며, 자연스러움의 증명이 아니겠는가?

『주서(周書)』[18]에는 이렇게 쓰여 있다. '농부가 생산을 하지 않으면 식량이 부족하고, 기술자가 물건을 만들어내지 않으면 용품이 모자라게 되며, 상인이 장사를 하지 않으면 세 가지 귀한 것[19]의 유통이 끊어지게 되고, 어부나 사냥꾼이 생산을 하지 않으면 재물이 모자라게 되고, 재물이 모자라면 산림이나 하천은 개발되지 못한다.' 이 네 가지 것[20]은 백성이 입고 먹는 것의 근원이다. 근원이 크면 부유해지고, 근원이 작으면 빈곤해지며, 위로는 나라를 부강하게 하고, 아래로는 가정을 부유하게 하는 것이다. 빈부의 이치란 누가 빼앗거나 부여해줄 수 없는 것이며, 기교 있는 자는 여유 있게 되고 영리하지 못한 자는 부족하게 되는 것이다. 태공망(太公望)[21]이 영구(營丘)[22]에 봉해졌을 때, 그곳의 땅은 소금기가 많고 주민은 적었다. 이에 태공이 방직(紡織) 등 부녀자들의 일을 장려하고, 공예의 기술을 높게 끌어올리며, 생선과 소금을 유통시키니 물자와 사람들이 모두 그곳으로 모여들어, 마치 엽전 꾸러미가 꿰진 듯, 수레바퀴살이 중심으로 모여들듯 집중되었다. 그리하여 제(齊)[23]나라는 천하에

18) 『周書』: 唐나라 때 찬한 北周시대의 역사서, 즉 『北周書』라고 불리는 것이 있고, 『逸周書』의 원래 이름도 『周書』인데, 여기서는 儒家의 경전인 『尙書』 중 「泰誓」에서 「秦誓」까지를 칭하는 「周書」를 가리킨다.

19) "三寶"는 위에서 말한 음식과 용품, 다음에 나오는 재물을 말한다.

20) 농민이 농사를 짓고, 기술자가 물건을 만들며, 상인이 장사를 하고, 虞나라 사이 산이나 강의 생산을 개발 관장하는 것을 말한다.

21) 太公望: 周 초기의 대신이자 齊나라의 시조. 성은 姜, 氏는 呂, 이름은 望, 字는 牙라고도 한다. 西周 초기에 太師 직책을 맡아 師尙父라고도 불리고, 齊에 봉해져 太公이라고도 불린다. 세간에서는 '姜太公,' '姜子牙'라고도 칭해진다.

22) 營丘: 지금의 山東省 淄博市 동북쪽에 있던 읍 이름.

23) 齊: 周 왕실의 제후국 이름. 지금의 山東省 북부와 河北省 동남쪽. 춘추시대에 霸國이 되었고, 전국시대에는 7雄의 하나가 되었다. 기원전 221년에 秦나라에 멸망

관(冠)과 띠〔帶〕, 옷과 신을 공급하게 되었고, 동해(東海)와 태산(泰山) 사이에 있는 제후들은 옷깃을 여미고 제나라에 조회하게 되었다. 그후 제나라는 한때 쇠약해졌으나, 관자(管子)[24)]가 태공의 정책을 재정비하여 다스리며, 경중구부(輕重九部)[25)]를 설치하였으므로 환공(桓公)은 패자가 되어, 제후들을 여러 차례 회맹(會盟)시켜[26)] 천하를 바로잡았다. 관씨(管氏) 또한 삼귀(三歸)[27)]를 지니고 있어서, 지위는 신하였으나 다른 나라의 왕들보다 부유하였다. 이리하여 제나라의 부강함은 위왕(威王),[28)] 선왕(宣王)[29)]에게까지 이르게 되었다.

그러므로 '창고가 꽉 차야 예절을 알고, 옷과 음식이 넉넉해야 영욕(榮辱)을 안다'[30)]라고 하는 것이다. 예의라는 것은 재산이 있으면 생기고 없으면 사라지는 것이다. 때문에 군자가 부유하면 덕을 행하기를 좋아하게 되고, 소인이 부유하게 되면 자신의 능력에 적절하게 행동을 한다. 연못이 깊어야 물고기가 살고, 산이 깊어야 짐승이 노닐듯이, 사람은 부유해야만 비로소 인의(仁義)를 행하는 것이다. 부유한 사람이 세력을 얻으면 세상에 더욱 빛을 발하게 되고, 세력을 잃으면 따르는 객(客)도 줄어들어 즐겁지 않게 되는 법이다. 이러한 일은 오랑캐의 나라에서는 더욱 심하다. 세간의 말에 이르기를 '천금(千金)을 가진 부자의 자식은 저잣거리에서 죽지 않는다'[31)]라는 말이 있는데, 이는 빈말이 아니다. 그러므로 '천

당하였다.

24) 管子 : 管仲(?-기원전 645년)을 말한다. 字는 仲, 이름은 夷吾로, 穎上 사람이다. 춘추시대의 정치가로서 齊 桓公의 卿이 되어 그가 霸子가 되도록 도와주었다. 권62「管晏列傳」참조.

25) '輕重'은 화폐를 말한다. 따라서 '輕重九府'는 화폐에 관한 일을 관장하였던 아홉 개의 官府, 즉 大府, 玉府, 內府, 外府, 泉府, 天府, 職內, 職金, 職幣를 가리킨다.

26) 원문은 "九合諸侯"라고 되어 있으나, 실제로 桓公이 제후를 아홉 차례 소집한 것은 아니었다. 옛날에 '九'라는 숫자는 '여러 차례, 많다'는 뜻에 사용되었다.

27) 三歸 : 일반적으로 管仲이 지었다는 臺를 말한다. 그러나 桓公이 管仲에게 주었던 봉지의 명칭 혹은 管仲의 세 아내라는 이설이 있기도 하다.

28) 威王 : 齊 威王 田因齊를 가리킨다. 기원전 356년부터 기원전 320년까지 재위하였다. 상벌이 분명하고 어진 신하를 믿고 기용하여 나라를 강대하게 하였다.

29) 宣王 : 齊 威王의 아들. 기원전 319년부터 기원전 301년까지 재위하였다. 田忌를 장수로 삼아 魏나라를 크게 격파하여, 韓, 趙, 魏의 조회를 받았다.

30) 『管子』「牧民」참조.

31) 옛날에는 시장에서 사형을 집행하고서 그 시체를 거리에 전시하였는데, 이를 '棄市'라고 하였다. 여기서는 부자의 자식은 영욕을 잘 알기 때문에 법에 저촉되는 행위

하는 희희낙락 이익을 위해서 모여들고, 소란하게 이익 때문에 떠난다'라고 하는 것이다. 천승(千乘)의 마차를 가진 왕, 만호(萬戶)를 가진 제후, 백실(百室)을 소유한 대부들이라고 해도 가난을 걱정하는데, 하물며 호적에 이름이나 올라 있는 보통 백성들[32]이야 어떻겠는가?

옛날 월왕(越王) 구천(句踐)[33]은 회계산(會稽山)에서 고통을 겪으면서 범려(范蠡)[34]와 계연(計然)[35]을 기용하였는데, 계연이 월왕에게 다음과 같이 말하였다.

> 전쟁이 있을 것을 미리 알면 준비를 잘하고, 시기와 쓰임을 알게 되면 어떤 물품이 필요한지 알게 됩니다. 이 두 가지가 잘 드러나면 모든 재화의 실정을 제대로 알 수 있습니다. 세성(歲星)[36]이 금(金 : 서쪽)의 위치에 있을 때에는 풍년이 들고, 수(水 : 북쪽)의 위치에 있는 때에는 수해(水害)가 들고, 목(木 : 동쪽)에 있을 때에는 기근이 들며, 화(火 : 남쪽)에 있을 때에는 가뭄이 듭니다. 가뭄이 든 해에는 미리 배를 준비해두고[37] 수해가 난 해에는 미리 수레를 준비해두는 것이 사물의 이치입니다.[38] 6년마다 풍년이 오고 6년마다 가뭄이 들며, 12년마다 대기근이 일어납니다. 무릇 곡식 값이 한 말에 20전밖에 안 나가면 농민이 고통을 겪고, 90전으로 오르면 장사치[39]가 고생을 하게 됩니다. 장사치가 고통을 겪게 되면 물품이 나

로 사형을 당하지 않는다는 뜻이다.

32) 원문은 "匹夫編戶之民"이다. '匹夫'는 보통 남자를 말하는 것이고, '編戶'는 호적에 편입된 보통 집안을 말한다. 즉 일반 서민을 가리킨다.

33) 越나라는 夏 왕조 少康의 서자 無余가 시조이다. 會稽(지금의 浙江省 紹興縣)에 도읍하였다. 춘추시대 말기에 吳와 전쟁을 하여 覇國이 되었다. 句踐(?-기원전 465년)은 춘추시대 말기 越나라의 군주로서, 기원전 497년부터 기원전 465년까지 재위하였다. 기원전 494년에 吳나라에 대패하여 굴욕적인 화약을 맺고서는 이를 돌이키고자 臥薪嘗膽하였다. 결국 吳나라를 다시 물리치고 覇國의 칭호를 이었다. '句'는 '勾'와 같다.

34) 范蠡 : 춘추시대 말기의 정치가. 字는 少伯으로, 楚나라 宛(지금의 河南省 南陽縣) 사람이다. 越王 句踐의 大夫가 되어 그를 도와 吳나라를 격파하였다. 나중에 齊나라를 떠돌다가 陶(지금의 山東省 定陶縣 서북쪽) 땅에 이르러 陶朱公이라 개명하고는 장사를 하여 부자가 되었다.

35) 計然 : 范蠡의 스승.

36) 歲星 : 木星.

37) 가뭄 뒤에는 수해가 뒤따르므로 미리 방비를 하는 것.

38) 이 단락은 『國語』「越語」 참조.

39) 원문은 "末"이다. '末'은 工商, 특히 장사치를 가리킨다.

오지 않고, 농민이 고생을 하게 되면 농토가 개발되지 않습니다. 값이 올라도 80전을 넘지 않고, 떨어져도 30전 아래로 내려가지 않으면, 농민과 장사치 모두가 이익을 보게 됩니다. 가격이 일정하도록 물가를 조정하고, 관가의 세금과 시장 공급이 적당하여 부족하지 않게 하는 것이 나라를 다스리는 도리입니다. 물자를 축적하는 이치는 물건을 온전하게 보존하는 데 힘쓰는 것이지, 자금이 적채되게 해서는 안 되는 것입니다. 물건을 사고 팔 때, 부패하고 썩기 쉬운 것을 팔지 않고 남겨두어서는 안 되며, 쟁여두고 값이 오르기를 기다려서도 안 됩니다. 물건이 남아도는지 부족한지를 연구하면 값이 오를지 내릴지를 알 수 있습니다. 물건 값이 비싸질 대로 비싸지고 나면 오히려 싸지게 되고, 바닥까지 내려갈 정도로 싸게 되면 다시 비싸지게 되는 법입니다. 값이 비쌀 때에는 오물을 버리듯이 물건을 내다 팔고, 쌀 때에는 구슬을 손에 넣듯 사들여야 합니다. 재물과 자금은 물이 흘러가듯 원활하게 유통시켜야 하는 것입니다.

이렇게 계연의 방법대로 10년간 다스리고 나자 나라가 부강해졌고, 병사들에게는 풍족한 금품을 주게 되었다. 그러자 병사들은 갈증난 사람이 마실 물을 얻은 것처럼 적의 돌과 화살을 향해서 용감하게 진격하게 되었고, 결국 구천은 강한 오(吳)나라에 보복하여 천하에 병위(兵威)를 떨치고, '오패(五霸)'[40]의 하나로 불리게 되었다.

범려는 회계의 치욕을 씻고서 '계연의 일곱 가지 계책 중에, 월나라는 다섯 가지를 써서 원하는 바를 얻었다. 이미 이를 나라에 시행해보았으니, 이제는 집에 써보리라'라고 말하였다. 이에 그는 작은 배를 타고 강호(江湖)를 떠다니며 이름과 성을 바꾸고 제나라로 가서는 '치이자피(鴟夷子皮)'라고 하고, 도(陶) 땅으로 가서는 주공(朱公)이라고 하였다. 주공은 도(陶)가 천하의 중심으로 사방의 제후국들과 통해 있어 물자의 교역이 이루어지는 곳이라고 생각하였다. 이에 생업에 종사하여 물건을 사서 쟁여두고, 때에 맞추어 물건을 팔아넘겼지, 사람의 노력으로 경영하지 않았다. 그래서 그는 생업을 잘 운영하는 사람이 되었는데, 인력에 의해서가 아니라 적당한 시기를 따라 운영하였을 뿐이다. 그는 19년간 세 차례에 걸쳐 천금의 재산을 모았는데, 두 번은 가난한 친구들과 고향에 있

40) 五霸 : '五伯'이라고도 한다. 춘추시대의 다섯 제후, 즉 齊 桓公, 晉 文公, 楚 莊王, 吳王 闔閭, 越王 句踐을 가리킨다. 일설에는 吳王과 越王 대신에 宋 襄公, 秦 穆公을 포함시키기도 한다.

는 형제들에게 나누어주었다. 이것이 이른바 군자는 부유하면 덕을 즐겨 행한다는 것이다. 나중에 그가 노쇠해지자 자손들에게 일을 맡겼는데, 자손들이 생업을 관리하고 잘 다스리며 이자를 불려, 결국은 재산이 수만금에 이르게 되었다. 때문에 부자를 말할 때에는 모두 도주공(陶走公)을 일컫는 것이다.

자공(子贛)[41]은 일찍이 중니(仲尼)에게서 배웠는데, 물러나서는 위(衛)[42]나라에서 벼슬을 하였다. 또한 조(曹), 노(魯) 나라 사이에서는 물자를 사두고 내다 파는 등 장사를 하였다. 공자(孔子)의 제자 70여 명 중에 자공 사(賜)가 가장 부유하였고, 원헌(原憲)[43]은 술지게미나 쌀겨 조차도 배불리 먹지 못하며 후미진 뒷골목에 은거하였다. 자공이 사두마차를 타고 비단 뭉치 등의 선물을 들고 제후들을 방문하였으므로, 그가 가는 곳마다 뜰의 양쪽으로 내려서서 자공과 대등한 예를 행하지 않는 왕이 없었다.[44] 무릇 공자의 이름이 천하에 골고루 알려지게 된 것은, 자공이 그를 앞뒤로 모시고 도왔기 때문이다. 이야말로 이른바 세력을 얻으면 세상에 더욱 드러난다는 것이 아니겠는가?

백규(白圭)는 주(周)나라 사람[45]이다. 위 문후(魏文侯)[46] 때, 이극(李克)[47]은 토지의 생산력을 증대시키는 데 힘을 다하였으나, 백규는 시기

41) 子贛(기원전 520년-?): 즉 子貢을 말한다. 성은 端木, 이름은 賜이다. 춘추전국 시대의 衛나라 사람으로 孔子의 제자였다. 언변에도 능하였고 장사를 잘하여 부를 축적하였다.

42) 衛: 周 武王의 동생인 康叔이 처음 봉해졌다. 西周 때에 대국이 되어, 지금의 河南省 대부분 지역을 다스렸고, 도읍지는 朝歌(지금의 河南省 淇縣)였다. 춘추시대 중엽에 楚丘(지금의 河南省 滑縣 동쪽)로 천도한 뒤 작은 나라가 되었고, 또다시 帝丘(河南省 濮陽縣 서남쪽)로 천도하였다. 기원전 254년에 魏나라에 망해서 부속국이 되었다가 다시 秦나라의 부속국이 되어, 기원전 209년에 秦나라에 멸망당하였다.

43) 原憲(기원전 약 515년-?): 魯나라 사람. 일설에는 宋나라 출신이라고도 한다. 字는 子思이고 原思, 仲憲이라고 불린다. 孔子의 제자로서, 孔子가 세상을 떠나자 衛나라에 은둔하였다.

44) 옛날 번객과 주인은 뜰 양편에 서서 예를 행하였다. 여기에서는 子贛이 제후에게 인사를 드릴 때, 군신간의 예를 행하지 않고 賓主의 예를 행하였음을 말하는 것이다.

45) 洛陽 사람이라는 뜻이다.

46) 魏 文侯(?-기원전 396년): 전국시대 魏나라를 건립하였다. 성은 魏, 이름은 斯이다. 기원전 445년부터 기원전 396년까지 재위하였다. 그는 대개혁을 실시하여 魏나라를 부강하게 하여 서쪽으로는 秦나라의 영토를 빼앗고, 북쪽으로는 中山을 무너뜨렸다.

의 변화에 따른 물가변동을 살피기 좋아하였다. 백규는 세상 사람들이 버리고 돌아보지 않을 때에는 사들이고, 사람들이 취할 때에는 팔아넘겼다. 즉 풍년이 들면 곡식을 사들이고 대신 실과 옻을 팔아넘겼고, 흉년이 들어 고치가 나돌면 비단과 솜을 사들이는 대신 곡식을 팔아넘겼던 것이다. 태음(太陰)[48]이 묘(卯 : 동쪽)에 있는 해에는 풍년이 들고, 그 이듬해는 수확이 좋지 못하며, 오(午 : 남쪽)에 있는 해에는 가뭄이 나고, 그 이듬해에는 수확이 많다. 또한 유(酉 : 서쪽)로 올 때에는 풍년이 들고 이듬해에는 흉년이 들며, 자(子 : 북쪽)에 올 때에는 큰 가뭄이, 다음해는 다시 수확이 좋아지는 법이다. 또한 홍수가 나는 해가 있으면 태음이 다시 묘(卯) 자리로 돌아오므로, 이때는 풍년이 들어 물건이 많아져 값이 떨어지므로 물건을 평소보다 두 배 정도 많이 사재기를 하였다. 값이 오르게 하기 위해서 값이 떨어지는 하등 곡물을 사들이고, 곡물의 중량을 증가시키기 위해서는 상등품의 곡물을 사들였다.[49] 그는 좋은 음식을 도외시하고 기호를 억제하며, 의복을 검소히 하고, 자기가 부리는 노복과 고락을 함께 하였고, 기회를 잡을 때에는 사나운 짐승이나 새가 먹이를 보고 행동하듯 민첩하였다. 그러므로 그는 '내가 생업을 운영하는 것은 이윤(伊尹)[50]과 여상(呂尙)[51]이 정책을 도모하듯, 손자(孫子)[52]와 오자(吳子)[53]가 군사를 쓰듯, 상앙(商鞅)[54]이 법을 시행하듯 하였다. 때문에 나와 더

47) 李克 : 전국시대 초기의 정치가. 子夏의 제자로, 中山의 재상이 되었고, 魏 文侯에게 정치의 도리를 가르쳤다. 일설에 李克은 전국시대의 法家로서 魏 文侯의 재상이 되어 變法을 시행하였던 李悝를 가리킨다고도 한다.

48) 太陰 : 歲星(木星 뒤의 두 별)을 가리킨다.

49) 즉 가격을 높이려면 질이 낮은 하품의 곡물을 대량으로 사들여, 값이 높은 상품을 약간 값을 낮추어 내다 팔게 하면 실제로는 가격이 높아지는 셈이다(화폐가치 상승). 반대로 자신이 파는 곡식의 질을 좋게 하려면 모양과 질이 좋은 상품의 곡식을 사들인다는 뜻이다. 또한 '수확을 늘리려면 좋은 종자를 쓴다'라고 해석하기도 한다.

50) 伊尹 : 商나라 초기의 대신으로, 이름은 伊이고, 尹은 관직 이름이다. 그는 노예 출신으로 商 湯王에게 기용되어 나중에 국정을 담당하게 되었다고 한다.

51) 呂尙 : 즉 太公望을 지칭한다.

52) 孫子 : 孫武. 춘추시대 말기의 兵家. 자는 長卿으로 齊나라 사람이다. 吳王 闔閭의 장수가 되어 楚나라를 격파하였다. 중국 최고의 兵書인 『孫子兵法』을 지었다.

53) 吳子(?-기원전 381년) : 吳起. 전국시대의 兵家로서, 衛나라 左氏(지금의 山東省 曹縣 북쪽) 사람이다. 魯나라, 衛나라의 장수가 되었다가 魏 文侯에게 西河 太守에 임명되기도 하였다. 후에 楚나라로 가서 令尹(軍政을 담당하는 최고 직책)을 맡아, 悼王의 변법시행을 도왔다.

54) 商鞅(약 기원전 390-기원전 338년) : 전국시대의 정치가. 衛나라 사람으로 公孫

불어 임기응변의 조치를 취할 지혜가 없거나, 결단할 용기가 없거나, 확실하게 버리고 취하는 면이 없거나, 지킬 바를 끝까지 지키는 강단도 없는 사람은 비록 내 방법을 배우고자 해도 절대 가르쳐주지 않았다'라고 말하였다. 때문에 세상에서 생업을 잘 운영하는 것을 말할 때 백규를 으뜸으로 일컫는 것이다. 백규는 자신이 직접 경험하며 시험을 해보았고, 그래서 남보다 잘할 수 있었던 것이었으니, 이는 아무렇게나 한다고 되는 것이 아니다.

의돈(猗頓)[55]은 염지(鹽池)를 경영하여 사업을 일으켰고, 한단(邯鄲)[56]의 곽종(郭縱)[57]은 철을 다루어 사업에 성공하였는데, 그들의 부유함은 왕들과 대등할 정도였다.

오지(烏氏)[58]의 나(倮)[59]라는 사람은 목축을 하였는데, 가축의 수가 많아지면 팔아서 진기한 물건이나 수직품을 구해 남몰래 융(戎)의 왕에게 바쳤다. 융의 왕이 보상으로 열 배의 가축을 그에게 주었으므로 소나 말 등이 엄청나게 많아져, 가축을 셀 때 한 마리씩이 아니라 가축이 있는 골짜기를 단위로 할 정도로 많아지게 되었다. 진 시황(秦始皇)은 나(倮)를 군(君)에 봉해진 자들과 동등하게 대우하여, 정기적인 때가 되면 다른 대신들과 함께 조회에 들게 하였다. 또한 파(巴)[60] 땅에는 청(淸)이라는 이름의 과부가 있었다. 그녀의 조상이 단사(丹砂)를 캐내는 동굴을 발견하여 여러 대에 걸쳐 이익을 독점해왔으므로, 가산은 이루 헤아릴 수 없을 정도로 많았다. 청은 과부였으나 가업을 잘 지키고, 재물을 이용하여

氏이고, 이름은 鞅으로, 衛鞅이라고도 부른다. 秦 孝公에게 기용되어 변법을 주관하여 秦나라의 부강의 기초를 다졌다. 商(지금의 陝西省 商縣 동남쪽)에 봉해져 商君, 商鞅이라고 불렸다. 권68「商君列傳」참조.

55) 猗頓 : 전국시대의 대상인. 河東의 鹽池를 경영하여 거부가 되었다. 일설에는 魯나라 사람이었다가, 陶朱公이 목축을 가르치자 猗氏(지금의 山西省 臨猗縣 남쪽)로 옮겨와 소와 양을 많이 길러 10년 만에 거부가 되었으므로 猗頓이라고 불렸다고도 한다.

56) 邯鄲 : 옛 도읍 이름. 기원전 386년에 趙나라가 이곳으로 도읍을 옮겼다. 전국시대와 秦漢 시대에는 황하 북쪽 최대의 상업 중심지가 되었다.

57) 郭縱 : 전국시대의 대상인. 趙나라 邯鄲 사람. 제철로 거부가 되었다.

58) 烏氏 : 현 이름으로 '閼氏,' '焉氏'라고도 한다. 본래 烏氏는 戎族의 땅이었으나, 전국시대에 秦 惠王이 이곳에 현을 설치하였다. 지금의 甘肅省 平涼縣 서북쪽 지역.

59) 倮 : 秦나라 烏氏縣 사람으로 목축을 크게 하였다.

60) 巴 : 전국시대에 秦나라가 옛 巴나라 땅에 설치한 郡. 江州(지금의 重慶市 북쪽 嘉陵江 북쪽)가 관할지역이었다.

자신을 지키며 사람들에게 침범당하지 않았다. 진 시황은 그녀를 정조가 굳은 부인이라고 여기어 손님으로 대우해주고, 그녀를 위해서 여회청대(女懷淸臺)[61]를 지어주었다. 이처럼 나(倮)는 비천한 목장주였고, 청(淸)은 외딴 시골의 과부에 불과하였으나, 그들은 만승(萬乘) 지위의 황제와 대등한 예를 나누고, 명성을 천하에 드러냈으니, 이 어찌 재력 때문이 아니리오?

한(漢)나라가 일어나 천하를 통일하고는 관문(關門)과 교량을 개방하고,[62] 산림과 천택(川澤)에 대한 금지를 느슨하게 풀어주었다. 그러자 부유한 대상인[63]들이 천하를 두루 돌게 되었고, 교역하는 물자는 유통되지 않는 곳이 없었으므로 원하는 것을 모두 얻을 수 있게 되었다. 한 왕조는 호걸, 제후와 권문세족을 경사(京師)로 이주시켰다.[64]

관중(關中)[65]은 견(汧),[66] 옹(雍)[67] 동쪽에서부터 황하, 화산(華山)에 이르기까지 비옥한 땅이 천리에 걸쳐 있었다. 그리하여 우(虞), 하(夏) 시대의 공부(貢賦)에서도 상등의 전지(田地)로 인정받았다. 또 공류(公劉)[68]는 빈(豳)[69]으로 갔고, 대왕(大王)[70]과 왕계(王季)[71]는 기

61) 女懷淸臺 : 지금의 四川省 長壽縣 남쪽에 있다. '懷'자는 과부의 성씨라는 설도 있다.

62) 漢 文帝 12년(기원전 168년)의 일이다.

63) 원문은 "富商大賈"이다. 옛날에는 옮겨다니면서 판매하는 자를 '商,' 물건을 사두고 이익을 도모하는 자를 '賈'라고 칭하였다. 따라서 "商은 나다니고, 賈는 앉아 있는다(行商坐賈)"라고 말한 것이나, 나중에는 商과 賈를 구별하지 않게 되었다.

64) '京師'는 國都를 가리킨다. 여기에서는 西漢의 국도인 長安을 가리킨다. 漢 高祖 7년(기원전 200년)에 長安으로 천도하였다.

65) 關中 : 넓은 범위로는 函谷關 서쪽, 秦嶺 이남의 漢中, 巴蜀까지를 포함한 전국시대 말기 秦나라의 옛 지역을 지칭하고, 중간 범위로는 關의 서쪽, 秦嶺 이북 지역으로 때로는 隴西, 陝北 지역을 포함하기도 한다. 작은 범위로는 지금의 陝西省 關中 분지만 지칭하는 것으로, 본문에서도 이곳에 한정된 의미로 사용하였다.

66) 汧 : 현 이름. 옛날에는 읍이었다가, 西周 말기에 秦나라가 현을 설치하였다. 지금의 陝西省 隴縣 남쪽 지역이고, 北魏 때 '汧陰'이라고 고쳐 불렀다.

67) 雍 : 본래 춘추시대에는 雍邑이었으나 秦 德公 때 이곳에 도읍하고 현을 두었다. 지금의 陝西省 鳳翔縣 남쪽 지역으로, 唐代에 '鳳翔'이라고 고쳤다.

68) 公劉 : 周族의 영수. 后稷의 증손이라고 전해진다. 夏나라 말엽에 부족을 이끌고 豳(즉 邠, 지금의 陝西省 彬縣 동북쪽)으로 옮겼다.

69) 邠 : 옛 읍 이름. 지금의 陝西省 旬邑縣 서쪽.

70) 大王 : 周 太王을 가리킨다. '大'는 '太'와 같으며, 이는 古公亶父를 지칭한다. 그는 周나라의 영수이자, 后稷의 제12세손으로 周 文王의 조부이다. 豳에서 岐山 아래

(岐)[72]에서 거주하였으며, 문왕(文王)[73]은 풍(豐)[74]을 세우고, 무왕(武王)[75]은 호(鎬)[76]에서 다스렸다. 때문에 그 백성들은 선왕의 유풍을 그대로 간직하여 농사 짓기를 좋아하고 오곡을 심으며 땅을 중히 여기고, 사악한 일은 심각하게 여기어 하지 않았다. 진(秦)나라의 문공(文公),[77] 덕공(德公),[78] 목공(繆公)[79]이 옹(雍)에 도읍하였는데, 이곳은 농(隴), 촉(蜀)의 물자가 교류되는 요지였고 상인들도 많았다. 진 헌공(秦獻公)[80]은 역읍(櫟邑)[81]으로 옮겼는데, 역읍은 북쪽으로는 융적(戎翟)을 물리칠 수 있고, 동쪽으로는 삼진(三晉)[82]과 통해 있어 이곳 역시 대상인이 많았다. 진(秦)나라의 효공(孝公)[83]과 소공(昭公)[84]이 함양(咸陽)

의 周(지금의 陝西省 岐山縣 동북쪽)로 옮겨왔다.

71) 王季 : 周族의 영수였던 公季(季厲)를 가리킨다. 太王의 아들이자 文王의 부친이다.

72) 岐 : 지금의 陝西省 岐山縣 동북쪽에 있던 옛 읍 이름.

73) 文王 : 周 文王을 가리킨다. 商나라 말기에 周나라의 우두머리가 되었다. 성은 姬, 이름은 昌이다. 商의 紂王 때 西伯이 되어 伯昌이라고도 불린다. 50년간 재위하며 나라를 부강하게 이끌었다.

74) 豐 : 지금의 陝西省 長安縣 서남쪽 灃河 서쪽 지역. 武王이 鎬로 천도한 후에도 豐은 전국의 정치, 문화의 중심지였다.

75) 武王 : 周 武王 姬發을 가리킨다. 西周 왕조의 건립자이다. 그는 부친인 文王의 뜻을 계승하여 여러 부족을 연합하여 商 紂王을 멸하고 周 왕조를 세운 후 鎬에 도읍하였다.

76) 鎬 : 西周의 수도인 鎬京을 말한다. 지금의 陝西省 長安縣 灃河 동쪽.

77) 文公 : 襄公의 아들로 기원전 765년에서 기원전 716년까지 재위하였다. 犬戎을 격퇴시켜 秦나라가 岐山의 서쪽을 점하게 하였다.

78) 德公 : 기원전 677년에서 기원전 676년까지 재위하였다. 원문에는 "孝"라고 되어 있으나 穆公 이전에는 孝公이 없었다. 권5 「秦本紀」 참조.

79) 繆公 : '穆公'으로도 쓴다. 기원전 659년에서 기원전 621년까지 재위하였다. 어진 신하인 蹇叔, 百里奚 등을 중용하여 점차 강성해졌다. 혹자는 이를 春秋五霸의 한 사람에 넣기도 한다.

80) 秦 獻公 : 師隰. 秦 孝公의 부친으로 기원전 384년에서 기원전 362년까지 재위하였다.

81) 櫟邑 : '櫟陽'을 말한다. 지금의 陝西省 臨潼縣 동북쪽 渭水 북쪽 지역. 기원전 383년 獻公이 이곳으로 천도하였다.

82) 三晉 : 전국시대에 韓, 趙, 魏가 晉에서 나뉘어 나와 각기 나라를 세웠으므로 이들 셋을 三晉이라고 칭한다.

83) 孝公(기원전 381-기원전 338년) : 이름은 渠梁이다. 기원전 361년에서 기원전 338년까지 재위하였다. 商鞅을 등용하여 변법을 실시하였고, 기원전 350년에 雍에서 咸陽으로 천도하였다. 秦나라는 이때부터 갈수록 부강해졌다.

84) 昭公(기원전 324-기원전 251년) : 秦 昭襄公을 가리킨다. 이름은 稷(側이라고도 한다)이다. 기원전 306년에서 기원전 251년까지 재위하였다. 三晉, 齊, 楚 나라 등

에서 나라를 다스렸으므로 한(漢)나라 때에는 이를 도성으로 삼았고, 장안 부근에 여러 능현(陵縣)[85]을 세웠으므로, 사방의 사람과 물자가 이곳에 모여들었다. 그런데 이곳은 땅이 좁고 인구가 많았으므로, 백성들은 점차 약아져서 공상업(工商業) 등 말단(末端)의 일에 종사하게 되었다. 관중 남쪽은 바로 파촉(巴蜀)이다. 파촉 또한 비옥하여 잇꽃〔卮〕,[86] 생강, 단사(丹砂), 돌, 구리, 쇠와 대나무 그릇, 나무 그릇 등이 풍부하였고, 때문에 남쪽으로는 전(滇),[87] 북(僰)[88]을 제압하였는데, 북에서는 어린 종〔僮〕을 많이 내었다.[89] 서쪽으로는 공(邛),[90] 작(筰)[91]에 가까웠는데, 작에서는 말과 검정소를 생산하였다. 파촉은 사방이 가로막혀 있었으므로 잔도(棧道)[92]를 천리에 걸쳐 만들어, 이를 통해서 통하지 않는 곳이 없었다. 포야(褒斜)[93]의 통행로에서는 사방의 도로를 이곳 출입구로 묶어 집중시킴으로써, 여유 있는 물자와 부족한 물자가 교환되곤 하였다. 천수(天水),[94] 농서(隴西), 북지(北地),[95] 상군(上郡)[96]은 관중 지역과 유사한 풍속을 지니고 있었다. 서쪽에는 강(羌)[97] 부족의 갖가지

을 여러 차례 공격하여 많은 토지를 빼앗아, 秦나라가 통일하는 데 기초를 다졌다.

85) 西漢 元帝 이전에는 황제의 능묘를 하나 세우면 능묘 부근에 현을 하나씩 두어, 그 현의 백성들이 능묘를 섬기도록 하였다. 司馬遷은 高帝의 長陵(지금의 陝西省 咸陽市 동북쪽), 惠帝의 安陵(長陵과 같다), 文帝의 霸陵(陝西省 西安市 동북쪽), 景帝의 陽陵(陝西省 高陵縣 서남쪽, 西安市 북쪽), 武帝의 茂陵(陝西省 興平縣 동남쪽, 咸陽市 서남쪽) 등이 있었다.

86) 卮 : 臙脂의 원료가 되는 풀. 잇꽃.

87) 滇 : 옛 부족, 나라 이름. 지금의 雲南省 동부 滇池 부근에 있었다. 漢 武帝 元封 2년(기원전 109년)에 이곳에 益州郡을 설치하였다.

88) 僰 : 옛 부족, 나라 이름. 춘추시대를 전후하여 僰道(지금의 四川省 宜賓縣 서남쪽 安邊鎭)를 중심으로 한 川南과 滇東 일대에 살았다.

89) 漢代에 僰 사람들은 노비로 많이 팔려갔으므로 '僰僮'이라고 한다.

90) 邛 : 옛 부족, 나라 이름. 즉 邛都夷를 말한다. 지금의 四川省 西昌 지구에 주로 분포되어 있었다.

91) 筰 : 부족, 나라 이름. 지금의 四川省 漢源 남쪽과 滇東 일대.

92) 棧道 : 험한 골짜기에 나무로 건너질러 놓은 다리.

93) 褒斜 : 지금의 陝西省 終南山 남쪽 골짜기를 '褒,' 북쪽 골짜기를 '斜'라고 하는데, 眉縣 서남쪽에 있고, 그 사이는 470리에 달하는 秦蜀의 교통의 요로였다.

94) 天水 : 漢代에 설치한 군 이름. 平襄(지금의 甘肅省 通渭 서북쪽)이 그 중심지였다.

95) 北地 : 전국시대 秦나라가 설치한 군 이름. 중심지는 義渠(지금의 甘肅省 寧縣 서북쪽)에 있었다.

96) 上郡 : 전국시대 초기에 魏나라가 설치한 군 이름.

97) 羌 : 옛 부족 이름. 가장 처음 갑골 卜辭에 보인다. 지금의 甘, 靑, 川 등의 지역

이익이 있었고, 북쪽에는 융적(戎翟)의 가축이 있었는데, 목축업은 이곳이 천하에서 가장 성하였다. 그러나 이곳의 지리 역시 후미지고 험한 곳이라, 겨우 장안에서만 그 통로를 장악하고 있었다. 그러므로 관중 전체 땅은 천하의 3분의 1을 차지하고, 인구는 10분의 3에 불과하였지만, 그들의 부를 계산해보면 천하의 10분의 6을 차지하고 있었다.

옛날 당요(唐堯)[98]는 하동(河東)[99]에 도읍하였고, 은(殷)[100]나라는 하내(河內)[101]에 도읍하였으며, 주(周)나라는 하남(河南)에 도읍하였다. 무릇 하동, 하내, 하남 이 삼하(三河) 지역은 천하의 중심에 자리하여 큰 솥의 세 개의 발처럼 갈라진 곳으로, 제왕들이 번갈아 거주하였던 곳이다. 또한 그 왕조들은 각각 수백년에서 수천년 동안 나라를 세워 내려왔다. 이곳은 땅은 좁고 사람은 많으며, 도성에는 제후들이 모여들었으므로 그곳의 풍속은 인색하고 세상 물정에 밝았다. 양(楊),[102] 평양(平陽)[103]은 서쪽으로 진(秦), 적(翟)과 거래를 하였고, 북쪽으로는 종(種)[104] 대(代)[105]와 교역을 하였다. 종과 대는 석(石)[106]의 북쪽에 있어서 부근의 흉노와 가까이 있었으므로 자주 노략질을 당하였다. 그곳 사람들은 교만하고 강직하며 흉악하고, 싸움을 좋아하고 협객의 기질이 있어 간악한 일을 행하며, 농사나 상업에는 종사하지 않았다. 그러나 북쪽 오랑캐와 근접해 있어 군대가 자주 출동하기 때문에, 중원(中原)에서 물자가 운송될 때면 큰 이익을 남길 때도 있었다. 그곳의 주민은 들에 사는 여러 종류의

에 거주하였고, 목축을 주로 하였다.

98) 唐堯 : 전설 속의 부락인 唐, 즉 陶唐氏의 수령인 堯임금을 가리킨다. 唐은 平陽(지금의 山西省 臨汾市 서남쪽)에 거주하였다.

99) 河東 : 옛 지역 이름. 전국시대와 秦漢 시대에는 지금의 山西省 서남쪽을 일컬었다.

100) 殷 : 商王 盤庚은 奄(지금의 山東省 曲阜市)에서 殷(지금의 河南省 安陽縣 小屯村)으로 천도하였으므로, 商을 殷이라고도 칭한다. 盤庚부터 紂에 이르기까지 273년간 8대에 걸쳐 12명의 왕이 있었다.

101) 河內 : 옛 지역 이름. 東周 때 황하 이북을 河內라고 하고, 河南을 河外라고 하였다.

102) 楊 : 지금의 山西省 洪洞縣 동남쪽에 있던 옛 나라 이름.

103) 平陽 : 옛 읍, 현 이름. 堯가 이곳에 도읍하였다고 전해진다. 지금의 山西省 臨汾市 서남쪽.

104) 種 : 옛 지명. 지금의 河北省 蔚縣 일대.

105) 代 : 지금의 河北省 蔚縣에 있던 옛 나라 이름이자 군 이름.

106) 石 : 옛 현 이름. 지금의 河北省 石家莊市 일대.

양들처럼 종류가 복잡하여 일치하지 않는데, 전진(全晉)[107] 시기부터 그들의 포악함은 오랜 두통거리였다. 그러나 무령왕(武靈王)[108]이 그들을 더욱 사납게 장려하고 있었으므로, 이곳의 풍속에는 조나라의 유풍이 남아 있다. 그래서 양(楊), 평양(平陽)의 사람들은 이러한 조건을 이용하여 원하는 것을 얻었다. 온(溫),[109] 지(軹)[110] 서쪽으로는 상당(上黨)[111]과 거래하고 있고, 북쪽으로는 조(趙), 중산(中山)[112]과 교역을 하였다. 중산은 땅이 척박하고 인구가 많은 데다, 또 주왕(紂王)이 음란한 짓을 저지른 사구(沙丘)[113] 일대에는 아직도 은나라 후예가 남아 있어, 백성의 성격은 조급하고 투기에 능하며 이익을 보는 것으로 먹고 살았다. 사내들은 함께 어울려 희롱하고 놀며, 슬픈 노래를 불러 울분을 터뜨리고, 움직였다 하면 패를 지어 사람을 때리거나 약탈하고, 쉴 때에는 도굴을 하여 교묘한 위조품을 만들고 간악한 짓을 일삼으며, 잘생긴 사람은 배우가 되기도 하였다. 여자들은 거문고와 같은 악기를 연주하고 신발을 질질 끌고 곳곳을 찾아다니며 부귀한 사람에게 아부하여 첩으로 들어가기도 하였는데, 이들은 각 제후국에 두루 퍼져 있다.

한단(邯鄲)은 장수(漳水)[114]와 황하 사이에 있는 고을이다. 북쪽으로는 연(燕),[115] 탁(涿)[116]과 통하고, 남쪽에는 정(鄭),[117] 위(衞) 나라가

107) 全晉 : 晉나라가 아직 韓, 趙, 魏로 갈라지기 전을 가리킨다.

108) 武靈王 : 趙 武靈王(? -기원전 295년)을 가리킨다. 이름은 雍이다. 기원전 325년에서 기원전 299년까지 재위하였다. 기원전 302년에 군사개혁을 실시하고 胡服을 입게 하였다. 中山 등의 나라를 격파하였는데, 그 위세가 대단하였다.

109) 溫 : 옛 나라 이름. 본래는 '蘇'라고 하였는데 溫에 도읍하였으므로 이렇게 칭해졌다. 옛 성은 지금의 河南省 溫縣 서남쪽에 있었다.

110) 軹 : 옛 현 이름. 지금의 河南省 濟源縣 남쪽.

111) 上黨 : 군 이름. 전국시대에 韓나라가 설치하였으나, 후에는 趙, 秦 나라에 귀속되었다.

112) 中山 : 춘추시대에 白狄의 일종이 세워 '鮮虞'라고도 불린다. 지금의 河北省 正定縣 동북쪽.

113) 沙丘 : 옛 지명. 지금의 河北省 廣宗縣 서북쪽 大平臺. 殷 紂王이 이곳에 누대를 짓고서 짐승을 키웠다고 전해진다.

114) 漳水 : 『史記正義』에는 "洺水의 원래 이름은 漳水이다. 邯鄲이 그곳에 있었다(洺水本名漳水. 邯鄲在其地)"라고 되어 있다. 洺水는 지금의 河北省 남쪽 邯鄲市 북쪽에 걸쳐 있는 洺河를 가리킨다.

115) 燕 : 周나라 초기에 봉해진 姬姓을 가진 제후국. 지금의 河北省 북부와 遼寧省 서쪽 끝부분에 있었다. 戰國七雄의 하나였으나 기원전 222년에 秦나라에 멸망당하였다. 여기에서는 燕나라의 옛 지역을 가리킨다.

있다. 정나라와 위나라의 풍속은 조나라와 비슷하나, 양(梁)[118]나라나 노(魯)나라에도 가까우므로 약간 중후하고 절조를 중히 여긴다. 복수(濮水)[119] 근처의 읍에서 야왕(野王)으로 이주한[120] 후로도, 야왕 사람들이 기개를 소중히 알고 의협심이 있는 것은 위(衛)나라의 유풍 때문이다.

연 또한 발해(渤海)와 갈석산(碣石山) 사이에 있는 큰 고을이다. 남쪽으로는 제(齊), 조(趙) 나라와 통해 있고, 동북쪽으로는 흉노와 근접해 있다. 상곡(上谷)[121]에서 요동(遼東)에 이르기까지는 지대가 멀리 있어, 백성이 적었으며 자주 침입을 당하였다. 그들의 풍속은 조(趙), 대(代) 나라와 유사하며, 백성들은 독수리처럼 강인하나 사려가 얕았다. 이곳에서는 생선과 소금, 대추, 밤 등이 많이 난다. 북쪽은 오환(烏桓),[122] 부여(夫餘)[123]와 가까이 있고, 동쪽은 예맥(穢貉),[124] 조선(朝鮮), 진번(眞番)[125]과의 교역에서 이익을 독점하고 있다.

낙양(洛陽)은 동쪽으로 제, 노 나라와 교역하고, 남쪽으로는 양(梁),

---

116) 涿 : 漢나라가 설치한 군 이름이다. 지금의 北京市 房山 동쪽, 河北省 易縣, 淸苑縣 동쪽, 安平縣, 河間縣 이북, 任丘縣, 霸縣 이서 지역을 다스렸다.

117) 鄭 : 西周 宣王이 봉한 제후국. 춘추시대에 新鄭(지금의 河南省 新鄭縣)에 도읍하였고, 기원전 375년에 韓나라에 멸망당하였다.

118) 梁 : 즉 魏나라를 말한다. 기원전 361년, 魏 惠王이 大梁(지금의 河南省 開封市)으로 천도한 후부터는 魏를 梁이라고도 칭하였다.

119) 濮水 : 河南省 封丘縣에서 발원하여 河北省 濮陽縣과 山東省 濮縣을 흐르던 황하의 지류.

120) 野王은 옛 읍 이름이다. 본래는 韓나라에 속하였으나, 秦나라에 귀속되었다가, 漢나라가 현을 설치하였다. 기원전 242년 秦나라가 魏나라를 공격하여 魏나라의 동쪽 땅을 빼앗고는 東郡을 설치하였다. 이와 동시에 帝丘(지금의 河南省 濮陽縣 서남쪽)에서 野王(지금의 河南省 沁陽縣)으로 이주하였다. 濮水 근처의 읍은 帝丘를 말한다.

121) 上谷 : 전국시대 燕나라가 설치한 군. 秦代의 중심지는 沮陽(지금의 河北省 懷來縣 동남쪽)이었다.

122) 烏桓 : '烏丸'이라고도 쓴다. 東胡族의 한 갈래. 秦나라 말기 東胡族이 匈奴에게 격파되자, 일부 사람들이 烏桓山으로 옮겨가 '烏桓'이라고 불렀다. 武帝 때 漢나라에 귀속하여, 上谷이나 遼東 등으로 옮겨갔다.

123) 夫餘 : 옛 부족 이름. '扶餘' 혹은 '鳧臾'라고도 쓴다. 지금의 松花江 중류 평원에 있었으며, 吉林省 農安을 중심으로 남쪽으로는 遼寧 북부, 북쪽으로는 黑龍江까지 이르렀다.

124) 穢貉 : '濊貊'이라고도 쓴다. 기원을 전후하여 지금의 한반도 동해안 함경남도와 강원도 일대에 살았던 민족.

125) 眞番 : 漢 武帝 元封 2년(기원전 108년)에 설치한 군. 지금의 한반도 황해북도 대부분과 황해남도, 그리고 경기도 북부를 차지하였다.

초(楚) 나라와 거래를 하고 있다. 태산 남쪽은 노나라이고, 그 북쪽은 제나라이다.

제나라는 산과 바다로 둘러싸여 있어 천리에 걸친 토지가 기름지고, 뽕과 삼이 잘 되며, 백성들은 채색한 비단이나 삼베, 생선과 소금을 많이 생산한다. 임치(臨菑)[126]도 동해와 태산 사이에 있는 큰 고을이다. 그들의 풍속은 너그럽고 활달하며, 지혜가 있고 토론하기를 좋아하고 진중하여 쉽게 동요되지 않는다. 단체로 싸우는 것은 두려워하지만, 칼을 들고 죽이는 것에는 용감하므로 남을 협박하는 사람이 많으니, 이는 큰 나라의 유풍이다. 그 땅에는 사, 농, 공, 상, 고(賈)의 오민(五民)이 고루 갖추어져 있다.

추(鄒),[127] 노(魯) 나라는 수수(洙水)[128]와 사수(泗水)[129]의 주변에 있어, 아직도 주공(周公)의 유풍을 간직하고 있다.[130] 따라서 그들의 풍속은 유학을 좋아하고 예절을 잘 지키고 있기 때문에 주민의 행동이 조심스럽고 신중하다. 뽕과 삼의 산업은 매우 성하지만 산이나 못에서 나는 산물은 적다. 땅이 좁고 인구가 많기 때문에 사람들은 검소하게 생활하며, 죄를 두려워하여 사악하지 않다. 그러나 노나라가 쇠한 후로는 주민들이 장사로써 이익을 얻기를 좋아하게 되었는데, 이는 주나라 사람들보다도 심하다.

홍구(鴻溝)[131]의 동쪽과 망산(芒山),[132] 탕산(碭山)[133] 이북에서 거야

126) 臨菑 : 옛 읍 이름. '臨淄,' '臨甾'라고도 쓴다. 지금의 山東省 淄博市 동북쪽 지역. 오랜 기간 齊나라의 도성이었고, 당시의 경제, 문화의 중심지였다.

127) 鄒 : 曹氏 성을 가진 옛 나라. 본래는 '邾'라고 쓰고, '邾婁'라고도 칭한다. 지금의 山東省 費縣, 鄒縣, 濟寧縣, 金鄉縣 등지에 걸쳐 있었다.

128) 洙水 : 지금의 山東省 兗州 이하, 府河와 濟寧, 魯橋 사이의 운하가 그 옛 물길과 거의 같다.

129) 泗水 : 지금의 山東省 중부. 이제는 본래의 泗水 하류 부분이 존재하지 않아, 魯橋 이상의 부분만 '泗河'라고 칭한다.

130) 周公은 西周 초기의 정치가로 '叔旦'이라고도 칭한다. 그는 武王의 동생으로, 武王을 도와 商나라를 멸하였다. 武王이 죽자 成王이 아직 어려 섭정하였고, 동쪽을 정벌하여 武庚과 管叔 등의 반란을 제압하였다. 여기서는 그의 아들 伯禽이 魯에 봉해졌으므로 '周工의 유풍이 남아 있다'라고 한 것이다.

131) 鴻溝 : 옛 운하의 이름. 옛날의 물길은 지금의 河南省 滎陽縣 북쪽에서 황하의 물을 끌어들여 동쪽으로 지금의 中牟, 開封 북부 쪽으로 흐르다가 꺾여 남쪽으로 흘러 淮陽 동남쪽에서 潁水로 유입되었다.

132) 芒山 : 지금의 河南省 永城縣 동북쪽에 있는 산.

(巨野)[134]까지는 옛날 양(梁)과 송(宋) 나라의 땅이었다. 도(陶), 수양(睢陽)[135] 또한 커다란 도시였다. 예전에 요(堯)임금은 성양(成陽)[136]에서 일어났고, 순(舜)임금은 뇌택(雷澤)에서 물고기를 잡았으며, 탕(湯)임금은 박(亳)[137]에서 거주하였다. 따라서 그곳의 풍습은 아직 선왕의 유풍이 남아 사람들이 중후해서 군자가 많았고, 농사 짓기를 좋아하였다. 비록 산천에서 나오는 산물이 풍부하지는 않지만, 남루한 옷과 거친 음식도 참고 먹기 때문에 재물을 모아 간직하고 있다.

월(越)과 초(楚) 나라의 땅에는 세 가지 풍속이 있다. 회수(淮水) 북쪽의 패(沛)[138]에서 서쪽으로 진(陳),[139] 여남(汝南),[140] 남군(南郡)[141]에 이르기까지는 서초(西楚) 지역이다. 그곳의 풍속은 사납고 경솔하여 성을 잘 내고, 땅이 척박하여 물자를 축적하기 어렵다. 강릉(江陵)은 옛날의 영도(郢都)로서, 서쪽으로는 무(巫),[142] 파(巴)와 통하고, 동쪽으로는 운몽(雲夢)[143]의 산물이 풍부하다. 진(陳)은 초(楚)와 하(夏) 나라의 접경에 있어 생선과 소금 등이 유통되며, 주민 중에는 장사치가 많다. 서(徐),[144] 동(僮),[145] 취려(取慮) 일대의 풍속은 청렴하나 까다롭고, 약속을 잘 지키는 것을 자랑으로 알고 있다.

팽성(彭城)[146] 동쪽으로 동해(東海),[147] 오(吳),[148] 광릉(廣陵)[149]까

133) 碭山 : 芒山에서 남쪽으로 8리 떨어져 있는 산.
134) 巨野 : 漢나라가 지금의 山東省 巨野縣 동북쪽에 설치한 현.
135) 睢陽 : 秦나라가 설치한 현으로, 지금의 河南省 商丘縣 남쪽이다.
136) 成陽 : 지금의 山東省 鄄城縣 동남쪽에 있던 옛 현 이름.
137) 亳 : 옛날의 도읍으로, 商 湯王의 도성이었다.
138) 沛 : 漢 高祖가 설치한 군. 지금의 安徽省 濉溪縣 서북 지역인 相縣을 관할하였다.
139) 陳 : 군, 나라 이름. 宛丘(지금의 河南省 淮陽縣)에 도읍하였다.
140) 汝南 : 漢나라 초기에 설치한 군. 上蔡를 다스렸다.
141) 南郡 : 전국시대 秦나라가 설치한 군. 郢(지금의 湖北省 江陵縣 서북쪽)을 다스리다가 나중에 江陵으로 옮겼다.
142) 巫 : 秦나라가 설치한 현으로 巫山 때문에 이렇게 불렸다.
143) 雲夢 : 南郡 華容縣(지금의 湖北省 監利縣) 남쪽에 있었는데 그 범위가 별로 크지 않았다고 한다.
144) 徐 : 漢나라가 설치한 현. 중심지는 지금의 江蘇省 泗洪縣 남쪽이었다.
145) 僮 : 지금의 江蘇省 서북쪽과 安徽省 동북 지역.
146) 彭城 : 秦나라가 설치한 옛 현으로, 지금의 江蘇省 徐州市 지역.
147) 東海 : 秦나라가 설치한 군. 楚漢 무렵에는 '郯郡'이라고도 칭하였다. 중심지는 郯(지금의 山東省 郯城縣 북쪽)이었다.

지는 동초(東楚)이다. 이곳의 풍습은 서(徐), 동(僮)과 비슷하다. 또 구(朐), 증(繒)[150] 이북의 풍습은 제나라와 비슷하고, 절강(浙江) 남쪽은 월나라와 비슷하다. 오(吳)나라는 합려(闔廬),[151] 춘신(春申),[152] 오왕비(濞)[153] 등 세 사람이 놀기 좋아하는 천하의 젊은이들을 불러모은 곳이다. 동쪽으로는 바다에서 소금, 장산(章山)[154]에서 구리, 삼강(三江),[155] 오호(五湖)[156]에서 풍부한 산물이 나와 이득을 본다. 오(吳)는 또한 강동(江東)[157]의 대도시 중의 하나이다.

형산(衡山),[158] 구강(九江),[159] 강남(江南), 예장(豫章),[160] 장사(長沙)[161]는 남초(南楚)이다. 이곳의 풍속은 대체로 서초와 유사하다. 영(郢)은 나중에 수춘(壽春)으로 옮겨왔으니,[162] 수춘 또한 대도시 중의 하

148) 吳 : 옛 나라, 군 이름. 吳(지금의 江蘇省 蘇州市)에 도읍하였고, 江蘇省과 上海市 대부분과 皖, 浙 일부를 관할하였다.

149) 廣陵 : 나라, 군 이름. 중심지는 廣陵(지금의 江蘇省 揚州市 서북쪽)에 있었다.

150) 繒 : 지금의 山東省 남부 蒼山 서북쪽.

151) 闔廬(?-기원전 496년) : 闔閭라고도 쓴다. 춘추시대 말엽 吳나라의 군주였고, 이름은 光이다. 기원전 514년에서 기원전 496년까지 재위하였다. 徐, 楚를 격파하였으나, 후에 越王 句踐에게 패하여 사망하였다.

152) 春申 : 春申君 黃歇(?-기원전 238년)을 가리킨다. 戰國 4公子의 한 사람. 楚나라의 귀족으로, 左徒, 令尹 등의 직책을 맡았고, 考烈王 때 吳에 봉해지고 春申君이라고 불렸다.

153) 吳王 劉濞(기원전 215-기원전 154년)를 말한다. 西漢의 제후왕으로 沛縣 사람. 劉邦의 조카로 吳王에 봉해졌다.

154) 章山 : 일반적으로는 지금의 江西省 南城縣 남쪽에 있는 章山을 지칭하지만, 일설에는 지금의 浙江省 安吉縣 서북쪽에 있는 산을 말하기도 한다.

155) 三江 : 이설이 분분하다. 일설에는 지금의 吳淞江과 蕪湖, 宜興 사이의 長江으로부터 太湖를 통하는 강과 長江 하류의 南, 中, 北 세 강을 지칭한다고도 한다. 근래에는 여러 水道의 총칭이라고도 한다.

156) 五湖 : 이 역시 여러 의견이 있으나, 『國語』「越語」와 권29 「河渠書」에 따르면 太湖 일대의 모든 호수의 범칭이라고 한다.

157) 江東 : 長江은 蕪湖와 南京 사이에서 서남남, 동북북 쪽으로 흐르는데, 관습상 이곳 아래의 長江 남쪽 지역을 江東, 반대쪽을 江西라고 한다.

158) 衡山 : 군, 나라 이름. 衡山(지금의 安徽省 霍山縣)을 아우르고 있어 이렇게 불렸다.

159) 九江 : 秦나라가 설치한 군 이름. 壽春(지금의 安徽省 壽縣)에 중심지가 있었다. 秦 말엽, 楚漢 시기에 서쪽을 衡山郡에, 남쪽을 廬江과 豫章 두 군에 분할당하였다.

160) 豫章 : 楚漢 시기에 설치한 군. 南昌을 다스렸다. 西漢 元狩 2년(기원전 121년)에 지금의 江西省에 분할당하였다.

161) 長沙 : 군, 나라 이름. 전국시대 秦나라가 설치하였고, 臨湘(지금의 長沙市)을 관할하였다.

나이다. 합비(合肥)[163]는 남북으로 장강, 회수와 마주하는 곳으로서 피혁과 건어물, 목재 등의 집산지이다. 이곳은 민중(閩中)[164]과 우월(于越)[165]의 풍속이 섞여 있기 때문에, 남초 주민은 언변이 능하고 교묘한 말을 잘하지만 신용은 적다. 강남 지방은 지세가 저습하여 남자의 수명이 짧다. 이곳은 대나무가 많이 난다. 예장에서는 황금이 나고, 장사에서는 납과 주석을 생산한다. 그러나 매장량이 극히 적어, 채굴을 하면 그 비용을 대기에도 부족하다. 구의산(九疑山)[166]과 창오군(蒼梧郡)[167]에서 남쪽으로 담이(儋耳)[168]까지의 풍속은 강남과 대동소이하며, 그 지역에는 양월(楊越)[169] 사람이 많이 있다. 반우(番禺)[170] 또한 큰 도시 중의 하나로 구슬 등의 보옥과 무소〔犀〕, 대모(玳瑁), 과일, 삼베 등의 집산지이다.

영천(潁川),[171] 남양(南陽)[172]은 옛날 하(夏)나라 사람들의 거주지이다. 하나라 사람들은 충실하고 소박한 정치를 숭상하였으니, 이곳에는 선왕의 유풍이 남아 있다. 영천의 주민은 후덕하고 성실하다. 진(秦)나라 말기에는 반항하는 백성을 남양으로 이주시켰다. 남양은 서쪽으로는 무관(武關),[173] 운관(鄖關)[174]과 통하고 동남쪽으로는 한수(漢水)와 장강, 회수와 마주하고 있다. 완(宛)[175] 또한 대도시 중의 하나이다. 주민의 풍

---

162) 기원전 278년, 楚나라가 郢都를 잃고는 陳으로 천도하였고, 기원전 241년에는 다시 壽春으로 천도하였다.

163) 合肥 : 漢나라가 설치한 현. 지금의 安徽省 合肥市.

164) 閩中 : 秦나라가 설치한 군으로 중심지는 冶縣(지금의 福建省 福州市)이었다.

165) 于越 : 越의 별칭.

166) 九疑山 : 蒼梧山이라고도 불리는데, 지금의 湖南省 邃遠縣 남쪽에 있는 산이다. '疑'는 '嶷'라고도 쓴다.

167) 蒼梧郡 : 漢 武帝 때 설치하였고, 廣信(지금의 廣西省 梧州市)을 다스렸다.

168) 儋耳 : 漢 武帝 때 설치한 군. 지금의 廣東省 儋縣 서북쪽을 관할하였다.

169) 楊越 : 즉 南越. 옛 부족 이름, 나라 이름. 고대 남방 越人의 한 갈래로 '南粵'이라고도 하며, 주로 嶺南 지역에 분포되어 있었다.

170) 番禺 : 秦나라가 설치한 현으로 지금의 廣東省 廣州市 남쪽에 있었다.

171) 潁川 : 전국시대 말엽 秦나라가 설치한 군으로 陽翟(지금의 河南省 禹縣)을 다스렸다.

172) 南陽 : 秦나라가 설치한 군으로, 宛縣(지금의 河南省 南陽市)을 관할하였다.

173) 武關 : 지금의 陝西省 丹鳳縣 동남쪽에 있는 관문.

174) 鄖關 : 지금의 湖北省 鄖縣.

175) 宛 : 전국시대 楚나라의 읍이었는데, 秦 昭襄王 때 현을 설치하였다. 지금의 河南省 南陽市를 관할하였다.

속은 여러 가지 잡스러운 것을 좋아하며 장사를 업으로 삼는 자가 많다. 그들의 협객다운 기질은 영천까지 통해 있으므로, 지금까지도 그들을 '하나라 사람'이라고 칭하는 것이다.

무릇 천하에는 물자가 적은 곳도 있고 많은 곳도 있으며, 백성의 풍습 또한 지역에 따라 차이가 있다. 산동 지방에서는 바다에서 나는 소금을 먹고, 산서 지방에서는 호수에서 나는 소금을 먹으며, 영남(嶺南) 지역과 사북(沙北)[176] 지방에서는 소금이 곳곳에서 산출된다. 물건과 사람의 관계는 대체로 이런 것이다.

결론적으로 말하자면 초(楚), 월(越) 지역은 땅이 넓고 인구는 적으며, 쌀로 밥을 지어먹고 생선으로 국을 끓여 먹는다. 어떤 곳에서는 밭을 태우는 화전(火田) 경작을 하고, 논에 물을 대고 김을 매는 농작법을 취하기도 한다. 그곳에는 열매와 과일, 조개 등은 사고 팔지 않아도 될 정도로 충분하며, 농사 짓기에 좋은 지형이라 식량이 풍부하여 기근이 들 염려가 없다. 그런 까닭에 주민들은 게으름을 피우며 그럭저럭 살아가고, 모아둔 것이 없어 가난한 자가 많다. 이 때문에 장강과 회수 남쪽에는 얼어 죽거나 굶어 죽는 사람은 없지만, 천금의 재산을 소유한 부자들도 없는 것이다. 기수(沂水)[177]와 사수(泗水) 이북 지역은 오곡과 뽕, 삼을 심고 소, 말, 양, 닭, 개, 돼지 등의 육축(六畜)을 기르기에는 적당하다. 그러나 땅은 좁은데 인구는 많고 수해와 가뭄의 피해를 자주 당하기 때문에 주민들이 자진해서 저축을 한다. 그러므로 진(秦), 하(夏), 양(梁), 노(魯) 지역에서는 농사에 힘쓰며 농민을 중시한다. 하동과 하내, 하남의 삼하(三河) 지역, 그리고 완(宛), 진(陳) 지역 또한 마찬가지이나, 그들은 상업에 힘을 기울이고 있다. 제(齊)와 조(趙)의 주민들은 재주를 부리고 기회를 보아 이익을 도모하며, 연(燕)과 대(代) 지역은 농사를 짓고 목축을 하며 양잠도 하고 있다.

이런 것으로 보건대, 현인(賢人)이 조정에 들어가 일을 깊게 도모하거나 정사(政事)를 토론하고 믿음을 지켜 절개에 죽는 것이나, 선비가 바위 동굴에 은거하여 세상에 명성을 드러내는 것은 무엇을 위한 것인가? 결

176) 沙北 : 사막 이북 지역. 즉 몽고 고원과 그 이북의 넓은 지역.
177) 沂水 : 山東省에서 발원하여 泗水로 들어가는 강.

국은 부귀를 위한 것이다. 때문에 과욕 않고 청렴한 관리로 오랫동안 일하다 보면 봉록만으로도 갈수록 부유하게 되는 것이고, 턱없이 비싼 값을 부르지 않는 공정한 장사꾼도 결국은 신용을 얻어 부자가 되는 법이다. 부유함이란 사람의 본성이라 배우지 않아도 모두들 추구할 수 있는 것이다. 그러므로 건장한 병사가 전쟁중에 성을 공격할 때 먼저 오르거나, 적진을 함락시키고, 적군 장수의 목을 베고 깃발을 빼앗으며 돌멩이와 화살을 무릅쓰고 전진하며 화상을 당할 어려움을 마다하지 않는 것 등은 모두 후한 상을 받기 위해서 그렇게 행동하는 것이다. 반면에 강도질을 일삼고 사람을 죽인 후 묻어버리고, 협박하며 나쁜 일을 하고 도굴을 하고 위조지폐를 만들며, 제멋대로 못된 짓을 하고 독점하며, 자기 패거리를 대신해서 복수를 하고, 후미진 곳에서 물건을 빼앗고 사람을 내쫓는 등의 행동을 하는 젊은이들이 있기도 하다. 그들이 금지령에 아랑곳하지 않고, 죽을 곳을 향해서 뛰어 달리는 말처럼 날뛰는 것들도, 실은 모두 재물을 얻기 위함일 뿐이다. 또한 조(趙)나라, 정(鄭)나라의 미인들은 얼굴을 아름답게 꾸미고 거문고를 연주하며, 긴 소매를 나부끼고 경쾌한 발놀림으로 춤을 추어 보는 이의 눈과 마음을 유혹한다. 그들이 천리 길도 멀다 않고, 늙은이와 젊은이를 가리지 않는 것 또한 많은 재물을 향해 달려가는 것이다. 한가한 귀공자들이 관과 칼로 치장하고 수레와 말을 끌고 다니는 것 역시 자신들의 부귀를 과시하기 위한 것이다. 주살〔弋〕을 쏘아 물고기와 짐승을 잡으며, 밤낮을 가리지 않고 눈과 서리를 무릅쓰고 깊은 골짜기를 뛰어다니고, 맹수의 위험도 피하지 않는 것은 맛 좋은 짐승고기를 얻기 위해서이다. 도박이나 경마, 닭싸움, 개싸움 등을 하면서, 안색이 변해가며 서로 과시하고 반드시 이기려는 것은, 남에게 지는 것을 매우 싫어하기 때문이다. 의사나 도사, 여러 기술로 먹고 사는 사람들이 노심초사하며 재능을 다하는 것 또한 경제적인 수입을 중시하기 때문이다. 관리가 교묘한 농간으로 문서와 도장을 위조하며 자신에게 내려질 형벌도 피하지 않는 것은 뇌물에 탐닉하였기 때문이다. 또한 농, 공, 상, 고(賈)들이 재물을 모으고 키우는 것 역시 본래는 재산을 더욱 늘리려는 것이다. 이렇게 지식과 능력을 다 짜내서 일을 완성하는 것은 결국 전력을 기울여 재물을 탈취하기 위한 것이다.

속담에 "백리 먼 곳에 나가 땔나무를 팔지 말고, 천리 먼 곳에 나가 곡식을 팔지 말라"[178]고 하였다. 또한 1년을 살려거든 곡식을 심고, 10년을 살려거든 나무를 심고, 100년을 살려거든 덕행을 베풀어야 한다.[179] 덕이라는 것은 도덕적인 것을 말한다. 지금 관에서 주는 봉록도 없고, 작위나 봉읍에 의한 수입도 없지만, 이것을 가진 사람들처럼 즐겁게 사는 사람이 있으니, 이를 일러 '소봉(素封)'[180]이라고 한다. 봉(封)이라는 것은 조세 수입으로 사는 것이다. 예를 들면 한 해에 집집마다 200전의 세금을 걷는다고 하면, 1,000호의 영지를 가진 임금은 20만 전이나 수입이 있어, 입조하는 비용이나 교제비 등이 모두 그 수입에서 나올 수가 있다. 서민인 농, 공, 상, 고(賈)의 경우, 원금 만 전이 있으면 한 해에 이자가 2,000전이 된다. 따라서 100만 전의 재산을 가진 집은 이자가 무려 20만 전이 되므로, 병역이나 요역을 대신해줄 요금이나 토지세 등을 이 이자에서 낼 수 있게 된다. 이러한 사람들은 입고 싶고 먹고 싶은 대로 좋은 것을 취할 수가 있다. 그러므로 말 50마리 또는 소 166마리나 양 250마리를 키울 수 있는 목장이나, 혹은 돼지 250마리[181]를 키울 수 있는 습지대, 연간 1,000석(石)[182]의 고기를 양식할 수 있는 못, 큰 목재 1,000그루를 벌채할 수 있는 산림, 안읍(安邑)[183]의 대추나무 1,000그루, 연(燕), 진(秦)의 밤나무 1,000그루, 촉(蜀), 한(漢), 강릉(江陵)의 귤나무 1,000그루, 회북(淮北), 상산(常山) 이남 및 하수와 제수(濟水) 사이의 가래나무 1,000그루, 진(陳), 하(夏)의 옻나무 밭 1,000무(畝),[184] 제(齊), 노(魯)의 뽕나무 혹은 삼밭 1,000무, 위천(渭川)[185]의 대나무

---

178) 이는 운송비가 너무 비싸 이익이 남지 않는다는 뜻이다.

179) 『管子』「權修」편에는 "一年之計, 莫如樹木. 終身之計, 莫如樹人"이라는 구절이 있다.

180) 素封 : 봉지나 작위 등이 없는 '封君'을 말한다.

181) 본문에는 수량 단위가 많이 나온다. '蹄'는 말의 다리 수 4개를 1蹄로 계산하므로 말 200蹄이면 50마리가 된다. 따라서 "牛蹄角千"이면 소의 다리 4개와 뿔 2개를 합친 수가 1,000이므로 소가 166이나 167마리가 되는 것이고, 양이 1,000足이면 다리 넷으로 나누어 양 250마리가 되며, "千足彘"는 돼지다리 4개씩 짝을 지어 나누면 250마리가 되는 것이다.

182) 石 : 중량 단위로서 1石은 120斤이다.

183) 安邑 : 지금의 山西省 夏縣 서북쪽에 있던 현.

184) 畝 : 地積의 단위로서 秦漢시대에는 지금의 단위보다 약간 적었다. 6尺 사방을 1步라고 하고, 100步를 1畝라고 하였으나, 秦나라 이후에는 240步를 1畝로 하였다.

185) 渭川 : 渭河平原을 말한다. 渭河는 황하의 최대 지류로서, 지금의 陝西省 중부를 가로지른다.

숲 1,000무, 거기에 각국의 만 호 이상 도시의 교외에서 1무에 1종(鍾)[186]의 수확이 있는 밭 1,000무, 혹은 잇꽃〔卮〕이나 꼭두서니〔茜〕 밭 1,000무, 생강과 부추 밭 1,000고랑 등, 이상의 것에서 어느 한 가지라도 소유한 사람들은 모두 그 수입이 1,000호의 영지를 가진 제후와 같다. 이러한 것들은 부의 자원인지라, 이를 소유한 자는 시장을 기웃거릴 필요가 없고 타향으로 바삐 뛰어다닐 필요 없이, 가만히 앉아서 수입을 기다리기만 하면 된다. 따라서 몸은 처사의 도의를 지키지만, 수입은 풍부하게 된다. 만약 집이 가난하고 어버이는 늙고 처자식은 연약하며, 때가 되어도 조상에 제사 지낼 수가 없어 남의 도움을 받으면서도, 음식과 피복에 스스로 만족하지 못하고 부끄러운 줄 모른다면, 이는 더 이상 말할 것이 없을 것이다. 그래서 재산이 없는 사람은 힘써서 생활하고, 약간 있는 사람은 지혜를 써서 더 불리고, 이미 많은 재산을 가진 사람은 시기를 노려 이익을 더 보려고 한다. 이것이 삶의 진리이다. 생활을 꾸려나가는 데에 몸을 위태롭지 않게 하고서 돈을 버는 것은 현인이 힘쓰는 바이다. 때문에 가장 기본이 되는 농업으로 부를 얻는 것이 최상이고, 말류인 장사로 치부하는 것이 그 다음이며, 간악한 수단으로 부자가 되는 것이 최하책이다. 반면에 세상을 등지고 깊은 산에 사는 것도 아니면서 벼슬을 하지 않으려는 이상한 사람들의 행동이나, 오랫동안 빈천한 지위에 처해 있으면서도 말로만 인의(仁義) 운운하는 것 역시 부끄러운 일인 것이다.

무릇 보통 사람들은 다른 사람이 자기보다 열배 부자이면 그를 헐뜯고, 백배가 되면 그를 두려워하며, 천배가 되면 그의 일을 해주고, 만배가 되면 그의 하인이 되니, 이것은 사물의 이치이다. 대체로 가난에서 벗어나 부를 추구할 때, 농업은 공업보다 못하고, 공업은 상업보다 못하다. 수를 놓는 것보다는 시장에 나가 장사를 하라는 말은 말단의 생업인 장사가 가난한 사람에게는 도움이 된다는 것이다. 교통이 발달한 대도시에서는 한 해에 술 1,000동이, 식초와 간장 1,000병, 음료 1,000병, 소와 양, 돼지 가죽 1,000장, 쌀 1,000종(鍾), 1,000수레 혹은 1,000장(丈)이나 되는 배에 실은 땔감용 건초, 목재 1,000장(章), 대나무 간짓대〔竹竿〕 만 개, 말이 끄는 수레 100대, 소가 끄는 수레 1,000대, 칠기 1,000개, 구리그릇 1,000균(鈞),[187] 나무그릇이나 쇠그릇 혹은 잇꽃이나, 꼭두서니 각 1,000

186) 鍾 : 용량의 단위로서 1鍾은 6斛(1斛은 10斗이다) 4斗이다. 즉 1鍾은 64斗이다.

석, 말 200마리, 소 500마리, 양이나 돼지 각 2,000마리, 노비 100명, 짐승 힘줄, 뿔, 단사 1,000근, 비단, 솜, 모시 1,000균, 무늬 있는 비단 1,000필, 거친 삼베와 피혁 1,000석, 옻 1,000말〔斗〕, 누룩과 메주 각 1,000홉, 복어와 갈치 각 1,000근, 건어물 1,000섬, 자반 1,000균, 대추와 밤 각 3,000석, 여우와 담비의 갖옷 각 1,000장, 염소와 양의 갖옷 각 1,000석, 담요 1,000장, 과일과 야채 각 1,000종 등을 팔면 그 이자는 각 1,000관(貫)[188]을 얻게 된다. 그런데 중개인이나 욕심 많은 상인은 이자를 높게 받아 본전의 10분의 3을 벌지만, 별 커다란 욕심을 부리지 않는 상인은 공정하게 장사를 하고 결국은 신용을 얻어 10분의 5를 벌게 된다. 어찌 되었든 이 또한 수레 천승(千乘)의 재산을 가진 제후와 같게 된다. 이것이 대강의 상황이다. 다른 잡일에 종사하면서 2할의 이익을 올리지 못하는 것은, 이상적인 수입이 아니다.

이제는 당대에 명성을 날린 현명한 사람들이 재산을 불려 치부한 것을 간단하게 말함으로써, 후세 사람들이 생각하고 선택하는 참고가 되도록 하겠다.

촉(蜀) 지방 탁씨(卓氏)의 조상은 조(趙)나라 사람으로 제철업으로 부호가 되었다. 처음 진(秦)나라가 조나라를 격파하였을 때 탁씨를 이주시켰다. 탁씨는 재물을 모두 빼앗겼으므로, 부부 둘이서 작은 수레를 밀고 이주지로 갔다. 그와 함께 옮겨간 사람 중에 재산이 조금 남아 있던 자들은 앞다투어 관리에게 뇌물을 바치고 가까운 곳으로 가게 해달라고 부탁하여 가맹(葭萌)[189]에 거주하게 되었다. 그러나 탁씨는 '가맹은 땅이 좁고 척박하다. 내 듣자니 민산(汶山) 아래는 땅이 기름져 큰 감자가 잘 되서 굶지 않으며, 주민들은 거래를 아주 잘하여 장사하기에 쉽다더라'라고 하였다. 이에 그는 멀리 보내줄 것을 요구하였다. 임공(臨邛)으로 보내진 그는 매우 기뻐하며 철광이 있는 산으로 들어가 쇠를 녹여 그릇을 만들었다. 또한 여러 모로 꾀를 써서 계획하여, 결국은 전(滇)과 촉 땅의

187) 鈞 : 옛날의 중량 단위로, 30斤이 1鈞이다.
188) 貫 : 옛날에 구멍 뚫린 동전을 실에 꿰어 셀 때, 1,000枚를 1貫이라고 하였다. 따라서 1,000貫이면 모두 100만 枚를 말한다.
189) 葭萌 : 秦나라가 설치한 현으로, 지금의 四川省 廣元縣 서남쪽 지역이다.

주민들을 압도하였다. 결국 그는 노비 1,000명을 부릴 수 있게 되었으며, 사냥과 고기잡이 하는 즐거움은 임금에 버금갈 정도였다.

정정(程鄭)은 산동에서 옮겨온 포로였다. 그 또한 제철업을 하여 머리칼을 방망이 모양으로 틀어올린 오랑캐들과 교역을 하였다. 그 결과 탁씨처럼 부유해진 그는 탁씨와 같은 임공에서 살았다.

완(宛)의 공씨(孔氏)의 조상은 양(梁)나라 사람으로, 공씨도 제철업을 하였다. 진(秦)나라가 위(魏)나라를 정벌하였을 때, 공씨는 남양(南陽)으로 이주해야 하였다. 그는 대규모로 쇠를 녹여 그릇을 만들었고, 방죽과 못도 만들었다. 수레와 말을 줄줄이 몰고서 제후들을 찾아다녔으며, 이를 이용하여 장사에서 이익을 얻었다. 그는 후한 선물을 잘하는 유한공자(游閑公子)라는 이름을 얻기도 하였다. 그러나 돈을 헤프게 쓰면서도 엄청난 이익을 챙겼으므로, 좀스럽게 구는 장사치보다 훨씬 치부할 수 있었다. 그 결과 그는 수천금의 부를 쌓았으므로, 남양의 장사꾼들은 모두 공씨의 대범함을 본받았다.

노(魯)나라 사람들은 검소하고 절약하는 풍습이 있었는데, 조(曹) 땅의 병씨(邴氏)는 특히 심하였다. 그는 대장장이로 시작하여 몇만금의 부를 쌓았고, 그러면서도 가족간에 '엎드리면 물건을 줍고, 위를 보면 물건을 취하라'는 약속을 하고 생활하였다. 그는 행상을 하여 모든 군국(郡國)에 걸쳐 돈을 빌려주었다. 때문에 추(鄒), 노(魯) 지역에서는 학문을 버리고 이익을 좇는 자가 많아지게 되었으니, 이는 모두 조나라 병씨의 영향 때문인 것이다.

제나라에서는 노예를 천대하였으나, 조한(刁閑)이라는 사람은 그들을 아껴주고 정중히 대해주었다. 또한 교활한 노예는 사람이면 누구나 싫어하게 마련인데도, 조한은 그를 발탁하여 생선과 소금을 팔게 하여 이익을 보거나, 혹은 말과 수레를 몰게 하여 태수(太守)와 교제를 하였고, 노예들을 더욱 신임하였다. 마침내 그는 노예들의 힘을 빌려서 몇천만 금의 치부를 하였다. 그러므로 '차라리 벼슬을 하지 조한의 노예는 되지 않겠다'[190]는 말까지 나올 정도였는데, 이는 재주 있는 노예들을 잘 이끌어

---

190) 표면적으로는 스스로 일을 하며 노력하는 것이 낫지, 刁閑의 노예가 되어 그를 위해서 돈을 벌어주지는 않겠다는 뜻으로 보이나, 실은 정반대의 의미를 담고 있다. 즉 세상 사람들이 서로 "나가서 관직을 구할까?(寧爵)" 아니면 "차라리 刁閑의 노

부유하게 해주고, 그들의 힘을 전력 발휘하게 해준 것을 이르는 말이다.

주나라 사람은 본래 검소하고 인색하지만, 그중에서도 사사(師史)는 더욱 심하였다. 그는 수레 수백대를 끌고 군국으로 나아가 장사를 하였는데, 가지 않은 곳이 없었다. 낙양 시가는 제(齊), 초(楚), 조(趙)의 중심지로서, 가난한 사람도 부자들에게서 장사를 배웠다. 그들은 오랫동안 외지에서 장사하였다는 것을 서로 자랑하며, 고향을 여러 차례 지나가도 자기 집에는 들르지 않았다. 사사는 이런 장사치들에게 맡겨 장사를 시킨 결과 7,000만[191]의 재산을 쌓을 수 있었다.

선곡(宣曲)[192]에 사는 임씨(任氏)의 조상은 독도(督道)[193]의 창고지기였다. 진(秦)나라가 패하였을 때 호걸들은 모두 앞을 다투어 금과 옥을 탈취해갔으나, 임씨는 창고의 곡식을 빼다가 굴 속에 감추었다. 나중에 초와 한 나라가 형양(滎陽)에서 대치하고 있을 때, 백성은 농사를 지을 수 없었으므로 쌀 한 섬에 만 전까지 나갔다. 먹고 살기 위해서는 곡식이 필요하였으므로, 결국 호걸들이 탈취하였던 보옥들은 모두 임씨의 것이 되었고 임씨는 부자가 되었다. 또한 부유한 자들은 사치를 일삼았지만, 임씨는 허세를 버리고 절약검소하며 농사와 목축에 힘썼다. 사람들은 농사와 목축에 필요한 용품은 싼 것으로 샀지만, 임씨는 비싸도 질이 좋은 것을 샀다. 이리하여 임씨 집안은 여러 대에 걸쳐 부유하였다. 그런데도 임씨는 '내 집의 밭과 가축에게서 나온 것이 아니면 먹지 않고, 공사(公事)가 끝나지 않으면 술과 고기를 먹지 않는다'라는 가풍을 지켰다. 때문에 그는 마을의 모범이 되었고, 집안은 더욱 부유해졌으며, 천자도 그를 존중해주었다.

국가에서 변경 지역을 개척할 때, 교요(橋姚)라는 사람은 말 1,000마리, 소 2,000두, 양 만 마리, 곡식 수만 종의 재물을 얻었다. 오초칠국(吳楚七國)이 병사를 일으켰을 때,[194] 장안에 있는 높고 낮은 제후들은

예가 되는 것만 못하지!(毋刁)"라고 문답하는 것이다.

191) 『漢書』「貨殖傳」에는 "十千萬"이라고 적혀 있다.

192) 宣曲 : 지명. 지금의 陝西省 西安市 서남쪽.

193) 督道는 "창고가 있는 지명(『史記會注考證』 참조)"이라고도 하고, 秦나라 때의 현 이름이라고도 하며, 지명이 아니라는 설도 있다.

194) 吳王 劉濞가 楚, 趙, 膠東, 膠西, 濟南, 菑川 등의 제후왕들과 연합하여 반란을 일으킨 사건. 漢 조정은 周亞夫를 太尉로 파견하였고, 석 달 안에 吳와 楚를 격파하고, 나머지 나라들도 차례로 평정하여, 제후왕들은 자살하거나 피살되었다.

토벌군에 가담하기 위해서 이잣돈을 얻으려고 하였다. 그런데 돈놀이를 하는 사람들은 제후들의 봉읍이 관동(關東)에 있었고, 관동의 일이 성공할지 실패할지 예측할 수 없었으므로 원금을 돌려받지 못할까봐 아무도 빌려주려고 하지 않았다. 그러나 무염씨(無鹽氏)는 천금을 풀어 이자를 원금의 10배로 하여 빌려주었다. 석 달이 지나자 오와 초 나라가 평정되었으므로, 1년 안에 무염씨는 자그마치 이자를 원금의 10배로 받게 되었고, 그 바람에 그의 재산은 관중 전체의 부와 맞먹게 되었다.

관중의 부유한 상인이나 대상인은 대체로 전씨(田氏) 일족으로, 전색(田嗇), 전란(田蘭) 등이 그들이다. 그밖에 위가(韋家)와 율씨(栗氏) 그리고 안릉(安陵)[195]과 두(杜)[196]의 두씨(杜氏) 등도 수만금의 부를 지니고 있었다.

위의 사람들은 부호 중에서도 매우 두드러지는 사람들이다. 그들은 모두 작읍이나 봉록을 가지고 있던 것도 아니고, 교묘한 수단으로 법률을 이용하고 나쁜 짓을 하여 부자가 된 것도 아니다. 그들은 모두 사물의 이치를 추측하여 거취(去就)를 결정한 것으로, 시운에 순응하여 이익을 얻고, 상업을 하여 재물을 얻고, 농업에 힘써 재산을 지켰다. 즉 그들은 강력한 무(武)의 방법으로 모든 것을 얻었고, 점잖은 문(文)의 방법으로 재산을 지켰던 것이다. 이러한 방법의 변화에는 절도가 있고 순서가 있어, 이야기할 만한 것이었다. 농업, 목축, 수공업, 산림천택 경영이나 행상(行商)과 좌고(坐賈) 등에 온 힘을 다하며, 이익과 손해를 따져보고, 임기응변으로 대처하여 부자가 된 사람들 중에, 크게는 한 군(郡)을 압도하는 사람이 있는가 하면, 그 중간으로는 한 현을, 작게는 한 마을을 압도하는 사람도 있는데, 그 예는 너무 많아 하나하나 거론할 수 없을 정도이다.

무릇 근검절약하고 부지런히 일하는 것은 부자가 되는 바른 길이다. 그런데 부자는 반드시 독특한 방법으로써 남보다 두드러진다. 농사는 재물을 모으는 방법으로는 그리 뛰어난 업종이 못 되지만, 진양(秦揚)은 농사로써 주(州)에서 제일 가는 부호가 되었다. 물론 무덤을 파헤쳐 재물을 훔치는 것은 나쁜 일이지만, 전숙(田叔)은 이를 발판으로 일어섰다. 또

195) 安陵 : 西漢 五陵縣의 하나. 지금의 陝西省 咸陽市 동북쪽.
196) 杜 : 지금의 陝西省 西安市 동남쪽에 있던 현.

한 도박은 나쁜 일이지만, 환발(桓發)은 그것에 의해서 부자가 되었다. 행상은 대장부에게는 천한 일이지만, 옹낙성(雍樂成)은 장사를 하여 부자가 되었고, 연지(臙脂)를 파는 것은 부끄럽기는 하지만, 옹백(雍伯)은 이로써 천금을 얻었다. 술장사는 하찮은 것이지만, 장씨(張氏)는 천만금을 벌었으며, 칼 가는 것은 보잘것없는 기술이지만, 질씨(郅氏)는 그것으로 돈을 벌어 제후들처럼 반찬 솥을 죽 늘여놓고 식사를 할 정도로 부자가 되었다. 위포(胃脯)[197]를 파는 것은 단순하고 하찮은 장사이지만, 탁씨(濁氏)는 기마 수행원을 거느리는 신분이 되었다. 말의 병을 치료하는 것은 별것 아닌 의술이지만, 장리(張里)는 그것으로 돈을 벌어 제후들처럼 식사할 때 종(鐘) 연주를 곁들이게 되었다. 이것은 모두 한결같은 성실한 마음으로 힘쓴 때문이라고 할 것이다.

이로써 미루어볼 때, 부자가 되는 것에는 정해진 직업이 없고, 재물에는 일정한 주인이 없는 것이다. 재능이 있는 자에게는 재물이 모이고, 못난 사람에게서는 기왓장 흩어지듯 재물이 흩어져버린다. 천금의 부자는 한 도시의 군주와 맞먹고, 수만금을 모은 자는 왕처럼 즐겼다. 이것이야말로 '소봉(素封)'이 아니겠는가?"

197) 胃脯 : 깨끗하게 손질한 양의 胃를 삶아 말린 음식.

권130「태사공자서(太史公自序)」제70

옛날 전욱제(顓頊帝)[1]는 남정(南正)[2] 중(重)[3]에게는 천문에 관한 일을 관장하게 하였고, 북정(北正)[4] 여(黎)[5]에게는 지리에 관한 일을 관장하도록 명하였다. 당우(唐虞)[6] 시대에 와서도 중과 여의 후손들로 하여금 계속해서 천문과 지리에 관한 일을 주관하게 하여 하(夏), 상(商)[7]에까지 이르렀다. 그러므로 중과 여는 대대로 천문과 지리에 관한 일을 주관해왔다. 주대(周代)[8]에 이르러 정백(程伯)[9]에 봉해졌던 휴보(休甫) 또한 여의 후손이었다. 그러다가 주 선왕(周宣王)[10] 때에 와서 여의 후손들은 그 관직을 잃고 사마씨(司馬氏)[11]가 되었다. 사마씨는 대대로 주

1) 顓頊帝 : 즉 高陽氏로 고대 중국 五帝 중의 하나이다. 권1「五帝本紀」참조.

2) 南正 : 고대 중국의 천문을 관장하던 벼슬 이름이다.

3) 重 : 사람 이름.

4) 北正 : '火正'이라고도 하는데, 고대 중국의 지리를 관장하던 벼슬 이름이다.

5) 黎 : 사람 이름.

6) 唐虞 : 唐은 陶唐氏로 상고시대 중국의 부락 이름이며 堯임금이 그 수령이었다. 虞는 즉 有虞氏로 역시 상고시대 중국의 부락 이름으로 舜임금이 그 수령이었다. 그래서 흔히 唐堯, 虞舜이라고 병칭하여 부른다.

7) 夏, 商 : 夏는 夏后氏로 상고시대 중국의 나라 이름이며, 商은 기원전 16세기경 湯이 夏를 멸하고 세운 나라이다. 역사가들은 흔히 夏商 이전을 전설 속의 일로 취급하고, 夏와 商을 중국 역사상 첫번째와 두번째의 왕조로 인식하고 있다.

8) 周는 기원전 11세기에 武王이 商을 멸하고 세운 나라로서, 34왕이 대를 이어 약 800년을 지탱하다가 秦나라에 멸망당하였다.

9) 程伯 : 작은 나라 이름. 程邑은 程伯國이 있던 곳으로 지금의 陝西省 咸陽市 동쪽에 있었다.

10) 周 宣王 : 기원전 828년에서 기원전 782년까지 재위하였다. '중흥'이란 명분으로 여러 차례 夷狄 정벌에 나섰지만, 그러나 오히려 많은 인명과 물자의 손실을 초래하였다.

11) 司馬氏 : 司馬는 군사, 군수 등을 관장하는 무관의 관직 이름으로 周나라 때 처음으로 설치되었다. 후세에도 계속 존속하였지만 그 직위나 직권에는 차이가 있다. 『史記索隱』에는 "司馬는 夏官卿으로 國史를 관장하는 직책이 아닌데, 선대로부터 國史를 겸해서 관장해왔다"라고 되어 있다. 『周禮』에도 "夏官司馬"가 있는데, 이는 무장 부대의 지휘관으로 國史를 관장하지는 않았지만, 그러나 司馬氏는 대대로 史官을 겸하고 있었다. 일설에는 司馬氏의 선조 가운데 司馬 관직에 임용되었던 사람이 있

나라의 역사를 주관하였다. 주나라의 혜왕(惠王)[12]에서 양왕(襄王)[13]에 이르는 사이에 사마씨는 주나라를 떠나 진(晉)나라로 갔다. 그후 진(晉)나라의 중군(中軍)[14] 수회(隨會)가 진(秦)나라로 달아났을 때 사마씨도 따라서 소량(少梁)[15]으로 들어가 살았다.

사마씨는 주나라를 떠나 진(晉)나라로 간 후로부터 일족이 분산되어, 혹은 위(衞)나라로 가고, 혹은 조(趙)나라로 가고, 혹은 진(秦)나라로 가서 살았다. 위나라로 간 일족 가운데에는 중산(中山)[16]의 재상을 지낸 자도 있고,[17] 조나라로 간 일족 가운데에는 검술 이론을 잘 전수하여 명성을 날린 자도 있는데, 괴외(蒯聵)[18]가 바로 그의 후손이다. 진(秦)나라로 간 사마조(司馬錯)는 장의(張儀)[19]와 더불어 진 혜왕(秦惠王)[20] 앞

었기 때문에 그 관직 이름을 성씨로 삼았으나, 그러나 후세에 와서는 司馬氏라고 해서 반드시 司馬 관직을 맡은 것은 아니라고 설명하고 있다.

12) 惠王 : 東周의 국왕으로 기원전 676년에서 기원전 652년까지 재위하였다. 즉위하자 그 이듬해 대신이 釐王(惠王의 부친)의 아우 왕자 頹를 받들어 반란을 일으켰고, 그는 국외로 망명하였다가 기원전 673년에 鄭伯 등의 호송을 받아 다시 王城으로 돌아왔다.

13) 襄王 : 惠王의 아들로 기원전 651년에서 기원전 619년까지 재위하였다. 즉위하고 3년째 되던 해에 그의 외숙 太叔帶가 반란을 일으켰고, 戎人을 끌어들여 王城을 공략하자, 秦과 晉 나라의 군사가 와서 구원해주어 太叔帶는 齊나라로 달아났다. 또 기원전 636년에는 狄人이 침입하여 帶를 왕으로 삼으니, 襄王은 떠나가 鄭나라에 살다가 그 이듬해 晉 文公이 군사를 동원하여 周나라를 구원하고 襄王을 다시 王城으로 귀환시키고 太叔帶를 살해하자, 비로소 周나라가 난을 평정하게 되었다.

14) 中軍 : 中軍將軍, 中軍元帥 등이 있는데, 이는 中軍을 통솔하는 무관을 지칭한 것이다. 中軍은 전체 무장 부대 가운데 일부분을 말한다. 隨會가 秦나라로 달아났을 때는 아직 中軍元帥에 임명되지 않았으므로, 여기서 '中軍'이라고 한 것은 그의 훗날 관직에 연유하여 사용한 것이다.

15) 少梁 : 옛 읍 이름으로 지금의 陝西省 韓城市 남쪽에 있었다.

16) 中山 : 나라 이름. 춘추시대에 白狄族에 의하여 세워진 나라로 '鮮虞'라고도 부른다. 지금의 河北省 正定縣 동북쪽에 있었다.

17) 전하는 바에 의하면, 司馬喜(憙)가 中山國의 재상을 지냈다고 한다.

18) 蒯聵 : 『史記正義』에서는 如淳의 말을 인용하여 "「刺客傳」의 蒯聵를 가리킨다"라고 하였지만, 今本 『史記』 「刺客列傳」에는 蒯聵는 나타나 있지 않고, 다만 荊軻가 일찍이 楡次에 가서 蓋聶과 더불어 검에 관한 일을 논하였다는 기록이 있을 뿐이다. 그래서 『史記會注考證』에서는 張文虎의 의견을 따르며 蓋聶은 어쩌면 蒯聵를 잘못 적은 것일지도 모른다고 인식하고 있다. 전하는 바에 의하면 趙나라에서 검술 이론이 뛰어난 蒯聵의 선조는 司馬凱라고 한다.

19) 張儀 : 전국시대 魏나라 귀족의 후예로서, 秦 惠王 때 재상이 되어 武信君에 봉해졌다. 그는 惠王을 도와 魏나라로 하여금 郡을 바치게 하고, 각국이 秦나라에 복종할 것을 유세하였으며, 齊楚 연맹을 와해시켰다. 秦 武王이 즉위하자 그는 다시 魏

에서 촉(蜀)과 한(韓) 중에 어느 쪽을 먼저 공략할 것인가 하는 문제를 놓고 논쟁을 벌였는데,[21] 이때 혜왕은 사마조로 하여금 군사를 이끌고 촉을 공격하게 하였다. 사마조는 마침내 촉 땅을 빼앗았고 따라서 그곳의 군수로 임명되었다. 사마조의 손자 사마근(司馬靳)[22]은 무안군(武安君) 백기(白起)[23]를 섬겼다. 이에 앞서 소량(少梁)은 이미 그 명칭을 하양(夏陽)으로 바꾸었다. 사마근과 무안군 백기는 장평(長平)[24]에 주둔한 조나라의 군대를 크게 격파하여 모두 생매장시키고[25] 돌아왔다. 그러나 돌아와서는 둘 다 두우(杜郵)[26]에서 소왕(昭王)에 의해서 사사(賜死)되어[27] 화지(華池)[28]에 매장되었다. 사마근의 손자는 사마창(司馬昌)인데, 창은 진(秦)나라의 주철관(主鐵官)[29]을 지냈으며, 이때는 진 시황(秦始皇) 시대에 해당한다. 괴외(蒯聵)의 현손(玄孫) 사마앙(司馬卬)은 무신군(武信君)[30]의 부장(部將)이 되어서 군대를 이끌고 조가(朝歌)[31]를 순찰하였다. 이때는 천하가 어지러워 제후들이 멋대로 서로 왕으로 책봉하였는데, 사마앙은 항우(項羽)에 의하여 은왕(殷王)에 책봉되었다. 한왕

나라로 가서 재상이 된 지 얼마 안 되어 죽었다.

20) 秦 惠王 : 즉 秦 惠文王으로 기원전 337년에서 기원전 311년까지 재위하였다. 즉위 후에 商鞅을 죽이고 4년 만에 왕을 칭하였으며, 각국을 공략하여 영토를 확장하였다.

21) 이때 司馬錯는 蜀을 치자고 주장하였고, 張儀는 韓을 치자고 주장하였다.

22) 司馬靳 : 『漢書』「司馬遷傳」에는 "錯孫靳"으로 되어 있다.

23) 白起 : 전국시대 秦나라의 명장이다. 일찍이 楚나라의 수도인 郢을 점령한 공로로 武安君에 봉해졌다.

24) 長平 : 옛 성 이름. 지금의 山西省 高平縣 서북쪽.

25) 이때 秦나라와 趙나라는 長平에서 대치하고 있었는데, 새로 부임한 趙나라의 장군 趙括은 아는 것 없이 큰소리만 치면서 무모하게 진격하여, 결국 秦나라의 포위망에 걸려 趙括은 射死되고, 40만 명이나 되는 趙나라 포로들은 秦나라 군에 의해서 생매장되었다.

26) 杜郵 : 옛 현 이름. '杜郵亭'이라고도 한다. 전국시대에는 秦나라에 속해 있었다. 지금의 陝西省 咸陽市 동쪽이다. 나중에는 '孝里亭'이라고도 하였다.

27) 秦나라 相國 范雎가 白起를 아주 미워한 터에 마침 白起가 昭王의 명령을 듣지 않자, 昭王이 그를 핍박하여 자살하게 하였다.

28) 華池 : 옛 현 이름. 지금의 陝西省 韓城市.

29) 主鐵官 : 금속을 녹여 철기를 주조하는 일을 관장하던 관리를 말한다.

30) 武信君 : 즉 武臣을 가리킨다. 그는 陳縣 사람으로 秦나라 말기 농민 의거군의 장령이었다. 일찍이 陳勝에 의하여 장군으로 임명되어 군대를 이끌고 趙나라 땅을 점령하였으며, 스스로 武信君이라 칭하며 스스로 趙나라 왕이 되었다가 나중에 부하 장수에 의해서 살해되었다.

31) 朝歌 : 옛 도읍 또는 현 이름. 지금의 河南省 淇縣.

(漢王)[32)]이 초패왕(楚覇王)[33)]을 정벌하였을 때, 사마앙은 한왕에게 투항하였고,[34)] 그의 영토는 하내군(河內郡)이 되었다. 사마창은 무택(無澤)[35)]을 낳았고, 무택은 한(漢)나라의 시장(市長)[36)]을 지냈다. 무택은 희(喜)를 낳았고, 희는 오대부(五大夫)[37)]를 지냈는데, 죽은 뒤 이들은 모두 고문(高門)[38)]에 안장되었다. 사마희(司馬喜)는 사마담(司馬談)[39)]을 낳았는데, 사마담은 태사공(太史公)[40)]이 되었다.

태사공[41)]은 당도(唐都)[42)]로부터 천문학을 배웠고, 양하(楊何)[43)]로부터 『역(易)』을 전수받았으며, 황자(黃子)[44)]로부터 도가(道家)의 이론을 익혔다. 태사공은 건원(建元)에서 원봉(元封)[45)]에 이르는 기간에 관리 생활을 하였다. 그리고 그는 학자들이 각파의 학설의 본의를 이해하지 못하

32) 漢王 : 즉 劉邦을 가리킨다. 劉邦은 項羽에 의해서 漢王에 책봉되었다.
33) 楚覇王 : 즉 項羽를 가리킨다. 項羽는 스스로를 西楚覇王이라고 하였다.
34) 漢 2년(기원전 205년) 3월에, 劉邦은 殷王 司馬卬을 포로로 잡았다.
35) 無澤 : 『漢書』에는 "毋擇"으로 되어 있다.
36) 市長 : 市場을 관리하던 벼슬 이름이다.
37) 五大夫 : 秦漢代에 20등급의 작위 중의 제9등급에 해당한다. 漢나라 초기에는 제7등급 公大夫 이상을 높은 작위로 하여, 이들에게는 모두 식읍이 있었으나, 文帝 이후에는 제도를 고쳐서 五大夫 이상을 높은 작위로 하고, 다만 면역의 혜택만을 주었다.
38) 高門 : 옛 지명. 즉 高門原을 말한다. 지금의 陝西省 韓城市 서남쪽.
39) 司馬談 : 司馬遷의 부친. 그는 夏陽 사람으로 太史公을 지냈다. 또 『國語』, 『世本』, 『戰國策』, 『楚漢春秋』 등의 서적을 근거로 史籍을 찬하다가 죽자, 그의 아들 司馬遷이 드디어 『史記』를 속성하게 되었다.
40) 太史公 : 商나라 말기와 西周 시대에 처음으로 '太史寮'라고 하는 관서를 설치하고 거기의 장관을 '太史'라고 불렀다. 西周 그리고 춘추시대의 太史는 문서를 기초하고 제후, 卿, 大夫를 훈령하며, 史事를 기록하고 사서를 편찬하며, 아울러 국가의 전적, 천문 역법, 제사 등을 관장하는 조정대신이었다. 秦漢代에는 '太史令'을 설치하였는데, 그 지위는 점점 낮아졌다. 司馬遷 부자는 둘 다 太史令을 지냈다. 『史記』에 나오는 太史公은 대부분 司馬遷이 자신의 말을 서술할 때 사용한 것이지만, 분명히 그의 부친 司馬談을 지칭한 곳도 있다.
41) 여기에서는 司馬遷의 부친 司馬談을 지칭한 것이다.
42) 唐都 : 漢나라 文帝와 武帝 때의 천문학자. 方士라고도 한다.
43) 楊何 : 西漢 시대의 학자. 淄川 사람으로 字는 叔元이며 武帝 때 中大夫에 임명되었다. 그는 일찍이 田何로부터 『易』을 이어받았다.
44) 黃子 : 권121 「儒林列傳」에 나오는 黃生을 가리킨다. 그는 黃老之術을 좋아한 사람이었다.
45) 建元, 元封 : 둘 다 漢 武帝의 연호로, 建元은 첫번째이고 元封은 여섯번째의 연호이다.

여 스승의 뜻에 위배되어 있음을 우려한 나머지, 이에 육가(六家)[46] 학문의 요지를 다음과 같이 논하였다.

『역』의 「대전(大傳)」[47]에 이르기를 "천하 사람들의 의향은 서로 같으면서도 사고방법은 가지각색이며, 목적지는 다 같으면서도 가는 길은 서로 다르다"라고 하였듯이, 음양가(陰陽家), 유가(儒家), 묵가(墨家), 명가(名家), 법가(法家), 도덕가(道德家)[48]들은 다같이 세상을 잘 다스리는 일에 힘쓰는 사람들이지만, 오직 그들이 좇는 바의 이론은 서로 달라 어떤 것은 잘 성찰한 것도 있고, 또 어떤 것은 잘 성찰하지 않은 것도 있다. 나는 일찍이 음양가의 학술을 고찰해본 일이 있는데, 그것은 대체로 길흉의 징조에 치중하여 여러 가지 금기하는 것이 많고, 사람으로 하여금 구속을 받고 두려움을 사게 하는 것이 많았다. 그러나 춘하추동 사시(四時)의 운행 순서에 맞추어 일을 해야 한다고 하는 점은 놓쳐버려서는 안 되는 것이다. 유가의 학설은 너무 광범하되 요점이 적어, 애를 써서 추진해보아도, 효과는 적기 때문에 그들의 학설을 그대로 다 추종하기는 곤란하지만, 그러나 그들의 군신과 부자들 사이의 예절을 바로 세우고, 부부와 장유(長幼)들 사이의 구별을 분명히 해놓은 점은 고쳐서는 안 되는 것이다. 묵가의 학설은 검약을 지나치게 강조하여 준수하기가 어렵기 때문에, 그것을 전부 그대로 실천할 수는 없지만, 그러나 그들의 산업에 대한 강화나 비용을 절약해야 한다고 하는 점은 폐기해서는 안 되는 것이다. 법가의 학설은 준엄하기만 하고 은정은 적지만, 그러나 그 군신 상하의 직분을 정확하게 규정하고 있는 점은 고쳐서는 안 되는 것이다. 명가의 학설은 사람으로 하여금 명칭에 구속되어 쉽사리 진실성을 잃게 하지만, 그러나 그 명(名)과 실(實)의 관계를 바로잡은 점은 잘 살펴보지 않을 수가 없다. 도가의 학설은 사람으로 하여금 정신을 집중시켜 행동을 무형의 도(道)에 합치하게 하고, 또한 만물을 풍성하게 한다. 그들의 학술은 음양가의 사시 운행의 대순서에 의거하여 유가와 묵가의 선을 취하고, 명가와 법가의 요점을 취하여, 시대와 더불어 발전하고, 사물에 응하여 변화하며, 좋은 풍속을 세워 일을 시행하니 옳지 않은 것이 없다. 따라서 그 요지는 간명하면서도 시행하기 쉽고, 노력하는 정도는 적으면서도 거두는 효과는 높다. 이에 비하여 유가의 학설은 그렇지 않다. 즉 그들에게 군주는 천하의 법도이므로, 군주가

46) 六家 : 즉 陰陽家, 儒家, 墨家, 名家, 法家, 道家를 말한다.
47) 『易』「大傳」: 『周易』의 「繫辭傳」을 가리킨다.
48) 道德家 : 즉 道家를 말한다.

그 무엇이든 제창하면 신하는 여기에 호응해야 하고, 군주가 앞서서 나아가면 신하는 그 뒤를 따라가야 한다고 생각한다. 이처럼 행한다면 곧 군주는 힘들지만 신하는 편안하다. 도가에서 말하는 대도(大道)의 요체(要諦)는, 웅건(雄健)과 탐욕을 버리고 지혜를 버리는 것인데, 유가에서는 이런 것에는 유의하지 않고 다만 지술(智術)에 의지하여 천하를 다스리고자 한다. 대저 인간의 정신은 지나치게 사용하면 쇠갈(衰竭)하고 육체는 지나치게 혹사하여 지치게 되면 병이 나는 법이다. 정신과 육체가 망가지면서 천지와 더불어 장구하기를 바란다는 말은 일찍이 들어본 적이 없다.

대저 음양가는 사시(四時), 팔위(八位),[49] 십이도(十二度),[50] 이십사절(二十四節)[51]마다 각각 거기에 해당하는 교령(敎令)[52]을 정해놓고 있어서, 이 교령에 잘 따라 행하게 되면 번창하고, 이 교령에 역행하게 되면 죽거나 망한다고 한다. 그러나 반드시 그렇지는 않다. 그래서 "사람으로 하여금 이것의 구속을 받게 하여 흔히들 이를 두려워하게 된다"라고 하였던 것이다. 그러나 봄에 태어나고, 여름에 성장하고, 가을에 거두어들이고, 겨울에 저장한다고 하는 것은 자연계의 대법칙으로서 여기에 순종하지 않는다면 그밖에 천하를 바로 세울 기강은 없는 것이다. 그런 까닭에 "춘하추동 사시가 돌아가는 큰 순서는 놓쳐버려서는 안 된다"라고 하였던 것이다.

유가는 육예(六藝)[53]로써 법도를 삼고 있는데, 육예는 그 경전(經傳)[54]

---

49) 八位 : 八卦 방위를 말한다. 즉 震東(☳), 離南(☲), 兌西(☱), 坎北(☵), 乾西北(☰), 坤西南(☷), 巽東南(☴), 艮東北(☶) 등이다. 전하는 바에 의하면 伏羲氏가 지었다고 한다.

50) 十二度 : 즉 十二次를 가리킨다. 고대 중국에서 태양과 달, 행성의 위치와 그 운동을 측량하기 위하여 黃道帶를 12개 부분으로 나누어 이를 十二次라고 칭하였다. 이것이 漢代 이후에 型이 정해졌는데, 그 명칭은 다음과 같다. 星紀, 玄枵, 娵訾, 降婁, 大梁, 實沈, 鶉首, 鶉火, 鶉尾, 壽星, 大火, 析木 등이다. 이것은 바로 적도와 경도 등으로 나뉘어 24절기와 연관관계를 가진다.

51) 二十四節 : 즉 24절기를 가리킨다. 立春, 雨水, 驚蟄, 春分, 淸明, 穀雨, 立夏, 小滿, 芒種, 夏至, 小暑, 大暑, 立秋, 處暑, 白露, 秋分, 寒露, 霜降, 立冬, 小雪, 大雪, 冬至, 小寒, 大寒 등이다.

52) 敎令 : 반드시 해야 할 일이라든가 또는 해서는 안 되는 일들에 관한 여러 가지 규정을 말한다.

53) 六藝 : 여기서는 六經, 즉 『禮』, 『樂』, 『書』, 『詩』, 『易』, 『春秋』 등 儒家 경전을 가리킨다.

54) 經傳 : '經'은 六經의 본문을 말하고, '傳'은 그 經文에 대한 주석이나 또는 經義에 대한 講解 등을 해놓은 책을 말한다. 예를 들면 『詩經毛傳』이나 『春秋公羊傳』 등과 같은 것이 그것이다.

이 헤아릴 수 없을 만큼 많아 누대에 걸쳐 배워도 그 학문에 통달할 수 없으며 한평생을 다 바쳐 연구해도 그 예의(禮儀)를 구명(究明)할 수 없다. 그런 까닭에 "광범하지만 요점이 적고, 노력해보아도 효과가 적다"라고 하였던 것이다. 그러나 군신과 부자들 사이의 구별을 분명히 밝혀놓은 점은 여타 백가(百家)라고 할지라도 이를 고칠 수 없을 것이다.

묵가 역시 요순(堯舜)의 도를 숭상하여 그들(요순)의 덕행에 대하여 언급하고 있다. 즉 "집의 높이는 겨우 3척, 흙으로 만든 계단은 세 개뿐, 모자(茅茨)[55]로 만든 지붕은 잘라서 잘 정리하지도 않았고, 통나무 서까래는 잘 깎아 다듬지도 않았다. 흙으로 만든 그릇에 밥을 담아 먹고, 흙으로 만든 그릇에 국을 담아 마셨는데, 현미나 기장 쌀로 만든 밥에다가 명아주잎과 콩잎의 국을 먹었다. 여름에는 갈포(葛布)로 만든 옷을 입고, 겨울에는 녹피(鹿皮)로 만든 옷을 입고 지냈다." 묵가에서는 장례를 치를 때, 오동나무 관은 3촌(三寸) 두께를 넘지 않으며, 곡성도 그들 마음속의 슬픔을 지나치리만큼 크게 내지 않았다. 그리고 상례(喪禮)를 가르칠 때에는 반드시 이처럼 간단하게 치르는 것으로써 일반 백성들의 표준을 삼았다. 만약에 천하 만민이 이와 같이 검약하는 것을 본받는다면 존비(尊卑)의 차별은 없어질 것이다. 대체로 시대가 변천하면 이에 따라서 사람의 사업도 반드시 다 같아야 할 필요는 없다. 그러므로 "지나치게 검약을 강조하여 사람들이 준수하기 어렵다"라고 말하였던 것이다. 그러나 그 요점으로 산업을 강화하고 비용을 절약한다고 한 것은 사람이나 가정을 풍족하게 하는 방법인 것이다. 이것이야말로 묵가 학설의 장점으로 비록 여타 백가라고 할지라도 이를 폐기할 수 없을 것이다.

법가는 친(親)과 소(疏)를 구별하지 않고, 귀(貴)와 천(賤)을 구분하지 않으며, 일률적으로 법에 의거하여 단죄하기 때문에, 친속(親屬)을 친애하거나 윗사람을 존경하는 이런 은애의 감정은 절단되고 만다. 이렇게 해서는 일시적인 계획은 실행할 수 있어도 결코 오래도록 시행하지는 못한다. 그런 까닭에 "준엄하기만 하고 은정은 적다"라고 말하였던 것이다. 그러나 군주를 높이고 신하를 낮추며, 직분을 분명히 구분하여 서로가 그 권한을 초월할 수 없도록 한 점은 비록 여타 백가라고 할지라도 고칠 수 없을 것이다.

명가에서는 까다롭게 자세히 관찰하다가 뒤엉켜서 흐려지게 하고, 사람으로 하여금 그의 뜻을 반복해서 음미할 수 없도록 한다. 그리고 오로지

55) 茅茨 : 풀 이름. 즉 띠와 납가새를 말한다. 둘 다 옛날 초가의 지붕을 이을 때 사용하였다.

명칭에 의해서 결단을 내림으로써 인정(人情)을 잃어버리게 한다. 그런 까닭에 "사람으로 하여금 명칭에 구속되어 쉽사리 진실성을 잃게 한다"라고 말하였던 것이다. 그러나 명가에서 명칭을 쥐어잡고 실재를 살펴서 명(名)과 실(實)을 교차시켜 비교하고 실증하는 점은 정말 주의할 만한 것이다.

도가의 요체는 '무위(無爲)'[56]이며 또한 '무불위(無不爲)'[57]로서, 그들의 실제적인 주장은 시행하기 쉬우나 그들의 언사는 오묘해서 이해하기 어렵다. 도가의 학술은 '허무(虛無)'를 근본으로 삼고, '인순(因循)'[58]을 수단으로 삼는다. 기성 불변의 세(勢)도 없고 상존 불변의 형(形)도 없다. 그러므로 만물의 정상(情狀)을 구명할 수가 있다. 사물에 대응해서는 반드시 앞서지도 않고 또한 반드시 뒤지지도 않으면서 사물에 따라서 주재하기 때문에 만물의 주(主)가 될 수 있다. 도가에도 물론 법은 있지만 그 법에 맡기지 않는 것을 법으로 여기고, 반드시 시세에 따라서 사업을 이룩한다. 또 도(度)는 있으되 그 도를 견지하지 않는 것을 도로 여기고, 반드시 만물의 형세에 따라서 더불어 상합(相合)한다. 그런 까닭에 "성인의 사상이 영원히 변화하지 않는 것은 곧 성인이 시세의 변화에 순응하였기 때문이었다. 허무는 도(道)의 준칙이요, 인순은 군주의 강령이다"라고 말하였던 것이다. 여러 신하들이 일제히 이르르면 군주는 그들로 하여금 제각기 자기의 직분을 밝히도록 한다. 이때 그들의 실상이 그의 명성에 들어맞는 자를 단(端)[59]이라고 하고, 그들의 실상이 그의 명성에 들어맞지 않는 자를 관(窾)[60]이라고 한다. 관언(窾言)을 듣지 않으면 간사한 신하는 생기지 않게 되고, 어진 자와 못난 자는 저절로 분별이 되며, 흑백이 이에 두드러지게 나타난다. 이와 같은 방법을 운용하려고만 한다면 그 무슨 일인들 이룩하지 못하겠는가? 이렇게 되면 곧 '대도(大道)'에 합치되어 혼돈(混沌)[61] 상태 바로 그대로 천하에 밝게 비추어져 다시금 무명(無名)[62]으로 돌아가

56) 無爲 : 無爲란 『老子』에서 나온 말로 청정함을 지킨다는 뜻이다.

57) 無不爲 : 만물을 생육한다는 뜻이다. 道家의 무위사상은 한마디로 말해서 자연의 변화에 순응한다는 뜻이다. 인위적인 힘을 가하지 않고 자연 그대로의 청정함을 지켜나간다면, 만물은 장차 自化하여 무엇이든지 다 이루어낸다는 것이다.

58) 因循 : 자연에 순응한다는 뜻이다.

59) 端 : 단정하다, 바르다, 진실하다 등의 뜻을 내포하고 있다.

60) 窾 : 비었다, 헛되다, 거짓이다 등의 뜻을 내포하고 있다.

61) 混沌 : 무지, 무욕의 혼돈상태를 가리킨다.

62) 無名 : 여기에서 '名'이란 '명칭' 또는 '개념'의 뜻을 함축하고 있으며, 천지 만물이 생긴 이후, 인간에 의해서 만들어졌다. 그러므로 '道'라는 것도 역시 '無名'이다. 老子가 말하였던 '無名論'은 사실 인위적인 예악, 인의 등을 반대하는 논리로 儒家의 '正名論'과 첨예하게 대립되는 것이었다.

는 것이다. 무릇 사람을 살아 있게 하는 것은 그 정신이며, 기탁하게 하는 것은 그 육신인데, 정신을 지나치게 사용하면 쇠갈하고, 육신을 지나치게 부리면 병이 나며, 육체와 정신이 분리되면 곧 죽게 되는 것이다. 죽은 사람은 다시 살아날 수 없고, 정신과 육체가 분리된 사람은 다시금 그것을 결합할 수가 없기 때문에, 성인은 정신과 육체를 다 중시한다. 이런 점으로 볼 때, 정신이란 생명의 근본이요, 육체란 생명의 도구인 것이다. 그럼에도 불구하고 사람이 먼저 그의 정신과 육체를 건전하게 정해놓지도 않고 "내게는 천하를 다스릴 수 있는 방법이 있다"라고 말하고 있으니, 도대체 무슨 방법으로 그렇게 할 수 있다는 말인가?

태사공 담은 천문을 관장하고 백성을 다스리지는 않았다. 그에게는 이름을 천(遷)이라고 부르는 아들이 있었다.

천(遷)은 용문(龍門)[63]에서 태어나 황하의 서쪽과 용문산의 남쪽에서 농사를 짓고 목축을 하였다. 나이 열 살이 되었을 때 고문(古文)[64]을 배웠다. 20세가 되어서는 남쪽으로 장강(長江)과 회하(淮河)[65]로 유력(遊歷)하고, 회계산(會稽山)[66]에 올라 우혈(禹穴)[67]을 탐방하고 구의산(九疑山)[68]을 살펴보고, 원(沅)과 상(湘)[69] 두 강에서는 배를 탔다. 북쪽으로 문수(汶水), 사수(泗水)[70]를 건너가서 제(齊)와 노(魯) 나라의 수도(首都)[71]에서는 학술을 강론하고, 공자(孔子)의 유풍을 관찰하였으며,

63) 龍門 : 즉 禹門口를 말한다. 山西省 河南縣 서북쪽과 陝西省 漢城市 동북쪽에 있다. 이곳의 黃河는 양끝이 절벽으로 대치되어 있어 그 형상이 마치 闕門과 같아서 '龍門'이라고 불렀다.

64) 古文 : 先秦시대 고문자로 쓰여진 책으로, 그 당시 '今文'과 대칭되었다.

65) 淮河 : 강 이름. 河南省에서 발원하여 安徽省과 江蘇省을 지나 黃海로 흘러들어간다.

66) 會稽山 : 浙江省 중부에 있는 산. 전하는 말에 의하면 禹임금이 苗山(혹은 茅山, 防山)에서 제후들을 모아놓고 그 공로를 따져 봉작하여 비로소 '會稽'라는 이름이 붙여졌다고 한다. 會稽는 곧 '會計'라는 뜻이다.

67) 禹穴 : 禹임금은 巡狩차 會稽에 이르렀다가 사망하여 이곳에 묻혔다. 會稽山 위에는 穴口가 하나 있어서 禹임금이 이 穴口로 들어갔다는 전설이 전해오고 있다.

68) 九疑山 : 蒼梧山이라고도 한다. 湖南省 寧遠縣 남쪽에 있다. 舜임금이 이곳에 매장되었다고 전해진다.

69) 沅, 湘 : 둘 다 湖南省 洞庭湖로 흘러 들어가는 강인데, 沅水는 貴州省에서 발원하고 湘水는 廣西省 桂林 부근에서 발원한다.

70) 汶水, 泗水 : 둘 다 山東省에 있는 작은 강이다.

71) 齊나라의 수도는 臨淄이고, 魯나라의 수도는 曲阜이다.

추(鄒)[72]와 역(嶧)[73]에서는 향사(鄕射)[74]를 참관하였다. 파(鄱), 설(薛), 팽성(彭城)[75] 등에서는 한동안 곤란과 재액을 겪다가 양(梁), 초(楚)[76]를 거쳐 돌아왔다. 이때 천(遷)은 낭중(郎中)[77]이 되어 조정의 사명을 받들어 서쪽으로는 파촉(巴蜀)[78] 이남 방면을, 남쪽으로는 공(邛), 작(筰), 곤명(昆明)[79] 등의 지방을 공략하고 돌아와 복명(復命)하였다.

이해에 효무제는 처음으로 한나라 황실의 봉선(封禪)[80] 의식을 거행하였다. 그러나 태사공은 주남(周南)[81]에 체류하고 있었기 때문에 그 일에 참여할 수가 없었다. 이로 말미암아 그는 화가 치밀어 번민하던 끝에 결국 죽음에까지 이르게 되었다. 그의 아들 천(遷)은 이때 마침 출장을 나갔다가 돌아오는 길에 하락지간(河洛之間)[82]에서 아버지를 만날 수가 있

72) 鄒 : 고대에는 작은 나라였으나 후에는 현이 되었다. 지금의 山東省 鄒縣 일대이다.

73) 嶧 : 산 이름. 鄒山이라고도 하며 지금의 山東省 鄒縣 동남쪽에 있다. 일찍이 秦始皇이 이 산에 올라 비석을 세워 秦나라의 덕을 칭송하였다.

74) 鄕射 : 고대에 활 쏘기를 하던 일종의 의식으로, 지방장관이 춘추로 나누어 한 해에 두 번 예의를 갖추어 백성들과 상견할 때 학교에서 활 쏘기를 연습하는데 이것을 '鄕射'라고 한다.

75) 鄱, 薛, 彭城 : 모두 지명이다. 鄱는 지금의 山東省 滕縣이고, 薛은 처음에는 山東省 동남부에 있던 한 작은 나라였으나 춘추시대 후기에 下邳, 즉 지금의 江蘇省 邳縣 서남쪽으로 옮겨온 뒤로는 薛城은 齊나라의 읍이 되었다. 彭城은 지금의 江蘇省 徐州市이다.

76) 梁, 楚 : 옛 梁나라와 楚나라가 있던 곳. 梁(魏)의 수도는 지금의 河南省 開封市이고, 楚의 수도는 여러 번 천도한 뒤 전국시대 말엽에는 陳(즉 지금의 河南省 淮陽縣)과 壽春(즉 지금의 安徽省 壽縣)으로 옮겼다.

77) 郎中 : 관직 이름으로 車, 騎, 門戶 등을 주로 관리하였고, 아울러 안으로는 황제의 시위에 충당되기도 하였다.

78) 巴蜀 : 모두 군 이름. 巴는 지금의 四川省 重慶市 부근이고, 蜀은 옛 蜀地로 지금의 成都市 일대이다.

79) 邛, 筰, 昆明 : 셋 다 옛 종족 및 나라의 이름으로 지금의 四川省의 남부와 雲南省의 大理 일대에 있었다. '筰'은 '莋' 또는 '笮'으로도 쓴다.

80) 封禪 : 고대 중국의 제왕들이 泰山 위에 제단을 쌓고 天祭를 지내는 일을 '封'이라고 한다. 또 泰山 남쪽 梁父山에다가 터를 닦고 地祭를 지내는 일을 '禪'이라고 한다. 따라서 '封禪'은 天子가 天神과 地神에게 제사를 지내는 것을 말한다. 권28「封禪書」참조

81) 周南 : 옛 지명. 지금의 河南省 洛陽市. 일설에는 河南省 陝縣 동쪽 일대가 모두 周南이라고 한다.

82) 河洛之間 : '河'는 黃河, '洛'은 洛陽 또는 洛水라고 불리는 강을 가리키므로, 黃河와 洛水의 중간이라는 뜻이다.

었다. 이때 태사공은 아들 천의 손을 잡고 울면서 다음과 같이 일러주는 것이었다.

우리 조상은 주(周)나라 왕실의 태사(太史)였다. 우리는 상세(上世) 우하(虞夏) 시대에서 일찍이 공명을 높이 세운 이래로 천문에 관한 일을 주관해왔다. 그런데 후세의 중도에 쇠미해지더니 이제 나의 대에서 단절되는 것일까? 그러나 네가 만약 또다시 태사가 된다면 곧 우리 선조의 유업을 이을 수 있을 것이다. 지금의 천자께서는 천년 이래의 황제의 대통을 이어받아 태산에서 봉선을 거행하셨는데 내가 거기에 수행하지 못하였으니, 이는 운명이로다! 나의 운명이로다! 내가 죽은 뒤에 너는 반드시 태사가 되어야 한다. 태사가 되어서는 내가 하고 싶어하였던 논저(論著)를 잊어버리지 말고 네가 이루어주기 바란다. 대저 효도라고 하는 것은 어버이를 섬기는 데서 시작하여 군주를 섬기는 것을 거쳐서 입신양명하는 데서 끝나는 것이다. 후세에 이름을 날려 부모를 영광되게 하는 것이야말로 효도 가운데서도 가장 중요한 것이니라. 세상에서 주공(周公)[83]을 칭송하는 것은 그가 능히 문왕(文王)과 무왕(武王)[84]의 덕을 찬송하고, 주(周)와 소(邵)[85]의 작풍(作風)을 선양하며, 태왕(太王)과 왕계(王季)[86]의 사려에 통달하게 하여서 마침내는 공류(公劉)[87]의 공적에까지 이름으로써 결국은 후직(后稷)[88]을 추존하였기 때문이다. 유(幽), 여(厲)[89] 이후로 왕도가 사라

83) 周公 : 周 武王의 아우로 성은 姬, 이름은 旦 또는 叔旦이라고 부른다. 유명한 정치가로 일찍이 武王을 도와 商나라를 멸하였고, 武王이 죽은 뒤로는 어린 成王을 도와 섭정을 하였다. 여러 차례 반란을 평정하고, 禮樂을 창제하고, 典章制度를 만들어, 훗날 孔子를 비롯하여 수많은 사람들의 숭배의 대상이 되었다.

84) 文王은 곧 商紂 때의 西伯昌이었으며, 제위 기간에는 국토를 넓히고 豐邑에 도읍을 정하고 50년간 재위하였다. 武王은 文王의 아들로 이름은 發이다. 文王의 유지를 계승하여 商을 멸하고 西周 왕조를 건립하였다.

85) 周는 周原으로 周나라의 선조 古公亶父가 살았던 곳이며, 邵는 召邑으로 召公이 정한 邑이다. 召公은 召伯이라고도 부르는데 그도 일찍이 武王을 도와 商을 멸하여 燕에 책봉되었고, 成王 때는 太保에 임명되어 周公과 더불어 陝 땅을 나누어 다스렸다. 그런 까닭에 周와 邵는 周族의 발상지이며 周公과 召公의 정치이념이 깃들어 있는 중요한 곳이다.

86) 太王, 王季 : 太王은 곧 周 太王 古公亶父로, 后稷(〈주 88〉 참조)의 12세손이며 文王의 조부이다. 그는 戎狄의 잦은 침입으로 말미암아 국도를 豳에서 周로 옮기고, 성곽과 가옥을 짓고, 관리를 임명하며, 풍속을 바로 고치고, 땅을 개간하여 농사에 힘씀으로써 周族을 점차 강성하게 하였다. 王季는 公季 혹은 季歷을 가리키며, 太王의 아들이며 文王의 아버지이다. 그는 일찍이 商王 文丁에게 살해당하였다.

87) 公劉 : 역시 周族의 한 지도자로 后稷의 증손자라고 전한다. 그는 夏나라 말기에 동족들을 이끌고 豳으로 옮겨가 땅을 개간하여 생활을 안정시켰다.

지고 예악이 쇠퇴해지므로, 공자(孔子)께서 예로부터 전해내려오던 전적을 정리하고 폐기되었던 예악을 다시 일으켜 『시(詩)』와 『서(書)』를 논술하고 『춘추(春秋)』를 지으시니, 학자들이 오늘날까지도 그것을 준칙으로 삼고 있는 것이다. 획린(獲麟)[90] 이래로 지금까지 400여 년 동안[91] 제후들은 서로 겸병에만 몰두하여 역사를 기록하는 일은 단절되고 말았다. 이제 한나라가 흥하여 해내(海內)는 통일되었고, 그간 역사상에는 명주(明主), 현군(賢君), 충신(忠臣), 사의(死義)[92]의 인사들이 많이 있었는데, 내가 태사령(太史令)의 직위에 있으면서도 천하의 역사를 폐기하고 말았구나. 나는 이 점에 대해서 심히 두려워하고 있느니라. 너는 내 이런 심정을 잘 살펴주기 바란다!

사마천은 고개를 숙이고 눈물을 흘리면서 "소자 비록 불민하오나 선조 대대로 편열해놓은 구문(舊聞)을 어느것 하나 빠뜨리지 않도록 하겠습니다"라고 대답하였다.

태사공이 세상을 떠난 지 3년이 지난 뒤에 천(遷)은 태사령이 되어서 사관(史官)의 기록과 석실(石室), 금궤(金匱)[93]에 소장된 서적들을 철집(綴集)하였다. 그리고 5년 뒤인 태초(太初) 원년[94] 11월 갑자일(甲子日) 초하루 동지(冬至)날에는 천력(天曆)[95]이 처음으로 개정되어, 명당(明堂)[96]이 세워지고 여러 신들이 다 자리를 잡게 되었다.

---

88) 后稷 : 周族의 시조. 일찍이 堯舜 때에 農官을 지내면서 백성들에게 농사 짓는 법을 가르쳤다고 전해진다. 권4 「周本紀」 참조.

89) 幽, 厲 : 周나라 말기의 두 왕으로, 정치를 잘하지 못해서 周 왕실이 멸망하게 되었다.

90) 獲麟 : 『春秋』 "魯哀公十四年"에 "봄에, 서쪽에서 수렵을 하여 기린을 잡았다"라는 기록이 있다. 麒麟은 원래 '仁獸'로 聖王의 길조였으나 그때는 마침 밝고 어진 임금이 없어 이에 부응하지 못하였다. 그래서 孔子는 이를 한탄하고 『春秋』를 '麒麟' 一句에서 끝내고 말았다.

91) 魯 哀公 14년(기원전 481년)으로부터 司馬談이 이 일을 언급한 武帝 元封 원년(기원전 110년)까지는 371년밖에 안 되므로, 여기에서 400년이라 한 것은 연수 계산에 다소 착오가 있다.

92) 死義 : 의에 목숨을 바치는 사람.

93) 石室, 金匱 : 둘 다 국가의 책을 소장해두는 곳을 말한다.

94) 즉 元封 7년으로 기원전 104년이다.

95) 天曆 : 즉 '太初曆'을 말한다. 漢 이전에는 夏曆을 사용하였으며 夏曆은 10월을 歲首로 삼았다. 그러다가 漢 武帝 太初 원년에 처음으로 정월을 歲首로 하는 '太初曆'으로 바꾸어 시행하였다.

96) 明堂 : 明堂은 중국 고대에서 天子가 정교를 宣明하던 곳으로, 여기서는 조회, 제

태사공[97]이 말하였다.

선친께서 말씀하시기를 "주공(周公)이 죽고 난 뒤 500년 만에 공자가 태어났다. 그리고 공자가 죽고 난 뒤 오늘에 이르기까지 500년이 지났으니,[98] 다시 밝은 세상을 계승하고 『역전(易傳)』을 정정하고, 『춘추』를 계속하고, 『시』, 『서』, 『예(禮)』, 『악(樂)』의 근본을 구명할 수 있을 사람이 나타나겠지?"라고 하셨는데, 아버지의 뜻이 바로 여기에 있지 않았던가! 아버지의 뜻이 바로 여기에 있었도다! 그런데 내 어찌 감히 그 일을 사양하겠는가?

상대부(上大夫) 호수(壺遂)[99]가 "옛적에 공자는 무슨 까닭에 『춘추』를 지었습니까?" 하고 물었다. 태사공이 다음과 같이 대답하였다.

나는 동중서(董仲舒)[100]로부터 들었는데, 그는 말하기를 "주나라의 왕도가 쇠폐(衰廢)하자 공자는 노나라의 사구(司寇)[101]가 되었다. 그러자 제후들은 공자를 시기하고, 대부(大夫)들은 공자를 방해하고 나섰다. 이에 공자는 자기의 좋은 말은 채납되지 않고, 선왕의 도는 실행되지 않는다는 것을 알고서, 242년간[102]의 노나라 역사의 시비(是非)를 따져서 이로써 천하의 한 본보기로 삼았는데, 천자라도 어질지 못하면 깎아내리고, 무도한 제후는 폄척(貶斥)하며, 간악한 대부는 쳐버림으로써 왕사(王事)를 달성하고자 하였을 뿐이다"라고 하였습니다. 공자도 "나는 추상적인 말로 기재하려고 해보았지만 그보다는 차라리 위정자가 행한 실재 치적을 놓고 포폄(褒

사, 賞賜, 選士, 養老, 教學 등 국가의 여러 가지 행사가 거행되었다. '明堂에 세워졌다'는 말은 明堂에서 천지신명께 告由하고 이를 제후들에게 반포하였다는 뜻이다.

97) 여기의 太史公은 司馬遷 자신을 가리킨다.

98) 孔子로부터 司馬談 시대까지는 300여 년에 지나지 않는다.

99) 壺遂 : 西漢 때의 梁나라 사람으로 名士 韓安國의 천거로 조정에 나아가게 되었으며, 벼슬이 詹事에까지 올랐다. 일찍이 司馬遷과 더불어 律曆을 제정하였다. 上大夫는 漢代의 벼슬로 일종의 고급 顧問官이다.

100) 董仲舒 : 西漢의 이름난 經學家, 철학가이다. 그는 오직 儒術만을 숭상할 것을 건의하여 武帝의 허락을 받아냄으로써 그후 2,000여 년 동안의 봉건사회에서 유학이 정통적 정치이념으로 자리잡을 수 있는 계기를 마련하였다. 그의 학문체계는 유학을 중심으로 여기에 음양오행을 섞은 것인데 天人感應說이 그 중심이다. 저서로는 『春秋繁露』와 『董子文集』이 있다.

101) 司寇 : 西周 시대에 처음으로 설치하였던 관직 이름으로, 주로 刑獄 규찰의 일을 관장하였다.

102) 이는 魯 隱公 원년(기원전 722년)에서 魯 哀公 14년(기원전 481년)까지의 기간을 말한다.

貶)을 진행하는 것이 일을 훨씬 더 절실하고 명백히 하는 것이라고 여겼다"라고 말하였습니다. 대저 『춘추』는 위로는 삼왕(三王)의 도를 밝히고, 밑으로는 인간사의 기강을 변별하며, 혐의를 분별하고, 시비를 판명하며, 사람으로 하여금 유예하며 결정하지 못하는 일을 결정하게 하며, 좋은 사람은 친애하게 하고 악한 사람은 미워하게 하며, 현능한 사람을 존중하게 하고, 못난 사람을 천대하게 하며, 이미 망해버린 나라의 이름을 보존하고, 이미 끊어져버린 세대를 계승시키며, 헐어진 것을 보충하고 폐기된 것은 다시 일으켜세웠습니다. 이 모든 것은 다 왕도의 가장 중요한 일입니다. 『역』은 천지, 음양, 사시, 오행(五行)[103]의 원리를 밝혀놓은 것이기 때문에 변화에 대한 서술이 뛰어납니다. 『예』는 인륜에 관한 것을 다루어 놓은 것이기 때문에 일을 처리하는 데 대한 서술이 뛰어납니다. 『서』는 선왕에 대한 사적을 기록해놓은 것이기 때문에 정치에 대한 서술이 뛰어납니다. 『시』는 산천, 계곡, 금수, 초목, 빈모(牝牡), 자웅에 관한 것을 기록해놓은 것이기 때문에 풍토와 인정에 대한 서술이 뛰어납니다. 『악』은 음악에 대해서 논술해놓은 것이기 때문에 화해(和諧)에 대한 서술이 뛰어납니다. 『춘추』는 시비를 변별해놓은 것이기 때문에 인사를 처리하는 데에 대한 서술이 뛰어납니다. 그런 까닭에 『예』는 사람을 절제시키고, 『악』은 마음속의 화해를 발하고, 『서』는 정사(政事)를 강론하고, 『시』는 감정을 표현하고, 『역』은 변화를 말하고, 『춘추』는 정의를 말하고 있습니다. 그래서 어지러운 세상을 수습하여 올바른 세상으로 되돌려놓는 데는 『춘추』보다 더 좋은 책이 없습니다. 『춘추』는 수만 자[104]로 이루어졌고, 거기에 나타나 있는 대의(大義)는 수천 가지나 됩니다. 천하 만사의 시말이 모두 이 『춘추』 속에 응집되어 있습니다. 『춘추』 가운데에는 시해당한 군주가 36명이나 있고, 멸망한 나라가 52개 국이나 있으며,[105] 여러 나라로 분주하게 유랑하면서 자기의 사직(社稷)[106]마저 보존하지 못하였던 제후들이 그 수를 헤아릴 수 없을 만큼 많습니다. 그러면 어째서 그렇게 되었는가 그 원인을 살펴보면 그들은 다 그들의 가장 중요한 근본[107]을 잃어버렸기 때문

103) 五行 : 즉 木, 火, 土, 金, 水의 5 가지 물질을 가리키는데, 고대에서는 이것으로써 만물의 기원을 설명하였다. 전국시대에는 五行의 相生相剋의 원리가 대단히 유행하였다.

104) 今本『春秋』는 모두 만 6,500여 자에 불과하다.

105) 梁玉繩의『史記志疑』에 의하면『春秋』經傳에는 군주를 사살한 자가 37명이고, 나라를 멸망시킨 자는 겨우 41명이라고 되어 있다고 하였다.

106) 社稷 : '社'는 土地神이고 '稷'은 穀神인데, 고대 제왕들이 모두 社稷에 제사를 지냄으로써 나중에는 이 말이 '국가'라는 개념으로 바뀌었다.

이었습니다. 그러므로 『역』에는 “터럭끝만큼 작게 틀렸어도 그 결과는 천리나 되는 막대한 오차가 난다”라고 되어 있고, 또 “신하가 군주를 시살하고, 아들이 아버지를 시살하는 일 따위는 결코 일조일석의 원인으로 일어나는 사건이 아니고 오랜 동안 원인이 점차적으로 쌓였다가 일어나는 것이다”라고 되어 있습니다. 그런 까닭에 나라를 가진 자[108]는 반드시 『춘추』를 알아야 합니다. 『춘추』를 알지 못하면 앞에 아첨하는 자가 있어도 깨닫지 못하고, 뒤에 난신적자(亂臣賊子)가 있어도 알지 못합니다. 그리고 신하가 된 자도 『춘추』를 알아야 합니다. 『춘추』를 알지 못하면, 늘상 있는 일을 처리할 때 선례를 고집할 뿐 적절하게 조처할 줄 모르고, 또 변고를 당하여서는 거기에 통하는 방법을 알지 못합니다. 군주나 아버지가 되어서 『춘추』의 대의에 통달하지 못한 자는 반드시 최고의 악명을 뒤집어씁니다. 그리고 또 신하나 아들이 되어서 『춘추』의 대의에 통달하지 못한 자는 반드시 찬탈이나 시살한 주벌(誅罰)을 받고, 사죄(死罪)의 악명에서 헤어나지 못합니다. 사실 그들은 응당 해야 할 일로 여기고 행하지만 대의의 소재를 알지 못하고 행하기 때문에 사관(史官)으로부터 악명을 뒤집어쓴다 해도 감히 거절하지 못하는 것입니다. 대저 예의의 요지를 잘 알지 못하고 있으면, 군주는 군주답지 못하고 신하는 신하답지 못하며, 아비는 아비답지 못하고 자식은 자식답지 못하게 되는 것입니다. 군주가 군주답지 못하면 곧 신하로부터 범함을 당하고, 신하가 신하답지 못하면 곧 군주로부터 주살당하고, 아비가 아비답지 못하면 곧 무도한 아비가 되고, 자식이 자식답지 못하면 곧 불효한 자식이 됩니다. 이렇게 되는 네 가지 행위는 천하의 일대 과실입니다. ‘이 천하의 일대 과실’이라는 죄명을 그의 머리에 덮어씌우는데도 그대로 받아 쓰면서 감히 거절하지 못하는 것입니다. 그러므로 『춘추』는 예의의 대종(大宗)입니다. 대저 예의란 사건이 발생하기 이전에 그것을 막는 것이고, 법률이란 사건이 발생한 후에 거기에 적용하는 것입니다. 그런데 법률이 적용된다는 사실은 쉽게 알고 있으면서도 예의가 사건을 미연에 방지할 수 있다는 사실은 잘 알지 못하고 있습니다.

호수가 또 물었다. “공자 시대에는 위로는 밝은 군주가 없었고, 아래로는 공자 자신이 아무런 직위에도 임용되지 못하였습니다. 그래서 공자는 『춘추』를 지어서 효력 없는 문장에 기탁하여 예의를 단정하여 이로써 제왕의 법전(法典)으로 삼는 수밖에 없었습니다. 그러나 선생은 위로는 밝

107) 여기서 말하는 ‘근본’이란 곧 ‘正道’를 가리킨다.
108) ‘나라를 가진 자’란 국가의 수령, 즉 군주를 말한다.

은 천자를 만났고 아래로는 관직에 올라 있으니, 만사가 다 이미 갖추어져 있고 국가의 모든 일이 다 제자리를 찾아 질서정연하다고 하겠는데, 선생의 논저에는 그 무엇을 밝히려고 하십니까?" 태사공이 다음과 같이 대답하였다.

네, 네. 아, 아닙니다. 그렇지 않습니다. 나는 일찍이 돌아가신 아버지로부터 "복희(伏羲)[109]는 지극히 순후(純厚)한 인물로서 『역』의 팔괘(八卦)[110]를 만들었다. 요순(堯舜)의 성덕(盛德)에 대해서는 『상서(尙書)』에 기재되어 있고 예악이 바로 여기에서 만들어졌다. 탕왕(湯王)[111]과 무왕(武王) 시대의 융성함에 대해서는 시인들이 그것을 노래하고 있다. 그리고 『춘추』는 선을 취하고 악을 물리치며, 삼대(三代)[112]의 성덕을 추숭(推崇)하고, 주나라 왕실을 찬양하고 있으니 이는 다만 풍자나 비방에 그치는 것만은 아니다"라고 하신 말씀을 듣고 있었습니다. 한나라가 개국한 이래로 밝은 천자[113]에 이르러 상서로운 징조가 나타나 봉선을 거행하고, 역법을 개정하고,[114] 의복의 색깔을 바꾸고,[115] 하늘로부터 천명을 받아 그 은택은 한량없이 유포되고 있습니다. 해외의 풍속이 우리와 같지 않은 민족들도 여러 차례 통역을 거쳐 변새(邊塞) 지방으로 와서 공물을 헌상하고 황제를 알현하겠다고 신청하는 자들이 헤아릴 수 없을 만큼 많습니다. 신하 백관들은 황제의 성덕을 열심히 찬양하고는 있습니다만 그러나 그 뜻을 다 펴낼 수는 없습니다. 하물며 현능한 인재들이 등용되지 못한 것은 이는 바로 나라를 보유하고 있는 군주의 치욕입니다. 군주가 명성(明聖)하면서도 그의 성덕이 온 나라에 유포되어 백성들에게 알려지지 않고 있다면 이는

109) 伏羲 : 중국 상고시대 전설상의 인물 伏羲氏를 말한다. 그는 인류의 시조이며 八卦를 만들고, 또 망을 만들어 어업과 목축에 종사하도록 백성들을 가르쳤다고 하는 전설이 있다.

110) 八卦 : 『周易』에 나오는 乾, 兌, 離, 震, 巽, 坎, 艮, 坤을 말하는데, 이는 陽爻와 陰爻를 서로 배합해서 점복에서 부호로도 사용한다.

111) 湯王 : 기원전 16세기에 夏나라를 멸망시키고 商 왕조를 세운 사람. 伊尹을 집정하게 하고 11번이나 정벌에 나서서 결국 商 왕조를 거대한 국가로 만들었다.

112) 三代 : 夏, 殷(商), 周를 가리킨다.

113) 밝은 天子 : 여기서는 漢 孝武帝를 가리킨다.

114) 원문에 "改正朔"이라고 한 것은 곧 曆法을 개정하였다는 말이다. 여기의 '正'은 일년의 시작이고, '朔'은 한달의 시작으로 '正朔'은 곧 한해의 첫째 달이 시작하는 기간을 말한다. 漢 武帝 때에 '太初曆'으로 바꾸어 정월을 한해의 첫째 달로 삼았다.

115) 중국 고대에서는 제왕이 받는 '德'이 같지 않았고, 이에 따라 의복의 색깔도 달랐다. 秦代에서는 '水德'을 받아 검은 색을 숭상하였고, 漢代는 '火德'을 받아 붉은 색을 숭상하였다. 따라서 복장의 색깔도 여기에 따랐다.

관리들의 잘못입니다. 지금 내가 바로 그 일을 맡은 사관(史官)이 되어서 황제의 명성하신 성덕을 폐기하고 기재해놓지 않으며, 공신(功臣), 세가(世家), 현대부(賢大夫)들의 공업(功業)을 인멸하고 서술해놓지 않음으로써 선친의 유언을 지켜드리지 않는다면 그보다 더 큰 죄는 없을 것입니다. 내가 이른바 지난 일들을 서술하는 방법은 등장인물들의 세대간의 전기(傳記)를 정리하는 것이지 이른바 창작하는 것이 아닙니다. 그러니 선생이 이것을 『춘추』와 비교하신다면 그것은 잘못입니다.

이리하여 그 사서(史書)의 문장을 차례대로 논찬하게 되었다.

그후 7년째 되던 해, 태사공은 이릉(李陵)의 화(禍)[116]를 당하여 감옥에 갇혔다. 이에 깊이 탄식하며 "이것이 내 죄란 말인가! 이것이 내 죄란 말인가! 몸은 망가져 쓸모가 없어졌구나!"라고 말하였다. 그리고 물러나와 깊이 생각한 다음 이렇게 말하였다.

무릇 『시』나 『서』에서 뜻이 은미(隱微)하고 언사가 간략한 것은 마음속에 있는 의지를 실현하고자 하였던 것이었다. 옛날 서백(西伯)[117]은 유리(羑里)에 억류되어 있었기 때문에 『주역』을 추연(推演)하였고, 공자는 진(陳)과 채(蔡)에서 액난(厄難)을 겪고 나서[118] 『춘추』를 지었으며, 굴원(屈原)[119]은 추방된 뒤에 「이소(離騷)」를 지었으며, 좌구명(左丘明)[120]은 실

116) 李陵의 禍 : 漢 武帝 天漢 2년(기원전 99년)에 騎都尉 李陵이 匈奴를 토벌하러 나갔다가 중과부적으로 도리어 포위당하여 결국 투항하고 말았다. 이 일을 놓고 조정에서 李陵의 죄를 논할 때 司馬遷이 그를 비호해주다가 武帝의 노여움을 사서 결국 하옥되어 宮刑에 처해지고 말았다. 여기서는 李陵으로 말미암아 宮刑을 당한 禍를 말한다.

117) 西伯 : 즉 周 文王을 가리킨다. 그는 일찍이 崇侯虎의 모함을 당하여 商 紂王에 의하여 羑里에 갇힌 일이 있었다. 羑里는 지금의 河南省 陽陰縣 북쪽에 있다. 권4 「周本紀」 참조.

118) 周 敬王 31년(기원전 489년), 楚나라에서 孔子가 陳과 蔡의 사이에 있다는 소식을 듣고 사람을 보내어 초빙하자 孔子는 이에 응하려 하였다. 이때 陳과 蔡의 大夫들이 孔子가 楚나라로 가서 중용될 것을 두려워한 나머지 함께 병사를 보내어 孔子를 포위함으로써, 孔子는 제자들과 더불어 양식도 떨어진 채 매우 고생한 일이 있었다.

119) 屈原 : 이름은 平, 字는 原, 호를 靈均이라고 하였으며, 楚王의 일족이라 전해진다. 懷王 밑에서 左徒를 지냈으며, 三閭大夫로서 크게 일을 하였으므로 왕의 신임을 얻었다. 그는 왕의 총애를 독점하다가 그만 같은 서열에 있는 사람의 시기를 사서 해직당하여 陸陽으로 천적되었고, 懷王의 아들인 襄王이 즉위하자 또다시 참언을 당하여 夏浦로 재차 추방되었다. 이에 울분을 느낀 屈原은 「離騷」를 지어 지어 邪曲이

명(失明)하고 나서 『국어(國語)』를 편찬하였고, 손빈(孫臏)[121]은 다리를 잘리고 나서 병법을 논찬하였으며, 여불위(呂不韋)는 촉(蜀)으로 좌천되고 난 뒤 세상에 『여람(呂覽)』을 전하였으며, 한비자(韓非子)[122]는 진(秦)나라에 갇힘으로써 『설난(說難)』과 『고분(孤憤)』이 세상에 있게 되었으며, 『시』 300편도 대체로 현성(賢聖)들이 자기의 비분을 촉발하여 지은 것이다. 이런 사람들은 모두 마음속에 울분이 맺혀 있으되 그것을 시원하게 풀어버릴 방법이 따로 없어서 이에 지난날을 서술하여 미래에다 희망을 걸어본 것이었다.

그리고 나서 마침내 도당(陶唐) 이래 '획린(獲麟)'[123]에 이르기까지의 역사를 찬술하였는데, 그 기재는 황제(黃帝)[124]로부터 시작하였다.

옛날 황제(黃帝)는 하늘과 땅의 이치를 법칙으로 삼았고, 사성(四聖)[125]은 차례로 황제의 법도를 준수하여 각각 법도를 이루었다. 요(堯)

밝음을 가리고 方正이 용납되지 않음을 원망하며, 마침내 汨羅江에 투신 자살하였다.

120) 左丘明 : 춘추시대 魯나라 사학가로, 두 눈을 실명하였으나 魯나라의 太史를 지냈다. 그는 孔子의 『春秋』를 풀이하여 『左傳』을 지었으며, 『國語』 역시 그의 작품으로 전해진다.

121) 孫臏 : 齊나라 사람으로 字는 長卿이고, 이름은 武이다. 그는 『孫子兵法』 82편을 저술하였으므로 吳王 闔閭에게 불려가 궁정에서 미인 188명을 데리고 병법을 강의하였다. 그후 장수로 등용되어 楚나라를 부수고 齊와 魯 나라를 위협하였다. 현존하는 『孫子』는 10편밖에는 없으나 병서 가운데 백미일 뿐 아니라 문장 또한 고금의 명문으로 전해진다.

122) 韓非子 : 韓나라 庶公子로서 李斯와 함께 荀子에게 학문을 배웠으며, 유학은 물론이고 특히 刑名法術學 분야에도 조예가 깊었다. 그는 韓나라의 국세가 날로 기우는 것을 걱정하여 여러 차례 글을 올려 韓王에게 간하였으나 끝내 채용되지 않았다. 그후 秦나라가 韓나라를 공격하기에 이르자, 그는 韓王에 의해서 秦나라에 사신으로 보내졌다가 협상이 타결될 무렵 秦나라의 재상인 李斯의 간책으로 독살되고 말았다. 그는 혼탁한 세상에서는 준엄한 형법으로써만 악을 다스릴 수 있다는 법치주의를 주장하였으며, 저서로는 『韓非子』 55편이 전해진다.

123) 獲麟 : '麒麟을 얻었다'는 뜻으로, 孔子가 지은 『春秋』가 "哀公十四年春, 西狩劃麟"의 구에서 擱筆을 하였으므로, 절필의 의미로도 사용된다.

124) 黃帝 : 黃帝는 약 4700년 전 嵩山(지금의 河南省 開封市) 기슭에서 일어난 郡后(부족사회의 우두머리)의 한 사람으로서, 여러 싸움에서 승리하고 군후들의 추앙을 받아 元后의 자리에 올랐다. 그후 黃帝는 크게 내정을 정비하고 많은 기구를 발명해 냈고, 화폐를 만들어 물물매매법을 정하고 배와 수레를 만들어 교통편의를 제공하였으며, 또한 의관을 제정하고 蒼署에게 문자를 만들게 하는 등 많은 치적을 남겼다고 전해진다.

임금이 제왕의 자리를 물려주었으나, 순(舜)은 그다지 기뻐하지 않았다.[126] 세상은 이들 제왕의 공덕을 찬미하여 이것을 천추만대에 전할 것이다. 그래서 「오제본기(五帝本紀)」[127] 제1(第一)[128]을 지었다.

우(禹)임금의 공적[129]은 구주(九州)[130]에 두루 혜택을 주어, 당(唐), 우(虞) 시대를 빛내고 그 공덕이 후대에까지 이르렀다. 하(夏)나라의 걸(桀)은 음란하고 교만하여 명조(鳴條)[131]로 추방되었다. 그래서 「하본기(夏本紀)」 제2를 지었다.

설(契)[132]은 상(商)을 세웠고,[133] 성탕(成湯)[134]에까지 이르렀다. 태갑(太甲)[135]은 동(桐)[136]에 살았으며, 그의 공덕은 아형(阿衡)[137]의 도움

---

125) 四聖 : 顓頊, 帝嚳, 堯, 舜 등 4명의 고대의 제왕을 지칭한 것이다.

126) 여기에서 堯임금의 양위에 대한 舜임금의 태도는 자신의 덕행이 감히 天子의 직위를 맡을 수 없다고 느꼈으므로 기뻐하지 않은 것이다.

127) 本紀는 중국의 역대 제왕에 대한 전기를 말하며, 기전체 역사서에서 一代 사실에 대한 개략적인 면모를 서술함으로써 전체의 강령이 되게 하는 것이다. 司馬遷이 본 「禹本紀」가 가장 오래된 것이다. 『世本』(전국시대의 史官들이 편찬)에서는 '帝系'를 기술하였고, 혹은 '本紀'라고도 칭하였다. 『史記』는 本紀에서 제왕의 일을 기술하였고, 시간적인 순서에 따라 대사를 서술하는 형식을 이루었다. 후세에는 '正史'와 병행하여 하나의 명칭으로 사용되었다. 혹은 간칭하여 '紀'라고도 불렀다.

128) 第一 : 『史記』의 편찬 순서를 표시하는 것이다.

129) 즉 舜임금 때 홍수를 막았던 공로를 말한다.

130) 九州 : 전하는 바에 의하면 東周부터 비롯된 고대 중국의 행정구획을 말한다고 하나, 이에 대한 이설이 분분하다. 西漢 이전에는 禹임금이 치수한 뒤에 이루어진 구획이라고 거의 믿었으며, 그 지역 이름은 아직 뚜렷한 정설이 없다. 『書』「夏書」 "禹貢" 편에서는 冀州, 兗州, 靑州, 徐州, 揚州, 荊州, 豫州, 梁州, 雍州라고 하였고, 『呂氏春秋』, 『周禮』, 『爾雅』 등에서는 이와 다소 차이가 있다. 각각의 견해에 따라 각 지역의 영역 또한 일치되지 않는다. 혹은 九州는 고대 중국을 총칭하기도 한다.

131) 鳴條 : 옛 지명으로 또는 高侯原이라고도 불렀다. 安邑(지금의 山西省 夏縣 서북쪽)에 있었다. 일설에는 지금의 河南省 封丘縣 동쪽이라고도 한다. 전하는 바에 의하면, 湯이 桀을 정벌할 때, 이곳에서 서로 싸웠다고 하여, "桀은 鳴條로부터 도망하였다(桀奔於鳴條)"라고도 말한다.

132) 契 : 商나라의 시조로서 '偰' 또는 '卨'로 적기도 한다. 권3 「殷本紀」 참조.

133) 일반적으로 商은 모계사회에서 부계사회로 변화된 첫번째 나라로 인식되어오고 있다. 그 당시에는 국가의 개념이 없었다. 商의 근거지는 商(지금의 河南省 商丘市 남쪽)이었다고 하며, 일설에는 蕃(지금의 山東省 滕縣)이라고도 한다.

134) 成湯 : 즉 湯王을 지칭한 것이다.

135) 太甲 : 商나라의 임금으로 湯의 장손이었다. 전하는 바에 의하면 그가 즉위하여 湯임금의 법령을 타파하며 국정을 돌보지 않아서, 대신 伊尹에 의해서 축출되었다. 그가 나중에 잘못을 뉘우치자 그를 다시 복위시켰다. 그러나 일설에는 伊尹이 太甲을 축출하고 스스로 즉위하였다가, 太甲이 돌아와 伊尹을 살해하고 복위하였다고도

으로 융성하게 되었다. 무정(武丁)[138]은 부열(傅說)[139]을 재상으로 등용하여, 중흥의 고종(高宗)으로 존칭되었다. 제신(帝辛)[140]은 주색에 빠져서, 제후들의 공납(貢納)을 누릴 수 없었다. 그래서 「은본기(殷本紀)」 제3을 지었다.

기(棄)[141]는 후직(后稷)을 지냈고, 그 공덕은 서백(西伯) 때에 성하였다. 무왕(武王)은 목야(牧野)에서 승전하여,[142] 실제로 천하를 위무하였다. 유왕(幽王)과 여왕(厲王)은 사리에 어둡고 난폭하여, 풍(酆)과 호(鎬)를 잃었다.[143] 점차 쇠락하다가 난왕(赧王)[144]에 이르러 낙읍(洛邑)[145]에서 종묘사직이 단절되었다. 그래서 「주본기(周本紀)」 제4를 지

한다. 太甲은 민간에 살면서 그들의 질고를 깨닫고, 복직한 후 선정을 베풀어 사회를 안정시켰다. 그는 12년간 재위하였다.

136) 桐 : 옛 지명. 지금의 山西省 萬榮縣 서쪽. 일설에는 지금의 安徽省 桐城縣 북쪽이라고도 하며, 또 지금의 河南省 偃師縣 남쪽이라고도 한다.

137) 阿衡 : '保衡'이라고도 하며, 권3 「殷本紀」에서는 伊尹의 이름이라고 한다. 그러나 『詩』 「商頌」을 해석한 鄭箋은 伊尹의 관직 이름이라 말하였고, 兪樾의 『群經平議』에는 '阿'나 '保'는 伊尹이 맡았던 관직 이름이고 '衡'은 伊尹의 字라고 되어 있다. 崔述의 『商考信錄』에는 保衡을 太甲이 복위한 후의 보좌관이고 伊尹이 아니라고 되어 있다. 伊尹은 商 왕조 초기의 대신으로 노예 출신이라 전해진다. 그는 湯을 도와서 夏를 멸하고, 나중에 外丙과 仲壬 두 임금을 섬겼으며 沃丁 때 죽었다.

138) 武丁 : 商 왕조의 임금으로 나중에 高宗이라 불렸다. 어려서부터 민간에서 살았고, 즉위한 후 傅說, 甘盤을 등용하여 통치기반을 공고히 하였다. 일찍이 사방의 오랑캐들을 용병하여 규모가 막강해졌다. 59년간 재위하였고, 생졸 기간은 기원전 13세기 중엽에서 기원전 12세기 초엽까지였다.

139) 傅說 : 武丁 때의 대신이다. 권3 「殷本紀」 참조.

140) 帝辛 : 즉 紂王을 가리킨다. 商 왕조의 마지막 임금이었다. 권3 「殷本紀」 참조.

141) 棄 : 즉 后稷을 가리킨다. 棄가 농사에 뛰어나 后稷에 임명되었으므로 그를 后稷이라 불렀다.

142) 이것은 기원전 11세기에 周 武王이 제후들을 연합하여 商 紂王의 군대와 牧野(지금의 河南省 淇縣 서남쪽)에서 접전하였는데, 周 武王이 승리함으로써 商을 멸망시켰던 일을 말한다.

143) 이것은 周나라의 厲王이 축출되고 幽王이 피살되면서, 西周의 酆, 鎬 두 도읍지가 공격을 받아 영토를 잃게 된 것을 말한다.

144) 赧王 : 周 赧王 姬延을 가리킨다. 東周의 임금으로 기원전 314년에서 기원전 256년까지 재위하였다. 그 당시 周나라는 東周와 西周로 분열되어 작은 나라에 지나지 않았다. 赧王은 명목상 天子였고, 실질적인 권세는 西周에 있었다. 赧王 59년(기원전 256년)에 西周가 秦나라에 멸망당하면서 赧王도 죽었는데, 이것은 周 왕조의 멸망을 의미하였다.

145) 洛邑 : 雒邑이라고도 한다. 周 成王 때에 周公 營이 雒邑에 도읍을 정함으로써 두 개의 수도가 병존하였다. 지금의 河南省 洛陽市 洛水 북쪽 해안과 瀍水 서쪽을 王城이라고 명명하였다. 東周 平王부터 敬王을 거쳐 赧王 때까지 모두 이곳을 도읍

었다.

진(秦)나라의 선조인 백예(伯翳)[146]는 우(禹)임금을 보좌하였다. 목공(穆公)은 의를 생각하며, 효(殽)에서 전사한 병사들을 애도하였다. 목공이 죽었을 때 사람들도 함께 순장하였는데,[147] 『시』의 "황조(黃鳥)"[148]에서 이를 기리고 있다. 소왕(昭王)과 양왕(襄王)은 진 왕조의 기초를 닦았다.[149] 그래서 「진본기(秦本紀)」 제5를 지었다.

진 시황(秦始皇)은 즉위한 후로 육국(六國)을 병합하였고, 무기를 녹여 종을 만들어서 전쟁을 막고자 하였다. 그를 높여서 시황제라 칭하였는데, 그는 무력을 자랑하며 폭력을 휘둘렀다. 2세가 국운을 이어받았으나, 자영(子嬰)[150]은 항복하여 포로가 되었다. 그래서 「진시황본기(秦始皇本紀)」[151] 제6을 지었다.

진(秦)나라가 왕도를 상실하자, 호걸들이 일제히 일어났다. 항량(項梁)이 처음으로 반진(反秦)의 의거를 일으켰고, 항우(項羽)가 그 뒤를 따랐다. 항우가 경자관군(慶子冠軍)[152]을 죽이고 조(趙)나라의 위급을

지로 삼았다.

146) 伯翳 : 즉 伯益을 가리키며, 또는 大費라고도 불렀다. 고대 '嬴氏' 성의 시조이다. 전하는 바에 의하면, 그는 목축과 수렵에 뛰어났고, 舜임금에게 등용되어 禹임금의 치수를 돕는 공을 세웠다. 禹임금의 계승자로 피선되었으나, 禹임금이 죽자 啓가 그 뒤를 이었다. 그는 啓와 왕위를 다투다가 피살되었다. 일설에는 그가 啓를 추천하였다는 설도 있다.

147) 秦 穆公이 죽었을 때 170명을 함께 매장하였다고 전한다. 그 가운데 子車氏의 세 사람이 함께 묻혔는데, 즉 奄息, 仲行, 鍼虎 등은 모두 현명한 大夫였으므로 이들을 '三良'이라고 불렀다.

148) "黃鳥" : 『詩』 「秦風」에 나오는 것으로, 子車氏 세 사람이 순장된 것을 애도하는 내용을 담고 있으며 순장하는 일에 대한 불만의 뜻이 내포되어 있다.

149) 이 두 왕은 선후로 魏冉, 范雎를 재상으로, 白起 등을 장수로 등용하여 晉, 齊, 楚 등 나라를 공략하여 훗날 秦나라의 통일 전쟁을 승리로 이끌 수 있었던 기초를 확립하였다.

150) 子嬰 : 秦 始皇의 손자이고 秦 2세의 형이다. 趙高가 2세를 핍박하여 죽게 한 후, 子嬰을 秦王으로 추대하였다. 그가 즉위하여 趙高를 죽이고 그 삼족을 멸하였다. 왕위에 오른 지 46일 만에 劉邦에게 투항하였다가 얼마 후에 項羽에게 죽임을 당하였다.

151) 원문에는 「始皇本紀」라고 되어 있다.

152) 慶子冠軍 : 즉 宋義를 가리킨다. 처음에는 項梁을 따랐으나, 나중에는 項梁에게 교만하지 말라고 간하였으며, 아울러 그가 반드시 패망할 것을 예견하였다. 楚 懷王이 그를 上將軍으로 삼았고, 慶子冠軍이라고 불렀다. 項羽와 더불어 趙나라를 구하였고 項羽에게 피살되었다.

구하자, 제후들은 모두 그의 명령에 따르게 되었다. 그후 항우가 자영을 죽이고 초 회왕(楚懷王)을 배반하자, 천하에서는 그를 비난하였다. 그래서 「항우본기(項羽本紀)」 제7을 지었다.

항우는 포악하였으나, 한왕(漢王)은 공을 세우고 덕을 베풀었다. 한왕은 촉(蜀), 한(漢) 땅에서 분발하여[153] 돌아와서 삼진(三秦)[154] 땅을 평정하였다. 후에 항우를 죽이고 제왕의 업을 이루자, 천하가 안정되었고 제도와 풍속이 바뀌었다. 그래서 「고조본기(高祖本紀)」 제8을 지었다.

혜제(惠帝)가 일찍 죽은[155] 뒤, 여씨(呂氏) 일족들은 민심을 얻지 못하였다. 여록(呂祿)과 여산(呂產)을 승진시켜 강력한 권세를 주자, 제후들은 이에 모반하려고 하였다.[156] 여후(呂后)가 조(趙)나라의 은왕(隱王)을 살해하고 유왕(幽王) 유우(劉友)를 가두어 죽이자, 대신들은 의구심을 품게 되었고, 마침내 여씨 종족의 화[157]를 일으키고 말았다. 그래서 「여태후본기(呂太后本紀)」 제9를 지었다.

한나라 초기에는 부흥하였으나, 제위를 이을 후사가 분명하지 못하였다.[158] 이때 대왕(代王)[159]을 맞아 천자로 옹립하니, 비로소 천하의 인심이 안정되었다. 육형(肉刑)을 없애고,[160] 관소(關所)나 교량의 통로를

153) 漢王 劉邦은 처음에 邑, 蜀, 漢中에 책봉되어 南鄭에 도읍을 정하였다.

154) 三秦 : 즉 關中을 말한다. 秦나라가 망한 뒤 項羽는 그 영토인 關中을 삼분하였다. 秦나라에서 투항한 장군인 章邯을 雍王에 봉하여서 지금의 陝西省 중부와 成陽市의 서쪽 그리고 甘肅省 동부를 맡겼고, 司馬欣을 塞王에 봉하여 지금의 咸陽市 동쪽 지역을 맡겼고, 董翳를 翟王에 봉하여 지금의 陝北 지역을 맡겼다. 이를 합쳐서 '三秦'이라고 부른다.

155) 漢 惠帝 劉盈은 겨우 23세 때 죽고 말았다.

156) 원문의 "諸侯謀之"에 대해서 『史記會注考證』에는 王念孫의 견해를 빌려 본래는 "諸侯謀之"였다고 되어 있다. 그 뜻은 제후들이 呂后의 일을 도모해주었다는 것이며, 呂后가 집정하는 시대에 감히 모반할 수 없다는 것이다. 그러나 사실상 陳平, 周勃, 劉章 등 성이 같거나 다른 대신들의 마음에는 불만이 오래도록 쌓여 있어서, 呂氏를 반대하는 모의는 당연히 있을 법한 일이었다.

157) 이것은 呂后가 죽은 뒤에 周勃 등이 앞장 서서 呂氏 일족들을 멸절시켰던 일을 가리킨다.

158) 惠帝가 죽은 후 呂后는 집정하면서, 후궁의 아들 劉恭을 少帝로 즉위시켰다가 4년 만에 죽였다. 그리고 恒山王 劉義(나중에 弘으로 개명)를 少帝로 세웠는데, 呂后는 집정 8년(기원전 180년) 만에 죽었다. 呂后는 少帝, 梁王, 淮陽王, 堂山王 등의 생모들을 죽이고, 태자로 책봉하거나 왕으로 봉하면서 呂氏의 세력을 강화하고자 하였기 때문에 후사가 분명하지 않았다.

159) 代王 : 즉 文帝 劉恒을 가리킨다.

160) 이 일은 文帝가 형벌을 완화시킨 정책을 말한다.

활짝 열고, 은덕을 널리 베풀자, 세상에서는 그를 태종(太宗)이라고 불렀다.[161] 그래서 「효문본기(孝文本紀)」 제10을 지었다.

제후들이 교만 방자해져서 오왕(吳王)이 주동이 되어 반란을 일으켰다.[162] 조정에서는 주벌(誅伐)을 행하여, 일곱 제후국들이 그 죄에 굴복하매, 천하는 통일되고 태평하고 풍요롭게 되었다. 그래서 「효경본기(孝景本紀)」 제11을 지었다.

한나라가 건국된 지 오세(五世)[163]가 지났는데, 융성해진 것은 건원(建元) 연간이었다. 이때 대외적으로는 이적(夷狄)을 물리치고, 대내적으로는 법도를 수정하였다. 봉선(封禪)을 거행하고, 역법(曆法)을 개정하였으며, 복색(服色)을 바꾸었다. 그래서 「금상본기(今上本紀)」[164] 제12를 지었다.

하(夏), 상(商), 주(周) 삼대(三代)는 너무 오래되어서 그 연대기는 고찰할 수가 없다. 대체로 보첩(譜牒)이나 옛날 문헌에서 취하여, 여기에 근거하여 대략 추측하여, 「삼대세표(三代世表)」 제1을 지었다.

주(周)나라의 유왕(幽王), 여왕(厲王) 이후로 주 왕실이 쇠미해지자, 제후들이 제각기 정치를 행하였는데, 미처 『춘추』에도 기록되지 않은 것이 있다. 보첩에 기재된 경략(經略)을 보면, 오패(五覇)[165]가 번갈아 성쇠하였다. 그래서 주대(周代)의 제후들이 서로 부침하는 의미를 살펴보고자, 「십이제후연표(十二諸侯年表)」[166] 제2를 지었다.

---

161) 이것은 漢 文帝의 종묘에 붙이는 명칭이었다. 특히 황제가 죽은 후 그를 기리는 제사나 참배 때 부르는 호칭으로서, 文帝를 '太宗'이라고 불렀다.

162) 이 일은 漢 景帝 前元 3년(기원전 154년) 때 吳王 劉濞와 더불어 楚, 趙, 膠東, 膠西, 濟南, 菑川 등에서 제후국의 봉지를 삭감할 것을 건의한 晁錯를 제거하려는 명목으로 반란을 일으켰던 사건을 말한다.

163) 五世 : 漢 高祖, 惠帝, 文帝, 景帝, 武帝 등 다섯 황제를 말한다.

164) 현전하는 『史記』에 있는 「孝武本紀」는 권28 「封禪書」의 일부분에서 내용을 보충한 것이다. 司馬遷이 썼던 「今上本紀」는 이미 실전되었다.

165) 五覇 : 춘추시대 때 차례로 覇者가 된 다섯 제후국을 가리키며, '五伯'이라고도 부른다. 즉 齊 桓公, 晉 文公, 楚 莊王, 吳王 闔閭, 越王 句踐 등을 말한다. 일설에는 齊 桓公, 晉 文公, 宋 襄公, 秦 穆公, 楚 莊王을 '五覇'라고 부른다.

166) 「十二諸侯年表」 : 춘추시대 때의 魯, 齊, 晉, 秦, 楚, 宋, 衞, 陳, 蔡, 曹, 鄭, 燕 등 12개 제후국의 연표를 가리킨다. 이 외에도 周와 吳가 더 있는데, 周는 天子의 나라이고, 吳는 춘추시대 후기에 상세한 연대기가 있으므로, 여기에 포함되지 못하였다. 그리고 내용은 共和 원년(기원전 841년)에서 周 敬王 43년(기원전 477년)

춘추시대 이후로 배신(陪臣)[167]들이 정권을 잡고, 강국이 서로 왕이 되었으나, 진(秦)나라에 이르러 마침내 중원(中原)[168]의 제후들을 병합하더니, 영토를 빼앗고 황제의 칭호를 제멋대로 부르게 되었다. 그래서 「육국연표(六國年表)」[169] 제3을 지었다.

진(秦)나라가 폭정을 하였으므로 초(楚)나라 사람들이 난을 일으켰다.[170] 항우가 드디어 난을 자행하였으나, 한(漢)나라는 명분을 내세워 이를 정벌하였다. 8년 동안 천하는 세 번의 정변(政變)이 있었고,[171] 사건은 번잡하고 변화가 많았다. 그래서 상세하게 「진초지제월표(秦楚之際月表)」[172] 제4를 지었다.

한(漢)나라가 건국된 이래 무제(武帝)의 태초(太初) 연간에 이르기까지 100년 동안, 제후들은 그 자리에 책봉되거나 그 자리를 잃었고 영토를 나누어 얻었거나 삭감당하였지만,[173] 보첩의 기록이 분명하지 않은 것은 사관이 그 자취를 추적하지 못한 채, 강약의 원리[174]를 계속 규명하지 못

사이의 각국의 연대와 대사를 기록하였다.

167) 陪臣 : 제후국의 大夫가 天子에게 자칭하는 명칭이다. 혹은 大夫의 가신을 지칭하기도 한다.

168) 中原 : 원문에서는 "諸夏"라고 하였는데, 이는 周나라에서 영토를 나누어준 봉지를 통칭하였다. 후일 '諸夏'는 중국을 범칭하게 되었다.

169) 「六國年表」: 춘추시대 때의 魏, 韓, 趙, 楚, 燕, 齊 등 6개 제후국의 연표를 가리킨다. 여기에 周와 秦이 있지만, 周는 天子의 나라이고, 秦은 六國과 周를 멸하고 천하를 통일한 나라이므로 포함시키지 않았다. 내용은 周 元王 원년(기원전 476년)에서 秦 2세 3년(기원전 207년) 사이의 270년 동안의 각국과 나중 秦 왕조의 연대와 대사를 차례로 기술하였다.

170) 이 구절은 陳勝, 吳廣 등이 농민들을 영도하며 난을 일으킨 사실을 말한 것이다. 陳勝은 大澤鄕에서 봉기하여 "大楚興, 陳勝王"이라고 부르짖으며 楚나라 정권을 陳 땅에 세웠다. 이에 호응한 項梁과 項羽 등도 모두 楚나라의 귀족 출신이었다.

171) 여기에서 '政變'이라고 함은 陳勝, 項羽, 劉邦 등 세 인물이 차례로 천하에 군림하였던 것을 지칭한 것이며, 이 시기는 秦 2세 원년(기원전 209년)에서 漢 5년(기원전 202년)까지 8년간이었다.

172) 이 표의 내용은 秦 2세 원년 7월 陳勝이 의거한 때로부터 漢 5년 윤9월 盧綰이 燕王에 비로소 옹립될 때까지를 담고 있다. 秦 왕조와 楚, 趙, 齊, 漢, 燕, 魏, 韓 등 王者를 칭한 자들의 紀月과 대사가 기록되어 있다.

173) 文帝 때는 賈誼의 '제후들에게 작위를 많이 주어 그 세력을 약화시키고자 하는' 정책을 채용하여 齊나라를 일곱으로 나누었고, 淮南國을 셋으로 나누게 되었다. 景帝 때는 晁錯의 '削藩策'을 채용하여 제후국의 주변에 있는 郡을 삭감하였다가, '七國의 亂' 이후 약간을 제후국에 나누어주었다. 武帝 때는 主父偃의 '推恩策'을 채용하여 제후국의 세력을 약화시켰다. 여기서는 이러한 일련의 제후에 대한 견제정책의 결과를 말한 것이다.

하였기 때문이다.[175] 그래서 「한흥이래제후연표(漢興已來諸侯年表)」[176] 제5를 지었다.

고조(高祖)가 창업할 때 큰 공을 세우며 좌우에서 팔다리처럼 고조를 보필하였던 신하들은 신임을 얻어 봉토를 받고 작위를 얻어서, 그 은택은 후손에까지 전해졌다. 그러나 혹자는 그 대대로 상전(相傳)되어 내려온 사실을 망각하거나,[177] 죽임을 당하기도 하고, 또 나라를 망치기도 하였다. 그래서 「고조공신후자연표(高祖功臣侯者年表)」[178] 제6을 지었다.

혜제(惠帝)와 경제(景帝) 연간에 개국 공신들 중 누락된 자와 그리고 기타 종속(宗屬)들에게 작위와 영토를 추가해서 내려주었다. 그래서 「혜경간후자연표(惠景間侯者年表)」[179] 제7을 지었다.

북쪽으로는 강력한 흉노(匈奴)를 토벌하고, 남쪽으로는 힘 있는 월(越)을 무찔러 이만(夷蠻)을 정벌하였는데 그 무공에 따라 후(侯)에 봉해진 사람들이 많았다. 그래서 「건원이래후자연표(建元以來侯者年表)」[180] 제8을 지었다.

제후들이 강대해져서 칠국(七國)이 연합해서 반란을 일으켰다.[181] 제후들의 자제들은 많아지고 작위와 봉지는 부족하였다. 이에 한 왕조는 은

174) 여기에서는 각 제후국의 세력이 강하면 강할수록 먼저 망하고, 약하면 약할수록 요행히 살아 남는 현상을 가리킨다.

175) 원문의 "强弱之原云以世"에 대해서 『史記索隱』에서는 以(→已)와 '世(→也)' 등을 오자라고 보았으나, 云, 已, 也 등은 모두 어조사에 불과하므로 타당한 견해라고 하기 어렵다.

176) 현전하는 『史記』에는 「漢興以來諸侯王年表」라고 되어 있다. 이 표에는 高祖 초년에서 武帝 太初 4년(기원전 101년)까지의 각 제후국의 변화 양상이 담겨 있다.

177) 원문의 "忘其昭穆"이다. 고대에는 종법제도에 의해서 종묘의 순서를 규정하였는데, 시조는 가운데 모시고, 이하의 자손은 단계적으로 昭, 穆을 이루었다. 즉 좌측은 昭가 되고 우측은 穆이 되었다. 분묘의 장례에도 좌우의 순서를 두어 昭, 穆이 있었다. 제사를 지낼 때도 자손들은 이 순서에 따라 배열하여 예를 행하였다.

178) 이 표에는 高祖 때의 공신과 제후 137명이 기록되어 있고, 이 외에도 외숙과 왕자를 포함하여 모두 143명이 기록되어 있다.

179) 이 표에는 惠帝, 呂后, 文帝, 景帝 때에 이르는 50여 년간의 공신과 宗屬(呂氏들을 포함하여) 등 封侯者 93명이 기록되어 있다.

180) 이 표에는 武帝 建元 이후 봉지를 받은 72명의 제후국에 대한 기록이 담겨 있다. 현전하는 『史記』에는 褚少孫이 별표로 40여 제후국을 보충해놓았는데, 그 가운데는 武帝 때 봉지를 받은 나라는 4개 국이 있고, 그 나머지는 昭帝, 宣帝, 元帝 때 봉지를 받은 것이며 대부분 무공과는 관계가 없다.

181) 여기에서는 吳, 楚를 비롯한 일곱 제후국이 연합하여 반란을 일으킨 사건을 말한다.

혜를 베풀어 의를 행하도록 하였고,[182] 그러자 제후의 세력이 쇠약해졌고, 위덕(威德)은 모두 한 황실의 조정으로 돌아갔다. 그래서 「왕자후자연표(王子侯者年表)」[183] 제9를 지었다.

한 나라의 현명한 재상과 훌륭한 장군은 곧 그 백성들의 사표(師表)이다. 「한흥이래장상명신연표(漢興以來將相名臣年表)」[184]를 살펴보고, 어진 자에 대해서는 그 치적을 기록하였고, 어질지 못한 자에 대해서는 그 사적을 분명히 밝히고자 하였다. 그래서 「한흥이래장상명신연표」[185] 제10을 지었다.

하, 상, 주 삼대(三代)의 예는 각각 그 증감(增減)이 있었고 운용도 달랐다. 그러나 그 요지는 인성(人性)에 근접하게 하고 왕도(王道)와 통하게 하는 데 있었다. 그러므로 예는 사람의 성질에 따라서 화려함을 절제하고, 대략 고금의 시대 변화에 어울리게 하였다. 그래서 「예서(禮書)」[186] 제1을 지었다.

음악이란 그것으로 풍속을 개선하는 것이다. 『시』의 「아(雅)」와 「송(頌)」이 흥성하였을 때부터, 사람들은 이미 정(鄭)나라와 위(衛)나라의 음악을 좋아하였는데, 정나라와 위나라의 음악은 그 유래가 오래되었다. 사람의 감정은 다 같기 때문에 음악을 사용하면, 풍속이 다른 먼 곳의 사람이라도 친근감을 느끼고 다가오는 것이다.[187] 「악서(樂書)」[188]를 참고

---

182) 元朔 2년(기원전 127년) 武帝는 主父偃의 정책에 따라, 推恩令을 내려 여러 제후왕의 왕위를 계승할 적장자를 제외한 나머지 자제들에게 봉토를 주어 侯가 되게 함으로써 왕국의 세력을 약화시키고자 하였다.

183) 현전하는 『史記』에는 「建元已來王子侯者年表」로 되어 있다. 이 표에는 元光에서 太初 연간까지 70년 동안의 제후나 왕자 등 161명의 봉국이 기록되어 있다.

184) 이 연표는 원래부터 있었던 조정에 보관하는 文件으로, 司馬遷이 쓴 연표의 저본이 되었다.

185) 현전하는 『史記』에 실린 이 표에는 漢 高祖 원년(기원전 206년)부터 成帝 鴻嘉 원년(기원전 20년)까지 187년 사이에 재상, 장군(太尉, 將軍, 大將軍, 大司馬 등), 御史大夫 등을 역임하였던 200여 명에 대한 기록이 담겨 있다. 司馬遷이 썼던 원래의 표는 일실되었고, 현전하는 표는 후세 사람들이 보충한 것이다.

186) 고증에 의하면 司馬遷이 쓴 「禮書」는 일실되었고, 현전하는 것은 褚少孫이 荀子의 『禮論』을 모방하여 지은 것이라고 한다.

187) 『史記集解』에는 徐廣이 말한 "음악이란 인정을 감화시키는 것이다. 인정이 감화되면 먼 곳에 있는 풍속이 다른 사람도 회유되어 따라온다(樂者所以感和人情. 人情旣感則遠力殊俗莫不懷柔向化也)"라는 말이 인용되어 있다.

하고 자고 이래의 음악을 논술하여, 「악서(樂書)」[189] 제2를 지었다.

병력이 없으면 강국이 될 수 없고, 덕망이 없으면 번창할 수가 없다. 황제(黃帝), 탕왕(湯王), 무왕(武王) 등은 이로써 나라를 부흥시켰고, 걸왕(桀王), 주왕(紂王), 진(秦) 2세 등은 이로써 나라를 망쳤다. 그러니 신중하지 않을 수 있겠는가? 『사마법(司馬法)』[190]이 전해온 지 오래되었다. 태공(太公) 망(望),[191] 손무(孫武), 오기(吳起),[192] 왕자(王子) 성보(成甫)[193] 등은 이를 이어받아 더 밝혀놓았는데, 근세에는 더 절실하게 인사(人事)의 변화를 극진하게 연구하였다. 그래서 「율서(律書)」 제3을 지었다.

율(律)은 음(陰)에 입각하여 양(陽)을 다스리고, 역(曆)은 양에 입각하여 음을 다스린다.[194] 그래서 율과 역은 번갈아 서로 다스리므로, 최소한의 오차나 빈틈도 용납하지 않는다. '황제력(黃帝曆),' '전욱력(顓頊曆),' '하력(夏曆),' '은력(殷曆),' '주력(周曆)' 등의 역법은 서로 다르고, 다만 태초(太初) 원년에 제정한 역법이 비교적 정확하여 그것을 중심으로 논술한다. 그래서 「역서(曆書)」 제4를 지었다.

성신(星辰)과 기상(氣象)에 관한 서적에는 흔히 길흉화복의 내용이 섞여 있어서 황당하고 근거가 없다. 그 문장을 추구해보고 그 응험을 고찰

188) 이 「樂書」는 『禮記』의 「樂記」를 가리킨다.

189) 고증에 의하면 司馬遷이 쓴 「樂書」는 일실되었고, 현전하는 『史記』의 글은 후세 사람들이 『禮記』 「樂書」를 모방하여 보충한 것이라고 한다.

190) 『司馬法』: 고대의 병서. 전국시대 齊 威王이 大夫에게 명하여 옛날의 司馬兵書를 정리하게 하였는데, 司馬穰苴의 병법이 내포되어 있어서 이름을 『司馬穰苴兵法』이라고 정하였다.

191) 太公 望: 周代에 齊나라를 창업한 시조이다. 성은 姜이고 씨는 呂이며 이름은 望이었다. 일설에는 字가 子牙라고 한다. 西周 초기에 太師의 직위에 올라 師尙父라고 불렸다. 武王을 보좌하여 商을 멸망시키는 데에 공을 세워 齊나라에 봉해졌다. 세칭 姜太公이라 불렸다. 병서인 『六韜』는 전국시대 사람이 그의 작품으로 가탁한 것이다.

192) 吳起: 전국시대의 전략가로 衛나라의 佐氏(지금의 山東省 曹縣 북쪽) 사람이다. 처음에는 魯나라의 장군을 지냈고, 나중에는 魏나라의 장군이 되었으며, 여러 차례 전공을 세워 魏 文侯에 의해서 西河의 太守에 임명되었다. 나중에는 楚나라로 가서 令尹의 직위에 올라 悼王을 도와 법률을 개선하여 楚나라의 부강을 촉진시켰다. 惠公 때에는 長翟의 침입을 맞아 그를 공격하여 죽였다.

193) 王子 成甫: '城父'라고도 한다. 춘추시대 齊나라의 大夫를 지냈다.

194) 고대인들은 曆法을 기상이나 수효를 이용하여 일월성신의 운행과 사계절과 五氣의 변화를 추정하였다.

해보아도 특별한 것이 아니다. 이에 그 서적을 모아서 일월성신의 운행에 관한 일을 논하고,[195] 그 순서대로 운행하는 법도를 조사하여[196] 「천관서(天官書)」 제5를 지었다.

천명을 받아 왕이 되어서는 봉선(封禪)의 부응(符應)에 대해서 소홀해져 봉선 제전을 자주 거행하지 않았다. 이를 거행하게 되면 모든 신령은 다 제사를 받게 된다. 이에 여러 신들, 명산, 대천의 제례(祭禮)에 대해서 그 근본을 탐색하여 「봉선서(封禪書)」 제6을 지었다.

우(禹)임금이 하천을 뚫어 홍수를 막음으로써 온 나라 백성이 안녕된 생활을 하였다. 선방궁(宣防宮)을 건설할 때에는 대천을 뚫고 하구(河溝)를 개통시켰다. 그래서 「하거서(河渠書)」 제7을 지었다.

화폐의 유통은 농상(農商)의 교역을 원활하게 하기 위함이다. 그러나 그 궁극에 이르면 지교(智巧)를 부리고, 또한 재산을 증식하며, 다투어 투기와 모리를 하기 때문에 백성들은 농사를 팽개쳐버리고 장사 쪽으로만 좇아간다. 그래서 사태의 변화를 관찰하기 위해서 「평준서(平準書)」 제8을 지었다.

주 태백(周太伯)[197]은 계력(季歷)의 즉위를 위해서 강남(江南)의 만족(蠻族) 땅으로 가서 피해 살았다. 후에는 문왕(文王)과 무왕(武王)이 흥기하여, 고공단보(古公亶父)의 왕업을 계승하였다. 합려(闔閭)[198]는 오왕(吳王) 요(僚)[199]를 시해하고 형초(荊楚)[200]를 굴복시켰다. 부차(夫差)[201]는 제(齊)나라와 싸워 이기고, 오자서(伍子胥)[202]를 죽여 말가죽

195) 이 일은 漢 武帝가 唐都, 落下閎, 司馬遷 등을 소집하여 천문과 역법에 관한 일을 토론하게 하였던 것을 말한다.

196) 여기에서는 천문과학의 이론이나 법칙을 규명한 것을 지칭한 것이다.

197) 周 太伯 : 周代 吳나라의 시조를 말한다. 周 太王의 맏아들이었으나, 太王은 季歷을 태자로 책봉하게 되어, 그는 동생 仲雍과 함께 강남으로 피해 갔다.

198) 闔閭 : 闔廬라고도 하며, 이름은 光이다. 춘추시대 말기의 吳나라 군주로서, 기원전 514년에서 기원전 496년까지 재위하였다. 그는 吳王 僚를 척살하고 스스로 군주가 되었다. 일찍이 徐를 멸고 楚나라를 격파하여 한 차례 楚나라의 수도를 점령한 바 있다. 나중에 越王 句踐에게 패하여 부상으로 인해서 죽었다.

199) 吳王 僚 : 춘추시대 말기의 吳나라의 군주로서, 기원전 526년에서 기원전 515년까지 재위하였다. 나중에 闔閭에 의해서 피살당하였다.

200) 荊楚 : 즉 楚나라를 가리킨다.

201) 夫差 : 춘추시대 말기의 吳나라 군주로서 闔閭의 아들이다. 기원전 495년에서 기원전 473년까지 재위하였다. 후에 자기가 한 번 굴복시킨 바 있는 越나라에 의해서

에 싸서 물 속에 던졌다. 그는 태재(太宰) 비(嚭)[203]를 신임하여 그의 말을 듣고, 월(越)나라와 친교를 맺더니 결국 오나라는 망해버렸다. 태백의 양위를 찬미하여 「오세가(吳世家)」 제1을 지었다.

신(申),[204] 여(呂)[205] 두 나라가 쇠약해지자[206] 상보(尙父)[207]는 미천하게 되어, 마침내 서백(西伯)에게 가서 의지하였는데, 문왕(文王)과 무왕(武王)은 그를 태사(太師)로 받들었다. 그의 공훈은 모든 신하들 가운데 으뜸이었고, 은근히 권모술수에 치밀하였다. 머리가 황백색으로 변한 노년에 제나라의 영구(營丘)[208]를 봉지로 받았다. 가(柯)의 맹약[209]을 배반하지 않았기 때문에 환공(桓公)은 번영을 누렸으며, 아홉 차례나 제후들을 회합시켜 패자(覇者)로서의 공적이 혁혁하였다. 그후 전상(田常)과 감지(闞止)가 임금의 총애를 다투다가, 이로 말미암아 강성(姜姓)의 제

멸망당하였다.

202) 伍子胥 : 이름은 員이고, 字가 子胥이다. 楚나라의 大夫 伍奢의 차남이다. 奢가 平王에게 피살되자, 그는 吳나라로 도망하여 大夫가 되었다. 闔閭가 吳王 僚를 죽이는 일을 도왔고, 군대를 정비하여 吳나라를 강성하게 하였다. 楚나라를 격파한 공으로 申에 봉해져서 申胥라고 불렀다. 나중에 夫差가 그에게 자결을 강요하여 죽고 말았다.

203) 嚭 : 씨가 伯이고 이름이 嚭였다. 帛喜, 白喜라고도 불렀다. 춘추시대 楚나라의 大夫였던 伯州犁의 손자이다. 吳나라로 망명하여 공을 세워 太宰가 되어 太宰 嚭라고 불렀다. 빈객 접대에 뛰어나 夫差의 신임을 받았다. 越나라의 뇌물을 받고 越나라와 화친을 맺게 하였고, 참언하여 伍子胥를 죽게 하였다.

204) 申 : 성이 姜인 옛 나라 이름이다. 전하는 바에 의하면 伯夷의 후손이라고 한다. 근거지는 지금의 陝西省과 山西省의 경계 지역에 있었다. 周 宣王 때 약간 東遷을 당하여 謝(지금의 河南省 南陽市 동북쪽)에 봉해졌다. 申나라를 건립하였다가 춘추시대 초기에 楚나라에 멸망당하였다.

205) 呂 : 일명 甫라고도 하며, 성이 姜인 옛 나라 이름이다. 전하는 바에 의하면 四嶽의 후손이라고 한다. 지금의 河南省 南陽市 서쪽에 있었다. 춘추시대 초기에 楚나라에 멸망당하였다.

206) 원문에서 "肖"라고 하였는데, 『史記集解』, 『史記索隱』, 『史記正義』 등에서 모두 "衰微"로 풀이하고 있다. 『史記會注考證』에서는 顧炎武의 말을 인용하여 '削'자의 잘못된 기록이라고 하였다.

207) 尙父 : 즉 呂尙을 가리킨다.

208) 營丘 : 나중에는 臨淄로 개명되었다. 지금의 山東省 淄博市 동북쪽

209) 周 釐王 원년(기원전 681년) 겨울에 齊 桓公과 魯나라 임금이 柯(齊阿邑, 지금의 山東省 東阿縣 서남쪽)에서 회담을 가졌을 때, 魯나라의 曹沫이 비수를 들고 齊 桓公을 위협하며 齊나라가 침탈하였던 魯나라 영토를 반환할 것을 강요하였다. 이에 桓公은 허락하였다가, 나중에 후회하고 曹沫을 죽이려 하였다. 그러나 이해를 따진 管仲의 설명을 듣고 桓公은 마침내 그 영토를 돌려주었다. 제후들은 이로 인해서 齊나라를 믿었고 더불어 친교를 맺고자 하였다.

나라는 멸망하고 말았다. 상보의 훌륭한 권모를 칭송하여, 「제태공세가(齊太公世家)」 제2를 지었다.

주 무왕(周武王)이 죽고 어린 성왕(成王)이 즉위하자, 제후들 가운데는 혹은 지지 옹호하는 자도 있고, 혹은 배반하는 자도 있었는데, 주공(周公) 단(旦)이 이를 안정시켰다. 그가 문덕(文德) 선양에 분발하자 천하 백성들이 그에게 화응(和應)하였다. 이처럼 성왕을 보필하였기 때문에, 제후들은 주 왕실을 종주(宗主)로 하여 우러러보았다. 그런데 노나라의 은공(隱公)과 환공(桓公)의 시대에는 같은 주공의 자손인데도 평안하지 못하였던 것은 어찌 된 일인가? 삼환(三桓)[210]의 무력 다툼 때문에 노나라는 결국 번창하지 못하였다. 주공 단의 "금등(金縢)"[211]을 칭송하여, 「주공세가(周公世家)」[212] 제3을 지었다.

무왕(武王)이 주왕(紂王)을 무찔렀으나, 천하의 화합이 이루어지기도 전에 죽었다. 성왕(成王)은 나이가 어렸는데, 관숙(管叔)[213]과 채숙(蔡叔)[214]은 섭정하는 주공(周公)을 의심하였고, 회이(淮夷)[215]도 여기에

210) 三桓 : 춘추시대 후기에 魯나라의 정권을 장악하였던 세 귀족, 즉 孟孫氏(일명 仲孫氏), 權孫氏, 季孫氏를 가리킨다. 이 세 귀족은 魯 桓公의 아들 仲慶父(혹은 孟氏라고도 부른다), 叔牙, 季友의 후손이므로 '三桓'이라고 부른다. 그 가운데 季孫氏의 세력이 가장 강하였다. 魯 襄公 11년(기원전 562년)에 三軍을 설치하였는데, '三桓'이 각각 군을 맡게 되어 권력이 삼분되었다.

211) "金縢" : 武王이 殷을 멸한 이듬해에 병에 걸려 낫지 않자, 周公이 선왕에게 기도하며 武王 대신 자기의 목숨을 앗아갈 것을 기원하였다. 그리고 점도 쳐보고, 사관에게는 자기가 쓴 책문을 읽게 하기도 하였다. 점괘가 길조로 나와서 周公은 책문을 金縢匱 안에 보관하였다. '金縢'이란 원래는 금물로 봉함한 궤를 말하는데, 후세에는 周公이 그 속에 보관하였던 禱祝 책문을 일컬어 '金縢'이라 하고, 『尙書』「周書」에 편입시켜놓았다.

212) 현전하는 『史記』에는 「魯周公世家」로 되어 있다.

213) 管叔 : 일명 '關叔'이라고도 한다. 이름은 鮮이며 武王의 아우이다. 그는 管(지금의 河南省 鄭州市)에 봉해졌다. 그는 蔡叔 등과 함께 周公의 섭정에 불복하고, 周公이 왕위를 찬탈하려는 것으로 의심하여 유언비어를 퍼뜨렸다. 나중에 紂王의 아들 武庚과 더불어 반란을 일으켰다가, 周公에 의해 평정되면서 그는 피살당하였다. 일설에는 자살하였다고 한다.

214) 蔡叔 : 周나라 초기 三監 중의 한 사람이다. 이름은 度이고 武王의 아우이다. 蔡(지금의 河南省 上蔡縣 서남쪽)에 봉해졌다. 그도 武庚과 함께 반란을 일으켰다가, 周公에 의해 평정되면서 축출되었다. 나중에 成王이 즉위하여 그의 아들 胡를 蔡에 봉하여, 蔡나라의 시조가 되었다.

215) 淮夷 : 옛 민족 이름. 夏나라 때부터 周나라에 걸쳐 지금의 淮河 하류 지역 일대에 분포되어 있었다. 管, 蔡, 武庚의 반란 때 적극 참여하였다. 나중에는 徐戎과 더불어 여러 차례 연합하여 周나라에 저항하였다. 춘추시대 이후에는 楚나라에 부속되

반기를 들었다. 그래서 소공(召公)은 덕으로써 이끌어 왕실을 편안하게 함으로써 동쪽 지역도 안녕을 되찾게 하였다. 연왕(燕王) 쾌(噲)[216]의 양위는 마침내 화란(禍亂)을 불러일으켰다. "감당(甘棠)"의 시[217]를 칭송하여, 「연세가(燕世家)」 제4를 지었다.

관숙과 채숙은 무경(武庚)을 도와서, 장차 옛 상(商)나라의 지역을 안정시키고자 하였다. 그러나 주공 단(旦)이 섭정하기에 이르자, 두 사람은 주공을 받들지 않았다. 그리하여 주공은 관숙을 죽이고 채숙을 추방하였으며, 성왕에게 충성을 맹세하였다. 태사(太姒)[218]는 열 명의 아들을 낳았고, 주나라의 왕실은 강성해졌다. 채숙의 아들 중(仲)이 과오를 뉘우친 것을 칭송하여, 「관채세가(管蔡世家)」 제5를 지었다.

성왕(聖王)의 후예는 대가 끊기지 않으니, 이는 순임금과 우임금이 지하에서 기뻐할 일이다. 그들의 공덕이 훌륭하고 청명하여서 후손들이 그 공적의 혜택을 입는 것이 백세(百世)가 지나도 사직은 존속되어, 주나라 때에 진(陳)[219]나라와 기(杞)[220]나라가 존재하였으나, 나중에는 초나라가 그들을 멸망시켰다. 그러나 제나라의 전씨(田氏)[221]가 일어났으니, 이처럼 자손들을 계승해 나가게 한 순임금은 얼마나 대단한 사람인가! 그래서 「진기세가(陳杞世家)」 제6을 지었다.

무왕은 은(殷)나라의 유민들을 포섭하여 위(衛)에 봉하였다. 상(商)나라 말기의 혼란함을 경각시키면서, "주고(酒誥)"와 "자재(梓材)"를 들어 일러주었다.[222] 혜공(惠公) 삭(朔)이 출생하자, 위(衛)나라는 국운이 기

었고, 秦代에는 모두 흩어져 일반 백성이 되어버렸다.

216) 燕王 噲 : 전국시대 燕나라의 군주였고, 기원전 320년에서부터 3년간 재위하였다. 噲는 相國 子之에게 양위하였다.

217) 『詩』「周南」에 나오는 것이다. 召公이 지금의 陝西省 서쪽을 다스리면서 민심을 크게 얻었는데, 이 시의 내용은 바로 그 召公의 치적을 칭송한 것이다.

218) 太姒 : 周 文王의 정비이고 武王의 모친이다. 그녀를 '文母'라고 불렀다. 그녀가 낳은 10명의 아들은 伯邑 考, 武王 發, 管叔 鮮, 周公 旦, 蔡叔 度, 曹叔 振鐸, 成叔 武, 霍叔 處, 康叔 封, 沈季載 등이다. 원문에서는 "大任"이라고 하였는데, 이는 아들을 많이 낳은 데서 연유한 호칭이라고 할 수 있다. 그러나 그의 아들이 10명이라는 史傳의 기록이 없기 때문에 아마도 '太姒'가 잘못된 것 같다.

219) 陳 : 嬀氏 성을 가진 고대의 나라 이름으로, 舜임금의 후손이라고 전해진다.

220) 杞 : 姒氏 성을 가진 고대의 나라 이름으로, 周나라 초기에 봉해졌고, 개국 군주는 禹임금의 후손 東樓公이라고 전해진다.

221) 田氏 : 춘추시대 중기에 陳나라의 厲公의 아들 完이 齊나라로 망명하여서, '陳氏'를 田氏로 고쳤다. 그 자손은 마침내 姜齊를 이어서 제후가 되었다.

울어 안정되지 못하였다. 남자(南子)는 태자 괴외(蒯聵)를 증오하여, 아들과 아버지의 명분을 전도시켰다.[223] 주나라의 덕이 쇠미해지고, 전쟁을 통해서 제후국들이 강해졌다. 위나라는 약소국이었으나 각왕(角王)은 오히려 최후에 망하였다. 저 "강고(康誥)"를 찬미하여, 「위세가(衛世家)」 제7을 지었다.

아깝도다, 기자(箕子)[224]여! 아깝도다, 기자여! 바른말이 채납되지 않더니, 마침내 미치광이로 가장하여 노예가 되었다. 무경(武庚)이 죽고 나서, 주나라는 미자(微子)[225]를 송(宋)에 봉하였다. 양공(襄公)은 초나라와 싸우다가 홍(泓)에서 패하였지만 의를 중히 여기다가 패하였는데, 군자라면 그 누구를 칭찬하겠는가? 경공(景公)은 겸양의 덕을 쌓아서 화성(火星)이 운행을 바꾸어 송나라의 위치로부터 물러났다.[226] 척성(剔成)[227]이 포학하였기 때문에 송나라는 마침내 멸망하고 말았다. 미자가 책봉될 때 태사(太師) 기자에게 정치에 관해서 질문하였던 일을 찬미하여, 「송세가(宋世家)」 제8을 지었다.

주 무왕이 죽은 뒤, 숙우(叔虞)는 당(唐)에 도읍을 세웠다. 군자들은 진 목공(晉穆公)의 아들 이름에 대해서 비난하였고,[228] 후에 과연 곡옥

---

222) 周公이 武王의 아우인 康叔 封에게 봉지를 주며, 殷나라 말기의 부패하였던 전철을 다시는 밟지 않게 하기 위해서 훈계한 내용을 담은 글로서 "酒誥," "梓材," "康誥" 세 편이 있다. 모두 『尙書』「周書」에 실려 있다.

223) 南子는 衛 靈公의 부인으로, 태자 蒯聵와 사이가 좋지 않았다. 태자는 南子를 척살하려던 계획이 미수에 그치자 晉나라로 도망치고, 그의 아들 輒이 즉위하였다. 그후 태자는 다시 돌아와 아들 輒을 내쫓고 제후가 되었고 南子는 피살되었다. 蒯聵는 즉 衛 莊公으로, 靈公의 아들이다. 그는 기원전 480년에서 기원전 478년까지 재위하였다.

224) 箕子 : 商나라의 귀족으로 紂王의 삼촌이었으며 太師를 지냈다. 일찍이 紂王에게 충간하였으나 도리어 감옥에 갇히는 신세가 되었다가 武王이 商을 멸한 후 석방되었다. 朝鮮에 봉해졌다는 기록이 있는데, 여기에 대해서는 해석이 분분하다.

225) 微子 : 紂王의 庶兄으로 이름은 啓이다. 微 땅에 봉해졌다. 商이 망해갈 무렵 누차 紂王에게 충간하였지만 채납되지 않았다. 周 武王이 商을 멸할 때 周에 투항하였다. 그후 周公이 武庚을 멸한 다음 그를 宋에 봉하였다.

226) 이때는 하늘의 星宿를 지상의 열국과 서로 맞추어 길흉을 점쳤는데, 火星은 천벌을 뜻하는 것으로 여겨, 이것이 자기 나라가 있는 위치로 오는 것을 무척 꺼렸다.

227) 剔成 : 宋나라의 군주로 辟公의 아들이다. 기원전 369년에서 기원전 329년까지 재위하였다. 史傳에는 剔成이 포학하였다는 기록이 보이지 않고, 그의 아우 偃이 포학하였다는 기록이 있어, 혹시 宋王 偃의 잘못일지도 모른다는 설도 있다.

228) 晉 穆公은 태자의 이름을 '仇'라 하였고, 작은아들의 이름을 '成師'라고 하였다. 그러자 晉나라 大夫들은 태자의 이름의 뜻이 '원수'나 '원한'을 뜻하여 인정하려고 하

(曲沃)의 무공(武公)에 의해서 멸망당하였다. 헌공(獻公)이 여희(驪姬)와의 사랑에 빠져서, 진(晉)나라는 오세(五世)[229]에 걸쳐 문란하였다. 문공(文公) 중이(重耳)는 처음에는 여의치 못하였으나, 드디어는 패업(霸業)을 이룰 수 있었다. 육경(六卿) 대신들이 권력을 쥐고 흔들어 진나라는 힘이 빠지고 말았다.[230] 문공이 천자로부터 규조(珪鬯)를 하사받은 일을 칭송하여[231] 「진세가(晉世家)」 제9를 지었다.

중려(重黎)[232]는 천문과 지리에 관한 일을 시작하였고, 오회(吳回)가 그 일을 계승하였다. 은(殷)나라 말년에는 육웅(鬻熊)[233]이 초나라의 시조가 되자, 초나라는 이때부터 세계(世系)[234]의 기술이 이루어졌다. 주성왕(周成王)은 웅역(熊繹)을 임용하여 초만(楚蠻)[235]의 자남(子男)[236]에 봉하였고, 후에 웅거(熊渠)가 계속 그 유업을 이었다. 장왕(莊王)은 현명하여 진(陳)을 멸하였으나 다시 재건시켜주었고,[237] 정백(鄭伯)의 죄를 사면하였으며,[238] 또한 송나라를 포위하였다가 화원(華元)[239]의 말

지 않았다.

229) 五世 : 여기에서는 晉 獻公, 晉君 奚齊, 晉君 悼子, 晉 惠公, 晉 懷公 등 다섯 군주를 말한다.

230) 춘추시대 말기에 晉나라에는 趙, 韓, 魏, 知, 范, 中行 등 六卿이 전횡을 일삼았다. 나중에 范氏, 中行氏, 知氏들은 趙氏, 韓氏, 魏氏들에게 무너졌고 晉나라는 이들 三家가 병립하였다. 이 시기에는 晉의 군주는 오히려 형식상의 권위만 지니고 있었다.

231) 이것은 周 襄王 20년(기원전 632년)에 晉 文公이 楚나라의 포로를 周나라에 바치자, 襄王이 文公을 최고의 제후로서 伯의 칭호를 내린 일을 말한다. 이때 옥으로 만든 술그릇〔珪〕과 기장으로 빚은 술〔鬯〕을 하사하였다.

232) 重黎 : 고대에 천문과 지리를 관장하였던 重과 黎 두 사람을 지칭한다.

233) 鬻熊 : 吳回의 손자인 季連의 후예로서 성이 芈이다. 일찍이 周 文王을 섬겼고, 楚나라의 시조가 되었다.

234) 世系 : 대대로 전해오는 계통, 즉 대대로 계승되는 혈통을 가리킨다.

235) 楚蠻 : 楚나라의 황폐한 지방을 가리킨다.

236) 子男 : 작위. 5등급으로 나눈 작위 중에서 네번째와 다섯번째에 해당된다. 楚나라는 子爵에 속하였다.

237) 이는 莊王이 申叔時의 말을 듣고 陳나라의 태자 嬀午로 하여금 나라를 다시 세우게 한 일을 가리킨다.

238) 莊王은 鄭나라를 포위하여 3개월간 공격하였는데, 이때 鄭伯이 애원하자 莊王은 30리 떨어진 곳에 후퇴하여 주둔하고 鄭나라와의 강화를 허락하였다. 鄭伯은 鄭 襄公 姬堅을 가리킨다.

239) 華元 : 춘추시대의 宋나라의 大夫였다. 일찍이 鄭나라의 포로가 되었다가 나중에 돌아왔다. 宋 共公 10년(기원전 579년)에 晉과 楚에게 宋나라에서 종전의 조약을 맺도록 재촉하였다.

을 듣고 군대를 철수하였다. 회왕(懷王)은 진(秦)나라에서 객사하였고, 자란(子蘭)은 굴원(屈原)을 참언하였다. 평왕(平王)은 아첨을 좋아하고 참소하는 말을 믿었기 때문에, 초나라는 결국 진(秦)나라에 병합되고 말았다. 장왕(莊王)의 의로움을 칭송하여, 「초세가(楚世家)」 제10을 지었다.

소강(少康)의 아들 무여(無餘)는 남해(南海)[240]로 가서, 몸에는 문신을 하고 머리는 짧게 잘랐으며,[241] 물가 지대에서 자라나 악어 등과 더불어 살았다.[242] 또 그는 봉우산(封禺山)[243]을 지키며 우임금을 받드는 제사를 지냈다. 구천(句踐)은 부차(夫差)에게 치욕을 당한 뒤 문종(文種)과 범려(范蠡)를 신임하였다. 구천이 만이(蠻夷)들과 어울려 살면서 능히 자신의 덕을 닦아, 강대한 오나라를 멸망시키고 주나라 왕실을 존중하며 떠받든 것을 칭송하여 「월왕구천세가(越王句踐世家)」 제11을 지었다.

정 환공(鄭桓公)이 동천한 것은 오직 태사(太史)가 말한 바에 의해서였다.[244] 장공(莊公)이 군사를 보내어 주나라 땅을 침략하고 곡식을 탈취하자, 주나라 군신과 백성들의 비방을 사게 되었다. 제중(祭仲)이 송나라의 강요로 맹약을 맺고 공자(公子) 돌(突)을 임금으로 내세운 이후, 정나라는 오랫동안 발전하지 못하였다. 자산(子產)은 어진 정치를 행하였으므로 후세 사람들은 모두 그의 현명함을 칭송하였다. 삼진(三晉)이 계속해서 정나라를 침략하자, 정나라는 한(韓)나라에 병합되었다. 여공(厲公)이 주 혜왕(周惠王)을 돌려보낸 것을 칭송하여[245] 「정세가(鄭世家)」 제12를 지었다.

---

240) 南海 : 先秦 시대의 古籍에서는 남방의 각 민족의 근거지를 지칭하기도 하고, 혹은 실제의 남쪽 해역을 지칭하기도 한다. 여기에서는 지금의 東海를 지칭한 것이다.

241) 문신과 단발은 옛날 吳나라와 楚나라 일대의 풍속으로, 물가의 蛟螭類로부터 해를 막기 위한 것이었다.

242) 황량한 강가에서 水族들과 더불어 사는 모습을 형용한 것이다.

243) 封禺山 : 일설에는 '封嵎山'이라고도 한다.

244) 이는 桓公이 太史伯에게 가르침을 청하여 거기에 따라서 행하였음을 가리킨다. 즉 桓公이 周나라 왕실이 혼란한 것을 보고 太史伯에게 어디로 옮겨야 이러한 재난을 면할 수 있을 것인가 물었다. 그러자 太史伯은 그에게 동천할 것을 당부하고, 장차 齊, 秦, 晉, 楚 나라가 흥기할 것임을 예언하였다. 그래서 桓公은 그의 말을 받아들이고 마침내 동천하였다.

245) 燕나라와 衛나라가 周 惠王의 동생 姬頹와 함께 惠王을 공격하여 溫邑으로 내쫓았다. 이때 鄭 厲王은 周 惠王을 받아들여 櫟邑에 살게 하였다.

조보(造父)는 주 목왕(周穆王)에게 기(驥), 녹이(騄耳)와 같은 명마(名馬)를 바침으로 해서 이름을 얻어 조씨(趙氏)의 시조가 되었다. 조숙(趙夙)은 진 헌공(晉獻公)을 섬겼고, 조숙의 아들 조최(趙衰)가 계속 유업을 계승하였다. 조최는 진 문공(晉文公)을 도와 패자의 지위에 오르게 하고, 드디어 진(晉)나라의 대신이 되었다. 조양자(趙襄子)는 지백(智伯) 등에게 치욕을 당한 후 한(韓), 위(魏)와 함께 지씨(智氏)를 멸하였다. 주부(主父) 무령왕(武靈王)은 사구궁(沙丘宮)에 포위되어 굶주림을 못 이겨 참새로 허기를 채우다가 죽었다. 조나라 마지막 왕이었던 천(遷)은 편협하고 음란하여 훌륭한 장군을 배척하였다. 조앙(趙卬)이 주 왕실의 난을 토벌한 것을 칭송하여 「조세가(趙世家)」 제13을 지었다.

필만(畢萬)이 위(魏) 땅에 봉해지면 후에 그 자손이 반드시 창성하리라는 것을 점술가는 예지하였다.[246] 위강(魏絳)이 진 도공(晉悼公)의 동생 양간(楊干)을 모욕하자, 도공은 위강을 죽이려 하다가 그 죄를 용서하고 위강을 보내어 융족(戎族), 적족(狄族)과 강화를 맺게 하였다. 위 문후(魏文侯)는 인의(仁義)를 좋아하여 자하(子夏)를 스승으로 모셨다. 혜왕(惠王)이 자만심에 빠져 있자, 제와 진(秦) 두 나라는 자주 위나라를 공격하였다. 안희왕(安釐王)은 신릉군(信陵君)을 의심하여 병권을 탈취하였는데, 이로 인해서 제후들은 다시는 위나라와 가까이하지 않았다. 그러다가 마침내 진(秦)나라는 대량(大梁)[247]을 점령하고 위나라를 멸하였다. 위왕(魏王) 가(假)는 진(秦)나라의 포로가 되어 미천한 하인으로 전락하였다. 위 무자(魏武子)가 진 문공(晉文公)이 패도(覇道)를 세우는데 도왔던 것을 칭송하여 「위세가(魏世家)」 제14를 지었다.

한궐(韓厥)의 음덕으로 조무(趙武)가 조씨(趙氏)를 부흥시켰다. 끊어진 대를 잇게 하고 폐지된 제사를 회복하게 하여, 진(晉)나라 사람들은 그를 추앙하였다. 한 소후(韓昭侯)가 열후들 가운데 뛰어난 것은, 신불해(申不害)를 중용하였기 때문이다. 한왕(韓王) 안(安)은 한비자(韓非子)를 의심하여 믿지 않았으므로 진(秦)나라의 습격을 받게 되었다. 한궐이 진(晉)나라를 도와 패업을 그치지 않게 하고 주 천자의 존엄을 수호

---

246) 이는 卜偃이라는 점술가가 畢萬의 후손은 반드시 크게 번창할 것이라고 예언한 바를 말한다.

247) 大梁 : 지금의 河南省 開封市.

한 바를 칭송하여[248] 「한세가(韓世家)」 제15를 지었다.

전완(田完)은 난리를 피해 제나라로 가서 구원을 요청하였다. 그후 전씨는 은밀히 백성들에게 은혜를 베풀고, 전후 오세(五世)[249]에 걸쳐 명맥을 잇게 하였으므로 제나라 사람들은 모두 그를 칭송하였다. 전성자(田成子)가 제나라의 정권을 잡게 되자, 전화(田和)는 제후에 봉해졌다. 제왕(齊王) 건(建)이 진(秦)나라의 모략에 속아서 나라를 망하게 하고, 자신은 진나라에 의해서 공(共) 땅으로 천도되었다. 제나라의 위왕(威王)과 선왕(宣王)이 능히 혼탁한 세상을 타파하고 홀로 주 왕실을 숭상하였던 것을 칭송하여, 「전경중완세가(田敬仲完世家)」[250] 제16을 지었다.

주 왕실이 이미 쇠퇴하자 제후들은 제멋대로 날뛰었다. 공자(孔子)는 예악이 무너지는 것을 슬퍼하며, 경술(經術)을 정비하여 왕도에 이를 것을 밝히고, 어지러운 세상을 바로잡아 정도(正道)로 회귀시키고자 하였다. 그리하여 저서에 나타나는 바대로, 그는 천하를 위해서 법도와 규범을 수립하고, 육예(六藝)의 기강을 후세에 남겼다. 그래서 「공자세가(孔子世家)」 제17을 지었다.

하(夏)나라 걸왕(桀王)과 상(商)나라 주왕(紂王)이 왕도를 잃자 탕왕(湯王)과 무왕(武王)이 흥기하였고, 주 왕실이 왕도를 잃자 공자는 『춘추』를 지었다. 진(秦)나라가 정도를 상실하자, 진섭(陳涉)이 난을 일으켰고, 제후들도 덩달아 모반하였는데, 그 기세가 바람과 구름 같아서,[251] 마침내 진(秦)나라의 통치자를 멸하고 말았다. 천하에 군림하던 진나라를 멸망시킨 발단은 진섭의 반란으로부터 비롯된 것이었다. 그래서 「진섭세가(陳涉世家)」 제18을 지었다.

하남궁(河南宮)의 성고대(成皐臺)는 박씨(薄氏)[252]가 흥기한 발상지였다. 두황후(竇皇后)는 그 뜻을 저버리고 대(代)나라로 들어갔는데, 대왕

248) 韓厥이 晉나라의 成公, 景公, 厲公, 悼公을 보좌하고, 또한 文公으로 하여금 霸業이 그치지 않게 하여, 周나라의 天子가 그 존엄을 유지할 수 있었음을 말한다.

249) 五世 : 田無宇(桓子), 田乞(釐子), 田常(成子), 田盤(襄子), 田白(莊子) 등을 지칭한다.

250) 「田敬仲完世家」에서 '敬仲'은 부연된 것으로서 『漢書』, 「司馬遷傳」과 『史記志疑』에 의거하면 이를 삭제함이 옳다.

251) 원문에는 "風起雲蒸"이라고 되어 있는데, 이는 계속해서 명성과 위세가 넓고 큼을 비유한 것이다.

252) 薄氏 : 漢 文帝의 모친인 薄太后를 가리킨다.

(代王)이 황제가 됨으로써 두씨(竇氏) 일족들은 존귀하게 되었다.[253] 율희(栗姬)는 지위상의 존귀함을 믿고 자만하였고, 이때 왕씨(王氏)[254]가 기회를 얻어 출세가도를 달렸다. 진황후(陳皇后)는 너무 교만하였기 때문에, 마침내 한 무제(漢武帝)는 진황후를 폐하고 위자부(衛子夫)를 황후로 삼았다. 위자부의 아름다운 덕행을 찬미하여 「외척세가(外戚世家)」 제19를 지었다.

한 고조는 속임수를 써서 한신(韓信)[255]을 진(陳)에서 사로잡았다. 월(越)이나 형초(荊楚)의 백성들은 표한(剽悍)하고 경박해서 다스리기 어려웠기 때문에, 고조는 그의 아우 유교(劉交)[256]를 초왕(楚王)으로 봉하였다. 그리고 팽성(彭城)[257]에 도읍하여 회수(淮水), 사수(泗水) 유역의 통치를 강화함으로써 한 황실의 같은 종속국으로 삼았다. 유무(劉戊)[258]가 사간(私奸)[259]의 죄에 빠졌으며 7국의 반란에 참여하다 패하여 죽임을 당하였다. 그러자 유례(劉禮)[260]가 그의 뒤를 이어 다시 초왕에 봉해져 초 원왕(楚元王)의 유업을 계승하였다. 유(游)가 고조를 보필한 바를 훌륭히 여기고, 이를 기리기 위해서 「초원왕세가(楚元王世家)」 제20을 지었다.

한 고조가 군사를 일으켰을 때 유고(劉賈)[261]는 거기에 가담하였는데,

---

253) 竇太后의 오라비 長君의 아들 彭祖는 南皮侯에 봉해졌고, 太后의 동생 廣國은 章武侯에 봉해졌으며, 太后의 당질 竇嬰은 魏其侯에 봉해지는 등 모두 부귀공명을 얻었다.

254) 王氏 : 景帝의 황후 王太后를 가리킨다.

255) 韓信 : 韓信은 처음 項羽에게 종사하고 있었으나 별로 알아주지 않자 그곳을 빠져나와 劉邦에게로 갔다. 劉邦이 關中에 봉해져 서쪽으로 갈 때 다시 劉邦을 떠나려고 하였으나 蕭何의 만류로 머물러 있게 되었다. 그후 그는 劉邦을 적극적으로 도와 큰 공을 세우게 되었다. 漢나라가 통일되자 그는 齊王에 봉해졌다가 다시 楚王으로 옮겨졌으나, 高祖는 그의 재능에 겁을 먹고 다시 淮陰侯로 강등시키고 드디어 기원전 195년 모반의 혐의를 씌워 죽이고 말았다.

256) 劉交 : 劉邦의 아우. 高祖 6년에 韓信이 사로잡힌 후 楚王에 봉해졌다.

257) 彭城 : 옛 현 이름으로, 지금의 江蘇省 徐州市를 관할하였다.

258) 劉戊 : 楚王 劉戊는 劉交의 손자로 죄를 짓고 東海郡을 빼앗겼다. 후에 吳王 劉濞와 함께 모반을 꾀하자, 재상 張尙과 太傅 趙夷吾가 이를 간하다가 그에게 죽임을 당하였다. 그후 전쟁에 패하여 자살하고 말았다.

259) 私奸 : 복상중에 궁녀와 정을 통하는 것을 가리킨다. 당시 예제규정에 따르면 복상중에는 남녀 혼숙을 금하였다.

260) 劉禮 : 楚 元王의 아들로서 劉戊가 죽은 후 楚王으로 봉해졌다.

261) 劉賈 : 劉邦의 사촌형. 처음에는 漢나라의 장군이었으나 기원전 201년에 荊王에

후에 영포(英布)[262]에게 공격을 받고 형(荊)과 오(吳)[263]의 땅을 상실하게 되었다. 영릉후(營陵侯) 유택(劉澤)[264]은 전자춘(田子春)을 통해서 여태후(呂太后)를 감격하게 하여 낭야왕(琅邪王)[265]에 봉해졌다. 그후 축오(祝午)[266]에게 속아 경솔하게 제왕(齊王)을 믿고 제나라로 갔으나 돌아올 수 없었다. 그러다가 그는 계책을 세워 제나라를 벗어나 서쪽의 관중(關中)에 들어갔는데, 효문제를 세울 당시 다시 연왕(燕王)에 봉해졌다. 천하가 아직 안정을 이루기 전에, 유고와 유택은 고조와 동족 형제의 신분으로서 한나라 천자를 보좌하는 제후가 되었다. 그래서 「형연세가(荊燕世家)」 제21을 지었다.

천하가 이미 평정되었으나 고조에게는 친속(親屬)들이 적었다. 도혜왕(悼惠王)[267]은 여러 아들들 가운데 가장 먼저 성인이 되어 제나라에 봉해져 동쪽의 국토를 견고히 다스렸다. 애왕(哀王)[268]은 여씨 일족의 부패한 정치에 분노를 느끼고 임의로 군사를 일으켰으며, 또한 그의 외숙 사균(駟鈞)[269]은 거칠고 난폭하였으므로, 조정의 대신들은 애왕이 황제의 자리에 오르는 것을 허락하지 않았다. 여왕(厲王)[270]은 누이와 간통하다가 주보(主父)[271]에 의해서 죽음에 처해졌다. 유비(劉肥)가 천자의 수족이

봉해졌다. 후에 黥布의 반란군에 의해서 목숨을 잃었다.

262) 英布 : 漢나라 초기의 제후왕. 黥布라고도 불린다. 그는 처음에는 項羽에 속하여 전공을 세우고 九江王에 봉해졌으나, 나중에는 漢나라로 귀속하여 項羽를 멸하고 淮南王에 봉해졌다. 후에 劉邦이 공신들을 해치자, 그는 병사를 일으켜 劉賈를 죽이고, 劉邦을 피해서 강남으로 도망하여 그곳에서 죽었다.

263) 荊, 吳 : 荊王의 봉국을 가리킨다. 荊은 춘추시대 楚나라의 옛 이름으로 여기서는 楊子江과 淮水 일대를 가리킨다. 劉賈는 荊王이 되어 吳 지역에 도읍하였다.

264) 劉澤 : 劉邦의 사촌 형제로, 처음에는 郎中이었으나 후에 營陵侯에 봉해졌다.

265) 琅邪는 읍, 군, 나라 이름이다. 전국시대에는 齊나라의 땅이었는데, 지금의 山東省 동남부 지역을 가리킨다. 劉澤은 琅邪王이 된 후 군을 국으로 개편하였고, 東武(지금의 山東省 諸城縣)에 도읍하였다.

266) 祝午 : 齊王의 사자.

267) 悼惠王 : 劉邦의 서자로 惠帝의 이복형이다. 漢 6년에 齊王에 봉해졌다.

268) 哀王 : 劉肥의 아들 劉襄을 말하며, 기원전 188년에서 기원전 179년까지 재위하였다.

269) 駟鈞 : 齊 哀王의 삼촌으로, 哀王이 병사를 일으킬 당시 재상이었다.

270) 厲王 : 齊 厲王 劉次景을 가리킨다. 그는 누이와 정을 통하는 패륜을 범하다가 발각되어 主父의 손에 맡겨지자 곧 음독자살하였다. 재위 기간은 기원전 131년에서 기원전 127년까지이다.

271) 主父 : 主父偃을 가리킨다. 그는 臨淄 사람으로 中大夫를 지냈는데, 武帝에게 '推恩令'을 내리도록 건의하여 제후국의 세력을 약화시켰다. 후에 자기의 딸을 齊 厲

되어 잘 보좌하였음을 기리는 뜻에서 「제도혜왕세가(齊悼惠王世家)」 제22를 지었다.

초나라의 항우(項羽) 군이 한왕의 군을 형양(滎陽)[272]에서 포위하여, 3년간을 서로 대치하였다. 소하(蕭何)[273]는 산서(山西) 지방을 안정시키고, 호구를 조사하여 병사를 보충하고 양식의 보급을 그치지 않게 하였다. 그리고 백성들로 하여금 한나라를 친애하게 하고 초나라를 위해서 힘쓰지 않도록 하였다. 그래서 「소상국세가(蕭相國世家)」 제23을 지었다.

조삼(曹參)[274]은 한신(韓信)과 함께 위(魏)나라를 평정하였고, 조(趙)나라를 격파하였으며, 제나라를 함락시킴으로써 드디어 초나라의 세력을 쇠약하게 만들었다. 조삼은 소하의 뒤를 이어 한(漢)나라의 상국(相國)이 되었는데, 통치방법상 별다른 변화가 없었으며, 백성들 또한 안정을 이룰 수 있었다. 조삼이 자신의 공로와 재능을 자랑하지 않음을 찬미하여 「조상국세가(曹相國世家)」 제24를 지었다.

군대의 장막 안에서 책략을 세우고, 눈에 보이지 않는 가운데 적을 제압할 수 있었던 것은 모두 자방(子房)[275]이 계획한 것이었다. 그는 이름이 알려지지도 않았고 용감한 전공도 세운 바 없었으나,[276] 용이한 방법

王의 후궁으로 추천하다가 거절당하자, 武帝를 설득하여 齊나라의 相이 된 후에 厲王을 자살하도록 협박하였다 하여 피살되고 말았다.

272) 滎陽 : 현 이름. '熒陽'이라고도 불린다. 관할지역은 지금의 河南省 滎陽縣 동북쪽이었다.

273) 蕭何 : 漢나라 초기의 대신으로 沛縣(지금의 江蘇省에 속한다) 사람이다. 그는 처음에는 沛縣의 관리였으나 秦나라 말기에 劉邦의 의거를 보좌하였다. 劉邦이 咸陽에 들어서자, 그는 秦나라 정부의 율령과 도서를 차지하여 전국의 모든 중요 상황을 파악하였다. 楚와 漢의 전쟁 때에는 韓信을 大將으로 추천하고 자신은 丞相으로 關中에 남아 인력과 물력을 전선에 지원하였다. 후에 법령제도를 제정하고 高祖를 도와 韓信 등 이성 제후왕들을 멸하였다. 권54 「蕭相國世家」 참조.

274) 曹參 : 漢나라 초기의 대신으로 沛縣 사람이다. 일찍이 沛縣의 獄吏를 지냈으나 후에 劉邦을 따라 전공을 세우고, 漢 왕조가 건립되자 平陽侯에 봉해졌다. 후에 高祖를 도와 이성의 제후들을 멸하고 蕭河에 이어 漢나라의 相國이 되었다.

275) 子房 : 漢나라 초기의 대신 張良을 가리킨다. 字는 子房이며 城父(지금의 河南省 郟縣) 사람이라고 전해진다. 그는 韓나라의 귀족 출신으로 일찍이 자객들과 결의를 맺고 秦 始皇을 시살하려고 하였으나 일을 이루지 못하고 下邳(지금의 江蘇省 睢寧縣 북쪽)로 도주하였다. 후에 劉邦에게 가서 중요 참모가 되어 良策을 세운 공로가 매우 컸다. 漢 왕조가 세워진 후 그는 留侯로 봉해졌는데, 留는 현 이름으로 지금의 江蘇省 沛縣 동남부에 위치하였다.

276) 『孫子』「形篇」에는 "善戰者之勝也, 無智名, 無勇功"이라고 되어 있다.

으로 어려운 일을 해결하고 적은 힘으로 큰 일을 수행하였다. 그래서 「유후세가(留侯世家)」 제25를 지었다.

진평(陳平)[277]의 6 가지 기계(奇計)가 모두 고조에 의해서 채용되어, 제후들은 한 황실에 복종하게 되었다. 또한 여씨 일족을 토벌한 것도 진평의 주모(主謀)로 이루어졌으며, 마침내 한나라의 종묘를 평안하게 하고 사직(社稷)을 안정시킨 사람도 진평이었다. 이에 「진승상세가(陳丞相世家)」 제26을 지었다.

여씨 일족이 결탁하여 방종하고 사악한 방법으로 황실을 약화시키려는 음모를 꾸몄으나, 주발(周勃)[278]은 정도(正道)는 아니지만 이를 임기응변으로 상황에 맞추어 대처하였다. 오초 7국의 반란 당시, 주아부(周亞夫)[279]는 창읍(昌邑)[280]에 주둔하면서 제나라와 조나라를 제압하고 양왕(梁王)의 구원 요청을 돌보지 않았다. 그래서 「강후세가(絳侯世家)」 제27을 지었다.

오초 7국이 반란을 일으켰을 때, 황실을 지키는 제후들 중 오직 양 효왕(梁孝王)[281]만이 국가 방위에 나섰다. 그러나 나중에 그는 한 황실의

---

277) 陳平 : 漢나라 초기의 대신으로 陽武(지금의 河南省 原陽縣 동남쪽) 사람이다. 秦나라 말기에는 義軍에 참가하였고, 項羽가 入關하였을 때는 都尉가 되었다. 그후 劉邦에게로 가서 기묘한 계략을 짜내어 劉邦이 적을 물리치는 데 커다란 공헌을 하였다. 漢 왕조가 건립된 후 曲逆侯에 봉해졌고, 惠帝와 呂后 때에는 丞相이 되었다. 후에 周勃과 함께 呂氏 일족을 토벌하는 데 주축을 이루었으며, 文帝에 와서도 丞相의 자리에 올랐다.

278) 周勃 : 漢나라 초기의 대신으로 沛縣 사람이다. 劉邦을 좇아 전공을 세우고 絳侯에 봉해졌다. 또한 劉邦을 도와 異姓의 제후들을 멸하고, 呂太后 때에는 太尉가 되었으나 사실상의 병권은 呂氏 일족들이 장악하고 있었다. 기원전 179년 장졸을 이끌고 呂氏의 난을 평정하고 文帝 원년에 左丞相이 되었으며, 다음해에 相國이 되었으나 얼마 안 가서 자리를 후임에게 양보하고, 文帝 1년(기원전 169년)에 죽었다.

279) 周亞夫 : 漢代 명장으로 周勃의 아들이다. 文帝 때는 河內를 지키는 장군이 되어 細柳(지금의 陝西省 咸陽市 서남쪽)에 주둔하며 匈奴를 방어하였다. 景帝 3년, 그는 漢나라의 36명의 장수를 이끌고 나아가 吳楚의 군사를 크게 쳐부수고 이를 평정하였으므로 丞相의 자리에 앉게 되었다. 그후 그는 무고로 인해 하옥되었다가 옥중에서 굶어 죽었다.

280) 昌邑 : 현 이름. 지금의 山東省 巨野縣 동남쪽.

281) 梁 孝王 : 漢 文帝의 아들. 처음에는 代王에 봉해졌다가 다시 淮陽王에 봉해졌다. 文帝 12년(기원전 168년)에는 梁王으로 봉해져 40여 개의 성을 거느렸고, 통치 범위는 지금의 山東省, 河北省, 河南省 등 지역을 포함하며 睢陽(지금의 河南省 商丘市 남쪽)에 도읍하였다. 吳楚의 난 당시, 성을 굳게 지키고 吳楚의 군사를 막아냈다. 재위 기간은 기원전 178년에서 기원전 144년까지로 35년간을 통치하였다.

총애를 믿고 자신의 공로를 뽐내다가 자칫하면 큰 화를 입을 뻔하였다.[282] 양 효왕이 오초 7국의 난에 능히 대항하였음을 훌륭하게 여기고, 「양효왕세가(梁孝王世家)」 제28을 지었다.

오종(五宗)[283]이 이미 왕위에 오르자, 천자의 친족들은 서로 융합하여 화목을 이루었고, 제후들은 대소를 불문하고 모두 황실을 지키는 자들로서 각기 주어진 본분을 다하였다. 이에 지위를 벗어나 천자를 본뜨는 일은 점차 사라지게 되었다. 그래서 「오종세가(五宗世家)」 제29를 지었다.

당시 황제의 세 아들들은 왕으로 봉해졌는데,[284] 그 책문(策文)의 문장은 가히 볼 만하였다. 그래서 「삼왕세가(三王世家)」[285] 제30을 지었다.

말세에는 모두가 권력과 이해를 다투었으나, 백이(伯夷)와 숙제(叔齊)[286]만은 인의를 추구하여 서로 나라를 양보하고 나중에는 수양산(首陽山)에 들어가 굶어 죽었으니, 천하가 이들의 미덕을 칭송하였다. 그래서 「백이열전(伯夷列傳)」 제1을 지었다.

---

282) 梁 孝王과 景帝는 모두 竇太后의 자식이었는데, 孝王은 동생으로서 太后의 총애를 한몸에 받았다. 그래서 太后는 孝王을 태자로 세우고자 하였으나 대신들과 袁盎의 반대에 부딪쳤다. 이에 孝王은 앙심을 품고 사람을 보내어 袁盎과 그를 태자로 세우는 일에 반대하는 대신들을 살해하려고 하였다. 그러나 景帝의 정탐에 의해서 그러한 음모가 밝혀지자 그는 가까스로 목숨만을 부지하게 되었다.

283) 五宗 : 漢 景帝의 자식은 14명이 되었는데, 그중 한 사람은 武帝이고 나머지 13명은 왕이 되어, 『漢書』에 이르기를 "景十三王"이라고 하였다. 왕 13명의 어머니는 모두 5명인데 같은 어머니를 서로 종친으로 여기고 '五宗'이라고 한 것이다.

284) 武帝의 세 아들, 즉 武帝의 王夫人이 낳은 齊의 淮王 閎, 李姬가 낳은 燕의 剌王 旦, 그리고 廣陵의 王 胥는 元狩 6년(기원전 117년) 같은 날에 왕에 봉해졌다.

285) 司馬遷의 원작은 이미 소실되었고, 今本 『史記』「三王世家」는 褚少孫이 보충한 것이다. 『漢書』「武五子傳」 참조.

286) 伯夷, 叔齊 : 伯夷는 형이고 叔齊는 아우로서 모두 孤竹君의 아들이다. 孤竹君은 생전에 叔齊를 계승자로 삼으려고 하였다. 孤竹君이 죽은 후, 장남인 伯夷는 아버지의 뜻을 미리 알고 집을 떠나 유랑생활을 하였다. 그러나 叔齊도 자기가 아버지의 자리를 잇는 것은 도리에 어긋난 행위로 여기고 역시 집을 떠났다. 그후 두 사람은 周나라로 들어갔는데, 周나라가 殷나라를 멸망시키고 천하를 차지하게 되자, 伯夷와 叔齊는 비록 굶어 죽는 한이 있더라도 결코 周나라의 곡식은 먹을 수 없다고 하면서 세상을 버리고 首陽山으로 들어가 고사리를 뜯어 먹으며 살다가 마침내 굶어 죽고 말았다고 한다. 일설에는 伯夷가 呂尙과 거의 같은 시대에 文王 밑에서 벼슬을 하였는데, 두 사람은 殷나라 정벌에 대해서 呂尙이 主戰論者임에 반해서 伯夷는 自重論者로서 이를 반대하였다가, 武王이 殷나라에 대한 원정에서 성공을 거두자 伯夷는 자신의 판단이 틀렸음을 인정하고 그 책임을 지고 물러나 首陽山에 은둔하였다고도 한다.

안자(晏子)[287]는 검소하고 관중(管仲)[288]은 사치하였다. 그러나 제 환공(齊桓公)은 관중의 보좌로 패업(霸業)을 이룰 수 있었고, 경공(景公)은 안자의 보좌에 의해서 나라를 잘 다스릴 수 있었다. 그래서 「관안열전(管晏列傳)」 제2를 지었다.

노자(老子)는 인위적인 조작을 하지 않고도 백성들을 자연스럽게 선(善)으로 이끌고, 청정하며 욕심을 버림으로써 백성들을 올바른 길로 인도할 것을 주장하였다.[289] 한비(韓非)는 사물의 이치를 헤아리고, 시세(時勢)가 움직이는 이법(理法)에 따랐다. 그래서 「노자한비열전(老子韓非列傳)」 제3을 지었다.

고대 제왕 때부터 『사마법(司馬法)』이 있었는데, 양저(穰苴)[290]는 이를 충분히 부연하고 명확히 하였다. 그래서 「사마양저열전(司馬穰苴列傳)」 제4를 지었다.

신(信), 염(廉), 인(仁), 용(勇)이 아니고서는 병법을 전수하고 검술을 논할 때 그 병법과 검술이 도(道)[291]와 부합하여 안으로는 몸을 닦고 밖으로는 임기응변을 취할 수 없다. 군자는 이러함을 더욱 중시하고 동시에 이를 덕으로 삼았다. 그래서 「손자오기열전(孫子吳起列傳)」 제5를 지었다.

건(建)[292]이 참언을 당하자, 그 화가 마침내 오사(伍奢)[293]에게 미쳤

---

287) 晏子 : 춘추시대 齊나라 大夫. 字는 平仲이고 夷維(지금의 山東省 高密縣) 사람이다. 그는 齊나라의 靈公, 莊公, 景公을 섬겼는데, 절약, 검소, 실천하는 선비로서 齊나라에 중용되었다.

288) 管仲 : 춘추시대 초기 정치가. 이름은 夷吾, 字는 仲으로, 潁上 사람이다. 그는 齊 桓公을 섬기어 桓公으로 하여금 春秋五霸의 제1 선두에 나서게 하는 큰 공을 세웠다.

289) 『老子』 제57장에 위와 같은 내용의 기록이 있다.

290) 穰苴 : 춘추시대 齊나라의 大夫. 그는 司馬의 관직에 있으면서 병법에 통달하였으며, 景公의 명을 받들어 晉과 燕 나라의 군대를 격퇴하고 잃었던 땅을 회복하였다. 전국시대에 齊 威王은 大夫에게 명을 내려 고대의 『司馬兵法』을 정리하도록 하였는데, 그중에 穰苴의 병법도 포함하여 『司馬穰苴兵法』이라 칭하였다.

291) 道 : 규율이나 도리를 가리킨다.

292) 建 : 楚 平王의 태자. 平王은 少傅(太傅의 보좌관) 費無忌에게 秦나라의 공주를 태자비로 맞이하게 하였으나, 秦나라의 공주가 미인이었으므로 平王에게 아첨하기 위해서 그녀를 平王한테 권하였다. 그후 平王이 죽자 費無忌는 태자에게 해를 당할까 두려운 나머지 태자 建을 참언하였다.

293) 伍奢 : 태자의 太傅. 費無忌가 태자를 참언하자 이를 平王에게 직언하다가 平王의 노여움을 사서 죽임을 당하였다.

고, 오상(伍尙)[294]은 부친을 구하려다 잡히게 되었다. 그리고 오원(伍員)[295]은 오(吳)나라로 망명하였다. 그래서 「오자서열전(伍子胥列傳)」 제6을 지었다.

공자(孔子)가 문화를 전수하고 도덕을 강론한 뒤, 제자들은 그것을 번창시켜 모두 사부(師傅)가 되어 사람들에게 인을 숭상하고 의를 행하게 하였다. 그래서 「중니제자열전(仲尼弟子列傳)」 제7을 지었다.

상앙(商鞅)[296]은 위(衛)나라에서 진(秦)나라로 가서, 능히 학술을 천명하여 진나라를 부강하게 하고 효공(孝公)으로 하여금 서쪽 변방의 오랑캐를 제패하게 하였다. 후세에 이르러 모두 그가 세운 법도를 따르게 되었다. 그래서 「상군열전(商君列傳)」 제8을 지었다.

천하가 경계한 것은 진(秦)나라의 연횡책(連橫策)과 그칠 줄 모르는 욕심이었다. 그러나 소진(蘇秦)[297]은 제후국들을 수호하고 합종(合縱)[298]을 맹약하여 탐욕한 강대국인 진나라를 억제하였다. 그래서 「소진열전(蘇秦列傳)」 제9를 지었다.

6국은 합종의 맹약을 하고 서로 친하였으나, 장의(張儀)는 자신의 주장을 밝히고 합종한 제후국들을 다시 해산시켰다. 그래서 「장의열전(張儀列傳)」 제10을 지었다.

진(秦)나라가 동쪽의 여러 나라를 쳐부수고 제후국들의 우두머리가 될 수 있었던 것은 저리자(樗里子)[299]와 감무(甘茂)[300]가 바친 훌륭한 책략

---

294) 伍尙 : 伍奢의 아들. 그는 아버지 伍奢를 구하려다 함께 죽임을 당하였다.

295) 伍員 : 子奢의 아들 子胥를 가리킨다.

296) 商鞅 : 전국시대 정치가. 衛나라 사람으로 이름이 鞅이다. 처음에는 魏나라 相公叔座의 가신이었으나, 나중에는 秦나라로 들어가 孝公에게 두 차례의 變法을 통해서 秦나라를 부강하게 하였다. 벼슬은 大良造에 이르고, 商(지금의 陝西省 商縣 동남부)에 봉해졌으므로 商鞅이라는 칭호가 생겼다. 후에 孝公이 죽자 그는 귀족들의 모함을 받고 車裂刑에 처해졌다.

297) 蘇秦 : 전국시대 東周 洛陽(지금의 河南省 洛陽市 동북쪽) 사람이다. 燕 昭王의 명을 받고 齊나라로 들어가 이간책으로 齊나라를 쳐서 복수를 하고자 하였다. 齊 湣王 말년에는 齊나라의 相이 되었다. 그는 5국이 合縱하여 秦나라를 치기로 맹약하고, 秦나라로 하여금 天子의 칭호를 없애도록 협박하였으며, 韓과 魏 나라의 일부 땅을 돌려받았다. 또한 기회를 틈타 宋나라를 멸하였다. 그후 그는 첩자활동이 폭로되어 車裂刑을 받고 죽었다.

298) 合縱 : 전국시대 약소국들이 연합하여 강국을 치는 것을 가리킨다.

299) 樗里子 : 秦나라의 귀족으로 惠王의 이복 동생이다. 처음에는 庶長을 지내다가 전공을 세운 후 嚴君에 봉해졌다. 또한 秦 武王 때에는 甘茂와 함께 左右 丞相이 되

이 있었기 때문이다. 그래서 「저리감무열전(樗里甘茂列傳)」 제11을 지었다.

산하를 휩쓸고 대량(大梁)을 포위하여, 제후들로 하여금 순순히 진나라를 섬기게 한 것은 위염(魏冉)[301]의 공로였다. 그래서 「양후열전(穰侯列傳)」 제12를 지었다.

진(秦)나라가 남으로는 초나라의 언영(鄢郢)[302]을 공격하고, 북쪽으로는 조(趙)나라를 장평(長平)에서 무찌르며, 계속해서 한단(邯鄲)을 포위한 것은 무안군(武安君) 백기(白起)의 지휘하에서 이루어진 것이었다. 또한 초나라를 대파하고 조나라를 멸망시킨 것은 왕전(王翦)[303]의 계책이었다. 그래서 「백기왕전열전(白起王翦列傳)」 제13을 지었다.

맹자(孟子)는 유가와 묵가가 남긴 문헌을 섭렵하고 예의의 기강을 천명하였으며, 양 혜왕(梁惠王)의 이익 본위의 마음가짐을 근절시키고[304] 지난날의 흥망성쇠를 진술하였다. 그래서 「맹자순경열전(孟子荀卿列傳)」 제14를 지었다.

맹상군(孟嘗君)[305]은 문객과 선비를 좋아하여, 많은 선비들이 설(薛)[306] 땅에 모여들었다. 이로써 그는 제나라를 위해서 초나라와 위(魏)

었다. 그의 사람됨이 교활하고 지모가 뛰어나서 사람들은 그를 '智囊'이라 불렀다고 한다.

300) 甘茂 : 楚나라 下蔡(지금의 安徽省 鳳臺縣) 사람으로, 어려서부터 백가의 술을 배우고 秦나라에 가서는 惠王의 장군이 되었다. 武王 때에는 丞相이 되어 韓나라의 땅을 빼앗고 魏나라를 공격하였다. 그후 참언을 받고 齊나라로 가서 上卿을 지내다가 魏나라에서 죽었다.

301) 魏冉 : 秦나라의 대신. 원래는 楚나라 사람으로 秦 昭王의 모친인 宣太后와는 異父 형제이다. 秦 武王이 죽은 후 내란이 발생하여 昭王이 옹립되었다. 당시 그는 장군에 임명되었다가 다시 재상을 맡고 于穰(지금의 河南省 鄧縣)에 봉해졌다. 그후 陶邑(지금의 山東省 定陶縣 서북쪽)에 봉해져 왕실을 부강하게 하였으므로 華陽君 등과 더불어 '四貴'라고 불렸다.

302) 鄢郢 : 전국시대 楚나라 도읍으로 지금의 湖北省 宜城縣 동남쪽에 있었다.

303) 王翦 : 頻陽(지금의 陝西省 富平縣 동북쪽) 사람으로, 秦나라의 장군이 되어 趙와 燕 나라를 치고 楚를 멸한 뒤 武成侯에 봉해졌다.

304) 『孟子』「梁惠王上」편에서 孟子는 梁 惠王에게 이익보다는 인의를 추구할 것을 강조하였다.

305) 孟嘗君 : 전국시대 齊나라의 귀족으로 齊 湣王의 相國이 되어 수천명의 식객을 거느렸다. 일찍이 韓, 魏 나라와 연합하여 楚, 秦, 燕 나라를 쳤으며, 한동안 秦나라로 가서 재상을 지내고, 다시 魏나라로 도망하여 燕, 趙 나라 등과 연합하여 齊나라를 공격하였다.

306) 薛 : 孟嘗君의 봉지로, 지금의 山東省 滕縣 남쪽에 위치하였다.

나라의 침략을 저지할 수 있었다. 그래서 「맹상군열전(孟嘗君列傳)」 제15를 지었다.

평원군(平原君)[307]은 한(韓)나라 상당(上黨)[308]의 태수 풍정(馮亭)과 권모술수를 가지고 서로 다투었으며, 초나라에 가서는 구원병을 일으켜 포위를 당한 한단을 구해내었고, 또 군주로 하여금 다시 제후들 가운데 군림하게 하였다. 그래서 「평원군우경열전(平原君虞卿列傳)」[309] 제16을 지었다.

부귀한 신분으로 빈천한 자들을 존중하였고, 현능하면서도 불초한 자들에게 몸을 숙였으니, 이는 오직 신릉군(信陵君)만이 해낼 수 있었던 것이다. 그래서 「위공자열전(魏公子列傳)」 제17을 지었다.

군주를 위해서 희생을 감수함으로써 마침내 강포한 진(秦)나라로부터 고열왕(考烈王)을 탈출시키고, 유세하는 선비들을 남쪽 초나라로 오게 한 것은 황헐(黃歇)[310]의 의기(意氣)에 의해서였다. 그래서 「춘신군열전(春申君列傳)」 제18을 지었다.

범수(范雎)[311]는 위제(魏齊)[312]에게 당한 모욕을 능히 참아내고, 강한

307) 平原君 : 趙 惠文王의 동생으로 東武城(지금의 山東省 武城縣 서북쪽)에 봉해졌다. 趙 孝成王 7년(기원전 259년) 秦나라가 邯鄲을 포위하였을 때, 그는 3년간을 굳게 수비하였다. 그리고 친히 楚나라로 가서 구원을 요청하고, 魏나라로 문서를 보내어 지원을 요청하여, 마침내 두 나라의 도움으로 秦나라 군을 격퇴하였다.

308) 上黨 : 전국시대 韓나라가 설치한 군으로, 趙, 秦 이후에도 계속 배치되었다. 관할지역은 지금의 山西省 和順縣, 榆社縣 이남과 沁水 유역 동쪽 지역이다.

309) 虞卿은 성이 虞氏이다. 孝成王 때 上卿에 임명되어 虞卿이라 불렸다. 그는 趙나라를 중심으로 合縱하여 秦나라를 격퇴할 것을 주장하였다. 또한 長平의 전투에 앞서 楚, 魏 나라와 연합하여 秦나라로 하여금 강화를 맺게 할 것을 건의하였고, 나중에는 또 땅을 분할하여 秦나라에게 주는 것에 반대하였다.

310) 黃歇 : 즉 春申君을 가리킨다. 그는 楚나라 귀족으로, 頃襄王 때 左徒로 임명되었다. 그후 秦나라에 가서 秦 昭王이 韓, 魏 나라와 함께 楚나라를 정벌하려는 계획을 만류하였다. 후에 太子 完(考烈王)과 함께 秦나라에 인질로 잡혔는데, 그는 꾀를 내어 태자를 도망가게 하고 자신은 秦나라에 남았다. 秦 昭王은 그를 사형에 처하려고 하였으나 范雎가 그의 재능을 아깝다 하여 만류하였으므로 마침내 秦나라에서 벗어나게 되었다.

311) 范雎 : 성은 范이고, 이름은 拘, 且, 雎, 睢 등으로 불린다(他本에는 "范睢"로 되어 있으나, 여기서는 원문에 따랐다). 그는 魏나라 사람으로 魏齊에게 모욕을 당한 후, 이름을 바꾸어 秦나라로 가서 昭王을 설득하여 秦나라의 재상 魏冉을 내쫓게 하였다. 그 뒤 그는 秦나라의 재상이 되어 應(지금의 河南省 寶豐縣 서남쪽) 땅에 봉해져 應侯라 불렸다. 그는 멀리는 친교하고 가까이는 침공하는 정책을 주장하였다. 그러나 그가 추천한 鄭安平, 王稽后 등이 모두 대죄를 지었을 때, 그는 蔡澤의

진(秦)나라에서 위세를 떨치고 고관의 지위에 올랐다. 이러한 범수와 채택(蔡澤)[313] 두 사람은 서로 상대의 현능함을 추천하여 자리를 양보하는 미덕을 지니고 있었다. 그래서 「범수채택열전(范睢蔡澤列傳)」 제19를 지었다.

악의(樂毅)[314]는 사령관으로서 자신의 계략을 펼쳐, 다섯 나라의 군대를 연합해서 이끌고 약소한 연(燕)나라를 위해서 강력한 제나라를 쳐서 원수를 갚음으로써 연나라 선군(先君)의 치욕을 씻어주었다. 그래서 「악의열전(樂毅列傳)」 제20을 지었다.

인상여(藺相如)[315]는 강대한 진(秦)나라에 대하여 자신의 뜻을 능히 표출할 수 있었다. 또한 염파(廉頗)[316]에게는 자신을 낮추고 겸허하며 그 군주에게 충성을 다하여, 두 사람은 모두 제후들에게 중시를 받는 존재가 되었다. 그래서 「염파인상여열전(廉頗藺相如列傳)」 제21을 지었다.

제 민왕(齊湣王)[317]은 이미 임치(臨淄)를 잃고 거(莒)[318]로 도주하였

권고를 받아들여 사임한 후 얼마 안 가서 죽었다.

312) 魏齊 : 전국시대 말기 魏나라 國相으로, 范睢에게 모욕을 주었는데 후에 范睢가 秦나라의 재상이 되어 그를 죽이려고 하자, 그는 趙와 魏 나라로 도망하다 결국 자살하고 말았다.

313) 蔡澤 : 燕나라 사람으로, 范睢가 추천한 鄭安平이 趙나라를 공격하다가 패하여 그곳에 투항하자, 그는 이 틈을 타서 范睢에게 사임할 것을 권하고 范睢에 이어 秦나라의 재상이 되었다.

314) 樂毅 : 中山國 靈壽(지금의 河北省 平山縣 동북쪽) 사람으로, 燕 昭王 때 亞卿에 임명되었다. 昭王 28년(기원전 284년)에 그는 上將軍이 되어 재상의 官印을 내걸고 趙, 楚, 韓, 魏, 燕 5개 국의 병사를 거느리고 齊나라를 공략하여 70여 개의 성을 빼앗고, 昌國(지금의 山東省 淄博市 동남쪽)에 봉해져 昌國君이라고 불렸다. 燕 惠王이 즉위한 후, 그는 趙나라로 가서 觀津(지금의 河北省 武邑의 동남쪽)에 봉해졌으며, 거기에서 죽었다.

315) 藺相如 : 趙나라 대신. 惠 文王 당시, 秦나라는 趙나라가 가지고 있는 和氏璧과 15개의 성과 바꾸자고 제안하였다. 이에 藺相如는 璧을 가지고 秦나라로 갔으나 秦王이 약속을 어기자 지모를 써서 璧을 다시 趙나라로 보내고 자신도 무사히 고국으로 돌아갔다. 기원전 279년에 趙와 秦 나라가 澠池에서 회합하였을 때 그는 趙王으로 하여금 秦王에게 치욕을 당하지 않게 하였는데, 그 공로로 上卿으로 임명되었다.

316) 廉頗 : 전국시대 趙나라의 명장으로, 惠文王 때 上卿에 임명되어 수차례 齊, 魏나라 등과 싸워 승리하였다. 長平의 전투에서는 3년간 굳게 수비하였는데, 후에 孝成王은 새로 趙括을 임용하여 패하고 말았다. 그후 그는 燕나라에 승리하고 相國으로 임명된 후 信平君에 봉해졌다. 悼襄王 때에는 뜻을 얻지 못하고 魏나라로 갔다가 楚나라에서 죽었다.

317) 齊 湣王 : 愍王 혹은 閔王이라고도 불린다. 그는 齊 宣王의 아들로, 기원전 300년에서 기원전 284년까지 재위하였다. 일찍이 秦 昭王과 함께 東帝, 西帝라고 칭해

는데, 오직 전단(田單)[319]만이 즉묵(卽墨)[320]을 굳게 지키고 연나라의 장군 기겁(騎劫)[321]을 패주시키어 제나라의 사직을 보존하였다. 그래서 「전단열전(田單列傳)」 제22를 지었다.

이들은 교묘한 언사로 진(秦)나라에 포위된 성을 구하고, 작위와 봉록을 경시하고 그 뜻을 다함을 즐거움으로 삼았다. 그래서 「노중련추양열전(魯仲連鄒陽列傳)」[322] 제23을 지었다.

굴원(屈原)은 시부(詩賦) 문장을 창작하여 정치를 비판하고, 비유를 들어 정의를 강조하였는데, 「이소(離騷)」는 이러한 방면의 특색을 그대로 지니고 있다. 그래서 「굴원가생열전(屈原賈生列傳)」 제24를 지었다.

여불위(呂不韋)는 자초(子楚)[323]와 우호관계를 맺고, 제후들로 하여금 다투어 진(秦)나라로 들어가 이를 섬기도록 하였다. 그래서 「여불위열전(呂不韋列傳)」 제25를 지었다.

조자(曹子)[324]는 비수로써 제 환공(齊桓公)을 위협하여 노나라로 하여금 잃었던 땅을 회복하게 하고, 동시에 제나라는 맹약에 거짓이 없다는 것을 밝히게 하였다. 예양(豫讓)[325]의 의로움은 군주를 섬기는 데 결코

졌다. 기원전 284년 다섯 나라가 연합하여 齊나라를 칠 때, 樂毅가 齊나라를 격파하자 그는 莒로 갔으나 곧 피살당하고 말았다.

318) 莒 : 周莒國을 말하며, 지금의 山東省 莒縣에 위치하였다.

319) 田單 : 齊나라 장군으로 臨淄 사람이다.

320) 卽墨 : 지금의 山東省 平度縣 동남쪽.

321) 騎劫 : 燕나라 장군 이름.

322) 魯仲連은 전국시대 齊나라 사람으로 책략에 능하여 각지를 돌아다니며 여러 가지 곤란과 분쟁을 해결하였다. 秦나라가 邯鄲을 포위하였을 때 그는 일찍이 이해를 가지고 趙와 魏 나라의 대신을 설복하여 秦 昭王이 황제가 되는 것을 저지할 것을 권하였다. 또한 齊나라가 燕나라 군대가 점령한 聊城(지금의 山東省 聊城縣 서북쪽)을 수복하려고 하자, 그는 서신을 보내어 燕나라 장군에게 철수할 것을 권고하였다. 후에 梁 孝王의 客이 되었는데 참언을 당하여 하옥되었으며, 석방된 뒤 다시 梁王의 上客이 되었다.

323) 子楚 : 秦 莊襄王을 가리킨다. 그는 孝文王의 아들로서 원래 이름은 異人이었으나 후에 子楚라고 바꾸었다. 기원전 249년에서 기원전 247년까지 재위하였다. 권85 「呂不韋列傳」 참조.

324) 曹子 : 曹沫을 가리키며, 曹劌 혹은 曹翽라고도 한다. 춘추시대 魯나라 무사. 권86 「刺客列傳」 참조.

325) 豫讓 : 춘추시대 말엽의 晉나라 사람이다. 처음에는 晉나라의 卿 智伯의 가신이었으나, 三家가 합세하여 智伯을 멸하자, 그는 자신을 알아주었던 智伯의 복수를 하기 위하여, 몸에 옻칠을 하고 숯을 먹어 벙어리 행세를 하며, 이름도 바꾸었다. 그리고 나서 한두 차례 趙襄子를 해치려 하였으나 실패하자, 그는 마침내 趙襄子에게

두 마음을 품지 않았다. 그래서 「자객열전(刺客列傳)」 제26을 지었다.

능히 명확한 계책을 확립하고 시기를 가려가며 진(秦)나라에서 그 뜻을 실천함으로써, 진나라로 하여금 천하를 주도할 수 있게 한 사람이 있었다. 이사(李斯)[326]는 바로 그러한 참모진의 우두머리였다. 그래서 「이사열전(李斯列傳)」 제27을 지었다.

몽염(蒙恬)은 진(秦)나라를 위해서 영토를 개척하고 인구를 증가시켰으며, 북방의 흉노(匈奴)를 쳐부수고 황하를 거점으로 삼아 요새를 구축하였다. 또한 산악지형을 토대로 방어를 더욱 강화하기 위해서 유중(榆中)[327]을 건설하였다. 그래서 「몽염열전(蒙恬列傳)」 제28을 지었다.

장이(張耳)와 진여(陳餘)는 조(趙)나라를 지키고 상산(常山)[328]을 확보하며, 하내(河內)[329]에 세력을 확장하고 초나라의 권력을 약화시켜 한왕(漢王)의 신의를 천하에 명시하였다. 그래서 「장이진여열전(張耳陳餘列傳)」[330] 제29를 지었다.

위표(魏豹)[331]는 서하(西河)와 상당(上黨)의 병사들을 수중에 넣고, 한왕을 따라 항우를 공격하여 팽성(彭城)에까지 이르렀다. 팽월(彭越)은 양(梁)을 침략하여 항우를 괴롭혔다. 그래서 「위표팽월열전(魏豹彭越列傳)」 제30을 지었다.

그의 옷을 달라고 간청하여 그 옷을 칼로 내려친 후 복수의 한을 풀고 곧 자결하였다.

326) 李斯 : 秦代 정치가로 上蔡(지금의 河南省 上蔡縣 서남쪽) 사람이다. 그는 법치주의의 학문을 배우고 이를 실천하였으며 秦 始皇을 섬기었다. 그러다가 逐客令을 만나게 되어 秦나라를 떠나면서 그 정책의 부당함을 상서하자, 秦 始皇은 그를 다시 불러 客卿으로 임명하였다. 이로부터 李斯는 秦나라를 위해서 여러 나라의 君臣 이간책을 써서 차례로 6국을 멸하고 秦나라의 천하통일을 성취시켰으며, 기원전 213년에는 丞相의 자리에 올랐다. 秦 始皇이 죽은 후 그는 환관 趙高와 모의하여 2세 황제를 제위에 앉혔으나, 얼마 후 趙高와 틈이 생기자 장남 李由에게 반역 행위가 있다는 趙高의 참소로 인해서 삼족이 멸하는 참변을 당하였다.

327) 榆中 : 고대 지명. 여기에는 3 가지 설이 있다. 즉 지금의 陝西省 북쪽 榆林縣 일대라고도 하고, 또는 지금의 내몽고 河套 동북 연안이라고도 하며, 지금의 甘肅省 蘭州市 榆中縣 일대를 가리킨다고도 한다.

328) 常山 : 漢나라 초기에 설치한 郡으로, 관할지역은 지금의 河北省 唐河 이남과 內丘 이북, 그리고 京廣線 서쪽(新樂縣, 正定縣, 石家莊市 제외) 지역이다.

329) 河內 : 楚와 漢 나라의 경계 지역에 설치한 郡으로, 관할 범위는 지금의 河南省 黃河 이북과 京漢線(汲縣 포함) 서쪽 지역이다.

330) 張耳는 漢나라 초기의 제후왕으로 大梁(지금의 河南省 開封市) 사람이다.

331) 魏豹 : 漢나라 초기의 제후왕을 말한다.

경포(黥布)는 회남(淮南)의 땅을 가지고서 초나라를 배반하여 한(漢)나라에 귀속하였으며, 한나라는 그를 이용하여 대사마(大司馬) 주은(周殷)을 얻고, 마침내 해하(垓下)[332]에서 항우를 물리쳤다. 그래서 「경포열전(黥布列傳)」 제31을 지었다.

초나라 군이 한나라 군을 경(京)[333]과 삭(索)[334] 사이에서 압박하였으나, 한신(韓信)은 위(魏)와 조(趙) 두 나라를 공략하고 연(燕)과 제(齊) 두 나라를 평정하였다. 이로써 천하를 삼분할 때 그 둘을 한나라가 지배하게 되어 항우를 멸망시킬 수 있었다. 그래서 「회음후열전(淮陰侯列傳)」 제32를 지었다.

초와 한 나라가 공(鞏)[335]과 낙양(洛陽)에서 서로 대치하고 있을 때, 한왕(韓王) 신(信)은 한(漢)나라를 위해서 영천(潁川)[336]을 진압하고, 노관(盧綰)[337]은 항우 군대의 식량 노선을 차단하였다. 그래서 「한신노관열전(韓信盧綰列傳)」 제33을 지었다.

제후들이 초왕 항우를 배반하였을 때, 오직 제왕(齊王)만이 성양(城陽)[338]에서 항우를 견제하였으며, 한왕(漢王)은 그 틈을 타서 팽성(彭城)으로 진입할 수 있었다. 그래서 「전담열전(田儋列傳)」[339] 제34를 지었다.

성을 공략하거나 야전(野戰)에 임해서 공을 세우고 돌아와 보고하는 데에는 번쾌(樊噲)[340]와 역상(酈商)[341]이 가장 큰 힘을 발휘하였다. 그들은

---

332) 垓下 : 지금의 安徽省 靈璧縣 남쪽.

333) 京 : 고대 읍 이름 또는 현 이름. 춘추시대의 鄭나라의 읍으로서는 지금의 河南省 滎陽縣 동남쪽을 말한다. 秦나라가 설치한 현 이름이기도 하다.

334) 索 : 고대의 城 이름으로 지금의 河南省 滎陽縣에 위치하였다.

335) 鞏 : 秦나라가 설치한 현 이름으로 지금의 河南省 鞏縣 서남쪽에 위치하였다.

336) 潁川 : 秦나라가 설치한 군 이름으로, 관할구역은 지금의 河南省 登封縣, 寶豐縣 이북과 尉氏縣 서쪽과 密縣 이남, 그리고 葉縣, 舞陽縣 이북 지역이다.

337) 盧綰 : 漢나라 초기 제후왕으로, 豐(지금의 江蘇省에 속한다) 사람이다.

338) 城陽 : 고대 현 이름으로, 관할구역은 지금의 山東省 서남부 荷澤縣 동부와 鄄城縣 동남부 지역이다.

339) 田儋은 狄縣(지금의 山東省 高靑縣 동남부) 사람으로, 전국시대 齊나라 왕의 후예이다.

340) 樊噲 : 漢나라 초기 장군으로 沛縣 사람이다. 어려서 백정 노릇을 하였으나, 劉邦을 좇아 공을 세우고 賢成君에 봉해졌다. 그후 漢나라 초기에 劉邦을 도와 異性의 왕들을 평정하고 左丞相으로 임명되고 다시 舞陽侯에 봉해졌다. 또한 그의 처 呂須는 呂后의 여동생이었으므로 呂后의 총애를 받았다.

다만 한왕(漢王)을 위해서 채찍을 잡고 말을 달렸을 뿐 아니라, 한왕과 함께 위기를 벗어나기도 하였다. 그래서 「번역열전(樊酈列傳)」 제35를 지었다.

한나라가 초기에는 안정을 이루었으나 문치(文治)의 조리(條理)는 아직 명확하지 못하였다. 이에 장창(張蒼)[342]은 주계(主計)를 담당하여 도량형을 정비하고 율력(律曆)을 개편하였다. 그래서 「장승상열전(張丞相列傳)」 제36을 지었다.

이들은 사자(使者)로서 유세를 통해서 제후들과의 관계를 결속하였다. 제후들은 모두 한나라에 대해서 친근감을 가지고 한나라로 귀속하여 번속(藩屬)이나 보신(輔臣)이 되었다. 그래서 「역생육고열전(酈生陸賈列傳)」[343] 제37을 지었다.

진(秦)나라 말기와 한과 초 나라 사이의 전쟁시기에 발생한 사건을 자세히 알고자 한다면, 오직 주설(周緤)[344]만이 항시 고조를 따라 제후들을 평정하였기 때문에 그를 통해서 이러한 사항을 가히 알 수 있다. 그래서 「부근괴성열전(傅靳蒯成列傳)」[345] 제38을 지었다.

이들은 강한 호족들을 이주시키고 관중(關中)에 도읍하여 흉노와 친교를 맺을 것을 건의하였으며, 조정의 의례를 밝혀 종묘의 의법(儀法)을 제정하였다. 그래서 「유경숙손통열전(劉敬叔孫通列傳)」[346] 제39를 지었다.

---

341) 酈商 : 陳나라 사람으로 樊噲와 함께 漢王을 위해서 공을 세웠다.

342) 張蒼 : 중국 고대의 저명한 曆算家이며 漢나라의 대신이다. 그는 陽武(지금의 河南省 原陽縣 동남부) 사람으로, 秦나라 때는 御史를 지냈고, 漢代에 와서는 計相이 되어 郡國의 上計를 담당하였다. 후에 丞相을 10여 년 동안 지내면서 음률과 曆法을 개정하였다.

343) 酈生은 秦漢 시기 陳留 高陽鄕(지금의 河南省 서남부) 사람이다. 秦나라 말기에 劉邦에게 가서 陳劉를 쳐부술 계책을 바치고 廣野君에 봉해졌다. 楚漢 전쟁 동안에 그는 齊王 田廣에게 漢나라에 귀속할 것을 말하고, 동시에 韓信은 기회를 틈타 齊나라를 습격하였다. 그러자 齊王은 酈生이 자기를 배신하였다고 여기고 그를 삶아 죽였다. 그리고 陸賈는 楚나라 사람으로 劉邦의 군사를 따라다니며 辯舌로써 이름을 날렸다. 漢 高祖 11년, 趙佗를 설득하여 漢나라의 신하가 되어 威令을 南海까지 미치게 한 공로로 太中大夫가 되었다.

344) 周緤 : 沛縣 사람으로, 秦나라 말기에 劉邦을 따라 각지에서 전쟁을 하고 信武侯에 봉해졌다가 다시 蒯成侯로 봉해졌다. 劉邦은 그의 충성심을 인정하여 그에게 사형을 면할 특권을 주었다.

345) 傅靳이란 傅寬과 靳歙 두 사람을 가리킨다.

346) 劉敬은 漢나라 초기 齊나라 사람이다.

계포(季布)[347]는 그 강직한 성격을 유순하게 바꾸고, 마침내 한 왕조의 신하가 되었다. 난공(欒公)[348]은 고조의 위세에 위협을 받으면서도 죽은 팽월(彭越)을 배신하지 않았다. 그래서 「계포난포열전(季布欒布列傳)」 제40을 지었다.

이들은 감히 군주의 싫어하는 안색에도 개의치 않고 간하였으니, 이는 자신의 안위를 돌보지 않고 오직 국가를 위해서 장기적인 계책을 수립하였다. 그래서 「원앙조조열전(袁盎晁錯列傳)」[349] 제41을 지었다.

이들은 법을 지켜 대의를 잃지 않고, 고대 현인의 덕을 말함으로써 군주로 하여금 현명함을 더하게 하였다. 그래서 「장석지풍당열전(張釋之馮唐列傳)」[350] 제42를 지었다.

이들은 성격이 너그러우며 자애롭고 효성이 지극하였다. 또한 말은 신중하게 하였고, 행동은 민첩하였으며, 몸을 굽혀 남을 존중할 줄 아는 군자와 장자(長者)[351]의 면모를 갖추려고 노력하였다. 그래서 「만석장숙열전(萬石張叔列傳)」[352] 제43을 지었다.

---

347) 季布 : 漢나라 초기에 楚나라 사람이다. 그는 처음에는 項羽의 직속 장군으로서 수차례 劉邦을 궁지에 몰아넣었다. 漢 왕조가 건립된 후 체포되었으나, 어떤 자의 도움으로 죽음을 면하였다. 그 뒤 河東의 太守로 임명되었다. 그는 본디 楚나라의 유명한 '游俠'으로서, 세상에서는 "황금을 백근을 얻는 것이 그를 얻느니만 못하다"라고 말하였다 한다.

348) 欒公 : 欒布를 말한다. 그는 彭越과 우정이 돈독하여 彭越이 梁王이 되었을 때 梁나라의 大夫로 임명되었다. 彭越이 피살된 후, 그는 사신으로 齊나라에서 돌아와 울며 제사를 지내다가 체포되었다. 이에 劉邦은 그의 죄를 사면하고 都尉로 임명하였다. 文帝 때 그는 燕나라 재상으로 임명되었고, 吳楚 7국의 난 당시에는 공을 세우고 다시 侯에 봉해졌다.

349) 袁盎은 西漢의 대신으로, 字는 絲이고, 楚나라 사람이다. 처음에는 中郎을 지냈으며 직간으로 조정에서 명성을 얻었다. 후에 隴西의 都尉, 齊나라의 재상, 吳나라의 재상 등을 차례로 지냈으며, 景帝 때에는 太常에 임명되었다. 그는 晁錯와 사이가 좋지 못하였는데, 晁錯는 그가 吳王에게 금전을 받은 사실을 고발하였으며, 吳楚 7국의 반란 때에는 袁盎이 景帝에게 晁錯를 죽일 것을 건의하였다. 그후 袁盎은 梁孝王이 보낸 자객에게 목숨을 잃었다.

350) 張釋之는 南陽 堵陽(지금의 河南省 方城縣 동쪽) 사람으로 字는 季이다. 文帝 때 벼슬이 廷尉까지 올랐다. 그는 文帝에게 법을 엄격히 적용할 것을 건의하였으며, 景帝에 와서는 淮南의 재상이 되었다. 그리고 馮唐은 安陵 사람으로 文帝 때 中郎署長이 되었다. 일찍이 文帝 앞에서 雲中 太守 魏尙을 변호하여 "賞輕罰重"의 과실을 지적하였다. 그래서 文帝는 마침내 魏尙을 雲中의 太守로 복직시키고, 馮唐을 車騎都尉에 임명하였다. 그후 景帝 때에는 다시 楚나라 재상에 임명되었다.

351) 長者 : 道가 후한 사람을 가리킨다.

352) 萬石은 趙나라 사람으로 후에 溫(지금의 河南省 溫縣 서쪽) 땅으로 이사하였다.

전숙(田叔)[353]은 절개가 굳고 신실하고 강직하였으며, 의기(義氣)는 족히 청렴을 칭할 수 있었고, 행실은 족히 세상의 현인들을 격려할 만하였다. 요직에 임명되어서는 결코 무리한 요구를 받아들이지 않았다. 그래서 「전숙열전(田叔列傳)」 제44를 지었다.

편작(扁鵲)[354]은 의료(醫療)를 논하여 의술가들이 신봉하는 사람이 되었다. 그의 의술은 매우 정교하고 명확하여, 후세 사람들은 그 치료법을 따랐으며 이를 바꾸지 못하였다. 그리고 창공(倉公)[355]은 편작에 가까운 명의(名醫)였다. 그래서 「편작창공열전(扁鵲倉公列傳)」 제45를 지었다.

유중(劉仲)[356]은 작록을 빼앗겼으나, 그의 아들 유비(劉濞)[357]는 오나라의 왕이 되었다. 한나라가 기초를 다지는 시기에 이르러, 그는 남방의 양자강과 회수(淮水) 사이를 평정하였다. 그래서 「오왕비열전(吳王濞列傳)」 제46을 지었다.

오초 7국이 반란을 일으키자, 황실의 종속 중에는 오직 두영(竇嬰)[358]

그는 말단 관리의 신분으로 劉邦을 섬겼고, 그의 누이는 劉邦의 첩이 되었다. 文帝 때에는 공적을 쌓고 太中大夫가 되었다가 다시 太子太傅가 되었다. 그후 上大夫가 되어서 연로하여 죽었다. 또한 張叔은 安丘后 張說의 庶子로서 景帝 때는 九卿에 이르고, 武帝 때는 御史大夫에 올랐다. 그는 벼슬에 있으면서 성실하고 너그러우며 사람들을 아끼는 성품으로 이름이 났다.

353) 田叔 : 字가 少卿이며, 趙나라 陘城(지금의 河北省 중부 定縣) 사람이다. 그는 검술을 좋아하였고, 老子의 도를 배웠으며, 사람됨이 강직하고 청렴하였다. 漢나라 초기에 趙王의 郎中으로 임명되었는데, 劉邦이 죄를 물어 趙王을 죽이려고 하자, 그는 목숨을 걸고 趙王을 따라 長安으로 들어갔다. 그후 漢中의 太守로 임명되었다. 일찍이 雲中의 太守 孟舒를 위해서 변호하여, 文帝가 孟舒를 다시 雲中의 太守로 복직시키게 일이 있었다. 그는 한동안 벼슬을 잃은 적도 있었으나 결국 魯나라의 재상에까지 올랐다.

354) 扁鵲 : 東周의 의학가. 渤海 사람으로 長桑君에게 의술을 배웠다. 그의 의술은 고명하여 巫術에 의한 치료를 반대하고, 각지를 돌아다니며 병을 치유하였다. 후에 秦 武王의 병을 고치고 나서 사람들의 시기로 인해서 피살되고 말았다.

355) 倉公 : 漢나라 초기의 의학가. 성은 淳于, 이름은 意로, 齊나라 사람이다. 일찍이 齊나라 太倉令을 지내어 倉公이라 칭하였다. 그는 公孫光, 公乘陽에게 黃帝와 扁鵲 등의 의술을 넓게 배워 扁鵲에 버금가는 뛰어난 의술을 시행하였다.

356) 劉仲 : 沛縣(지금의 江蘇省에 속한다) 사람으로 劉邦의 형이다. 漢나라 초기에 代王에 봉해졌는데, 匈奴의 공격을 막지 못하여 郃陽侯로 강등되었다.

357) 劉濞 : 劉仲의 아들로서 吳王에 봉해졌다. 그가 대량으로 私錢을 주조하고 바닷물을 조려서 소금을 만들어, 백성들에게 세금과 노역을 경감하였음에도 불구하고 국가 재정은 풍족하였다. 또한 유랑자들을 불러들여 세력을 확장하기도 하였다. 후에 吳楚 7국의 반란이 일어나자 전쟁에 패하여 東甌로 도망갔다가 東甌 사람에게 죽임을 당하였다.

만이 현능하여 선비들을 좋아하였으며, 선비들도 역시 그에게로 마음을 기울였다. 그는 군사를 이끌고 산동(山東)[359] 형양(滎陽)에서 7국의 반란군과 항전하였다. 그래서 「위기무안열전(魏其武安列傳)」[360] 제47을 지었다.

한장유(韓長孺)의 지모(智謀)는 근세(近世)의 변화에 족히 대응하였고, 관대함은 인재를 얻기에 충분하였다. 그래서 「한장유열전(韓長孺列傳)」[361] 제48을 지었다.

이광(李廣)은 적을 만나면 용감하였고 사졸들에게는 인애로웠으며, 호령은 간략하고 번거로움이 없었으므로 장졸들은 모두 그에게 심복하였다. 그래서 「이장군열전(李將軍列傳)」[362] 제49를 지었다.

하(夏), 은(殷), 주(周) 3대 이래로 흉노는 항시 중국(中國)[363]에 환란과 재해를 끼치는 근원이었다. 이에 한 황실에서도 흉노의 강약의 시기를 알고 군비를 갖추어 그들을 정벌하고자 하였다. 그래서 「흉노열전(匈奴列傳)」 제50을 지었다.

---

358) 竇嬰 : 字는 王孫이며 觀津(지금의 河北省 衡縣 동부) 사람이다. 그는 竇太后의 조카로 吳楚 7국의 난 당시 大將軍에 임명되어 齊와 趙 나라의 병사들을 감독하였다. 吳楚 7국이 패한 후 魏其侯에 봉해졌다. 武帝 초기에는 丞相이 되어 유학을 숭상하고 道學을 반대하여 竇太后에 의해서 폄척을 당하였다. 그후 죄로 인해서 목숨을 잃었다.

359) 山東 : 여기서는 반란에 참가한 吳楚 7국을 가리킨다. 그래서 '山東'의 뒤에 '于'자가 생략된 것이라고 한다.

360) 武安侯는 즉 田蚡을 가리킨다. 그는 長陵(지금의 陝西省 咸陽市 동북쪽) 사람으로 景帝의 王皇后의 異父 동생이다. 武帝 초기에 武安侯로 봉해졌고 太尉로 임명되었으나, 유학을 숭상하고 도학을 배척하여 竇嬰과 함께 폄척을 당하였다. 그후 丞相이 되어서는 매우 거만하고 횡포가 심하였다. 또한 그는 자신의 사적인 이익을 위해서 黃河의 치수를 저지하였으므로, 이로 인해서 공사가 20년 동안이나 중단되기도 하였다.

361) 韓長孺는 梁나라 成安(지금의 河南省 民權縣 동북쪽) 사람으로 이름이 安國이다. 초기에는 梁 孝王의 中大夫였으나, 吳楚 7국의 난 당시 吳의 군사를 격퇴하자 이때부터 유명해졌다. 武帝 때에는 御史大夫, 衛尉 등을 역임하였다. 후에 材官將軍에 임명되어 匈奴를 방어하였으나 전쟁에 패하고 얼마 후 病死하였다.

362) 李將軍은 李廣을 가리킨다. 그는 西漢의 명장으로 隴西成紀(지금의 甘肅省 素安縣) 사람이다. 말 타기와 활 쏘기에 능하였으며, 文帝 때에는 참군하여 匈奴를 토벌하고 中郎, 武騎常侍 등을 역임하였다. 또한 景帝와 武帝 때에는 隴西와 北地 등의 太守가 되었고, 입조해서는 衛尉가 되었다. 그는 北平의 太守가 되어서 '飛將軍'이라고 불렸으며, 匈奴들은 그를 두려워하여 수년 동안 감히 침공하지 못하였다. 그후 衛青을 따라 匈奴를 공격하였으나 도에 어긋났다는 책함을 듣고 곧 자결하였다.

363) 中國 : 여기서는 中原 지역, 즉 漢 왕조를 가리킨다.

위청(衛青)과 곽거병(霍去病)은 구불구불한 변새를 넓히고 하남(河南)의 땅을 확장하였다. 또한 기련산(祁連山)에서 적을 격파하여 서역(西域)의 길을 트고 북방의 흉노를 무찔렀다. 그래서 「위장군표기열전(衛將軍驃騎列傳)」[364] 제51을 지었다.

대신과 황족들이 서로 다투어 사치를 일삼았으나, 오로지 공손홍(公孫弘)[365]만은 의복과 음식을 절약하여 크고 작은 관리들의 모범이 되었다. 그래서 「평진후열전(平津侯列傳)」 제52를 지었다.

한나라가 이미 중원을 평정하였을 때, 조타(趙佗)[366]는 양월(楊越)[367]을 안정시키고 속국을 보호하여, 그들로 하여금 한나라에 공물을 바치게 하였다. 그래서 「남월열전(南越列傳)」 제53을 지었다.

오(吳)가 반란을 일으키자, 동구(東甌) 사람들은 오왕(吳王) 비(濞)를 죽이고 봉우산(封禺山)을 고수하여 한나라의 속국이 되었다. 그래서 「동월열전(東越列傳)」 제54를 지었다.

연(燕) 태자 단(丹)[368]의 군사가 진(秦)나라에 패하여 요동(遼東)으로 달아났을 때, 위만(衛滿)[369]은 도망하는 백성을 거두어 해동(海東)[370]에

---

364) 衛將軍은 西漢의 명장 衛青을 말한다. 字는 仲卿이며 下東 平陽(지금의 山西省 臨汾市 서남쪽) 출신이다. 그는 衛皇后의 동생으로서 본시 平陽公主의 하인이었다. 나중에 武帝에게 중용되어 벼슬이 大將軍에 이르고 長平侯로 봉해졌다. 그는 일곱 차례나 전투에 참가하여 匈奴를 무찌르는 공을 세워, 漢 왕조로 하여금 匈奴들의 위협에서 벗어나게 하였다. 또한 驃騎는 霍去病을 가리키는데, 그도 西漢의 명장으로 衛青과 함께 匈奴를 물리치는 데 커다란 공헌을 하였다.

365) 公孫弘 : 성은 公孫이며 이름은 弘으로 菑川(지금의 山東省 壽光縣 남쪽) 출신이다. 처음에는 獄吏를 하였으나 나이 마흔이 되어 『春秋公羊傳』을 저술하기 시작하였다. 일찍이 五經博士를 설치하고 弟子員을 둘 것을 건의하였다.

366) 趙佗 : 眞定(지금의 河北省 正定縣) 사람으로, 秦代에는 南海郡 龍川의 縣令, 南海尉를 지냈다. 秦나라 말기에 桂林, 南海 등을 합병하여 南越國을 세우고, 漢 11년(기원전 196년)에는 南越王에 봉해졌다. 呂太后 당시 자칭 南越의 武帝라고 하며 長沙를 공격하기도 하였으나, 결국 景帝 때 漢나라에 부속되고 말았다.

367) 楊越 : 고대 越人들은 揚子江 중하류의 광대한 지역에서 생활하였다. 이 지역을 옛날에는 '揚州'라고 칭하였는데, '揚'은 혹 '楊'이라고도 하여 '楊越'이라고 칭하였다. 楊越은 협의의 南越을 가리킨다.

368) 丹 : 전국시대 말기 燕王 喜의 태자로서, 일찍이 秦나라의 볼모로 잡혀 있다가 도망하여 본국으로 돌아왔다. 그후 秦나라 군이 국경을 압박하자 荊軻를 秦나라에 보내어 秦王을 죽이려 하였지만 실패하였다. 이듬해 遼東으로 도망하였으나 燕王 喜에 의해서 참수되어 秦나라로 보내졌다.

369) 衛滿 : 燕나라 사람으로 漢나라 초기에 수천명을 거느리고 망명하여, 기원전 194년 古朝鮮을 멸하고 스스로 왕이 되었다.

집결시키고, 진번(眞藩)을 병합하고 변방을 방위하여 한나라의 외신(外臣)이 되었다. 그래서 「조선열전(朝鮮列傳)」 제55를 지었다.

당몽(唐蒙)[371]은 사자(使者)로서 처음으로 야랑(夜郎)[372]과의 통로를 열었다. 그리고 공(邛), 작(筰)의 족장들은 한나라의 내신(內臣)이 되고자 청하여, 조정에서 파견한 관리의 통치를 받았다. 그래서 「서남이열전(西南夷列傳)」 제56을 지었다.

「자허부(子虛賦)」와 「대인부(大人賦)」[373]의 내용은 언사가 미려하고 과장된 부분이 많으나, 그것이 지적하는 바는 정치를 풍자하여 무위로 돌아가기를 주장하는 철학 사상이었다. 그래서 「사마상여열전(司馬相如列傳)」[374] 제57을 지었다.

경포(黥布)가 반역을 하자, 한 고조의 아들 유장(劉長)[375]이 그 나라의 군주가 되어 양자강과 회수(淮水)의 남쪽에 군대를 주둔시켰고, 유안(劉安)은 초(楚)의 백성을 쳐서 그곳을 차지하였다. 그래서 「회남형산열전(淮南衡山列傳)」 제58을 지었다.

법률만을 준수하고 도리에 따라 일을 처리하는 관리들은 그들 자신들도 스스로의 공로를 부정하지 않았고, 스스로의 재능을 자랑하지 않았으며, 백성들도 그들을 찬양하지 않았다. 그러나 그들은 또한 어떠한 과실을 범하는 일도 없었다. 그래서 「순리열전(循吏列傳)」[376] 제59를 지었다.

의관을 단정히 하고 조정에 서면, 군신들이 이를 보고 두려움을 느끼어 감히 허튼 말을 꺼내지 못하게 하는 사람이 있었는데, 바로 장유(長孺)[377]의 강직하고 엄중함이 이러하였다. 인물을 추천하기 좋아하여 장자

370) 海東 : 지금의 黃海의 동쪽, 즉 한반도를 가리킨다.

371) 唐蒙 : 西漢 사람으로 夜郞國(지금의 貴州省 서쪽)과의 통로를 열었다.

372) 夜郞 : 옛 부족 혹은 나라의 이름이다. 전국시대부터 漢代까지 주로 지금의 貴州省 서북부 지역에 거주하였다.

373) 모두 司馬相如가 지은 賦의 편명이다. 그중 「大人賦」는 大人(즉 天子를 비유)이 천지간을 노니는 내용이고, 「子虛賦」는 세 명의 가상인물이 서로 논쟁을 벌이는 내용으로 후세의 賦 창작에 지대한 영향을 미쳤다.

374) 司馬相如는 西漢의 문학가로 字는 長卿이며 蜀郡 成都(지금의 四川省 成都市) 사람이다. 그는 「子虛賦」로 인하여 武帝에게 접근할 수 있었고, 계속 「上林賦」를 지어 벼슬에 올랐으며, 武帝가 신선을 좋아하는 것을 알고 「大人賦」를 지었다. 벼슬은 中郞將까지 올랐고 후에 孝文園의 令을 지내다가 죽었다.

375) 劉長 : 淮南의 厲王을 가리킨다. 黥布가 반란을 일으키자 淮南王에 봉해졌다.

376) 여기에서는 춘추시대 楚나라의 孫叔敖, 鄭나라의 子產, 魯나라의 公儀休, 楚나라의 石奢 등의 재상과, 晉나라의 獄官 李離의 사직을 두고 논하였다.

(長者)라고 칭송된 것은 장(壯)[378]에게 그러한 기개가 있었기 때문이다. 그래서 「급정열전(汲鄭列傳)」 제60을 지었다.

공자(孔子)가 죽은 후, 집정자들은 아무도 학교 교육을 중시하지 않았다. 다만 건원(建元), 원수(元狩)[379] 연간만은 학문이 찬란하게 빛났다. 그래서 「유림열전(儒林列傳)」 제61을 지었다.

백성들이 본업(本業)을 저버리고 재주를 부리며, 간교함을 일삼아 죄를 범하고 법률을 우롱하니, 선인(善人)은 그들을 교화할 수 없었다. 오직 일체를 엄형으로 다스림으로써 비로소 그들을 규제할 수 있었다. 그래서 「혹리열전(酷吏列傳)」 제62를 지었다.

한나라에서 사신을 대하(大夏)[380]에 파견하여 교통을 트게 한 후, 서쪽 끝의 먼 지역에 있던 오랑캐들도 모두 안쪽으로 목을 늘이고 중원을 보고 싶어하였다. 그래서 「대원열전(大宛列傳)」[381] 제63을 지었다.

곤경에 처한 사람을 구하고 빈곤한 사람을 구제함은 인의 측면에서 족히 찬탄을 받을 처사이다. 또한 신용을 잃지 않고 언약을 저버리지 않음은 의라는 측면에서 족히 취할 만한 것이다. 그래서 「유협열전(游俠列傳)」[382] 제64를 지었다.

군주를 모시며 능히 군주의 이목을 즐겁게 할 수 있고, 안색을 기쁘게 할 수 있으며, 동시에 군주의 친근함을 얻을 수 있는 사람들이 있었다.[383] 그들은 단지 미색으로 총애를 받은 것이 아니라 그들의 재능이 각기 뛰어난 바가 있었기 때문이었다. 그래서 「영행열전(佞幸列傳)」 제65를 지었다.

어느 한 부류의 사람들은 세속에 흐르지 않았고, 권력과 이익을 다투지도 않았으며, 상하 막힘이 없이 아무도 그들에게 해를 주지도 않았으니, 이는 그들이 임기응변의 도를 제대로 운용하였기 때문이었다. 그래서 「골

---

377) 長孺 : 즉 汲長孺를 말한다. 이름은 黯, 字가 長孺이다.

378) 壯 : '莊'이라고도 한다. 즉 鄭壯을 말한다. 이름은 當時, 字가 壯이다.

379) 元狩 : 漢 武帝의 네번째 연호를 말한다.

380) 大夏 : 박트리아 왕국을 지칭한다.

381) 大宛은 옛 西域의 나라 중의 하나이다. 지금의 중앙 아시아에 위치한다.

382) 游俠은 교유를 좋아하고, 생사를 가벼이 여기어 신의를 지키며, 곤경에 빠진 사람을 구하는 의리 있는 사람들을 통칭한다.

383) 이를 '佞幸'이라고 하는데, 이는 군주를 즐겁게 하여 총애를 받는 사람을 말한다.

계열전(滑稽列傳)」 제66을 지었다.

제(齊), 초(楚), 진(秦), 조(趙)[384]의 점복가들은 각기 풍속에 따라 점을 치는 방법에도 차이가 있었다. 그러한 대체적인 상황을 살펴보고자 「일자열전(日者列傳)」 제67을 지었다.

하, 은, 주 3대에는 귀갑(龜甲)으로 점치는 법이 달랐으며, 사방의 오랑캐들도 각기 다른 방법으로 점을 쳤다. 그러나 어쨌든 각각 이로써 길흉화복을 판단하였던 것이다. 그래서 대략 그 요지를 살펴보고자 「귀책열전(龜策列傳)」[385] 제68을 지었다.

벼슬이 없는 평민들은 정치를 방해하지 않고 또 백성들의 생활에 해를 주지 않는 상황에서, 때를 맞추어 거래하여 재산을 증식하였다. 이러한 점은 지자(智者)들도 얻을 바가 있는 것이다. 그래서 「화식열전(貨殖列傳)」[386] 제69를 지었다.

우리 한나라는 오제(五帝)의 뒤를 이으며 삼대(三代)의 위업을 계승하고 있다. 주나라의 도가 실추된 후, 진(秦)나라는 고문(古文)을 제거하고 『시』, 『서』를 불살랐다. 그러므로 조정이나 왕실 도서관의 석실(石室)과 금궤(金匱)에 소장된 옥판(玉版)의 도적(圖籍)이 산란(散亂)되었다. 그래서 한나라가 흥기한 뒤에 소하(蕭何)가 법률을 수정하고, 한신(韓信)은 군법을 저술하고, 장창(張蒼)은 규장제도(規章制度)를 창립하고, 숙손통(叔孫通)은 예의를 제정하여, 인품과 학식을 겸비한 학자들이 점차 등용되었으며, 『시』와 『서』도 왕왕 곳곳에서 출현하였다. 조삼(曹參)이 갑공(蓋公)을 추천한 이래로 황제(黃帝)와 노자(老子)의 학문을 강론하였고, 가의(賈誼)와 조조(晁錯)는 신불해(申不害)와 상앙(商鞅)의 법술을 밝혔으며, 공손홍(公孫弘)은 유학에 뛰어났다. 이리하여 100년 동안에 천하에 남아 있던 서적이나 고문서가 태사공에게 수집되지 않은 바가 없었다. 태사공의 관직은 부자(父子)가 서로 계승해서 맡게 되었다. 태사공은 말하기를 "아아! 나의 선조는 일찍이 이 일을 주관하여 당우(唐虞) 때에 이미 이름이 났고 주대(周代)에 이르러서도 또다시 그 직무

384) 원문에는 "四夷"라고 되어 있다.
385) 고대에 점을 칠 때는 龜甲이나 가새풀을 사용하였으므로, '龜策'이라 함은 점복을 지칭하는 것이다.
386) 貨殖은 상업 혹은 장사하는 사람을 가리킨다.

를 수행하였다. 그래서 사마씨(司馬氏)는 대대로 천문의 관직을 맡아왔고 그것이 나에게까지 이르지 않았던가! 마음속에 신중히 새겨두자! 마음속에 신중히 새겨두자!"라고 하였다. 산일(散佚)된 천하의 구문(舊聞)들을 수집 망라하여 왕들의 사적(事蹟)의 흥기(興起)에 대해서 그 시말을 탐구하고 그 성쇠를 관찰한 다음, 그 사실 진행에 근거하여 논술 고정(考訂)하여 간략히 삼대(三代)의 사실을 추구하고 진한(秦漢)의 사실을 기록함으로써, 위로는 헌원(軒轅)[387]으로부터 시작하여 아래로는 현재에 이르기까지를 기록하여 12본기(本紀)를 서술하였는데 모두 조례를 나누어 설명하였다. 그런데 그 사적에는 시대가 같은 것도 있고 다른 것도 있어 연대의 차이가 분명하지 않으므로 10표(表)를 만들었다. 또 시대에 따른 예악(禮樂)의 증감, 율력(律曆)의 개역(改易), 병권, 산천, 귀신, 천인(天人)의 관계 등에 대해서는 폐단을 들고 변화에 통하는 내용으로 8서(書)를 지었다. 또 18수(宿)가 북극성을 중심으로 돌고 있고, 30개 윤폭(輪輻)이 모두 하나의 속바퀴에 집중되어 있어 그 운행이 무궁한 것처럼, 보필하는 신하들을 여기에 비기어 그들이 충신의 도를 행함으로써 천자를 받드는 모습을 내용으로 30세가(世家)를 지었다. 그리고 정의롭게 행동하고 기개가 있어 남에게 억눌리지 않으며 세상에 처하여 기회를 놓치지 않고 공명을 천하에 세운 사람들의 일들을 내용으로 70열전(列傳)을 지었다. 도합 130편, 52만 6,500자로 이를 『태사공서(太史公書)』라고 이름 붙인다. 「태사공자서(太史公自序)」의 대략적인 내용은 흩어져 있는 것을 모으고 육경(六經)을 보충하여 일가언(一家言)을 이룬 것이다. 결국 육경에 대한 상이한 견해들을 모아서 취사한 후, 백가의 잡어(雜語)를 정제한 것이다. 정본(正本)은 명산에 소장하고, 부본(副本)은 수도에 두어, 후세 성인군자들의 관람을 기대하기로 하였다. 이것이 그 제70이다.

태사공은 말하였다.

"내가 황제(黃帝)로부터 태초(太初)[388]에 이르기까지의 사실(史實)을 역술(歷述)하였으니, 이는 모두 130편이다."

---

387) 軒轅 : 즉 黃帝를 가리킨다.

388) 太初 : 漢 武帝의 연호(기원전 104-기원전 101년)이다.

夏나라

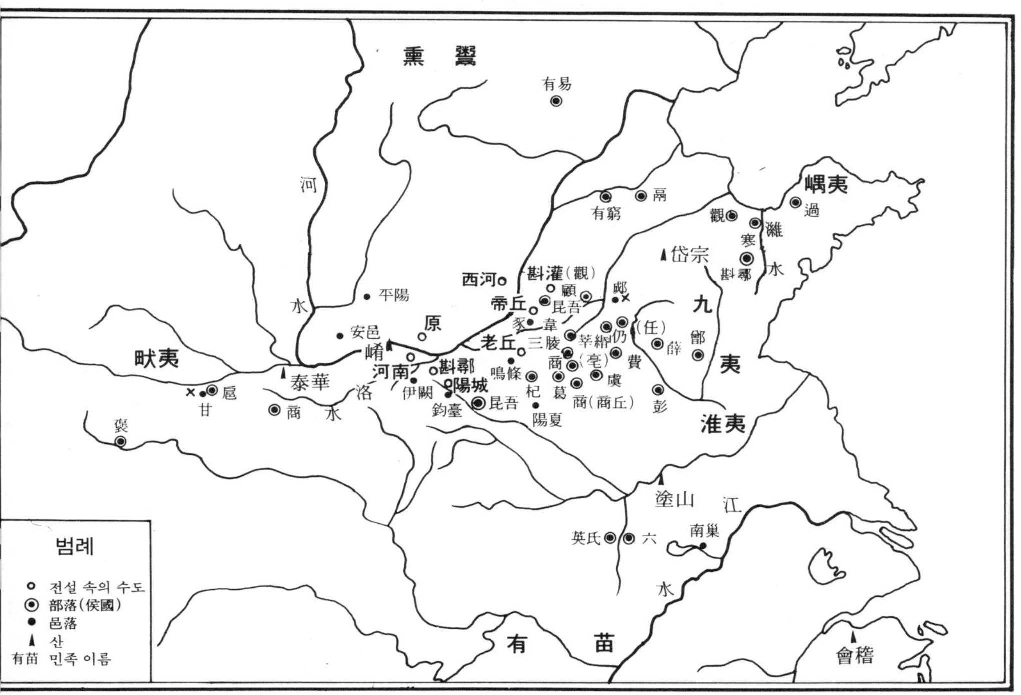

熏　鬻
有易
河
水
平陽
安邑
原
西河
斟灌(觀)
顧
昆吾
帝丘
豕韋
老丘
三㚇
莘
緡
仍
(任)
薛
鄫
(亳)
費
商
嶠
河南
斟鄩
陽城
鳴條
杞
葛
虞
商(商丘)
彭
伊闕
鈞臺
昆吾
陽夏
畎夷
泰華
洛
水
扈
甘
商
褒
有窮
鬲
觀
濰
寒
斟鄩
水
過
嵎夷
岱宗
九
夷
淮夷
塗山
江
英氏
六
南巢
水
有
苗
會稽
범례
전설 속의 수도
部落(侯國)
邑落
산
有苗　민족 이름

商나라

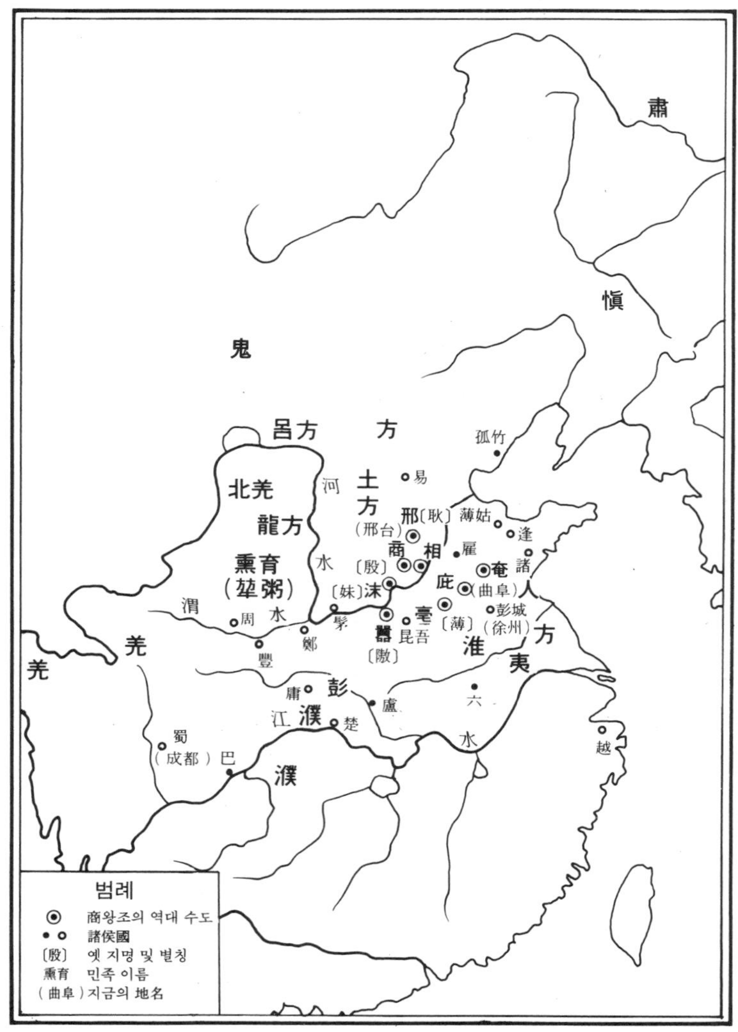
肅
愼
鬼
呂方
方
孤竹
土
方
易
河
北羌
龍方
邢〔耿〕
(邢台)
薄姑
逄
商
相
雇
諸
〔殷〕
奄
水
熏育
(荤粥)
〔妹〕沬
庇
(曲阜)
人
渭
周
水
毫
〔薄〕
彭城
(徐州)
方
羌
鄭
豐
囂
昆吾
〔隞〕
淮
夷
羌
庸
彭
盧
六
江
濮
楚
蜀
(成都)
巴
水
越
濮
범례
商왕조의 역대 수도
諸侯國
〔殷〕 옛 지명 및 별칭
熏育 민족 이름
(曲阜) 지금의 地名

西周

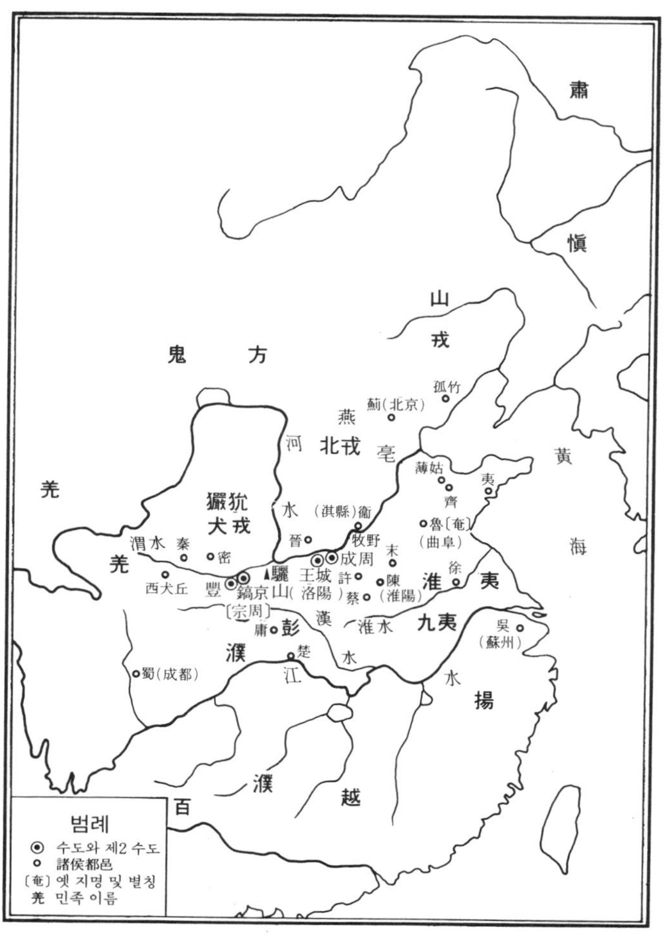
肅
愼
山
戎
鬼 方
孤竹
薊(北京)
燕
河 北戎
亳
羌
薄姑
夷
齊
玁狁
犬戎
水
(淇縣)衛
魯〔奄〕
(曲阜)
渭水 秦
密
晉
牧野
末
羌
驪
王城
成周
淮
徐
夷
西犬丘
豐
鎬京 山
(洛陽)
許
陳
(淮陽)
蔡
〔宗周〕
漢
淮水
九夷
吳
(蘇州)
庸
彭
濮
楚
水
蜀(成都)
江
水
揚
濮
百
越
범례
수도와 제2 수도
諸侯都邑
〔奄〕옛 지명 및 별칭
羌 민족 이름

西周의 分封

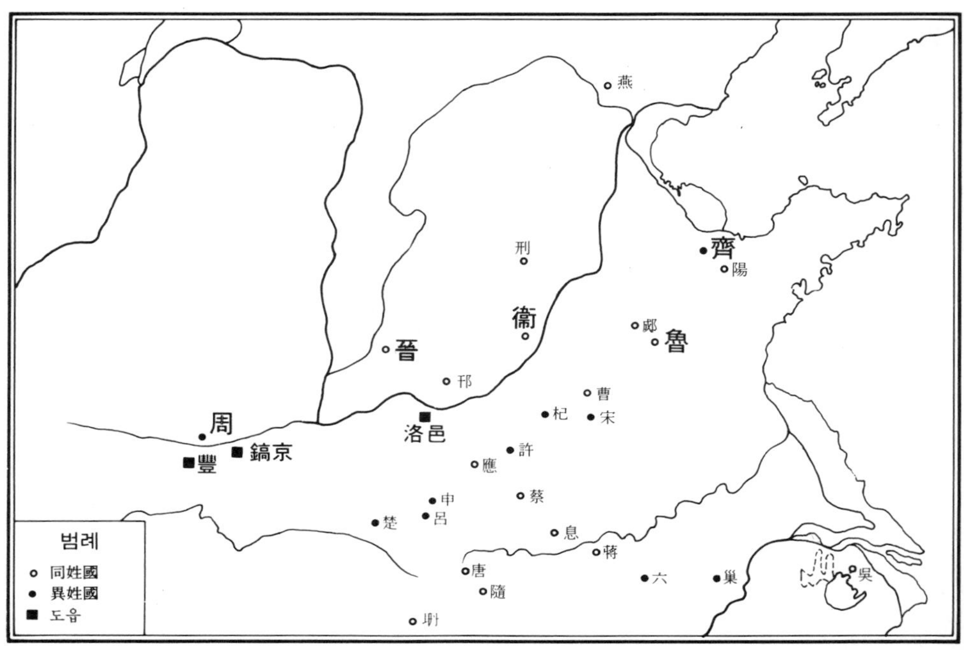

제후의 쟁패

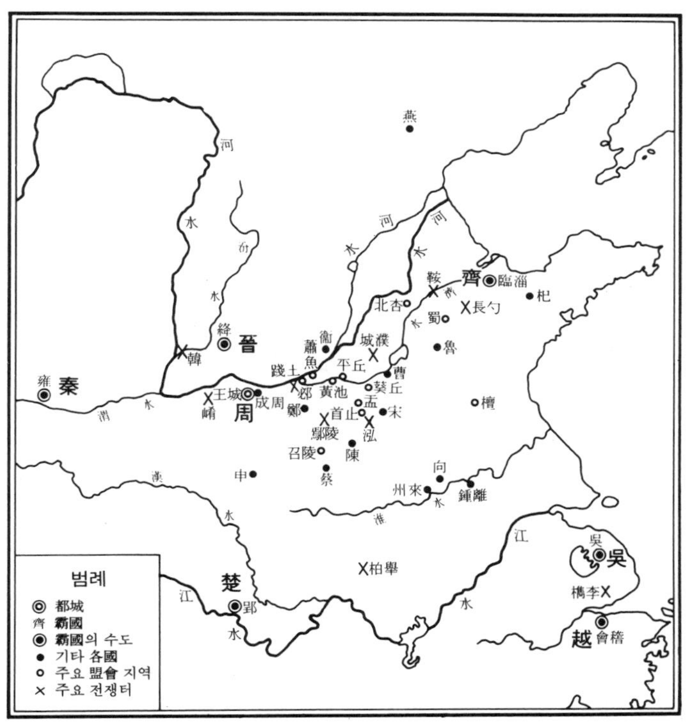
燕
河
水
汾
水
絳
晉
韓
秦
雍
渭
水
王城
周
崤
成周
河
水
河
水
衛
蕭
魚
踐土
郊
黃池
平丘
城濮
曹
葵丘
盂
首止
鄭
宋
鄢陵
泓
召陵
陳
蔡
申
北杏
齊
臨淄
鞍
濟
水
長勺
杞
蜀
魯
檀
向
州來
鍾離
淮
水
漢
水
江
吳
吳
檇李
柏擧
楚
郢
江
水
越
會稽
범례
都城
齊 霸國
霸國의 수도
기타 各國
주요 盟會 지역
주요 전쟁터

春秋 시대 및 春秋五霸

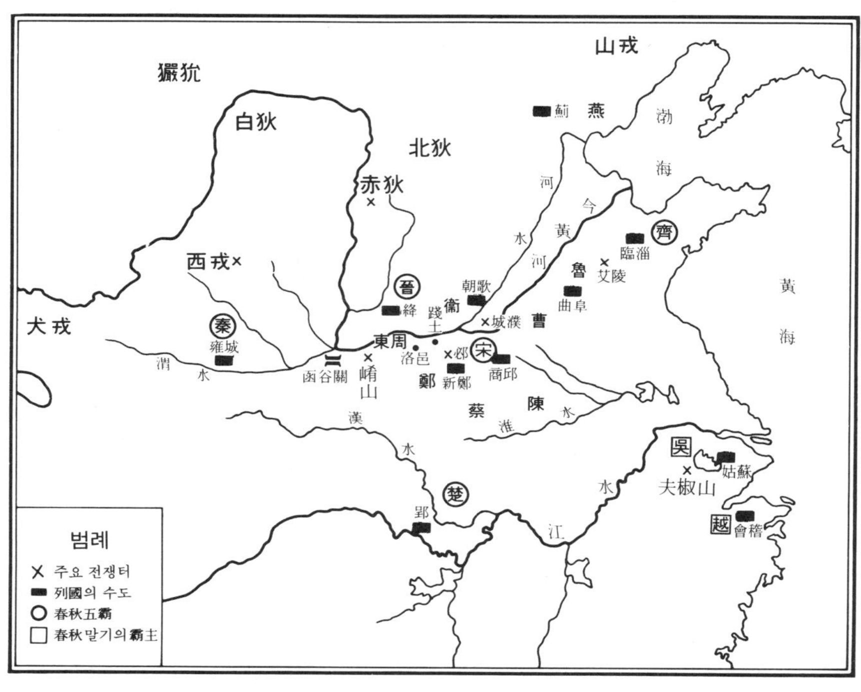

山戎
玁狁
白狄
燕
薊
渤海
北狄
赤狄
今黃河
河水
齊
臨淄
西戎
魯
艾陵
晉
朝歌
衛
曲阜
黃海
絳
踐土
城濮
曹
犬戎
秦
雍城
東周
洛邑
宋
邲
商邱
渭水
函谷關
崤山
鄭
新鄭
蔡
陳
淮水
漢水
吳
姑蘇
夫椒山
楚
郢
江水
越
會稽
범례
주요 전쟁터
列國의 수도
春秋五霸
春秋 말기의 霸主

春秋戰國 시대의 도읍

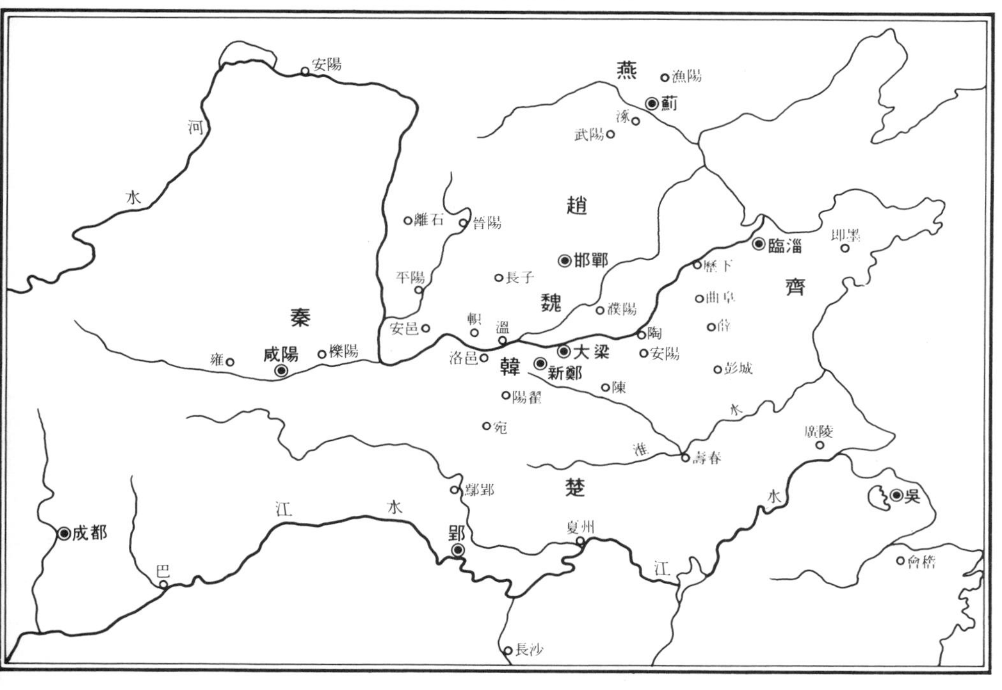

安陽
燕
漁陽
薊
涿
武陽
河
水
趙
離石
晉陽
臨淄
即墨
邯鄲
平陽
長子
歷下
齊
魏
曲阜
秦
濮陽
安邑
軹
溫
陶
薛
雍
咸陽
櫟陽
大梁
安陽
洛邑
韓
新鄭
彭城
陳
陽翟
水
宛
廣陵
淮
壽春
楚
鄢郢
吳
江
水
水
成都
郢
夏州
會稽
巴
江
長沙

秦나라 말기의 반란

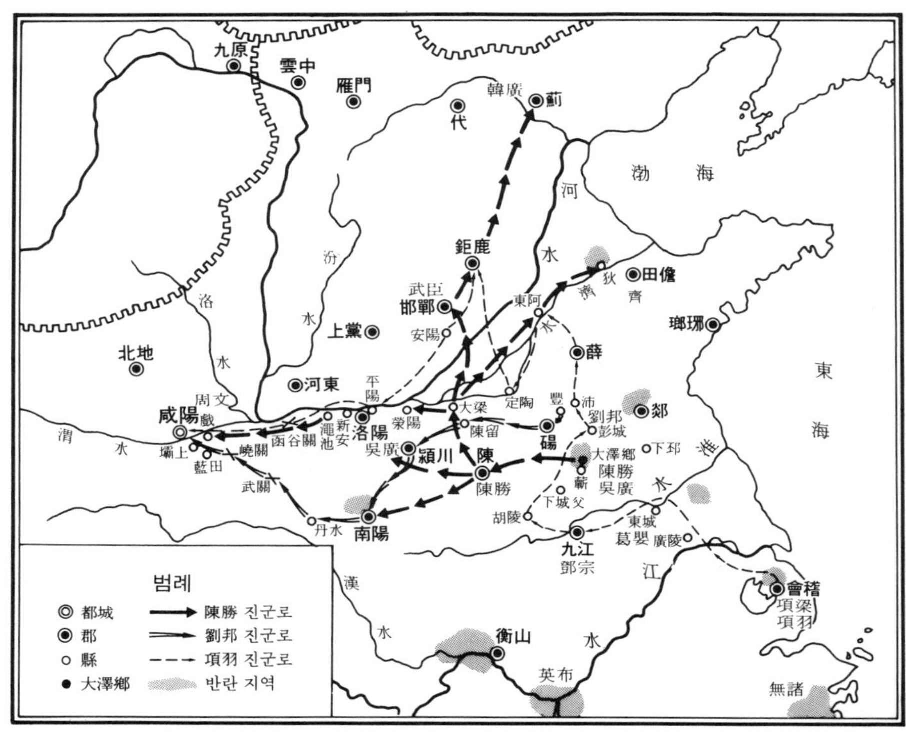
九原
雲中
雁門
代
韓廣
薊
渤海
河
水
汾
水
洛
水
鉅鹿
武臣
邯鄲
安陽
上黨
北地
河東
平陽
東阿
濟
狄
田儋
齊
琅琊
薛
東
海
周文
戲
咸陽
渭
水
霸上
藍田
嶢關
函谷關
澠池
新安
洛陽
滎陽
大梁
陳留
定陶
豐
沛
劉邦
彭城
郯
碭
潁川
吳廣
陳
陳勝
大澤鄉
陳勝
吳廣
蘄
下邳
淮
水
武關
丹水
南陽
下城父
胡陵
東城
九江
鄱宗
葛嬰
廣陵
江
會稽
項梁
項羽
漢
水
衡山
水
英布
無諸
범례
都城
郡
縣
大澤鄉
陳勝 진군로
劉邦 진군로
項羽 진군로
반란 지역

西漢

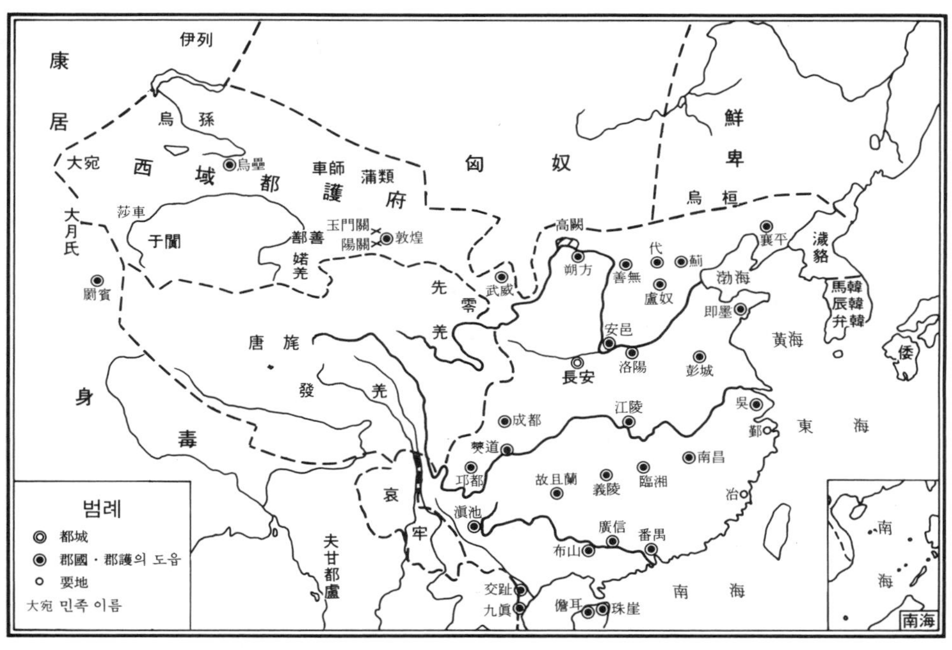
伊列
康
居
烏 孫
大宛
西 域 都 護 府
烏壘
車師
蒲類
匈 奴
鮮
卑
烏 桓
大
月
氏
莎車
于闐
鄯善
婼羌
玉門關
陽關
敦煌
高闕
朔方
善無
代
薊
襄平
濊
貉
罽賓
先
零
羌
武威
盧奴
渤海
即墨
馬韓
辰韓
弁韓
倭
黃海
唐 旄
發 羌
安邑
洛陽
長安
彭城
身
毒
成都
江陵
吳
鄞
東 海
僰道
邛都
故且蘭
義陵
臨湘
南昌
冶
哀
牢
滇池
廣信
番禺
布山
夫甘都盧
交趾
九眞
儋耳
珠崖
南 海
南
海
南海
범례
都城
郡國・郡護의 도읍
要地
大宛 민족 이름

吳楚 7국의 난

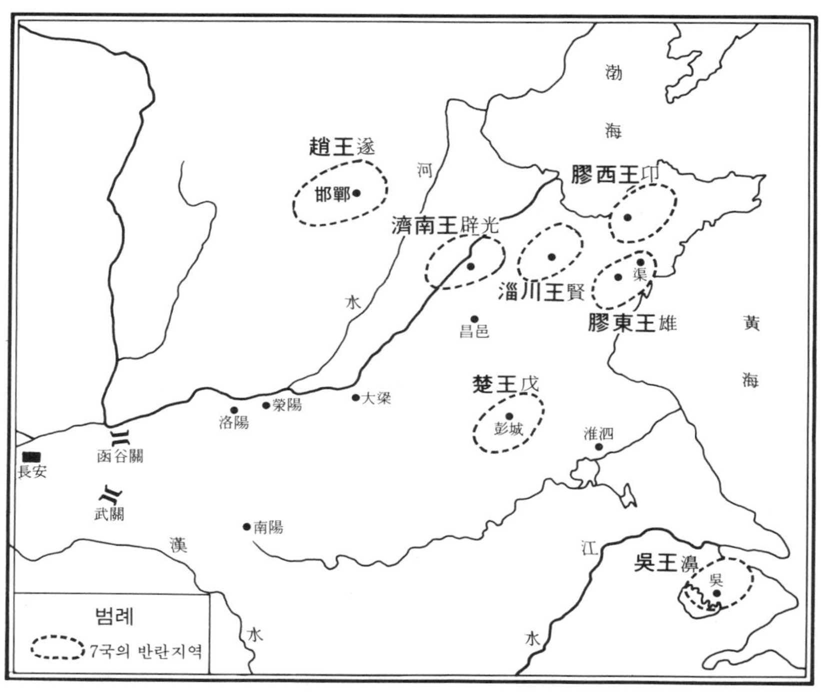

渤
海
趙王遂
邯鄲
河
膠西王卬
濟南王辟光
菑川王賢
渠
膠東王雄
水
昌邑
黃
海
楚王戊
大梁
滎陽
洛陽
彭城
淮泗
函谷關
長安
武關
南陽
漢
江
吳王濞
吳
水
水
범례
7국의 반란지역

후기

우리들의 약 2년 반에 걸친 『사기』의 번역작업이 이제 「열전」으로써 대단원의 막을 내리게 되었다. 그동안 동원된 인원은 60여 명에 이르는데, 그들은 이 작업이 완수되도록 저마다 최선의 노력을 아끼지 않았다. 그러나 본서의 「열전」 부분을 제외한 부분이 우리나라에서는 최초로 시도된 번역작업이었고, 또 여러 사람이 나누어 작업하는 과정에서 어투, 용어, 형식 등을 통일적으로 처리하는 일은 참으로 지난한 작업이었다.

그중에서도 특히 동자이음(同字異音)의 독음(讀音)을 통일시키는 일은 그 무엇보다도 가장 힘들고 까다로웠다. 이것은 『사기』를 여러 번 정독하지 않은 사람의 경우에는 감히 상상조차 할 수 없는 문제였다. 이를테면, '翟'자는 '적'으로도 읽고 '책'으로도 읽는데, 종족 이름으로 사용될 경우는 '狄'과 통하여 '적'으로 읽는다. 그러나 '陽翟'과 같이 지명으로 사용될 경우에는 '책'으로 읽는데, 인명으로 사용될 경우도 거의 '책'으로 읽는다. 그런데 유독 묵자(默子)의 이름만은 '묵적(默翟)'으로 일컬어왔기 때문에 '적'으로 읽는다. 또 '番'자는 '반'으로 읽거나 '파'로 읽어야 할 경우가 있는데, '番禺'와 같이 중국의 광주(廣州)를 지칭할 때는 '반'으로 읽어야 하고, '番陽'과 같이 중국의 강서성(江西省) 파양호(鄱陽湖) 근처의 지명을 지칭할 경우에는 마땅히 '파'로 읽어야 한다. 그밖에는 '번'으로 읽어야 한다. 이상과 같은 동자이음(同字異音)의 문제는 수십수백을 헤아릴 만큼 많이 나온다. 가장 먼저 책으로 나온 「본기」에서는 이에 대해서 충분한 주의를 기울이지 못하였으나, 그 뒤부터는 이 문제를 해결하기 위해서 모두 그 유래를 찾고 원음을 탐문하여 가능한 한 모두 통일시켜놓았다. 그러나 아직도 석연치 못한 것이 있으리라고 본다. 이 점 독자 제현의 이해와 지정(指正)을 빌어마지 않는다.

유난히도 무더웠던 갑술년(甲戌年)의 여름이었다. 더위를 무릅쓰고 모두 말은 바를 어김없이 원만히 수행해준 번역진 여러분과 특히 이러한 까다로운 작업을 최종정리하여 마무리짓는 데 가장 애쓴 도서출판 까치의 편집부 한현숙 씨에게 이 기회를 빌려 심심한 감사의 뜻을 전한다.

1994년 12월 玉泉山房에서 丁範鎭 씀